走向中央帝国

Towards the Central Empire

上

赵默冰 著

陕西新华出版传媒集团
陕西人民出版社

图书在版编目（CIP）数据

走向中央帝国 / 赵默冰著.—西安：陕西人民出版社，2022.5

ISBN 978-7-224-14474-1

Ⅰ.①走… Ⅱ.①赵… Ⅲ.①中国历史-上古史-通俗读物 Ⅳ.①K210.9

中国版本图书馆CIP数据核字（2022）第045311号

策划编辑： 张孔明
责任编辑： 王彦龙
封面设计： 杨亚强

走向中央帝国
ZOUXIANG ZHONGYANG DIGUO

作　　者 赵默冰
出版发行 陕西新华出版传媒集团 陕西人民出版社
（西安北大街147号 邮编：710003）
印　　刷 陕西光大印务有限责任公司
开　　本 787毫米×1092毫米 1/16
印　　张 40
字　　数 610千字
版　　次 2022年5月第1版
印　　次 2022年5月第1次印刷
书　　号 ISBN 978-7-224-14474-1
定　　价 99.00元（上下册）

写作的动机

某天，我和儿子在水疗中心的大池子里泡澡。

看着每个人皮亮肉肥的样子，便颇有感触地对儿子矫情了一下：“多美好的生活，你小子可得给咱保住了。”

儿子问：“听我妈说，你一个月也挣不了几个钱。”

我一怔：“几个意思呀？”

儿子说：“咱家今天还算小资，是奶奶的功劳吧？”

我仰头想了想，点头道：“也对，要没你奶奶给咱这座门面楼收几十万的房租，靠老爸这点公务员工资，连你小子的补课费都交不起。”

儿子看着我，撇嘴儿一笑，扑腾、扑腾地学游泳去了。

嘁——这小子分明把老子当啃老族看了。

吃麻婆豆腐时，儿子突然感慨：“严皇是谁呀？这人太牛皮了。”

我揩了揩嘴角的油渍说：“不认识这个人。说说，他有什么牛皮的地方？”

儿子说：“老师昨天上课时讲，只要是中国人，都是这个叫严皇老爷爷的子孙。”

我一口饭差点儿喷了出去，问道：“你们老师真是这样讲的？”

儿子说：“对呀，这老爷爷真是酷毙了。你常说连我一个人都养不起，看人家严皇老爷爷厉不厉害？罩着十几亿中国人呢！”

不是常笑话我玩不了手机游戏吗？

不是常鄙视我认不得英文吗？

不卖弄一下老子的国学知识，这小子说不准哪一天真的把乔布斯的标准像盖在我的结婚照上面。

我咳了一声，很严肃地说："小子，听好了，'严皇'不是一个老爷爷，而是咱中国人的两个老祖宗：一个叫炎帝，一个叫黄帝。"

儿子叫道："噢，我明白了。炎帝是爸爸，黄帝是妈妈。"

我拍了一下他的头，说："断电了吧你！他俩都是爷们。"

儿子不相信："两个男的……能生出这么多的人？"

我笑了："炎帝和黄帝原来分别是两个部落的老大，后来黄帝把炎帝部落吞并了。"

儿子不解地问："既然是黄帝把炎帝灭了，那为什么咱们又叫炎黄子孙呢？"

我剔了剔牙缝中的饭渣，说道："这涉及人种学、生理学、历史学、混血论等范畴，一句两句给你也解释不清楚。你只要记住，这两个部落合二为一后，经过了几千年的繁衍生息，才有了现在这么多的中国人。咱现在的中国人，或者有炎帝部落的血统，或者有黄帝部落的遗传，总之都是这两个老祖宗的后代，都是龙的传人。"

儿子问："那咱俩是哪个部落的后代呢？"

我一愣，茫然道："这事我还真不清楚。"

儿子皱眉说："咱们连自己的祖宗是谁都不知道，不成了来历不明的野种了？"

这小子话虽然糙点儿，逻辑上却也站得住脚。

一个人不知自己的祖宗，说小了是忘本，说大了还真找不出一个比"野种"更合适的词来形容。

为了消除"野种"这个丑名，寻找自己的祖宗，说不得，只好钻进故纸堆中，从源头查起，也好向那些动不动就瞧不起爸妈的家伙们卖弄一下知识。

呀，这一查，还真弄出了不少的问题。

第一个问题是：咱中国从民国开始就号称拥有上下五千年的文明历史，可是从黄帝元年（前2697年）至今（2020年），满打满算才有4717年。

夏朝以前的历史因为被扣了一顶“迷信神话”的帽子而显得一片空白，周朝以后的历史大约也有近300年的水分在内——历史学家们的态度很不严谨呵。

第二个问题是：我们一直自称中国是世界上唯一从未中断过文明的资深古国，历朝历代的大爷们为了确定在哪一天过年，向来是头破血流地打个你死我活，势不两立（谓之“争正朔”）。可是，到了刚割掉大辫子的民国，接受西方二手教育的国民党新兴权贵们，有鉴于“黄帝无论其功德如何，毕竟为专制政体”的缘故，居然自觉自愿地废除了使用了几千年的“黄历”，转而使用了西元的纪年历法。虽然一段时期内，各路军阀都不理睬这种历法，但是在1929年的1月1日，一枝独秀的国民党还是以政府的名义推行了西方的纪年历法。

1949年9月27日，在新中国成立前的中国人民政治协商会议第一届全体会议上通过的四项决议的第二项就是：中华人民共和国的纪年采用公元纪年。

据说这个采用公元纪年的决议，在当时引发了激烈的争论。

这是一个问题吗？

在无知者的眼中看来，吃什么不是吃，用什么历法不是用，这似乎不算是一个问题。但是在华夏文明的守护者和继承者们看来，这不但是一个问题，而且是事关“弃祖背宗”的原则性问题。

公元的第一年是什么意思？——耶稣的诞辰，西方文明的萌始。

也就是说，采用黄历（也作“皇历”）纪年，中国人的宗脉族谱是连续和完整的，也即我们是“炎黄子孙”；而如果采用了西历纪年，那么中国人就要认同西方的历史观，也即我们是“耶稣信徒”。

说句不好听的话，耶稣呱呱落地时，咱中国的老祖宗们已经在这世上有史为证地玩了2697年。就连那个短命的汉平帝刘衎，耶稣都得叫一声大叔伯哥。

所幸的是，无论社会如何发展，两个原因还是让“老黄历”一直在民间流行并使用着。

首先，中国的百姓认为，不论哪一个政党信仰的是哪一种主义，我们的文明始祖是伟大的轩辕黄帝。

其次，先人们留下的二十四节气等知识，可比什么理想和前景实用得多——都是成了精的千年狐狸，一般的障眼法还真不灵。

第三个问题是：中国人一直称自己是“炎黄子孙，华夏后裔”。炎、黄二帝大家似乎都还有个概念，但一到“华夏”这个领域，便一塌糊涂了。

那么，“华”与“夏”是不是两个民族？

如果是，华与夏谁是炎帝的后裔？谁又是黄帝的遗族？

如果不是，古人们为什么要分称“华、夏”之名？

第四个问题是：中国有史以来，共建国（政权）300多个，立17朝。那么辽、金、元、清及“五胡”等是否为外族统治中国？现存的中国诸族除“汉族”之外，是否都不是中国土著或炎黄子孙？

第五个连续的问题是：我们的祖先真的是那样残暴不仁、落后不堪吗？我们的历史真的是那样血腥、黑暗吗？我们的民族真的是那样封建、专制吗？我们从现行教科书上看到过去的中国是真实的中国吗？

带着这些问题，翻一翻古籍，查一查史料，看看能否弄清楚自个儿的出身来历。

目录

雄性的神话——盘古及其他男神们……………………………………（1）
宗族的共祖——伏羲与女娲 ……………………………………（31）
父系社会的建立者——神农、共工与祝融 ………………………（38）
氏族社会的代表者——少典 ……………………………………（42）
征服兼并者——炎帝 ……………………………………（46）
人类文明的奠基者——黄帝 ……………………………………（49）
宗教创立者——颛顼 ……………………………………（66）
世袭制的始作俑者——帝喾 ……………………………………（74）
共和制度的创立者——帝尧 ……………………………………（80）
议会制的首建者——帝舜 ……………………………………（95）
规矩制定者——大禹……………………………………（105）
人类的宗主国——夏朝……………………………………（114）
文化的帝国——商朝……………………………………（141）
国家一体化——周朝……………………………………（164）
复兴炎族者——齐桓公姜小白……………………………………（173）

仁义的典范——宋襄公子兹甫…………………………………………………（183）
华族捍卫者——晋文公姬重耳…………………………………………………（191）
实用主义者——秦穆公赢任好…………………………………………………（202）
宗族清洗者——楚庄王熊侣……………………………………………………（208）
人类哲学奠基人和指导者——文霸李聃……………………………………（227）
周朝的掘墓者——诸子百家……………………………………………………（242）
人类底线的防卫者——法家……………………………………………………（245）
真理探索者——名家……………………………………………………………（273）
文化的王者——儒家……………………………………………………………（281）
博爱的鼻祖——墨家……………………………………………………………（295）
人类健康守护神——医家………………………………………………………（309）
密钥掌握者——阴阳家…………………………………………………………（320）
无底线者——纵横家……………………………………………………………（326）
其余的“家”们 ………………………………………………………………（342）
最后的贵族——燕国……………………………………………………………（361）
庶民的辉煌——赵国……………………………………………………………（371）
来历可疑的宗族——韩国………………………………………………………（397）
鬼方的族裔——魏国……………………………………………………………（409）
千年蛮族——楚国………………………………………………………………（427）
李代桃僵——田氏齐国…………………………………………………………（466）
独裁的信仰者——秦国…………………………………………………………（493）
旁支的复兴——秦朝……………………………………………………………（561）

后　记……………………………………………………………………………（629）

雄性的神话——盘古及其他男神们

什么事都得有个源头。

比如每个人都必须得有个亲妈亲爸。

关于这一点，从古到今，不论帝王将相还是走卒贩夫，没爸妈的几乎没有——当然，这事在孙大圣和古代帝王等非凡之辈跟前是可以破例的。

那么，人类的第一个妈和爸到底是谁?

按照先来后到的规矩，人类最早出现有名儿的男人叫“盘古”。

盘古当然也是个例外，因为他没妈没爸，无妻无子，纯粹是一条硬生生的光棍!

人类面对妈妈的妈妈……爸爸的爸爸……这样看似繁复的问题，终归会走到一个尽头。

中国的男人们在世间追根溯源，到了盘古这里终于考究不下去了，于是干脆认为他就是人类的起点；后来，西方的男人们则另起炉灶，在星空中寻找根源，索性一口咬定：“耶和华”是全宇宙的“大拿”。

这显然是男人们的说法，女人们并不见得完全同意。

尽管女人们不是很认可这样的说法，但记录历史的事儿全由男人们包揽，只顾着相夫教子、梳洗打扮的女人们，似乎也并不在这类事情上和男人们去较真儿。

她们也许在私底下笑话男人：你们就吹吧，有本事怀个娃试试？

怀孕的男人至今还没有出现，但历史的记录权却由男人们掌握。

在史籍中，伟大的创造、伟大的功绩、伟大的发明、伟大的决策等诸多“伟大”的功绩，基本上都是糙老爷儿们的荣耀，还真没有女人们的什么事儿；倒是改朝换代的糗事，基本上都有“红颜祸水”的粉影儿，几乎全部都能赖在女人们的身上。

从苏妲己始至慈禧止，女人们给世人的印象便是：坏事之源！

中国的史书告诉我们：男人很伟大，女人很添乱。

作为男人中的一员，很为自己的同性糟蹋生我们、养我们的女性的狭隘行为感到不安和汗颜——毕竟她们其中的一员是我们自己的亲娘。

但是，谁也不能否认的事实是：近水楼台先得月。

历史既然由男人们打扮，男性就必须是历史的主角。

于是，盘古便成了中国诸族神话传说中的顶级大人物。

由于先天的缺陷，关于这个“万物始祖”的来历，人们颇有些争议。

几千年来，但凡有点文化成就的识字人都要掺和进来，吵个七荤八素，吹胡子瞪眼。

搞民俗的认为：中国诸族有关上古时代创世的神话传说中，“盘古是确凿存在的”。只不过有的族叫“盘古”，有的族叫“盘瓠”，有的族叫“阿特曼”或“普鲁萨”，文化程度相对低级的族种甚至取其多子之意，干脆叫“葫芦”……因此，民俗学家们得出了一个“万种同源”的结论。

这种论点推测的成分过多，猜想的水分太大，又因为不是“学院派”的首创，所以被归纳在茶余饭后的“神聊”之列。

吃历史饭的学者们在故纸堆中发现，有关盘古的文字记载，最早见诸三国时代吴人徐整所著的《三五历记》。至于战国时代《六韬·大明》中有关“盘古之宗”的记载和初汉太守张收所搜藏的春秋时代盘古的石刻画像，则被认为是抄写之误或托古伪作。

这是一种比较被学术界和学院派认可的流行说法。

道家的宗师们一开始似乎也不是很明白这个开天辟地的老祖宗，老、庄的著作中就从未提及盘古的名字。即便有“创世祖”这么个人物，他老人家的名字在道家学说中也应该叫作“大道”，而不是盘古。

“大”是人类共祖之名，“道”是万物共守之律。

后来随着道教体系的完善，盘古则成了一个活生生、响当当的大人物，并且化身为三个常年不在地球上居住的伟大男人。

这三胞胎分别叫“元始天尊”“灵宝天尊”和“道德天尊”。

……

不管有多少种说法，多少种质疑，这个没爹没妈、不明不白并且没有出生证明和见证人的伟大男人，还是在各民族坊间广为流传。

他老人家一出场便不同凡响。

第一个不同是：他没爹没娘，是“卵生”的。

从小到大，就没什么人整天在他耳边唠叨。

他在极度的自由空间中生长，玩游戏玩到呕吐也没有人管。

第二个不同是：他力气特别大，大到能托起天，踩厚地。

他每天固定的健身项目便是把天地尽量分开，这一点直到现在，好像还没有什么人能超越他老人家。

第三个不同是：他特别能长个儿，特别到了每天能长高三米三的境界——并且这一长就长了十万八千年，成了一根巨大的擎天肉柱。

结果是：由于把天地分开很费劲儿，再加上他老人家个儿长得太猛，失去了协调与平衡，最终被活活地累死在了工作岗位上。

他倒下之后，脊椎骨变成了不周山，左眼变成了太阳，右眼变成了月亮，头发化作了满天的银河，气儿变成了云彩，声音变成了雷霆，身体变成了南北两极，血液变成了江河，筋脉变成了道路，肌肉变成了农田，骨骼变成了矿藏，汗毛变成了牧场，汗水变成了矿泉水儿……其余没提到的“下水”等全都没有浪费，变成了世间的万物。

总的说来，今天人们所能用眼睛看到的、能用牙口吃到的，不是他老人家的器官，就是他老人家的内脏变成的。

形象一点说：咱们地球上的所有动植物们，都是他老人家体内的细菌。

最后，盘古留了两滴精血放在了自己的大脚印中，孕育出了伏羲和女娲这一对繁衍人类的亲兄妹。

与此同时，他老人家还藏了两根头发留在了世间。

一根被伏羲的后代少典找到，熬汤喝了后，生下了非常牛的轩辕黄帝。

一根至今都没有人发现——如果现在有人能找到这根头发，效果我不说，大伙儿心里都明白这宝贝意味着什么。

以咱们现在人类的智力和理解力来看，这些传说有点胡说八道匪夷所思。

事老人小，又没有什么史料或影像佐证，全当不买票听了一场清口或者相声。

就算是有比我们科技先进的外星兄弟存在，也不见得他们会有这么大的能耐！

盘古的来历很玄妙，盘古的性别则很清楚。

男人们为了向女性证明盘古存在的合理性，煞费了一番苦心。

东汉之时，道教的术士法师们经过无数次“穿越”后的实地考察，向世人讲述了“盘古大帝”其实还“生”了掌管男神的东王公倪君明和掌管女神的西王母及一众神仙。有兴趣的朋友可找《元始上真众仙记》和《仙传拾遗》等道教书籍看看。

谁说男子不如女？

到了后来，盘古的出身又有了新的见解——并且是洋见解。

某些天主教徒认为，中国在东汉时期始见盘古之名，这便证明盘古根本就不是中国土生土长的土著。

据他们考证，“梵”与“盘”古音相近，并由此推断出：盘古其实就是西方所称的上帝耶和华。

为了佐证这个观点，他们用了三个依据来证明：

一、《推背图》中有一句“自从盘古迄希夷”，“希”“夷”这两个中国不常用的词，有着明显的西方味儿；而《推背图》中不仅蕴含着中国少有、西方特有的“末世思想”，并且在创世的说法上也与《圣经》同源——甚至讲的就是《圣经》中的创世过程和末世过程。

二、盘古的“古”字，上面的“十”是耶稣受难的标志，下面的“口”正好是“上帝说”的意思——哈利路亚，这难道不是上帝耶和华吗?

三、《道德经》中所表述的混沌状态，与《圣经》中对耶和华的描述很相似：“希、夷、微”等精神状态中的主宰和耶和华一样，都是人类所看不见和摸不着的；更神奇的是，“希夷微”三字的发音，与古希伯来语“耶和华”的发音是一样的。

看来，这些一贯举着民主自由大旗的基督教徒们没能在肉体上消灭咱们，干脆换了一个姿势和角度，如今要在精神信仰领域，从源头上搞混咱们。

这其中有两个疑点。

第一个便是盘古或是耶和华、安胡拉等创世神们的性别。

以人类现在掌握的常识，似乎除了海马外，哺乳类动物至今还不具备雄性孕育的功能。以人类一直践行的阴阳理念和规律，人类的始祖怎么说也应该是个女的。

站在动物的角度似乎可以证明：在人类始祖的真伪上，一看性别就能辨别虚实。

很显然，盘古等男神大约是男人们虚构出的幻象，其功用是让女性死心塌地地臣服于他们。

第二个便是盘古的宗属。

按常理说，已经领导了人类两千七百多年的夏华宗族与帝王们，大概是不屑去抄袭理论体系尚处在萌芽状态的域外神话的。

便是想抄袭，他们也得具备进入未来世界的本领。

其实这事儿反过来一看，便很合理：谁抄袭谁，谁模仿谁，谁又源自谁，这事还用细谈吗？

这便引出了人类如何产生宗教的话题。

人类起初对神教的信仰，源自内心的精神需求和对自身“生与死、来与去”的探究。

一个人的一生中，总会被“我是谁？从哪里来？到何处去”这类问题纠结个没完。他们自己想不明白，便希望有政权或智者来回答这些问题。

东方的帝王们回答：你们是中国的百姓，都从黄帝那里来，最终都要埋到黄土中去。

西方的君主们回答：你是我的奴隶，你从奴隶中来，最后要为我的利益死去。

这两种比较现实和残酷的回答，显然不能让大多数人——尤其是那种有文化没地位的智者所接受。

文化过了的人们比一般人的思考就深了一个层次，并且将问题按逻辑进行推理：大家都是一个鼻子两只眼，高到帝王低至乞丐，谁也不比谁多长件东西——既然生理结构高度统一，大伙儿就没输在起跑线上——既然起点一样，人们的高低贵贱便只能用命运来解释——那么，命运由谁来掌握？

当然是一个比人类帝王高级许多的“伟大神物”！

而这个掌握全人类命运的伟大神物必然要具备以下条件：

一、从来没有人见过它，但每个人又能时刻感觉到它的存在。

二、它是无所不能、有生无死的。

三、它想让谁发财，谁就会中大奖发大财；它想让谁倒霉，谁就会被庸医弄死或喝凉水噎死……

于是，华夏宗室便出现了盘古，欧洲诸族就出现了耶和华，中东各族则出现了安胡拉。

这三个代表着男性形象的大人物，给世人的印象分别是：盘古从来不管事；耶和华一直在吓唬；安胡拉工作很较真。

这三尊男神一出来，是不是就产生了宗教？

当然不是。

宗教便是宗教，宗教不是神教，宗教要比这些神教早许多。

宗教是什么？

一句话："宗脉认同，遵祖教导"——便为宗教。

一种宗教，首要的问题是必须明白自己的祖宗是谁。

如果在李家祠堂供着赵家的先祖，不是找抽便是脑残。

宗教的创始地，只能在人类文明诞生的中心地域；宗教的坚守者，必定是人类先祖最优秀的后裔。

让西方拿着枪炮的兄弟们很不舒服并且失望的是：宗教的根源地在中国，宗教的坚守者是华夏宗族。

西方的游子们一直在企图推翻这个事实，甚至不惜将人类的始祖放在了非洲。

让他们不爽的是，遗传学和医学的发展进步都证明着这样一个事实：不管您的皮肤是啥色的，不论您拿的是核弹还是长矛，大伙儿的祖宗可都是从一个裤裆里钻出来的。

这个大裤裆的主人是即将出场的"女娲"，而不是什么所谓的"露西"或"夏娃"，恐怕更不是盘古、耶和华或安胡拉。

弱肉强食、"文明中心论"的生存法则和逻辑推理都在向人类昭示：人类文明的中心，只能被不断进行混血杂交而强化脑力的种族去占领。

而越原始、越封闭的种族，只能离人类文明发源地的中心越来越远。

"中国"之名，原意大概便是"人类文明中心之国"——万国之中央，中央之帝国，是为中国！

接下来，大家来看一看人类宗教的产生时间与脉络走向。

黄帝元年（前2697年），轩辕黄帝依托河套地区南端（今陕西省靖边县境内）统一中国诸族后，由于“万国（族）和”，便“鬼神山川封禅与为多焉”。

此时的人类先祖们不但将自然崇拜系统化和拟人化，而且允许各族建立自己先祖的祭祀场所。

原先中国诸族共奉的始祖是女娲，但是在轩辕黄帝的指示下，老爷们儿伏羲赫然坐在了女娲的身旁。

有阴岂能无阳？

更何况他是轩辕黄帝的父亲少典的先祖！

黄帝78年（前2619年），二十岁就继承爷爷帝位的颛顼（高阳氏昌意之子）发现，诸族首领动不动就以天命始祖之言相挟和规教，并且对爷爷轩辕黄帝的丰功伟绩只字不提。

血气方刚的颛顼干脆将中国诸脉各族祈天祭神的场所全部清除（史称“绝地天通”），并规定天下除昌意（夏族始祖）、玄嚣（华族始祖）两族外，其余诸族皆无“通天入地、祭祀神祖”的权力。

伏羲、女娲、黄帝并列宗庙。

其余诸族都要供奉，否则便会被驱离中国（之后不久，古埃及、古印度、古希腊等地才出现了太阳神、车轮、历法等文明产物）。

黄帝1138年（前1559年），商朝的开国帝王成汤以帝国的名义，创建了人类有史以来的第一个国家宗教——“一元宗教”。之所以在此时建立人类史上第一个成系统、成规模的帝国宗教，大约是基于以下原因：

一、轩辕黄帝的后裔此时已统治天下1138年，为了证明商取代夏执掌天下都是一家子的内部事儿，成汤继承颛顼的禁规，不立诸族宗祠，专供轩辕黄帝先宗一脉，向天下昭示自己正宗的血统——一千多年的贵族老户，如果不向天下炫耀自己种族的辉煌来历，半夜起来还真不好意思坐在羊毛毯上吃夜宵。

二、酸溜溜的文人们尚且在有权有钱之后“刻儿部稿，讨儿房小”，帝王之后，动静就要比这些凡夫俗子大一些。如果不以国家的名义弄个正式点儿的祭祀殿堂，真对不住那些个留下偌大地盘儿的祖先。

三、遇着个有些想法和脾气的夷族大佬，便可以领着他们到宗庙参观讲解一下，让他们出门之后有这样一个心得：天下是轩辕黄帝打下来的，谁要是敢拧巴，蚩尤和共工就是反叛者的下场！

四、由于供奉的都是些有名有姓、有据可查的夏华老祖先，很是束缚了百姓期待他们神通广大的想象空间。于是，全世界的民间智者们，先后用了近两千年的时间，充分发挥他们超强的想象力，抛开政府闹变革，创建出了几个至今影响着人类精神思想的重量级"神教"。

按道理讲，创造一种"神教"去影响甚至指导世人的行为乃至思想，这原本是受过高等教育的文化人才能干得成的大事。但结果让人们惊讶的是：除了道教，其余几个至今有着强大号召力的"神教"，竟然硬是被几个文盲搞定的。

现在，请调理一下情绪，坐稳板凳，从宗教渐进到人类的"神教"。

因为这一段过程可能会让人们大跌眼镜，真相也会让人们觉得像是在看一部玄幻小说。

第一个是"道教"。

它最明显的特征是"多神崇拜"。

它最诱人的结果是"羽化成仙"。

道教虽然承袭了"一元宗教"的衣钵，但随着夏华两族统治力的衰弱，逐渐将上古诸族的先祖和图腾也夹杂了进来，处处可见"百姓"先祖们的身影。

"道家"到"道教"的发展，仿佛是一部中国百姓集体创作的肥皂剧！

由于过分强调人与自然的互存关系而推崇"无为而治"的思想，所以尽管道教是最贴近中国宗教的"神教"，但后来因为将中国诸族的老祖宗改头换面变化成了众多的妖魔鬼怪，很不受那些具有夏华血统的帝王们的待见。

再加上"道家"沦为"道教"后，对自己所信奉的诸神法力遵循"相生相克"的原则，有时连元始天尊都干不过一个自学成才的散人，很是让百姓失望。

当时的"百姓"可不是咱们现在理解的"老百姓"，但凡有"姓"的，可都是一群活生生、有来历的资深贵族呵！

当政者不喜欢，百姓们不解馋，所以到了现在，道教很不像是一个让中国诸族顶礼膜拜的"神教"，倒像是一个治疗疑难杂症、赶鬼驱妖的民办医院。

中国的老百姓只有在现实生活中实在找不到解决问题的方法时，才会拿着钱物在“祖师爷”殿中跪下祷告，并认为敬献的钱物越多，道教的诸神就会越认真地解决他们遇到的问题。

如果诸神有灵，会怎么看待中国人把自己等同于世间的贪官——并且还是那种很没有道德操守的劣人的行为？

神也是有神格的，中国人这样糟蹋自己的诸神，还怎么祈求他们保佑你健康平安？

但是，道教能延续至今并且香火不断，如果仅靠它混乱的神祇系统，恐怕早已被其他神教所替代。

就如同武当山金顶上的祖师殿，虽然看上去破旧得随时都可能倒塌，但只要那几根顶梁柱还在，崩溃的可能性便不是很大。

那么，支撑道教的“顶梁柱”有哪些？

第一根顶梁柱是“太极”。

如果说“龙”是中国诸族的共同图腾，那么“太极”便是全人类文明的共同符号。

不要不服气，这个表现宇宙全息、乾坤同构、万物规律、天地奥秘的本质符号，至今还没有几个人能跳出这个圈子。

能跳出这个圈子的，那级别可比神佛仙魔们大了去！

因为掌握着万象万物的至尊符号，所以无论道士们再怎么胡搞，只要还没有什么更精辟的符号可以代替“太极”，他们宽宽的道袍、冉冉的白须、悠悠的拳法、嗡嗡的咒语都将继续流传下去。

更何况道教子弟也不全是吃素的，他们从“道家”的“太极图”中精研出“两仪”，从两仪中又发展出“四象”，最后形成了“阴阳五行”的理论认知体系。这套体系可以在人类的任何学科及万物万象中得到应用。

第二根顶梁柱是“先祖”。

说句掀老底儿的话，自东汉伊始，道教的各派宗师便纷纷向历代帝王袒胸露臂，大送秋波，硬生生把自个儿从祖爷爷变成了孙子辈。

帝王们也不含糊，尽显一把手们拍脑袋的本性，根据自己的好恶和理解，硬生生地将道教中诸神的先后顺序、高低尊卑可着性子打乱，基本上让人们找不着北，不知道哪一尊神的级别最高。

这样胡干的小九九是标准的一把手思维模式：“诸神诸祖混乱，天地唯朕独尊。”

但万变不离其宗。

任历代帝王们再怎么胡整，老道们心中还是有一个老主意。

活着的帝王们看着三皇五帝不顺眼，便把他们赶出神坛。可以呀，谁叫您是又给好地盘儿又给银钱的大爷呢！

但是，“三清殿”不能动！

因为那是咱们的老祖宗。

人类的始祖在这里。

道教的理论系统，都是老祖宗智慧的结晶。

占据了这个敬奉人类始祖的制高点，想破产？连门儿都没有。

第三根顶梁柱是“符箓”。

一看到这个词儿，但凡受过些教育的朋友，便会冒出些“封建、迷信、落后、老土”的字眼儿。

准备抡棒子的大哥们且莫红眼，有理咱不在嗓门儿大好不好？

比如我们要评论《金瓶梅》的好与坏，是不是得先看一遍再表白自己的观点？

想知道有些空调是不是每晚只用一度电，最起码也应该用电表试验一下吧？

你都没看清对面的女孩长什么样，便下一个“贤淑”或者“淫荡”的定论，是否有些过于主观和毛糙？

看不懂是因为知识没到位，这不是罪过，看不懂瞎定义那才是脑子进了糨糊。

便有人捋着袖子问：你能看得懂“符箓”？

回道：看不很懂。

又回道：只能看出些变体文字和星座图形。

再回道：便是那些老道和靠此为生的异人们，也不一定全懂。

可是，就是这些人类现在还看不懂的符箓，偏偏能在现实生活中显示着人类所不能理解的奇迹。

有些令现代医学束手无策的“邪病”，居然靠几道符箓就能痊愈，这样的事例屡见不鲜；某些不安稳的住宅，竟然在符箓与咒语的作用下便得到了调整。

有人说是心理暗示起了主要的作用，哼哼，您得个怪病自个儿试试？

由于知识界的排斥，至今还没有听说过有部门甚至团体专门去研究符箓。

但不研究不等于不能被一些人下定义，结论便是“鬼画符”！

如果您抱着谦虚求知的态度，仔细地看一看符箓，至少会有这么几个感觉：这是一种文字与星图结合的符号；

这些符号很难用音节读出来；

我们人类看不懂，并不代表其他的物种不明白；

这显然不是我们这茬人类的文字或者符号……

这是什么东西呢？

不明白——但有时还真管用。

套用西方的一句话：“存在即合理。”

突然，左耳听到：“笨蛋，那是史前另一种文明的语言。”

紧接着右耳又听到：“胡说，这分明是星际通用的符号。”

无量天尊呵！

第四根顶梁柱是“修道”。

前三根支撑道教的顶梁柱，给人们的感觉是：太极很虚幻，祖宗太杂乱，符箓极难懂，似乎和我们这些凡夫俗子的日常生活很难紧密地联系在一起。

于是，精明的老道们便举起了以《黄帝内经》为核心的养生大旗，当仁不让地来发掘人类体内的奥秘与潜力。

谁不想长生不老呢？

谁不想羽化成仙呢？

想吗？想就对了，足以证明你还是一个有想法的人。

来来来，道教这里有你们想要的东西。

你要健康地享受自己的人生吗？

好，听我们的。

首先你得了解自己的身体构造，最轻松的方法是学习《黄帝内经》；最可靠的手段是修炼“内视之功”。

前者能使你明白自己的身体有“两个生命系统”在相互作用和维持，后者则会让你直观地看清楚这“两个生命系统”的运作状态，从而自个儿去进行有针对性的调节。

十懂其一的人，身体就会一直很健康；

十懂其二的人，身心便会很愉悦；

十懂其三的人，除了健康愉悦还有了气度；

一般人经过道教的指导或者自学，都能达到这个状态，道教的诱惑力可窥豹一斑。

接下来更诱惑。

十懂其四的人，济世教人的想法便油然而生；

十懂其五的人就很危险，高不成低不就，半瓶子醋晃荡了开来：上不去的隐世苦修，滑下来的怪念百出；

只要过了这个半懂不懂的坎儿，就到了炼丹的境界了。

这个境界又有内外之分。

炼内丹（气功）可使人在短时期内精神倍增，效果显著；可是到了一定程度便会停滞不前，该掉牙的掉牙，该白发的白发，很难达到修道者预期的效果。

于是，很多人便求助于“五行”的外力作用，以求达到长生不老的目的。

很显然，以世俗的眼光看，这个目标几乎没有什么人能够达到。

比起炼内丹，炼外丹对人体表象的生命系统的危险大了许多，并且还要耗费巨大的财力。一般人负担不起，花得起钱的大爷又没那个闲时间坐在丹炉前静候。

到了这个境界的修道者非常精明，同时也极端自私。

精明的是：他们已经明白人的本身是由“两套生命系统”组成，只有合二为一才能获得永生的可能。以一个人外在生命系统的天寿（120 岁），修炼内丹虽然很安全，但是时间显然不够，必须得借助天地中的“五行之物”炼成外丹，促使内外生命系统在瞬间合为一体。

自私的是：他们明知道外丹配合成分如果掌握得不好，完全可以在短期内或慢慢地摧毁人类外在的生命系统，但他们却从不向其他人告诫，默默地在有钱有权者身上做着试验，一朝有了把握，便会人间蒸发。

或有人问：有没有人修道成功？

回答：……应该有。

又问：您亲眼所见吗？

反问：您认为自然界有风吗？

当然有。

又问：您看见过风是什么形状吗？

……

有了这四根顶梁柱支撑着，再加上人类的老祖宗和夏华两族传下来的知识和技术大都能在中国道教的百衲袋中找得到，道教这座看上去古老又破旧的老房子，一时半会儿也倒塌不掉。但是，如果再没有什么大宗师去探究道教的奥秘并向世人昭示，道教也就是一个老古董：摆起来显得很有文化和历史感。

道家因崇祖而延续，道教因自私而束缚。

那么，道教是宗教还是神教呢？

共同的祖宗，相同的肤色，中国诸族都在叩拜三清祖师。

不是宗教是什么？

第二个是“佛教”。

佛陀虽然生长在尼泊尔，但在中国却成了帝王们的形象代言人。

这个在黄帝 2132 年出生的“王二代”，刚钻出娘肚子，还没来得及冲个澡，便开口说了一句“天上天下，唯我为尊”的扛硬话，很是符合中国帝王们的调调。

庶民们是需要低调的，佛祖、诸神和帝王们可用不着谦虚。谦虚是因为你对事物还没有掌控力。

在原产地很不得志的悉达多太子，到了老祖宗的根据地，摇身一变，代表着中国帝王们成了法力无边的佛祖——“释迦牟尼”，差点儿取代了人类始祖盘古的尊位。

这原不是悉达多太子的本意，以他老人家的修养觉悟，断然不会做出这些没大没小的糊涂事儿。

可是猫不上树有狗追，到了中国的地盘上，可就由不得您啦！

不改编这个故事弄个几百集的连续剧，白引进您了？

这出改头换面的“创佛”大剧，男一号兼制片人、策划、导演于一身的，便是以汉朝为首、以唐朝结束的夏华两族的历代帝王们。

帝王们太喜欢悉达多太子了。

喜欢的理由一：这个早已上西天的后生身份竟然是一个“太子”。不管把他抬得有多么高贵，辈分总是比世间的帝王们低着一个档次；

喜欢的理由二：这个来自迦毗罗卫国的太子的宗族势力小得可以忽略不计，根本就不会也不敢有迦毗罗族人来中国打侵犯版权的官司或抢占老祖宗的地盘，没有一点点有关肖像和遗产权争执的麻烦；

喜欢的理由三：既然妈妈不在了舅舅也不管，这孩子就由着帝王们导演——只要大佬们的想象力足够丰富，把他弄成个阴阳人也未尝不可；

喜欢的理由四：今后再想干什么任性的事儿，万一碰着道、儒两家拿祖宗的规诫、天地的征兆来说事，一句“朕请示过佛祖了”便可推托过去。

于是，悉达多太子便成了法力比什么始祖诸神都大、唯独比帝王们低着一辈儿的“佛祖”。

于是，悉达多太子这个异域男子原本干瘦的形象，逐渐被修理得和蔼可亲、宝相庄严，给人的感觉是一个慈眉善目、见人就发奶糖的胖好爸爸（友情提示：看看汉代的佛像，怎么都和村干部出身的刘邦很相像；到了唐朝，便有了富二代李世民的雍容气度）。

于是，佛祖身体的生理差异没有了，这显然体现了道教阴阳合一的思想。可是，佛祖座下的首席执行官观世音菩萨可就没有这么好的待遇，其性别至今也没有人敢下结论。

于是，佛教代替了道教赏罚世间善恶的神力，法力大得无边无际。

其间或有印度、尼泊尔的僧侣质疑佛祖的本相与事迹，但看着遍占中国名山大川的“大雄宝殿”和芸芸信徒，也只好暗自在心里叫一声“好气派”，羡慕而去。

说什么佛教的根在印度，这事儿恐怕还得饶几句舌。

除了佛祖是尼泊尔那疙瘩人，佛经是帝王们派人去印度抄来的，其余的清规戒律、伟大事迹、无边法力及主宰世间一切的权力，可与印度的兄弟们有一毛钱的关系?

更何况印度的主流神教是“婆罗门教”，他们至高无上的宗主居然和道教一样，由“梵天、毗湿奴、湿婆神”三个至尊组成，还真没悉达多太子的什么事。

佛教，显然是中国帝王们联合接力进行“权力私家制造”的产物。

照理说，凡是帝王们喜欢的，庶民们不是玩不起，就是皱眉头，可偏偏在佛教这个领域内，庶民们竟然是真心地喜欢并且发展成为虔诚的崇拜。

看着佛祖的形象便喜庆!

庶民们觉得，这个法力不受任何事物限制的释迦牟尼，很符合自己心目中的神的形象。再加上信奉佛祖的前提条件很是简单，有事也不一定非得上寺庙里去，只要在家里念几声“阿弥陀佛”，就会得到九天诸佛的庇佑。

更何况佛教里还有个非常敬业、救苦救难的观世音菩萨，这真是天上人间仅有的劳动模范。不管你给菩萨磕不磕头、送不送礼，只要你遇着困难事儿，菩萨肯定会帮助你。

悄悄地说一句：观世音可全帮的是穷苦人呵……

帝王们联合制造了佛祖，庶民们集体创作了菩萨。

上下齐心，佛教焉能不兴!

佛教除了在天上大搞“改革开放”、权力更迭外，其关于人类的核心价值其实与道教高度合拍。

由于帝王们的心腹、死党都在忙着升官发财，佛教这个系统的职位不但捞不到足够的油水，还要受到清规戒律的束缚，此处的权力便出现了真空。

朝廷出个任命文件，保准没一个官员去上任。

说不得，只好来一个高度民间自治。

眼瞅着修真无望、求官失意的道士和儒生们剃光了脑袋当上了主持。

结果是，中国的僧侣们并未将帝王的指示精神照单全收，在“普度众生”的口号下，道家“万物平等”的核心思想在佛教的供坛上赫然敬奉！

这虽然让帝王们觉得很刺眼，但因为百姓与庶民们认可、喜欢，他们也只好暗中咽下一口恶气。

几番经营，佛教与道儒两家联姻后，在中国扎深了根。

与道教一样，佛教也向世人们贴出了充满诱惑力的告示：笃信我教，通过修行，万物都可成仙成佛；

不想成佛吗?

善哉，善哉，不是谁都可以成佛的。

信佛吧，只要你信任佛、敬奉佛，你的今生就能少受苦，你的来世就会很美好。

弱弱地问一句：来世的美好能具体形容一下下吗?

阿弥陀佛，男的当大官，女的当官太太。

再低声地问：不信成吗?

南无阿弥陀佛，佛是不强迫人的，你等着去地狱吧。

虽然似乎能说明佛教是帝王们的“私人订制”，僧侣们修养的高低也会给世人造成一定的困惑与失望，但中国的人们一定还是会信佛的。

因为人们相信佛的仁慈，佛的怜悯，佛的博爱，佛的善良……

这应该是人类内心的本性。

“人心即佛，佛本人性。”

佛祖的创造与完善，无意中击中了全人类隐藏最深的那根“喜善”的麻筋儿。

“千夫所指，无疾而终；万心崇仰，自成佛灵。”

这也许就是“道”的玄妙。

第三个是“天主教”。

天主教的至尊耶和华一出场便向全世界宣布：“我是这天地间唯一的神。我的名字你们凡人不能够称呼。你们每天要赞美我。你们都是我的仆人。”

这口气听上去怎么也不像是“仁慈”的至尊说的，倒很符合一个拿着片刀喝着酒的街头霸王形象。

黄帝 2697 年（公元元年）出生的圣子耶稣，带着圣母玛利亚未婚先孕的耻辱，在埃及和耶路撒冷躲避着世俗的嘲笑。到了三十多岁，于约旦河在“约翰”的引导下“谦卑”地受洗加入了“天启宗教”，随后领着十二个没有什么正当职业的门徒到处游荡传道。

由于面对的都是些没有什么文化和来历的普通穷苦群体，高度集中的话语权便使耶稣的优越感油然而生，逐渐形成了以自个儿为中心的一套神学系统。

没上过学，没有导师——自学成才的典范。

他有亲娘，并且还有一个没有血缘关系的名义老爸约瑟，所以他当然不能把自己说成是石头中蹦出来的孙大圣。

如果不能把这个问题解决好，今后的戏便没法唱。

行家一出手，便知有没有。

前期宣传的策划案中，关于圣母玛利亚未婚先孕的解释是：“主自己要给你们一个兆头，必有童女怀孕生子，她的名字叫玛利亚。”

关于自个儿被母亲遗弃的解释是：“（天使说了）我报给你们大喜的信息，是关于万民的。因今天在大卫的城里，为你们生了救主，就是主基督。你们要看见一个婴孩，包着布，卧在马槽里，那就是记号了。”

关于自己是什么头衔的解释是：“（耶和华说了）这是我的爱子，我所喜悦的。”

圣母，圣子，圣父。

一个也不少。

合理而完整的造人系统。

解决了这个尴尬的大问题，接下来，就要全力推翻“天启宗教”嫡传尊崇的大神“雅威”的无上地位（“雅威”的原型是谁？中国人一定想不到，往后看诸位可能会跌掉眼镜）。

耶稣让信徒们相信：“你们是耶和华的民，也是耶和华草场的羊。”

当个温顺吃草的喜羊羊还不是很到位，每时每刻还必须要“向耶和华歌唱，称颂他的名，天天传扬他的救恩”。

要想有人信，必须得诱惑。

耶稣给信徒们的诱惑是：“我就是道路、真理、生命；若不借着我，没有人能到父那里去。”

“我是世界的光。跟从我的，就不在黑暗里走，必要得着生命的光。”

“我就是生命的粮，到我这里来的，必定不饿；信我的，永远不渴。”

还有一句：“凡劳苦担重担的人，可以到我这里来，我就使你们得安息。”

乖乖，无产阶级的根儿在这呢！

如果有人不信呢？

复活后的第四十天，当众升天的耶稣给众人撂下一句狠话：“（凡不信我的人）将在世界末日时再来审判罪恶，审判活人、死人。”

总之一句话：信圣父、圣子、圣灵的都不会上法庭，其余的则死了也不能轻饶。

只要你信“上帝耶和华是唯一的神，信原罪，信救赎，信天国和永生，信地狱和永罚，信末世”，并且心甘情愿地当耶和华及其儿子耶稣的忠实仆人，即便有罪，你只要把手上的血迹洗干净了在木笼子前面祷告忏悔一下，天大的事儿也要等到末世审判时一并了结。

什么时候审判？

没个准信，大伙儿都候着吧。

这个号称有全世界最多信徒的教派从“天启宗教”中剥离出去，现在发展为三个大的派系：“天主教”（又称“罗马公教”）、“东正教”（又称“正教会”或“正统教会”）和“新教”（中国称“基督教”）。

他们的至尊老大虽然都是耶和华，但他们表现得可一点儿也不像是耶和华要求的优秀仆人。不是弟弟制裁哥哥，就是姐姐威胁妹妹。动静越来越大，看上去没有消停的意思。

第四个是“伊斯兰教”。

伊斯兰教的核心基础是“只信仰真主安胡拉这唯一的神”！

因为有了这么个绝对排他性的前提条件，其他的神教要想和他们攀个亲戚沟通一下感情，便成了一件非常困难的事情。

绝对的信仰会产生绝对的言行：“你信我的真主，咱们就是兄弟！”

这个神教是在黄帝3267年（570年），由降生在麦加的古莱什部族人穆罕默德（570—632）在“天启宗教”的基础上所创建。

他就是穆斯林口中所称颂的“先知穆圣”。

穆斯林的意思是什么？——顺从者。

穆罕默德的第一个身份是放羊娃。

第二个身份是商队的小跟班。

第三个身份是士兵，参加了著名的“伏贾尔之战”，并且一打就是四年。

第四个身份是伙计，并且在二十五岁时和比他大十五岁的老板遗孀赫蒂彻结婚，从此过上了富裕安定的生活。

第五个身份是思想家，经常到麦加郊区希拉山一个山洞里隐居潜修、沉思冥想。

第六个身份是“安胡拉的使者”。

四十岁时，依旧目不识丁的穆罕默德拿着真主秘传的《古兰经》，从亲人和熟人下手，开始教导族人信奉“伊斯兰教”。

当时阿拉伯人信奉的神最少有三百六十个，最顶级的神也是三个，即：拉特（太阳神）、乌扎（万能神）和默那（命运神）。

大家绝对想不到，这三尊神竟然全是女的。

麦加的贵族们靠着克尔白神庙祭祀中正舒畅地敛取巨额财富之时，突然被穆罕默德一搅和，独门的生意眼见着就要停业。

贵族们先是许以重金，劝告穆罕默德放弃“认主独一”的信仰：咱不仿照天主教行不行？

得到拒绝的回答后，便派神教徒去刺杀他。

穆罕默德一见这伙人真动了刀仗，便领着一部分穆斯林到阿比西尼亚（今埃塞俄比亚）去避难。因为那里有位以公正、善良闻名的基督徒国王，刚兴起的穆斯林得到了基督徒们的保护。

由此可见，基督徒们是对穆斯林们有恩的。

知恩图报，这一点大概没有什么人反对吧？

强大后的穆罕默德对基督教徒们的报答是：交纳很高的税赋（“天课”）。

穆罕默德的成功之路从麦地那开始。

他首先与来自麦加的追随者和麦地那附近的部落签订了一项和平友好协议，主要的议题是建立了一个联盟。

这个联盟的首都是“麦地那”（今沙特阿拉伯王国境内）。

联盟的名字叫“乌玛”。

联盟的领袖当然是“穆罕默德”。

联盟的形式是“政教合一”。

联盟的指导思想是《古兰经》。

为了保障这个区域的安全，穆罕默德与麦地那周围的部落和国家也签署了类似的条约，最为著名的是与犹太人签署的《麦地那宪章》。

有人有刀有地盘的穆罕默德，底气便足了许多。

当了领袖的穆罕默德干的第一件事便是：带领300人袭击了一支麦加的商队。

这是一次不成功的袭击行动，不但让商队逃脱了，而且招来了麦加800人的军队。

伊斯兰教的第一仗“白德尔之战”就此开打。

结果：800人的麦加军队死45人，被俘70人；300人的穆斯林军损失14人，获得了此次战斗的胜利。

紧接着，搂草打兔子的穆罕默德顺手收拾了一个犹太人的小部落，从而奠定了他在这个地域老大的地位。

武力成功显示后，文化建设便尤为重要。

有些问题必须说清楚。

一、只信仰安胡拉一个神是成为穆斯林的前提条件。

信了真主后，男人便比女人高一个级别。

高级别的男性待遇是：可以娶四个老婆；同为子女，男的比女的能多分一半遗产。

男人们双手赞成！

二、承认穆罕默德是最后的“先知”（前面还有24个），真主从此之后不再派大员莅临人间指导工作。

穆圣之后，再无先知。

三、前两个信仰的条件认可具备之后，为了加强穆斯林们的思想认识，穆斯林必须要干这五件事：

1. 每天念诵“清真言”，大意为：“除真主外，绝无应受崇拜的，穆罕默德是真主的使者。”此外，还要不停地当个证人：“我做证：除真主外，绝无应受崇拜的；我又做证：穆罕默德是真主的奴仆和使者。”

2. 每天五次面向麦加进行礼拜，每个礼拜五到清真寺参加聚礼。

3. 每年的莱麦丹月（即9月）要封一个月的斋。

4. 按财产比例交纳“天课税”。

5. 穆斯林不论住哪里，一生至少要去麦加“朝觐”一次。

最后归结为六大信仰：信真主，信天使，信经典，信先知，信后世，信前定。

这时是黄帝3319年（622年），伊斯兰历元年。

也就是说，在黄帝及其后裔执政中国3319年、耶稣诞生622年后，伊斯兰教始立，至今1400余年。

在穆罕默德执政的十几年中，先后发动了65次征讨“战役”，他亲自出征27次。

他先从麦地那城边儿驱逐了犹太人盖尼戛尔和奈迪尔这两个不听话的部落，然后又消灭了在联盟之战中动摇的麦地那城里最大的犹太集团古莱扎部落，从而稳固了自己的立足之地；紧接着，他将目光瞄向了故乡麦加，经过几番打斗，最后征服了麦加，并下令捣毁克尔白神庙殿内的360尊偶像，让所有的麦加人信奉了伊斯兰教。

信心倍增的他又派军队远征叙利亚边境的塔布克城，返回的途中顺手收拾了几个犹太教和基督教徒居住的绿洲，并将阿拉伯半岛的阿曼、巴林、也门、哈达拉毛、泰伊、哈木丹、肯特等地的贝都因部落全都归拢在星月旗下。

阿拉伯半岛初步统一，伊斯兰国家的雏形已然显现。

后来的“四大哈里发”时期（632—661年）、“伍麦叶王朝”时期（661—750年）、“阿拔斯王朝”时期（750—1258年）、“奥斯曼帝国”时期（1299—1922年），穆斯林信徒们都在孜孜不倦地在亚、非、欧三大洲“教导”或征服其他的国家和种族信奉伊斯兰教。

听话的，念一遍“清真言”和“做证言”，不论你是什么肤色的人种、干过些什么事儿，咱们就是兄弟了，咱们就都是真主的奴仆了。

不听话？

“真理已来临了，虚妄已消灭了——虚妄确是易灭的。”

穆斯林是笃信这个真理的。

他们发现，耐心的劝导，远不如铁蹄加弯刀的征服省心又省事儿。

穆罕默德最后的谢幕很气派！

黄帝3320年（公元623年），穆罕默德领着10万穆斯林赴麦加朝觐，并向信众们大声宣示："今天，我已为你们成全了你们的宗教，我已完成我所赐给你们的恩典，我选择伊斯兰做你们的宗教。"

他在40岁时获得了真主的启示，用了12年的时间传教并建立了政教合一的国家，又在短短的10年内统一了阿拉伯半岛，使得伊斯兰教至今在人类社会中占有举足轻重的地位。这个穆罕默德非常了不起！

一个目不识丁的人，居然能在短短的22年内成就如此辉煌的文治武功并影响至今，咱们睡在被窝里思前想后，觉得除了"有如神助"，还真没有人能达到那样的境界。

穆罕默德临终前说了一句很值得玩味的话："学问虽远在中国，亦当求之。"

这是他唯一向穆斯林们指明学习方向及地点的话。

咱们现在看到天主教和伊斯兰教像是两个不共戴天的仇人一样闹腾得不可开交，总以为他们是在各自的原旨教义中发生了根本的分歧。

比如一派认为创世大神是个女的，另一方却一口咬定是个男的……但通过史料发现，这两个神教其实和比他们更早一些的"犹太教"是一回事，都源自"天启宗教"。

天启宗教最初见于中东的闪米特人。

闪米特人信仰的始祖大神名字叫"雅威"，而这位始祖大神的原型——居然是中国的轩辕黄帝。

后来，由于认识的不同而逐渐分为三派。

最早成立的是犹太教。

犹太人信奉的同样是耶和华，并认为只有自己的族人才是耶和华"特选"的仆人。

犹太教的主要诫命与教义来自《托拉》——即《圣经》的前五卷（俗称

《旧约》)，合称为《摩西五经》。

据他们自己的故老相传，教派始创于黄帝697年（前2000年）前后的游牧民族“希伯来人”，也就是今天以色列人的前身。

他们的始祖也是三个，分别是亚伯拉罕、以撒和雅各。

由于是耶和华的“特选”，外族人自然很难入教。

结果是：这些出生后八天便要进行割礼的“上等奴仆”，虽然在身上刻着与耶和华的“契约”，但因为高傲的性格不怎么合群，又没有什么过硬的军队与武器，还要不停地与其他种族争一个高低贵贱，生存的状况一直不怎么理想。再加上他们有许多的清规戒律，很不适合在喜欢明打明抢、直来直去的西方兄弟们当中推广。

越不推广，就越觉得自个儿清高；

越清高，就越瞧不起那些动不动就挽袖子干仗的贱民暴徒。

特有的民族性格，导致了犹太人先是被埃及人排挤，在摩西的带领下到西奈山与耶和华“立约”，建立了“以色列王国”（黄帝1704年，前993年），271年后便遭到了“亚述帝国”的毁族（黄帝1975年，前722年）；

还没有缓过气来，巴比伦帝国便攻陷了耶路撒冷，并将犹太人整族囚禁（黄帝2111年，前586年）；

好不容易在“波斯帝国”的帮助下重新修建的圣殿（黄帝2159年，前538年），又被“罗马帝国”再度焚毁（黄帝2767年，公元70年）；

在以后的1700多年中，犹太教虽然在后起之秀的天主教与伊斯兰教的夹缝中残存，但内中依旧保持着谁也看不上谁的特性。一俟环境宽松，尽管没有多少人搭理，也要时不时向西方的兄弟们展示一下自己的“特选”身份。

直到充满浪漫田园情趣的法国农夫们在欧洲夺取话语权之后（黄帝4486年，公元1789年），散落于欧洲各国的犹太人才获得了公民权，享有了和其他民族一样的平等地位，拥有了做凡人的自由和尊严。

耶和华“特选”的犹太人可一点儿也不像是“上等人”，从欧洲各国及神教对他们的言行上看，怎么都像是一群根本没有地位的难民。

耶和华的特选，欧洲人的贱客。

但是，种族的性格，决定着种族的兴衰。

刚缓过气儿的犹太人好了伤疤忘了疼，依旧坚定自己特选的信念，一如既往地看不起别的族裔及宗教，并公开宣称：不承认耶稣和穆罕默德是耶和华的代言人。

理由是：论时间，他们的资龄最古老；讲亲疏，他们与耶和华的关系最贴近；按程序，他们和耶和华签过约；凭辈分，他们是天主教和伊斯兰教的老大哥；说起守耶和华的戒规，谁又能比得上他们认真？

结论是：只有犹太人才是耶和华的代言人。

源自天启宗教的犹太教、天主教和伊斯兰教，将大神雅威的名号分别改称为耶和华和安胡拉。

这三个神教在耶路撒冷都有圣迹，都声称耶路撒冷是自己的老窝。

最为明显的是：三教的“经籍”有许多共同的地方。如天主教的《旧约》部分，就是犹太教的经典《塔纳赫》。

三教的人物也有很多是相同的，如犹太教、天主教的先知“亚伯拉罕”，就是伊斯兰教中的“易卜拉欣”。

说白了，这三个教派根本就是一回事。

但是，为了谁才是耶和华的代言人和最忠实的奴仆，他们在欧洲和中东闹得乌烟瘴气，不由让人们发出这样的感慨：在地位和利益面前，兄弟亲情显得如此苍白无力和不堪一击。

耶和华与安胡拉啊，多少人借您之名！

现在的人类对宗教普遍认可的态度是：信仰自由。

大部分信徒因为心存一个“善”字，对元始天尊、释迦牟尼、观世音、耶和华、安拉胡、耶稣等这些顶级天神，在内心中并没有此高彼低的区别。

除了个别的极端主义者要将自己的教义强加在大众的头上而引发战乱外，大多数教徒之间还是能和睦相处的。

咱们这些凡夫俗子向来是见庙就敬，遇神则拜，本来就很少去探究宗教的来龙去脉。现在查阅了诸教资料后却发现：俺的娘哟，若非西方的兄弟们企图在文化上殖民咱们并进行了文化的佐证，还真不明白这世间所有的神教根儿全都源自中国！

梵天、毗湿奴和湿婆神；亚伯拉罕、以撒和雅各；圣父、圣子和圣灵；拉特、乌扎和默那——巧了，都是三个，是不是和盘古“一气化三清”很相似？

亚当和夏娃，是不是和伏羲、女娲的传说很雷同？

释迦牟尼的出生是不是和老子李聃很相似？

以现在掌握的资料来看，现存的宗教与神教全都源自一个宗脉。

顺藤摸上去，看起来这个瓜根儿在中国。

中国——文明之源，万教之宗。

因此，又引出了下面这个必须解答的问题：人是怎么产生的？

道教认为：人与万物都源自盘古创世神的身体。

佛教认为：人祖是从“光音天”乘空而降的。

犹太教与天主教认为：人是由耶和华创造的。

伊斯兰教认为：人是安胡拉的杰作。

有“科学知识”的现代人便认为这些纯属扯淡。

他们根本不理会为什么在各宗族、各教派的故事中总会有“三个始祖”，更不屑去探究为什么在传说中总要有“十二个宗族”的内容。

他们甚至连“人类始祖来自外星”这个科学的假设也不愿搭理，以“科学”之名，给出了如下有头无尾或有尾无头的答案。

以达尔文为代表的西方科学家们认为：人是从猿进化而来的。

恩格斯赞同这个观点，并断言人与猿在某个时间点上分道扬镳，是由于人“爱劳动”的结果。

这个观点得到了“学术界”的普遍认可，很是风靡了一时。

但基因科学的发展，证明了人与猿或者跟海洋中的生物和其他动植物种没有半点儿关系。

据“科学界”的基因学新贵们说，通过对来自世界上不同地区、不同种族、不同性别的人的染色体进行研究分析，结果发现：大伙儿都来自一位共同的女性始祖。

这位女性始祖生活在距今14.3万年前。

基督教徒们如获至宝，赶紧抢着说：这就是“夏娃”呀。

假如这就是夏娃，那么据他们的“科学考证”，8.7万年后才出现的男性始祖就不能是“亚当”。

隔的时间也忒长了些。

考古学家们宣称：基因研究的成果只是一种可能，不能作为否定考古结论的证据。

只有考古学成果才具有最终证据的意义。

他们挖掘的成果是：除了1400万—700万年以前的森林古猿，就是500万—150万年前的南方古猿……总而言之一句话：除了人是从动物进化而来，再让我们相信并承认别的说法——门儿都没有！

生物学家们认为：人类是由核酸和蛋白质等物质组成的分子体系，并且所有的生物都具有这一共性。

这种说法，看上去与盘古化作万物的传说很合拍。

天文学家觉得：宇宙大爆炸和行星撞地球是形成地球生命的缘由。因为天文学很难在浩瀚的星际中找到实证，推测与假设便是实现他们学术的一对隐形的翅膀。

现代的种种学科，都在极力地用科学研究与民间传说和神教论述划清界限，非此即彼，黑白不容。

所谓的科学各派，相同的起点和认识便是：这世界和大神们没有一分钱的关系。

因此，在西方的神教得势后，海帕西娅、阿斯科里、布鲁诺、西克尔等就得死，哥白尼和伽利略等就会被残害；在西方的“科学”得势后，神教的生存空间便会遭到挤压，神教的种种论述就要引来众多的嘲笑。

可以说，“科学”已成为现代人不容置疑的“新兴圣教”！

所幸的是，还没有一个人具备坐上这个“教主宝座”的资格。

如果有了这样一个新教主，凭借着科学巨大的杀伤力，人类的好日子恐怕就要到头了。

神教与科学，让人们无所适从。

明白了世间主流宗教与神教的来历后，人们或可从对比中得到如下的认识：

道、佛两教皆源自人类始祖的宗教——“黄老道家”。他们都承认人类经过某种方法的“修练”，便可达到“阴阳一体”和“天人合一”的不死境界；而天启诸教则笃信只存在一个无始无终、万能仁慈的“独尊大神”，万物都要遵照大神的意志行事，不认可人类通过自身的努力能达到永生的境界。

道、佛两教整天在钻研着人怎么样才能不死；天启诸教则盘算着人死后能抢占个什么样的地盘。

道、佛两教认为“万物皆可成灵”，平等互存的概念贯彻始终；天启诸教则认为“万能的独尊”是不能被僭越的，人们始终是主的奴仆。

黄老道家早在4000多年前便认为：“故道大，天大，地大，人亦大。”

神教徒们反对：一个狂妄的仆人竟敢和主人平起平坐，也不怕被割了舌头打入地狱！

黄老道家这样描述万物始祖：“有物混成，先天地生。寂兮寥兮，独立而不改，周行而不殆，可以为天下母。吾不知其名，字之曰道，强为之名，曰大。”

神教徒们于是反对：人类要是企图描述创世至尊的形象，只能反复地证明着自己的狂妄和无知。

你是怎么知道的？

当时你在哪里？

你哪一只眼睛看到了全能仁慈的创世至尊？

如此看来，中国的黄老道家以及其麾下的道教、儒家等诸子百家，在骨子里根本就没有奴性的成分，从一开始就认为自己是“四大”之一。

宗族的共祖——伏羲与女娲

能在有限的史料中，找得到最早有名有姓有事迹的老祖宗，就是伏羲与女娲这两位老人家了。

后人们从神话传说中知道，这两个人原是从盘古的大脚印中产生的。这显然超出了人类的生育常识，因此，后世的中国人必须得给他们俩找个娘。

他们的老娘成了一位叫“华胥”的姑娘，并且还是一个纯洁又美丽的处女（玛利亚的故事大约源于此处）。

处女华胥因为在山东雷泽游玩时，好奇地踩了一下盘古留下的巨大脚印便怀了孕，比人工授精还来得干脆利落。

此后她便一直凸着个大肚子，在十二年后生下了伏羲与女娲。

这事放在人类的身上相当可笑与荒诞，但如果是另一个物种则另当别论。盘古都能“生”下一众神仙，处女华胥身为阴性，就更不用怀疑她的孕育能力了。

长大以后，女娲说道：哥哥，你整天和那些脏兮兮的动物们混在一起，也不管妹子我的死活和是不是快乐。

伏羲问道：妹妹，说来听听，要怎么样才会让你快乐？

女娲说道：我想要和咱俩一样的小宝宝们来陪我玩耍。

伏羲笑了：你是天下的主人，想干什么，还不是分分钟搞定的事吗？

于是，他俩也没举办个什么婚礼仪式，便在昆仑山上模仿动物们的交配，干起了伟大的造人工程。（眼熟不？是不是很像亚当与夏娃故事的原始版本？）

这事儿一看就有点玄虚，大概是周朝华族史官的杜撰。（至于为什么这样睁着眼说瞎话，看看后来夏、华两族的祖宗是怎么出生的，便会明白他们为什么要这样演绎。）

如果按照云来雾去的传说，生女娲、伏羲的母体有可能是什么蛇、猿之类的动物，最没有可能的便是人类。

因为在他俩出生之前，天地间可只有一个忙着把天地这对情侣硬生生分开的盘古。

除了这位巨大的老人家外，当时的世间可是连一根人毛都没有。

女娲的来历虽然很迷离，但女娲的存在很合理。

男人们尽管在“鸡与蛋”的问题上纠缠了几千年，但一个事实却反复地向他们证明：不论您后来是多么的伟大，您都必须先在女人的肚子里乖乖地待着。

至于待多长时间，普通老百姓一般得二百八十天左右，伟大的男人们则可自个儿拍板定案。

最少的得待三年（如大禹、哪吒等），最多的不能超过十二年这个上限（老子是唯一的例外）。

在此期间，还可有如下的自由发挥，譬如生而能言、天降异象等等。但是，载体只能是女性。

当然也有不信邪的。

大禹就被本族人说成是他爹生的。大禹的亲儿子启更极端，瞪着眼向世人宣告：他是从石头缝里蹦出来的（由于他建立了人类史上第一个帝国夏朝，所以他不是人养的）！

这事后来被动物界的孙大圣一搅和，便显得很不严肃。

从夏朝开始，中国的男人们一直有计划、有步骤地企图推翻女娲的始祖尊位，并将她的身份不断地进行着变换。

女娲的第一个头衔是“始皇”（嬴政不过是篡名而已）。

第二个头衔则变成了三皇中的“地皇”，排行老二（排名第一的是“天皇”伏羲，第三位则是后起之秀的“农皇”神农）。

其后，女娲被一脚踢出了三皇之外，由伏羲、神农、共工占据。再其后，祝融取代了共工，三皇变成了伏羲、神农和祝融。

最后，占据天下的夏华后裔取缔了祝融的荣誉称号，三皇确定为伏羲、神农与黄帝。

到了东汉，正值儒家“天尊地卑，男尊女卑”的思想广泛普及时期，女娲不但进入不了神坛，而且变成了伏羲的“亲妹子”。

唐朝武则天称帝，女娲本来应该扬眉吐气，恢复独尊。但是，唐朝的男人们合起伙来，硬是给这两个不同时代的男女首领举行了一场盛大的婚礼，其主要目的是向世人证明：瞧，这个女人和她的亲哥哥居然……乱伦呵！

清朝的赵翼更荒唐，干脆说“有男人而女名者，如帝有女娲氏”。

他们明白，为了让女人铁了心地服侍爷们儿，不至于在家中造反，只有不断地贬低始祖女娲的地位或混淆她老人家的事迹来削弱女人与生俱来的优越感（反正女人从来不写史，历史的面目向来由男人打扮）。

更改性别显然是下下之策，对于崇尚“孝悌”的他们，这么蛮干，回家给一把屎一把尿把自己拉扯大的老娘们也很难交差。

再者说来，一个人确定谁是自己的亲娘应该不是很费事，至于谁是自己的亲爹，连现代的基因科学也不能给你一个百分之百的答案。

男人们一直羞于启齿的是：娘好认，爹难寻。

那么，女娲的真实面目又是怎样的呢？

不管男人们怎样贬低女娲的地位、混淆她的事迹，但当他们看着自己可爱的子女们都是从妻子肚子里生出来的时候，都不好意思否定女人们的生养特性，在心中早已承认女娲的始祖尊位。这从历代男人们对她老人家的敬称便可看出：娲皇、灵娲、帝娲、风皇、女皇、女帝、神女、阴皇、阴帝……

女娲的始祖尊位不可动摇。

综合各种传说、神话与史料，似乎可以这样认为：女娲的第一个身份应该是本届人类的母祖。至于她老人家是天生的，是猿与动物杂交的，是星外生物胚育的，或者她本身就是星外生物？由于没有可信的记载和实物的佐证，谁要是敢肯定地给一个定义说法，不是被众人的唾沫淹死，也要为自己的胆大臊死。

第二个身份应该是宇宙通用语言（音乐）的传播者。

第三个身份应该是母系时代女大佬们的统一尊称。

她们统治人类社会的时间可能不少于十万年，直到一个叫伏羲的男人出现，才终结了她们的风光岁月。

有了这样的结论，我们似乎才能解释为什么女性在男性面前天生的优越感和不讲道理的特点。

只会好勇斗狠再没有其他优点的男人们篡夺了女人们统治天下的权力后，既没有独自繁衍后代的能力，也没有怜悯众生的善心，再怎么伟大的男性，都要从女性的胯下钻出来，并由她们抚育；尽管男人们找出一万条理由去贬低和束缚女性，但当他们看到自己的娘亲对自己毫无保留的母爱时，都会羞愧得恨不得找个地洞钻进去。

下面来看一下男人们的发家史。

正月十八出生的伏羲，从小就有着超强的好奇心和想象力。

他整天仰观天上的各种刮风下雨、响雷打闪、日月交替诸象，又俯察地上飞鸟走兽、草木山川、江河鱼虫变化，也不知道从哪儿冒出的灵感或经什么物种点化，便创造出了八个看似简单却寓意深刻的符号，来概括天地之间万事万物相生相克的原理（后称“八卦”）。

他老人家大约是咱们人类第一个有思想、有品位的吃货。因为想吃鱼，他便模仿蜘蛛结网，成了一名捕鱼高手；继而想吃肉，便削尖木头偷偷给比自己个头小的动物来上一下，放倒后举办个烧烤晚宴……

于是，动物们便跟着他混，形成了一个人兽混杂的团伙。猪狗鸡鸭、牛马羊驴等便成了伏羲的忠实粉丝兼长工护院、食物原料及泄欲的工具。

跟着混吃混喝的动物们越来越多，伏羲觉得记数太麻烦，便发明了划道道的方式，替代了在草绳子上打结记事的落后方法。

“一二三”这几个看上去很简单的道道，不但成了人类文字的雏形，更成为后来“一生二，二生三，三生万物”的中国哲学的基石。

这个有思想的男人马上引起了女性首领们的高度重视。

豪放的送一堆贝壳，矜持的抛一块树叶，浪漫的拿一束鲜花，实在的炖一锅羊肉，等等。目的只有一个：把这个有创造力的男人笼络为自己草裙子下的伙计。

伏羲由于不缺食物，又会烹饪，于是身体倍儿棒，可着性子在女性当中游龙戏凤，又在众多的子女中挑选出健壮的儿子们进行重点培养。

长大后的儿子们仗着身强力壮和获取物资的能力，嗷嗷叫着和自己的亲娘分地盘。

由于掌握了分配资源的权力，男人们心里就觉得委屈了：女人呵，你们吃我的，喝我的，凭什么还要我听你的？

伏羲的闪亮登场，昭示着男权社会的到来。

此后，开创了近五万年的父系时代。

在这么长的时间里，男性首领的伏羲们干了这样几件拿得上桌面的事儿。

一、制造出渔网、尖矛等器械，解决了人类摄取蛋白质的根本需求；

二、画出一些横竖的道道（先天八卦），让后人开发出动手和动脑的能力；

三、将食物和财产的分配权牢牢地掌控在男人的手中，谁想夺权和谁急；

四、不知道怎么回事，伏羲们突然就有了治病的“九针灸法”。男大佬们不但管吃，而且具备了吃喝坏了修理的售后服务功能——谁不听话，疼死你。

有想法的家长们注意了，要想让自己的子女有出息，大家就必须明白：拥有一项先进的知识技能不但能促进生产力，过上好光景，还能加固权力！

孩子们的人生，可不是只有当官一条路。

在女娲、伏羲们权力更迭的时代，正值青春的男女们可没个兄弟姐妹的概念。双方只要看对眼儿，哪管什么近亲繁殖容易引起畸形的生理现象，所以便生出了许多奇形怪状、性情乖戾的后代。

这些儿女们或白或黑，或巨大或矮小，或头上有瘤或缺胳膊少腿，总之和《异形》系列中的变种人一样，都不怎么好看，很不招爹妈待见。但凡断奶能走动后，都被赶到了荒山老林中去进行野外生存的锻炼。

身强力壮的占住一块好地方，整天围着圈儿撒泡尿宣示着自己的主权；体弱胆小的便满世界找一些没人的地方，收拢些弱小的物种们当起了老大。

至于那些人兽杂交的物种则被赶到了深山老林，拼着老命、想尽办法在进化着自己的外在形象。

这一群异形物种在《山海经》中都可以看得到，最后成气候的便是以蚩尤为代表的九黎八十一族。

生出了这么多畸形子女后，女娲们大概认识到了近亲结婚的危害，于是开始坚决禁止自己的子女们近亲繁殖，并且下令：三代之内，近亲不能通房生养。要婆姨、想老公的，都到外面抢去。

这道禁令不但使女娲们获得了“高媒”的称号，也收到了良好的效果。

其中少典一族的有熊氏先祖便因为相貌周正、心智伶俐而得到了伏羲和女娲们的喜爱，逐渐占据了中国大地。

至于伏羲创建了阴阳八卦，女娲或许嫌自己生养得太慢而建了一座工厂——大规模用泥土来造人，除非他们真的是星外来客或者是找到了史前文明的秘笈，否则以咱们今天的智力，还真解释不了这两位老人家哪来的这般神通！

他们的后代经过淘汰，最后形成了中央氏、燧人氏、祝融氏、柏皇氏、魁隗氏、共工氏、骊畜氏、粟陆氏、赫胥氏、尊卢氏、阴康氏、混沌氏等多个长得很像他们的种族。

如今留给人类的记忆是，不论他们俩是什么动物生的或是外星人空降的，古时候的知识精英们还是一口咬定：在很久很久以前，地球上突然出现了两个半人半兽的男人和女人。

并且这些狗仔队们还不知道从哪里打听到了他们俩的生日。

关于女娲和伏羲的事迹，除非人类拥有了回到过去的科技设备，还原当时的情景，否则都是胡猜乱想。

有一点可以肯定：越是民间的传说，越是接近事实的真相；越是官方的论著，越是远离事实的本质。

但人们似乎可以认同以下几个传说与记忆。

一、女娲是本届人类的共同母祖；

二、女娲是上届地球文明被洪水淹没的幸存者（本届人类各种族有关大洪水的情景，全部源自她的记忆描述）；

三、女娲的外征体貌与她的后代是不同的（“人面蛇身，一日中七十变”）；

四、女娲繁衍本届人类的初始交配对象最终选择了猿类；

五、女娲的活动和生活地点在今天中国的黄土高原一带；

六、女娲将上一届地球文明的知识尽可能地通过“藏象系统”传授给了自己的后代（这需要人们通过修炼“灵气”才能获取）。

至于伏羲，男性朋友们都可闭门静思一下：不论您是农夫或学者，贫贱或富贵，穿的是长袍或西装，回想一下自己对其他人的态度和对世间万物的认识，都与文化人伏羲一样，创造一切技术与知识的前提都是为了满足自己的贪婪，并且唯一的手段就是无情地征服与掠夺。

在这一点上，以前的男人们和现在以及未来的男人们并没有什么不同。

不同的只是外形的包装与华丽的说法。

父系社会的建立者——神农、共工与祝融

这三个男人（或应称为宗族）比起文化人伏羲来说，全凭着自己手中所掌握的技术立足于世间。

神农会种地。

当时掌握了这项技能的男人虽然不能像伏羲那样尽情吃肉，但会食谷并且种谷的他们绝对不会饿死。更何况人体内的“藏象系统”喜谷不喜肉，神农及其族人们虽然不能享受“舌尖上的中国”的动物百味，但健康的身体和足够长的寿命还是使他们有着不可忽视的话语权。

有关神农的事迹，由于在姜子牙的授意下被周朝史官篡改，大多被美化在了吞并神农氏族的炎帝身上，因此后人很难分清楚什么事是神农干的，什么事是炎帝干的。

后世的史官和民众们干脆把他俩合二为一去供奉祭祀，理由大约是：他俩都是靠干农活起的家，发的迹，就不要分得那么清了。

那么，怎样才能证明他们俩不是同一个人呢？

第一，“三皇”的排序与变更，可以看出他们俩在世间活动的时间差了几千年；

第二，从《庄子·盗跖》“神农之世，卧则民居，起则于于，民知其母，不知其父”的记录中可以确定，神农生活在不知道自己的亲爹是谁的女性掌权时代，炎帝名义上的亲爹和实实在在的亲娘可是有名有姓的少典与女登；

第三，神农有一个非常著名的女儿叫精卫，这事便是脸皮再厚的文化人也没办法抄袭。可以确定，他们俩不是一个人，但他们俩的事迹则混淆成了一锅粥。

共工能治水。

但这个男人的名字基本上和“祸害”等同。

他凭着“削山填沟，围堤建坝”的技能，第一个掌握了人类运用水资源的技术，因此便聚集了许多的人脉与氏族，形成了强大的势力，并且给九个氏族划分了地盘（此为“九州”之雏形），应该是伏羲之后最有权势的男人。

他是本届人类史上第一个建立了国家雏形的氏族首领，并且由于他的治水才能将水患围堵利用，中国的人类才得以迅速地壮大并延续。

正由于这样的功绩，他才得以和伏羲、神农共享“三皇”之名！

共工本应与神农氏的第一代首领生活在同一个时代，但由于他的后代过于看重自己的劳动技能而忽视了政治体制和文化系统的建设，因此导致了他们伟大的先祖被后世的统治者们肆意更改了时代与辈分。

最大的更改便是将他列入八竿子打不着的炎帝一脉；最离奇的谎言便是他成了死对头祝融的亲儿子。（《山海经·海内经》：“炎帝之妻，赤水之子听祅生炎居，炎居生节并，节并生戏器，戏器生祝融，祝融降处于江水，生共工。”）最奇葩的说法便是闻一多的《天问疏证》：“共工子勾龙即鲧子禹。”

这事其实并不值得奇怪，看一看共工后裔们的政治地位便会明白：他们自从被祝融氏打败之后，在祝融氏、神农氏（炎帝）、伏羲氏（少典）、轩辕氏（黄帝）等权力系统中，充其量就是专背黑锅的“水务人员”。

搞得好了拿一张奖状，搞不好就要当替罪羊。

关于“水患”这个事儿，便是搁在机械化发达的今天，也要靠解放军和民众们的血肉之躯去封堵。历朝历代的官员们如果想整谁、想让谁倒霉的话，都会派他去“治水”。

当然也有从这上面获利的。

除了众多贪污的官吏，有名有姓的一个叫大禹，一个叫李冰。

前者因此获得了“共主”的权力，后者因此获得了民间的祭祀。

唯一出力不讨好的，大约只有共工氏这一宗族了。

共工氏在颛顼执政的时代，也许觉得太委屈而公开向强大的夏族挑战，溃败后的结果是：宗族的子民们基本上被逐出中原地带，最后迁徙到了西伯利亚一带。

他们的后代既没有在中原立国，又没有在权力系统中执政，他们不是“祸害”，难道让当权的夏、华两族去顶这个缸吗？

祝融好玩火。

比较起水患，“火灾”更让人类及万物惊恐。

水患来临时，人们只要时间来得及并采取相应的方法，总会找到一条生路；但面对火灾，除了潜伏在水中并保证最终不被溺死，莫不成还能和哪吒一样踩两只风火轮在烈焰中跳舞？

人类便是发展到了现在，火对人们的益处不外乎三点：取暖；把生的烧成熟的；在黑暗中吓退别的生物。

至于其他的嘛，不是用来驱逐杀戮，便是用来终极毁灭！

在当时还没有打火机的年代，掌握取火技术并且随时可以放火的祝融，该是一个多么令人类和动植物们感到恐惧的人物！

祝融氏的崛起，昭示着共工氏的衰落。

两个有本事的男人一旦生活在了同一个时代，绝对不会产生“英雄相惜”的互赏之意，基本上都会像兽类一样滋发一丝的恶念：比我强？灭了你！

祝融与共工既没有杀父之仇，又没有夺妻之恨，但因为一个好玩火，一个能治水，为了证明谁比谁厉害，也不管天下苍生的死活，尽情地烧火淹水，让后人在脑海中种下了一个“水火无情”的可怕记忆。

最终的赢家当然是毁灭性更强的祝融氏。

但不注重文化与政治建设的他们与共工氏一样，始终将自己定位在有本事的

“匠工”层面。要不是他的后裔有一支建立了让夏、华两族惧怕的楚国，恐怕这个当时统辖人间的大人物和共工氏一样，铁定要成为伏羲氏的“孙子”辈。

这三个男人的后裔们从黄帝开始就被有熊氏的后代彻底降服。

黄帝在世时还承认他们先祖的伟大地位，并视他们为叔伯兄弟，等到颛顼与共工氏恶战之后，便将他们与其他宗脉全都视为异族。

到了以文治世的周朝，华族的文化人们可就非常的不厚道，把他们全扯到了炎帝老婆女登的胯下。

【中外对比】

这段时期被西方学者们定格为“新石器时代”，并且在今天德国北部的汉堡附近发现了人类最早使用弓箭的证据。

这种鬼话居然被中国的学者们采信。当时中国的中原及黄土高原全部加起来也超不过几万人，哪有什么多余的人儿去那里移民？

氏族社会的代表者——少典

到了少典的时代（前 2812 年左右），虽然还有传说和梦话的水分在内，但总算有了文学创作的基本元素，添油加醋也有个锅底兜着。

关于少典到底是不是人类始祖女娲和伏羲的儿子，那要取决于这两位老人家到底活了多少岁。如果他们和周朝史官描述的一样在世间只停留了 115 年，那么少典连他们的耳孙子也够不上。以咱们现代所掌握的生理和医学知识，始祖女娲和伏羲就算是天赋异禀、精力充足、没日没夜地造人，总不能在几万年之后还能生养吧？

以我们人类现阶段的智力，能够说服人们的事实有可能是：这个少典是女娲们和伏羲们的后裔，究竟是多少代子孙，也只有靠狗仔队继续跟踪或道家的穿越才有可能明白。

少典之所以被中国华族的文化人尊为先祖之一并记入史籍，是沾了儿子黄帝的光。

他虽然是有熊部落的首领，但一生中除了娶了两个老婆、生了两个非常厉害的儿子外，似乎再也没干出什么拿得上台面的事儿。

最让他伤心的是，对于这两个厉害的儿子，他除了挂着一个亲爹的名号外，其实自己并没出什么大力。

大儿子榆罔据说是他的大老婆女登和神龙感应所生；二儿子公孙云的来历也很可疑，是二老婆附宝“感光”而孕的。

虽然比马狗等动物好接受一些，但想想总不是个滋味。

当时中国大地上的种族人数渐渐增多，就如同咱们现在一样，凡事一旦人多，就是要在旧楼房里安一部方便上下的电梯，大家都很难尿在一个壶里。

低层次的人们便要弄出些帮派相互扶凑；文化一点的人们就创建个派系彼此吹捧；凶狠一些的大哥们便要建立一个国家，把全天下当作了自个儿家的后花园。

少典时代，中国由有熊氏、神农氏、有巢氏、大鸿氏、祝融氏、共工氏、燧人氏、夸父氏、华胥氏、浑敦氏、庖牺氏、九黎、三苗诸族等比较庞大的氏族、夷种分别占领居住，形成了一个个的大小部落，星布在今甘肃、陕北、关中、河南、山西、山东、两湖、巴蜀、云贵一带。

由于通信手段很是落后，高速公路还没有修好，再加上大家的食物都不充足，女娲伏羲一脉的兄弟姐妹也很少串门交往，只是可着劲儿在土窑里和树巢上快乐地造人。

人多虽然力量大、好办事，但相反的后果是：人多了还需要有饭吃。

一旦没有了食物，胆小体弱的就会饿死，暴力性强的便要睁着一双明溜溜的眼睛，向别人的饭碗中瞄去。文雅一点的抢过了食物吃完后扬长而去；粗鲁一些的大快朵颐后还要锻炼一下身体，消化一下食物，进行一下杀人放火的勾当。

人类间的互相争斗相搏，最初由食物短缺而起；至于此后几千年大小规模的种族残杀，纯粹是为了个人或团伙的主义、理论、信念、理想等看上去很美的私欲吃饱了撑的。

大部分庶民但凡能遮风挡雨，吃饱穿暖，谁稀罕舞刀弄枪？

人这个东西，吃不上会闹事；吃得太好太饱了又会胡折腾。

少典那时候居然得出了这样一个伤心的结论：人——压根儿就不是什么好玩

意儿！

看破了人性的本质，黯然消沉的少典先生在有了炎、黄两个儿子之后，便清心寡欲，四处闲逛，再也不上夫人们的绣床。

就是这么抑郁的一个人，居然发明了弓箭。

这个发明，使得他的两个儿子和族人们从此避开近身搏斗的危险，从而开创了人类具有远距离杀伤力的时代。

【中外对比】

这段时期（约前2812至前2700年），按西方的说法，“苏美尔文明之花”（今伊拉克一带）已经开始了近700年了。

在这个臆想的文明中，他们推测出这里至少有五座城市，并且有了统治者、行政官员、武士、祭司和一些“雄伟的神庙”……这种说法，居然让现代的中国学者们认可并推崇。

他们但凡想一想就会明白，此时的“苏美尔文明之花”既然有了构建国家的基本要素与条件，那为什么他们“发明”的车轮、文字、历法等，非要等到“黄帝文明”形成近四百年之后才会出现呢？

古埃及更悬乎，已经从“史前埃及”（前4500年）到了“前王朝”时期，并且还分了个上、下埃及。

这朵“花儿”开得更早，居然比“黄帝文明”早了1803年。

关于这段历史，苏联与英国的学者们吵了个不亦乐乎，都有着自己的独到见解。双方只在一点上达成了共识，那就是埃及建立“古王国”的时间是公元前2686年——比黄帝的中央帝国只晚了11年。

更匪夷所思的是，有些学者竟然把历史提前了几百年，认为古希腊此时也进入了“爱琴文化时期”和“青铜器时代”，并且印欧人也开始了大迁徙……

这些文明的出现，99%的靠传说，1%的靠“考古”，一点儿都不符合中国文化人认真采用“信史”的态度。

但他们讲究的“信史”是专门用来针对自己的国家历史，对于外国兄弟们的传说与神话，则采取“全信”的原则。

这时候母地的少典说不定还用树叶围着腚到处乱窜呢，在轩辕黄帝还没有创造轮车、衣裳、历法、文字等以前，人类凭什么去修建那么宏伟巨大的神庙和金字塔呢？

如果你硬要说是外星人干的，这个事情则另当别论。

征服兼并者——炎帝

炎帝是少典的长子，名叫榆罔。

他的母亲女登是少典的大老婆。

《史记》中对他的描述是：生下来三天能叫爹地妈咪，五天便能参加竞走比赛，七天就长全了牙齿，五岁便学会了许多种庄稼的知识……具备这样的功能，只有说榆罔是智能机器人才能让今天的人们信服。

榆罔虽然天资聪颖，却不知出了什么故障，变成了牛首人身的模样。

这形象当然很不受老爹少典的喜爱，再加上他是“神龙”配下的产物，少典便把他们母子俩扔在了姜水河畔种草耕地，以姜为姓，充分发挥榆罔种地的特长。

如此可见，从古至今，拥有一幅端正的容貌是一件多么重要的事情：美丽的人儿在走投无路之时，还可吃口软饭或凭姿色挣俩糟钱儿；丑一点的便只有听天由命的份儿。

榆罔长大之后，由于他会种地，能治病，又很会做些买低卖高、投机倒把的生意，手里便有了巨多的物资作为话语的支撑。后来他便做了姜姓部落的首领。

榆罔经过辛勤的劳作，不但有了多余的粮食，而且拥有了很多种地必不可少的耕牛。

那时候的牛大概相当于现在的美金，于是，牛多的榆罔干脆以牛为图腾，标记于村口的草垛子之上。

据说榆罔有一条看家的宝贝名叫“赭鞭”，用它去抽打各种植物，这些植物便如百度中的词条一样，立马显示出自己叫什么名字，有什么药性，能治什么病，有毒没毒，一目了然。

榆罔有了这道护身符，便什么汁都敢喝，什么草都敢吃。

因此，跟着榆罔混的姜姓氏族人人身强力壮，迅速繁衍壮大。

人多健康，饭量就大。

为了解决食物渐缺就会引发族内争斗的问题，榆罔便率领族人们从陕北老窝绕着黄河迁徙，经河南、湖北、河北、山东等地，一路上连哄带吓，“说服”了不少的弱小部落（这其中便有神农氏）跟着他转悠，顺手占据了他们的地盘，完成了人类第一次不带血腥味的征服。

后来榆罔精打细算，认为以自己目前占有的地盘，已经足以养活几十代的族人。所以，他停止了拓土开疆的脚步，在今天的河南淮阳定居了下来，当起了富甲一方的商贾兼郎中，向老爹少典证明了一个野百合也有春天的励志故事。

巫师、萨满们见榆罔长了个红脸蛋、塌鼻梁、甲亢眼、朝天鼻、厚嘴唇兼罗圈腿的牛魔王样子，便开会讨论怎么样来包装宣扬这位丑星。

虽然难度是大了点，但自古以来，溜须拍马、无中生有、指鹿为马、黑白颠倒这类本领，一直是文化人的强项。

他们最后一致认为：榆罔虽然和正常人长得不太一样，但这恰恰说明了人家是天生的异相，注定是当大爷的材料！

这红彤彤的脸蛋儿不是太阳晒的，而是盘古爷给他的火德之形，是天底下最健康的肤色——其他人便是整年躺在夏威夷的海滩上也晒不出这肤色；这治病的手段可不是在神农氏族那里偷学的，而是伏羲老祖宗梦授的……

榆罔被捧了个昏天黑地，云山雾水。头脑一热，也没给老爹少典汇报，便自称“炎帝”，占据了神农氏等诸族偌大的一块地盘，驱使着比牛还多的族人们辛勤劳作，建立神农新种族，过上了颇为滋润的光景。

那么，“帝”是个什么意思？

后人美化其为：“德合天地曰帝。”

其实“帝”通“蒂”之意。

蒂者，文艺者喻之为花蒂，其本质为女阴中之阳物。至阴之阳，人道之门。

精通医道的炎帝榆罔，自然明白这名号的来意与道理。

他不但是征服者，更是人类历史上社会模型的缔造者。

当时有熊氏的人们由于会制造弓箭，凶猛的动物给他们造成的危险便降低了许多，疾病便成为威胁人类生存的最大隐患。

人吃五谷，便生百病。

但百病在炎帝眼中，就不是个事儿。只要跟着他混，各种疑难杂症都是喝点儿草汤就能解决的简单事儿。

这么说吧，但凡您还有一口气在，炎帝都会有办法让您重新活蹦乱跳。

什么诱人的口号与理想，都没有真本事管用！

炎帝给后人的启示是：一个种族若想繁荣富强、继续前进，不是有钱有物就万事大吉，前提条件是：人人必须都得有一个健康的好身体。

人类文明的奠基者——黄帝

大哥风光了，小弟更辉煌。

三月初三（前 2717 年）出生的黄帝是少典的次子。

他未统辖万族前的名字叫公孙云。

他的母亲叫附宝，是少典的次妃。

公孙云长得和母亲一样容貌出众，帅气十足，所以尽管有着“感光而孕”的阴影，但少典还是喜爱他，具体的表现为：和他们母子一同住在阴水河边（约今陕西省榆林市靖边县周河镇）过日子。

他用不着像他大哥炎帝那样自打会说话时，整天就有干不完的农活。浑身的劲儿没处使，便领着一大堆的闲人舞拳弄棒，向伙伴们秀着自己结实的肌肉。

自古天下的父母都宠爱自己的孩子——更何况是健康、帅气、听话又有理想抱负的好孩子。再加上受了长子自封帝号、另立门户的刺激，本来就不怎么愿意管事的少典，索性把当时最肥沃的土地（今陕北、内蒙古河套地区一带）都给了小儿子公孙云。

公孙云可不愿意和哥哥炎帝一样尝草种地，争抢地盘。大约是为了避嫌“官二代、啃老族”这些不好听的名声，他便远离父母的庇护，毅然响应上山下乡的号召，从基层干起，常年蹲点在黄土高原上驯养熊罴狮豹，虎狼鹰犬，整天尽干些攀岩蹦极、冲沙博浪的冒险营生，捎带收拢了生存在这一带的各个部落。

由于从小在顺境中成长，再加上向来身强体壮，便形成了公孙云阳光十足的刚毅性格。在他年轻的字典中只有一句座右铭：听话的有肉吃，瞪眼的拿棒抡！

大哥，无怀氏部落的首领今年少交了一张羊皮。

把他身上的羊皮脱了顶数，再到雪地里跪上两天，长长记性！

老板，阴康氏族长把混沌氏的王妃抢回去办了。

阉了，让老畜生养马去！

云董，侏儒族的酋长占了您那个驯狗的小山头，说他们地盘太小，想开发一下混口饭吃。他们全族人哭着说：人总比狗当紧吧？

我愿意给的那叫赐，不知道的这是抢。废什么话，把山上的人全剁了，再敢不听话就把他们赶到海上和鱼虾们做伴……

公孙云十八岁时，少典眼看着由于食物匮乏，女娲、伏羲的子孙们即将发生骨肉相残的事情，自己的小身板又不能阻止这第一场战争的到来，干脆躲在了山洞里修身养性，把有熊氏的族务全交给了公孙云全权处理。

临进洞时，他摸着小儿子的头黯然道：我儿记着，天下人种本是一家，都是伏羲和女娲这两个老祖宗的骨血。你虽刚烈，心却善良。今后但凡有人服了你，念在同宗同根的份上，切记不可赶尽杀绝，灭宗诛族。

这段话公孙云不但铭记在心，并且严令自己的族人和子孙绝对不能触犯！

大家都是伏羲和女娲的血脉，杀别人就等同于杀自己。

如果我们注意看一下秦朝统一天下之前的历史就会发现：中国历史上发生的战争很多，但灭族的事儿很少。即便有一两个心智不全的（如商纣王）敢触碰这条底线，结果基本上都会招致“诸族同攻”！

炎帝很不满意老爹的偏心，便创作了一首歌曲发信给少典：您总是心太偏，心太偏，把所有好事都给了小轩辕。

少典哭着回信：心不偏呵心不偏，种地的干不过军大爷；两亲相悦平安事，一朝翻脸命归天！

公孙云当了部落首领后，并不像李世民那样靠砍兄剁弟来巩固自己的地位，反而将中原“新河南”（今河南省境内）的土地留给哥哥炎帝打理，自己则呼朋引伴，在老据点黄土高原上的“古河南地”（今河套地区）信马由缰，探寻天地之秘，求取人生真谛。

这段时期，公孙云开始思考风雨雷电、日月星辰与众生的关系，水火草木、动静诸形与万物的关联。

之所以进行这样的思考，并不是这个青年人天生好学，而是屁股决定脑袋的地位使命所然——毕竟有太多太多的小弟跟着他混呢！

想混得长久一些的大佬们从此就明白了这样一个道理：除了让自己的小弟们在外人面前倍儿有尊严、倍儿有面儿外，您不但要管他们的吃喝拉撒、生老病死，还要时不时说出几个这些丘八匹夫们到死都弄不明白的哲理。否则，凭什么让小弟们在您的麾下奴颜婢膝、言听计从呢？

带着诸多的疑惑，公孙云只身进入了昆仑山（一说今甘肃酒泉一带；一说今秦岭山脉；一说今白于山）。

当时的天下大势由三个人主导。

公孙云拥有今陕西、甘肃、青海、西藏、新疆、宁夏、内蒙古、帕米尔高原等大片内陆土地；炎帝统居今两湖、山西、山东、河北、河南、辽宁、吉林、黑龙江等地；蚩尤占领今云贵、巴蜀、两广、江浙等地。形成了鼎足之势。

按理说这几位爷都有房产，都有粉丝，都有地盘收税，钱物多得用不完，真算得上是成功人士了。

他们每天的生活本应该是早晨在保镖们的陪同下骑骑马，跑跑步；丰盛的早点后在宽敞的草棚子里听听汇报训训话，再发几个指示；午餐后在美人的轻揉细捏中小憩片刻；下午再到下面走走看看，抱一抱孩子，关心一下孤寡老人；晚上当地拿事的头儿们便要恭请他们吃一吃当地的特色美食——这一天眨眨眼就过去了。

但凡一个人能过上这样的日子，夫复何求？

可人这个物种之所以有别于世间其他物种，就是因为欲壑难填。

这种生活原本是每个屌丝们梦寐以求的终极目标，但当一个人站在了这个高度，心态就有了变化，也有了新的目标。

这新目标大多有一个共同之处，那便是：俺有今天的成就，是因为俺一贯正确；由于俺一贯正确，所以俺才有今天的成就。

有鉴于此，天下所有人都要按俺的言行举止行事才会有出息。

要让天下人都听您的，这需要一个前提：那便是全天下唯独您是大爷，其余都是手无缚鸡之力的孙子。

第一个想让天下人都听自己的人叫蚩尤。

这位爷是这样想的，也是这样干的。

敢这样干，是因为他除了身壮力大、特别能打并会制造兵器外，还有能征善战、强悍凶猛的八十一个生死与共的氏族们在背后撑着腰杆。

第一个有这样宏伟目标的蚩尤大爷，素来崇尚“棍棒底下出奴才”的信条，也不找个碴儿弄个罪名就向食物充足的炎帝不宣而战，并向随从们大声唱道：“河南的西瓜圆又圆哟，神农氏的妹子甜又甜……”

炎帝尝草种地、低买高卖是行家里手，舞刀弄枪可是一个十足的外行生瓜。

族人们的身体再怎么健康结实，也比不上刀剑的锐利。

还没打一次像点样子的大架，就败退到了今天的张家口一带，到了弟弟公孙云的地盘边儿，仓皇不可终日。

人类第一次有规模的互掐，就这样草草收场了。

此时剧情的发展本该是：炎帝向弟弟哭诉，公孙云拍案而起，演一出兄弟同心、其利断金的感人大戏。

但是，世事难料，人心叵测，炎帝硬是不想向自己的亲弟弟低头求助，反而要翻出陈芝麻烂谷子的旧账，抱怨自己的老爹心长在了马胯上，尽给他留些歪瓜裂枣的下等贱民，让他受这些鸟气，遭这种屈辱。

刚从昆仑山修真回来的公孙云赶到了阪泉（今河北境内），面对灰心丧气的炎帝说：哥，我替你来教训一下这些穷疯了的家伙。

炎帝讥诮：得了吧，大哥我都打不过，就凭你们这些蜜罐罐里长大的孩子？省省吧。

公孙云问：那您就咽得下这口气吗？

炎帝叹道：打不过不咽气能行吗？照蚩尤大伯的想法，不让咱们吃屎，便是抬举了你我弟兄。

公孙云皱眉道：这东西还是留着让他自己吃吧。你不敢打，我来！

炎帝说：不要以为老爹从小宠你你就不知天高地厚，为所欲为。你虽强壮，不过是营养好的缘故，都是些花花架子。蚩尤是九黎部族的首领，那可是个逮着什么吃什么的主儿。

公孙云说：把牙拔掉，看他用什么吃？

炎帝不屑地看着弟弟说：就凭你？

公孙云勃然怒道：我敬你是长兄，一再忍你。如今你虽因自己的胆怯败给蚩尤，丢的却是老爸和有熊族的脸面！老爸疼我宠我，便是知道我不会让族人受别族欺辱，才将宗脉托付于我。你若不信弟的能力，尽可派你手下精兵强将与我对阵，如若冲动弟之阵角，天下便由兄来打理，你说吃……你便吃。

炎帝和弟弟公孙云在阪泉进行武艺切磋，心想：我要是连你这个吃奶糖长大的小孩子也打不过，还不如拔根胡子上吊算了。

结果：三战三败。

炎帝便将“拔胡上吊”的恶誓悄悄藏在了心里，只得表面上臣服弟弟，共同讨伐蚩尤。此后，每当弟弟与蚩尤开打之时，总是有一个奇怪的想法在一次又一次地折磨着炎帝，这便是：既盼蚩尤输，又怕弟弟赢。

中国兄弟间嫉妒的基因，病根儿或许就在这位炎帝老先人的身上。

人类从古至今，有一个大爷时，天下百姓虽然事事都得听他的安排，好歹还能混一口热饭吃。但若生不逢时，活在了有两个大爷或多个大爷并存的年代，那真是倒了十八辈子的血霉。

蚩尤和公孙云这两位大爷的掐架，虽然可能是中国乃至人类有史以来第一次有准备、有组织的战争，但是仅凭这几百个大呼小叫的青壮年男子，如果拿后来的朝代更迭、兄弟火并相比较，那规模充其量就是一个黑帮内讧。但就是这样的规模，由于是在地球上第一次闪亮登场，还是把天下的人和动物们吓了个魂飞魄散。

蚩尤不但能打，似乎还掌握了一些先进的技术（最起码会冶铜炼铁）。他的手下个个铜头铁额，装备精良。

最让炎帝的属众们害怕的是，蚩尤居然还有几队能食沙吐火、制造浓雾的特种兵，打起仗来杀人如砍瓜切菜一般顺手轻松。

蚩尤体格虽然地上独霸，装备举世无双，可惜生不逢时，好像中了千亿元大奖似的，偏偏碰上了公孙云这个不世出的大角色。

这位公子哥儿在体格上和蚩尤一样强大，头脑的智商可是比蚩尤高了不知道多少个量级。

这场战争和咱们现在看到的大片一样：先是坏人手风极顺，后是好人绝地反击。

顶住了蚩尤的头几波凶猛的攻势后，公孙云率领着对自己忠心崇拜的熊、罴、貔、貅、貙、虎六个部落，向蚩尤发起劈头盖脸的反攻。

七十二仗打下来，公孙云把蚩尤和他的八十一个小弟杀了个七颠八倒，四散而逃。

天下的物种们从此见识到了公孙云的厉害。

原来这些小哥儿并不都是传说中的花拳绣腿，不堪一击。

这些公子哥儿一旦得了势，那可是怎么大怎么来，什么夸张干什么，场面十分嚣张！

或许后世爱看武戏的道、儒弟子们嫌这一边倒的人类开场大仗过于平淡无奇，便在后来的书文戏本中加入了风后、雨伯、应龙、刑天、夸父、女魃等神魔鬼怪出场，弄得和科幻片中的星际战场一样，甚为爽心悦目，很是过瘾。

既然是人类的第一场战争，总得有几处叫座的卖点。

那时还不流行艳照绯闻，爬灰劈腿，如果再不加点什么仙妖二气和特异功能进去，总觉得对不起先人。

如果这些仙妖之类的人物是真的，基本上可以确定这是一场发生在地球上的星际战争。

这场大仗也没有白打，虽然死了不少的人和动物，也使得许多的灵长类动物由于害怕残酷的互掐而停止了进化，但“指南针”的出现，却让人类从此有了方向的概念，不再担心找不着回家的道路。

人不远行，怎么会知道世间的多样与精彩?

公孙云将蚩尤擒获后，一反招降叛族的常态，将蚩尤身首异处，剖腹挖肠，箭射顶心，挫骨扬灰……总之是要达到一个终极目的：尽散蚩尤的“天阳之气”（这个细节很重要，在《黄帝内经》中可以找到这样诛杀蚩尤的原因），让他的形体与灵魂彻底在人间蒸发!

杀只老虎给小鸡娃们看。

今后除了我，谁要是不安分想当天下人的大爷，蚩尤就是下场!

不服气的——试一试先?

可怜蚩尤一世狂雄，打小把杀人越货当作休闲娱乐，最后却连根汗毛都没有留在世间，只有头颈上的血液流入了枫树的根部，每年秋天定时定点在枫叶上泛渗着血迹，向世人反复提醒着：这就是他想让当时的青年公孙云、后来的轩辕黄帝吃屎的下场。

九黎诸族及长江流域的其他部落，见这位爷下手比蚩大爷更快更狠，便拎着细软、带着存款纷纷前来谒见，以示归顺之意。

公孙云便在釜山（在今河北境内）会见了全天下的部落酋长们。

公孙云一出场，便让这些个还算见过些世面的部落酋长们惊呆了。

这小伙儿不但很年轻，而且很强壮；不但很强壮，而且很帅气；不但很帅气，而且有风度；不但有风度，而且有修养；不但有修养，而且很文雅；不但很文雅，而且很威严。

面对这样不世出的大人物，要么臣服于他以寻求庇佑安全度过余生，要么违逆他过早结束自己的性命。

除此以外，这位老祖宗可没给任何人第三种选择。

要么当我的臣民我给你平安，要么做我的敌人我让你痛苦！

黄帝元年（前2697），公孙云站在釜山之巅，向全天下宣布了自己定下的“中央帝国”的规矩。

面对强势的大爷，用屁股都会做出正确的选择。

于是，仰望着这样又帅气、又强悍、又文雅、又威严、又有修养的明星青年，众酋长们心悦诚服地称呼他为“天子”，心甘情愿地接受他的领导。公孙云谈笑之间便完成了中国及人类史上第一次的统一大业。

这个开头很辉煌。

但公孙云后来觉得，这个开头不理想。

因为：人类的统一，不应该以战争这种最坏的形式去开场。

炎帝的长相虽然不怎么样，头脑却非常的精明。

他目睹了弟弟公孙云的英武，便明白了自己和弟弟就好似兔子向老虎叫板，根本不是一个等级。

心灰意冷的他如今天的科学家一样，申请了一大笔科研资金，多一半用作私人开销，少一半用作抄写心得体会，在岐伯的领导监督下，终其一生，将自己看病、尝草、种地、养牛等经验记录下来，顺道儿把各氏族的只言片语辑录成集，供弟弟公孙云参考取舍。

这个从最高的帝王级别沦为中国第一个小编的大爷，把本应叫《炎帝医书》的著作，在领导岐伯明目张胆的操作下，变为了后世所称“黄帝七玄”的内容之一。

既然有了共同的老大、统一的领导，大伙儿便不能再各打各的旗，各吹各的号，都要团结在以公孙云为核心的中央帝国周围。

那时候，各个部落虽然还没有思想家和哲学家弄出些什么乱七八糟的主义，但都会信奉一种动物当作神灵，涂在岩石或兽皮上，作为自己有异于其他部族的标志番号。

有喜欢鸟的，有敬奉鹿的，甚至有个性的酋长将臭虫、蚂蚁、蝙蝠当作图腾，别人也只有干瞪眼的份儿。

于是便有铁杆的小弟们建议公孙云仍以有熊部族的“熊”为图腾，但遭到了公孙云很不屑的否定。他认为：天下万物诸族皆归顺于己，以熊为图腾，就是一个井底之蛙的想法，根本体现不出自己掌握天下的气魄！吹牛拍马的高级文化活儿，什么时候轮得到你们这些丘八了？

巫师、萨满们群体义愤填膺，奋起捍卫自己包装公司的权益。

他们集体跪在公孙云脚下，亲吻着他的脚趾头，热泪盈眶、充满真诚地赞美道：您身高九尺，河目龙颜，是标准的正君之相呵；

您皮肤黄中泛白，为大地之色，这比那些黑面皮、红脸蛋的家伙们高贵了不知多少倍；

黄乃土德之形，理为中央之尊。您是天之骄子，太阳之神，黄帝之名，非您莫属！

文化人就是文化人呀：瞧这些词儿用的，看这语气儿雅的，听起来比掏耳朵、搓脚缝儿都舒服哟。

公孙云采纳了巫师、萨满这些文化人哭天喊地、赌神发咒的建议，改称“黄帝”，国号为“中央帝国”，定都“皇华城”（今陕西省靖边县龙州镇），并将各部族的图腾揉在了一起，“以蛇为体，以鱼为鳞，以龟为尾，以狮为头，以鹿为角，以鹰为爪”，并命名这个表示各个部族大团结的新图腾叫——“龙”。

中国大地由此进入了第一次种族大融合——“龙的传人”，由此而来。

文明骤然迸发！

文字出现了；

历法出现了；

宗教出现了；

轮车出现了；

衣裳出现了；

夫妻制度出现了；

制作业出现了；

帝国的雏形出现了；

军队出现了；

官僚体系出现了……

人类历史上，有一个现象总是让人们不解：大凡一个时代开国立朝前后，总是奇人异士辈出，技法工艺层现，社会尽呈欣欣向荣之象。

究其原因，有人认为是战争激发了人类的创造力；有人认为是恐惧促使人们制造器械保护自己；有人认为是星外生物唯恐残杀不够残酷，于是输送一些新技术加速人类的毁灭；还有人认为是宿命的安排……

这些说法各有各的理论依据，谁也说服不了谁。

能让大众理解的，大概只能用战争前后多种族通婚之后，生出一批具有异禀天赋的混血儿才能解释得通。

战前由于国家或宗族掌控力弱化，人员流动频繁，为了生存，异地通婚现象盛行，生出一批野性之士；

战后因为重新定位权贵阶层，各宗族之间便会有一个重新融合的过程，降生出一批聪敏之人。

这些混血儿或体格超强，或智力超群，破坏力和创造力旗鼓相当，因此就会向人类呈现出许多前所未见的大场面和新玩意儿。

此后由于国家掌控力逐渐增强，各种规矩层层加码——尤其是对通婚时“门当户对”的宗族自律，形成了狮子配狮子、老鼠嫁老鼠的门第观念，于是便出现了一代不如一代的感叹。

历史的发展和种种现象似乎给出人类这样一个定律：一个宗族越封闭就越落后，越开放就越先进——不要抬杠，这个开放可不包括和亲妹子结婚。

天下诸族混血之后，许多奇人异士应运而生。

有了人才便不能让他们闲着，闲着没事干，这些人便会胡折腾。

于是，黄帝便命仓颉创造文字，伯高采矿炼铜，宁封子制陶器，赤将做木器，邑夷制车辕，共鼓制舟楫，容戎定历法，隶首兴算数，令伦选音律，荣猿铸钟鼓，岐伯编医经……中央帝国和人类文明的基石由此滋生。

此时，距释迦牟尼出生还有2132年；距耶稣诞生还有2697年；距穆罕默德大展宏图还有3267年。

黄帝为保持帝位稳固而立国建制（“置左右大监，监于万国……举风后、力牧、常先、大鸿以治民”），建立军队（“以师兵为营卫，官名皆以云命，为云师”），昌举文明（“顺天地之纪，幽明之占，死生之说，存亡之难”），注重耕养（“时播百谷草木，淳化鸟兽虫蛾……”）。

总之一句话，什么好事和伟大的事，都是咱这个老先人干的，或者是他命令其他人干的。

这些伟大的事情在今天看来都很稀松平常，1+1=2幼儿园的小朋友都会算，造个船制个车也不算是什么困难的事儿。有些事情，其实是后来的黄帝后裔为了显示祖宗的伟大而瞎编冒盖的。倒是其中三件需要动脑的事情是真的，也是咱们这些后人一直没法超越的。

第一个是文字。

中国象形文字存在的意义，远不是我们后人想象的那样简单。

它的出现，不但使中国的族种不论内部怎么争斗，身居何处，最终都会返祖归宗地团结在一起，其间更隐藏着史前文明、宇宙星际的原始密码——只可惜我们使用了几千年，也只有一些巫婆神汉们才似懂非懂地掌握或无意识地使用着其中的一些技法，大多数人只把它当作记录的符号。

举一个非常容易印证的例子：你若在家里相应的方位或挂或写着八卦符号或相应的文字，自然会出现你意想不到的效果。

可惜的是，由于后来儒家的删减和历朝历代对古中国文字的更改，我们今天所应用的只是形似中国古代的文字，其中的神韵功效大概已经十去其六。

现在认得繁体字的中国人加起来可能也超不过一亿，但更让人汗颜的是：所有的炎黄子孙居然只认得一千多个甲骨文字。

现在的中国人应该知道，甲骨上的文字已发现的就有近万个，与我们今天经常使用的不到四千个汉字相比，这是不是一个比较完整的文字体系？

那么这个文字体系中，是否记录显示着我们至今还糊里糊涂的史前或其他文明？

万事诸物，不会因为人类的无知而不存在。

人这个物种的最可笑兼最可悲之处在于：每个人从不相信除了自己亲眼所见之外的东西。

几千年中，人类一直在因好奇心而求知前进、又因不相信而故步自封这个怪圈中来来回回地转悠，很像是一群放大化了的蚂蚁。

第二个是时间。

在那个树叶和兽皮就是主流潮服的年代，黄帝和他的拥趸们明确了一天中的十二个时辰，由此又确定了一年中的365.2422日，至少是以他的名义创立了“阴阳二历”。

咱们今天使用的农历（或称阴历、夏历）原本是黄帝时的阳历，其本意是给阳世间的人计时用的；黄帝时的阴历（也即今玛雅人用的“卓金历”），大约是为阴冥中的另一个空间准备的。（这种历法以一年为260天计算，但是在太阳系内却没有一个适用这种历法的星球。依照这种历法计算，这个空间的大致位置应在金星和地球之间。）

2012年的12月21日，黄帝的阴历计算出这一天为最后一个“太阳纪”，搞得许多人弄了些充气的皮筏当作挪亚方舟，企图逃生当一当下一个人类开始创业的老祖宗。

唉，这都是无知惹的祸呀，但凡明白这阴阳二历的来龙去脉，你慌乱什么呢？黄帝的阳历还周而复始地长着呢。

黄帝的阴阳二历不但给糊里糊涂活着的人们有了一个时间的概念，而且给了我们对另一个相对的空间无限可能的遐想。

第三个是人体。

只要是在这个世界上活过的人，一生当中总会冒出些“我为什么和别的动物不同？我是什么构成的？我死后还能有知觉吗”这类的想法。

有许多仁兄义妹居然因为想不清楚自己死后的落脚之处，时常会暗地里悲伤哭泣。

这些问题不但这些仁兄义妹没想清楚，恐怕所有活着的人到死也不会明白。

以我们人类现在所认知的科学理论，你若是认为自己有道、佛诸教所认可的灵魂，相信自己有前生和来世，在世人的眼中，你若不是巫婆神棍，便是一个货真价实的神经病。

人是什么？

关于这个全人类共同关心的问题，至今还没有一个让大多数人满意或认可的答案。

有生物学家说：人是由猿进化的智慧生物。

有科学家说：人是由蛋白质复合体组成的物质。

好吧，如果这两个比较科学的说法成立，那么就要请生物学家再回答一下“人为什么成了人，猿为什么还是猿”的问题；

科学家也要再回答一下“为什么人这个物质有意识，别的物质没有意识”的问题。

关于“人是什么，生命是什么”，直到今天，好像还没有一个正常人的回答，超越了四千多年前的黄帝。

从黄帝时代传下来的《黄帝内经》，中国历代的人们是当作“医疗百科全书”来看的。由于它表面上具备了很明显的专业性和实用医疗功能，平日除了郎中和因痛失亲人的悲伤者或企图长生不老的人们看一看，几千年来还没有什么国家和组织对它进行过有规模的研究和发掘。

这大概是因为：

一、《黄帝内经》没有什么实际和可操作的经世之法，不适合大面积推广，很不符合治国大爷们的调调；

二、《黄帝内经》的可读性比不上《金瓶梅》，科幻性不如《封神演义》，文学性赶不上《红楼梦》，拍马屁更赶不上《大学》《中庸》等诸子百家的言论；

三、照着《黄帝内经》的养生之道，每个人都健康长寿活成人瑞人精了，谁来没日没夜地加班干活？谁去不顾身体地为国捐躯？

由于这些原因，《黄帝内经》中关于“人是什么？人体是怎样构成的？怎样才能保证外在身体与内藏魂魄的健康”等大问题、大迷惑的阐释，便被后世之人熟视无睹。

真想知道自己是怎么构成的？身体里又有些什么东西？怎样去保护自己的肉体和魂魄？……在没有更能说服我们并且能经得起印证的理论或科学之前，求求中国人看看《黄帝内经》吧。

这比您常挂在嘴边的亚里士多德、苏格拉底、柏拉图、康德、席勒、黑格尔、尼采、达尔文、霍金等重要得多。

砍了蚩尤之后，中央帝国在黄帝时代几乎再也没有发生什么像点样子的战争。

一是因为黄帝太厉害，谁不安生立马征服谁；

二是因为混血之后，你娶了他妹子，他纳了你女儿，两军阵前定睛一看：不是姑舅就是两姨，要么便是妻哥妹夫、丈人女婿——还打个什么呀！

都是亲戚，有什么事不能坐下解决的？

看看这个在世间活了九十八岁的老祖宗，一生最大的特点便是：天下有不听话或不归顺者，或“从而征之”，或“平者去之”，根本用不着什么费话劝解，也不用什么借口征伐。

一句话：敢不听我的话——找打呀！

黄帝干了这么多的事情，按理说仅是推算阴阳二历就应该忙得晕头转向，连个解手的时间都没有，更别提还捎带弄出些《黄帝内经》和“七玄”之类的传世之作。

可是，伟人之所以是伟人，便是因为精力超于常人。

他老人家忙是忙了些，整天不是巡游封山，便是训导征服，可人家的个人享受和生活质量却一点儿也不含糊。

他娶了漂亮绝伦、能力超强的西陵之女嫘祖为正妻，生下了次子昌意；又纳了长相不怎么样但博闻强记、德行端庄的嫫母为四妃，生下了长子玄嚣。

这两个儿子因后世子孙都很争气地将叔伯兄弟赶到一边而拥有了国土和王位，所以他们的名字和生母的名字便流传至今。

嫘祖非常美丽，并且还不是一般的聪慧。

大家都知道，美女在修饰打扮自己这方面有着极高的天赋，很有点鬼斧神工、无师自通的意思和章法。

自恋自赏的嫘祖讨厌兽皮的臭味，便用轻柔洁白的蚕丝制造了外衣。仅此一项，她老人家便荣获了人类有史以来第一个全球小姐兼服装设计师的首座丽冠。

请大家记住，美女嫘祖让人类告别了兽皮遮体的原始状态，进入了潮服开始的年代。

嫫母很丑，丑到了黄帝要用她的容貌去赶鬼驱邪、儿子玄嚣的后代们隐瞒她生养真相的地步。

但是，她老人家丑归丑，排名也在最后，历史地位却很重要。

之所以丑得这般风光还能流芳百世，这其中有两个原因：一个是她虽丑却组织能力超强，掌管了后宫事务和祭祀重责，是一个有权有钱的角色；

另一个是她为了儿子玄嚣能顺利继承帝位，甘愿让玄嚣认嫘祖为生母，成为其“嫡子”。

玄嚣虽然未能如愿继位，但后世子孙们还是感激老祖母的恩德，使其以四妃之位和嫘祖并驾齐驱。

轩辕黄帝的另外两个妻子，老二叫女节，老三叫丽娱。

男人可娶四妻，根源大概在此。

其实除了玄嚣与昌意，黄帝还有二十三个儿子，其中得姓封地者就有十四人。

但是，我们现在能知道准确来历的也就这两位先出生的公子哥儿，其余的

“酉、祁、己、滕、葴、任、荀、僖、佶、儇、衣”等诸姓祖先皆不知始末。

从史料的蛛丝马迹中大约可以窥见，其中的一姓变为后世的波斯民族，他们信奉的宗教祖先“安胡拉·马兹达”或“琐罗亚斯特”便是轩辕黄帝和少昊玄嚣之意（参见《上古中国历朝年代考》）；之后又有各姓诸族翻山越洋，成为古巴比伦、古埃及人等诸族先祖；后来他们又有枝派成为古希腊及欧洲诸族的始祖。

我们甚至可以这样说，在这个世界上，凡是信奉“太阳神”的民族，他们大概都应该和炎黄二帝的血缘沾得上边儿。

不管他们的太阳神叫什么名字，但只要认为太阳神是自己的先祖，那根儿便在中国——因为黄帝便是后世各族所敬奉的太阳神的“正宗原版”。只不过由于年代久远，又加之这些族系离开中国之时黄帝还没来得及普及文字，所以他们便不知道自己的祖先姓甚名谁了。

还有两件事要提一下。

一件是黄帝执政时期，当时有三个人是他的师友。

男的叫广成子；女的一个叫玄女，一个叫素女。

之所以将这三个人单摘出来说，是因为他们具备超越地球人的智慧神通——后世称之为“仙人”。

从人类的进化史上看，为何人类的智力在黄帝时代突然有了一个质的飞跃？

由于当时没有摄像记录，咱们至今也没有一个让众人信服的证据去解释老先人们为什么一下子突然变得那样聪明。

所以我们是不是可以这样大胆地想象一下：这三个或更多传说中的仙人们是地外文明的使者，他们眼看着咱们人类自己的智力进化发展比蜗牛还慢，急躁之际，索性下来拉兄弟们一把。

黄帝极有可能在这三个人手中拿到了史前或星际文明的秘笈，分别向自己的子孙传下了《连山》《归藏》和《先天易》三本书籍。

另一件事是黄帝突然间得到了三尊宝鼎（传说是昆仑西王母给的）。

这东西可真是件宝贝儿呀，就和今天的电脑一样，有什么不懂的就在网上搜索，总能找出些意想不到的资料和答案。

黄帝他老人家遇着什么不懂的事儿就在鼎的周围转悠，最后转出了金木水火土、天干地支、阴阳二历这些玩意儿。

这三尊宝鼎和其他的先进宝贝在夏、商之后就已失传。

如果传到了今天，真想看看这三尊宝鼎是什么物质构成的，有没有键盘和网线？

【中外对比】

黄帝时期（前2697—前2617年），据西方学者的考古发现并推测：

苏美尔的早期王朝和城邦社会已经大面积出现；

埃及的古王国已经开始（前2686—前2181年）。

而据考古学家在拉格什发现的王室铭文，人们才得以知道苏美尔王朝（前2500—前2350年）约150年间完整的拉伽什国王列表——比黄帝时代足足迟了197年。

真不知道西方的学者们，是用怎么样的计算方式，证明他们的文明比中国的还悠久？

宗教创立者——颛顼

颛顼是昌意的儿子，黄帝的嫡孙。

颛顼以黄帝次子后裔身份继承帝位，引发了黄帝长子玄嚣一脉的不满。

此后中国历朝历代的长嫡之争，祸因从此种下。

颛顼继承帝位，从表面上看是黄帝遵照父亲少典传位之例。

黄帝是次子，昌意也是次子；黄帝健壮俊伟，昌意一脉的颛顼也是风度翩翩；玄嚣虽然没有蚩尤那般丑陋，但长相实在是没有什么特点和冲击力。

颛顼因酷似爷爷的容貌及个性，颇得黄帝的喜爱，黄帝便命他继蚩尤之后，掌管了当时天下最能打的九黎诸族，成为名副其实的力量派大军阀兼大将军王。

当时除了爷爷黄帝外，便是老爸昌意见了他也要低眉顺眼，更何况别人？

黄帝就是有心将帝位传给长子玄嚣，那红旗到底能打多久，他老人家心里还真没个底儿。

二十岁的颛顼继承爷爷的帝位后，由于黄帝余威犹在，自己军权在手，各个宗族好不容易过上了近百年的安生日子，所以在有吃有喝之余，谁也不想去胡乱折腾，无事生非。

颛顼有了充足的休闲时间，便将爷爷黄帝传下来的阴阳五行进行研究和推广。

除了兴举文明之事外，颛顼也继承了爷爷的尚武禀性，继续扩大地盘，“北至于幽陵（今西伯利亚），南至于交趾（今越南），西至于流沙（今新疆、阿富汗一带），东至于蟠木（今日本诸岛）”，并且比爷爷黄帝更狂，宣布全天下“动静之物，大小之神，日月所照，莫不砥属”。

翻译成现代的话便是：不管你是喘气的或不喘气的，只要你能照得到日月之光，在地球上生存，全都是你颛顼爷我的！

这纯粹是天下宗主国的口吻。

昌意一脉文武并重者，首推颛顼。

因黄帝子系众多，诸脉各族想得便宜之时，便要到颛顼面前哭穷叫屈，动辄以天命帝言相挟：昨夜黄帝他老人家托梦给我说了，这事应该怎么样，那事应该怎么办……

伏羲、女娲、少典老祖宗显灵说了，我们的族人应该每天都享受免费的牛奶面包，还要有选举和被选举的权利……

前几天我们爬着天梯上天了，诸神让我们给您带个信儿，凡事要商量呀……

颛顼一看这便是传说中的“抬着棺材哭祖宗，穿着孝服要好处”的悲情大戏呀！一怒之下，也不开个听证会了解一下民意，索性“绝地天通”，命令力大无比的重和黎，带着一群力士们，把诸脉各族祈天祭神的通天柱、显灵塔等一股脑儿地拆毁，规定天下除昌意、玄嚣两族外，其余皆无通天入地、祭祀神祖的权力。

老祖宗有话自然会托梦给我——瞧你们满脸的菜色，也配？

玄嚣一族之所以还有这个权力，倒不是他们有什么势力，而是因为一来他们毕竟是嫡系，二来当时这些装神弄鬼与诸神沟通的活计，也只有玄嚣一族的文化人才干得顺溜儿。

哪里有压迫，哪里就有反抗。

这时，共工炸毛了：这是什么世道呵！凭什么天下只有你昌意、玄嚣两族的后人能和天神祖宗通电话？太欺负人了，太伤自尊哩！

此时共工的身份已经扑朔迷离。华族的文化人硬说他们是炎帝的后裔，但凡不糊涂的便会明白：共工氏本就是伏羲氏诸脉中强势的一族。

不管怎么说，论出身，此时共工氏的头领也是个有来历的王孙公子哥儿。

这些公子哥们儿由于从小不缺吃缺喝，受人宠爱，便养成了一种什么事说干就干的相同个性。

因为这些公子哥们儿明白：事儿干好了功劳都会被追捧者夸大百倍，事儿干砸了都会有爹娘兜底儿。

干得好，众人便要竖起大拇指称赞：啧啧，龙生龙凤生凤呀！

干不好，便撂一句“我爸是李刚”扬长而去。

但是，公子哥儿干砸了事儿有人兜底需要一个前提：这便是必须有一个爹或一个妈在世上活着，并且有足够狂妄的权力。

可惜的是，共工父母全无，什么事情都得自己扛。

在花儿将谢之时，显示威风的机会终于来了。

颛顼虽然人多势大，很想向世人亮一把自己的“天外飞仙”，但是，面对满世界顺从的笑容，他还真不好意思铁着脸面找碴儿下手。

这下子好了，共工这个猎物自动跳出来挑衅，趁手热不弄几个杠底开花、唱几十首原创歌曲，真是对不起热情的观众和广大的粉丝。

这两个本家叔伯兄弟约好了在古河南（今河套地区）老家村口掐架。

拉开架势后，共工便数落颛顼的过失，说出了自己不服的理由：

第一条，生活作风很不严谨呵——放着咱族内如花似玉的大姑娘不娶，偏要娶九黎诸族的蚩尤遗种，生出一大群人不人鬼不鬼的家伙，把咱们族人的脸面丢尽了！

第二条，霸道之风很严重呵——什么事都得你说了算，什么机构都得你当头儿。你不签字财务上就不给报账，你不盖章众人就不能四方游猎。总之你既是裁判，又当运动员，是典型的一把手当家的思想呀。

第三条，本本主义很泛滥呵——你给我们定了许多个制度和纪律，这也不能碰，那也不能干，把众人全部限制在条条框框里，偏偏你在条框外转悠。敢情这制度都是给我们定的，压根儿就没你什么事儿？这是典型的天马行空作风呀！

第四条，独裁态度要不得呵——你整天大吃二喝、游山玩水，享尽人间荣华富贵，我们说什么了？咱弟兄们有点儿委屈你从来不闻不问，只好背地里到天上向老祖宗含着泪倾诉一下，可你连我们梦中与老祖宗相聚的这一点小权力也剥了个一干二净，也太过分了吧？

第五条……

颛顼叫道：停、停——停！看你也不是个文化人，哪来这么多酸溜溜的调调儿？要打就打，废什么话！

于是双方开打。

一开始，共工有板有眼地耍了几套拳路，泛着亮晶晶精油的肌肉很是让众人惊心。和现在街头上表演的硬气功和跆拳道一样，板砖拍在头上成了碎末儿，棍棒打在身上一折两截……

颛顼一看惊道：这仁兄练的是金钟罩、铁布衫呀！

于是，他让手下的蜂农骄虫放出一大群的毒蜂，给这些有“大佬病”的弟兄们打打针。

共工的部众们被叮了个人仰马翻，四散而逃。颛顼便领着重和黎这两个重量级的杀手兼拆迁队长尾随追杀，顺道儿还拆掉烧毁了许多未被发现的神殿灵塔、天梯天道。

与其说这是一场战争，不如说这是一场狩猎。

颛顼把共工从平原追杀到了高山，又从高山掩杀到了水边，像一只猫一样乐呵呵地拨玩着老鼠，一边儿公费旅游，一边儿猎杀自娱，很是悠然自得。

共工恼羞成怒了：你大爷的，欺负人也不带这么样欺负的！

他领着残部逃到了不周山（今帕米尔高原）自己亲手兴建的大水坝上恶狠狠地叫道：颛顼小儿，这天下俺得不到，你们也休想安生！

这一招可着实把颛顼吓住了。

不周山是黄帝族脉专属的与上天沟通之道，坝中的蓄水足以将爷爷黄帝留下来的偌大地盘儿淹个七零八落。

他赶紧派人去劝告共工不要走极端主义路线，并写了封亲笔信：咱哥俩都是伏羲的子孙，有什么事坐下来谈。

共工含着眼泪委屈地叫道：早干吗去了？早干吗去了？让你把帝位给俺玩玩，你死活不行；叫你不要把诸脉各族的通天灵塔拆掉，你说重和黎这两个拆迁队长没有事干；打不过你叫暂停，你说比赛时间还没到，硬要踢俺们个 11：0；现在见俺要发射原子弹，才想起打兄弟亲情的招牌？晚了，一切都晚了！俺这个让你打残玩傻的伏羲子孙真是没有一点点颜面再在这世上混下去了，咱哥儿们今天一拍两散，同归于尽！

于是，共工拼着最后的一丝气力，在轰隆隆、泼剌剌的巨响声中，将那撑天拄地的不周山拦腰撞断，彻底摧毁。

霎时间，九州大地一片洪泽，万物遭殃。炎黄子孙们又一次明白了“天崩地裂”的意义，晓得了“人间地狱”的概念。

这下子玩大发了。

从此时起，黄帝的子孙们顿然明白了穷寇勿追、狗急跳墙、兔急咬人、围敌留缺的道理，并告诫后人凡事不可赶尽杀绝，不留余地。

颛顼后悔得肠子都青了。

本来是一场很精彩的饥饿追逐游戏，谁知道碰着共工这么个不讲游戏规则的二杆子，最后玩了一招不要命的人肉炸弹，弄得全世界兴趣索然。

此后的几十年内，颛顼整天面对的不是山火，就是水灾，只好不断地带着族人从陕北绕着黄河边儿向中原河南迁徙。

手下们不干了：我们整天跟着您吃糠咽草、甘当公仆，不就是企盼着有一天事业成功后能吃香喝辣吗？瞧您这身子骨也不结实，万一哪天撒手蹬腿儿一走了之，大伙儿和谁混去？又有谁记着我们的功劳呀？

为安众人之心，掩天下之口，玄嚣一族趁机隆重推出玄嚣的孙子、蟜极的儿子认颛顼这个伯父为干爹，改称高辛。

十五岁的高辛成了颛顼的干儿子后，主要的任务就是等着承袭干爹死后的帝位。

颛顼和天下人都明白这一点，因此他为了保持家族血统的纯正，也顾不得黄脸婆们的唠叨，加班加点地进行造人工程。

功夫不负有心人，只要耕耘就会收获，终于生下了虐鬼、魍魉、穷蝉、梼杌等兄弟数人（这些名字，一定是玄嚣一族使的损招），并且还有了一个聪明强悍、冷艳果敢的女儿——女修（秦、赵两国的始祖）。

有了自己的亲生骨肉后，高辛再怎么乖巧顺从，颛顼总是越看越不是个事儿。

但因为他没上过什么名牌大学，没当过什么客座教授，更没有得过什么国际大奖，所以脸皮儿不是很厚，心尖儿也不是很毒，找不出一种高深的理论或一个冠冕堂皇的理由把高辛一棍子打死，只好什么地方危险、什么事情困难都交给高辛去干去办，反而成就了高辛的阅历和干练，养成了穷蝉等兄弟们的懒散。

这个案例告诉我们，如果要想自己宠爱的孩子有大出息，让他整天待在自己的视线范围内学英语、弹钢琴是不行的。

书本上的虎狼之性虽然准确，但只有和它们贴身搏斗过才能明白什么叫真正的凶残。

养虎为患的事实已经形成，上了年纪的颛顼再也没有什么壮志凌云去打打杀杀。万一再冒出一个不要命的人肉炸弹来，这天下还不知道会变成个什么糟糕样子。

此前大概由于自然界万物和谐消长，四季寒暑便显得不是那么的冷热分明。经过共工的大折腾，水不在水的地方，山不在山的来处，地表植物遭到了大面积的毁坏，天地之气发生了根本性的变化。

于是，颛顼在离岗之余，无奈地往黄帝爷爷的阳历中加入了“春夏秋冬四季”，在扩大地盘的丰功之外，又加上了进一步完善文明的伟绩。（因制历之地在今黄土高原朔方一带，所以今天中国的北方四季分明，节气准确；而在南方各省，一年中历法就显得有些不准。）

颛顼在位九十六年，享年一百一十六岁。

他死之后，虐鬼、魍魉、穷蝉、梼杌这几个儿子互相闹着要当老大。本来就没培养下几个死党，又加上兄弟间的不团结，这帝位自然而然地由他们的“干大哥”高辛接手了。

高辛之所以能顺利接班，一是因为玄嚣一族精擅文事并且操持政务，全族齐心协力将高辛当模范人物一样来抬举宣传，舆论工作做得十分夯实到位；

二是颛顼和共工相争惹出了天大的祸事，天下诸族也想看看老是叫唤着“怀才不遇”的玄嚣一族有什么样的能耐，心存着“老子养儿，个个有份”“东方不亮西方亮”的想法；

三是上古之人还没有进行九年义务教育，您只要有真本事让大伙儿吃好喝好，谁管您是谁生的（重贤不重嫡）？加之帝位也未旁落于他族之手，黄帝诸族各系首领亦能接受；

四是颛顼的后代只有女修算得上是个接班的人物，可是男人们好不容易从女人手中夺过了话语权，难道会再让一个女孩子当首领？

至于九黎各族，自从被黄帝打怕之后，就存在着不敢反抗的臣服心理，只要是黄帝的后代当上头儿，管他姓甚名谁，总之是咱们的主子，让咬谁就亮出獠牙咬谁，一点儿也不含糊。

【中外对比】

颛顼时代（黄帝98—176年，前2697—前2521年），非洲埃及的法老左塞尔开始崇拜太阳神，并凭借外来（共工氏）的“水利技术”统治了尼罗河流域。

由于黄帝的车轮技术传到了此地，他们才有能力去修建第一座“左塞尔金字塔”。

亚洲的苏美尔地区此时才有了宗教庙宇，并且开始拥有了车轮技术与太阴历（也是一年12个月，365天）。

欧洲的古希腊据传说进入了“克里特文明时期”。

至于当时的印度，有炎帝的几支宗族迁徙到了那里，并依据神农氏的技术与知识开始创造另一种文明。

现在中国境内的人形兽身神像与金字塔、通天塔基本上被铲除得一干二净，取代它们的是世俗化了的伏羲、女娲与黄帝。

诸神们在母地中国找不到落脚的地方，只好散落到世界各地去寻找新的信徒。

世袭制的始作俑者——帝喾

三十岁继承帝位的高辛还没来得及把铺盖卷儿放好，就急着改名为“喾”，在帝国的电视台向全天下公布了自己的简历。

帝喾，男，三十岁，黄族血统，嫡系成员，姬姓也。爹为蟜极，爷叫玄嚣，乃黄帝始祖正宗长房第一曾孙。

黄帝146年，生而能言，天资聪颖；

黄帝161年，受封辛侯（正侯级待遇），执掌政事；

黄帝161年至176年，历任……等职，功绩显著，万民拥戴；

黄帝176年，经诸族万民一致求荐，为中央帝国第三任首领。

这便是周朝姬姓被奉为正统的源头。

至于周、汉史官一口咬定黄帝也姓姬，则纯属贴金行为，不过是为了显示自己具有皇室正统血脉的嫡系身份，硬生生地给老祖宗改姓而已。

其实从玄嚣一族留下的史料中可以看出，黄帝的长子玄嚣号青阳，赐姓张，是中国张氏的始祖（封地在今陕西省靖边县青阳岔镇）。他的后裔们一直执着地认为帝位本应由他这个大儿子继承才合情理，但个性十足的黄帝却偏偏无视众多儿子的存在，传位于孙子颛顼。

千年之后，我们或可推想黄帝他老人家的本意：因昌意是正妃嫘祖所生，颛顼又是昌意元妃蜀山氏之女景仆的嫡子，再加上他掌握着九黎诸族的大权，既符合嫡系正脉，又具备震慑之威，绝对的根红苗正。黄帝传位于他，走的是重贤敬才的路子。（后世昌意一脉立嫡、立贤而不立长，玄嚣一族则死咬着立长不放，根本不管后来生下的儿子是否贤能。两族承位区别明显，根源就在这里。）

正妃嫘祖貌美位高，昌意一脉自然仪态万方，势大力猛；

四妃嫫母相丑德充，玄嚣一族自然相貌平庸，专注文事。

昌意一脉就如同当今的帅哥靓女们一样，凭借着天姿家富，根本不需要十年寒窗便能在某一个圈子内呼风唤雨，很是风光；

玄嚣一族大约和现在自称的屌丝们一样，爸妈不但给不了他们一个富裕无忧的学习环境，更要命的是还给不了他们一副急了还能当作通行证的漂亮面孔。

您没钱没权又没祖产，再加上您长得真不怎么样打眼——不好好学习当个知识精英，这天下还能有您的活路吗？

由于这些原因，黄帝后裔的两族便形成了鲜明的种族特点：昌意一脉号为“夏族”，族人个个好大喜功，加之所食所用皆为先取，营养充沛，自当身高马大，精于征伐，偏好用武力诠释一切；

而玄嚣一脉号为“华族”，因族人生性温和，自然事事谦让，处处低调，尽干些杂事琐务，所以逼迫成就了他们完善文明的功业，精于用文化驾驭诸族。

这种情形造成了当时这样一种现象：每当天下太平之时，玄嚣一脉的华族便闪亮登场，用各种规章制度统治百姓，以各类杂捐赋税搜刮万民；

待到百姓万民不堪重负，有不服的大爷们跳出来叫板之时，昌意一脉的夏族便要收拾一下烂摊子，拿着大棒抡圆了向世人广而告之：做黄帝后代的臣民——挺好！

帝喾成了当权派之后，为了美化先祖玄嚣，凭空给他捏造出一个“少昊帝”

的名头，少昊的排名有时候甚至在他老爸黄帝之前。

玄嚣华族的文化人本意是想证明华族的血脉纯正，身份高贵，怪就要怪司马迁这个人粗心，忘了删掉“高辛于颛顼为族子”这一段认干爹的事迹，让玄嚣华族后人的百般美饰成为笑柄。

帝喾本应姓张，奈何成为高家族子！

不管是姓张还是姓高，帝喾总算完成了祖父玄嚣继承帝位的夙愿，将大权掌握在了华族手中。

新官一上任，不干点与前任不同的事情，怎么能显示出自己的不凡之处？

这就如同知识精英们一旦苦其心志、投机钻营当上了一把手之后，履新伊始，老子才不管前任有什么好的和对的做法，一句话：从今儿个开始，一切都听我的。凡是我定下的事儿，理解的执行，不理解的在执行的过程中理解！

想搞点与前任不同的东西是不需要有什么特别才能的，只要记住“凡是他赞同的就反对，凡是他反对的就赞同”这个要领就行了。

你昌意一脉夏族不是向来用武力来吓唬诸族吗？

俺玄嚣一脉华族偏偏要用道德礼仁来说服这些野蛮人，就不信三句好话还顶不上你们的一马棒子！

结果和帝喾想的可真是不一样，这世上果真有一些认打不认吃的奴才。

由于共工引发洪灾的后果，中央帝国便放弃了老根据地黄土高原古河南地的皇华城（今陕西省靖边县龙州镇），迁徙到了今中原河南一带，这就使得只有黄帝和颛顼才能镇得住的西北诸族有了“深夜里买醉”的放纵想法。

他们围在火堆前一块儿琢磨唠嗑：咱还没亮獠牙呢，帝喾就给咱送吃送喝外带封官许愿，如果咱把刀在他面前舞几个花儿，会是一种什么样的诱人场面呢？

最后诱人的场面是：帝喾硬着头皮，本着“好活外人，不求本家”的原则，把三女儿连带几火车皮纺织品送给了闹得最凶的犬戎（今陕西省神木市石峁遗址）族长当媳妇。

和野蛮人谈文艺还真是一件又费力又危险的事情，最高明的办法就是任他们怎样跳腾也不要去撩扰他们，更别提什么用文明感化他们。

帝喾很聪明，马上放弃了自己的武力短板，拾掇起自个儿的强项，专心致志地研究起了黄帝留下的阴阳二历，进一步完善了二十四个节气的内容，并起了个新书名叫《命历序》。

如此看来，帝喾使我们明白了一个抄袭者很难欺世盗名的道理。

帝喾在位七十五年，活了一百零五岁，主要干的是“顺天之义，知民之急”地收拾颛顼和共工相争留下的烂摊子之事。拆了东墙补西墙，拿小姨子当姑娘，费了九牛二虎之力，干过来干过去，最终连个街道卫生都没有达标，更别提能获得“双创”城市的荣誉称号。

帝喾很是忧郁，意志消沉之际，却迷上了万象空间中的天籁之音，和两个叫咸黑、乐垂的嬉皮士组合了一个流行乐队，创作出了《九招》《六列》等歌曲，并召集了六十四个非主流的潮女助唱伴舞，创建了中国第一个文艺团体，成为中国乐曲、舞蹈的始祖。

大家明白了没有？艺术这玩意儿要想搞好，还非得在逆境中才行。

自从吃了犬戎族的大亏，帝喾便绝了开疆拓土的念头，深知自己就不是一块打仗的材料。

于是，他白天总是面色阴沉，不发一语，一副全天下人都欠他二分钱的样子；到了晚上便如打了鸡血般兴奋，不是跳舞就是摇滚，纯粹一个性格双重化的活样板，引得仙鸟凤凰、神兽麒麟们都来买票观看助场，中原大地顿时显得歌舞升平，一派盛世景象。

一开始大家觉得，音乐和舞蹈这两样东西还真不错，既能启发民智、悦民心灵，又能宣传政策、粉饰太平；最实用的是给男女之间提供了一个你情我愿的交往平台，对繁衍后代很有好处。但渐渐发现，这玩意儿就和养小三一样，好看是好看，开销却很大，是一个巨烧钱的行业。开一场演唱会的费用，抵得上一次军队出征的开支，这便引起了向来喜欢征服四方的昌意一脉夏族的不满。

打又打不了，玩艺术又不让玩，这老大当得寡盐淡醋，真是没有一点儿意思。

帝喾如大多数的艺术家们一样，一遇到现实（文雅一点的叫世俗）不欣赏、不赞同他们企图一统天下的艺术形式，不是心灰意冷地纸醉金迷，就是愤世嫉俗地装疯卖傻，性子暴的便要找个最高处嚷着往下跳。

两办主任的位置空了很长时间了，上传下达很不方便，您看让谁当合适？

教育部长都死了三年了，再没人管事，学校的草都长到房顶了。

三苗族又遭灾了，再不送点粮食过去，恐怕又要来打架了。

……

大太子挚约了三世子后稷、四世子契要去二世子放勋家里闹事。

帝喾生了许多儿女，其中只有四个儿子因本人和后代混得很好而留名百世。

可按周朝史官的排序依次是：老大是后稷，老二是契，老三是放勋，老四是挚。

为什么要睁着眼说瞎话呢？

诸位看看他们的后代都是些什么人物，便明白只要您有权有势，不但在位时想干什么就干什么，就是连自己的祖宗是谁也能进行选择，更别说变换一下排名或辈分了。

周朝将后稷认作姬姓始祖（清楚了吧，姬姓是从后稷开始的），便尊他为帝喾的长子以示自己一贯的继位传统。因为后稷又叫姬弃，所以他们干脆将老祖宗黄帝和帝喾也冠之以姬姓，显示出了文化人为了好听好看不惜改头换面的不要脸本领。

契是周朝给商朝“指定”的始祖，周朝一口咬定商人与他们同出玄嚣一族，所以便给契排名老二。

老三放勋就是帝尧，毕竟都是大爷级别的，后人们虽不怎么争气，但也不能垫底呀，所以排第三。

那么垫底的只能是当时和后来都很不争气的长子挚。——不好意思，谁叫您就那么不上进呢？

咱们一般百姓家里都是按出生的先后顺序来定大小，帝王家里的大小和小民们可走的不是一个路子，就如同胡润的财富榜一样，哪位钱多，哪位就是大爷。

那么我们来还原一下历史的真相。

帝喾家的儿子们如果用我们百姓家的排序习惯，应该是挚为长子，放勋为次子，后稷为三子，契是垫窝子。

这样一来，我们就能明白在帝喾年迈之时，明知道长子挚素有“不善”之名，但碍于玄嚣华族向来坚持和昌意夏族不一样的“传长”原则，只好硬着头皮让这个不成器的长子继承帝位。

今天我们所汲取的历史教训是：敌人反对的不一定全错，自己信仰的也不一定全对。

帝喾很不负责地将天下交给了大儿子挚便撒手而去，也不管这个儿子除了唱歌跳舞之外有没有治国的才能。

次子放勋便到手执军权的昌意一脉夏族的叔伯面前叫屈。叔伯们领着放勋，走在了正在筹拍乡村大片第二百五十集的“挚导”面前，摸着他的头疼爱地说：挚儿呀，辛苦你了。今后你就专心当你的导演兼制片人，给广大人民群众多贡献些精神食粮。治理天下的这些脏活累活，就让你弟弟放勋去干吧。

我才干了九年，再干干行吗？

好好地去搞潜规则吧，要听话噢。

于是，中国发生了有史以来的第一次宗室宫廷之变！

昌意一脉的夏族叔伯们一边烤着肉，一边喝着汤笑道：玄嚣华族不是向来坚持立长不立贤的原则吗？咱偏要让他这个来历不清不楚的二儿子接班，来收拾现在天下这个烂摊子，恶心恶心他们。

【中外对比】

帝喾时期（黄帝 176—251 年，前 2521—前 2446 年），据西方的学者们说：埃及此时正在大造金字塔，印度则开始使用文字……

当时除了中国偶尔有几声响动，其余各地的男女们，都静悄悄地忙着造人去繁衍壮大自己的宗族呢。

共和制度的创立者——帝尧

二十岁的放勋上任后的第一件事是改称“帝尧”，把自己的出生地山西临汾和母亲陈锋氏庆都之名昭告天下，并亮出了“陶唐氏”的旗号，以示和大哥挚“青阳氏”的不同。

这其中有个疑点：帝尧的生父到底是谁？

便有看过《史记》的学者说：当然是帝喾。

对的，帝喾是他名义上的养父，但是不是亲生的，可真是一件非常说不准的事情。

儒家子弟关于帝尧生母庆都受孕情景的描写，可谓是中国的第一篇情色小说。

一日，庆都和父母坐船游览。正午时分，忽然刮起一阵狂风，天上迎面卷来一朵红云，在小船上形成扶摇直上的龙卷风，仿佛这旋风里有一条赤龙在飞舞。

老两口惊恐万状，可是女儿却是一副若无其事的样儿，还嘟着小嘴儿冲着那条赤龙笑眯眯地挥手致意呢。

晚上，老两口睡了之后，庆都在闺房中闭着双眼，感觉到朦胧中阴风四合，赤龙扑上她身，她迷糊了……醒来时，身上不但有些腥臭的涎水沫子，床边还留下一张画像：红脸蛋，尖脑门，宽下巴，八采（彩）眉，长头发……上书：“亦受天佑。”

此后，庆都就怀孕了。

十四个月后，生下了和画像中人一模一样的放勋。

闻报庆都为他又添一子，只有一个儿子的帝喾本该高兴，可他却十分的郁闷。

虽然当时的医学知识尚未普及，但他看了王室必读课本《黄帝内经》之后，也隐约明白了生儿生女不是一个人就能搞定的事情——这活儿还非得两个构造不同的男女合着伙干哩。

我为母亲守孝三年，什么时候见过她的面了？

但郁闷归郁闷，而且在当时戴顶绿帽子也不是一件如后来的男人们为此大动干戈、六亲不认的羞耻之事，更何况庆都梦承龙液，且有画像为证，并有“亦受天佑”的题词，可见放勋分明是上天的“恩赐之子”。晾了十年后，念在毕竟夫妻一场的情分上，帝喾让他们母子回到了自己的身边，并让这个野生的二儿子放勋当了大儿子挚的贴身跟班。

那么帝尧的亲爹到底是谁呢？

如果说是赤龙，可在咱们的现实生活中至今还没有人兽交配后生下孩子的例证；如果这个推断不能成立，那么一定是一个胆肥的男人——至于这个男人是谁，恐怕现在谁也说不明白了。

帝尧上任的第二件事便是“以亲九族”。

这是因为“父亲”帝喾既无武功，文事又弱，早已引发了昌意一脉夏族和其他诸族的不满与嘲笑；加上自己是靠着夏族的叔伯大爷们出力上位的，表面上是老大，可掌大权的还是那帮舞刀弄棒的夏族叔伯大爷们。

一个不小心惹得他们不高兴，换个老大可比亲个嘴儿都容易。

更何况当时天下说了算的可是夏族著名的“母老虎”——女修姑妈。

她不但和帝喾平起平坐，而且在“龙”标志（图腾）的旁边又加了一个“凤”，举凡有大事，作为昌意一脉夏族的代言人，最终还得她老人家拍板定案！

要让他们松懈，就让他们张狂；

要使他们虚弱，就要他们舒畅。

帝尧咬着牙严以律己，大幅度减少玄嚣华族的贵族待遇，让宗脉九族尤其是昌意一脉的夏族实实在在地得到了免费医疗、公款吃喝的福利，铁了心勒紧了裤腰带，显出一副大公无私、先民后己的架势，亮出了“以仁治政、以义明理”的政治主张。

在弱化夏族及其他宗族的过程中，帝尧充分发挥玄嚣华族精擅文事的才华，举亲族全力，大兴一连串文明之事。

第一件：他派出羲仲、羲叔及和仲、和叔的后人，在东、南、西、北四个方向，分别观察太阳的运行规律，在黄帝的阴阳二历及父亲帝喾《命历序》的基础上，又加入了春分、夏至、秋分、冬至四个气候节点，并增加了闰月来修正时间的盈亏。为了显示自己的不凡之处，他采用了四舍五入的办法，在一年中多增加了一天，于是一年变为三百六十六天。

第二件：由于事务繁杂，侧重各有不同，为调动干事者们的主观能动性，帝尧根据事务的不同而任用级别有异的官员，建立了人类的第一个世袭官僚体系。

第三件：设立举报机制，鼓励百姓诸族言论自由，对谁有意见（尤其是夏族的叔伯大爷们）都可以写出来投入意见箱里，谓之“欲谏之鼓，诽谤之木”，并严正申明不会打击报复，秋后算账。

第四件：制定了中国的第一部刑法《典刑》，若是有人犯了规矩，从割鼻子到剁生殖器都有一套比较完整的操作程序——这个“人”，当然不包括夏族的叔伯大爷们和王室宗亲。

第五件：为了消磨夏族叔伯大爷们的时间和斗志，帝尧发明了“围棋”供他们娱乐，让夏族的叔伯大爷们整天满脑子里都是黑白两色；为了加速弱化夏族叔伯大爷们的体质和意志，帝尧还发明酿造了“酒”这个玩意儿，让大爷们整夜为之发狂。

一个人在一生中——尤其是危机四伏的一生中能干成这么多的事情，难怪儒家要将帝尧称为上古的第一个明君。

经过玄嚣华族的共同努力，一个五年计划便达到了弱化昌意夏族的既定目标，取得了阶段性的伟大胜利。

但由于帝尧当时处在一无兵权、二无资源的困境，他也只能做些表面上的文章，一遇着除弊兴利的实际工作，便事事掣肘，难以为继。

虽然成功地弱化了昌意夏族的体质和斗志，但产生的负面效果是：每当遇着征伐扩土、开山猎杀的粗活苦活，昌意夏族的大爷们若是下了软蛋不干，能干好这活的人还真不多。

脆弱的大自然每年给人类提供的不过是些野果野兽，昌意夏族和玄嚣华族吃过之后，剩下的还不够其余诸族塞牙缝儿。

吃不饱的人就顾不得要脸，连脸都不要的人便会铤而走险。于是，猰貐、凿齿、九婴、大风、封豨、修蛇这些种族便开始上访闹事了。

负责接待的官员把嘴皮子都磨烂了几回，但他们根本不听“生产自救、自力更生”这些大道理，并不管中央帝国的困难和死活，只是一句话：谁来填饱我们的肚子？

刁民呵刁民，中央帝国管的是宏观调控，并不负责具体到你吃没吃饱的琐务呀。

可怜之人，必有可憎之处。

中央帝国是为百姓干大事的，不是负责填饱你们每个人肚子的食堂大师傅。

讲道理解决不了问题，那就只能用鞭子抽了。

能舞动皮鞭的昌意夏族大部分已经被酒色掏空了身子，一听到要出门打人，便纷纷推辞。

帝尧用期待的目光看着皋陶，等到的却是一句：臣断官事行，揍人不行。

看着羲仲，羲仲仰头望天道：近来的天气很不错呵。

看过来看过去，也只有玄嚣华族的忠实拥趸——有穷氏的后羿跃跃欲试。

经过中央帝国的慎重考察，后羿的体能、功夫都很达标，尤其是射箭的本领着实了得，便是昌意夏族中也没人能比得过他。

但要命的是，后羿的政审过不了关：他既不是黄帝一脉，也没有明显的派系，更是连亲娘老爹这一栏都是空白。

更要命的是，就这样一个无来无历、没党没派的仆从，居然瞅准帝尧无人可用的尴尬境地，提出了一个条件：灭了这些刁民容易，但我有什么好处？

你要什么好处？

我要长生不老之药。

负责人员选拔的大员如实地向帝尧做了汇报。

帝尧又生气又好笑：有这药还轮得到他吃？

大员此刻显出自己被设置的功能：帝国正值用人之际，没药全当有药，先哄着他灭了刁民们再说。

老实的皋陶问道：他要发现药是假的怎么办？

大员拿出了一个合理的预案：后羿出征前，为示帝国诚信，先将假药交由他妻子嫦娥保管。他若灭不了刁民，就地正法；他若是得胜回朝，便提前派人杀了嫦娥毁尸灭迹，安她个窃药之名。

帝尧掏着耳朵道：既然是不死之药，总得给嫦娥找个归宿呀。

大员神往地说：月亮是个好地方呵。

后羿兴高采烈地把药丸交给了嫦娥，嫦娥又小心翼翼地将药丸锁进保险箱里。在信访人员的指引下，后裔远远地一箭了结一个，只杀了九个叫唤得最凶的头目，便吓得其他的刁民们跪地求饶，哭喊着再也不给帝国添乱了。

为了显示帝国的威力，相关部门连夜召集紧急会议，形成如下通稿，公之于世：

> 猰貐、凿齿等九人实为太阳之子，因见帝尧实行仁义之政，功盖红日，故下凡蛊惑人心，扰乱世风。幸我帝尧洞烛其奸，遣小吏后羿除之，至此天下大安。

后羿回来听说了“嫦娥奔月”的事情，先是破口大骂，发了一通“夫妻本是同林鸟，大难临头各自飞”的感慨，随后流着泪写了一封又一封的情书对着月亮吟唱，乞求着妻子回来好好过日子。

便有昌意夏族的醉者讥笑道：报纸上不是说您把太阳都射落了九个吗？这一个小月亮对您来说，射下来也就是撒泡尿的功夫。

后羿一怒之下，羞愧之余，便跑到了苏美尔两河流域，改名为“吉尔伽美什”，当起了老大，并在喝醉后常常对人们大骂帝尧的不义和嫦娥的不忠。

因为翻来覆去总是唠叨这么几句话，最后居然创作成了世界上第一首叙事诗，一不小心坐上了古巴比伦诗祖的宝座。

刁民平息了，水患又来了。

帝尧很明白，对付几个刁民，派几个头脑简单、四肢发达的家伙就可以处理妥当；可面对水患，必须要有大智慧、大武力的人才方能不再扩大受灾的范围。

依照后羿的选才程序，他先是在宗族亲信内择贤，却发现只有“顽凶”的嗣子丹朱和“似恭漫天”的共工族后裔可用。

但是经过评估，用这些二货的后果是：不用则只是水患，用之则横生人祸。

无奈之下，他只有恳请昌意夏族的鲧来担此治水大任。

鲧上任之后，一是因为从小养尊处优经不得风寒雨露，动不动就身体抱恙，心劲儿不能全用在治理水患上面；二是因为玄嚣一族处处掣肘他的治水方略，不是没粮了，就是缺人了，最后他带病干了九年，也没弄出点什么政绩。

哟嗬，不是说你们昌意夏族是“天资神武”兼“神奇四侠”吗？

不是说这天下离了你们昌意夏族就玩不顺溜了吗？

帝尧当面把鲧训斥了一顿，并借此给了他一个“负命毁族”的罪名。

如此一来，昌意夏族便负气袖手旁观，而帝尧手下虽有后稷、羲仲、皋陶及倕、契、夔等后世儒家景仰的济济名臣，但或长于农、工，或精于乐、法，放眼看去，玄嚣华族居然无一人能担此重任。

帝尧虽住茅屋，食野菜，穿粗衣，但传说中的“十日并出”和长达百年之久的“洪水遍野”，并没有因尧的仁忍而停下肆虐九州的举动。

羿射九日或可看出乱世英雄的抗争，嫦娥奔月似可流露出妇女的无助之态。

玄嚣华族的软肋暴露无遗。

一边是水患愈重，一边是民心思乱或举族外迁，中央帝国当时最需要的是一个又能治水、又能镇民的双料大员。

情急之下，帝尧派人四处寻访这样一种复合型人才：他既善良又凶狠；既仁义孝顺又铁面无私；既听帝国的使唤肯下死力气干事，又不居功自傲另起炉灶……总之一句话，帝国要选择一个“一半是奴才、一半是能臣”的怪人。

所谓自古有非常之事，便会有非常之人；有非常之人，就能建非常之功。经过地毯式搜查，还真找到了这样一个人才。

调查报告如下：

> 姚重华，男，三十岁，昌意系夏族人。
>
> 家庭情况：父亲名瞽叟，为帝颛顼三子穷蝉第五世嫡孙；其母早逝，姓名不详。
>
> 形象特征：双瞳仁，小个子。
>
> 性格特点：貌似忠孝，其心阴狠。
>
> 生活习惯：不抽烟，不饮酒，不打麻将，不上歌厅；喜食猴脑、熊胆、鸡舌、鹅肝。
>
> 主要事迹：曾获中央帝国“青年突击手”“最美乡村青年”“种地能手”“渔猎争霸赛冠军”“帝国十大孝子”“野外生存逃生高手”“刑法考试第一名”等荣誉称号，并创建帝国第一个制陶公司，自任董事长兼总经理、总设计师、销售部主任、会计、出纳。

阅历丰富，经验充足，德艺双馨，仁狠兼备。确实是一个少见的复合型人才。

后稷有些惋惜地说：二哥呀，都达标了，只可惜他是昌意夏族的。

帝尧拍板道：顾不得许多了。他虽是昌意夏族，但因祖上穷蝉名声不好，也不招昌意夏族人的待见。凡孝之人，心必忠君。咱们让他显示才华，还怕他不感激涕零？不行再下副猛药，我把自己的两个女儿下嫁给他，有了翁婿之亲，这小子总不会掀底吧？

姚重华走马上任之后，摄行帝国之政，开人类君、相共同治国之先河。

他一出手，便显出昌意夏族与生俱来的肃杀之气："齐七政、禋六宗，揖五瑞、修五礼，巡狩四方，车服以庸；明试以功，象以典刑。"没用几个月便达到了"惟刑之静哉"的预期效果，天下人一点也看不出他"能和以孝"的"德善"影子。

这一连串的动作，统一了黄帝后裔夏华两族的行为准则，明确了宗室内部的尊卑之规，力求形成合力，一致对抗洪灾与外夷。

规矩和典刑这两样东西的好与坏，要看怎么样去使用。

如果只是用来束缚庶民百姓，那真是妙不可言；但是反过来让有权有势的大爷们也共同遵守，这玩意儿怎么看都不是一个东西。

丁零族的首领讙兜开始告状：打小跟着您，掏大粪、扫猪圈这些脏活累活都是我们干，没功劳也有苦劳吧？不就是没打扫街道卫生吗，至于把我族流放到衡岭的崇山峻岭中当南蛮吗？

帝尧耸耸肩，摊手道：我刚让他放手去干，真没办法说情。这样吧，你先去转转，全当旅游，等方便的时候再接你们回来。听话，好好的。

共工氏的后裔跪在帝尧面前哭诉：我族的先人们是会修坝圈水，但不代表我们天生就会治水呀。姚重华这个小矮人一口咬定我族藏能不露，硬加给我们一个抗命怠工的罪名，把我们发配到冻得鸟都不生蛋的幽陵当北狄，您可不能不管呀。

帝尧抹着眼泪，揩了揩鼻涕道：我真的真的很同情你们的遭遇呵！老先人惹下的乱子，怎么能报应在你们这些无辜的后人身上？这样吧，你们先去幽陵看看，如果真的寒苦，到时候你们写个调动申请，我想办法把你们弄回来。不要哭了，我看着揪心。

女修翘着兰花指，呷了口酒道：尧侄儿呀，听说你女婿平叛了三苗，把他们贬迁到沙漠里当西戎，后来又发现鲧与三苗有密谋，要拿鲧开刀问斩？

帝尧续了一杯酒，小心地说：愚侄不知此事。

女修斜着杏眼道：这么大的事你这个一把手能不知道？他能不向你汇报？

帝尧低头小声地说：愚侄向来不过问姑妈族内的事情。再说，您昌意一脉夏族的事务，我不能管，也不敢管。

这话听着舒心顺耳。

女修心想：只要鲧不是你玄嚣一族下令杀的，姚重华要杀他则另当别论，全当是我昌意一脉夏族切磋武艺时的误伤。

姚重华将讙兜、共工后裔、三苗诸族流放发配，并把本族刺头鲧处死后，中央帝国的权力得到了巩固——确切地说，是姚重华的权威得到了各方的认可。

帝尧的生活状况也得到了根本性的改变。

因为女婿姚重华明确了尊卑之规，不但婢女们要跪着给他端水喂饭，侍卫们抬着他上马坐车，就连四夷诸族见了他也要行屈膝吻脚之礼，这小日子过得那叫一个舒坦。

原来帝王的生活可以这么诱人呵！

舒服了几年，帝尧突然发现，自己除了颁发个荣誉证书、出席个座谈会什么的，整个就是一老促会成员。

为了证明自己的担忧，便派人叫后稷、皋陶这两个死党来开个秘密会议，分析一下当前的形势。

得到的回答是：后稷在杨陵搞农业试点；皋陶在九州各地巡回办案。忙得很，回不来。

帝尧准备开个大会统一一下思想，得到的答复是：日程安排得很满，会议厅实在腾不出来。

帝尧叫来负责官吏任免的官员，让他把自己的马夫安排在办公室当个副主任。

得到的回答却是：按照规矩，为主要领导服务的人员不能在重要的工作岗位上任用，以防狐假虎威，在民众中造成任人唯亲的恶劣影响。

没办法，只有和女婿正面接触了。

双方坐定之后，先是拉拉家常，确定一下亲属关系：商均最近调皮吗？

乖得很，只是一直嚷着要和姥爷玩围棋。

亲缘的话题谈过后，为了增加姚重华的归属感，有必要再用女儿加重一下分量：娥皇、女英这两个丫头没给你气受吧？

托老泰山的福，她们俩很贤淑。

女儿的话题谈过后，就要切入正题，谈一谈国事：九州的事还好吧？

在您的正确领导和关心下，一切都在正常的轨道上运行，往好的方向发展。

帝尧顿了顿，终于道出了主题：我怎么觉得没我什么事呀？

姚重华拿出来一厚沓子文本，满脸尽是委屈之色：这是您认可的吧？这是您签字的吧？这些是您历次在大小会议上的语录吧？我们按照您的最高指示，整天干事忙得废寝忘食，您现在居然怀疑您自己的亲女婿架空您，真是伤心呵。好吧，打今儿起，我回家给商均辅导家庭作业去。

帝尧冷笑着看着姚重华悻悻然离去，心道：女婿这个玩意儿可真是这世上最难琢磨的东西。说他不亲吧，他整天和自己疼爱的女儿睡在一起；说他很亲吧，这家伙与自己可连一点儿的血缘关系都没有——翻个脸比翻本书还快。我就不信，女儿外孙离了你不行，帝国可不缺你这一号栽葱的。

栽葱的走了，卖蒜的纷至沓来。

安逸惯了的帝尧连上厕所的时候耳边都是哭穷叫屈、缺粮少草之声，差一点就到了抑郁症的边缘。

但权力的诱惑远大于疾病的危害。

帝尧虽被吵得晕头转向，吐津咳血，还是舍不得放下这你来我走、请示汇报的热闹。

直到有一天他晚上翻来覆去、唉声叹气地难以入眠，黄脸婆看着怜惜，来了一句当头棒喝：你这是何苦呢？放着安生的日子不过，偏要遭这罪受？

帝尧顿时醒悟了：我这一把手当的，什么事都要亲自策划、亲自落实，干好了是应该的，干坏了则招致骂声一片。整天累死累活的，不但没个人夸奖一下，更连个顶缸的副手也找不到，还要落一个独裁者的恶名。

一把手之所以是一把手，其主要功能有三：第一个功能是旗帜；第二个功能是表率；第三个功能是气派。

所谓“旗帜”，便是人人都视您为老大，事事都按您的想法去干，贴上您的商标，刻上您的画像。您往南飘，大伙往南走；您向北飞，大家朝北冲。

所谓“表率”，就是您得比庶民百姓高尚点，矜持点，基本上要站在他们不良爱好的对立面。他们爱吃肉，他们爱乱搞，您哪怕在表面上也要装出一副素食、禁欲主义者的样子，千万不能有闯红灯、随地吐痰抽烟大小便等不拘小节的事情发生。

所谓“气派”，便是由于您是帝国的一哥，凡遇重大场合或隆重庆典，怎么豪奢怎么来。一百二十道菜少一个不行，八百八十个保镖缺一个不妥；您得有专用的厨师，专用的碗筷，专用的厕帛，专用的尿壶……甚至连您专用的沙发也要走到哪儿抬到哪儿。

扪心自问，姚重华这个副职除了具体的事务不向自己事无巨细地汇报外，其他方面做得还是很到位的。

帝尧一下子怀念起那几年舒心的日子，赶紧派人去叫姚重华回来上班。

皋陶回报：姚重华说了，孩子的家庭作业太多了，还要接送，实在走不开。

帝尧皱眉道：别矫情，给他涨工资，提职称，配专车，住公房。

后稷回禀：姚重华说了，压根儿就不是待遇的问题。

帝尧不解道：那是什么问题？

皋陶、后稷齐道：姚重华说了，您最懂他的。

老得熟透了的帝尧很懂这个双料女婿的想法：除了不要自己的命，其余的可是照单全收。

黄帝372年（前2325年）的正月初一，已经141岁的帝尧很不情愿地把中央帝国的权杖交给了双料女婿姚重华，并举行了一个还算看得过去的禅位典礼。

为了纪念这个兵不血刃就篡位夺权的日子，昌意夏族便将每年的这一天定为庆典之日。

那时还不流行阅兵、晚会之类的项目，但是在这一天，大家是可以尽情地吃肉喝酒的。

退休后的帝尧闲着没事就四处公费旅游，逮着个看着顺眼的人就要请他出来治理天下，分一分女婿姚重华的权力。

到了汾水北岸的姑射山上，他听说有个叫善卷的人很是有点能耐，便前去拜访鼓动他出山与姚重华抗衡。

善卷晒着午后的阳光懒洋洋地说：我早晨起来能吃上油条豆腐脑，中午能在海滩晒上免费的阳光，晚上能和损友们泡妞嗨歌，我要天下干什么？可悲啊，你太不了解我了。

帝尧又听说有个叫啮缺的人很有才能，便找到他的弟子许由想请他师父当官！

许由就说了一通师父的坏话：我的师父是高级知识精英，是导师，是教授，是专家，是学者。他们这些骨灰级人物干什么都很棒，但最不适合的便是治国安邦。

帝尧一头雾水，问道：为什么呢？

许由道：因为这些知识精英们自认为什么都懂，所以他们就要以自己的意志为标准去处处干涉事物的发展，甚至千方百计地去改变万物的自然规律，弄得天下不能安宁。

帝尧点头道：看来这些知识精英真不适合管理天下。但是，以他们的专业知识，当个九州的官员还是可以的。

许由忙道：这更是一件危险的事情。这些人一旦当了一方大员，祸害的可是那一方的百姓呵。由于他们有知识，所以他们从来不会听取别人的建议；因为他们懂计谋，因此他们会用各种看上去很公道的条条框框去束缚百姓。

帝尧道：看来这些人只能当个部门小吏了。

许由摇头道：大则祸乱天下，小则误事贪腐。

帝尧皱眉道：那这些人生而何用呢？

许由道：您的丰功伟绩总得有人传颂吧？帝国的政务琐事总得有人记录吧？

帝尧不解地道：不给点好处，他们会心甘情愿干这种差事？

许由道：给荣誉、给称号呀！这些人在吃不饱、饿不死的状态下最能干活；压根儿就是一群在看得见、够不着的情况下才会不断奋斗的奇葩。

帝尧有些明白了，说：你的意思是，这些人只能为帝国出谋划策，而不能具体执行？

许由点头道：马夫精通马性，但他能不能冲锋陷阵？厨师善烹菜肴，但他却不适合厅堂游走。一旦出现有人既是规则的制定者、又是规则的执行者的情况，国乱民叛，只是迟早的事情。

帝尧沉思了半天，突然道：你这后生见解精辟，洞察一切，是真正的治国俊才呀！

许由一骨碌站起来跑到河边不停地洗刷双耳，正巧有个叫巢父的人牵牛饮水，问道：这是咋了，耳朵钻进虫了？

许由道：帝尧让我当官，我觉得污染了自己的耳朵，所以要洗干净。

巢父哂道：啪！你们这些假装清高的人就爱演戏。你若拼死不想当官，难不成帝尧还会跪下来求你？快走快走，你这耳朵弄脏了河水，让我的牛怎么喝？

许由顿时脸红得如猴子的屁股，心道：说出来就没意思了。

啮缺听说学生许由擅自推掉了自己的美差，便把许由叫到自己四处透风的草棚里，只是用手在空中乱指，竟气得说不出一个字儿。

许由当然知道老师的症结所在，但事已至此，只有硬着头皮辩解：尧和女婿闹情绪，表面上到处施行仁义，请人当官，实际上是想找几个打手和姚重华过招。

啮缺连拍几下大腿，急促得有些气不好出，面色苍白。

许由道：老师您是一个不世出的大贤，治理天下对您来说根本就是一件鸭子吃菠菜——平铲的事情。老百姓嘛，不难笼络他们。笑脸对他们，他们就和你亲近；给他们点好处，他们就会为你劳役；表扬一下他们，他们就会勤奋努力地工作……这么简单的事，还用得着老师您这个贤人亲自去做吗？

啮缺的情绪慢慢平稳了下来，脸上渐渐出现了血色。

许由继续道：退一万步讲，如果您不嫌劳碌亲自出山治理天下，这第一，帝尧先找的善卷，他不答应再来找您，咱要是应承下这差事，不是低善卷一等吗？他善卷能和您相提并论吗？这第二，帝尧是个讲理的，谁又能保证姚重华也是懂道的？万一他翻了脸，灭了咱比拍死一只蚂蚁都容易。到了那时，号丧连个韵儿都找不着。

啮缺怔了半晌，缓缓地点了一下头，摆摆手道：你去吧，谁稀罕当这鸟……官。

帝尧虽然没有推销出去自己的官位，但却明白了“贤人利事而不利天下”的道理，在以后二十年的残生中，只能眼看着女婿在那里指手画脚，自己唯一能做的便是坐着专车到处旅游，笑吟吟地面对着夹道欢迎的民众，让后世的儒家神往敬仰。

临终之前，帝尧虽想传帝位于不争气的长子丹朱，但见各族酋长及各级官员只围着姚重华打转，便说了一句“终不以天下之病而利一人”的无奈保族之话，将天下治权彻底归还于昌意夏族。

从此，黄帝子系两脉达成共识：征天下乃昌意夏族所擅，治文明乃玄嚣华族所长。

两脉共掌天下，分工各有不同，九州方可太平。

后世子孙若打乱此序，必遭乱世之祸！

【中外对比】

帝尧时代（黄帝 251—392 年，前 2446—前 2305 年），除了玄嚣、昌意两个宗族和与他们保持较好关系的夷族外，其余弱小一点的宗族，都因生存空间的狭小而向世界其他地方扩散，以求得以延续。

可以说这是人类文明发源地第二次有意识地排斥其他宗族和有组织地迁徙。

黄帝377年（前2320），据说有个叫萨尔贡的私生子经过34场战斗，建立了苏美尔地区两河流域的第一个集权制国家——“阿卡德帝国”。

萨尔贡的含意是——真正的国王！

他们以“雅威”（轩辕黄帝）为至尊神祇，创建了“天启宗教”，是为犹太教、基督教、天主教、伊斯兰教等西方神教的源头。

有人说萨尔贡是“闪米特人”的始祖，也有人说他不是。但可以肯定地说，苏美尔地区、古埃及和古印度，此时由于有了来自中国的新的宗族加入并带来了新的技术，他们的农、牧、水利及制作业、文化、宗教等都有了迅速的发展。

议会制的首建者——帝舜

帝尧一肚子怨气离开了人世，姚重华在此之前的五十年也不怎么好过。

前三十年因为亲娘死得早，不但从未感受到温馨的母爱，更是连亲娘姓啥叫啥也不知道。更为悲催的是，他摊上了一个性格巨乖戾的后娘和一个心思巨阴毒的弟弟象。

这二位来到这个世上，其主要任务似乎就是折磨残害他。

从小吃残羹剩饭的姚重华不但因营养不良导致个子矮小，经常饿得眼冒金星，又导致长了一对昆虫类的复眼，并且担水、劈柴、种地、养猪这些重活打从毛还没长全就是他的，就连洗盘子刷碗打扫家这类家务也全部由他承包，整个儿一未来世界的家政机器人。

这么说吧，除了生孩子这件事他干不了，其余全包。

有村民可怜他，偷偷给他点吃的，并顺便谴责一下他的亲父后母来树立一下他对未来生活的信心。谁知他一听有人说父母的坏话，宁肯饿肚子也不吃，反而辩解：父母对我严厉是担心我长大后不能独立生活，其实他们的内心是爱我的。

村民们心酸道：这孩子真的是饿傻了。

姚重华心想：你们十天半月的才给我半个窝头满足一下自己的善心，我可天天要在家里待着哩。如果要让他们听到背后的坏话，喝泔水也找不见地方。

在这种没有爱的环境里长大的孩子，他首要的选择是保证自己能继续活下去。

在这种处处要防备的世界里长大的孩子，成人后你若靠他待人仁义，那得用多少颗爱心去温暖他早已冰凉的胸膛？

由于当时还没有后来苦寒之士经过努力奋斗登上权位反过来报复社会的案例，姚重华的事迹很自然地感动了九州，获得了帝尧的摄政之邀。

从表面上看，帝尧不但把天下交给他打理，而且事先就把自己的两个女儿一齐嫁给他作为犒赏，姚重华本应该死心塌地地为丈人肝脑涂地，死而后已，绝对不会做出架空老丈人的举动。

但一家不知一家的苦呵！

帝尧虽然把两个女儿嫁给了他，但给姚重华的实际感觉是：这不是两个婆姨，更像是两个政委——更何况随她们而来的九个保镖，那可是十足的锦衣卫兼血滴子呀。

不但亲个嘴儿要向他们打报告申请，不小心说错一句话，第二天早上能不能醒来可真是一件说不准的事情。

从一开始，帝尧就摆出一个不放心的阵势，这能怪姚重华起了异心吗？

更何况姚重华等的就是这一天的辉煌，好不容易到手，除了一死，他可再也不愿意回到过去的生活环境中去。

一个玩仁义的高手，碰到了一个玩生存的冠军，结果是螃蟹对王八，谁也干不掉谁。

就这样磨蹭了二十年，帝尧不顺心，姚重华不畅快，终于换了一个时代。

黄帝 392 年（前 2305 年），姚重华先改名为“帝舜”，以示一个新时代的开始；再责令玄嚣一族的文化人筹集稿件论文，准备批斗帝喾。

大家首先必须弄明白：帝舜为什么要批判帝喾？

琢磨了几宿，文化人终于红着眼睛明白了病根所在：原来帝喾这个干儿子，根本就没给自己干爹的夏族后代们什么政治待遇，结果让帝舜从老祖宗穷蝉身上就开始遭罪。

文化人一时群情激愤了起来：见过没良心的，没见过这么没良心的！

于是，《论农夫与蛇的故事》《高辛十八评》《打倒一切忘恩负义者再踩上一脚》《慈祥的义父——颛顼》《瞽叟——被遗忘的世族》等专评、论文、报告文学、传记、小说铺天盖地地充斥于帝国的文化市场。

这些作品无论是哪种体裁，都会围绕这样一个主题：昌意夏族的帝颛顼大公无私地将帝位传于玄嚣华族的帝喾，可是帝喾这个干儿子却认为自己为帝，实乃天命，而非私授。更可恨的是，他不但不感恩，反而将颛顼的后人贬为庶民，缺乏照应，致使穷蝉被讥为穷鬼，其余弟兄也被冠以虐鬼、魍魉等恶名。自古忘恩负义者，无出帝喾其右！

帝舜批倒批臭帝喾后，放眼世间再无制约自己言行的大爷，便悠然回到自己的家里对着那九个保镖说道：今儿个风和日丽，我现在可不可以和我的老婆那个一下呢？

保镖们忙翻身跪倒，谄笑道：只要您乐意，啥时候都行。

从小谨慎的他仅从这风花雪月的事情上还看不出天下诸族的归顺之意，便把小舅子丹朱叫来说：我累得很，从明天起天下就由你子承父业去打理吧。

丹朱差一点从椅子上跌下来，道：姐夫呀，这玩笑可是要吓死人的。

帝舜一脸真诚地道：你啥时候见我和你开过玩笑？

丹朱看看四周，见没有拿刀的武士，便讪讪笑道：我要做错什么事你尽管教训，别这么阴阳怪气的好不好？

帝舜拿起早已打包好的铺盖卷儿道：我和你姐姐现在就回乡下老家去照顾年迈的爹娘。并神情向往地说：好久没吃到他们做的红烧肉了。

丹朱根本就不相信姐夫的爹娘会给他做红烧肉，但见姐夫、姐姐们真的走了，便掐了掐自己的虎口，一阵疼痛使他明白了自己不是在做白日梦，于是他一下子跳了起来，叫道：来人呵，把库房里封存的游戏机全搬出来，少爷我要痛痛快快地玩个七天六夜！

诸族的首领来到帝国办事，见丹朱一个人在朝堂上跳舞，便明白本族今后但凡有个大灾小难，这小哥儿是万万指靠不上的。

他们一齐赶到帝舜的老家，轮流着苦口婆心地劝他重新上班，领导大伙儿继续走向未来的富裕之路。

帝舜任谁劝解都把头摇得和钟摆似的，只是一句话：爹娘老了，我要尽孝。

众人在将近三年的时间里，把嘴都磨出了血泡，还是劝不转帝舜，他们灰心丧气地正准备放弃之时，已经病得奄奄一息的皋陶被人抬着出现在了帝舜的面前。

皋陶只三句话便说得帝舜回心转意了。

第一句：你只顾着自己的爹娘，天下那么多的爹娘谁来管？

第二句：你只爱惜自己的声誉，不想担女婿承袭岳父之位的恶名，可知天下人因你的爱惜名声而受苦？

最后一句：帝尧归天之时，亲口对我说："丹朱不肖，天下非舜君不可。"

等的就是这么一句话！

六十一岁的帝舜一下子泪流满面：我糊涂呵，与天下的百姓和岳父的重托比起来，自己的名声算个鸟呀！

会说话的说一句顶一万句，不会说话的说一万句也不如一个屁。

帝舜自此甩开膀子按着自己的意愿干了起来。

他从小在极其恶劣的环境中长大，后来又和丈人帝尧玩了二十年的太极推手，对那些装傻充愣、隐忍不发、尔虞我诈、耍奸弄滑的伎俩可是门儿清。

帝舜深谙诸族的特长和人性的特点，他将昌意夏族的"八元"、玄嚣华族的"八恺"共十六族委以重任"以揆百事"，相互牵制，本着"团结、分裂；再团结、再分裂"的原则，不断地使用和挑拨他们，结果使得两族内部在钩心斗角中形成了一个令人意想不到的"父义，母慈，兄友，弟恭，子孝，内平外成"的良好局面。

这就是当领导的最高境界呀！

我给你权力，却又叫他牵制你；发现你俩关系亲密了，又找个由头挑唆你俩反目隔阂；你俩要闹意见了，都得来我这里寻求支持，我便永远站在道德的制高点上点评你们。

如果你看透了拼着放弃荣华富贵不想玩下去——抱歉，三条腿儿的蛤蟆难找，想当官的人可是一拨完了又一拨，多得如过江之鲫，连绵不绝。

两族共治天下，却引发了黄帝其余诸宗、炎帝后裔及其他夷族们的不满。

当时能留在中国的宗族，不是人多势众，便是手段了得——都不是省油的灯。

天下乃盘古之天下，万物乃诸族所共有！

帝尧时代对民智开发的副作用，顷刻间便在这个时候第一次爆发了。

众人推选出四个民意代表公开向帝舜叫板！

帝鸿氏（蚩尤后裔）浑沌叫道：天下便是你夏华两族的？你不行他来，他不济你上，压根儿就没有其他诸族的事儿？你丫这是唱双簧呀！

少皞氏（伏羲后裔）穷奇讲道理：老子养儿，个个有份，伏羲老祖宗可不是只生了一个少典，打天下也不是你们一家出的力。

缙云氏（炎帝后裔）饕餮讥笑：你们夏华两族轮流坐庄，颛顼氏的梼杌（这位爷活得够长的）因为不是正宗承位无望，索性为夏族的其他宗族叫屈：先祖黄帝生了二十五子，虽有十一子不成器被赶到了域外，但得姓者十四，并不该只由你们两族轮流坐庄。

帝舜心中冷笑：这群东西还真当自己生活在华族的帝尧时代呀。

玄嚣华族手无缚鸡之力，当然要忍着你们在耳边叽叽歪歪；如今是我昌意夏族当政，好勇斗狠的我们还怕了你等不成？

他咳了几声，清了清嗓子眼儿笑道：都说完了？那我就一个一个地回答你们的问题。

关于双簧这个事，不是唱不唱的问题，而是怎么继续唱好、唱下去的问题；

关于打天下这个事情，你若有那个实力，也不会坐在这里和我说这些废话；

关于有没有炎族这个事儿，就你祖上丢人现眼的丑事，如果咱们不是祖先生的，不把你们族贬为庶民就算是我们宅心仁厚了；

关于轮流坐庄的问题，我觉得很好笑嘛——您真以为治理天下这件事是打麻将吗？

最后一句：我们就这么着了。

浑沌等四人急得语无伦次，脸红道：不带这么听取民意的。

经此变故，昌意夏族和玄嚣华族便空前地团结了起来。

拿棒的在明里吓唬叱喝，执笔的在暗处编造罪名，最后一致同意给这四个持不同政见者的刺头戴上“四凶”的大帽子，并借机把除了昌意、玄嚣两族之外的诸族百姓全部赶出中原地带，将河南这块风水宝地据为黄帝两族后裔所独有，明确此处为中央帝国核心所在，简谓之“中国”。

清除异己虽然是一件非常令人愉悦的事，但从小来自社会最底层的帝舜一直明白，随着人口的日益增多，诸族势力逐渐壮大，若不举众人诸族之力共治天下，一露头儿就打、一露头儿就打也不是一个万全之策，玩着玩着再要是玩出一个共工式的二杆子，天下又要遭殃。

于是，他让众人从诸族中推选出皋陶、大禹等二十二人明确权责，各司其职，共管天下。每逢大事，这二十几个人便将帝舜围在中间各抒己见，最后由帝舜综合大多数的建议去拍板定案。

这种类似议会制的政治协商，使得诸族利益都可代言兼顾，天下皆大欢喜。

批评中国从古至今没有民主的精英们大可夹紧噤声，这个议会政治制度比西方早了可不是一两千年。

好了，异己也清除了，政权也稳固了，诸族也都有存在感和参与感了，是到了干实活留点政绩工程的时候了。

一个凡人在一生中也知道为自己家盖个房子、砌个猪圈什么的，更何况帝王呢？

现在的文化人很不屑一些所谓的政绩工程，大都认为这是一些满足私欲、劳民伤财的坏事情。说这话的文化人大多有着“吃不上葡萄”的心态，如果这些工程让他们去干，不写个几百首诗词曲去赞美还真的难以让他们收得住笔（黄鹤楼、滕王阁等等就是例子）。

其实你只要是一个正常的人，你只要能调动一方的财力，都会干这类的事情。更何况这些政绩工程也不是一无是处，即使停了这些工程，也不见得会把省下的钱发到老百姓的手中。

是时，“治水”已成为帝国面临的首要之务，是一项彪炳千秋的政绩工程。

这是一项多么浩大而又诱人的工程呵。

虽然干不好有掉脑袋的风险，但能干上个不好不坏，就可以获得不可想象的荣华富贵。

包工头像疯了一样四处找关系、走后门，只求拿到哪怕是一个标段的工程。

虽然有大公司、大财团把关系走到了帝舜“最尊敬的父母、最亲密的妻妾、最疼爱的儿子”跟前，但帝舜明白，这项大工程可不是盖个五星级厕所那样简单，干这种实活儿的还得是自己有真才实学的族人才能放心。

他召集了一个家庭会议，耐心地分析道：我这个帝位是终身制的，不需要选举，也没人能罢免。说白了，这天下就是咱们家的。你们受人之托想得到这项工程，无非是想得到点好处。你们想想看，他们拿咱们的拳头捅咱们的眼，世上会有这么傻的人吗？

家人们恍然大悟，齐声咒骂诅咒那些行贿者，把中国第一次大规模的行贿之风扼杀于摇篮之中。

诸族中想去治水的人很多，其中也不乏有才干之士，但最终帝舜选择了不显山、不露水、不送礼、不行贿的禹。

尽管他爹鲧以前搞砸了这项工程，但并不妨碍儿子禹接替岗位。

这其中的原因，并不是说当时这活儿只有禹一人才能干得了，而是当时昌意夏族中只有禹打小耳濡目染，懂得水性。更难得的是，他汲取父亲的失败教训，在日后的治水中定能少走很多弯路。

许多事情证明：失败的教训，远远比胜利的经验更有实际效用。

禹去治水了，帝舜也不闲着。

他如同前任的帝王们一样，好像不在历法这个事情上留下点印迹，就有点对不起老祖宗的意思。但是把老黄历翻过来翻过去，发现可发挥的余地微乎其微，索性将老丈人帝尧的一年三百六十六天又改回到了昌意夏族早已习惯了的三百六十五天，并把自己掌权之日（正月初一）正式定为每一年的开始之日。

这事干完后，帝舜又制定了以下几项制度。

一、帝舜要定期率宗族首领祭祀天地、先祖、山川诸神；

二、帝国每年的正月初一要向诸族首领颁发聘用证书（信圭）；

三、帝国每三年考察一回官员们的政绩，决定该官员的升职或罢免；

四、帝舜每五年要巡守天下一次，亲自考察诸族的生存现状，明定赏罚；

……

这些制度的确定，标志着中国政治协商、官僚体系的雏形从此建立，官（宗族）与民的区分也由此开始。

帝舜七十三岁时（黄帝 415 年，前 2282 年），经过禹十三年不分白昼黑夜的劳作，肆虐日久的水灾终于得到了治理。

诸族百姓打心眼里感激他俩，见了帝舜就磕头，遇着禹便称颂，终于摆脱了整天湿漉漉、脏兮兮的日子。

天下人达成了这样一个共识：攻坚克难，还得靠人家昌意夏族一脉呵。

这事虽然是帝舜英明领导并选对人才的结果，但实际操作者的禹更是功不可没。

上岁数的帝舜在众人一片欢声笑语中，将摄政之杖交于禹以示奖赏。

晚上回到家里，儿子商均便道：您就不担心禹效仿您与姥爷的故事吗？

帝舜笑道：禹不是我，你也不是丹朱。如今官员们各司其职，互相牵制，什么事不得我说了算？现在这个摄政不过是一个虚名而已，权力分散得连我都有点儿摸不着头绪了。

帝舜活到一百岁时（黄帝 442 年），觉得自己的身体还相当结实，日子还长，便一直未将帝位的继承人明确下来。

有一天他按例“南巡狩”，突然“崩于苍梧之野”，连个遗言也没顾得上留下，就去向老丈人帝尧汇报工作去了。

中国第一个寒门子弟的励志故事至此结束。

这事出得太兀然，大伙儿都顾不上办他的丧事，多少双眼睛直溜溜地盯着空缺的帝位。

要说对这事最上心的还是帝舜的儿子商均，但是苦于诸族怯于禹的权势，玄嚣华族又无领袖人物与禹竞争。为了报复帝舜取替丹朱之恨（你们不是说丹朱“不肖”吗），玄嚣华族便给原本有些才能的商均也扣了一个“亦不肖”的恶名。

瞧瞧，有文化的人就是了不起，损你绝不带半个脏字。

于是，丹朱的戏文再次上演。

能当上诸族首领的大哥们，最基本的能力便是清楚服谁的软，耍谁的横，自然又是“诸侯朝觐者不之商均而之禹”了。

后世的文化人为美化古人，先捏造出一个“舜乃豫荐禹于天”的谎话（提前了十七），又编纂出一个“禹亦乃让舜子，如舜让尧子”的谦让情景。

不过一个“亦让”，还是没掩住当时的真相。

不过，禹并未如帝喾那样没有人情味儿，他还是给了“尧子丹朱，舜子商均，皆有疆土，以奉先祀”的偌大地盘。

这并不是说禹比帝喾的道德高尚多少，而是实力使然。

帝喾擅文弱武，自然要将危险扼杀于萌芽状态；禹文武并兴，还盼着有不安分者出头挑战，好让自己过一把猎者的杀瘾呢。

就如街头恶霸常言：老子不招惹你，便是你的造化——你还敢轻捋虎须？

【中外对比】

帝舜时期（黄帝 392—442 年，前 2305—前 2255 年），古埃及进入了他们古王国传说中的第六王朝，并且从泰蒂一世开始到女王尼托克里斯，基本上由女性执政。

古印度则刚刚进入哈拉巴文化的“印度河文明”初始时期……

此时的中国官吏框架已经初步形成，帝王的巡狩和检视已成制度。

当其他地方的人类还在寻找自己最安全的庇护之所时，“权谋”已成为中央帝国夏华两族有想法的男人及其子孙们的必修课。

规矩制定者——大禹

大禹因其出生的方式与众不同，一开始就引起了争议。

姥姥这一系的亲戚说：禹是他们家的女儿脩己在晚上看见流星掠过，梦中吞了一颗神珠怀的孕。

而更为奇葩的是，爷爷这一系的本家干脆根本就不承认禹的出世关女人的什么事儿，他们异口同声地说：禹是从他已死了三年的老爹鲧的肚子里让祝融氏给剖出来的。

也就是说：禹是咱中央帝国第一个由男人生的娃。

爷爷和姥姥两个家族为这事争了个面红耳赤，就连皋陶也断不了这官司。

但有一点可以肯定：他老人家是“剖”出来的。

从这一点上可以看出，中医在此时已达到了多么高的水准。

这位祖宗的年龄也长得与众不同。

据《史记》中说：“夏禹，名文命。禹之父曰鲧，鲧之父曰帝颛顼，颛顼之父曰昌意，昌意之父曰黄帝。禹者，黄帝之玄孙而帝颛顼之孙也。”

这段话道明了禹的出身，也证明了《史记》并不是后世儒者所赞美的十分严谨而没有失误。

从颛顼继帝位至帝舜，这四位大爷活的时间都很长。

颛顼一百一十六岁，在位九十六年；

帝喾一百零五岁，在位七十年；

帝尧一百六十一岁，在位大约一百二十一年；

帝舜一百岁，摄政二十年，在位也有五十年。

这四位的岁数加起来有四百八十二岁，在位约有三百三十七年，而帝舜是以黄帝后裔第七辈人继承的帝位，那么以第四辈的身份还在给曾孙子帝舜打工出力的禹得有多大的岁数？

他老人家与死了已经六十多年的帝尧可是同辈的呀，此时他至少也得活到了一百四十多岁。

这大爷的寿命都快赶上乌龟不说，哪还有体力去治水？

由此看来，昌意一脉夏族的子孙们也不光会使用武力，文事中也有精明之人。

禹既为夏朝的鼻祖，自然离老祖宗黄帝越近越显得正统。

大概是因为禹的先人们于世并无什么建树（或许还是顽凶之类），夏朝干脆把禹的上三辈人从历史中抹掉，一来显得夏禹脉近，二来省得授人以柄，多费口舌。

禹的年龄真是让人搞不清楚。他老爹鲧是被帝舜摄政后所杀，时间大约是黄帝 373 年（前 2324 年）前后。

按照姥姥派的说法，禹此时年近十岁；

按照爷爷家的说法，禹此时还在老爹的肚子里休息，要到三年后才能出来。

帝舜驾鹤仙游时是黄帝 442 年，禹继帝位时怎么也有七十多岁，搁现在早退休十多年去跳广场舞了。

但就是这样一个老得不能再老的老头儿，偏偏把水患治了，并且明确了中央帝国“世袭制”的规矩。

关于禹治水的事迹已经普及，有兴趣的朋友百度一下就可知道那些“三过家门而不入”之类的故事。

至于他那些变形金刚的本领，这里就不细讲了。

他有几件事情，大家还是要了解一下的。

第一件事是：禹以“声为律，身为度，称以出；亹亹穆穆，为纲为纪……”，总之一句话，他老人家连如厕、御幸的动作都是国际标准化动作，是中国立规矩的老祖宗。

更让人叫绝的是，禹从来不在背后评价任何人的坏处，对谁有意见、有看法，都会面对面地提出来，最终让对方心服口服。

第二件事是：禹创建了人类史上第一个税赋制度。中央帝国以外五百里的地区叫“甸服”，再外五百里叫“侯服”，再外五百里叫“绥服”，再外五百里叫“要服”，最外五百里叫“荒服”。

甸、侯、绥三服（宗亲），须进纳不同的物品或负担不同的劳务；

要服（族亲）不纳物服役，只要求接受管教、遵守法制政令；

荒服（夷族）则根据其习俗进行管理，不强制推行帝国政教。

第三件事是：在颛顼划分九州的基础上，禹又将天下分为九水、九山、九川、九泽、四海、六府……并铸造九只大鼎分别刻录，形成中国有史以来的第一幅行政地图。

这个创举的成就甚至远在其“治水”之上。

水患假以时日，自会被自然修正；而将山川水泽及天下诸族归纳管控，则非鬼神之力所及，实非人治不可为之。

干了这么多的事，总得总结一下吧？

行，那就开个万人大会吧。

玄嚣华族的人忙乎了起来。

经过几个昼夜的讨论策划，一份堪称空前的庆典报告呈现在大禹的面前。

《关于涂山庆典大会的策划文案》

时间：黄帝四百四十二年，六月初六（帝禹生日）。

地点：涂山之巅（帝禹正妻涂山氏故乡，今安徽省蚌埠市怀远县）。

主持：皋陶（他老人家居然还活着）。

司仪：伯益（皋陶之子）。

丑时（1至3时）：九黎武士清场列队，并布置弓箭手若干藏于暗处，发现不轨之人，可就地射杀；

寅时（3至5时）：后宫杂役摆放鲜花，铺设大红地毯并给道路洒水；

卯时（5至7时）：巫师方阵、官吏方阵、妇女方阵、农者方阵、治水方阵、儿童方阵全部就位；

辰时一刻：帝禹沐浴晨曦，坐上牛车，在鼓乐声中缓缓检阅九黎武士。他面带慈笑，亲切问候：大伙儿受累了！九黎武士齐声回答：为帝国肝脑涂地！

辰时二刻：帝禹视察六个方阵，并与方阵代表合影（备注：女代表前排蹲下，男女儿童呈笑脸簇拥帝禹）；

辰时三刻：帝禹缓步拾级登上高台，杂役放飞白鸽，宫女抛撒花瓣，诸族首领跪迎，皮鼓唢呐齐鸣。

巳时（上午8时）：皋陶出场主持：尊敬的帝禹，亲爱的臣民们！在帝禹的英明领导下，今天，我们怀着无比激昂的心情来举行中央帝国的庆典。日月为之增色，山川为之欢呼，让天地见证这一伟大的时刻（此处调扬，引发掌声）！

下面进行庆典大会的第一项议程：萨满祭祀祖宗天地！

……

下面进行庆典大会的第二项议程：各界代表讲话。

……

下面进行庆典大会的第三项议程：有请我们最最敬爱的帝禹发表讲话！

帝禹：吾今为帝，本系天授；黄帝一脉，永为正统。数载治水，拯救百姓；万世基业，由此奠定……

下面进行庆典大会的第四项议程：由萨满为帝禹敬献玄圭！

诸族首领及所有人等一同跪倒，行注目礼（噙含热泪者奖，神情敬仰者赏）。

萨满双手捧盘，且步且舞，将玄圭跪献至帝禹手中。

帝禹举玄圭至头顶，朗声说道：四海八荒，唯吾至尊！

众人齐呼：帝禹万岁！帝禹万岁！！帝禹万万岁！！！

禹看过之后，并无文化人预测的喜形于色，只是淡淡地说：还行吧，有些细节方面的问题再抠一下。比如这个“帝”字，那是咱老祖宗黄帝才配拥有的称号，不是什么人都可以这样叫的。切记，不要搞个人崇拜。

等华族的文化人惶然而去，禹拍案而起，心中笑道：这马屁拍得舒服！

到了庆典大会的这一天，一切程序都按照预案有条不紊地进行着。

轮到禹发表感言时，他肃然道：这既是一个庆典大会，也是一个检讨大会。

在众人惊讶的神情中，禹继续说道：我德薄才疏，希望大家在今天召开的这个大会上，给我提出宝贵的意见，使我知过，使我改过。

伯益大惊，心想：您这到底唱的哪一出呀？今天这阵势，不按程序咳嗽一声都危险得紧，谁还敢提意见呀？

他以头触地，颤声说道：您功高盖世，您的一举一动，都是万民百姓的楷模，谁又能说出您的一点儿不是呢？

诸族首领齐声附和：是呀，是呀！

禹说道：我因为治水，弄得粗手粗脚，老茧丛生；因为暴晒，使得肌肤黑糙，步态不稳，很不符合人君的形象呵。

皋陶鼻子发酸，顿时老泪纵横：这都是属下们的过失，让您遭罪了。

大禹感叹道：平治水土，虽略有微劳，但我生平所最戒的就是个“骄”字。如果我有骄傲矜伐之处，请大家当面告知，否则就是使我不仁啊！大家的教诲，我将洗耳恭听。

结果是禹也没顾得上洗耳朵，就恭听到了如雷般此起彼伏的“大禹万岁”！

禹由此称“大”。

天地初始，万物之根——谓之“大”！

获得民心其实是一件很简单的事情，只要你真心给他们办几件实在的事情。

脏活、累活干完后，大伙儿吃饱喝足，睡醒了无聊便突然觉得：老头儿都快老得熟透了，这天下的活儿大禹之后谁去干呀？

诸位大哥可不要以为这“天下的活儿”是个掏大粪的苦差，没几个人愿意去干。

从古至今，官这个东西和罂粟一样，拿得起可不一定放得下。

历朝历代，官贪是必然的，区别仅在于大贪还是小贪。

这是因为，从中国老祖宗的上古时期开始，官便被披上了一层叫“道德”的外衣：为公天下，耻谈回报。

至于能否当个好官，全靠这帮爷的兴趣和自律。

百姓如果要质问他们的失政，贪官因为吃了嘴软不便回驳，清官一句话能冲倒一片人：我吃的是鸡食，出的却是牛力，你他奶奶的来试试？

但是吃鸡食、出牛力的许多官爷还是杵在位子上死活拽不下来，原因无他，实在是那个一呼百应的“官威”太诱惑大家了。

至于后世的官员越来越贪，越贪越大，实在是由于儒家等知识精英们“学而优则仕”介入官场造成的，您越往后看就越明白这个道理。

大禹虽然伟大，但伟大的人也总会有老去的一天。

更何况大禹在伟大时就已经上了岁数，按照以前几个老大的惯例，一百一十一岁是个顶坎（离人的天寿一百二十岁只差九年）。尽管有人猜测大禹在组织档案年龄上做了手脚，但肌肤的松弛和寿斑的丛生还是难以掩盖住已近百岁的老态。

您离死越来越近了，总得明确一个接班人吧？

大禹虽然很生气这伙人等不得自己死后再找个领导的想法，但也明白人从生下来就一天天走向死亡这个道理。

生了几天闷气之后，还是把接班人提到了议事日程上来。

在民主推荐接班人的大会上，问题出来了。

由于水患初定，国力空虚，万民百姓都在山上田间忙着为帝国的税收做贡献，所以在民间很少有闲人做那些悲天悯人、乐善好施、孝敬六亲、和睦四邻的事情；再加之随着官僚系统的逐渐完善，百姓想参与个国家大事，不打你一顿乱棒算是给足了你面子——你来指手画脚，要我们干啥？

此时天下已没有众人认可的贤人，与会者便埋着头、挡着眼为自己投下了隆重的一票。

结果是：一人一票，都觉得自己很是了得。

唱票完后，大禹差点儿笑出声来。

为政之忌，最怕抱团儿。

一人一把号，各吹各的调，多么好的一个专政局面呵！

这个票数，让大禹突然在脑海中冒出了儿子启的可爱形象；这个票数，也使得大禹有足够的把握去做足面子上的功夫。

原先的两个帝都在后期因年不富力不强找了个摄政的贤者，自己又是摄政出身，不弄个贤者出来装个样子，晚上怕是连老婆的热被窝儿也不好意思钻。

毕竟有丹朱和商均的例子在那里摆着，要想让小猫儿顺利接班，先得找只老鼠开一个头暖一下场。

您要是找头老虎，那还有猫儿的事吗？

大禹先立老得撒尿都得扶墙的皋陶为继位者，谁知这老头儿一高兴就一命呜呼了。

大禹又立了皋陶的儿子伯益以示继位之意，事先埋下了一个“子承父业”的伏笔，暗中却加紧严格培训儿子启治理天下的才能，并把他的亲信党羽都提拔在了重要岗位。

这事不但在上古时代无可厚非，便是放在今天任何一个爹娘身上，自己辛苦打拼下来的家业，会交给村头德高望重的二大爷吗？

后世儒者之所以对“禹位启继”颇为诟病，无外是玄嚣华族认为此时昌意夏族已连承两帝，便是躺在柴房也轮到了自己的家族。

咱早约定俗成了，你们父子可不能耍赖失信呀。

于是“及禹崩”（黄帝482年），启顺利地接收了老爸的胜利成果，成为天下实际的掌门人。

不过，此时名义上承接帝位的却是东夷集团的首领伯益，而不是大禹的儿子启。

伯益正挽起袖子准备干出些名堂，在亲朋好友面前也好直直腰，露露脸，结果却发现：“虽授益，益之佐禹日浅，天下未洽。故诸侯皆去益而朝启，曰：吾君帝禹之子也。”

伯益这个人是哪一族的？干过些什么好事？因为没当上大头目，史官便不屑费笔，谁也不知道，也没人想知道，只晓得他是大法官皋陶的儿子（但仔细查阅还是可以发现：他的始祖源自女修一系）。

但是，从他继位无望后所干出的事情看，他确实也不是浪得虚名。

“益辟居箕山之阳，让帝禹之子启。”

翻译成现代语言，大意是：这天下大爷不要了，让给你小子！

让是一种风度和修养，要让别人废了，可就连在阳坡坡上睡一觉都成了一件极为奢侈的事情。

可是，事实远非史书所描述的这般文雅，纯粹是华族史官们的故意隐瞒。狗捡到一块干骨头尚且紧咬住不放，何况当时已成为东夷集团首领的伯益？

经过一番恶斗，第二次黄帝一脉与蚩尤后裔的战争以伯益败亡、东夷集团溃散而告终。

这一仗的代价是：从颛顼到大禹三百八十四年累积修造的城邑和宗庙建筑几乎被毁坏殆尽，各宗族所珍藏的文明籍册也所剩无几（上古时宗族使用的“契文”大约在此时被弄得支离破碎）。

启离开了一片废墟的中原之地，在黄河边上（今陕西省延安市延长县境内夏阳山）建立了夏朝。

这是夏华两族政权南迁后，唯一的一次回迁（如果考古学家们忽视这个历史事实，还要在今天的河南省境内寻找夏朝的首都遗址，恐怕真是一件没有结果的事儿）。

中国第一个“家王朝”，在大禹的税赋制度支撑下，屹立于东方。

【中外对比】

大禹时代（黄帝 442—482 年，前 2255—前 2215 年），世界各地的情况是：除了传说，还是传说，基本上没有什么大的变化。

人类的宗主国——夏朝

建立家族王朝，这可是一件亘古未有的大事！

就如一个家庭迎来了一个新的生命，不管这孩子今后会成为什么样的人物，第一件事情都是先起一个好听、吉利的名字。

夏朝以前，一个有来有历贵族的称号，是名在前，姓在后（西方的兄弟们继承了这一习俗传统）。

因为，当时的人们对谁是自己的妈咪很清楚，但对谁是自己的爹地却很模糊。

因此，当时“名”是一个区别于其他人的代号，“姓”却表示着自己的宗族来历。

穷人家孩子的爹娘，由于对未来的生活很没有信心，随便起个三狗、四毛，和其他人的名字有个区别就行。但是到了此时，由于有权势的男人们已经充分掌握了物资分配的权力，逐渐控制了女人们的交配行为，很明白哪一个孩子是自己的真种儿于是不但把姓的权利占为男性独有，有来头的家庭给孩子起个名儿，除了顺口外，还要讲究个合拍押韵、四柱八字以示与凡人的不同。

儿女的名字尚且要讲究，帝国的名头更不能马虎。

给帝国起个大名，除了好听与气派外，还须具备这样几个条件：一、名称的来历；二、祖宗的荣耀；三、其中的含义；四、帝国的性质……

于是大伙儿一齐开会，围绕这几个前提条件纷纷建言献策。

有人说：咱们是轩辕黄帝子孙，就叫黄帝天朝怎么样？

有人立即跳出来反对：黄帝是咱们的上祖，他老人家的名字可不能整天挂在口边儿……

启见本族之人为帝国的名称争得热火朝天，便问玄嚣华族轮不着插嘴的文化人们：你们的意见呢？

文化人代表站起来恭敬地道：我们经过七天七夜的讨论，认为称“夏”最为合适。

启道：说理由。

文化人代表道：帝尧封于唐地，壮大华族，所以称“唐尧华朝”；帝舜出于虞氏，发扬夏族，所以称“虞舜盛朝”；先帝大禹功高盖世，天封夏伯；夏者，其源在黄帝，其荣在大禹，其义称之大，其性谓之盛！

启击掌而起，竖出大拇指：有文化就是了不得，就这么定了。

为了显示“夏”的出现不是那么的突兀，文化人索性将帝舜时代称为“虞”，将帝尧时代称为“唐”。

名称一定，这个从石头缝儿中蹦出来的启，便将昌意夏族定为中央帝国的正统后裔，自称为“后”，并将自己的十一个亲兄亲弟宗脉封为“诸夏”，挑选族内精壮之士建立了六支经帝国直接管辖的军队，确定了一项基本国策——“裔不谋夏”！

这四个字的意思，远不是后世儒家解释的“夷族不能管理天下”这般简单。

按华族的曲解，夏后启的意思是天下只能是夏（昌意一脉）、华（玄嚣一族）两个黄帝正宗族种轮流执掌，并断言：夷族就算有贤君，也够不着夏、华两族亡国之君的脚趾头（“夷狄之有君，不如诸夏之亡也”）。

其实当时夏后启说这句话的意思很明白：从今儿个起，天下就是俺们夏族的了。任何一族想谋帝位，所有的夏人共同把这孙子干翻。

最后又补了一句：为防止兔子吃老虎的事情再次发生，弱化夏族的心志，除了正月初一，凡夏族敢饮酒者，逐族籍！

夏朝从此建立，夏族成为天下“宗主”，夏族的首领尊称为“后”（“后者君也”，继位者之意）。

这个时候，大约为黄帝485年（前2212年）。

因此，便牵扯出中国历代政权为什么只称“朝”而不称“国”的问题。

这是一个中国人熟视无睹的问题，也是一个中国人无法回避的问题，更是一个中国人不能不明白的问题。

因为明白了这个问题，也就明白了我们为什么是炎黄子孙，龙的后裔；也就明白了我们为什么是从未中断过的“文明古国”。

首先我们得明白“朝”与“国”的根本概念。

那么，“朝”是什么?

“朝”为宗主，是指同一个宗族统治天下之意；“代”为氏族，是指宗族内不同人物或姓氏统治政权之意。

从轩辕黄帝在公元前2697年征服天下诸族建立“中央帝国”成为万族宗主开始，颛顼、帝喾、唐尧、虞舜、夏禹、商汤六朝，都是黄帝嫡系子孙统治天下，族系清晰，无人、无族敢触其威。

到了华族姬周执政开始，诸侯势起，天下纷乱，周朝酌定礼号，将“朝”专指王廷。

此后，中国经历了长达几千年的宗族争雄，权位更迭，看似“乱家百姓”，但“万变不离其宗”。

总之，中国人能称得上“朝”的政权，必须具备两个条件：首先，执政的皇族或王族必须是“夏华后裔”。在秦朝之前，这事得用族谱证明，是血缘正宗的关系；从汉朝开始，这事得用施政证明，是文化认同的关系。

其次，执政的皇族或王族除了具备第一个条件，还必须是天下人都认可的“共主”。这也就是说，不论是哪一个“朝”，要中国人承认的前提条件便是：

“夏华后裔，天下共主。”

周之前自不必说，族谱都证明着源自夏华共祖轩辕黄帝；

秦人由国而朝，是因为他们的始祖叫女修（轩辕黄帝二世孙女）；

汉朝承认的始祖是帝尧（轩辕黄帝三世孙）；

司马氏建立的晋朝至少在表面上承袭了周朝姬姓晋国的名号，自认华族后裔，虽不是正宗，但也勉强可以称朝；

南朝刘宋政权传扬夏华文化正朔，虽然与北魏、东魏（北齐）、西魏（北周）等政权对峙，但因其都高举倡导夏华文明的大旗，且都未降格称“国”，属夏华两族争夺天下共主之位的族内斗争，故中国人合称其为“南北朝”；

隋朝的称号虽然源自开朝君主杨坚的封号，但因其遵奉周礼，践行儒家，开创科举制度，也算华夏正朔；

唐朝供奉帝尧（陶唐氏）、老子为始祖，虽血统混杂，亦为正宗；

宋朝虽与辽、金（东夏）、夏共治天下，但同属夏族，属族系共治，四朝以宋为主（宋朝名号自认商朝之后），故合并一朝；

元朝一统世界大陆，称号源自《易经》“大哉乾元”，实为夏裔旁支；

明朝为华族复兴（玄嚣一脉），却把始祖认到了朱襄氏炎帝的身上，虽然很没文化，但治国理念全仗儒家，文化人也不怎么挑刺儿；

清朝原本是夏族后裔，却将金天氏少昊（其实是华族始祖玄嚣）认作始祖，虽然从头至尾不被华族认可，但他们从长相到言行，从未脱离华夏文明的范畴；

中华人民共和国成立以来，国号将中国与华族合称，承认自己为炎黄子孙，龙的传人，华夏文明与血脉继续传承。

从轩辕黄帝建立中央帝国（前 2697 年）开始至今，中国的夏华两族享祚四千七百余年，中途虽更迭十八朝约二百三十多个共主，但全由夏华两族后裔执掌政权。其中虽然约有九百多年为没有共主时代，却无人、无族、无宗、无国能撼动夏华两族的统治局面！

综上所述，自轩辕黄帝以降，历朝历代都因尊祖敬宗不敢以“中国”为朝名，但又都以“中国”为通称。

本是古老贵族，人类宗主，只有改朝换代，宗族轮替统治，何来更国之号？

都是同族，只是“一家之天下”，焉有更换祖地古名之理?

从中央帝国到中国，称号未变，绵延至今!

那么，“国”是什么?

国是“疆域”之意，也便是夏华统治者分封给自己“宗亲兄弟”或有功之族的“地盘”和食禄。

这个“地盘”，好一点、大一点的叫“邦”；差一点、小一点的叫“国”；并且只能封给黄帝的嫡系正宗。

可见“国”比“邦”还低一个档次，都是“朝”的附庸。

那么，谁有资格去“封国”?

只有代表黄帝正宗的“朝廷”才有资格“掌建国之法”，并且“封国”的面积也早有规定：大国以百里为限，小国以五十里为限。

“国”要守什么样的规矩?

什么国上什么贡，行什么礼，执什么节，盖什么房都有明文规定。由此又可见，在华夏统治者眼中，“国”的地位，相当于秦汉之后的郡、县，现在的市、县两级行政机构。

便是“宗亲之国”，也分为五等，分别为“公、侯、伯、子、男”。

祖宗显赫的，当然是“公国”。

公国国君称“某某公”——如蓟、焦、祝、陈、杞、虢、宋这七国，祖宗分别是黄帝、炎帝、尧、舜、禹、虢仲、商汤的直系，为周朝之“客”。他们的后代，位置仅次于朝廷，并且可以组建“三师”军队。朝廷有事和他们商量而不是命令，有大丧还要去戴孝守灵；

亲兄亲弟和叔伯姑表兄弟，只能封“侯国”。

侯国国君称“某某侯”——如姬姓（晋、郑、燕等国）、姜姓（齐、吕等国）等诸侯。“侯”为“服侍、辅佐”之意，因诸侯封国之时须向东南西北四方各射一箭，用以确定地盘的大小，故又有“矢”的含义在内。

侯的作用是“藩屏周室”，领头的称“元侯”“孟侯”，如齐、鲁、卫、晋、燕诸国都是“元侯”“孟侯”，守卫周朝的东、北、东北、东南边疆。

长辈的宗亲，一般封为“伯国”。

“伯”的辈分虽然比“侯”大，爵位却为第三等，而且基本上有爵位而没有封地。因为“伯”虽然为长辈，但血缘还是不如兄弟亲。更何况兄弟可以差遣，长辈可不能使唤。

小一辈的宗亲或有功于朝廷的旁支亲戚，则被封为“子国”与“男国”。

这个意思好理解，都是晚辈，而且很少是正宗嫡系的子孙。但因其或有功于朝廷，或听命于朝廷，或认可朝廷为共主，又掌握着战略要地，镇守着蛮夷之处，因此也被朝廷封建。比如楚国的国君，周朝的大夫们在公文中就称他们为“楚子”。

那么，不是夏华两族的宗亲兄弟可不可以“封国”?

可以，但只能封为“采国”“卫国”或“便国”。

这样看来，从轩辕黄帝立朝开始，“中央帝国”名号至今未变，华夏统治者却在宗族内轮番更替，走马灯式地进行着换班。

历朝历代的统治者有两个相同、两个不同和一个事实。

两个相同：都是黄皮肤，黑眼睛——都是华夏文明的继承者。

两个不同：历朝姓氏各异；各代年号有别。

一个事实：天下宗主。

也就是说，“中央帝国”从未被华夏两族之外的宗族或人种统治过，“中央帝国”的名号也从未被华夏两族的统治者否定过。

五千年从未中断过延续继承的“文明古国”，也只有中国的华夏两族才能当之无愧。

现在的中国人之所以对“朝”与“国”的根本概念产生混乱，是因为近代的革命先驱和知识分子，大都接受西方文化的思想，站在西方新兴权贵之国的角度，去剖析或理解古老中国的历史，这无异于用蚂蚁的思维和视野解析巨鲸的行为。

因为：一、除中国外，世界任何一个地域，没有存在过任何一个从各方面都站得住脚的“朝”——这当然不包括西方乃至其他国家的神话、传说和模仿、臆造；

二、欧洲各国根本就不知道“朝”的概念，只会在“国”这个小圈子里打转，基本上可谓之“夏虫不可语冰”；

三、中国近代、现代的某些知识分子（与儒家弟子根本不同），自觉被西方“文化殖民”，传播的都是西方的思想理论，拿驴象的笼头企图套巨龙的脖颈，用工业科技强奸古老文明，确实有点背祖忘宗的意思；

四、中国近代、现代的知识分子，因为对中国的历史一知半解，竟然言之凿凿地认为五胡、辽、金、元、清等朝代为异族统治，这真是春虫看雪景，不知道何来的底气和脸面？

我们只要看看中国的史籍（不是挑选过的史籍）就会知道，从秦皇嬴政“焚诸国史”（不是焚书坑儒）起，各朝各代一边继承着夏华文明，一边否定或搅混着夏华两族的历史。

秦朝皆因否定夏华两族“封建制”而实行“郡县制”，招致天下贵族反对，短命而亡。但结果却是平民代表刘邦成为天下共主，让项羽、张良这些贵族后裔大跌眼镜。

西汉初期，朝廷奉行“黄老之道”，但儒家却在“郡国混合制”中找到了生存的空间，成功取代道家而获得了行政的权力。

王莽新朝全面恢复夏华古制，但时过境迁，新兴权贵与平民阶层四方皆反，最终弄得短命而亡。

东汉延续了西汉独尊儒术的思想，维持统治一百九十五年。但是，儒家思想的最大缺陷在于排斥道家，其服务于政权的时间以三百年为限（这个现象参见拙作《儒家的局限》），于是，中国进入道、儒、法三家争雄时代——刘备集团可代表道家，孙权集团可代表儒家，曹操集团则可代表法家。

中国人明白，“长远靠道家，盛世依儒家，乱世需法家”。因此，曹魏法家体系的胜出，便在情理之中。

曹魏征服刘汉后，道家司马晋取代曹魏夺得了统治的权力，恢复“封建制”。可是，中国是时族系全乱，除孔氏、孙氏等宗族勉强可以在东周战国时代寻得上根，其他宗氏能上溯到九代已属不易之事了。

因此，大约从 420 年起至 581 年止，中国进入了“南北朝”对峙相争的时代。这场乱世大战，时间长达一百六十一年之久，并按地域分为两大阵营：“南朝”为刘宋、萧齐、萧梁、南陈的合称，以华族后裔为主；“北朝”为北魏、东魏、西魏、北齐、北周的合称，以夏族后裔为主。

再加上匈奴、鲜卑、羯、氐、羌这五个夏族旁支先后建立了“五凉”“四燕”“三秦”“二赵”“大夏”等十五个北方政权和一个西南政权“成汉”，号称“五胡十六国”。

当时，各个宗族谁也没有能力成为共主独自称“朝”，又不甘心自降身份称“国”，并且在道、儒、法三家此消彼长之时，又引进了佛家的思想，最后在意识形态上形成“道佛相争”之势，最终以“三次灭佛”止争，重归夏华道统。

隋朝以儒为本，首创“科举制度”，重建统治根基，尽揽天下夏华士子效命朝廷，中国复归一统。可惜乱世将定，本应遵循“道统、法治、儒用”的行政规律，但隋朝只重视儒家而忽视道家、法家，仅维持三十一年。

李唐一朝，华夏两族不但宗脉杂乱，而且各个族氏不断混血。原为华族一脉的李世民（甘肃天水李氏之后），居然有着夏族旁支鲜卑窦氏的骨血，这就使得夏华两族都认李世民为“自己人”；华族士子拥戴他为“唐太宗”，夏族诸宗尊称他为“天可汗”。

李唐立朝伊始，以道家为尊，认李聃为始祖。但是，由于道家思想以进取为忌，君主为轻，不利于政权的统治，武则天敬尊周礼，用儒家思想治国，并企图利用佛家思想中和道、儒冲突，消弭华夏两族内部争执。谁知引发道、儒同仇敌忾，导致武则天退位。

此后，李隆基打击佛教，重使道、儒共治朝政。其间虽有安史之乱，但并未影响李唐长达二百八十九年的统治。可惜唐末儒宦党争愈烈，全然不顾百姓死活，黄巢假借道家之名造反天下，引发“五代十国”之祸。

从五代十国的名号上来看，众多政权和“五胡十六国”基本相似，那便是各个宗族谁也没有能力成为共主独自称“朝”，又不甘心自降身份称“国”。直到赵匡胤的出现，才结束了混乱的局面。

宋朝的名号虽以夏裔为称，但其实行华族儒家统治，虽然统治长达三百一十九年之久，却是与辽、西夏、金（东夏）、回鹘、黑汗、吐蕃和大理国共治中国，可谓是华夏文明的“共主”，诸夏之中的“邦国”。

北、南两宋疆域的缩小，正适合儒家“过小日子”的需求，因此两宋的儒家不但精研学术，创建了“理学”，而且宋代科技和商业发展迅猛，富裕之程度令世界各国羡慕诧愕。可是，儒家“重文轻武”的天生缺陷，导致了他们锦上添花确实给力，扶危济困却无可奈何的尴尬境地，南宋终被夏裔旁支蒙元所灭。

蒙元灭掉了儒家的“天堂圣地”，所以尽管这个夏裔旁支当时已征服了半个地球，为轩辕黄帝先祖挣得了极大的颜面，立朝的名号也中规中矩，但由于轻视儒家，崇夏贬华，导致民间儒家和现代的一些知识分子不承认他们原本是夏裔旁支这个事实，古代称之为“异族”，现代称之为“少数民族”。

元朝中断了儒家独揽政权的脚步，并且由于没有记录和传承历史的习惯，虽知道夏族先祖为其正宗，却摒弃道家，主张奉行佛教、伊斯兰教思想，于是天下华夏各族皆反。元朝虽有征服全球之势，却仅有不到百年的国运，其所征服的广袤土地也随之分裂成各个小国。

朱元璋凭借道家的协助，又打着儒家“驱逐胡虏，恢复中华”的旗号，在短短的不到十五年内取代蒙元，建立明朝。这显然是得到了华族或认同周礼治国理念夏华两族之士的全力支持，也从开始注定了明朝“君相共治”的命运。当时，夏华贵族的族系宗脉，在蒙元九十七年的文化建设中已荡然无存。明朝的有功之士都知道自己是夏华子孙，但“谁是华、谁是夏”却已经很少有人弄得清楚，摆得上台面的也只能说自己是炎黄子孙、华夏族人了。

朱元璋的朝号原本拟定为“大中”，但内道外佛的他最终采纳了道、佛两家的意见，改朝号为“明”。

从佛教的角度去看，朱元璋继承了白莲教“大小明王”之号；

从道家的角度去看，朱元璋遵循阴阳五行相生相克之道，朱明为“火”，蒙元为“金”——火克金。

在儒、佛合力之下，本就颇为混乱的中国（华夏宗系）历史，被儒家以自个儿的意愿篡改得面目全非。可以这样来说：自秦以降，儒家的每一次修史，都会对以前的文、史进行有利于现政权或儒家发展的篡改。

就这样篡改来篡改去，中国的（华夏宗系）历史从明朝开始，基本上变成了儒家的奋斗史和光辉史。便是只会杀戮的关二爷，只因为没事时拿着一本《春秋》压抑心中的邪念，儒家就把他抬上了“武圣”的神坛。

明朝末年，儒家排斥百家的先天弊病再次爆发，夏裔旁支满清入主中国。这段历史离我们很近，因为印刷业的发达，虽然统治者数次兴起文化打压，但文史资料尚为完整，至今也能看出些端倪。

比如满清的朝号为“清”，明显取道家“水克火”之意。但儒家并不认可这种说法，弄得世人不是很明白这个朝号源自什么典籍。

满清虽源自东夏金人，为夏族后裔（夏族始祖为昌意），却将金天氏少昊（其实是华族始祖玄嚣）认作始祖，这就是张冠李戴了。儒家虽然不认可这样的说法，但满清并未“离宗”，儒家也没办法称他们为蛮夷和异族——毕竟从长相到言行，都是一群活生生的夏华子孙。

对满清是不是华夏子孙的质疑，竟然首先来自天主教的洪秀全和日本的宗方小太郎，这真是滑天下之大稽。

洪秀全以上帝耶和华第二子的身份提出了和朱元璋“驱逐胡虏，恢复中华”一样的口号，却从未得到中国道、儒两家的响应和支持，这是因为他和满清统治者比起来更像是“外人”或者异族。

而宗方小太郎的“讨清檄文”，在道、儒两家眼中更是一个天大的笑话：我们自个儿兄弟阋墙，关你们这藩属什么事？

但是，这两件事虽然可笑，却预示着西方文化正式向华夏文明发起了挑战！

挑战成功者是中华民国的创始人孙中山。

孙中山在日本黑龙会的支持下，虽然尊奉类似朱元璋、洪秀全、宗方小太郎“驱除鞑虏，恢复中华”的口号，却又倡导道、儒两家“创立民国，平均地权”的理想，因而获得了夏华子孙的支持。

这个“外中内西”的政权，表面上尊重道、儒两家，骨子里却推崇基督教思想，夏华的子孙当然反对；虽然号称“中华民国”，却只存在了短短三十七年便被驱逐逃往台湾。

毛泽东的夏华文化底蕴举世皆知，以他为代表的中国共产党所成立的“中华人民共和国”，显然是与有着西方教育背景的同志们妥协的产物，却以“新中国”称呼华夏大地，这与中国共产党这个名称是一脉相承的。

由此可见，中国国号一直未变，夏华文明贯穿始终。

一些知识分子便质疑：有什么证据？

如果上述历史他们还看不明白或不肯承认，那么就看看老黄历的纪年之法。

今年是 2020 年？

不，这是西方文化的算法。夏华子孙的纪年是：黄帝四千七百一十七年。

对于夏后启的基本国策，玄嚣华族的有扈氏跳出来反对：“尧舜举贤，禹独与之?”咱是亲叔伯兄弟，要讲个长幼尊卑。你们坐了两任天下，便是想坐第三任也无妨，可凭啥规定今后只有你夏族可承帝位?

凭啥？就凭俺们夏族比你们华族能打！

这样说就没意思了吧？咱是亲兄弟，都有个共同的黄帝老祖宗，总得讲个道理吧?

为征服有扈氏，夏后启制定了人类史上的第一部军法，名为《甘誓》，其中明确规定：“左不攻于左，右不攻于右……用命，赏于祖；弗用命，戮于社，予则孥戮汝!”

为了保证毕其功于一役，夏后启第一次将战车用在了战争当中，组成了可怕的攻击先锋。

每一辆战车由三人驾驭。

中间的驾驶员负责冲击目标，左边的狙击射手负责远距离杀戮，右边拿长矛的负责近距离开膛破肚。

有扈氏的华族人哪里见过这种阵势，还没开打就都尿裤子了。

用田间老农的话来讲：一家人不说两家话，亲兄近弟的，为争祖宗的家产，非得打个头破血流，也不怕别人家看了笑话?

由于史料的单一和缺乏，我们大概知道夏朝共经历十三世、一帝十六后，他们分别是：禹—启—太康—仲康—相—少康—杼—槐—芒—泄—不降—扃—胤甲—孔甲—皋—发—桀，前后约六百一十二年。

其间虽经太康、孔甲两次失国、乱国甚至有四五十年的无国君状态，但家族中一直玩着父传子、兄传弟的击鼓传花游戏，让天下诸族——尤其是玄嚣华族看着眼红，牙咬得连印度的大象们都听着伤心。

夏朝的诸后还干了几件这样应该被记住的事情。

第一件：健全法典。

夏朝建立之时，刑法完善到了三千条之多，称为《禹刑》（比《汉谟拉比法典》早了四百二十年）。

其中规定：凡触犯“昏、墨、贼”这三种罪过的人要判处死刑。

据春秋后期晋国大夫叔向的解释：“己恶而掠人美为昏，贪以败官为墨，杀人不忌为贼。”

其实这三种死罪的本意应该是：不正常的人，不按身份学字的人，盗取他人财物的人，全都杀掉！

正常的人有正常的处事方法，犯浑的人才会做出不慈不孝、爬灰乱伦、以下犯上、掠人之美的混蛋事儿——这种人该不该杀？

识文断字是王室继位子孙和巫师、官员们的专利，你一个平头百姓想学习认字儿——安的是什么心呵？

什么事儿都不想干，就想窃取别人的劳动成果去享受自己的美好生活——真以为自己是白富美兼皇二代呵？

第二件：改变历法。

夏朝的历法也很有个性，虽然一年还是三百六十五天，但全年却用十个月来计算，并加入了“天干地支”的元素，将北斗七星确定为方向准则，很有点将黄帝阴阳二历综合应用的样子。

第三件：夷族介政。

少康失国后，其遗腹子夏杼在商均后裔有虞氏虞思的庇护下，联合九夷（畎夷、于夷、方夷、黄夷、白夷、赤夷、玄夷、风夷、阳夷）复国，并破例为夷族封土赐号，研造铠甲，取代九黎诸族的打手地位，让夏华两族宗脉之外的种族参与到了政事当中。

此后，夏朝执政非常弱势。为了巩固自己的政权，他们只好给拥护自己的诸族首领封授土地，并且惠及给自己出死力气的官员，形成了事实上的土地私有制。

很多历史学家认为此时的中国已进入奴隶社会，这事恐怕得斟酌一下。

中国自古至今有奴仆不假，但真说已经形成了一种社会制度，还真没看出来——因为这根本不符合中国人一贯的处世哲学（不能以为别的地方有奴隶制度，中国也必须要有。有奴隶制度的地方或国家，从来就没有明白中国人的治世思想）。

从古到今的中国人，不论他是帝王还是挖煤的，是哲学家或是艺术家，从来没有一个大爷公开把别人当动物看。

不管他们内心是多么瞧不起敬守天命、碌碌无为的庶民百姓，但始终在嘴上唱着“为苍生”的高调。

可以肯定地说：中国存在过宗脉社会、封建社会、世袭社会，但压根儿就没有过古埃及、古巴比伦、古印度、古希腊、古罗马等国家和地区的奴隶社会。

就凭这一点，中国的文明就始终站在世界各国的道德制高点上。

一个国家制度的好与坏，归根结底，最明显的区别是：把人当人看，还是把人当牲口看。

第四件：推行赋制。

夏朝的赋税制度在大禹的基础上不断地完善。

根据土地的肥沃与贫瘠征收税赋供养帝国的运转，并且定下了一条死规——十取其一。

在任何情况下都不能超额征收！

这个赋税制度，保证了夏朝从未发生大规模的民众暴乱，乱的情况也只是发生在统治阶层（宗族）之间。

直到夏后桀横征暴敛，打破祖规，才导致了夏朝的迅速崩溃。

第五件：发展农业。

夏朝将水患变为水利后，农作物得到了大面积的种植，这使得中国的族群得到了迅速的繁衍，宗族之间不会因为吃喝的事情而大动干戈。

不但大家都有饭吃，平民们还有剩余的粮食偷偷酿酒，过一把夏华贵族的瘾。

在当时宗族的权贵们吃干饭、诸族的百姓们喝稀粥的年代，可不是谁都有资格喝酒的。

第六件：支持制造业。

夏朝除了拥有颇具规模的烧制陶器、琢磨石器、制作骨器、蚌器等各种手工业外，冶炼铜器的技术也日臻精善。

青铜器大面积在民间出现，基本上用来制造饮酒的杯具与各类生活器皿。当这项技术流传到了域外，便成为当地统治阶级杀人的利器。

第七件：简化契文。

夏朝贵族使用的文字，经过对契文的更改，成为我们今天还能见到的夏篆。

它主要的功能是用于祭祀、占卜、歌颂和制定法规。

从好的方面来说，夏篆更容易记忆和发音，并且能在宗族子弟中推广；从坏的方面来讲，夏篆的简化，几乎隔断了中国文字与上古乃至史前文明和世间万物的沟通联系。

契文是什么？

契文怎么写？

契文怎么去发音？

这些问题，几乎在历朝历代的文化人中都没有得到回答。

因为从夏朝开始，契文已简化成了夏篆；

到了商朝，夏篆又被简化成了所谓的甲骨文；

周朝倒是复古了一下，恢复并简化了夏篆（后人称“大篆”或“周篆”）；

秦始皇不但进一步简化大篆为小篆，而且索性将贬低自己祖宗的书籍和古册一并放大火烧掉；

汉代的隶、楷二书法，又一次简化了小篆，最终确定为“汉字”；

唐宋的文化人对汉字又进行了一次“瘦身”；

明末清初，西方的传教士企图将汉字“拉丁化”，并拿出了方案，但未得到当时中国统治者的许可；

到了民国时期，在刘半农、鲁迅等中国学者的倡导下，中华民国教育部1928年公布第一套法定的拉丁化拼音方案——国语罗马字；

1958年，中华人民共和国公布的第二套法定的拉丁化拼音方案，使用了26个拉丁字母；其后，分四次对汉字进行了大规模的简化。

这样翻来覆去地更改与简化，中国人能把常用汉字认全已属不世出的“奇才”，凭什么让他们去知道中国文字的来龙去脉并明白契文的含意呢？

那么，原先的“契文”到底是什么东西呢？

契文是中国乃至本届人类的上古文字；

契文有可能是黄帝们创造的，也有可能是黄帝们承袭史前文明的文字；

与契文最接近的文字是道教的符箓；

契文是万物可看的而不是人类可读的文字……

上古的契文不但被文化人逐渐毁掉，便是中国的历史也要被西化者们抹杀。

后世的文化人如胡适、顾颉刚、郭沫若等便极力否认夏朝的存在，理由就在于“尚未发现确切可靠的夏代文字；如有之，则必较甲骨文更原始一些”。

文化人一旦执拗起来，基本上就两个字：无解。

文化人一旦受利益所诱惑，基本上还是两个字：无耻！

且看古文化人无解加无耻的厉害。

虽然商汤灭了夏后桀，但这毕竟是人家夏族内的争斗换代，玄嚣华族除了要不断地废唾沫星子去歌颂夏后和商帝们的伟大，从中一点儿也看不到执掌天下的希望。

为了发泄内心的不满，一直掌握笔杆子的玄嚣华族，便把夏朝六百多年的历史从史书当中精减细删，弄得后人对夏朝的历史如同去看整过容的女人，原来长什么样还真不是很明白。

一段活生生的历史，就这样被周朝的文化人抹掉了一大半。

有此一例，后世历代的君主们便对文化人礼敬有加。

倒不是说这些人在国家危难之际能干些什么人事，一是因为他们在太平盛世的溜须拍马，确实比别的行业人士典雅文艺；二是因为这些人隐忍狡险，你活着的时候他们干不过你，你死后他们便可用文字歪曲和糟践你——甚至从史书中抹掉你。

夏朝最后一个执政者叫履癸，也就是后来大家都知道的“暴君”夏桀。

这个人天生力猛，可“手搏豺狼，足追四马”。

他有两个很男人的爱好：酒与色。

由于他是天下一哥，所以他天天可以当正月初一来过（标志是喝酒）；因为他的精力充沛，所以他征伐诸族往往是以掠夺美色为目标。

有钱、有权、有势力的男人们总是很不屑提及“因果报应”这个看不见、摸不着的东西，一直很自信地认为自己掠夺别人的财物、奸淫别人的妻女是应该的，而自己的财物和妻女则是别人不能碰也不敢碰的。

夏后桀就是这样认为的，但他的老婆妺喜却不是很赞同。

妺喜是一个很有个性的美女，并且有着三个惊世骇俗的癖好。

一是爱喝酒，并且是脱光了钻进酒池子里豪饮的那种极品酒徒。

二是爱看撕裂绢帛的场面，一听到“嘶、嘶”的声音就要兴奋，很有点捆缚鞭烛的意思。

三是喜欢穿男人的衣服，并特别衷情制服装，穿上制服的她会特别的高兴，高兴过度了就要脱掉裸奔。

这个性和癖好，搁今天，那些潮女们怕是连她的脚后跟也够不着。

潮女们不过图的是名、利二字，妹喜玩的可是真正男女平等的境界。老爷们儿能干的事，咱娘儿们要变本加厉地超过他们。

在众目睽睽之下，妹喜和文艺青年兼厨子的伊挚玩起了制服诱惑，公然向夏后桀叫板！

夏后桀知道了，当然很伤心。

是我对你不好吗？

闹……

是我满足不了你吗？

闹……

这到底是为什么，为什么，为什么呀？

你能那样干，为什么我不能？

由于孔丘还得在几百年后才能出生，当时还没有“三从四德”这些约束妇女的理论，夏后桀竟然反驳不出一句话来，并且拿她一点办法都没有。

男人能干的事，女人们都干得了。

最要命的是：女人们能干的事，男人可不一定全干得了。

从人类繁衍的角度上看，这世上没有男人，女人们说不定还能踩个脚印、吃个鸟蛋什么的继续生存下去；可要是没有了女人，大伙儿可就得人人具备大禹老爸鲧自我繁殖的本事才行。

可惜的是，几千年来除了鲧以外，还真没听说过哪个大哥有这样的超能力。

管不住家里的，还管不住嫖客了？

夏后桀叫来心腹吩咐：你们找到伊挚这小子，不论清蒸还是红烧，总之让他在人间蒸发。

心腹们还未出宫，便见着妹喜笑吟吟地说道：你们把伊挚怎么样，我就把你们怎么样。

心腹们胆都寒了：你们两口子闹别扭，关我们什么事呵。

于是给伊挚传消息：今晚查夜，速逃！

伊挚知道后二话没说，撇下刚入锅的宫保鸡丁，顾不得爱情的山盟海誓，撒脚丫子便跑到了成汤的地盘。

成汤听说伊挚到了，便对手下说：砍了他的脑袋送给夏后。

便有人说：据说这小子做得一手好菜，还知道妹喜不为人知的那些事儿，何不吃过听过之后再杀了他，也好解个闷儿。

吃了伊挚做的天鹅羹后，成汤啧啧称赞，心中暗想：这手艺，杀了真是可惜了，不如藏起来专给自个儿做饭。

看来一个人如果有一手好厨艺，有时候真可以救命呀。

伊挚整天变着法子给成汤弄菜煲汤，吃得成汤从此都不在外面下馆子了，一到饭点儿撂下手头的工作便回家用餐，板着脸对周围的人说：公款吃喝要不得。

他一边吃饭，一边听妹喜的绯闻芳癖，渐渐地听出了些门道儿。

咱们一般老百姓一听到爬灰、通奸的艳事，一门心思全放在了绣床上和红帐里；而不一般的伟人便会将思路超越床笫之间，和有利于自己事业发展的方面联系在一起。

——他们整天喝得醉醺醺的，政事一定顾不上处理；

——他们每天吵个不停，宫中的防备必然松懈；

——他俩夜夜笙歌，彼此的精力定然损耗巨大，精力损耗过度就会导致判断力下降，判断力下降就会处置失当，处置失当的结果就是众叛亲离；

——众叛亲离的结果是什么？

——换老大！

当脑海中蹦出这三个字时，成汤一下子兴奋了起来。

在了解情况的谈话间，成汤发现伊挚不但会做饭，而且还识字。

当时识字的人除了夏华两族准备接班的子弟和处理政务的官员，再就是巫师和萨满。

一般的百姓没那个资格，也不敢去冒那个险。

一个人干某件事都是要结果的。

识文断字是为了接班或当官，而当时这两个职位又不向平民开放，与其把时间浪费在学文识字上，还不如锄个草纳个鞋底儿。

这厨子不简单呵，原来是玄嚣华族的种。

识字的伊挚便和不识字的厨子有了根本性的不同。

不识字的厨子也能做出些好吃的菜肴，但他们却很难总结出做好菜的方法与流程。

伊挚不但能做出一手好菜，并且还能说出怎样才能把菜做好的道理。

他写出了《火候九沸九变论》《灭腥祛臊论》《四季养生汤》等后厨宝典，并且总结出好的饭菜最终要体现出“久而不弊，熟而不烂，甘而不噥，酸而不酷，咸而不减，辛而不烈，淡而不薄，肥而不腻”的特点。

一个人但凡能写论文，脑门子里的道理可就不是一般的多。

伊挚有鉴于和有夫之妇的妺喜搞婚外姐弟恋，感慨出一句千古名言：“天作孽犹可违，自作孽不可逭。”

这句本来是他自责反省的话，但被他转嫁到了夏后桀的身上，并煽动已初萌“换老大”之意的成汤：上天是靠不住的，命运是自己掌握的。有德的人就要有位，失德的人就不配拥有九州的权力。

成汤问：德是什么？谁有德？

伊挚跪倒含着热泪说：您就是德啊！

相信自己“有德”的成汤听了伊挚的忽悠，便把当年进贡的财物停止了，再去试探一下夏朝的反应。

夏后桀看到今年的保护费少了一家，大叫“这还了得”，尽起“九夷之师”，要将成汤这个欠税的家伙撂翻。

成汤吓得急忙将保护费加倍进贡，这才免去了杀头之灾。

回到家中，他一脚将伊挚踢翻，气急败坏地叱道：你这个天杀的，“德”是个什么玩意儿，能挡得住九夷之师吗？

伊挚硬着头皮道：德乃无形之刃，假以时日，就会显示出无与伦比的威力。

九夷之师兵不血刃就降服了不安本分的成汤，诸夏的首领们便拿着形形色色的条据围着夏后桀报销。

夏后桀一看中间夹杂着些洗脚、桑拿甚至是购买珠宝的票据，大怒之下一把火全给烧了，叫道：你们以为我傻呀！

其中出力最多、票据相对正规的有缗氏的首领觉得很是冤枉，就发了一通牢骚：这人酒喝坏了，好的坏的一起灭？见过丧心病狂的，没见过这么丧心病狂的。

你说我——丧心病狂？好、好，就让你真正见识一下什么是丧心病狂！

夏后桀用天生的神力一下子将有缗氏的首领撕成两片，并派人把有缗氏的大大小小、老老少少全都灭了。

夏后桀痛快了，但却捅了一个天大的娄子。

他居然违背了祖宗黄帝的铁律。

这个铁律是："诛首戮恶，弗可灭族！"

这个铁律从古至今，中国可只有夏后桀这一个混蛋触底。

诸夏一下子炸窝了：这孩子纯粹就是个愣种呀！

于是，他们自然而然地聚集在了有刀有兵加"有德"的成汤周围，一起商量怎么样除掉这个二货。

诸夏推选出了夏族的新老大成汤，厨子伊挚趁机创作了一首叫《汤誓》的歌曲，很快便广为传唱，并光明正大地威胁：跟爷打夏桀，众人有好处；不跟爷杀人，永远当奴仆！

歌声传到了都城，夏后桀顾不得喝酒，更顾不得在宫中防备嫖客，放下正在建造的中国第一座监狱"夏台"的活计，领兵杀向了成汤的地盘。

成汤早已在老根据地鸣条（今河南新乡一带）摆好了一个关门打狗的群殴架势，进行了中国第一次通过武力改朝换代的行动，也使得后来非常流行的"革命"一词出现在了史料当中："天命变革，谓之革命。"

夏后桀就是有三头六臂，也挡不住几百根大棍往他身上招呼。

最后实在疼得撑不住了，就逃到了历山（今山西南部），但最后还是被成汤圈禁起来，并罢免了他天下一哥的职务。

伊挚在夜里向成汤进言：养虎为患，不如杀了他省心。

成汤照脸扇了他一个轻柔的耳光，道：好好做你的饭，我们夏族内的事情，还轮不着外人指点。

伊挚捂着脸笑道：把妺喜赏给我行不?

成汤道：妺喜再不怎么争气，总归是夏族媳妇。作风是不好，但名分不能乱。

见伊挚一脸的委屈，成汤也觉得不赏赐点什么，还真对不起那些好饭好菜好歌曲，便赏了他个官做。

为了报答成汤对自己的知遇之恩，伊挚便创作了中国第一部大型歌舞剧《大濩》来赞美成汤的功绩。歌词《那》后来被收在《诗经·商颂》里面。

猗与那与，置我鞉鼓。奏鼓简简，衎我烈祖。
汤孙奏假，绥我思成。鞉鼓渊渊，嘒嘒管声。
既和且平，依我磬声。於赫汤孙，穆穆厥声。
庸鼓有斁，万舞有奕。我有嘉客，亦不夷怿。
自古在昔，先民有作。温恭朝夕，执事有恪。
顾予烝尝，汤孙之将。

这歌词的意思如果逐字逐句去翻译，恐怕没几个人弄得明白，也没有那个必要。

歌声响起，夏朝结束。

夏后桀的二儿子淳维在伊挚的亲自监督驱赶下，带领着父亲的后宫妻妾及忠于自己的九夷诸族离开了中原，迁徙到了漠北（今甘肃、宁夏、陕北、内蒙古一带）。

这里原本是黄帝的龙兴之地，但由于三次大战的原因，这时已变成了人烟稀少、环境恶劣的地方。

整天为族人吃喝操心的淳维，性格变得十分乖张。

为了种族的繁衍与壮大，他带头与夷族通婚，并规定男孩只要到了十二岁，必须到野外去与猛兽搏斗，能活着回来的便是族内的武士，享受勇者的荣耀。

每当心情郁闷之时，淳维总是策马驰上贺兰山顶，对着苍穹吼喊：长生天作证，总有一天，我勇猛无敌的子孙们会夺回故地，重振大夏的光荣！

夺我夏室者，杀！

辱我族人者，杀！

占我故土者，杀！

后世的匈奴及诸胡、契丹、女真、蒙古、满族等族皆由此源生分支。

【中外对比】

夏朝时期（黄帝485—1097年，前2212—前1600年），被西方或接受西方文化培养的学者们誉为“地球上第一片文明开化之地”的苏美尔地区，据说正经历着“乌鲁克第四王朝”（前2091—前2061年）、“拉格什第二王朝”（前2093—前2046年）、“库提统治时期”（前2147—前2050年）等，直至他们的“伊辛王朝”（前1953—前1730年）。

这一段历史，据他们提供的大洪水前的王朝历表记载：“王权从天而降，王权在埃利都，阿鲁利姆为埃利都国王，他统治了28800年；大洪水之后，王权再次从天而降，王权在基什。”如果这样的传说都可以采信，那么中国的历史是不是可以从《春秋命历序》算起？

如果可以这样算，中国的历史基本上与宇宙同龄了。

现在许多的中国学者在西方的忽悠下，又在探讨“中国的文明是否来自苏美尔人”这个问题。雷不雷人暂且不提，只是想提醒一下诸位：在这个问题上，学者们是否应该先对比一下这两个文明出现的先后顺序再去研判。

认祖宗是好事，但若是把孙子当祖宗认，不明白的且当他糊涂得可笑，揣着明白装糊涂的，可就真的让人恨不得“诛心”了！

再来看看此时的古埃及。

他们正处在传说中六至十四王朝向“希克索斯王朝”的更替时期。

在黄帝1047年（前1650年），原本至高无上的法老们被“来自东方”的移民希克索斯人征服为附庸和仆从，而让埃及人无法抵挡的利器，则赫然是夏后启发明的战车。

随着战车进入埃及的还有“二元平衡”认知世界的思想。

这是不是中国“阴阳”的非洲版?

古印度此时是个什么状态呢?

这时候的印度非常惨，正处于所谓的“印度河文明”毁灭时期。

据现在还无法考证的“瞬间高温”原因，他们的居住地和大量的人员遭到了外来力量的突然毁灭。面对无法跨越的喜马拉雅山脉，幸存的人们只有绕道克什米尔地区，进入今天的新疆地区以求回归中原故地。

可当时的这块区域已被“诸夷”圈地占领，他们根本就过不了祁连山，只好停留在塔里木盆地的边缘地带苟延残喘，以待种族的壮大（此地曾出土众多带有印欧人特征的坟墓，他们中有一支成为大月氏，有一支成为雅利安人）。在与中国的诸夏、诸夷通婚后，他们的形体与容貌皆发生了变异，其中的一支雅利安人与闪米特人混血后，成为古希腊及欧洲诸族的先祖。

古希腊嘛，还在传说中“灿烂的克里特文明”时代，国王的“宫殿”据说规模非常宏大。

由于古希腊是欧洲诸国文明能找得到的唯一源头，现在财大气粗、武器精良的他们，当然要好好装饰一下自己的祖宗了。

在黄帝691年（前2006年），闪米特人横空出世在了今天的中东地区。

他们明显的特征是：黑头发，黄皮肤；

他们出现的方式是：整族迁徙；

他们擅长的技能是：掠夺与厮打；

他们崇拜的宗神是：雅威；

他们使用的文字是：楔形文字；

他们最早的首领是：闪米。

他们的出现，使得中东及后世的欧洲各地发生了天翻地覆的变化！

他们的后代，则成为中东与欧洲诸国的先祖，并且在萨尔贡天启宗教的基础上，发展出三个著名的神教：犹太教、基督教和伊斯兰教。

其中的一支“阿摩利人”首领苏姆阿布姆，颠覆了苏美尔地区的乌尔第王朝，建立了“古巴比伦王国”（这时的夏朝已立国206年）。古巴比伦的文明史虽然只有短短的1277年（黄帝691—1968年，前2006—前729年），但是为了比拼中国的悠久历史，西方的学者们硬挣扎着把“苏美尔文明”拉扯到他们身上，使其跻身于“四大文明古国”之列。

由于古巴比伦是西方认可的文明源头之一，那么这些“黑头发，黄皮肤”的迁徙者当然成了他们的先祖。

但是，认祖宗虽然是个好事，攀上点亲戚关系在危难之际也好有个帮衬，然而当这个祖宗强大到足以吞并自己的种族或国家时，还是认一个已经不存在了的祖宗为妙。

认谁当祖宗无所谓，就是不能认中国。

因为中央帝国自夏朝开始，明确为人类世界的宗主国。

认了“宗主”，自己则会成为“藩属”之国，西方的兄弟们又怎么好意思靠着飞机大炮，把中央帝国从“神坛”上拉扯下来？

黄帝905年（前1792年），古巴比伦的汉谟拉比开始了自己42年的统治生涯。

汉谟拉比名字的含义是“治疗者”，他最著名的功绩便是确立了《汉谟拉比法典》。

这个法典之所以被西方誉为“人类的第一部法典”，是因为它是西方法典的源头与基石。

不过与夏朝的法典《禹刑》相比较，《汉谟拉比法典》的出现足足迟了420年。

再来看一下西方所谓“人类的第一部法典”的内容，人们便会发现：一、法典全文用楔形文字铭刻（穿了个马甲再加个“木”字旁就以为不认得了?）；二、共有条文282条（《禹刑》可有3000多条呢）；三、立法的原则是：以牙还牙，以眼还眼（还真是偏激呵）——打瞎了别人的眼睛，就必须打瞎自个儿的眼睛作为处罚；被别人打断了腿，就可以打断别人的腿作为补偿；害死了别人的儿子，则他自己的儿子也要被处决；奸淫了别人的妻女，是否自己的……

这都是什么立法的原则与精神呵?

黄帝697年（前2000年），闪米特人的另一支“亚述人”在今天的伊拉克北部建立了所谓的“亚述帝国”。

这个帝国的建立比夏朝迟了212年，灭亡的时间却和夏朝是同一年。

亚述人在中东足足地砍杀了400多年，是当时天下名副其实的头号恐怖集团。

他们的战争口号是：“我用敌人的尸体堆满了山谷，直达顶峰；我砍去他们的头颅用来妆饰城墙；我把他们的房屋付之一炬；我把他们的皮剥下来包住城门映墙；我把人活活砌在墙里，我把人用木桩钉在墙上，并且斩首。”

黄帝747年（前1950年）前后，“赫梯人”突然在今土耳其境内冒了出来，并征服了今叙利亚一带和美索不达米亚北部。

记住了，他们有蚩尤氏独特的本领：冶铁铸铜!

这项在当时中东和欧非两洲闻所未闻的技术，虽然能够大幅度提高这里的生活质量，但是也极大地阻碍了他们的繁衍速度。

铁与铜等金属以及后来道家发明的火药，在中国除非是万不得已拿出来当兵器使用，其余的时候主要是当装饰品和娱乐使用。

赫梯人和亚述人以及后来的西方兄弟们可不这样想。

这么锐利的家伙，杀人多利落！

造个酒杯或煮饭的锅，也太可惜了。

拥有了这些中央帝国有意压制的先进技术，从那时起直到现在，这些地方的人口生育的速度都远远赶不上杀人的速度。

后来嫌刀子杀得慢，西方的兄弟们又造出了枪炮；再后来嫌枪炮杀伤面狭窄，西方的兄弟们又造出了核弹；当“小男孩”和“胖子”在日本爆炸后，西方的兄弟们雀跃不已：这下子终于找到杀人的终极武器啦。

好日子还没过了多久，当苏联和中国拥有了核弹后，西方的兄弟们才惊出一身冷汗：原来这玩意儿可不只是他们的专利呀！

现在的许多中国人，都在嘲讽或指责自己的祖宗们很是不争气：铜铁只会用来制造器皿，火药只会用来燃放烟花，天文只会用来占卜算卦，数学只会用来投机倒把……

不要以为自己拿个手机就比自己的祖宗聪明先进，说句让大家泄气的话，关于人类对自身以及对宇宙万物的思考和认知，至今绝对还没有人能和老子李聃看齐，更别说什么《黄帝内经》与几种《易》书了。

中国早在宋朝就会制造并使用火枪器械了；元朝便把炸药用在了战争当中；明朝则已经完善了这项技术，并有专门使用火器的兵种——“神机营”。

这东西之所以被当时的中国统治者摒弃，一是杀人的速度太快，不利于帝国的税收；二是稍微管理不慎，流入民间，让心怀不轨者掌握并使用，推翻一个帝国基本上就是一个打工的周期——还不耽误春运回家过年；三是战争原本便是男人们当面锣、对面鼓的事，远处放冷枪——娘儿们呢你！四是若非有那么多的规矩和祖训圈着中国人，以明朝的财力与实力，再加上火枪和西方兄弟们固有的“掠夺理念”而去向外扩张，现在的这个世界上除了中国人，还会存在别的族群和国家吗？

便是明朝的一个太监郑和，就掌握着当时世界上最强大的海军和最锐利的火器。

大约在黄帝897年（前1800年），传说中的“希伯来人”（闪米特人的另一支）进入了迦南地区（今以色列及加沙一带）。

他们当中有一个男人叫亚伯兰，这就是犹太教里“亚伯拉罕”和伊斯兰教中“易卜拉欣”的原版。

他的妻子叫撒莱（后改名撒拉），是他同父异母的亲妹子。

这个女人据说很漂亮，但就是不会生娃娃。

她的奴婢、埃及人夏甲便乘虚而入，为亚伯兰生下了一个儿子叫以实玛利。

在丈夫开始信主并把她出卖几次后（其中一次是卖给埃及的法老为妾，以换取牛羊奴婢），已近90岁高龄的撒莱居然生下了儿子以撒，这事情着实让人们迷幻与神往。

有了自己的亲儿子以撒后，撒莱便看着夏甲与以实玛利越来越不顺眼，逼迫着丈夫兼亲哥哥亚伯兰把他们母子赶出了家门。

以实玛利和以撒这两个同父异母的亲兄弟，就此结下了世仇——以实玛利是阿拉伯人的始祖，以撒是犹太人的先人。

有一天，99岁的亚伯兰听见主说：我已赐你名为亚伯拉罕，再赐你号“大”，为多国之父，但条件是：你要把自己的亲儿子以撒燔祭给我。

亚伯兰毫不犹豫地把以撒带到了摩利亚山上去行祭。

以撒天真地问道：慈祥的爹地，您祭祀怎么不带祭品呢？

亚伯兰道：我亲爱的子，你就是“祭品”。

正准备动刀砍杀时，神的使者从天上呼叫他：“你不可在这童子身上下手，一点也不可害他。现在我知道你是敬畏神的了，因为你没有将你的儿子——就是你的独生的儿子，留下不给我。”

这也太戏剧化了吧！

文化的帝国——商朝

要说玄嚣华族的文化人，也真是睁着眼说胡话。

有关商朝的记载，一开头便把商朝的祖宗扯到了帝喾身上：

> 契，母曰简狄，有娀氏之女，为帝喾次妃。契卒，子昭明立；昭明卒，子相土立；相土卒，子昌若立；昌若卒，子曹圉立；曹圉卒，子冥立；冥卒，子振立；振卒，子微立；微卒，子报丁立；报丁卒，子报乙立；报乙卒，子报丙立；报丙卒，子主壬立；主壬卒，子主癸立；主癸卒，子天乙立，是为成汤。

为了证明这些谎言是真的，他们又编出一个更让人惊奇的"见玄鸟堕其卵，简狄取吞之，因孕生契"的故事来。

如果这些华族的大爷们还活着，就会有好学的学生提问：商汤既然是帝喾的后裔，玄嚣华族的首领，为什么要将国号定为本属于昌意夏族的"商"呢（商是帝舜给儿子商均的封号）？

史书虽然被玄嚣华族的文化人弄得一塌糊涂，但仔细梳理，毕竟谎言掩盖不了真相。

从史籍的蛛丝马迹中可以看出，商朝应为帝舜之子商均的后裔所建，乃“诸夏”中的一支，跟华族的干儿子帝喾可没有什么关系。

成汤为争诸夏首领，或利用玄嚣华族帝喾后裔结盟出些苦力也未可知。待取得天下后便正名为商，不过给玄嚣华族如伊挚之类的狗头军师们封几个文官罢了。

他若知后世玄嚣华族替他改祖换宗，当时定会把他们杀得一个不留。

总之夏、商的历史记载，让周朝华族的史官们弄得大半不可信，大家只要明白商是诸夏中的一支就行了。

桀、纣既为五帝之下的两大暴君，又怎能和向来以“仁礼”示人的玄嚣华族是同类呢?

说谎话可以，但记住要编圆了。

“商”号是改不了的了，但文化人偏偏要在前边加上一个“殷”字，弄得连后世儒家的鼻祖孔丘都找不着自己的正主。

商朝前后相传十七世三十一王，延续约五百五十四年的时间。

也就是说，在夏、商两朝统治中国的一千多年时间里，玄嚣华族可没沾上半点儿腥膻，一直忍气吞声埋着头给夏族打工出力，溜须拍马。

令人欣慰的是，由于他们杰出的忍耐，夏族始终不好意思把他们踢出黄帝正宗传人的圈子。玄嚣华族使我们知道了“要想人前显贵，就得背后受罪”这个道理，没什么本事又想当官的大哥们明白了没有?

商朝有这样几件事情值得记录。

一、从流亡到征服

由于成汤带了一个“以下犯上”的好头，并僭越夏制复称为“帝”，和先祖们平起平坐，再加上氏族人口的不断壮大和家族认同感的不断提升，不时就有“诸侯衅夏”的情况发生。

这个“衅夏”，明白地向世人告知了商朝的族属。

商朝各帝中，有能耐者如盘庚等便很麻利地处理祸乱，并设定了惩罚的前提条件：凡属诸夏犯乱者，剁了领头的，还要把他们的亲族赶到域外的蛮荒之地，有点本事的开垦几片荒地，还能为帝国增加点税源，没本事的就任其自生自灭，自己决不担灭族的恶名。

无能者的如祖乙等便不断地迁都以避灾祸，好似后世的盲流，居然“八迁其都”，真是遭践了“帝”这个统天御地的称号。

到了武丁时代，他总算把历代弱势商帝受的窝囊气一股脑儿全撒在了各个小方国上，和老婆妇好领着人类有史以来空前的铠甲武士横扫宇内，威震四方。

一万三千人呵，不要说打了，就是随便走到哪一个景区，都会是一场灾难。

到了后商时代，为了保证政权的稳固，商朝的总兵力竟达到了十五万至三十万之众。

但是经过历史和时间的证明，政权的稳固真不是以军力的多少为决定因素的。

现在看来，只有执政者不断地与民争利，致使民心思乱、彻底绝望，才是改朝换代、天命变革的原因。

二、武力演变为权力

玄嚣华族的文化人们，越来越觉得委屈。

从帝舜开始，他们就出的是牛力，吃的却是鸡食；只有写稿子的份，没有做报告的命，辛苦得连拉磨的驴都不忍看下去而戴上了眼罩。

这是文化人干的事吗?

穷则思变，变才有戏。

经过筹划之后，他们便合伙进行了史上第一次官僚制度的改革，诱导着商帝们将官员职业化。

职业化最核心的原则就是“分工明确”。

为了得到商帝们的支持，官位的设置一切以为帝王服务为中心。

都城里的官员统称“内服官”，都城外的官员统称“外服官”。内服官中又分“外廷政务官”和“内廷事务官”。

最高的政务官是协助商帝决策的“相”（又称“阿、保、尹”）。

至于工资是不是按等级分发，由于史料缺乏，大家便不能乱猜。

为了不使夏族的王公们犯红眼病，特设只挂名不领工资的高级职位“三公”，用以奖赏为帝国做出特殊贡献的诸夏首领，首创以精神奖励取代物质奖赏的先例。

为了安插亲朋好友都能吃上“公家饭”，玄嚣一族将官员的职责逐渐细化。

占卜的巫师不能干萨满祭祀的活儿；祭祀的萨满不能干史官记载的事儿；图书员管图书，打字员管打字，铁路警察各管一段，谁也不要抢着干别人的活儿，这样大家都能上工资卡。

对此，商帝有一点不满意：你们都有工资，我的呢？

众人齐道：天下所有的东西都是您的，您花多少还不是随您的意儿吗（“溥天之下，莫非王土；率土之滨，莫非王臣”）？

商帝大喜，在报告的右上角写了两个大字：准了！

三、规模化制造业的出现

商朝由于还没有实行户籍制度，人口大约有五百万到七百万。

当时地广人稀，所以盖个房、种个地也不需要向政府申请，开个作坊也不怕相关部门来勒索。

因此，这时民间的手工业便开始大面积发展了起来。

受官员职业化的影响，民间自然而然地形成了一种分工明确的竞争局面。

生产力没有了帝国行政的干涉，竟然有人烧制出了洁白的瓷器，冶炼出了重达875公斤的司（一说为“后”）母戊大方鼎。

关于这种现象，后世谓之“商业”。

四、服装的规定

吃饱了之后，怎么打扮自己就显得尤为重要。

有鉴于妹喜裸奔会引起嫖客蠢蠢欲动的亡国前例，商朝推行了“上衣下裳、束发右衽”的穿戴制度。百姓除了不能穿代表王室宗脉的“黄、赤、青”三种颜色的衣裳外，其余的色彩可任意搭配，怎么潮怎么来。

大家可别小看了这个“定衣服之制，示天下以礼”的制度，这标志着中国从此进入了人类对自己行为准则进行自我完善的礼仪时代。

人多了，大伙儿可不能由着自己的性子，想干什么就干什么。

礼与法存在的意义，就在于帮助人们躲避危险的结果。

大家都知道老虎的屁股摸不得，所以便规定了不可以摸老虎的屁股制度；您如果执意地要摸一下试试，除了死可真没有第二种结果——当然，您要是武松便不在此行列。

五、数学的完善

修改一下历法自然是必须要干的一件事情，否则很难自证是黄帝的子孙。

此时，有一个伟大的商人从古传《归藏》中发现并完善了十进制、奇数、偶数和倍数，让人类世界最终有了统一的数字概念，从根本上加速了人类智化的进程。

这个伟大的中国商人姓什么叫什么没有人知道，但从此后世把做生意的人称作“商人”。

这一点上来看，以加减来计算盈亏的生意人之所以被称为商人，并不是如后世文化人所认为的是因为商系首领王亥会养牛马，以物易物，商人便成为中国商业的始祖。

商业利益的体现，最终要以物品的数量多少决算；而要易物行为获取利润，必须事先进行物品差额的计算。

一匹马换一只羊，从体积上看显然不划算。但如果有了数字的概念，生意人便会从羊身上计算出马身上没有的东西去进行下一次的交易来获取利益。

数字是人类文明开发智能的钥匙，更是人类探究天地宇宙的密码！

我们现在认为“商人”是一个对商朝或中国做生意人的统称，谁又敢想象一下，“商人”原本就是这个发明数字的人名呢？

咱们现在津津乐道的“四大发明”，比起发明了数字概念的大挠、隶首和后来的这个“商人”，真可谓小巫见大巫、村干部比总统——根本就不是一个层级的。

但是，只会用数字计算出别人看不出利润的商人们之所以被自周以后的历朝历代打压，原因大约有四：一、使数字实用化的商人，居然是不擅文事的夏族丘八，当然要招致玄嚣华族的鄙弃；二、精于计算能力的商人并不用亲自劳作，就可绕几个弯子从别人的手中拿到自己所需的东西，很不符合玄嚣华族多劳多得、不劳不得的原则，是货真价实的剥削者，谓之“奸商”；三、文字可以渲染，数字揭示真相，如果百姓计算出自己所挣的每一百元中按照税费政策规定有七十元要交给国家，谁还干活呢？还不如躺在炕上等着救济算了；四、难道中国的古人早就预测到了，数学这个玩意儿，会给人类带来毁灭性的结果？

本应登堂入室的数学知识，由于夏、华两族的内讧等原因，就这样在中国尘封了近三千年之久。直到现在我们才发现，原来使人类社会发生天翻地覆变化的神奇数字，竟然是黄帝及其子孙们发明创造的。

当我们想借这个由头再吹嘘一下自己的文明有多么伟大悠久之时，却沮丧地发现：我们那些心胸很不开阔的先人们，压根儿就没把这个应用数学的商人当回事儿，甚至连个简历都不屑留传下来。

令中国人可惜的是，拥有空前强大计算能力的商人，并没有用自己掌握的惊世骇俗的数字知识，发明出计算机之类的东西。他们除了整日计算着将别族的物品绕到自己的家里，就再也没能用数字整出几件看得过眼的事。

所幸的是，由于骨子里有着爱在黄历中来回捣鼓的习性，会计算的商人们便把一年又改为十二个月，并用年终置闰来调整朔望月和回归年的长度，将日月星辰的天象也记录到了黄历之中，第一次把时间和宇宙联系在了一起。

有人说“置闰”是苏美尔人发明首创的，我呸！

这时候他们早被古巴比伦的统治者们灭了。

六、宗教的确立

商朝初期，由于开国的商帝成汤将黄帝神化，他遵循了颛顼的规矩，禁止多神祭祀，创立了中国第一个只敬奉黄帝的国家宗教“一元教”（此为中国道教的前身）。

为了保障帝位子系继承的合法性，成汤确立了“太子”接班制度。

这摆明了是向世人宣示：天下是黄帝族裔的天下！

他声称自己时常能与始祖黄帝通灵，就连洗个脚、做个爱也要拿着乌龟壳子征求一下已被尊称为“上帝”的老祖宗的意见，所以就使得文化人的工作繁忙了起来。

当时写个字可不是件轻松的活儿，就和今天的雕刻师傅们一样，字是用刀子刻的，而不是用毛笔写的。

为了减轻手腕的疼痛，玄嚣华族的文化人们便对“夏篆”进行了简化，结果导致我们现在只能认出一千多个甲骨文。

这是第二次对上古中国文字“契文”的伤害。

夏篆依稀还可看到契文的影子，甲骨文则面目全非了。

如果不是有人后来发明毛笔的话，中国的文字早就被这些慵懒的文化人自认为聪明地符号化了。

发明毛笔的这个中国人初衷一定是为了减轻自己的工作压力，他压根儿就不会想到，正是由于自己的发明，才使得中国上古残缺不全、面目全非的文字留传至今。

文化人历来就瞧不起发明创造，认为是奇技淫巧。

谁知道小发明也有大功德呵。

武力天下无敌后，商朝的夏人逐渐被文化。

文化后的结果是：讲文明、讲礼貌倒是蔚然成风了，但帝国的疆域却不断地缩水。

诸夏们忙着享受人生，诸华们则使出解数争名夺利，帝国的事儿几乎没什么人操心。除了中原河南这一块核心之地没有人敢闹事外，天下基本上成了天下人的天下了。

当时的中东已成为闪米特人的游乐场和赫梯人的狩猎地，希索克斯人则把埃及的法老们当菲佣使唤，印度成了一片无主的土地，夏华老根据地的西北诸族也在磨刀霍霍。

更让人不爽的是，东夷的诸族居然敢跳出来挑头闹事，嚷着要分了女娲伏羲留下的天下。

这还得了？

于是，周朝极力批判的第二个著名混蛋“纣王”登台亮相。

纣王是周朝的文化人给子辛的谥号，再加上一个殷字，怎么听上去也就是一个“淫棍”的意思。

纣王其实叫子辛，继位之前的职务是寿王。

他之所以能继承帝位，除了有“倒拽九牛”的神武之力，主要是沾了迟出生的光。

在他降世前，他的亲大哥微子启已经会拿着弹弓射鸟了。但起得早不代表身体好，微子启比玄嚣老前辈点儿更背。

他虽然是正宗的长子，可生他时他的老娘还不是正妃的身份。在这种情况下，他除了诅咒自己的母亲不能再生养，还真没有一个切实可行的好办法。

人生的无奈之处就在于：怕什么，偏偏就给你来什么。

他的老娘在荣升正妃之后，突然间就又生了一个大胖小子出来，顿时分出了一个“嫡、庶”之别，弄得微子启差点儿上吊。

夏族的传位虽然重贤不重嫡，但要是遇到了庶子和嫡子能力差距不大的情况下，嫡子当然是首选之人。

古人传嫡的规矩，很大程度上限制了小三们的滋生和企图。

寿王子辛从小也是个有想法、有思路的王室子孙，并不是华族的文化人形容的天生就是一条恶棍。

他天生神力，气场十足，什么动物见了他都得溜着墙边儿走，所以他就养成了一种唯吾独尊的性格；他“天资聪颖，闻见甚敏”，什么东西让他看见听到了，就好比照相机、录音机一样，立马刻录在了自己的脑细胞当中。

“偷梁换柱”这件事就是他干的，“拓土开疆”的老本行、苦营生也是他替执掌帝国的夏族重新收拾起的。

寿王子辛继承帝位之后，改称帝辛。

由于商朝第二十五任商帝祖甲废除了王公贵族们的议事制度，诸夏的首领们便四分五散。为了巩固自己的利益，他们便与夷族联姻来壮大自己的力量，夏夷开始混血杂居，正宗血脉发生了根本的变化。

为纯正血统，帝辛便进行了大规模的夷族征伐，最终达到剪断诸夏与夷族联盟的目的。

黄帝虽有遗训不能灭掉本族宗脉，夷族可不在此列！

凭良心说，帝辛在武功建树方面，不但不比始祖黄帝差，甚至有过之而无不及。

黄帝时代，战争就像是个拳击比赛，一个大仗也就是黑社会火并的规模。

到了帝辛时代，打个仗可不是说走就走的旅行。如果不是商人们掌握了数学运算的方法，庞大的帝国军队行动不了三天，就会出现缺衣少粮、顾此失彼的问题。

帝辛不但很轻松地解决了这些问题，而且用了近四十年的时间，完败了许多个比蚩尤、共工更为凶猛、武士更多的夷族，把他们赶出了中国域外去别的地方祸害，又一次将九州统一在了帝国的麾下。

每征服一个夷族方国，帝辛便命诸夏的宗脉至亲接管一处。

到了后来，诸夏宗亲的人手不够用了，只好给玄嚣华族的枝亲也分配了几个名额。

这一分可非常的不妙，踢他屁股、抄他后路的周文王姬昌赫然位列其中。

由于帝辛遵从黄帝祖训不方便灭族，历年战败的各族俘虏甚至比都城的常住人口还要多。为了不让这么多的俘虏白浪费粮食，帝辛便让自己的爱妃妲己修建帝国新都城，并任命她为总设计师。

此时的中国妇女虽然还没有一个人当过老大，但她们特有的生育功能，一点儿也没耽误她们和男人们平起平坐的权力。

只要她们自己愿意，什么领域可都能插得上一条玉腿儿。

比如商帝武丁的正妃妇好，那可是人类史上第一个女大将军王，在大规模运用军队方面，有着至高无上的天赋和权威。她将入侵到夏华两族老根据地（今河套地区）的雅利安人斩杀殆尽——据说他们此前已灭掉了“古埃及”“古印度”和“古巴比伦”这“三大文明”。

女人一般不干事，干起事来就比男人细心和认真。

首先，妲己为帝国的新都城起了一个非常有诗意的名字——“朝歌”。

其次，从众多夷族的战利品当中，妲己发现了许多上古的奇珍异宝，这其中就有中国人神往的“三易”。她认为保护文物是当务之急，便设计了帝国博物馆的蓝图，称之为“鹿台”。

报经帝辛同意后，便开始加班加点地修造。

因为没有加班费，营养品又跟不上，体弱的俘虏们就死了许多。

关于俘虏们累死的事情，各个人和各个阶层都会有不同的看法。

在以帝辛为代表的帝王及统治阶层看来：死几个俘虏甚至还没有死几匹战马的事大。死几个俘虏不但节省了粮食，并且还能消除几个隐患；死几匹战马可就会影响局部的战斗力呵！

在以妲己为代表的帝后及妇女阶层看来：这么庞大的工程，不死几个俘虏怎么能显出自己的艰苦？再说了，人死了大不了辛苦点再生几个，地标性的建筑物可不是能从肚子里孕育得出来。

在俘虏们自己看来：与其整天半死不活、如牛似马地劳作，死何尝不是一种解脱？

在百姓看来：放着好好的日子不过，偏要兴那反叛帝国的念头，你们不遭这罪，难道还要我们替你们顶缸？

在反对派看来，：这可真是一个天大的罪状呀！

你、你们太不人性了；

你们太残忍了；

你、你们……让我们咋说你们好呵！

高大宏丽的鹿台建好之后，帝国的办公大厅“摘星楼”随即开工。

妲己充分发挥了妇女们对美好未来的想象力和守护个人财产的天性，围绕着这几座大型的建筑物，又堆砌了内外两道城墙，并在空地中修建了苑囿台榭，一不留神成了中国有史以来第一个建筑大师。

现在的地方官员用现代化机械搞个政绩工程都要遭文化人唾骂，纯粹用人工修造一个帝国新都城的妲己如果不让人鞭挞，这还有天理吗？更何况这个宏伟壮丽的帝国新都城，居然是一个女人策划实施的，这让自大的男人们脸往哪里搁呢？

在周朝的教科书中，为了抹黑商朝，他们这样描述了这一项伟大的工程：

小朋友们，鹿台真的是帝国博物展览馆吗？别逗了，那里不过是纸醉金迷的淫乱场。

摘星楼下的湖泊里可不是什么纯净水，那都是掺着劳动人民血汗的茅台酒呵！

那片白花花的树林可不要傻的以为都是什么大白杨，真相是：那是一群彩绘后的裸体呀。这样万恶的旧商朝，这样荒淫的帝王帝后，不推翻行吗？

帝国的新都城朝歌建成那气势、那派头可不是一般的人，大到了诸族首领啧啧称羡、相形自惭的地步。

他们回到家里都要把老婆训斥或家暴一顿，又羡慕又气愤地说道：瞧瞧人家妲己把幸福的小日子过得，这纯粹是把老公当神仙供养着呵。

六十岁的帝辛搬进新家朝歌后，一首《也该歇歇了》的流行歌曲，使他萌生了享受人生的念头。

他二十岁左右继位，还没有谈一场刻骨铭心的恋爱就上了战场，这一打就打了近四十年的时间；他眼里所看到的，不是刀光剑影，就是血肉横飞，几乎就是中国所有帝王中的特级劳模。

当他看到自己美丽能干的老婆妲己，为辛勤半生的自己建造了雄伟的宫殿、温暖的绣床时，便觉得辛苦终于有了回报，一头扎进了温柔乡里，再也没心情去风餐露宿、打打杀杀了。

职业疲劳再加上闺房诱惑，便是个铁打的机器人，也该充充电、歇歇工了吧？

大哥微子启见小弟长年在外地打仗受罪，居然还没有累死，眼下竟然摆出了一副享受生活、调养身体的架势。有鉴于自己年岁已大，时日不多，如果不把帝辛累死在战场上，此生继承帝位的梦想必将无望，便撺掇帝辛：东南已平，西北未定，听说岐山西伯昌很不安分。

帝辛笑道：大哥不要担心，玄嚣华族手无缚鸡之力，成不了什么气候。

二哥箕子拿了大哥的好处，也来劝帝辛对西北用兵：那里可是老祖宗伏羲、女娲和一众神仙的宫域，也是咱始祖黄帝的龙兴之地。任何一个宗族都可能在那里找到天地之秘去统御众生，千万不敢大意。

对这个异母同胞的二哥，帝辛可用不着客气，板着脸说道：好好吃你的炸油饼子，这事轮不着你操心。真要是为帝国诸夏着想，不如你带领武士将他们灭了！

箕子连惊带吓，回到家坐卧不安，思前想后，干脆他娘的吃点屎装疯算了。

帝辛听说二哥箕子把屎当炸油饼子吃，便去他家里安慰：大家都是成年人，就不要演戏了。昨天我说的是玩笑话，你不要当真。我也知道西北不稳，可东南诸夷刚平，总得让将士们喘口气儿吧？

箕子一边吃屎，一边说着“屎蜜大好吃”的混话。

帝辛见他铁了心要装疯卖傻，摇头道：要装就装吧，你这个二……呵！硬生生地把“哥”字咽了回去。

看着帝辛进入了享受生活的状态，再加上一把手回堂坐馆，官员们便绕过微子启直接向帝辛汇报日常工作，微子启的门前顿时冷落，收惯了小费的门卫也闹着跳槽。

不甘心呀，用顺手了几十年的权力，就这样丢了？

此时的商朝由于帝辛的连年征伐，天下诸族方国被夏族彻底打怕了，形成了一个“莫敢不来享，莫敢不来王”的臣服局面。

帝辛手上的动作稍微大一些，便会有胆小又干了坏事的首领急忙跪倒，哭喊着“求求您别杀我”的哀声。

一个人一旦到了全天下人都怕他的地步，虽然表面上看着很威风，但也喻示着他的好日子就快到头了。

从古到今，不论帝王还是社团大佬，“以力立威”是必不可少的——至少您得亮一亮自个儿的獠牙，让众人明白撩拨您的后果。

当众人明白了惹毛您的结局后，您便要给众人一些糖果，让他们明白臣服您还能得到应有的好处。

一手是大棒，一手是牛排，不听话的打屁屁，听话的吃糖糖，只有恩威并施，位子才能坐得长久安稳。

老虎没人敢惹吧？

但这东西如果不受人类的法律保护，恐怕早在民国时就绝种了。

正因为人人都怕老虎，而老虎也不管你这个人是教授还是乡长都下狠口，众人便齐心要将它除灭：不合伙弄死这见谁都咬的畜生，还有大家的活头吗？

天下的人都怕只拿棒打不给糖吃的帝辛。

怕到了极点便产生了合伙弄死他的想法。

但是，要想弄死这么一个让天下都怕的大爷，真不是一件说干就干的简单事。大家凑钱找了一家风险评估公司策划这件摸老虎屁股的大事，得到了这样一份分析报告。

《关于弄死某某的可行性报告》

尊敬的各位委托人：

收到各位的委托书及委托费后，我公司组织精兵强将，日夜加班，运用逻辑学、心理学、社会学、历史学等领域的专业知识分析评估，特作如下报告：

评估显示：各位对弄死的前期准备工作不足，对弄不死的危险后果认识度不够；高达98%的各项指标均认为，要想依靠外力弄死，很不靠谱。

首先，有实力、有想法的刺头儿都埋在土里沤了粪；没实力有想法的老兄门儿清地知道，自己一露头那脑袋铁定是回不到脖子上了，所以实在是没有人心甘情愿地站出来挑这个头；因此，没有人挑头就不会有组织，没组织意味着没策划，没有策划就表示没有具体实施的能力；

其次，势力如日中天，四方臣服，兵员充足，军威正盛，若公开叫板，正面攻击，无疑是以卵击石，自寻死路！

等等，照你们的科学评估结果，那是弄不死帝辛的了？

早知道这样，谁花这冤枉钱。

各位委托人不必灰心，休要丧气。

一分钱一分货，一分耕耘一分收获。

常言说：有钱能使鬼推磨。大家就不要把私房钱藏着掖着了，都拿出来吧，本公司再给你们讲一讲怎样撂翻帝辛的妙招！

待众人把口袋里的钱掏干净后，搞传销出身的总经理挥着双拳登场了。

既然我们不能用外力弄死，何不变换一种角度，从内部瓦解他们？

不明白？不明白就对了，您要是明白了干吗掏钱听我说？

第一，坚硬的堡垒从外面是攻不破的，摧毁它只能在内部下手。问题来了，要在内部下手，首要的条件是你要进得了内部；现在看来，诸位都不具备这个条件。

第二，既然诸位都不具备这个进入内部的条件，那么我们就要在内部找一个内奸；而这个内奸必备的条件是：既拥有摧毁堡垒的能力，又不会让帝辛戒备。

第三，内奸的这个角色不是什么人都能担当的，首先他得有破坏的实力，其次他得有卖国的权力，更重要的一点是：他还得有足够的号召力！

配当这个内奸的人满天下也找不出第三个，就不需要我点名了吧？

最后一点，大家可以重新学习一下帝尧他老人家，什么好吃好喝好玩好耍的都进贡给帝辛，让他没时间想别的事情；再效仿一下妹喜与厨子伊挚的爱情故事，勾引一下帝辛的老婆红杏出墙；这几剂猛药下去，堡垒要是还破不了，我们公司的牌子不用您砸，全体职员都找块豆腐碰死得啦！

算你狠！

众人伸出大拇指后，便进行了无记名投票，一致推举风险评估公司总经理为不二人选，负责寻找内奸和诱惑妲己的具体工作。

西伯姬昌道：这就没意思了吧？我只是个搞评估和策划的。

众人说：又不让你白干，俺们有的是钱。

这么大的工程揽了下来，利润的前景极度诱人。

姬昌独坐静室，拿着蓍草反复占卜，分析利弊。

事成了，天下的银子随便花，人间的美人恣意要，亲朋的官帽尽情戴，个人的荣耀任性挑……嗯，太诱人了；

事败了，个人的脑袋挪了窝，后代的子孙要遭殃……唉，无所谓啦！

结果是：利润大于风险。

结论是：赔本的生意没人做，杀头的买卖有人干！

于是，姬昌找到了帝辛一母同胞的亲大哥微子启，一通“天下本应该是大哥您的”迷魂汤灌过之后，再加上一大堆奢侈品的诚赠，微子启便义愤填膺地当上了内奸，并向姬昌郑重承诺：俺负责提供军队密码，破坏城防；你负责联络诸族方国，攻打帝辛；咱们里应外合，俺老弟绝无生还之理；事成之后，将你族封为诸夏一支，永享天下荣华富贵。

姬昌一边揖谢，一边心中暗道：这老头儿真纯傻，谁稀罕再当你族的干儿子？

成功策反微子启后，姬昌便把心思用在了美丽又能干的妲己身上。

本来“色诱”这个美差是轮不到别人去实施的，但鉴于自己年过半百，身子骨又不是很结实，能否满足妲己偷情的期许暂且不论，更要命的是，他除了占卜算卦外，居然没有一项泡妞必不可少的文艺特长。

本着“肥水不流外人田”的原则，他派出了长得还算对得起观众并且能弹《献给爱丽丝》、会唱《月亮代表我的心》的大儿子姬考，出演中国第一部谍战大剧的男一号，在帝辛的眼皮子底下，上演了一场翻云覆雨的床上艳戏。

当时，穿上了衣裳的中国人对男女间的欢爱虽没有后世那么些条规禁忌，但成年人都觉得：这是一件妙不可言的好事。而好事情是不能够和别人共享的。

就如我们吃了一块小朋友非常珍爱的巧克力，轻则招致哭闹，重则招来缠绕。小孩儿都已经有这样强烈的反应，要是搁在帝辛这样强势的大人物身上，那结果可不是您想象的那样轻松。

仗着年轻是不是？

帝辛拔刀便把姬考剁成了肉馅儿。

妲己吓得梨花带雨、娇躯颤抖地一口咬定自己是“被强暴”，并且最后弱弱地说了一句“未遂”。

现场看着虽然很香艳，但“未遂”的说法，至少在帝辛的心里也算保住了颜面。

不解气的帝辛将姬考的肉馅儿做成了中国第一笼人肉包子送给了等着儿子“拿下”捷报的姬昌吃了，并告诫妲己：你若不想变成第二笼包子，就自己收敛点。

后世的周人这样诠释了谍战鼻祖的食子情形：“文王卦知亲子之肉，笑而食之，以掩先卜之秘；待无人时，噙泪呕出，变为白兔。”

我也是醉了，能把人话说到这样诡异的境界，想不服真难呵！

内部已经初步瓦解，接下来就需要武力的支撑。

打天下可不是拿个报表再复印几张彩页的简单事儿，仅靠杜拉拉、薛杉杉这些个白领文职人员，显然顶不上什么大用，还得用一些心狠手辣、胆大包天的二杆子们才行。

但使用这些二杆子们需要一个前提，那便是使用者比他们更二杆子！

很显然，玄嚣华族文化人很多，二杆子很少。

这并不是说玄嚣华族身体素质天生孱弱，缺少体格健壮、擅长搏杀之人，而是他们族内历来注重文化教育的负面结果。

一个人有了文化，也就明白了事理；明白了事理，就知道怎么样去躲避危险；而这世间最危险的事情除了天灾，莫过于人与人之间搏斗的人祸。

清楚了这个危险之所在，有文化的人，谁愿去上那个死多生少的战场？

人类相争的战场上，先死的可都是些没文化的愣头青呵。

既然在华族内选不出个亮肉的，大伙儿又不愿意在能打的诸夏中再捧出一个无敌的大爷，只好在近亲族脉中寻找一个既能打，又听话，革命成功后又快要老死的二杆子人才。

这样的人才，比寻找国民女婿姚重华的难度高多了。

有难度才显得水平高。

水平高的姬昌干脆省掉了外调小组们的高额费用，打了一卦，捎带做了一个小梦，便从人海中揪出了牙都快掉完了的姜子牙。

玄嚣华族的专家教授们见姬昌领回这么一个尿尿还要扶着墙的老活宝，便摸着姬昌的额头关心道：是不是发烧了？

等姜老头洗澡换衣服的时候，姬昌简短地向众人说明了选这个老头儿的理由：这是一个流着炎帝血液的老头儿；这个老头儿并不是你们表面上所看到的那样慈眉善目；这个老头儿不但是个老头儿，而且是当今天下最大的民间帮会——阐教的帮头儿；最可爱的是，当这个老头儿帮我族取得天下时，无儿无女的他老人家就会寿终正寝了。

又能谋，又能打，又有帮会背景，又没有时间和我族争天下——不选他选谁？

本应在闰年闰月为自己做棺材寿衣的姜子牙，一看到风烛之年居然有大人物重用他，便使出了浑身解数，动用三山五岳的人脉，在岐山脚下磨刀霍霍，杀气腾腾，一边哼着《夕阳红》的小调，一边等待着帝辛大哥微子启里应外合的消息。

人算不如天算。

胸怀大志的姬昌不但没看到姜老头儿功成名就，便是连微子启的鸡毛信也没见着一封就翘了辫子。

这时是黄帝 1641 年（前 1056 年）。

二儿子姬发抱着已经冰凉的九十六岁老爹哭道：您走了可让儿子我怎么

活呀！

姬发不但活下去了，而且活得很是滋润。

为了试验一下新军的质量，姬发继承了本族“认干爹”的优良传统，恳请被自己尊为“尚父”的姜子牙出兵征伐西戎诸夷，灭掉了几个不听话的小国，解除了后顾之忧，也使得天下诸族见识到了华族的獠牙。

黄帝1649年（前1048年），三十九岁的姬发在孟津（今河南省中西部）举办了中国有史以来的第一次军事演习，并“诚邀”天下诸族观摩。

与会的诸族首领们看完多兵种混合演练后，深切感受到了家丁护院与正规军的区别，便纷纷与姜子牙商量好利益分配后，有钱的出钱，有物的出物，没钱没物的就出苦力，一致推举姬发为伐商的“带头大哥”，伸长了脖子等待着内奸吹响进攻的号角。

两年之后，微子启终于传来捷报：朝歌各项设施皆已破坏完毕，人傻，钱多，速来！

冰封千年的玄嚣华族，终于扬眉吐气了。

在姜子牙的带领下，八百个诸族方国和三山五岳的大哥们，像饿狼一般扑向了商都朝歌。

年近七十的帝辛重振余威，盘算着在退休前再大显雄威地杀上一场。可一听说趁手的兵器让大哥藏了，新造的战车让二哥烧了，便叹了口气，道：外敌易挡，家贼难防呵。

帝辛登上鹿台，指着姬发、微子启、箕子等一干人等说道：今日非我亡，乃诸夏亡也；我族两脉自上祖黄帝以降，一脉尚武，一族专文，阴辅阳就，天下承宗；今诸夏为玄嚣华族蛊惑，兄弟自残已属不幸，更使夷族异种乱我中国！

微子启顿时惊悟，心知为了一己私欲构成宗室大祸，便哭道：兄一时糊涂呵。

姬发也觉与外族勾结不妥，便道：帝若能改过，尚可一隅称王。

帝辛点燃鹿台，在烈火中笑道：我命系天，岂为尔等左右？

眼见着亲弟弟帝辛被大火烧成了灰烬，微子启顿时心灰意懒，回到家中卧床不起。

待到姜子牙登门拜访时，微子启有气无力地说道：你们先回岐山吧，过些日子，我安排人发一个文件，向天下公布：姬发一族荣耀诸夏之列。

姜子牙笑道：今儿个来不为这事，而是请您自缚衔璧，代表诸夏乞降的。

你说什么？

微子启一骨碌从床上爬起，急道：你们咋能这样呢？原先可都是商量好的呀！

姜子牙又笑道：咱俩又没商量。顺便问您一句：有合约吗？

微子启气得指头乱点，脸色惨白：这就是你们所标榜的“仁信”吗？

姜子牙大笑道：你内乱诸夏为“仁”，陷害亲弟为“信”吗？对你这种不仁不信、无亲无爱的老东西，也配提这两个字儿！

二哥箕子见大哥的境遇很是玄悬，便暗地里给大权在握的姜子牙送了许多奇珍异宝，条件只有一个：给一块地盘退休养老。

姜子牙心知这个“屎蜜大好吃”的二哥也掀不起什么大的风浪，顺手送了一个人情，让他率族人“走之朝鲜”，建立了东方的“君子国”。

吃屎的箕子成为朝鲜半岛的始祖。

后来，每当看见这些奇珍异宝时，姜子牙便觉得很对不起这个漂洋过海的二哥，便让史官们在史籍中美化他是因为“其道之不得行，其志之不得遂”而离开故乡帝国的。

大韩民国的思蜜达们，你们是夏族人，根在这儿呢。

看守东夷（今中国东北一带）的商朝正规军（据说有二十万之众）知道帝辛归天后，深知回到朝歌也没有什么好果子吃，整个军团便绕道锡霍特山脉寻找栖身之地，一路上饥寒交迫，死伤大半。

其中的一部分留在了当地，只有少数的一支跨越白令海峡到达了现在的美洲大陆，成为那里印第安人、玛雅人等诸族的始祖。

此次大迁徙后，中国的族群很少再大规模地向外扩散。大伙儿都挽起了袖子，在自家的地盘上，可着劲儿尽着性子，拉开了近三千多年“窝里斗大戏”的帷幕。

每当有人说“中国威胁论”的时候，中国人都会觉得脸红。

往南，中国历朝历代的军队极少到南海上冲浪；往西，中国历朝历代的军队没到喜马拉雅山上攀登；往东，除了商朝的逃亡者，中国历朝历代的军队在斯诺诺夫山脉就没留下一个脚印儿；往北，那可是只有犯错者才会去的流放之地呵。

至于西北的方向，中国历朝历代的军队倒是经常过去溜达一下。

起初用兵的原因，夏华两族的统治者们很明白：那原本就是伏羲氏和先祖黄帝的老地盘。

共工氏经营并控制的不周山大水库（今阿富汗、巴基斯坦一带的帕米尔高原）可以证明那是伏羲氏后裔的“固有领土”；

至于有人说女娲与伏羲最初的栖息地也在此处（西方兄弟们向往的“伊甸园”——今伊朗境内），则纯粹是有待考证之言。

按现今掌握的史料，女娲与伏羲们的初始之地应当在“昆仑山”。这个地方，一说是在今中国的酒泉境内，一说是青海省境内的最高峰，一说是帕米尔山脉，一说是陕北的白于山脉，另有一说是：月亮便是传说中的昆仑山——中国仙人们居住的天宫“瑶池”和西方所谓的“伊甸园”便在那里。

但可以肯定的是，现在的陕北黄土高原和河套地区，是黄帝的龙兴之地，他老人家征服中原的脚步也从这一带（今陕西省靖边县境内的“黄花城”）跨出。

这里是本届人类各宗族的始发祖地。

上古中国夏华两族的统治者们，便是拼了性命也会守护住这一方龙脉；至于世界上其他的地方，中央帝国的统治者们根本就没兴趣去搭理。

秦朝之后，中国宗族的统治者们便糊涂了在西北用兵的概念，只是隐约地出于本能地感觉到：绝不能让任何一个宗族在这一带强大！

越到后来的统治者们，越能感受到来自河套地区及西北部的可怕。

黄帝从这里出发，征服了炎帝与蚩尤诸族；

周人从这里壮大，继而推翻了商纣；

秦国从这里生息，最后吞并了六国；

匈奴从这里出击，基本上让汉、晋永无宁日；

大夏从这里迸发，让中国的百姓遭受着五胡十六国的煎熬；

西夏从这里立国，使夏、华两族的互残愈演愈烈并导致了大辽凌宋；

成吉思汗从这里崛起，如果不是沙漠与大海阻挡，他的子孙几乎就要统御了世界诸国；

便是“土包子”出身的李自成从这里反叛，也将大明王朝很轻易地撂翻；

毛泽东等率领的工农红军绕了两万五千里的路程在这里扎下了根，最终成立了新中国，并派重兵守护中国的西北诸地……

本届人类文明的发祥之地，神秘得很哩。

中国历代任何一个朝代忽略了对此地的经营与看守，下场都很惨！

难怪明朝内阁首辅大臣杨一清说：“今河套即周朔方，汉定襄，赫连勃勃统万城也。唐张仁愿筑三受降城，置烽堠千八百所，突厥不敢逾山牧马。古之举大事者，未尝不劳于先，逸于后。夫受降据三面险，当千里之蔽。国初舍受降而卫东胜，已失一面之险。其后又辍东胜以就延绥，则以一面而遮千余里之冲，遂使河套沃壤弃为寇巢穴。”

明末清初的史学大家顾祖禹更是在其《读史方舆纪要》中说得非常明白：“陕西据天下之上游，制天下之命者也。……陕西之在天下也，犹人之有头项然。患在头项，其势必至于死。……河套南望关中，控天下之头项，得河套者行天下，失河套者失天下，河套安，天下安；河套乱，天下乱。”

【中外对比】

商朝时期（黄帝1097—1651年，前1600—前1046年），中国商朝的各项政治、文化、刑法、官吏、税收、宗教等制度已经比较健全，正规军队已达三十万之众，甚至比当时其他三个“古老文明”中任何一个总人口都多。

古埃及到了他们传说的中王朝（约前1786—前1550年）向新王朝（约前1550—前1077年）过渡的时期。

他们的这两个“王朝”很让人疑惑。

因为这期间埃及还在希索克斯人的统治之下，十位法老只不过是他们的封臣。

最后的三位法老塔阿一世、二世和卡莫西斯也许受够了希索克斯人呼来唤去的差遣，盘算着族人的渐渐壮大，开始在埃及的北方与希索克斯人叫板。

印度则到了他们传说中的早期“吠陀时代”（亦称“梨俱吠陀时代”）。

他们在塔里木盆地潜伏养息了近百年，与中国的诸族通婚混血后，形成了新的种族：雅利安人（意为“高贵者”）。

其中的一支进入了伊朗高原，成了波斯人的始祖（后来又分为两部，一部闯入了两河流域和今意大利一带，一部到达了非洲的埃及）；另一支则回到了印度河河谷地区，开创了“婆罗门”时代。

这次颇似“留学”的避难，使他们学会了战争、宗教、数学、种植、医学及种姓等诸多理念，但因为离中央帝国太远，他们还没有学到“帝国”这个剥削及管理万民的概念。

这是他们的幸事。

如果他们在此时成立了国家，由于他们的统治者们还不具备相应的统治阶层知识与修养，恐怕又要招来灭族之祸。

这样一来，印度也就不会出现后来十分繁荣又五花八门的神教了。

古巴比伦则成了闪米特人在世间的短暂乐土。

他们此时不但广泛使用上了黄帝的历法（一年365天，12个月；一天中分为两个12个小时），并且引进了商朝的计数法，后来竟然细化到了分数、四则运算、十进位、六十进位法和解一元二次方程，奠定了今天西方数学的基础；

他们把1小时分为60分，把7天定为1周；

他们有了自己的第一篇文艺作品：《吉尔迦美什史诗》；

他们自称是“月神的后裔”（如果吉尔迦美什就是射太阳的后羿，这个说法便非常符合逻辑。嫦娥虽然奔月，但她的子孙却依旧怀念她的美丽）；

他们建造了“女神门”；

他们还把中央帝国明令禁止的“通天塔”在这里凭着祭司们的记忆又修造起来……

据西方的学者“考证”，古巴比伦此时创造了27项“世界之最”。

在黄帝1102年（前1595年），赫梯人仗着手中的利器和非常恶劣的细菌与病毒战，洗劫并摧毁了古巴比伦王朝。

蚩尤后裔们的手段和他们的祖先们一样，很是拿不上台面。

古希腊还真没法说，只有继续听西方的传说了。

据说他们的“克里特文明”在黄帝1297年（前1400年）突然间销声匿迹了。

一个拥有着文字、青铜技术和雄伟宫殿的文明，怎么可能一下子就消失了呢？

除非他们根本就没有存在过。

国家一体化——周朝

啊，终于抬头了！

文化人立朝开国，便要与那些目不识丁的丘八们大不相同。

最要紧的是，必须先向天下人说明白玄嚣华族的来龙去脉，除掉这“衅夏”的恶名。

周朝的一号文件，主要内容是向天下公布自己的祖系来历。

> 先祖后稷，名弃。其母姜原，为帝喾元妃。元妃踏大人迹感孕，十月而生。生而惊其胎生如卵，是以先弃诸隘巷，再弃诸平林，皆不知其中有婴儿也。迨伐林之人，弃诸寒冰，乃有大鸟翼覆移时，如伏卵然。稷得鸟伏气，乃破胞而出，如鸟出壳，呱呱喤喤，其家始闻而收之。

这个文件向世人说清了这么几个事情：

一、周朝的先祖是后稷；

二、后稷的亲爹叫帝喾；

三、帝喾的亲爹是蟜极，蟜极的亲爹是玄嚣，玄嚣的亲爹是黄帝——并且是黄帝的大儿子；

四、后稷的生母是姜原——她是帝喾的大老婆（正妃）；

五、后稷不是人工合成的产品，他老人家和始祖伏羲女娲一样，是盘古的大脚印生的。

为什么把祖宗认到后稷这一辈呢？

有人说他们谦逊，不想借上祖黄帝的威名唬人（有别于夏族的啃老）；

有人说因为后稷是娘亲踏上了巨人盘古的脚印“居期而生”的，是神赐的“天子”，来路很气派。（他们难道想和祖宗伏羲拜把子吗？）

玄嚣华族的谎话一千多年后还是一个老路子，基本上没什么出息。

女老祖宗们便是再比我们后世这些不肖子孙们厉害，也不至于吃个鸟蛋、踩个脚印就能怀孕吧？这倒显着我们男老祖宗们那方面真的很差劲。

其实这件事真正的难言之隐在于：夏族乃正妻所生，嫡子承位，若把先祖认到玄嚣时代，必然要出现“四妃嫫母”这个丑得连鬼都怕的老祖母；玄嚣华族已在这上面吃了一千多年的亏，这种低级错误可不能再授人以柄，落下话把儿。

经过开会讨论，大家达成共识，认后稷为祖宗起码有三个好处：一来他怎么说也是正妃娘们儿肚子里的一块肉（谁还顾得上考究他的亲爹是谁）；二来“周”号立朝也好胡捏个出处（若朝号名“姬”，难免让天下人和鸟生的商汤混为一系）；三来他是“大脚印”生的，基因来源比上祖黄帝的还要纯正。

打天下本来就把人累了个半死，谁知起个朝名也这样费劲。

周人灭商，可谓费了九牛二虎之力。

他们明白，仅凭自个儿拿刻刀的小手就想和帝辛约架，无疑是老鼠摸猫蛋，嫌自己死得慢。于是，便要找些他们原先和后来都很瞧不上的诸夷异族的二杆子们一块儿打群架。

大伙儿瞅瞅《封神演义》中那些不是多只眼、便是多只手的具有特异功能的人物，诸夷异族中那些缺心少智、四肢发达的二杆子们大都加入了战团，后来连老人（元始天尊）和童子军（哪吒）也被动员得一拥而上了。

这其中的黑帮老大便是炎弟的后裔姜尚姜子牙。

这位爷不但能打，而且绝不白干。

帝辛自焚后，姜老头儿越发活得强健，并没有如占卜高手姬昌所算的那样功成死掉。

看着美丽又辽阔的江山，姜老头儿油然产生出一种“舍我其谁”的种族自豪感。

有鉴于自己年岁已高，天寿将尽，根本没时间把天下归拢在炎帝一脉名下。眼下只有为子孙后代抢占些地盘，期待着后世再出几个像自己这样伟大的人物使炎帝一脉光宗耀祖，不至于让黄帝后裔独享天下。

于是，在正修建的“封神台”前，干爹姜子牙和干儿子姬发有了以下被周人羞于记录的分赃对话。

姜：天下干爹是给你们打下来了，但我们炎族的老祖宗总得给个名分吧？

姬：好的，咱不搞单一宗教——要不把炎帝老大爷的仙骨搬到岐山的老窝供着？

姜：然后呢？

姬：然后？

姜：我的祖宗和你的祖宗咋算呢？

姬：当然是亲兄弟嘛。

姜：谁兄谁弟呢？

姬：当然是……炎帝呀，毕竟他老人家年龄更大些。

姜：那咱们两族以后是谁的子孙呢？

姬：炎……黄子孙呗。

姜：好，这事成了。另一件事，你当“天子”，我当什么呀？

姬：您都是俺“尚父”了呵，再往上提拔可就没干儿子的位置了。

姜：可我的后代和那些为你打天下的夷族该怎么安置呢？

姬：您说该咋办？

姜：活着的都该“封土建国”，死去的都该“授名诸神”。

姬：不好吧？连夷族异种都封了，我还干个啥呀！

姜：我娃别急，夏族刚灭，华族方兴，我们大伙儿都尊你为“共主”，号为“天子”。

姬：夏、华今后怎样区分？

姜：昌意一脉有服章之美，故称夏；玄嚣一族有礼仪之大，谓之华。

姬：行！封土建国可以，授名诸神也行，但你们都要与我华族盟誓：“夷不乱华”！

姜：就这么定了！

周朝的第二号文件隆重出台。

> 武王追思先圣王，乃褒封神农炎帝之后于焦，黄帝之后于祝，帝尧之后于蓟，帝舜之后于陈，大禹之后于杞……

宗脉诸系封完后，于是再封功臣谋士，亲哥诸弟。

> 首封尚父于营丘，曰齐；封弟周公旦于曲阜，曰鲁；封弟召公奭于燕；封弟叔鲜于管；封弟叔度于蔡……

周武王姬发大概为了和干爹姜子牙较劲儿，最后干脆来了一个“四夷出力者各以次受封”，居然一下子封了大小一百二十多个方国（仅姬姓华族便有五十三个）。

看明白了吗，这哪是“周仁”灭“纣暴”？纯粹是群殴的分赃结果呀！

姜老头儿不但逼着干儿子封了地上的诸国，自己还打破宗教的禁忌封了上天的诸神，使得中国从此进入了多神崇拜的神教时代。

这一弃宗毁祖的行为显然遭到了残夏族人们的反对，但由于无力回击，诸夏中几个极为崇拜上祖黄帝的族系便经昆仑、唐古拉山脉及帕米尔高原散落在今印度、中东、欧洲一带，与先去的上古宗族汇合。

华族为了达到统治天下的目的，不但共尊炎黄二帝，还把天下分给自己向来看不起的夷族共享。

由于这段历史很不光彩，所以华族的史官们便集体噤声，索性从此连“华族”这个概念也不见诸史籍，让后世人们对这凭空出来的“华夏”二字争论不休，妄加解释。

所幸《左传》中戎子驹支的一句话还是道破了天机：“我诸戎饮食衣服，不与华同。”再加上孔子这个老实人“裔不谋夏，夷不乱华”的记录和他一直认为夏族是中国正朔的观点（“内诸夏而外夷狄”），才让我们这些后人明白了华与夏的真正含义。

便是连炎族齐国管仲这个正宗的华族人，也公开在周朝为夏族叫屈：“戎狄豺狼，不可厌也；诸夏亲昵，不可弃也。”

华族的煞费苦心，终是掩盖不了历史的真相。

华族对夷族的宽容，并不代表着自己叔伯兄弟的仁厚。

他们丝毫不念夏族一千多年的庇护亲情，将诸夏残族的直系子孙和他们的死党仆从一股脑儿赶到了帝国西北的酷寒、沙漠之地，任其自生自灭，最终导致衍生了匈奴、羌、藏、吐蕃、女真、契丹、鹘、蒙、回、满这几个极为强悍的族种混血，弄得亚、欧两个大陆几千年不得安生。

按理说，照华族这样的折腾，用不了一世就会完蛋。

但是，周文王西伯姬昌却干了一件不管华族今后怎么阴暗得不地道、怎样柔弱得不经风都会成为中央帝国天下共主的大事：他将祝融、炎、黄三族的镇族之宝《连山易》《归藏易》《先天易》及诸夷们的历史经验和对自然的见解辑录成书，并命名为《周易》。

这个《周易》里面五花八门，应有尽有，就是连二进制这些洋玩意儿都能在这里找得到源头，更别说什么奇遁八卦、阴阳五行了。《周易》的面世，使后世之人明确了许多定律，省去了诸多对事物认知争吵的时间，使人类文明历史发展的轨迹骤然加速。

这样讲吧，只要您从小说中国话，写中国字，周朝华族这个老祖宗您还非得承认不可——因为，中国后来的各种哲学思想认知和人伦道德规范都无出其右，皆取其中。

只此一书，便值得华族排在夏族之前。

华族的大爷们今后不论怎么样不肖，也不管怎么样挥霍，这五千年的日子，大爷们是混定了。

便是到了今天这个各种学说、各种科技、各种信息、各种定律满天飞的时代，如果还没有什么东西来代替《周易》的话，至少在说中国话、写中国字的地方，华族的大爷们还将继续混下去，并且会混得越来越神秘，越来越贵族。

周朝从黄帝1651年至2441年（前1046—前256年），共传三十代三十七王，约计七百九十年。

这近八百年的老店招牌看着很悠久，其实很悽凉。

由于华族之人擅文而鄙武，周人从立朝伊始，就没有在真正意义上统一过中国。

周朝的诸王们不但连个帝名都不敢自称，并且还真没过上几年安稳日子。

不是闹内讧，就要挡诸夷，这一把手当得连个城管队长都不如。

他们不但将帝国变成了诸宗诸族各自为政的“国家”（诸侯为“国”，大夫为“家”），后来更是成了一块活生生的死招牌，任由春秋霸主和战国群雄们像拎着夜壶般来来回回地使唤。

西周的最后一位天子周幽王姬宫涅早已厌恶了这个角色，搂着漂亮的褒姒说道：他奶奶的，这夜壶谁想当就当去！

可是，夜壶虽然上不了台面，但缺了它也真是很不方便。

东周的天子们又继续当了五百多年的夜壶，直到秦庄襄王的出现，才了结了这一桩差事。

现在翻开周朝的历史，几乎可以当作一本名为《世间大战》的战争小说去看。

所有的国家不是在打仗，就是在准备打仗的路上。

由于诸夏的衰落，天生能打的重量级人物几乎灭绝，所以大家打架的本事便降到了凡人这个档次——都是文化过了的人，谁也不比谁强多少。因此，也就呈现出一个谁也灭不了谁的僵持局面。

就是这种僵持局面，使得周朝的诸王们有时间磕磕绊绊地干了这样几件影响后世的事情。

第一件，借用母鸡不能叫早（“牝鸡无晨”）的性别歧视，批评妺喜男女平等的行径，抨击妲己鸠占鹊巢剥夺男人策划修造、发明酷刑的才能，在黄帝1651年（前1046年），刚立朝便彻底降低了中国妇女的社会地位，剔去了中国妇女参政议政的权利。

第二件，完善了氏族社会的宗法制度，明确规定了“大宗、小宗”的区别。

在帝国这个层面上，周朝为大宗，是黄帝的正统，诸侯为小宗，是周朝的分支；周室的王称为“天子”，诸侯的头儿称为“公侯”；周室的储君（嫡长子）称为“太子”，其余的儿子称为“王子”。

在诸侯这个层面上，诸侯为大宗（“国君”），诸侯的子系（大夫）为小宗（“家主”），是诸侯的分支；诸侯的接班人（嫡长子）称为“君子”，其余的儿子称为“公子”；那些妾养的和野生的则统称为“庶子”。

在家族这个层面上，父亲为大宗，儿子为小宗（长子继承父业，其余儿子另立门户成为分支）；大宗的子系称为“大人”，小宗的子系称为“小人”，庶子的子系则称为“庶民”（连个“人”都不是）。

大宗享有对宗族成员的统治权，并且拥有政治、宗教祭祀上的特权，形成了由“政权、族权、神权、夫权”组成的中国“四权宗法制度”——此为后世儒家极为推崇的“周礼”精要所在。

可不要小看了这个令人权主义者觉得并不怎么公道的四权宗法制度，正是由于这个宗法制度，中国人的文明才得以没有断代地延续至今。

现在很多的知识精英对中国人“先家后国”甚至是“有家无国”的观念非常不解，并因此讥诮中国人缺乏“公民”的概念，这大约是不了解中国历史而造成的无知见解，也不清楚中国从根本上就没有脱离氏族社会的性质真相。

狗活到了一定的岁数也会通灵性，更何况这些经历了许多天灾人祸、见识了颇多人性善恶的中国人？

除了类似蚩尤、共工这些企图让全天下都听他一个人使唤的大爷们外，中国的百姓可是非常清楚地知道：“国”是有力强悍的大爷们角斗后的彩头，“家”才是真正属于自己的避风港湾。

中国历朝历代，但凡有点见识的帝王君主们都明白这个道理：只要保障了每一个宗族的男子在族内家中拥有对事物支配的权力，税赋的征收不至于让众多的宗族家破人亡，“国”这个玩意儿，可是想怎么要就怎么要。

帝国要稳定、繁荣、富强并时不时向别的小国亮亮肌肉的前提是：必须保证百姓宗族的幸福平安。

如果做不到这一点，甚至有个性的大爷们还反着来，换老大的时候也就到了。

第三件，礼乐制度的建立，使天下百姓明白了什么人可以唱什么曲，啥样人可以吹啥样的调。

祭祀天地、先祖是共主、国君、家主的专利；礼拜共主、国君、家主再加上文化人才是庶民们应该常干的活计。

至于文化人为什么进入了这个让百姓膜拜的阶层，但凡知道“近水楼台先得月”这个原理就会豁然明白。

周朝的历史很难叙述。

周朝的历史很短暂，但他们却在名义上统治了天下七百九十年；说周朝的历史很悠久，但他们说了算的时代基本上没超过一百五十年，除了开国的周武王至周穆王及“周召共和”的短促辉煌时期，周朝的“天子”们，大部分是被诸侯的霸主们和战国的群雄们当旗帜用。

用得着的时候把周朝当宗主，用不着的时候把天子当马桶。

若是把此段历史当作“周史”来写，其中可真没有“天子”们的什么事儿；若是把此段历史当作“春秋战国史”来写，他们虽然个个强悍伟大，但充其量不过是一个封疆大吏级别。

只好采用当今惯用的行政辞令，勉强称以下的历史为——周朝之“春秋战国时代”。

从史学和种族感情的角度上看，春秋、战国的各位霸主和强国，名义上还是周朝的藩属，并不能算作一个朝代；但实际的情况却是周虽名存而实亡，只等着秦人的最后一刀，来终结大脚印巨人后裔们的辉煌。

这最后的一刀，他们居然等了将近八百年。

慢刀子杀人本来就让人煎熬，谁知道这刀子慢得让周朝的天子们恨不得提前灭亡！

现在，咱们来看看春秋战国时代，纵横中国的都是些什么宗族和人物。

复兴炎族者——齐桓公姜小白

齐桓公是姜子牙的第十二代孙（其母为卫国人），春秋的第一位霸主，用不着查户口究二代，当然是炎帝一脉。

他口头上虽然表示自己整顿天下诸国的原因是“尊王攘夷”，暗地里却想：你黄帝一脉占据天下近两千年，后代子孙尽享人间的尊荣，既然立朝有约，炎黄共尊，现在也该我炎族一脉坐一坐这个天下共主的牛皮沙发了。

姜老头儿的伏笔就此触发。

小白的命运和小白兔一样坎坷。

开始是由于自己的老爹齐僖公姜禄甫颇为热衷与诸侯间走亲串门，拉帮结派，所以就没时间亲自教育自己的三个儿子。除了偶尔摸摸大儿子姜诸儿的光头外，老三姜小白和二哥姜纠与两个父亲很疼爱的后来分别出嫁给卫宣公和鲁桓公的姐姐比起来，基本上算是两条野生放养的光棍。

大哥姜诸儿在父亲死后继承了王位，便成了为爱情而不屑世人唾骂大玩“哥妹恋”的齐襄公。这个对乱伦爱情很执着的齐襄公，似乎忘记了这世间还有亲情的存在，对两个异母兄弟并不是很在意。

姜纠、姜小白虽然被人尊称为“公子”，但点背得连一次表彰大会都没有出席过。

到了二十多岁时，姜小白除了玩狗便是遛鸟，本想浑浑噩噩地混一辈子，谁知大哥齐襄公为了和亲妹子文姜双宿双飞，居然叫户家兄弟彭生把亲妹夫鲁桓公给杀了。

杀个妹夫事小，杀一个诸侯事可不小。

亲外甥鲁庄公姬同杀气腾腾地要亲舅舅给个说法，亲叔伯兄弟公孙无知（齐国姜氏族主）也对他这种事情颇感羞愧与愤懑。

眼见着哥弟和甥舅之间就有一场火并，姜纠和姜小白赶紧带着死士开溜了，并捎信给大哥请了个假：俺俩到国外留学去了。

公孙无知为了洗刷齐襄公给宗族带来的羞辱，便萌生了除掉齐襄公的念头。

他与族人日谋夜算，等待着刺杀的最佳时机。

黄帝2011年（前686年）的某一天，齐襄公外出打野猪时丢了一只鞋。

也许这鞋子是从国外进口的，他居然将没找到鞋的贴身护卫费暴打了一顿。

这个没找到鞋的贴身护卫费便偷偷打开了宫门，放进了公孙无知的死士们把齐襄公杀了。

勇夺第一顶为一只“破鞋”丧命桂冠的齐襄公，也算是青史留名了。

本以正义之名重树宗族荣誉的公孙无知，当仁不让地自封为齐国的国君，却遭到了宗族其他头领们的反对：你杀了这个乱伦的东西是对的，但是，宗族里说什么也不能认你这个庶出的分支为炎族的国君。

还未坐满一年王位的公孙无知，便被无知的雍林伐木工人们当树砍了。

齐国的宗族头领们（大夫）召开大会一致认为：当今天下有嫡系资格担任炎族首领的人只有两个：姜纠和姜小白。

为了彰显公平公正，大会一致通过，分别向这两个留学生发去此次继位大赛的规则：谁先到，谁当家。

叫娃回家收庄稼受苦是一回事，叫娃回家继承遗产是另一码事。

用不着动员和热身，两个留学生便以百米速度冲向了故乡。

姜纠的教练管仲见这比赛的规则中并没有明确规定不能设绊挖坑，便一边雇了辆高级跑车为姜纠代步，一边手持硬弓给飞速跑来的姜小白劈面射了一箭。

眼见着姜小白应声而倒、惨号死去，教练管仲便让运动员姜纠保持体力，养足精神，一路置办着行头和感谢各族长的礼品，慢悠悠地走向齐国。

当看到欢迎他们的人是已戴上王冠的姜小白时，管仲狠狠地扇了自己一个巴掌，在“你小子的演技太好了”的惊叫声中，拉着姜纠飞快地又跑回了鲁国。

姜小白捂着还在隐隐发疼的胸口笑道：具备条件了就放冷箭，形势不妙了拔腿便跑，这家伙——人才呵。

哈哈大笑声中，姜小白成了齐桓公。

鲁庄公见大局已定，便给三舅齐桓公打招呼：我二舅怎么办？老住我家也不是个事儿。齐桓公非常诚恳地回道：都是亲戚，又吃不穷你。

鲁庄公点头道：噢，没人报销费用是不是？我知道该怎么处理了。

齐桓公抱着拳笑道：祝外甥永远幸福吉祥。

鲁庄公又问：二舅的手下们也全……那啥喽？

齐桓公道：下去没几个伴儿怕不好吧？对了，你把那个射我一冷箭的东西发到齐国来，我要亲自射还他！

看着被捆成粽子的管仲，齐桓公拿着弓左瞄瞄，右瞧瞧，有些拿不定主意地问管仲：老管呵，你说说，要射在哪里你才不会痛呢？

管仲道：别逗了，甭管射哪里我都受不了。

齐桓公伸出大拇指：老实人！我还以为光射在我身上疼呢。

看着齐桓公牙痒痒地拉紧了弓弦，管仲叫道：我知道射哪里了。

噢——齐桓公偏偏头，道：说说看。

管仲道：射别人的身上。

齐桓公问道：射哪个别人呢？

管仲跪倒道：桓公呵，只要不射我，您说射谁我射谁！

见齐桓公没有表态，管仲又道：我要是按您的指示射不了别人，那时您再射我——这样行不？

齐桓公仰头考虑了半晌，粲然一笑：这可是你说的。

时刻感到冷箭在后面瞄着他的管仲，便死心塌地地为齐桓公干起了复兴炎族的营生。

这个营生说好干也真好干，以管仲“随机应变”的才能，对内整顿朝政、励精图治、扩大税源、强壮军力是分分钟都能搞定的事——哥儿们天生就是为了干这个的；但说不好干也真不好干，国内的事儿都弄好了，不就是为了在国际上整点动静吗？

在国际上要弄点事儿，眼见着全天下尽是华夏两族的后人，若打出个“复兴炎族”的旗号，铁定要招来群殴的结果。

群殴是老祖宗姜子牙发明的，那后果可着实的不美好呵。

箭是能往别人身上射了，但以什么名义去射，还得老大齐桓公定夺。

齐桓公说：这有什么好定夺的，以炎族的名义去整肃天下嘛。

管仲小心地说：毕竟是夏华两族的人多，他们一旦明白了炎族要执掌天下正朔，一定会抱团灭了我们的。

齐桓公说：那你的意思呢？

管仲说：眼下华族势微，夏族遭弃，我们先以不尊敬华族周室的名义教训一下那些不听话的诸夷小国，树立齐国的威信。

齐桓公说：这不是给华族出苦力吗？

管仲说：非也。等诸国被我们打怕后，您就得和周室唠唠闲嗑，指责华族对夏族的不公，彻底挑拨他们两族分裂。

齐桓公问：分裂之后呢？

管仲说：两族分裂，诸夷臣服，那时再亮炎族的旗号不迟。

齐桓公很赞同管仲的建议，并继承了老爹爱走亲串户的传统，便以“尊王攘夷”的名义，联络华、夏两族的诸国攻打没礼数的诸夷小国，使齐国成为当时天下最牛的强国。

有鉴于周武王姬发召集诸族“开会伐商”的形式很是不错，齐桓公在周朝没授权、宋国没恳求的情况下，于黄帝2016年（前681年）邀请宋、陈、蔡、邾四国的国君，于齐国的北杏（今山东省东阿县境内）召开了中国春秋时代的第一次多国会议（史称“北杏会盟”），旨在讨论平息宋国内部争夺君位的变乱，开以诸侯身份主持天下会盟的先例。

这是一次团结的大会，胜利的大会。

大会的显著成果是：一、为了使此次大会顺利召开，齐桓公在会前灭了他逃亡时对自己很不屑的郯国，从而保证了与会代表接到请柬后都能准时出席大会并做了很好的表态发言；二、会中兵不血刃地解决了宋国的继承人问题；三、会后对接到会议通知却拒绝到会的遂国进行了吞并，发了一笔横财。

一年之后，由于第一次会议扶上去的宋国国君很不领情地撕毁了盟约，齐桓公便紧急召开了第二次会议，与陈、蔡两国共同检讨宋国背盟的原因。

三国一致认为：宋国背叛盟约，主要的原因是第一次大会的结果，并没有得到天下共主周朝的认可。

齐桓公见不打华族这面大旗还真不好办事，便派大员带着米面豆油去周朝上访，并在告状信中写道：“宋国藐周”，随意废君，恳请周天子兴师问罪。

看着只有逢年过节才会有的访贫问苦的慰问品，周惠王姬阆激动得热泪盈眶，心想：总还是有个懂礼数的国君记得俺这个天子呀。

他想都没想，便一口答应了齐桓公的请求：小白很懂礼仪，建议很好。只是俺的八十万大军最近要攻打西戎，实在是无兵可派呀。

这点小事，怎敢劳天朝大军？您只要派个大夫代表您去坐镇观摩，这些打打杀杀的粗活儿我们来干。

于是，周朝派大夫单伯带着几个侍卫，会同齐、陈、蔡三国合兵伐宋。

宋国看到齐国打着周天子的旗号来讨伐，便不想背负“抗御王师、作对天子”的罪名，一下子认㞞了。

齐桓公觉得这个“拉大旗作虎皮”的办法很是美妙，比自己直接出兵更有效，便拉着“周代表”单伯，召集卫、郑、宋三国的一把手，在鄄地（今山东省鄄城县境内）召开了第三次多国会议（史称“鄄地会盟”），主题只有一个：在周惠王的正确领导下，谁不听话揍谁！

周惠王姬阆又一次激动了，面对缺吃少穿拿不出奖金的现状，继续发扬华族认亲戚的光荣传统，干脆来点实惠的：把亲妹子赏给这条大光棍了。

各国看到周惠王姬阆把齐桓公姜小白当成了金牌打手、娇客女婿兼政策发言人，便共同推举齐桓公为各国盟主，确立了齐桓公的霸主地位。

华族正牌女婿齐桓公在继位后的第八年（黄帝2019年，前678年），召开了第四次多国大会（史称“幽地会盟”）。比起前三次会议，这是一次很有点阵势的多国会议，有鲁、宋、陈、卫、郑、许、滑、滕八个国家参加。

会议的主题变为两个：一个是继续听从周室的指导；另一个是听从具体执行人齐桓公的调遣。

前一点大家没说的；后一点大家有说的却都没有说。

管仲便对齐桓公说：亮炎族旗号的条件还不成熟，咱还得继续按计划努力。

努力计划的第一步是：帮助扶持几个弱小的华族国家，让诸华明白靠周室是靠不住的，吃点喝点还得看华族的女婿姜小白。

恰好山戎要攻打少兵没钱的燕国，燕庄公便向齐国求救。

早已手痒的齐桓公便连踢带打地把山戎这些饿得眼冒金星的灾民们赶了回去。

燕庄公怕这些灾民们又回来袭扰，便一路扯着齐桓公的后衣襟不想让他走，直扯到齐国的地盘儿。

齐桓公见燕庄公恋恋不舍的样子很像自己的儿子，心中一软，柔情顿现，便道：你是华族召公的后人，贵为一国之君。按照周礼，除了天子，诸侯之间是不能礼送出境的。咱俩不能坏了规矩，你送我到这里，这里的地盘就归你了。

燕庄公的心思根本不在扩大地盘上面，心想着：我连原有的地盘都守不住了，再给我地盘不是更遭贼人惦记吗？

看着燕庄公泪汪汪的样子，齐桓公说了一句让他放心的话：不用担心，以后有人打你，亮姐夫的名号。他要是敢乱来，看哥怎么收拾他！

努力计划的第二步是：光打小国不行，得找一个实力和齐国差不多的夷国来开刀，让天下人见识一下齐国的实力，达到让华族诸国害怕的目的。

管仲瞄上了楚国，原因有三：

一、楚的来历很模糊，既不为华、夏两族所认同，也不与苗、黎诸夷所共祖，是天生的一块没亲没故的独靶子，打他们不会引发同族共愤的后果；

二、楚人有蛮力而没文化，打起仗来横冲直撞，没有什么技术含量，弄几个大坑儿便噢了，不会死掉很多士兵而减损自己的战斗力；

三、楚人历来很节俭，存了许多财物。打败了他们就会发一大笔战争财，顶得上齐国的几年税收，是一个绝佳的开刀对象。

开刀是需要理由的。

而且按理说，这个理由一定要很充分。但对于向来抱着一副“姜小白你爱咋的就咋的”态度的楚国来说，这个开刀的理由还真不好找。

当时已进入王公贵族或多或少都被文化过了的时代，说打就打不要说被别的贵族耻笑，就是连自己都说服不了自己。

世上无难事，只要用心找。这理由还真是让齐桓公找到了。

虽然这个理由很牵强，很搞笑，但是，再搞笑的理由也是个理由呵。

黄帝2040年（前657年），四十多岁的齐桓公突然童性大发，带着蔡姬去公园划船。年轻的蔡姬在小船上晃来晃去，最后晃得齐桓公吐在了湖里。大发雷霆的齐桓公一怒之下，便把蔡姬赶回了娘家蔡国让她反省。

蔡穆侯姬肸很生气，便对齐使说：小两口家家的，至于为这点小事就把老婆赶回娘家吗？我妹子可是个抢手货，真以为没人要了？

很有个性的蔡国国君为了证明妹子的价值，立马把蔡姬嫁给了别人。

各国的小弟们炸窝了：这还得了！老大又没和她离婚，你凭什么把她嫁给别人？

将士们群情激愤地杀向了蔡国。

走着走着，便有人发现车票和目的地不符：怎么在楚国下车了？

管仲便对八国联军的头头们说：蔡国敢这么干，是因为有楚国罩着。咱们先把他老大制服了，小的们能掀起什么风浪？

楚国发愣了：这到底是怎回事嘛？

楚大夫屈完在墙头上讲理：蔡穆侯嫁妹子，关我们什么事呵？你们在北，我们住南，中间隔着偌大的一块地，风马牛不相及啊！

管仲道：听我说完后，想想看是不是关你们的事。

第一，蔡穆侯是不是你们的小弟？小弟惹下的乱子是不是该老大兜底儿——你以为小弟是乱收的吗？

第二，咱们的老大是不是关中的老周？既然是，你们多少年没交保护费了？

第三，周昭王姬瑕几百年前在你们楚国考察失联，这事怎么解决？

楚人一想，还真是理亏，便乖乖地答应了齐国划下的道儿。

一、再一次明确周室的老大地位；

二、今后每年按时向关中老周交纳保护费；

三、关于昭王失联的事我们不清楚，谁有本事谁去问龙王；

四、齐国有事尽管打招呼，“顾”得上的时候一定去帮忙。

齐桓公一看前两条还可以，后两条咋越看越觉得不怎么顺气儿。

管仲便道：虽然没有得到具体利益，但还是实现了战略目的。楚人现在没心眼好糊弄，以后可就难说了。他们是祝融的后代，天生强悍，只因为没文化忘了先祖出身。他们现在能臣服，对咱炎族的复兴可是个好消息。如果真的开打，谁胜谁败还真不好说。

齐桓公此刻突然明白：复兴的口号虽然好提，复兴的道路确实崎岖。

要想在华夏两族和诸夷手中夺取天下，这活儿可比在老虎口中拔个牙、狮子屁股绣朵花难多了。

第五次多国会议（史称“召陵之盟”）也算是体面地结束了。

五次会议的胜利召开，使齐桓公的威信如日中天。

更为辉煌的是，在黄帝2042年（前655年），周惠王姬阆要废弃太子姬郑让小儿子姬带继承王位，这便给妹夫兼姑夫的齐桓公有了用道义申饬的机会。

他召集鲁、宋、卫、许、曹、陈等国举行了第六次多国会议（史称“洮之会盟”），一番“华族立嫡立长不立庶小”的慷慨陈词后，大伙儿达成共识，并将会议决定呈报周惠王姬阆：俺们只承认太子姬郑是周室的合法继承人。

最绝的是，齐桓公还提前为妻侄儿太子姬郑起好了艺名：周襄王。

周襄王姬郑等老爹气死之后顺利继位。

为了感激老姑父的护驾之情，在齐桓公主持召开第七次多国会议之际（黄帝 2046 年，前 651 年，史称“葵丘会盟”），周襄王姬郑派宰孔赐给齐桓公祭庙时所用的胙肉以及周天子专属的车马仪仗。

这可是华族的天子专属的待遇呵。

这个妻侄儿够意思！

年近半百的齐桓公有感于自己的坎坷经历，在此次大会上定下五条规矩：

一、诛杀不孝之人；（为感谢妻侄儿周襄王的抬举之恩，补充了一句）禁止改变已确立的太子；切忌以妾代妻；严禁女人参政。

二、尊重贤能之人，要大力表彰（如齐桓公这些）有德行的人。

三、尊重老人（齐桓公上年岁了），爱护孩童（齐桓公的儿子们还小），不忘来宾和旅客（齐桓公经常要到别的诸侯国走亲访友）。

四、士不能世世为官（打破文化人的铁饭碗）；官吏的事情让他们按政策去办（妻侄儿呀，不要事事一声喝到底）；不专门找碴儿杀宗亲大夫（弟兄再不好，也比外人强）。

五、不能故意设堤坝（停水断电很讨厌）；不要阻止别国人来籴粮食（持剑经商合情合理）；不能不报告天子（还有齐桓公）批准就封国封邑（乱发奖金及加班费）。

人到了顶峰，不但感觉到了盆地中没有的寒意，更沮丧的是：往前走除了跳崖，就没有别的路，往回走便是一水的下坡道。

站在泰山之巅的齐桓公听到了管仲在工作岗位上活活累死的消息后，看着面前的万丈悬崖，心想道：要想灭了华夏两族让炎族独享天下，真不是一两代人能办到的事。

五十多岁的齐桓公耳边响起了“也该歇歇了”的歌声，如商帝辛一样，窝在了齐国，尽情享受起了生活。

黄帝 2054 年（前 643 年），油尽灯枯的齐桓公在病床上等着自己溺爱的儿子们再拿点什么好吃好喝的东西犒劳自己，谁知等来的却是五个儿子为争国君之位而互相残杀的消息。

齐桓公看了看黄历，今儿个是十月初七，便叹了口气：靠这些杀才复兴炎族是指望不上了，能不能按父亲的仪式为我举办一个葬礼，看来也非常的悬乎。

仁义的典范——宋襄公子兹甫

齐桓公死后六十七天，春秋时期的第二位霸主宋襄公闪亮登场了。

这位仁兄是中央帝国这个一直推崇“礼义仁信”为尊主信念的国度，第一个因“仁”而被千古嘲笑的人物。他因讲仁义而不攻击“半渡而至”的楚兵，结果导致宋军大败。连他以正妃嫡子的身份要把国君让给妾母庶兄目夷的仁举也压不住众人的讥诮。

宋国从头至尾参加了齐桓公的所有会议和攻击行动，顺理成章地稳坐了“老二”的位置。

霸主是攻击型社团组织的头目，没点实力却想去担任，便潜伏着相当的危险性。

这类比狠斗勇的组织，和政府官僚体系的升迁有着异曲同工之妙：一把手空缺后，继任者往往不是精通本行业务的二把刀；如果强行继任，那结果往往是极为不妙的。

宋襄公的上祖是商末的大内奸微子启，因出卖弟弟帝辛有功，周武王便封他为宋国君主，“以奉商朝宗祀”。

既为夏族后裔，当以武功见长。但从小被文化过了的宋襄公酷爱华族提倡的“仁义”，弃长就短，终成笑柄。

这仁兄若知后事，明白了华族的仁义不过是供在纸上让人瞻仰，怕是要气死过千百回去。

齐桓公临终之际，知道自己的小弟中，只有宋襄公这个把仁义看得比性命还宝贵的老实人才靠得住，便托付他在自己归天后，照顾一下太子姜昭（排行老二）。

齐桓公死后，大儿子姜无亏在易牙、开方、竖刁的帮助下，把四个弟弟全赶出了齐国。

看在大家都是老二兼嫡子的份上，又有着老大齐桓公的嘱托，宋襄公在黄帝2055年（前642年）便义无反顾地召集同盟国护送太子姜昭回国继位。

看着太子姜昭戴上了王冠变成了齐孝公，宋襄公在欣慰之余，见到只有卫国、曹国、邾国的人到场祝贺，便觉得非常不满：这是什么世道呵，曾经的誓言能当屁放了？

一直很注重信义的人，最让他们看不惯并且愤怒的就是背信弃义。

一年之后，宋襄公再也不能容忍同盟国之间不守承诺的现象频发，他扣押了滕国的国君滕宣公，与曹、邾两国共同召开批斗会，痛斥滕国背信弃义的行为。直到滕宣公写了认识深刻的检讨书后，宋襄公才说了一句“下不为例”，让他回家继续反省。

临行时，宋襄公握着滕宣公的手诚恳地说道：咱们是中央帝国的诸侯，更是一国之主。村野匹夫尚且信守诺言，况你我君子？

当他看到邾文公抓来鄫国的国君鄫子时，便气愤地说：你和滕宣公不一样，他不过是背信弃义罢了，而你们鄫国却是忘恩负义！当年你国危难时，是不是齐老大为你争的面儿？如今老大死得这么惨，你们连个花圈都不送，还怎么有脸活在人世间！

为了让世人明白忘恩负义的代价，连鸡都没杀过的宋襄公居然把鄫国的国君鄫子当作祭品向上祖黄帝祭祀了。

原先的盟国一看逢场作戏说的话竟然还有人当真并且动刀子杀人，便觉得说出去的话与放出去的屁有着根本的不同。说话不算话的代价最低是遭人唾弃，最高可是要用性命来补偿；而放个屁的代价就轻多了，最狠的也就是被骂一句“没素质没脸皮”完事。

于是，说过话的卫、邾、曹、滑等几个小国便共尊宋襄公为新任老大，聚集在了宋国的周围。

黄帝2058年（前639年），宋襄公准备召开自己当老大以来的第一次多国会议。

亲大哥目夷便劝他：咱们是小国，也是夏族的后裔。你要当霸主不但会招来楚、陈、蔡、郑等国的不满，周襄王也不会支持咱们夏族坐大。这种出钱出力不讨好的事情，咱还是不干为好。

宋襄公恭敬地给大哥续上茶水，道：现在天下的人都不讲仁义，愚弟要是不站出来，这世道可就真乱得没法收拾了。

目夷急道：都不讲仁义了，你一个人能扭转这局面？

宋襄公整了整衣冠，道：正因为人们都不讲仁义，所以才需要有人倡导仁义呵！

目夷见劝不住固执的弟弟，便说道：那我带兵去保护你。

宋襄公连连摆手：亲哥呀，可不能这样干。大家说好了都不带兵去的，你这样会陷弟于不仁不义之地的。

目夷急得直跺脚：楚国可不这么想，他们一定会带兵去的。

宋襄公道：如果楚人带兵赴会，不正好让全天下人看清他们不守承诺的真实嘴脸吗？您真以为我想当天下霸主吗——错了，您真不懂我。

到了约定之日，楚、陈、蔡、许、曹、郑等六国之君如约而至。

楚成王熊恽见第一把交椅空着，心想：小娃子们还算懂事。

正准备就座之时，宋襄公道：这个座位是给周天子敬设的，你的位置在右首。

楚成王的脸色便有些难看，问道：你坐哪里？

宋襄公道：我坐左首。

楚成王愠道：你我同为君子，为何你居左首？

宋襄公道：我为上祖黄帝宗脉，你系祝融之后，居于右首，乃我宗族待客之道。

楚成王怒道：祝融、有熊两族，同出伏羲门下，怎有高低之分？

宋襄公正色道：我祖整肃中国，倡创文明，福泽恩荫至今。况五帝两朝，皆为我族统治，主客之名，天下共知。

楚成王道：如今天下诸侯众多，方国林立，唯国力而论尊卑。

宋襄公道：依楚王之见，各国君子继位，今后便不讲嫡庶之别，在国内选力大性猛匹夫小人便可？

楚成王拔剑道：你本夏脉，何呈华族口舌之快！

宋襄公并未惊慌，一字一句地道：人与禽兽区别，唯仁、义、孝、信而已。我今召集天下诸侯，非为争霸，只为信守葵丘誓言。

楚成王见这书呆子并不为武力所惧，怒极而笑：仁义孝信能当饭吃？能作兵将？

宋襄公道：仁义无敌，孝信长久。

楚成王讥道：好一个仁义无敌，孝信长久。今天我便将你囚禁在楚，看看是你的仁义管用，还是我的武力好使！

宋襄公从容地笑道：请便。

楚成王命令早已埋伏好的楚军抓住了宋襄公，连酒也没喝一口，便把面无惧色的宋襄公带回楚国囚禁了起来，让与会的诸侯们目瞪口呆。

到了年底，见楚成王还没有释放宋襄公的意思，鲁僖公姬申看不过眼了。

打断骨头连着筋，再怎么说华夏都是本家一脉。

表面上看，宋襄公受欺负是他一个人的事，实际上是，楚国在打华夏两族的脸。

鲁国虽小，但怎么说都是周召公的后代；这事上再不出头，烧纸上香时也不好向先人们交代。

于是，鲁僖公约楚成王一块儿在“薄地”夜总会喝花酒，尽情之后，问道：宋襄公在你那里还好吧？

楚成王伸伸腰，叹口气道：他真是一朵油盐不进的奇葩呀！逮着谁给谁讲仁义，看守的人都换了十几拨了。

鲁僖公笑道：这世上怕就怕这“执着”二字。

楚成王皱眉道：打又打不得，杀又杀不了，这货太难整了。

鲁僖公道：知道老宋给你挖的什么坑吗？

楚成王看着鲁僖公道：哦？倒要请教。

鲁僖公道：他不带兵开会，无非想达到两个目的。目的一：若能用口舌之利说服诸侯，便成就了他的仁义之名；目的二：若有人反对他甚至胁持他，便要给对方扣上一顶“不仁”的大帽子，让全天下人耻笑。

楚成王道：这么说来，老宋看上去迂腐，其实是立于不败之地呵。

鲁僖公道：对头。仁义这东西看上去没踪没影儿，杀伤力可比刀枪大多了。

楚成王问道：那你的意思，这事该怎么收场呢？

鲁僖公道：放了他。

楚成王道：就这样放了他？总得写个认罪书什么的。

鲁僖公道：你这个实诚的哥呀，一来他不会向你认什么罪，二来是他向你认什么罪？如果他承认讲仁义有罪，这不就证明你不讲仁义有理了吗？这事越描越黑，你只要向天下说明当初是请老宋在楚国宣讲仁义学，这不就皆大欢喜了吗？

楚成王笑道：你们华族的点子就是多。

毫发未损的宋襄公被楚成王礼送回国，得到了宋国百姓的夹道欢迎。

看着憔悴的弟弟，目夷心疼地道：早给你说要带兵防备，你偏不听。

宋襄公淡然地拍了拍大哥的手，转身向百姓说道：宋国是礼仪之邦，凡事须以仁义为先。咱们既然是上祖黄帝的正宗族脉，就不能丢了祖宗的颜面。千世贵族，无信不立，无仁不久；无义则祸，无孝则乱！从今往后，凡我宋国子民为了维护仁义，哪怕赴汤蹈火也在所不惜。

话音刚落，便发生了一桩异事：夕阳将隐之时，天际间突现如烟花般的流星划过苍穹，六个大鹏般的飞行物体在宫廷上方盘旋……（这是人类第一次将“不明飞行物”记录在国史当中，时间为黄帝 2058 年，公元前 639 年冬季）。

黄帝2059年（前638年），回国将近一年的宋襄公听说郑国准备带头推举楚国为诸侯霸主，气得义愤填膺，寝食不安。

他在朝会上道：郑国乃华族嫡宗，周室兄弟。郑庄公姬寤生与周桓公姬黑肩交恶，虽无上下之礼，尚属族内之争。今尊外族为主，丢尽华夏颜面。

目夷道：郑庄公曾言“多行不义必自毙”，其后人倒行逆施，早晚会被天谴！

宋襄公道：此等寡廉鲜耻之事，若待天谴，要我等后人何用？我意用兵替天伐之。

司马公孙固道：攻打郑国，楚国必夹击相救。以我国之力，恐不敌两国之兵。

宋襄公道：明知不可为而为之，方为我等君子之道。不伐郑国，何以伸仁义？楚人攻我，天下共讨之！

宋襄公不顾宋国大夫们的反对之声，毅然发兵讨伐郑国。

郑国忙向老大楚国求救，楚怀王熊槐便派大将成得臣率兵向宋国国都进发。

宋襄公担心国内有失，只好从郑国撤退，双方的军队在泓水（今河南柘城县北）相遇。

楚军渡泓水河之时，目夷说道：楚军兵多，我军将少，可以趁此渡河之机攻打他们。

宋襄公摆手说，宋为仁义之师，乘人之危岂是君子所为？

楚军过了河开始在岸边布阵，目夷急着说：阵形未成，可以进攻了。

宋襄公说：上祖黄帝每逢大战，一不靠关塞险阻取胜，二不屑阴谋诡计立威，我为天下正脉子系，要打就光明正大地打！

目夷急得眼珠子都快蹦了出来：等他们列好阵势，我们能打得过吗？

宋襄公说：本族古训：不击慌乱之敌，不伤白发之人；胜败乃一时之事，仁义系立族之本。我若半渡而击，阵散冲之，与夷族小人有何区别？

目夷连拍大腿，对着公孙固悄声道：国君糊涂了，司马快劝劝他。

公孙固用敬仰的目光看着宋襄公，道：今生有此国君，虽死无憾！

目夷叹道：疯了，疯了，都疯了。

楚军布好军阵，一冲而上，大败宋军，宋襄公也被楚兵射伤了大腿。

楚将成得臣见宋襄公并未趁己方弱势发动攻击，深感其君子风度，对正准备乘胜追击的手下说：君子不可以欺之以方。宋襄公虽好名无实，轻信篡谋，但他以仁心待敌，我等岂是茹毛饮血之人？

于是撤军回楚，不再追击。

此战虽败，但宋襄公仁义之名天下尽知。

诸侯都知道了这是一个为了仁义二字不惜用性命去维护的角色，便没人再敢找他的晦气。

当时和宋襄公作对，只会落下一个名声，这便是：你这人不仁义！

毫无战功和胜绩的宋襄公，居然仅凭自己践行仁义的坚定信念，位列春秋霸主之列。可见仁义在中国人的心中，具有多么大的号召力！

受了伤的宋襄公在养病期间，对仁义的维护信念一点儿也没有松懈。

他听说晋国的公子重耳避难途经宋国，便抱病以国礼亲自接见了他。除了给重耳送了八十匹骏马外，宋襄公还与重耳进行了以下的对话。

宋襄公：天下传说你的父亲夺侄位，纳侄媳，此事当真？

重耳：我为人子，不能在背后妄议父亲。

宋襄公：好，世人皆可口诛笔伐你父，只有你万万不可。你有此修为，足见是一个仁孝之人。今后有什么打算？

重耳：游历各国，了此残生而已。

宋襄公：如今周室式微，夷族乱世，你为华族传人，怎能兴这消沉之念？

重耳：有国难归，岂敢妄言凌云之志？

宋襄公：宗室有难，你这等仁孝之人怎能袖手旁观？如果任凭族裔消亡，祖庙不享，华夏两族还要我等君子何用！

重耳：晚辈愚蒙，宋公教训的是。

宋襄公：如今放眼天下，笃守仁义礼孝者，唯我二人。华夏两族统治中国两千余年，真的是全靠武力吗？上祖黄帝建立中央帝国伊始，时人野蛮愚鲁，非武力不能使之顺从。待诸夷平定后，上祖黄帝教导诸族明礼仪，知羞耻，兴文明，重耕作，何曾再有过杀戮？帝颛顼之时，为维护我族正统，不得已与共工开战，虽肃清宇内，宗庙独享，可也付出了江山破碎之代价；帝尧之时，帝相共治，万族承平，仁义之风渐开，中国方显繁荣；帝舜之时，仁孝当先，礼义约束，中国何见蛮横之人？大禹之时，我族上下言必信，行必果，事必规，治必仁，万族共仰，神鬼皆敬，何曾见诸夷异族乱我华夏？自夏、商、周以来，宗室相争，自分华夏；兄弟相残，夷族入主；现在亲宗族脉尚且相互算计，怎为天下诸族表率？若本族再无人出面担当维护仁义之重责，华夏失去天下，只是迟早之事。

重耳：宋公之言，如雷贯耳。晚辈但有执政之机，定当以我族脉宗室为重。

宋襄公：宋国兵弱，不足以助你为君。但你记住，天下诸国皆可求助，唯楚为异族，不可为谋。

重耳：自当遵守华夏正道。

黄帝2060年（前637年），宋襄公伤痛发作，春秋时唯一以仁义为使命的君子，黯然辞世（此时的“君子”，专指诸侯国君或继位储君之称谓，用来区别周室“天子”之称）。

君子有君子的处世之规：“自强不息，厚德载物。”

君子有君子的行事准则：“强者不畏之，弱者不欺之，从善者友之，好恶者弃之，长则尊之，幼则庇之……”

君子有君子的道德规范：“仁者不忧，知者不惑，勇者不惧”——以行仁、行义为己任。

这便是君子的标配！

凡达到这个标准，就是一个合格并且堪为国民敬仰的君子。

后世之人（尤其是汉以后的儒家）动辄自诩为君子，一来是不懂这称谓的出处，二来是自吹得有些无知无耻。

宋襄公之后，中国的君子行径逐渐式微；战国开始，真正的君子已经和恐龙一样，在人间找不到半丝踪影了。

华族捍卫者——晋文公姬重耳

春秋第三位霸主姬重耳的亮相比姜小白还要凄凉。

他们两个人都有被迫出国逃亡（好听点儿叫留学）的背景；但比起二十多岁的姜小白来说，当时十二岁的姬重耳，连自己的袜子都不会洗。

如果没有赵衰、狐偃、贾佗、先轸、魏犨这几个问题青年的陪伴，姬重耳铁定会登上失踪少年的榜单。

由于父亲晋献公姬诡诸宠爱的骊姬一心要想自己的儿子姬奚齐继位，她便日夜思谋着怎样去陷害王位继承人的太子姬申生。

但要是陷害一个晋献公不顾众人反对娶“庶母”齐姜而生下爱情结晶的太子储君，仅凭“这个人觉悟不高，思想有问题”这类的枕头风恐怕不行，必须让晋献公痛恨自己的儿子才会奏效。

女人一旦为了自己的容貌和子女着想，便会迸发出强大的潜力。

没什么文化的骊姬居然只用了两招，便让太子姬申生自动结束了生命。

第一招为“招蜂惹蝶”。

她在头上抹了些蜂蜜，引逗得许多小蜜蜂便要在她的秀发上安家；太子姬申生“恰好”经过，便为继母驱赶蜜蜂；晋献公下班回家后，从他的角度上“正好”看到了亲儿子调戏追逐继母的画面，心中大怒：这个混账东西，居然把宫里当成夜总会了！便拿着大戟要干掉亲生的骨肉。

姬申生忙跪下道：父亲明察，儿子是应母妃的呼叫驱赶蜜蜂。

晋献公想想也是，太子就是色胆包天，也不至于在光天化日之下干这种蠢事。

他放姬申生离去，看着娇喘吁吁的骊姬问：真是这样吗？

骊姬低着头小声道：这事太丢人，我说不出口。

晋献公一口气差点儿吸不进来，思前想后，总不能把这个“未遂”的太子杀掉，否则大臣们问起来杀他的理由还真是难以启齿。

为了灭绝亲儿子对继母的绮想，他便派太子姬申生镇守边防，图个眼不见心不烦。

第二招为“梦中杀人”。

骊姬给太子发了个柔情的邮件：你爸昨晚梦见你妈，说她想吃红烧肉了。

姬申生不敢怠慢，忙在边城祭奠逝母。

这事猛一看还真和“陷害”沾不上边儿，搁现在谁要是为死去的父母上香烧纸，不管是什么时间，什么日子，只要是没把山火点着，便是也拿您没一点点办法。

可是在当时，祭奠亡者的食物还要给家中的老大敬献一份，这就给了太子姬申生一种大祸临头的感觉。

这么大老远地把肉给老爹送回去，有味儿了不说，万一有人下点毒鼠灵可咋办呀？

这有什么好担心的，让你送肉，不就是为了下药嘛。

好久好久都未做过梦的晋献公见太子姬申生突然以祭母的名义送来了胙肉，便觉得可疑，先割了两块儿喂狗和宦官，片刻之间，狗和人全都翘了辫子。

好嘛，你小子还来劲了！

上次调戏骊姬的账还没有算，这次竟然想划定你亲爹的归天之时？

晋献公给了姬申生两个选择：要么你自杀，保全咱父子的名声；要么我派兵杀你，让天下人握住咱爷俩的笑柄。

姬申生上吊之时，对着劝他逃走的人哭道：我爹没了骊姬，喝粥都不踏实。如果带兵回去把骊姬杀了，他以后的日子就全是痛苦的回忆了；我如果逃往别国，就会向天下人彰示我爹的短处，我不愿意让天下人看咱们晋国的笑话。

两招下来，太子玩完。

太子都让骊姬两下子撂翻了，太子两个异母的弟弟姬重耳和姬夷吾再不麻溜开跑，还等着骊姬娘娘喂奶水吃吗?

姬重耳逃到了生母狐姬的故乡翟国，乖乖地当上了听话的外孙。

姬重耳二十岁时，老爹晋献公在骊姬的怀中安然辞世，骊姬的亲儿子姬奚齐如愿继位。

晋大夫里克派死士在晋献公葬礼之时，用铁锤将幼主姬奚齐打成了肉泥。

眼见着儿子惨遭横死的骊姬并没有如大家所想的那样被吓傻或疯掉，她强忍着丧子之痛，迅速将妹妹（也是晋献公的妃姬）的亲骨肉姬卓子立为晋国国君。

一个月后，里克又在朝堂上公然杀死了九岁的姬卓子，鞭死了骊姬，并痛斥群臣：我等皆位列贵族，难道要听一个吃奶孩子的话？再说本族尚有两位宗室公子在外避难，莫不成由一个女子左右晋国吗?

两问一出，全场默然。

里克与众大夫商议，一致认为姬重耳可承大位。

派人去请时，姬重耳的回答是：先父在世，我违命出逃；太子自尽，我默言自保；父丧不能回国守灵，弟亡不能尽兄之力，真是没脸再回故国了。

哈哈，居然碰见了一个不要江山的。

里克又派人去征求姬夷吾的意见，姬夷吾回答：当，必须得当呵！这次有功之臣，不但要奖，而且还要大奖。告诉里克伯父，我继位后，先奖他一百里封地。

姬夷吾继位后，改称晋惠公。

晋惠公这年轻人口头很优惠，做事却很不实惠。

秦国派兵护送他回国继位，他答应的报酬是给秦国五座城邑。

秦将公孙枝来讨要时，由于里克等人的反对，晋惠公笑着赖账：闲言何必当真？

有鉴于里克有诛杀国君的嗜好和前科，晋惠公不但不念里克的拥戴之功，反而派兵围住了毫无防备的里克家里，爬在墙头上真诚地说道：如果没有您，我很难当上国君；如果不杀您，我很难当久国君。情况就是这么个情况，您得拿个主意呵。

里克道：杀我总得有个理由吧？

晋惠公笑道：您看看这几条哪一款适合您：以下犯上？欺凌妇孺？扰乱朝纲？连弑二君？

里克此时说了一句千古名言："欲加之罪，其无辞乎？"不杀了那两个娃娃，能有你的今天？

晋惠公继位四年，连杀了晋国的七个大夫。

宗族人人自危，田地无人打理，便出现了粮荒。

他派员向秦国借粮，这就使秦穆公嬴任好哭笑不得：这个赖皮小娃，答应的城邑不给也就罢了，现在竟然还能张口向我借粮？

百里奚说：天灾人祸，诸侯难免。救助灾荒，是本族应尽的道义。况且，他再怎么不争气，总归是您的小舅子呀。

邳郑的儿子邳豹正值晋惠公杀父之愤，就恳求秦穆公趁机攻打晋国。

秦穆公说：小娃子虽然可恶，但晋国的百姓着实可怜。本是同宗同根，我不能攻打饿肚子的饥民。

秦国基本上是无偿地给晋国提供了粮食。

第二年，秦国遭了旱灾。

由于储备的粮食都送给了晋国，秦国便让人去晋国讨要欠粮。

晋惠公召集手下开会商议此事，大夫庆郑说：咱们饥荒时秦国借粮食给我们，现在秦国饥荒并且还拿钱购买晋国的粮食，给他们就是了，这有什么可商量的。

晋惠公的舅舅虢射说：当年上祖黄帝把晋国赐给秦国，秦国不知道夺取还借粮食给我们。今天上帝把秦国赐给晋国，晋国岂能违逆天意?

庆郑惊讶地看着他说：烧秀逗了吧你，这是人说的话吗?

晋惠公道：这确实不是人说的话——是上祖黄帝的旨意。不要说了，准备人马，攻打秦国，趁机拿下这伙杂种。

秦穆公听说此事后，怒极反乐：见过不要脸的，还真没见过这么不要脸的。秦虽缺粮，但吃肉的还收拾不了一群喝醋的吗?

如狼似虎的秦军好不容易逮着了一次实兵演练的机会，手还没热就把晋兵打了个四分五裂，把晋惠公抓到了秦国。

秦穆公准备杀了晋惠公来祭祀上帝，晋惠公的姐姐穆姬便穿着丧服伤心地哭泣。

秦穆公说：亲爱的，这是你兄弟先挑的事，不能怨我。

穆姬哭道：我知道的，所以我没脸向你求情。你杀了他吧，这孩子胆小，我在黄泉路上陪他就是了。

秦穆公笑着说：你兄弟还胆小?

见穆姬一副真要寻死的样子，秦穆公便把小舅子给放了，拍着他的头说道：你是华族的种，要是事事都靠女人庇佑，还不如去修脚算了。

丢尽颜面的晋惠公在回国的路上，便确立儿子姬圉为太子，同时又下了一道命令：诛杀哥哥姬重耳。

一个无耻的人之所以能获无耻之名，就在于他一生中都在干无耻的事。

这也算是一种执着吧?

瞧瞧，姬重耳就是在这样一种乱伦、算计、背信、无耻、避杀的环境中成长的。

姬重耳听到弟弟发出了诛杀令，便想到强大的齐国避难。

途经卫国时，饿得找不着北的姬重耳和农户讨要食物，却得到了一块状若馒头的土疙瘩。

赵衰用精神疗法安慰他说：土代表拥有土地，他们是表示对您的臣服呵。

姬重耳把土块装在褡兜里，心中骂道：这玩意儿遍地都是，哪有窝头来得实在。

在其后的十五年中，姬重耳先后在齐国、曹国、郑国、宋国、楚国之间来回窜荡，最后投奔了姐夫秦穆公。

以他二十三年的逃亡经验，看着姐姐穆姬端上的酸汤揪面片，姬重耳得出了一个结论：但凡有个血脉关系，总比外人强呵。

姐夫秦穆公见小舅子姬重耳常年奔波在外，也没享受到闺房之乐，本着男人的共同心理，一下子给姬重耳发了五个老婆。

姬重耳心想：姐夫这是把我当高级嫖客对待哩。

胥臣见姬重耳不高兴，便说：穆公是个实在人，他这样的举动只想表明一个意思，向未来的晋国君主示好。

姬重耳红着脸道：这其中有一个是我侄媳妇呢。

胥臣分析道：这事有两种可能。一种是穆公根本就不知道她是谁，另一种是穆公想借此试探你听不听他的话。

姬重耳摇头道：这乱伦的事我真不能干。

胥臣急道：你不……那个她不就齐了吗。

姬重耳叹道：这……这是个什么事呀！

就在姬重耳为众多的老婆发愁之际，无耻了十四年的晋惠公死了。

太子姬圉继位后的头两件事竟然是：一、命令跟随姬重耳逃亡的晋人必须按期回国检讨，否则杀了全族！二、为表示自己的决心，先杀了狐偃的父亲以儆效尤。

这下可捅了马蜂窝了。

你们宗室互掐，关我们外人什么事？

狐偃等一帮死心塌地的追随者围着姬重耳嚎声大放，逼得姬重耳只好向秦穆公求助：姐夫，这孩子连他老爹也不如，我是不是该回家管一管了？

秦穆公笑道：等的就是你这句话。

黄帝 2061 年（前 636 年），在姐夫秦穆公的护送下，三十五岁的姬重耳兵不血刃地占领了晋国王宫，改称晋文公。

一个人在一生中之所以能成功，除了坚定的信念和自身的努力外，运气的好坏也决定着事业的成败。

晋文公在见宋襄公之前，无非是一个只顾得逃命的小混混。

经宋襄公这个千古难得一遇的君子开导之后，有鉴于晋室没了底线的无耻，便使得姬重耳的形象在道德水准普遍低下的晋人当中尤显突出，也使得姬重耳油然产生了整肃宗族的使命感。再加上晋惠公和他的儿子晋怀公父子的胡乱折腾，用不着在电视上花钱打竞选广告，晋国的人都盼着有一个哪怕比他们强一丁点儿的宗室公子来治理晋国。

看过来看过去，也只有姬重耳的劣迹少到了可以忽略不计。

晋人们就如同公牛队输了球都等着乔丹出场来扭转败局一样——他们的乔丹便是重耳。

运气极佳的姬重耳成为晋文公后，好运气还在等着他。

就在晋文公继位的第二年三月，周襄王姬郑的亲弟弟姬带与嫂子通奸被发现。

这个不知道是为了爱情还是追求偷情刺激的二货索性联合狄人与亲哥哥火并，并将周襄王赶到了郑国。

伤心的周襄王只好不顾脸面地向诸侯发出了勤王告急令。

拿着鸡毛信的赵衰如同捡到了一个金元宝，急忙向晋文公呈阅，并说：秦国已在黄河岸边集结兵力，准备勤王。

晋文公道：真是一个热心肠的姐夫呵。你速以我的个人名义给穆公写封家书，就说这是我姬家族内的丑事，还是由我们自己处理吧。对了，最后要再三相谢秦国的好意。

晋文公一边派人给秦穆公送信，一边带兵马不停蹄地赶到了周襄王的避难之地。

兄弟相见后，也没顾得上拉短论长，便怀着对乱伦的无比愤慨杀向了周都洛邑，将没有底线的好色王子姬带剁成了肉泥。

好色者王子姬带给晋文公带来了两个好处。

一、为了感谢好兄弟的勤王之举，周襄王把河内、阳樊（今河南省境内）两地赐给了晋文公，使晋国的地盘扩大到了中原地带；二、身为周襄王“铁杆兄弟”的晋文公，俨然成了周室姬姓的代言人。

回到晋国后，晋文公便封赏跟他逃难的有功之臣，并对晋国的军队进行了改革，首创“三军”制度。

这三军可不是我们现在所熟知的海、陆、空三军，而是“上、中、下”三军。

这三军大家不要以为有多少人，最多的一军也就是万把人，几百辆战车。但就是这个如今看起来不怎么显眼的军队改革，使中国的战争从此进入大规模、有预案的残杀阶段。

人类战争的血腥与残酷，从晋国始。

因为此时的三军头头们已不是由大夫贵族们统领，而是一些如赵衰、狐偃、贾佗、先轸、魏犨等“小人”和“庶民”当家——而这些小人或庶民们为了在军中立威立功，手段只有一个：杀人！

至于战争中的夏华贵族的礼仪及规矩，实在是和他们无关。

各就各位后，看着满朝文武都是自己的心腹，晋文公悬了三十多年的心终于放回到胸膛里。他踏踏实实地睡了几天的安稳觉后，突然想起：呀，咋忘了给介子推封官了？这人可是在自己快饿死时，割了他大腿上的肉救活自己的呀！

晋文公忙叫人去找介子推，谁知他早已领着老娘到山里归隐去了。

晋文公亲自到绵山去找介子推，谁知介子推躲在山里不愿出来见他，并捎来口信：用过就算了，往事不要再提。

晋文公心想：你说得倒是轻松，可全天下的人会怎么看我？

狐偃想出一策，说：这些文化人最要面子，叫是叫不出来了，只有放火烧山逼他出来。

晋文公说：会死人的。

狐偃笑道：火烧没慢人，他又不是三岁孩子。

于是，火烧了起来，来不及跑的介子推抱着老娘被活活烧死了。

看着成为一堆灰烬的介子推，晋文公的泪水顿时流了下来。他不好向舅舅狐偃发作，便疯了似的拿刀砍死了带头放火的兵士，叫道：从今往后，每年的今天敢有人放火，我他娘的见一个杀一个！

这一天就是后来的“寒食节”。

也就是从这一天开始，周室华族在晋文公的手上，打破了大夫之职只有宗族子弟才能任职承袭的传统。“公家”里从此便出现了“平民”的身影。

赵衰、先轸、魏犨等人可不是有来有历的华夏宗族子弟，纯粹是一群贫贱之民呵。

“三家分晋”，由此埋下祸根。

晋文公执政的第四年（黄帝2064年，前633年），楚成王见宋襄公死后乱成一团，便想和小跟班曹、卫两国共同瓜分了宋国。

为了报还宋襄公的教导赠马之恩，晋文公首创了“打东援西”的战例。

他并没有去宋国的边界与以楚国为首的联军正面交战，而是带领新建的三军杀向曹、卫两国的首邑，用了不到一年的时间，便赶跑了卫成公，抓住了曹伯，并宣布将占领的这两国土地划并为宋国疆土。

这就叫以牙还牙！

这就是知恩必报！

楚成王和天下人一样，被这种从未见过抄后路的打法吓了个晕头转向，忙撤兵回去守老家了。

好乖乖，你在这里调戏着别人家的姑娘，说不定别人已经上了你老婆的绣床。

曹伯痛哭流涕地向晋文公表示了归顺之意，外逃的卫成公也派人表白了与楚国断交的决心。

晋文公便训道：你们都是华夏的宗族，怎么能向异种称臣呢？今后再这么丢上祖黄帝的人，我便向周天子禀告，撤了你们的封爵。

楚成王眼看着自己苦心经营的小联盟被晋文公拆散，便派大将子玉向晋国宣战。

两军刚打了个照面，胥臣就领着晋军有条不紊地后退。

子玉拍马在阵前叫道：这是几个意思？

胥臣道：我主游历之时，蒙楚王厚待，曾经承诺：他日若与楚国兵戎相见，定当“退避三舍”。我等华夏宗室子弟，自然不会失信天下。

子玉笑道：宋襄公之愚犹在眼前呵。

胥臣道：仁义礼信是华夏立族之本，你们这些异族匹夫岂能晓得？

退避三舍后，楚兵见到了摆开阵势的晋军主力。

子玉带着郑、陈、蔡三国联军向晋军发起攻击。

晋文公叫道：请宋、齐友军勿动，且看我新建三军的厉害！

原轸和郤溱率领中军向楚军拦腰冲杀，狐毛和狐偃指挥上军从两边夹击，胥臣带领的下军更为夸张，索性用虎皮蒙在战马身上，吓得楚、郑、陈、蔡的战马们屁滚尿流，仓皇逃窜。

楚军溃败之后，只好向晋文公求和。

以维护华夏宗室之名，伸中国正宗族脉之义，晋文公一战成名！

将楚国的俘虏们献给周襄王后，这位刚摘掉绿帽子的周天子感觉到仿佛自己打了一个大胜仗，便任命晋文公为诸侯首领，并赏赐给他大辂车一辆，红弓一把，红箭一百支，黑弓十把，黑箭一千支，香酒一卣以及勇士三百。

这可是齐桓公都没有得到的荣誉呀。

黄帝2069（前628年），开了两次诸侯大会的春秋第三位霸主在执政九年后，四十四岁的晋文公带着还未将宋襄公的仁义理想推广开来的遗憾，离开了人世。

自此之后，仁义便基本被摆在了华夏宗室的神坛之上。

晋文公的主要作为是“尊王攘楚”。

尽管他有“恨父纳庶母，哥死弟不救，僭越夺侄位，抛弃老哥们”等见不得光的事迹，但因其“勤王周室”用以维护华族的正统地位，华族的史官也就睁一只眼闭一只眼，只拣好听的事儿大肆宣扬。

他和炎帝一脉的齐桓公居然成了一个级别，并被后世儒家、法家等学派尊称为“齐桓晋文”而大为称道。

这事真怪不得他们。

华族能打的大哥们实在太少；夏族的宋襄公因崇敬华族的仁义刚丢了份儿，怎么也得在晋文公身上找补回来。

巧妇难为无米之炊呵！若不推出晋文公来炫耀华族的仁义与武功，后来的这两位霸主爷不但功夫了得，心狠手辣，最要命的是：他们跟华族根本就不是一个锅里搅稠稀的一家人。

实用主义者——秦穆公嬴任好

虽然大家都明白秦人与周室不是亲兄亲弟的宗脉，但华族的文化人从头至尾都知道，周与秦是“亲姑舅”的关系。

秦人的始祖母是女修，女修是颛顼帝的爱女。

令人诧异的是，她也是个吃了鸟蛋怀孕的主儿。

吃了鸟蛋后，她生下了一个叫大业的儿子——是为秦人的祖先。

这位爷又繁衍出“嬴、赵、缪”这三个姓的族群，基本上是昌意一脉夏族的种子。

司马迁给秦人立了一个族谱，所列的祖宗除了恶来因“助纣为虐”而有点名声外，其余的皆为无名之辈，所以很不为后世认同。但是，由于秦人一直想统治帝国，姑娘的后代总归还有一半的黄帝血统，便也认可了女修是他们始祖母的说法。

这就有点意思了，并且也能够解释后来的秦皇嬴政对匈奴的态度、对蚩尤的尊崇和焚书坑儒的动机。

我们不妨从女修身上入手，想象一下：她老人家既是颛顼之女，当然不会开放到和亲哥哥穷蝉开房的地步；但女大当嫁，春心荡漾，一不小心爱上了蚩尤他老人家的后代便两情相悦，怀上了一个叫“鸟蛋”的爱情结晶也未可知。

和诸多影视剧演的情节一样，颛顼老爷当然不允许爱女和夷族通婚，但苦于当时没人会做刮宫流产、无痕手术，只好学一学玄嚣一族的“鸟孕”谎话了。

女修是秦、赵二国之母祖。

至于她的男人是谁，恐怕只有她自己才能说得清楚。

秦人很强悍，同时，秦人也很实诚。

有娘无爹的秦人一直默默无闻地为华夏两族打工，酒足饭饱之后，也能向平民们炫耀一下宗室旁支的身份，充其量是一个在王室成员面前恭敬、比平民百姓荣光的公务员角色。

直到秦非子成为周孝王的铁杆马友时，才获得了一个“弼马温”的封号，使秦人有了一块很贫瘠的地盘为周室专司养马之职。

这块地盘的历史很辉煌，位于中央帝国的西北部（今甘肃省礼县红河、盐官一带）。

从秦非子开始直到秦穆王时代，秦人的十三个首领用了一百九十八年的时间，不但在秦襄公手上正式建国封侯，并且由秦仲、秦文公为代表的几个狠角色征服了西戎诸族，是周朝诸国中唯一一个靠一寸寸争夺土地打拼自建的诸侯国家。

秦人从骨子里就明白一个道理：从来就没有天上掉猪娃子的好事情。因此，秦人干什么事情都很实在。

这世间唯一让他们感兴趣的只有一样东西——土地。

秦穆公的为人尤其实在。

接了二哥秦成公嬴载的君位后，秦穆公首先向晋献公请求将女儿穆姬嫁给他结为“秦晋之好”，解除了自己的东南之患，腾出手来将西北的诸族土地全归拢在了秦国的名下；其后，秦穆公四处搜罗人才，很实在地用五张羊皮从楚国赎回了虞国的亡国大夫百里奚，拿十六个舞女换来了绵诸王的谋士由余，并将宋国的蹇叔、晋国的来丕豹、公孙支等等这些不得志、有本事的人重金聘用，使得秦国万象更新，兵强马壮。

实在的秦穆公并不愚拙。

他继商朝的开国鼻祖成汤之后，启动了大规模的“客卿”使用程序，为后世的子孙打下了统一中国的坚固基础。

秦穆公从春秋诸国权位更迭的案例中清醒地认识到，重用宗族子弟除了办事效率滞缓之外，还有拥兵自重、篡位夺权的危险！而这些外来户的客卿们则都是些在本国本族受挤兑、但凡给点阳光就拼了命要灿烂的愣主儿，累不死在自己的工作岗位上，自个儿都觉得对不住明君们的知遇之恩。

还有一个绝妙的好处是：假如这些客卿们自认为劳苦功高而心存异志，可以毫无顾忌地让他们在人间蒸发！

作为春秋时代的第四个霸主，与前三位霸主比起来，秦穆公被尊为霸主便显得很是异类。

一、他从未像齐桓公一样召开过诸侯联席大会，也从未被诸侯们尊为盟主。

二、他没有晋文公黄系子弟的正宗王室身份，也从未打过什么尊周、仁义的大旗。

三、与其他霸主比起来，秦穆公根本就未见过周天子的面，压根儿就没盘算过拉大旗作虎皮的念头。

四、和常年联合小国四处挑事的楚国相比较，秦穆公根本就不屑群殴，但凡有个战争，向来都是单打独斗。

但就是这么一个打了崤山大败仗的秦穆公，就是这么一个从不结盟的秦穆公，就是这么一个不会唱高调的秦穆公，就是这么一个不愿在周天子面前低头的秦穆公，偏偏就成了春秋时货真价实的霸主，并且是一个从没有人敢主动招惹的不挂名霸主！

秦穆公虽然从不结盟，但每一场春秋诸侯间的争斗，都有着秦穆公的身影。

以至于后来诸侯们发现：秦穆公支持谁，谁就会胜得很辉煌。

他把晋惠公姬夷吾扶了上去又拉了下来，让世人见识到了他翻云覆雨的本事；他让宋、郑等宗族小国看自己的眼色行事，叫天下看到了他的威风；他亲手打造了霸主晋文公姬重耳，使百姓见识到了他操纵宗室的能力；他唆使的每一场战争最终都能使秦国很实惠地得到土地，令各国的君主们惊讶他的手段。

比起其他春秋的大小霸主们，秦穆公不动声色地在他当政的三十九年间，竟然灭了二十多个国家，这就不得不让人们诧异他哪来的这么多精力？

现在看来，秦穆公的成功，源自他一贯的实在风格。

他一直很实在地帮助着自己的亲戚晋国，同时也很实在地在晋文公忙着称霸时领取着自己应有的报酬——土地。

他在崤山之败后，总结出了一个很实在的经验教训：秦人有实力；有实力的秦人为什么要和有文化的晋人玩什么阴谋诡计？打仗这个事情，只要你有足够强的实力，哪有什么闲工夫玩啥子摆阵设伏的游戏，直接杀过去就是了。

于是，本着“狼行千里吃肉，狗跑千里吃屎”的实力胜于诡计的原则，第二次伐晋时，秦将孟明视便自断退路，也不管晋军摆什么阵势、设什么埋伏，领着如狼似虎的秦兵只拣着人多处杀去，没费什么工夫就把如日中天的晋国打得毫无还手之力，龟缩在城里。

秦穆公笑着对孟明视说：只有身弱力薄的小娃子们才玩诡计，你领着虎狼之师，和他们磨的什么牙？

他的几匹战马走失后被村民们打拼伙吃了，牧官便把全村的壮年近三百人全判了死刑。

秦穆公知道后，便把牧官叫来说道：你自己不小心丢了战马，反而让无辜的村民承担罪责，这事你觉得合适吗？

上了断头台的村民们全都安然地回了家，理由是：这几匹马是秦穆公赏赐他们的下酒菜。

有付出就会有回报。

一次秦穆公落单被晋军包围，正感到万念俱灰之时，突然有一群不要命的人们拼死将他救出——而这些玩命的人正是当年被他免去了死罪的村民。

瞧瞧，这就是实在人非常实在的回报。

他一边看着诸侯们在中原唱着“尊王攘夷”的大戏，一边横扫着中国的西北大地，把自个儿原有的地盘又扩大了数倍，是春秋时代实实在在的大地主。

秦国的战马比其他诸侯国加起来还多，牛羊更是不计其数。

最可怕的是，秦穆公此时已很实在地为秦国统一天下做上了准备。

为了坚定秦军的必胜信心，秦穆公为每一个骑士都配备了一把匕首，作用有二：一、以备短兵相接之用；二、用于被俘自戕以示不受屈辱之意。

杀不了别人就要以光荣地自杀结束自己的生命，大哥们坐下来静静地想一下：这是一支多么可怕、多么凶悍的军队！

黄帝2074年（前623年），执政三十七年的秦穆公彻底征服了中国的西北诸戎。

周襄王派遣召公过带了金鼓送给秦穆公以示祝贺，并希望他擂鼓继续向戎人进攻，史谓“称霸西戎”。

周襄王心想：令人头疼和可怕的西北问题，终于让这弼马温解决了。

便有人担心：诸戎虽然闹腾，但终因族小势弱，形不成什么气候；秦人历来强悍，今统一西北，后患无穷。

秦人与诸戎不同，他们可是亲姑舅的表亲呢。

亲不过的姑舅，香不过的猪肉；姑舅来了，猪肉却藏了。

姑舅虽亲，但毕竟是女亲；在以男宗血缘为主的氏族体系中，亲兄弟们说翻脸就翻脸，更何况姑舅们？

但是，明知道这个姑舅表亲在羽翼渐丰后会向华族叫板，周室还是没有一点儿办法。

春秋时的秦楚二国，早就探明了周室的家底儿。

两年后（黄帝2076年，前621年），这个一生都很实在的国君很老实地死去了。

穆公已亡，我等不忍独活。

奄息、仲行、针虎三兄弟等一百七十七人自愿殉葬的行为，让中国人第一次看到了“士为知己者死”的实例。

由此可见，这个老实人有多么大的人格魅力。

有人说他们不是自愿殉葬，这分明就是中国奴隶制度人殉的铁证呵！

这不但证明了这些人的无知，也证明了他们那个小宇宙永远达不到这种超凡的境界。

宗族清洗者——楚庄王熊侣

华族史官编造楚人是少典第八世孙季连的后代，这真是有些太不要脸了。

打不过人家，也不至于这样作践楚人。

好在他们还承认了楚人是祝融氏的后裔，便将楚人的渊源真相不小心流传了下来。

祝融氏本为上古伏羲、女娲的宗族支脉，且早于黄帝的老爸少典一族。周朝的史官们将祝融氏的后裔弄成了黄帝的孙系，也不怕祝融他老人家用火焚死你们?

楚人一脉，本源于上古祝融氏族。

到了商末，因楚人首领鬻熊（据楚人说他是姬发的老师）参加了周武王群殴商帝辛的战团，他的曾孙熊绎才被周成王封为子爵，始建楚国。

太辛苦、太不容易了呵!

都是伏羲、女娲的宗族支脉，但其他的如蚩尤等族不是被黄帝赶尽杀绝，就是如共工等族被颛顼驱逐域外另立门户。祝融一族能在华夏两族统治了两千多年的中央帝国获取栖身之地（虽然起初只有二十多平方公里），全仰华族的柔弱（当时的祝融氏共有八姓传世，即“己、董、彭、秃、妘、曹、斟、芈”诸族）。

祝融氏后裔因和其他诸戎一样，向来受着夏华两族的排挤。因此，他们在骨子里便保持着上古时代弱肉强食的原始信念，敬奉势大力猛的原则，根本就没有什么道德仁信的束缚，只要有利于自身的发展和需求，便是亲爹也照干不误。

楚国在楚文王时期，相继灭掉邓国、绞国、权国、罗国、申国、息国等诸侯小国，并且挥师北上，轻轻撩打了一下华族宗室的蔡国和郑国，向华夏两族第一次亮出了自己的獠牙。

楚成王时期，借周惠王之命，一统诸夷，大力开拓江南。黄帝2042年（前655年），先后灭贰、谷、绞、弦、黄、英、蒋、道、柏、房、轸、夔等夷族方国，将国土扩张至千里。

楚国诸王的灭国成绩，几乎与秦穆公媲美。

注意：他们的老大与周天子们一样，都称为“王”。

王者，贯通天、地、人之尊称也（三横代表天、地、人，一竖寓示贯通之意）。

与前面的四位霸主“公”们比起来，这个称呼气派得真是没有文化。

楚成王熊恽功成名就后，便思谋起换太子的主意。

太子熊商臣的死党潘崇得知后，便问熊商臣：你能当弟弟的跟班吗？

熊商臣摇头：不能。

潘崇问：你能和姜小白一样离国亡命天涯吗？

熊商臣又摇头：不能！

潘崇又问：你敢杀你爹吗？

熊商臣道：有何不敢！他既无父情，我何讲子义？

于是，熊商臣带潘崇一众包围了王宫，对着亲爹楚成王吼叫：为什么要立职为太子？

楚成王耍赖道：听谁说的，根本就没这事儿。

熊商臣怒道：敢做不敢说吗？

楚成王的混劲也上来了，骂道：你这个杂种，竟敢挑你爹的不是？我祝融氏自始祖伏羲、女娲之后，历近万年才在炎黄两族中夺得一席立国之地，靠的就是忍耐和武力；你从小喜爱华夏礼仪，深仰宋襄之仁，如何统帅楚国虎狼之师与华夏诸国争锋？

熊商臣道：你口口声声责我深受华夏文化礼仪之害，今日我便在光天化日之下杀父夺国，试问这是华夏子弟们能干出的事吗？

楚成王道：你……你竟敢弑父？

熊商臣道：华族传位，立嫡不立庶，立长不立贤；我族继位，向以武力为主；你能杀兄夺位，我又何不能灭你称王？况你废我在先，早已不顾父子情分。念你养我一场，速速自尽，尚可留存王者颜面。

楚成王看着面前刚端上来的热腾腾的熊掌道：待我吃了这东西再死不迟。

熊商臣抚剑道：这样有意思吗？没有人敢来救你。

黄帝2071年（前626年），楚成王很不情愿地自尽后，熊商臣便成了楚穆王。

楚穆王在执政的十二年中，灭了江、六、蓼三国，攻击了郑、陈、麇、巢诸国，让鲁、宋两国屈服了自己，并且在镇压了楚国两次宗族叛乱的同时，还俘虏了舒、宗两国的国君，可谓是春秋时代工作态度最为认真、最为敬业的国君。

黄帝2083年（前614年），在楚穆王的灵柩前，嫡长子熊侣在令尹子孔的见证下即位，是为楚庄王。

楚成王担心的事儿终于发生了。

嫡长子承位，这不就是孱弱的华族一直奉行的“老三篇”吗？

楚人如果被华族文化了，还是祝融氏的后裔吗？

更何况楚庄王熊侣一无杀虎裂豹的能力，二无宗亲外戚的支撑，仅靠老臣子孔一人的支持，这王位能坐多久还真是一个问题。

楚人是这么想的，楚庄王也是这么想的，并且他很清醒地认识到了自己所面临的危险局面。面对着自己野蛮的族人，文化了的楚庄王并没有去急着攻打诸国、铲除异己来彰显自己的威力——因为这事他便是想干也干不了。

当时楚国的军政大权都在成嘉、潘崇和斗克、公子燮两大派系手中，楚庄王便是出宫打个鸟也调不动一兵一卒；更何况他的爷爷和老爹带了一个弑君篡位的好头，继位后也摸不清宗族大夫们的态度，所以他干脆以败家子的形象出场，除了吃喝玩乐，其余的军政大事不但不管，而且根本就不想听——爱谁谁！

为了表示自己绝不参政的决心，楚庄王在宫门口立了一块牌子：“进谏者，杀无赦！”

黄帝2086年（前611年），大夫伍举坐不住了。

都继位三年了，这败家的玩意儿天天喝酒，夜夜笙歌，恐怕早不成人形了。

他进宫去探望楚庄王，见他还没有成为“人渣”，便问楚庄王：楚宫有只鸟，不叫也不飞，这是只什么鸟？

楚庄王懒洋洋地回答：三年不飞，一飞冲天；三年不鸣，一鸣惊人。这个鸟是只好鸟呵，只是还没到飞翔鸣啭的时候。

也被文化过了的伍举告揖回家，准备“起飞”的材料去了。

过了几天，这只“好鸟”为了酬劳在外辛苦作战的大将们而举行了盛大的答谢晚宴，并让自己漂亮的嫔妃们亲自向将军们敬酒。

忽然一股风吹灭了筵席上的蜡烛，一个醉酒后的丘八便趁机摸了一下许姬的玉手；许姬在黑暗中扯下那人帽子上的缨带到楚庄王面前告状，让楚王点亮蜡烛后查看众人的帽缨，以便找出刚才“非礼”之人。

按楚人的规矩，调戏王妃可是灭族之罪呵，在场的人一个也脱不了干系。一众丘八们在黑暗中赶紧摸着自己帽子上的红缨在不在，生怕有人借机陷害自己。

楚庄王听完许姬的哭诉后，却传令不许点亮蜡烛，大声说道：今日喝酒，不醉不归。大伙儿都把帽子摘了，外衣脱了，甩开膀子可劲儿地喝！

一众丘八们如奉纶音，一下子就把楚庄王当作了自己的铁杆损友——这哥儿们并不是外界所传的“讲究人”呵，确实是咱祝融氏的真种子呀。

“绝缨之宴”让楚庄王不费吹灰之力，便收买了楚国将领的人心。

这便是文化的力量！

楚庄王用智慧的沉默，三年中让楚国的大夫和将军们基本上摸不清北在哪儿，纷纷以各种猜谜的方式向楚庄王大抛媚眼儿，以示忠心。

楚人便是再没有文化，也知道必须要有一个带头大哥领着大伙儿一起向别的族群去显示自己的力量。

当时具备这个带头大哥资格的既不是成嘉和潘崇，更不是斗克和公子燮。

卖白面的一旦见不得卖石灰的，两股势力相当，便需要一个舵手来掌控调剂。

楚人一致认为，这个舵手无疑是败家子楚庄王；楚人更一致认为，败家子总比没有的强。

如果没有这个败家子，想坐楚王宝座的人可比全国的妓女还多。

都要抢着坐，不打得乌烟瘴气那才是桩稀罕事。

为了大家的眼前平安，就是他了。更何况这哥儿们和文化人能对猜谜语，与丘八们能共享酒色，文武两班人马便都觉得楚庄王是自家弟兄，道中同志。

这么好的领导，长年不上班可真有点说不过去呵。

没官爸、没富妈，自己又没什么本事的屌丝们记住了：玩“沉默”不但让别人摸不清你自个儿的心思，还会收到意想不到的结果。

上班后的楚庄王刚开了几次恳谈会，便到了庸国与前方军队会合，亲自督战，攻击庸国，以灭国之势高调登场，拉开了楚国称霸的帷幕。

黄帝2089年（前608年），历史上著名的“性解放者”陈灵公陈平国借口父亲陈共公陈朔去世时，楚国未按礼仪派大夫吊唁，便弃楚而与晋国结盟。

楚庄王等的就是这么一个小弟背叛大哥的情况，便决定攻打陈国。

申叔时便说：陈国是帝舜的后代，不比其他没来历的小国。

楚庄王问道：他们背叛盟约暂且不论，难道帝舜的后代就可以君臣一同公开与那个叫夏姬的妇人淫乱吗？

申叔时一时语塞，退到一边。

恰好探子来报：陈国城墙又高又厚，护城河极深，并且粮草的积蓄足够支撑三年。

楚庄王笑道：城墙高厚，便不易攻破；河水深冷，便不能泅渡；粮草充足，便易于坚守。大伙儿说，是不是这个理呀？

众大夫们齐声道：我王所见甚是。

楚庄王道：陈为小国，能建如此城池，可见民众劳役之累；集蓄三年粮草，可见国内税赋之重。这样的国家，国君与百姓必定离心离德，不打他们，连他们的上祖黄帝也看不过去。

众将士们心想：文化过了的人，想法就是不一样。

结果真如楚庄王预料的一样，陈灵公的抵抗意志和他与夏姬求欢的欲望一样强烈，可陈国的百姓却不愿意为他们的变态淫乱买单。

还没打一场像点样子的仗，陈灵公便臣服在了楚庄王的脚下。

黄帝2090年（前607年），楚庄王开始实施与晋争霸的计划。

有鉴于宋国这块打着仁义大旗的硬骨头实在难啃，楚庄王便命刚收的小弟郑国去攻打宋国。这样做要达到两个目的：一、郑、宋互掐，便是华、夏内讧；你们亲叔伯兄弟们都杀得脸红脖子粗，还好意思再给夷族们上什么仁义礼仪的大课？二、郑国攻宋，晋国必定出面来捏这个软柿子，楚国也能和这只引出洞的蛇来个正面交锋，一决雌雄，让天下见识一下谁才是真正的霸主。

果然，晋国一见郑国这个软柿子竟然敢攻打站在道德高地上的宋国，便搂不住火了：这怂包，真把自己当楚国的当红小三了！

晋大夫赵盾挟着“解焦胜秦”之威，驾着战车便杀到了郑国的边疆。

等的就是你！

楚庄王怕弟弟熊侧喝酒误事，便让令尹斗椒领兵与赵盾一决胜负。

楚庄王原本是想亲自干这个大仗的，但有鉴于赵盾这个大夫是个冒牌货，身份不对等，便只能干站在一旁挠痒痒。

春秋时的干仗是很讲究的。

能挑起战争的都是王孙公子，世家子弟。

就连当个一般的“战士”，都需要有个来历，最低的要求也得是王公两族中的庶人——平民根本就没有资格承受此等荣誉，充其量就是些杂役。

国君和国君对着干；大夫和大夫瞪着打；只有身份对等了，双方才会开战。

如果某一个国君因种种原因缺席了，就要向对方说明原因并且致歉己方的失礼之处；如果是交战双方的首领身份不对等，身份低的见了身份高的还要行礼致敬。

君子和战士们为了显示自己的尊贵与修养，春秋时的战争颇有些仪仗队的意思。

一方的军队没有摆好阵势，另一方有修养的国君就不会下令攻击；有资格在阵前厮杀的是世家子弟中的战士，兵卒（平民）们则只有打扫战场、运送物资的份儿，根本就不会出现“弟兄们给我上”的场景。

一个战士受伤倒下了，绝对不会有人趁机再给他第二次打击；遇着上了年岁头发花白的，除非他老人家一心送死，否则没有战士会主动攻击他。

开打之前，双方会互派使者说明宣战的理由并约定战斗的时间和地点，基本上是一战定胜败；伤亡的人数越少，胜利的一方就越感到荣耀；谁要是靠着设伏耍奸打败了对方，不但得不到己方战士们的欢呼拥护，回到家里也只能看到老婆冰冷的背影。

交战之时，一方的车轮坏了或者铠甲松了，另一方会停下来等待他们整理好后再战……这种贵族式的战斗方式很让人向往和敬仰。

首先，双方不论有多么大的血海深仇，都会彬彬有礼地向对方宣战；其次，在众人的见证下，战士们便要在阳光下光明正大、认认真真地拼斗；最后，胜利的一方以对方不感到屈辱的方式提出条件；失败的一方则会按礼仪和底线满足对方的要求。

胜者荣耀无比，败者颜面尽存。

滥杀无辜是胜利者的耻辱；坑杀和灭族更是当时王孙公子想都不能想的念头。

说白了，大伙儿都是一家人，往上查都是一个根儿，杀对方就等于杀自己。

战争的尺度就在于：对方认输便可。

赵盾还没开打，就认输退兵了。

这个执掌了晋国政权十四年的“夏天的太阳”，这个开创了“卿族大夫”时代的平民子弟，这个首次以卿族大夫主持诸侯盟会的“草根布衣”，这个将秦国与其他诸侯打得叫苦连天的“晋国一哥”的退却，无疑将华夏两族的霸主地位拱手让给了楚人。

赵盾不是不能打，也不是不能打败楚军，而是没心思去打；他此时面临的最大麻烦是：问题青年晋灵公姬夷皋与胆大包天的亲弟弟赵穿。

晋灵公嫌赵盾影响自己一把手的发挥而日谋夜算着要杀了他，除了频派刺客行刺外，甚至用上了恶兽攻击的手段。

忠心耿耿的弟弟赵穿却不顾全天下认同的君臣礼仪，为了保护兄长的安全，满脑子都是杀了晋灵公的念头。

赵盾在晋国时，这两位愤青还有所收敛；离开得久了，这俩货能把板砖捏出水来。

赵盾刚要向楚军宣战，便接到了一个惊天密报：赵穿正准备把晋灵公剁了。

家臣弑君，这可是一个捅破了天的乱子！

赵盾撂了一句“和一个快要死了的人打什么？便是打赢了也没什么荣耀”，便匆忙带兵回国收拾烂摊子去了。

楚庄王乐了：连晋国的赵盾都不敢和楚军对打，试问全天下谁还有这样的胆子？

他一鼓作气，亲领楚军直抵周王室边境陈兵示威。

周定王惶恐不安，便派大夫姬满（周襄王之孙）慰劳楚庄王，顺便问问这位爷的来意。

楚庄王在与姬满谈话间便问道：听说你们华夏两族有九个铜鼎，有多大、多重呵？

姬满说：九鼎是先人夏禹根据上祖黄帝仙传宝鼎所铸，内藏九州玄机，这个事情外人不能问，我们也不会说。

楚庄王道：噢，这样说来我们铁定是外人夷族了？但寡人听说这些鼎中有伏羲、女娲后裔诸族的属地分布图，足以证明我们都是伏羲、女娲的子孙后代。这么重要的宝物，周天子能保护得了？

姬满答道：能不能保护好祖宗的宝物，不在人多势众，而在于是否有修养和德行。

楚庄王笑道：你们很有德吗？姬姓诸侯五十有三，诸夏诸华遍占天下肥沃之地，寡人怎么尽看到兄弟相残的景象呢？

姬满站起来道："周德虽衰，天命未改，鼎之轻重，未可问也。"我华夏两族虽然内讧，愧对上祖，但也容不得蛮夷外族占我祖地，夺我社稷。你若不讲尊卑礼仪，侮辱天子，你掂量一下自己的斤两，天下华夏诸族岂能容你！

楚庄王大笑道：仅是楚国的箭头，就足以铸造九只大鼎，真以为我们很稀罕你们的宝贝吗？回去告诉周定王姬瑜，让他好好想想，咱们都是一个裤裆里钻出来的，真以为天下就是你们先祖黄帝一个人的？

楚庄王的耀武扬威，引起了楚国若敖家族的警觉。

这家伙竟然是个狠角色兼演艺界明星呵！原来闷头喝酒玩女人那都是装的呢。

做臣下的，最怕的是逢上一个有理想、有野心、有志向、有抱负的君王；如果这个君王再有点文化，那就比夜路上遇着恶鬼还要糟糕。

要实现君王的理想和抱负，有点本事的臣下不但要担心在东征西伐中战死累死，最要紧的是，他们更担心在君王实现志向和野心后，自个儿能否保住吃饭的家伙。

一般来讲，遇着个没什么文化的君王还有个商量（如赵匡胤等）；若遇着个文化过了的君王（如李世民等），除了自己主动放弃权力或自残以保全族种外，还真没有一个皆大欢喜的办法。

黄帝2092年七月初九（前605年），楚国令尹子越、斗椒带领若敖家族两宗公开向楚庄王叫板亮剑。

楚庄王亲自出战，在王公贵族们惊愕的注视下，干脆利落地诛杀了若敖家族反叛的两宗。

这不但将诛戮公族的劣迹堂而皇之地摆上了桌面，同时也继齐国之后，正式拉开了战国时代清除世族的血腥帷幕。

黄帝2100年（前597年），由于郑国背叛楚国又投靠了晋国，又加上楚国宗族的彻底臣服，楚庄王便发动了楚国史上规模最大、气势最宏伟、攻势最猛的一次进军。

眼见着楚军将新郑围困得水泄不通并不打算空手回去，郑襄公姬坚便命人占卜：求和——不吉；开战——吉利。

上祖黄帝呵，您这是开什么玩笑呀！就凭我们郑国这些舞男歌姬的小身板，能打得过如狼似虎的楚蛮吗?

于是，郑襄公与郑人举国大哭，一边派人飞速去晋国求救，一边拿起早已生了锈的兵器与楚军对抗。

抵抗了十七天，东北角的城墙突然崩塌了十几丈，郑人一下傻了眼：这是天意灭郑呵。他们悲声大放，干等着楚军的铁骑踏灭郑国昔日的辉煌。

谁知楚庄王听见新郑城内百姓的哭嚎，便传令楚军后退十里，说道：乘人之危，非君子所为，等他们将城墙修好后再攻。

大夫熊婴齐劝楚庄王说：郑城陷塌，正是天意灭郑，大王不可违逆天命。

楚庄王道：郑人已知兵威，不知楚德。郑为华族姬姓大国，其有射伤天子之罪，楚有退师十里之德。寡人倒要让天下人看看，是我等楚蛮有德，还是他们华族无耻。再说，他们把城墙修好又能怎样，徒费气力而已。

经过长达三个月的抗战与等待，盼不到晋国救兵的郑襄公只好袒胸露臂向楚军请罪以求和。他左手拿着牦牛尾巴做的旗节牵着羊，右手拿着杀牲畜的弯刀，对着楚庄王说道：我不德，使上天降罪于郑国。今君王千里劳苦来到郑国替天惩罚，我已知罪。若君王顾及先祖武公、庄公的情分不灭郑国，延我宗祀，乃是君王大德。

熊婴齐忙向楚庄王说：郑国力穷而降，正好乘机灭之。若赦后郑国又叛楚降晋，则为楚国后患。

楚庄王说：昔日灭陈降为县邑，申公屈巫以践其田而夺其牛的故事笑话寡人。今襄公能执礼屈膝，可见华族之君临危不惜颜面，存惜百姓。此等舍生取义之举，万不可轻言灭国，遭天下人唾弃。

楚军撤出城外，后退三十里。

灭郑不是楚庄王的目标，而是一个诱饵！

楚军驻扎在黄河边上，静静地等待着一条已经死掉了四年的大鱼上钩。

死掉了的大鱼是根本不会上钩的赵盾，但是活着的小鱼们却不能容忍楚蛮去侮辱他们的老大。

赵盾虽死，我等尚在！

晋国强壮的“鱼儿们”全集结在了黄河岸边。

春秋时最豪华的战队亮相了。

晋国阵容：

中军将荀林父，中军佐先縠；赵括、赵婴齐为中军大夫；

上军将士会，上军佐郤克；巩朔、韩穿为上军大夫；

下军将赵朔，下军佐栾书；荀首、赵同为下军大夫；

韩厥为司马。

荀林父是赵盾的政治盟友，先縠是赵盾铁杆死党先克的儿子，士会是赵盾用苦肉计从秦国弄回来的高才生，郤克是赵盾临终指定的接班人，赵朔是赵盾的亲儿子，韩厥是赵盾的干儿子，巩朔、韩穿、栾书、荀首等不是赵盾的粉丝，就是赵盾的心腹，其余诸赵都是赵盾的宗族弟子。

货真价实的赵家班（一水儿的家臣）。

楚国阵容：

统帅楚庄王；

孙叔敖将中军，副将潘党；

子重（公子熊婴齐）将左军，副将养由基；

子反（公子熊侧）将右军，副将许偃。

孙叔敖这个逃亡的贵族是楚成王挖掘的，潘党、养由基、许偃则是楚成王一手培养的，子重与子反和楚庄王流淌着一样的血液。

纯粹的死党加兄弟（一水儿的祝融贵族）。

即将开打的“邲之战”，彻底打破了中央帝国干架时礼仪的底线，露出了战争中狰狞的面目。

晋军在黄河边上集结后，按照礼仪，荀林父应该派遣使者向楚庄王通报致歉晋成公不能亲自前来作战的原因。

但是，当荀林父听到郑国已降的消息后，便觉得师出无名，意欲退兵。谁知急于扬名立万的副手先縠竟自率中军一部渡河向楚军列阵，引得晋国三军匆忙过河接应，第一个打破了春秋时期“不宣而战”的先例。

这家臣不懂事，贵族们可不能跟着胡折腾。

孙叔敖对楚庄王道：晋军不宣而战，无礼之至，您贵为一国之尊，可犯不着和这伙二杆子们计较，辱没了您的身份。

伍参驳道：先縠单军渡河，可见并不是主将荀林父的本意，也可看出晋将们的不和。如此良机，不攻可惜。

孙叔敖道：他是家臣，我王为君，贵贱已分，怎能相敌？况晋国此举，必遭天下诸族诸国耻笑，若与他战，何苦抬高此等无知小儿？

伍参道：理虽如此，然堂堂大国之君避战于晋国平贱之臣，实为楚国社稷之辱。

楚庄王面色不悦地道：无礼晋儿，竟将寡人逼到攻也不能、退也不妥的境地。你等休要争执，想荀林父老成谋国，必随后派使者前来说明。且忍这匹夫一口恶气，看情势再做定夺。

等了几天，楚庄王纳闷了：晋国这是唱的哪一出呀？按礼仪，最起码应该派个使者过来通报一下来意嘛。

好吧，你们不来，我们便去，看看你们到底想咋样？

楚庄王突发奇想，请庶母樊姬去士会的军营中出使探访。

樊姬虽然是个女人，代表的却是楚庄王。

士会虽然觉得这不是回事儿，但因为自己是家臣出身，却也要依王礼接待这个女使者。

女人说话很随便，也很不当真。

当士会问及楚军驻扎黄河岸边的原因时，樊姬便道：楚国为定郑而来，非与晋争；驻马黄河，观景而已。

士会道：既然如此，卑将定告知主将荀林父，双方各自退军。

荀林父听了士会的汇报后，便召集三军首领通报楚国之意。

先縠对着樊姬说道：我等奉君主之命，将楚军赶出郑国。现在讲和，为时已晚。

荀林父道：休得无礼。楚君亲自督军，我等本应先遣使拜访。今楚使先到，晋国礼仪尽失，再出此不敬之言，华族颜面何存？

赵括（此非纸上谈兵之赵括）道：晋为华族正宗，楚系蛮夷异族。楚君妄自称王，今又遣女使辱晋，何谈仪礼？

士会道：楚使虽为女眷，然贵为国母，吾等若失礼，与蛮夷何异？

樊姬见晋国诸将不和，便趁势加了一把火：楚虽蛮夷，尚且遵循周礼；晋诩正脉，奈何轻发衅战之言？

荀林父红着脸道：让尊使见笑了。回去转告楚君，楚既有讲和之意，晋不敢有衅战之举。明日我当遣使拜访楚君，双方就此罢兵。

樊姬笑着离开后，荀林父沉着脸道：如此失礼之事，竟由我晋国开始，实在是愧对上祖黄帝。诸位休要争议，我意已决，明日遣使向楚君补礼致歉，三军归晋。

先縠刚要争辩，赵括拦住道：主将意决，无须再言。明日当派魏锜、赵旃二将为使向楚君依礼致敬。

荀林父道：便依赵将军之言。

出了营帐，先縠便埋怨赵括顺从荀林父之意。赵括鄙夷道：食古不化之人，何须多费口舌？我等虽为家臣，然今贵为大夫，非荫祖贵，实仗军功，哪来的这些繁文缛节？明日让魏锜、赵旃向楚蛮辱骂，挑起战端。

先縠道：你我先祖皆平民家臣出身，若无军功，怎能服众？

郤克深知魏锜、赵旃此行必急于求功，激怒楚师，暗中调遣上军大夫巩朔、韩穿率军设伏七处于敖山之下，以为应急之需，并建议士会令全军预做迎战准备。

谁知遭到士会训斥：你我虽是家臣出身，然世族公室之礼、之行、之言、之节心向往之。我等既与楚君讲和，何为此无信无义之举？

郤克急道：魏、赵无礼，楚必不义。

士会道：他等自无礼不义，你我须恪守祖仪。

本应依礼致敬的魏锜、赵旃摇身一变，成了骂街的泼妇。

他俩站在楚军阵前，使劲地掀楚国的丑底。

弑父篡位那是轻的，郑国与陈国兄妹乱伦、君臣共淫的肮脏事儿，也一股脑地泼在了楚庄王的身上。

楚庄王被彻底激怒了：王八羔子，趁不上和你计较，这赤脚的还蹬鼻子上脸了。

楚将许伯、乐伯、摄叔因魏锜、赵旃为晋军使者不能诛杀（“不斩来使”乃诸族古规），便乘兵车冲入晋营，杀一人、擒一人以泄愤扬威。

楚庄王叫道：诸位将军速速回营。魏、赵二人出言不逊，非干国事，实乃私怨。今只我三人角斗，与楚、晋一众战士无关。

楚庄王乘车向魏锜、赵旃挑战。

魏、赵二人并未下车依规向楚成王行礼，反而联手对楚成王攻击。

楚中军将孙叔敖见状大惊，不顾楚庄王禁令，叫道：晋人无礼之至，陷我王于险地。全军速去尽力攻击，近我王十步者死！

楚国中军救主心切，也不等晋军列阵，径直冲了过去，不论是战士还是兵卒，见人就砍。晋国中、下两军本无备战，刹那间被楚军冲了个人仰马翻，全线溃败。

荀林父慌乱之中，下令晋军退却渡河。因船只有限，先上船的晋军战士纷纷将慌乱争渡的兵卒手指斩断以防人多船沉，竟致“舟中之指可掬”。

溃散的晋军争舟渡河，大部分战车陷入泥坑，无法前进。楚国战士恪守“不逐北”（不追杀逃兵）之规，勒停战车，反而指导晋军兵卒“抽横木、拨辕旗”方才脱困。

刚冲出陷坑的晋军战士却讥嘲楚人：你们的逃跑经验很丰富嘛（“吾不如大

国之数奔也”）。

被激怒的楚军战士顿时野性大发，开始胡乱杀人了。

郤克见状，也顾不得遵守“不设阻隘”（不设埋伏、不利用地形袭击对方）的古训，七处伏兵悉数出击。

中国历史上的第一次混战，就此拉开了血腥的序幕！

失去了理性的晋、楚战士们杀红了双目，不论对方是兵卒还是老者，也不管对方的身份卑尊，只要是会动的东西，全都照死了攻击。

这一场混战的结果是：晋国方面，兵卒断指、缺耳无数，平添巨多伤残军人；晋下军大夫荀首之子荀智被楚大夫熊负羁生俘；晋中、下两军战车损毁殆尽，战士伤亡惨重，晋国众多士族自此无传宗接代之人。

楚国方面，年近花甲的连尹襄老被救子心切的荀首射杀，晋军不但犯了“不擒二毛”（不攻击上年数的苍发老者）的大忌，而且干脆连这个刚娶了“天下第一美人”的老头子的命都要了；楚庄王的弟弟熊谷臣则被晋兵所擒，打破了“刑不上大夫”的先例。

乱了，全乱了。

这一场混战，尽犯中国诸族的古规。

先是晋国“不宣而战”，后是楚国“遣使不仪”；紧接着晋国“使节不礼”，然后是楚将“未及列阵”而进行攻击。

至于后来双方杀红了双眼，根本就顾不得其他“不逐北、不擒二毛、不设阻隘”等规矩，将华、夏两族苦心经营两千多年的战争礼仪破坏殆尽，从此战争逐渐显露出它本来的狰狞血腥面目！

“三年不鸣，一鸣惊人；三年不飞，一飞冲天。”后人居然给予了这场撕碎战争礼仪的肇事者这样一个励志式的褒奖。

从此之后，中央帝国再无礼仪之战。更为夸张的是，得胜后的楚庄王竟然将楚国的祖庙修建在了黄河边上，向华、夏两族宣示着祝融后裔入主中原。

黄帝2102年（前595年），楚庄王遣申舟出使齐国而没有向宋国借道，使得宋文公子鲍感到受了极大的屈辱。

从我家的厅堂过，居然连个招呼也不打，你就是我亲爹，也不带这么耍大牌的。

宋国的“右师”（宋国六卿之首）华元干脆一不做二不休，杀死了不懂规矩的楚使申舟。

楚庄王为之大怒，尽起三军，攻打宋都睢阳（今河南省商丘市境内）。

楚军将宋都睢阳城围了个水泄不通，本想来个不战而屈宋之兵，谁知宋人把面子和仁义看得比性命还重要，宁可“易子相食”，也绝不向楚夷服软投降。

九个月围下来，天下为之震惊。

第一个震惊的是：诸侯见识了楚国强大的综合国力。

第二个震惊的是：天下人见证了宋人捍卫黄帝后裔尊严与仁义的决心——宁死也不愿降服夷族！

僵持到了极限，双方都撑不下去了。眼见着城内百姓饿死大半，早已被楚军打怂了的晋国救兵也未如约而至，宋文公便派华元去和楚国谈判，意思只有一个：楚国体面地退兵，宋国尊严地保全。

华元是个直性子的人。

这种人一旦认定了某种价值观，对其他的事物都会很忽略，只会维护自己心中认可的信念。他有一个“羊羹不遍，驷马长驱”的故事，大家抽空可以找来看一看，便会知道君子直得愚拙、小人滑得溜手的状况。

华元到了楚营，见着了拿事的老朋友熊侧，双方进行了一场堪称千古绝唱的实诚人对话。

熊侧问：你们城内的情况怎么样了？

华元流着泪说：很惨，都到了易子而食、拾骨而爨的地步。

熊侧面显不忍之色，道：都到这种困敝的地步了！你我现在是敌对双方，怎能以实情告我？

华元道：君子援人之厄，小人乘人之危。你我皆大宗之人，不必匿情。

熊侧问：既然已到山穷水尽，你等君臣为何不降，难道要百姓陪你们送死吗？

华元揩干泪渍，平静地说：国有已困之形，人有不困之志。我等为黄帝后裔，岂肯向夷族臣服？若保存不住先祖颜面，只有与城俱碎，君民效死以彰仁义而已。

熊侧问：宋既不降，你来何意？

华元道：如今之势，楚无必胜之机，宋有决死之意。楚君除非杀尽宋人引发诸夏诸华众怒，再无办法让我夏族蒙羞。

熊侧道：你等不怕灭国毁族吗？

华元瞪大眼珠子道：灭国毁族，其志难改！更何况你等祝融后裔有这样的胆子吗？宋若族毁，天下诸夏诸华必将不留祝融氏一人于世间。

熊侧点头道：此言不虚，夏后桀就因灭族而致亡国。此训不只你上祖黄帝独诫，凡我伏羲子孙皆须守此之规。既然一死不能灭其志，愿闻和解之法。

华元道：倘蒙援厄之仁，退兵回师，宋与楚自此再不为敌！

熊侧道：实不相欺，我军中也只有七日之粮。若过七日，攻城不下，也将退兵班师。明日我当奏知庄王撤围，你等君臣亦不可失信。

华元正色道：我宋人夏族便是顽童也无戏言！

次日，熊侧见了哥哥楚庄王，说道：昨夜华元来访，说睢阳城内已易子相食，恳请兄长退兵讲和，弟已应允。

楚庄王道：宋已困惫至此？寡人正好将此城取了班师而归。

熊侧躬身道：宋人誓死不改其志，除非灭国毁族，否则取此城无益。

楚庄王道：围宋九月有余，耗费巨大，若不取此城建功，难以向宗族交代。

熊侧拱手道：围城九月，诸侯莫敢来援，天下华夏两族又一次见识了兄长的威严，怎么能说是无功而返？况弟已将我军只有七日之粮告知华元。

楚庄王看着熊侧，指着他怒道：子反，你是不是又喝大了？这等机密军情，怎能向宋人告知？

熊侧道：区区弱宋，尚有不欺人之臣；堂堂大楚，又岂能以诡道胜人？故弟不敢隐讳。况且今取宋易如反掌，但若引发华夏两族众怒，怎会有我楚人立足之处？

楚庄王想想也是，叹了口气跺着脚说：你我同胞，兄怎会让弟失信与人？退兵吧。

夏族宋人又一次向天下证明了信守仁义的精神力量。

正因为开国鼻祖微子启的背叛，才使得春秋时的宋人倍加维护仁义与诚信的尊严。

春秋五霸，宋国当为首尊！

黄帝2106年（前591年），楚庄王病重辞世，楚国贵族间的新仇旧恨迅速爆发。

以令尹子重为首的王族与以申公巫臣为首的屈氏卿族矛盾激化，结果是屈氏卿族被灭，巫臣领着“天下第一美人”夏姬仓皇出逃，撺掇晋、吴两国夹击楚国，最后几乎使楚国被蕞尔小邦吴国所灭。

五霸之中，炎帝、蚩夏混血、祝融后裔各占其一，夏、华二族各占一席，使得华族子孙很是不爽。

从比例上来看，玄嚣的后裔们确实是落了下风。

于是，关于春秋五霸，还有一种说法是去掉宋襄公与秦穆公，把吴国的阖闾与越国的勾践加进来才对。

其中原因，说法有二。

第一种原因是：身为夏族的宋襄公竟然抢了华族的仁义镜头，实在有点儿说不过去；更何况他都打了些败仗，能符合霸主的无敌光辉形象吗？

秦穆公则从未到中原召开过诸侯们“团结胜利的大会”，华族的文化人们便是不计较他的血统来历，在正儿八经的场合怎么去介绍他的丰功伟绩？

第二种原因是：这个说法源自后世得势的南方文人集团之手笔，基本上是对“南文北武”这种千年格局不服气的意气之举。

就你们北方的夏族们会打吗？阿拉南方也好多壮士雄杰侬晓不晓得呀？

但凡看一看中国的历史就会发现，齐、宋、晋、秦、楚五霸，哪一个国家的政令与行动，都会左右着当时人类历史的发展方向与民众的思维方式；而吴、越两国再怎么折腾，除了充当一个“导火索”式的小丑角色，他们岂能影响到世界的格局？

再说了，吴、越两国除了给人类带来毫无道义的残杀和卧薪尝胆式的复仇行径，焉配称霸？

但是，华族史官却不善梳理，忘了五霸之外，华族还有一个至少在名义上属于本宗、让各族难以比肩的“文霸”，足以庇佑华族始终摇摇晃晃占有天下主圭。

这个巨人便是李聃。

人类哲学奠基人和指导者——文霸李聃

李聃（李耳）是周朝“守藏室之官”（管理藏书的官员）。

后世因搞不清他的父母出身，干脆说他是“华夏族人”，总之是把他老人家牢牢地钉在了黄帝后裔的族谱中，让四夷诸族只有羡慕的份儿。

其实玄嚣一族一直恪守“以文兴族”宗法，“守藏室之官”历来为宗室重中之重，岂可让外族之人承担？

可以说李聃是继黄帝、伯昌之后的又一文兴泰尊。

他著《道德经》五千言，其实想说明一个道理：天下之所以混乱，是因为许多人有了知识；有了知识便会产生思想；产生思想便要有自己的规矩和主义；有了自己的规矩和主义便要别的人去执行。

别人不执行甚至另立了一套自己的规矩和主义怎么办？——打！

打得让你小子认可我的规矩和主义。

既知症结所在，那么有什么办法让天下太平无事、共享人生之乐呢？（老古人可不像现在的老师们一样，把自己弄不明白的问题都交给了学生和家长。）

李聃回答：“虚其心，实其腹；弱其志，强其骨。”

“专气致柔，能婴儿乎？”

“常使民无知无欲。使夫知者不敢为也。”

“为无为，则无不治。”

明白了吗？

第一句是说：要让人们吃饱，但不要让他们有文化；有文化就会有思想，有思想这孙子肯定不安分；要让人们有个健康的身体享受人生之乐，但不能让他们立一个“让世间都和我一样”的志向。

第二句是说：人没有知识和思想，就如同婴儿一样纯真无邪。

第三句是说：要使所有的人自然而然地享受自然与人生之乐，则必须共同打击提出“人生应该怎么样怎么样”的有主义思想者。

大棍子尽管招呼，看丫还敢不敢再让人们过他那样的人生？你丫的人生再怎么舒畅，毕竟是你丫的人生。

最后一句是说：都没有了想法，都过自己的人生。

这话搁在咱都忙着现代化、奔小康、讲知识、爱学习的今天，简直连个屁话都不如。

但李聃认为：民智一开，天下即乱！

春秋时代和后世历朝及现代有思想主义者全都认为这是屁话。

但不相信这些屁话的结果是：有思想主义的大爷们一旦谈不拢，百姓庶民们则连个屁都不如。

李聃担心出现这样的后果，便早早就用最简洁的语言告诫当时乃至后世的族亲。

谁知咱后人把他老人家高高供在了天上的兜率宫里，让他接不了地气，只有天下大乱或人生失意时才翻一翻老头儿的《道德经》，感叹他老人家的先知先觉。

李聃的出世与归宿一直是个谜。

民间说他寄胎于天水尹氏的肚子中长达八十一年，从左肋下诞生。

他一生下来就白眉白发，长着一大簇很是飘逸的白胡子。因此，尹氏（后称“玄妙玉女”）给他取了个农村妇女都喜欢的名字——老儿子。

他刚出娘肚子就会说话，先是走了九步，步落之处，莲花绽起；左手指天，右手指地，说道：天上地下，唯我独尊，我当开扬无上道法，普度一切动植众生。又指着院子中的一棵李子树说：李就是我的姓。

这个故事是后来众多神话人物演义自身的源头，人们仿佛看到了释迦牟尼刚出生的景象，也看到了后来出现的西方三大神教奇幻的身影。

道家解释："老聃之生也，由无至有，聚气而成，顺时而来，合自然之理。"这个说法很有些科幻的色彩，也满足了众多男人们内心中的期望：这么牛的一个人物，怎么会是从屎尿混杂的肚子中孕育出来的呢？

儒家则说他是"楚苦县厉乡曲仁里人，姓李氏，名耳，字聃"，并且有着明确的生卒年：黄帝2126年至2226年（前571年至前471年），大约活了一百零一岁。这个说法主要是根据孔丘先生拜望他老人家的时间推算的，一般被正史采用。

这些说法先不论哪一个比较准确，但都有一个相同之处：李聃没亲爹。

他的没爹和先前那些"鸟孕龙生"的大人物们可不一样，是真的没有爹；甚至连他的娘也是民间捏造的。

他从一开始给众人呈现的，就是一副成熟得不能再成熟的形象；人类的世界中，冷不丁就出现了这么一个充满大智慧、怜悯心的老头儿。

他一针见血地指出了人类诟病的本质，并且指明了保持人性本真的道理；他的思想佑护着人类得以残存至今；如果没有这个老头儿的教导，人类能否发展到原子弹时代还真是难说。

这是一个把道理说透了的好老头儿。

从种种迹象来看，这个老头儿只不过是以大伙儿喜欢的形象，出现在人类的面前。

关于他的归宿，全都与"死"字不沾边。

有人说他在函谷关写了《道德经》五千言后骑青牛去了迦毗罗卫国（今尼泊尔），乔达摩·悉达多闻讯前去向他求道，得到他的点化，居然悟道成佛；

有人说他在光严妙乐国给国王净德和王后宝月光赐生太子，此后悉心教导，使太子成为统率三十六天的玉皇大帝；

有人说他在约旦河化名为约翰给耶稣进行了洗礼；

有人说他在麦加郊区的希拉山教授了穆罕默德的《古兰经》；

近来有人居然惊讶地发现：圣诞老人也是个白眉、白发、白胡子的好老头儿啊……

满地球都有这好老头儿的身影哩！

他是谁？不好说。

他从哪里来？不清楚。

他去了哪里？不确定。

他真实地存在过吗？是的，有书为证。

不论官方还是民间，只是一句话："不晓其所始，莫知其所终。"

他的几则故事有必要回顾一下。

黄帝2174年（前523年），孔丘向李聃求教，在礼、乐、祭、典方面获得了李聃的指导。辞别之时，李聃说道：富贵者送人以财，仁义者送人以言。吾不富不贵，无财物送你，愿以数言相送。

孔丘恭敬地肃立聆听。

李聃道：当今之世，聪明的人之所以多灾多难，主要是仗着才学敏捷，讥讽别人的过失与短弊；能言善辩的人之所以屡次招祸于身，主要是凭借自己的知识，毫无顾忌地扬他人之恶与隐私。

他似乎已洞穿孔丘的秉性，最后又嘱咐了一句："为人之师，勿以己为高；为人之臣，勿以己为上。望你切记。"

行至黄河边上，看着河水翻腾而去，孔丘有感而发：河水不知何处去，人生不知何处归。

李聃道：天地与人生都是自然之物。前者有春、夏、秋、冬之交替，后者有幼、少、壮、老之变化，这有什么可感慨的？

孔丘解释道：弟子是担忧大道不行，仁义不施，战乱不止，国乱不治呵。人生太短暂了，就这么点时间，哪能有功于世、有为于民呀。

李聃道：“天地无人推而自行，日月无人燃而自明，星辰无人列而自序，禽兽无人造而自生。”这都是自然的行为，你觉得人能干得了这些事吗？

孔丘又问：那弟子今后到底该干些什么事呢？

李聃摇摇头，道：真是一个爱操心的孩子呀！好了，你能回家了。

孔丘急得脸都青了，连连作揖道：恳请老师明示。

李聃指着黄河道：道理就在水中。

回到鲁国，众弟子问道：先生拜访老聃，可见着了？

孔丘道：见了。

弟子问：他真有人们说的那样玄乎吗？

孔丘感叹道：鸟，我知它能飞；鱼，我知它能游；兽，我知它能走；至于龙，我真是不知道也没见过呵！他就好比是人中的神龙，学识渊深而莫测，志趣高邈而难知；如蛇之随时屈伸，如龙之应时变化。老聃，真吾师也！

李聃遇着阳子居，问道：近来忙什么呢？

阳子居回答：购置房产，修饰梁栋，招聘仆役，整治家规。

李聃道：有卧身之地、饮食之处就行了，何须如此张扬？

阳子居道：先生修身，坐需寂静，行需松弛，饮需素清，卧需安宁，非有深宅独户，何能如此？置深宅独户，不招仆役，不备用具，何能撑之？招聘仆役，置备用具，不立家规，何能治之？

李聃笑道：大道自然，何须强迫自静？行无求而自松，饮无奢而自清，卧无欲而自宁，修身何需深宅呢？

阳子居惶道：弟子鄙俗，多谢先生指教。

行至难水，二人乘船而渡。老聃牵牛先登，阳子居引马后上。老聃慈容笑貌，与同渡乘客谈笑融融；阳子居昂首挺胸，众人见他来头不小，让座的让座，奉茶的奉茶，阳子居坦然受之。

李聃叹道：观你神态，昂首挺胸，傲视旁人，唯己独尊，狂妄自大，好大的气派呀！

阳子居面带愧色，道：弟子习惯成自然，今后一定改正。

李聃道：修真之子与人相处，若冰释于水；与人共事，如童仆谦下；洁白无瑕而似含垢藏污，德性丰厚而似鄙俗平常。

阳子居于是一改原来高傲，其貌不矜也不恭，其言不骄也不媚。

李聃听说后道：每个人都生于父母之身，立于天地之间，全是自然之物。贵己贱物则背自然，贵人贱己则违本性；等物齐观，物我一体，则合于道了。

南荣拜见李聃，道：弟子资质愚钝难化，特求教圣人。

李聃道：你求何道？

南荣说：养生之道。

李聃道：养生之道，在神静心清；要想神静心清，必须洗去内心污垢。

南荣问：内心污垢为何物？

李聃回道：心中之垢，一为物欲，一为知求；去欲去求，则心中坦然；心中坦然，则动静自然；动静自然，则心中无所牵挂。因此，学道之路，必须内外两除；得道之人，必然内外两忘；由除至忘，则内外一体，皆归于自然，这样才会得到大道。如今你心中念念不忘学道，也是一种欲求，不符合求道之理。

南荣听后，苦心求道之意顿消，身心如释重负。于是拜谢道：先生一席话，胜我十年修。如今我不再请教大道之理，但愿闻养生之经。

李聃道：养生之经，要也在自然。动不知所向，止不知所为；随物卷曲，随波而流；动而与阳同德，静而与阴同波；其动若水，其静若镜，其应若响——这便是养生之经。

南荣问道：这是完美的境界吗？

李聃道：不，这仅仅是个开头。如果要进入另一种境界，就应与禽兽共居于地而不认为是卑下，与神仙共乐于天而不以为是高贵；行不标新立异，止不思虑计谋，动不劳心伤神；来而不知所求，往而不知所欲。

南荣问道：如此便是至高境界吗？

李聃道：自然中没有至高，也不会有完美。你如果达到身立于天地之间，使身同枯枝槁木，心居形体之内，如同焦叶死灰的境界，则赤日炎炎而不觉得热，冰雪皑皑而不知道寒；剑戟不能伤你，虎豹不能害你；于是祸也不至，福也不来；祸福皆无，苦乐都忘了。

南荣拜道：弟子明白了。

李聃的言行与故事，都在反复地向人类教导四个字——“道法自然”。

为了敬仰他老人家的先知先觉，中国的人们便尊称他为“老子”。

顺便预告一下，李聃最怕和最不愿意看到的景象在他出关后不久就发生了。

这个现象我们后人称其为——“诸子百家”。

周武王姬发立周之后，由于玄嚣一族素来崇尚文化之事，便着力在诸侯与百姓间推行文明礼仪。

标准的教科书便是《周易》，参考书籍为宗法礼仪等制度规定。

周朝推广文明的本意，原是想让天下诸侯见识一下华族的文事精深之美，使苍生百姓瞻仰一下天子们的规矩修养，从而产生对华族的敬重之情。

谁知人算不如天算，华族把自己压箱底的东西无私地向全天下展示推广后，结果却非常不尽如人意。

就如后世的人去读《红楼梦》，搞文学的便认为其为标准优美的古典文学范本；搞史学的便认为其为古代家族生活的“活化石”；搞医学的便认为从其中可以学习到很多的古药方；老百姓嘛，有的从中学到给孩子们起个好名字的方法，有的看到了为人处世的无奈与奸诈；还有的仁兄居然把它当黄色小说看。

同样，在李聃的《道德经》中，道家的庄周等从中感悟到了“逍遥”的处世态度；法家的管仲等学习到了“法度”的严格；儒家的孔丘等看到了“仁义礼智信”的辉煌；墨家的墨翟等窥测到了“兼爱、非攻”的帮派体系和宇宙万物构成的元素；名家、阴阳家、杂家、农家等创始人都从其中挖掘出了自己想要的东西……但是，纵横家王诩却从中找到了祸害人类几千年的方法，教育出四个破坏人类礼仪与道德底线的家伙，他们分别叫苏秦、张仪、庞涓和孙膑。

王诩是谁？

这个名字大家也许没听过，但一听说他还有个外号叫“鬼谷子”，不知道的人也许就不多了。

可见《周易》《道德经》虽好，但好东西还得有好人去使唤才行。

周朝推行文明的结果是：和老子的预判一模一样。

【中外对比】

春秋时代，古埃及到了他们后王朝时期的第二十一至二十六王朝时代（前1069—前525年）。在这五百四十四年的时间里，他们大半的时间分别被利比亚人和波斯人统治。

说起来都是泪呵。

古埃及从开始到没落，基本上就是一块唐僧肉，从希索克斯人、利比亚人、埃塞俄比亚人、赫梯人、亚述人、波斯人到马其顿人、罗马人等等，几乎所有强悍的民族都征服过古埃及，他们的命比喜儿还苦呵。

乍一看，他们就是一个弱势群体；又一想，这是他们咎由自取的呀。

他们的先祖，原本就因为在中国混得不咋样，才会被排挤到撒哈拉沙漠这块鸟不生蛋的地方，连个最早被排挤到非洲的黑人兄弟们也干不过，只好在沙漠中求生存。

他们的身世虽然可怜，但他们的行径却令人发指。

这是因为，他们创建了人类史上的奴隶社会。

他们从开始占据埃及时就认为：除过自个儿的宗族，其余的都和畜生差不多——不玩婉转了，其余的人就是畜生！

在法老们的意识中，人不过是一种会说话的畜生，虽然不能掌握他们什么时候从娘肚子里钻出来，但什么时候让他们死亡，却由着法老们的性子胡来。

他们从不关心治下的奴隶们想什么或要什么，只关心自己生前的享受和死后的归宿。法老们甚至都懒得亲自去打仗杀戮，把这个刺激的活儿都“外包”给一些亡命族群，史称“雇佣军团”。

战死了的尸体任由野兽享用，打胜了的将士赏几串“卡巴布”了事。

你不把别人当人看，凭什么让别人把你当神供？

黄帝2172年（前525年），波斯人在埃及“借壳上市”。

他们是雅利安与闪米特人混血后的新宗族，既有雅利安人的聪敏，又有闪米特人的强悍。

波斯人在冈比西斯二世的带领下，很快拿下了首都孟菲斯，并进行了一连串的屠杀、凌辱、掘尸、鞭尸、惩罚等动作，最后居然收不住手，连自己的老婆与弟弟都杀了。

但是，这些行为只针对埃及和波斯的贵族阶层，至于奴隶们——还是老老实实地当你们的奴隶吧。

据说在黄帝2147年（前550年），波斯人就建立了自己的阿契美尼德王朝，第一位国王叫居鲁士。

他们从那时起，共经历了萨珊王朝、萨曼王朝、萨非王朝等，直到1935年的巴列维王朝，共有两千四百多年的王朝历史。全盛时期的领土东起印度河平原、帕米尔高原，南抵埃及、利比亚，西至小亚细亚、巴尔干半岛，北达高加索山脉、咸海。此后改国名为“伊朗”。

便有人问：伊朗不是阿拉伯人吗？

在这里普及一下历史知识：伊朗人不是阿拉伯人而是波斯人的后裔，但他们在黄帝3319年（622年）后，逐渐被穆罕默德创建的伊斯兰教征服而信奉了阿拉伯人的神教，并且在黄帝4676年（1979年），由宗教领袖霍梅尼发动伊斯兰革命，从此彻底伊斯兰化。

去过伊朗就知道，伊朗人虽然信奉的是伊斯兰教，但他们从骨子里就瞧不起阿拉伯人；并且他们的伊斯兰教另成一脉，称为“什叶派”。

他们的祖先信奉的是琐罗亚斯德教（中国称火祆教、拜火教），他们最初使用的文字是契文，他们的宗族，中国称之为“大夏”……了解了波斯人的来历，就会明白今天的伊朗为什么会在中东显得那么格格不入了。

古巴比伦在春秋时期是个什么状态呢？

黄帝1968年（前729年），在春秋时代开始41年后，古巴比伦王国被亚述人所灭。

黄帝2071年（前626年），迦勒底人占领巴比伦，建立了“新巴比伦王国”；在尼布甲尼撒二世（前605—前562年）的统治下，达到了所谓的鼎盛时期。

黄帝2159年（前538年），存在了142年的新巴比伦王国被并入“波斯王国”的版图。

这个有着“27项世界之最”的文明，就这样——消失啦？

印度呢？

传说中的古印度文明早在黄帝947年（前1750年）夏朝建立320年后（就是所谓的“哈拉帕文化末期”）便不见了。

西周时期，正值他们的“晚期吠陀时代”。

在这个时候（约前1000—前600年），由于雅利安人祭司和“罗阇”们争权夺利，双方有鉴于夏华两族“肥水不流外人田”的事例，最终达成协议，出现了“瓦尔那制度”。他们将“四权宗法”演变为“四大种姓”，即：婆罗门、罗阇尼亚（刹帝利）、吠舍、首陀罗。

婆罗门便是祭司（僧侣），掌管神教、解释、祭祀等权力，享有崇高地位（黄皮肤）；罗阇是当时雅利安人军头的尊称，掌握着行政、军权等权力（白皮肤）；吠舍是有一技之长的一般平民，以农、牧、工、商为职业，钱再多、势再大，也几乎只有“议政”的份儿而没有“参政”的命；首陀罗则是从事各种低贱职业的贫民，是非再生族，不享有任何政治权利。

这四个种姓之间，有着许多权利与义务的规定，但最明显的是：种姓之间不但不允许通婚，而且不能一块儿吃饭。

照猫就是画不成个老虎，难不成还画成了个老鼠？

他们还就画成了个老鼠。

人少的时候，划分种姓确实能增强宗族的凝聚力和荣耀感；但只能在自己的宗族内里窝窝通婚繁衍，这简直就是一种找死的节奏呵！

再来看看古希腊。

在周室立朝246年后（黄帝1897年，前800年），古希腊终于从天上降到了地下，开始了自己650年的文明时期。

关于古希腊以前“灿烂辉煌”的历史，西方的学者们主要的依据是一个叫荷马的盲人唱吟的“史诗”。

这个盲人能否“写”诗姑且不提，就连他是否存在过都是一个疑问。

关于荷马的生年，最早的说法是公元前1159年，最迟的说法是公元前686年，这期间相差473年，也不知他这个看不见的诗人是怎么过的?

关于荷马的出生地，西方的学者们从来也没有统一过，以至于竟然多达十几个；关于荷马名字的含义，一种认为是“俘虏”，一种认为是“组合”。

但西方的学者们从古至今有一点倒是很统一：荷马来自东方。

我们不妨假设一下：荷马因“周革商命”的战乱而流浪到了爱琴海这片土地，为了生计，他重操旧业，干起了说唱的老本行，并且将这门手艺传承了下去。

讲故事不能光凭着想象力，怎么着也得在生活中找到个原型去尽情地夸大。

荷马将女娲与盘古、伏羲的事迹融合在了一起，变成了“地母盖亚”，但是她的交配对象却变成了自己的儿子乌拉诺斯，并繁衍出十二个提坦巨人；轩辕黄帝则成为众神的头领“宙斯”，他的居住地由昆仑山变成了奥林匹斯山，他的妻子嫘祖变成了“赫拉”；为了增加故事的趣味性和感染力，赫拉还要兼任着宙斯的亲姐姐一职；共工则变成了“波塞冬”，祝融则改名叫“阿波罗”，嫦娥叫作“阿尔忒弥斯”，颛项则成为众生害怕的“哈底斯”，炎帝变性为“得墨忒耳”，妇好成了“雅典娜”，商帝辛（纣王）摇身一变为“狄俄尼索斯”，女修成了“阿佛洛狄德”，蚩尤则与他的铁杆死党们一分为二，变成了“赫菲斯托斯”和“阿瑞斯”……至于其他半人半兽的诸神，都可在《山海经》中找得到他们的踪影；就拿故事里著名的特洛伊之战中的绝色美女海伦来说，怎么看都是引发夏、商战争的妹喜的盗版呵。

在这个伟大的盲诗人吟唱忽悠下，古希腊的文明从开始就有了硬伤。

大家坐稳了，古希腊的第一个硬伤“爱情观”就足以让你惊心动魄。

他们认为：爱情这个让千古男女们寻死觅活的玩意儿，只能发生在男人之间！至于男人与女人，则只存在种族延续的义务与责任。

但凡在古希腊有点权势的男人，都会去追逐俊美健壮的少年，女人便是再怎么漂亮，也绝对不会使他们为之疯狂。

我们中国人就纳闷了：在这种男风畅行的社会里，怎么会有几十万的男人们为一个海伦去干仗呢？

第二个硬伤是“教育观”。

斯巴达人族内规定：孩子在7岁前由其父母代为抚养，此后便属于国家，国家会把孩子们训练到18岁，整天就训练赛跑、跳跃、掷铁饼、投标枪、角力这五项杀人的必备技能，此外还兼带肉搏术、骑马、游泳、音乐与舞蹈等等附属本领。

这还不算完，18岁后，这些已具备了杀人能力的青年们会被被送到士官团接受专门的军事训练，主要研究从人体的哪个部位下手更能迅速地结束对方的生命——这其中也包括女孩。直到30岁，他们才能正式获得公民资格。

这种把孩子当成杀人机器的教育观念，只能加快自己种族的灭亡速度。

在他们的童年里，有的只是杀戮和冷酷，哪里能谈得上天真烂漫以至于“无邪”？

知道了他们先人们的教育方法，便不会惊讶他们《饥饿游戏》中的残忍，也不会赞同他们在18岁时就把孩子们赶出家门形同陌路的“独立精神”了。

按《黄帝内经》“女七男八”的说法，女性到了28岁、男性到了32岁，身体与心智才能健全，总不能认为他们有了生育的功能就算是“成人”了吧？

第三个硬伤是“国家观”。

根据现有的史料来看，古希腊根本就不能算作一个国家，充其量能称之为一种“村落现象”，或者“社区社会”。

据说古希腊由雅典、斯巴达等一些城邦组成，其中包括欧洲南部、地中海东北部地区、希腊半岛、爱琴海和爱奥尼亚海上的群岛和岛屿、土耳其西南沿岸、意大利西部和西西里岛东部沿岸地区。

有的说当时有1000多个城邦，有的说至少也有100多个。但不管有多少个城邦，都缺乏一个立国的前提：他们那旮旯没有说了算的“君王”。

他们每个城邦里都有一个“社区主任”，不但出了自己的社区说了不算，便是在自己的社区里说话也不是全都好使。

这就可以看出当时的古希腊还没有形成独自建立国家的宗族势力，大家都人少势单，饿狼对刺猬，谁也吃不了谁。

国家的建立与生存，必须依仗宗族的强大和人口的增加。

宗族的“家”多了，利益的分配就得有人出来按规矩支派；而这个说了算的人在众多的“家长”拥戴下，没文化的宗族便叫作“酋长”，有文化的宗族便被尊称为“国王”，宗族的人口与势力膨胀到了一定的程度，就要称之为“帝王”。

这个道理只要将军队中班长与军长管的人数和相应的称呼对比一下，就会彻底明白。

当时古希腊城邦中的各个宗族只达到了一个“社区”的规模，因此他们只能知道“家”这个概念，远远达不到“国”这个层次；便是“家”这个概念，由于快速地转化为“社区”，他们也没有来得及弄明白，导致了西方诸国直到现在还不是很明白“家”是怎么回事，应该遵守什么样的规矩。

因为没有“家”的概念，只有“社区”的束缚，所以古希腊的城邦很难上升到“国”的层面；他们的“民主”也并不怎么高贵与伟大，全都是“社区”的生活逼出来的。

第四个硬伤是“宗教观”。

之所以用“宗教”这两个字，是基于大家的习惯，其实对西方的宗教，都应该称之为“神教”才算得上准确。

前面说过，宗教与神教是两种截然不同的概念。

宗教是“宗族认同，遵祖教导”，神教则是“神乃至尊，人为其奴”。

不要说当时古希腊众城邦的人们不知道自己的始祖是谁，便是极为崇祖的中国人，若是有人问他爷爷的爷爷叫什么名字，便是山东曲阜的孔家也得翻一翻家谱，其他的人家基本上回答不了。

在民间说唱艺人荷马的忽悠及其嫡传弟子们的发挥下，古希腊众城邦的人们什么神都信——便是活着的人也被当作神来敬（比如征服过他们的亚历山大）。

这样信的结果是：希腊的众神都和他们一样，都有着各式各样的坏毛病，有的神甚至比人的毛病还多得多。

便有人大为赞美：看呀，希腊的众神多么人性，多么接地气呀！

嘘！小声点儿，让快要出场的真主听见了，小心吃不了兜着走。

在这样的“神环境”中，众城邦的人们不要说祖宗了，便是信一个大家都认可的神都会吵得个七荤八素，困难重重。

没有宗教，没有大家公认的祖宗和神祇，便没有了凝聚力。就是有再多的城邦，也绝对抵挡不住波斯人的弯刀。

古希腊社区有这么四个硬伤，按理来说就传不下什么好东西。但是，他们偏偏在雕塑、哲学、绘画、文艺等领域取得了比埃及和印度更高的成绩。

这是为什么？

因为凡事有一利必有一弊，有一兴必有一败。

古希腊由于没有说了算的大爷，大伙儿从心底里就自认为是大爷；既然自认为是大爷，人格便非常独立；人格非常独立，思想便格外活跃；思想格外活跃，话语便显得犀利；话语要显得犀利，则必须不断地抛出些新鲜的话题。

于是，有闲阶级过日子的主要项目之一就是——辩论。

激烈的辩论需要大量的知识来支撑，而大量的知识拥入和存留，则需要一个宽松舒适的环境。

当时古希腊就是中国的三亚、泰国的芭堤雅、美国的拉斯维加斯。这里有晒太阳的海岸，这里有希腊男子不待见的美人，这里有彻夜不打烊的酒吧，这里有公开买卖的奴隶市场……更美妙的是，这里没有族长和国王，也就意味着不需要遵守族规和国法——真是一块没人管的天堂呵。

所以，各宗族的“坏孩子”们全都往这里聚集狂欢。

埃及的神教，波斯的哲学，腓尼基的文字，巴比伦的天文和“野蛮民族”的艺术，顷刻间全注入地中海这块弹丸之地，文化顿时便繁荣了起来。

从此以后，这里出现了梭伦、苏格拉底、柏拉图、亚里士多德等奠定西方哲学基础的人物，甚至连一个叫伊索的奴隶也加入了文学界的行列。

西方的哲学五花八门，鱼龙混杂，虽繁荣似锦，活力四射，然根基缺失了基本的理念，便让人们颇为担忧：他们虽然使人类进入了智能的时代，但看着他们兴致勃勃地准备跳入克隆的时代，就觉得人类的好日子是不是要到头了？

万物都能“克隆”了，人类还有存在的意义吗？

在中国楚、晋“邲之战”发生三年之后（黄帝2103年，前594年），梭伦当上了雅典娜的“社区主任”，开始在城里的小地盘改革了。

关于改革的内容，主要是化解穷人和富人的矛盾，至于其他的“丰功伟绩”，中国的学者早已写了很多的专著，看与不看都无关紧要。大家只需知道，不论是资产阶级还是无产阶级，都把他当作“自己人”就行了。

周朝的掘墓者——诸子百家

在春秋战国这514年中，中央帝国究竟冒出来多少个“子”呢？

据《汉书·艺文志》的记载，数得上名字的一共有189家，共写了4324篇著作（其后的《隋书·经籍志》《四库全书总目》等书则记载“诸子百家”实有上千家）。

春秋以前，除了夏、华两族的宗亲，诸族方国不但轮不上参与制定国策，恐怕连学个文字的权利也没有。但周室立朝之后，大封诸国，而诸侯们如果没有几个舞文弄墨的笔杆子，不但给周室写不了述职报告，就是连自己的丰功伟绩也没个人整理。

在宗族的大宗里找几个人吧，狩猎的狩猎，玩鸟的玩鸟，都在享受老爸挣下的家业；没办法，只好在小宗中甚至社会上找几个从小就有理想、有抱负的人来干这个差事。

这些人大多出身不好，从小滚草堆吃野菜的他们但凡有点头脑，都不想在这种恶劣的环境里继续混下去。

做个小生意吧，当时不流行、不被上流阶层认可不说，连个起底的本钱也没有；当个兵立个三等功可能往上爬得快一些，但国内就那么几辆奔驰宝马被国君、将军们占着，他们铁定要在第一排当炮灰，怕是连一顿饱饭都吃不上，就被对方砍掉了脑袋拿回去换米；唉，想吃饱穿暖出人头地，又不担心媳妇儿半夜被贵族们拉去桑拿，好不容易有人抬举，说不得，小的们悬梁刺股，给爷您歌功颂德总成了吧？

百家弟子们的前身后世，大多幼年以苦寒出世、少年以刻苦求学、青年以拍马逢迎、中年以好名贪腐、老年以慈眉善目进行着自己人生的演出，轮番上演着一出出换汤不换药的闹剧。

于是，老子担心的事发生了。

由于诸侯逐渐强大，又加之周室宣传人才的缺乏，“庶人不议”的禁忌由此被打破，开创了让中国百姓几千年都得不到安生的“处士横议”先河。

有知识好不好？

这得看会出来个什么样的结果。

从文艺方面讲，有了知识，写几首励志的诗词、谱几曲好听的小调、拍几部养眼的大片、跳几段爽神的舞蹈未尝不可；但是篡改历史、指鹿为马、谄媚外族、卖国求荣、鄙视自己的民族、一有危险便反水的行径，可不是用一句“德薄望轻”就搪塞得过去。

从科技方面讲，运用自己的知识让大众的生活更舒适，让自然与人的环境更融洽，让人们远离疾病之苦，让万物各有生存之地的发明当然是件有大功德的好事；但弄出来轰炸机、激光炮、原子弹这些让人始终生活在恐惧当中的劳什子，可不是用一句“科技成果”就能粉饰的光鲜。

知识的属性，原本是前人总结自己的经验，让后世少走弯路的一种告诫；思想的归集，原本是让人们去伪存真，使后人不重蹈覆辙的一种示警。

现在看来，总结一下古往今来的事件和经验，似乎可以形成这样一个关于知识的定律：有点小知识和拥有大智慧的人并不可怕，最可怕的是那些自以为是的“半瓶子醋”们。

有点小知识的人们知道火车不是推的、老虎不能摸这些道理，所以他们更懂得维护某一种相对公平的秩序，成为占人类大多数的顺民；有大智慧的人们因知识的渊博，古今的对比，虽然属于凤毛麟角的稀缺物种，却总会在人类固执地走向灭亡的黑暗中，划出几道耀眼的光亮；最可怕的倒是这些半瓶子醋的人物们，凭着自己的一知半解，人数虽然不多，但由于占据文明传承、记录历史的重要位置，危害可就不是一般的巨大。

因此看来，一个人要么有点防身避害的小常识，要么就要钻研博古通今的大知识以昭示人与万物和善共存的大道理，千万千万不要停留在半瓶子醋阶段裹足不前；便是因自己的天赋有限或放弃进取停留在“半瓶子”处，也要存一点仁善之心，万万不可自以为是地去祸害世间。

半瓶子醋的大爷大姑们，但凡看在自己的儿女面子上有点良心，就放我们老百姓一马吧！

好了，让我们看看春秋战国即将出场的诸子们都是些什么人，又留给我们这些后人们什么样的思想吧。

人类底线的防卫者——法家

关于谁是中国法家的创始人，因为这一派的人物大都不是华、夏两族的子弟，并且许多人都得不到善终，加之法家的弟子们个个性格鲜明，行事极端，各自认为自己正确，特立独行的他们内部也就有了不同的认识。于是，这个最早形成并且至今影响人类行为规范的学派，其弟子们竟然不能形成一个统一的说法。

一部分法家的弟子认为：他们的创始人是大禹。

这就使得后来的帝王们很不高兴：你们是什么身份，抱这样的大腿也不怕被压死？再说大禹如果是你们的鼻祖，法家就成了宗教，所说的话谁又敢不听？

一部分法家的弟子们认为：他们的创始人是老子。

这就让道士们很不舒服：在五千言的《道德经》中，老子何曾有把人提前论定为“坏蛋”的言论？

这两个创始人被帝王和道家彻底否定。

帝王们的否定大家好理解：全凭圣断，没得商量。

然而道家凭什么也靠一两句话就将其否定呢？

你若看到今天的道教弟子们只干些驱怪逐妖、埋人迁坟的营生，这事当然不好去理解；但你若是明白当时各个学派的弟子们的标准教科书就是《道德经》，就会知道这些道家的弟子们一个个都是“蒋校长”，他们定的案，谁便是想翻也翻不了。

最后只能由儒家和西学者们去认定。

儒家给法家指定的创始人是管子。

为什么是他呢?

且看管子的心路历程。

和诸多后来有知识、有理想、有抱负的文化人一样，开始他是一个穷人——而且还是一个脾气很大、缺仁少义的穷人。

他“少有贤风”，这“贤”主要体现在欺负对他好的朋友上。

他在世上唯一能称得上“朋友”的人叫鲍叔牙。

作为管仲的朋友，鲍叔牙主要的作用是让管仲占自己的便宜。

成名之后，管仲曾做过一篇励志式的自我检讨：我贪是因为我穷；我生意赔了，不是因为我无能，而是对手太狡猾；我当上了小官因为贪污被免职，不是我不行，而是上司不厚道；我打三次仗逃跑了三次，因为我还有个八十岁的老娘；我被关进牢房吃屎喝尿、告密祷告活下来的原因，是我要让天下人都知道，我要当一个大大的大官。

最后他说了第一句留给后世的名言：生我者父母，知我者鲍子也。

对于“知己”的报答，便是管仲临退休时，诚恳地对齐桓公说道：鲍叔牙虽然是个君子，但他善恶过于分明，见人之一恶，终身不忘。这样的人是不可以当官的。

就这么一个欺朋骗友、贪生怕死的人，居然排在了诸子的第一位。

儒家的小九九无非是因为：一、他年龄大，生得早（前 719—前 645 年）；二、他姓姬，老先人是周穆王；三、他的做事风格很接地气，有时甚至能和嫖客浪子们称兄道弟；四、最主要的是，他是诸位老师里是官衔最高的人，很适合扯大旗——尽管他这个人很是不地道。

基于上述原因，儒家便亲切地称管老师为“中国古代著名的经济学家、政治家、军事家”，并誉之为“法家先驱、圣人之师”。

晓得不？这便是华族文化人们择“子”的标准：只要你姓姬，并且还能写几个字，说几句明白话，晚生才不管你干过些什么恶心的事。

当然，只说了一句明白话就当上了诸子之首显得太不严肃，有点儿戏。

于是管子又说了第二句明白话：仓廪实而知礼节，衣食足而知荣辱。

这话很对：我都要饿死了还给你磕的什么头？都只能光屁股溜达了还要什么脸？

据说《管子》这本书是在西汉时期由刘向编定的，原有八十六篇（现存七十六篇），内容分为八类：《经言》九篇，《外言》八篇，《内言》七篇，《短语》十七篇，《区言》五篇，《杂篇》十篇，《管子解》四篇，《管子·轻重》十六篇。

虽然后世的文化人把他的地位抬得很高，但管老师最后落脚的地方却很难说得出口。

由于他是中国娼妓制度的创建者，从而成了性工作者们的“保护神”，因此管老师便进不了文庙，只能在妓院里大饱眼福与耳福，享受着妓女们供奉的香火。

当然，管老师还是干了一些实事的。

为了使齐国称霸，让自己扬名，管老师首创了“三官制度”，继而在此基础上又创建了“工业立三族，商业立三乡，川泽业立三虞，山林业立三衡”的生产制度。

在管理方面，管老师加强了齐国的统治权力：他把每三十家分为一个邑，每个邑设立一名司官；十个邑分为一个卒，每个卒设一名卒师；十个卒为一个乡，每个乡设一名乡师；三个乡为一个县，每个县设一名县师；十个县为一个属，每个属由一名大夫管理。齐国共有“五属”，由齐桓公的五个兄弟（大夫）分别掌控。

每年在吃年夜饭的时候，由兄弟们把属内的情况向齐桓公汇报，于是齐国形成了一个统一的整体。（按每家六人来计，仅齐国当时就有二百七十万人口。）

在军队方面，管老师规定：国都中的“士十五乡”，每五家为一轨，每轨设一名轨长；十轨为一里，每里设一名里有司；四里为一连，每连设一名连长；十连为一乡，每乡设一名乡良人；打仗时由“士”组成军队，每户出一人，一轨五人，五人为一伍，由轨长带领；一里五十人，五十人为一小戍，由里有司带领；一连二百人，二百人为一卒，由连长带领；一乡二千人，二千人为一旅，由乡良人带领；五乡一万人，立一元帅；一万人为一军，由五乡元帅率领。

齐桓公就是五乡的总元帅。（明白了吗？连长与元帅的出处在这里。）

需要提醒的是，这“士十五乡”中的“士”可都不是一般人，他们全是齐国的宗族子弟。想想看，一万多个亲弟兄外出打仗，光那差不多的相貌就能把人吓趴下。

这些措施与制度总结成一句话便是：作内政而寄军令，参其国而伍其鄙。

这是当时世界上最先进的政治与军事的管理制度，管老师确实是有一些过人的本事。

管子治国的这些方法和理论，最后大约精炼成了“管理”这个词儿。

他的“山泽各致其时”（伐木和捕猎只准在适当的季节进行）规定，可以说是人类历史上最早的自然环境保护法令；而“相地而衰征”（即按照土质好坏、产量高低来确定赋税征收额）的征税方法则比现在冷酷的税法更为人性化；他铸造了人类史上的第一种货币“齐刀”，并且将盐、铁等稀缺资源定为齐国的“战略物资”；而他最有争议的事迹是创建“女闾”，将妓院开在了齐国王宫的隔壁，真是眼红死了现在夜总会、洗浴中心、美容院的老板们了。

在管老师快要谢幕之际，还有两件事要说道说道。

第一件事是“楚国买鹿”。

齐国在管老师的管理期间，曾经获得过“九合诸侯”的辉煌。但让管老师不爽的是，楚国这个刺儿头，一直在暗地里捣乱。

为了削弱楚国的实力，管老师想出了人类史上的第一场“经济战”。

他派人拿着两千万的齐刀到楚国的边境去购买活鹿，并明确指示：收购价必须比楚国境内的高一倍；对一次能卖二十头活鹿的人，可以用金子兑付。

楚国的人乐了：这回可遇着傻帽了。

你若是买兵器，便是把棺材本贴上来也绝不卖给你；至于鹿嘛，这里多的是。

楚国上下，一时都成了鹿贩子，全体都忙着逮鹿去了。

齐桓公便问：咱们的钱造得没地方放了？买那么多的鹿，想开个主题乐园吗？

管老师笑道：国内有点儿物价上涨，得把钱放出去缓解一下压力。

齐桓公道：那也不能便宜了楚人呵。

管老师又笑道：您就听好吧。

第二年春天，管老师请齐桓公带着战士们到楚国打仗，齐桓公便问：楚国钱多军壮，你的意思是靠你买的那些活鹿们去冲锋陷阵、打败楚军吗？

管老师笑道：去年买鹿的价格是离谱了些，但不掏这个天价，楚国全部的子民们会放下庄稼不种而满山遍野地去逮鹿吗？

齐桓公指着管老师笑道：你们这些文化人呵，真坏。

结果，楚国虽然有着小山似的齐刀，却买不到一点儿军粮。

派人拿着钱去齐国境内买粮，看了一眼卖粮的价格表，楚人差点儿晕了过去：本店童叟无欺，一颗米的价钱请参照青岛的大虾和黑龙江的活鱼！

没有粮食还打个啥呀？

三年都缓不过来元气的楚国向齐国屈服了。

第二件事是“临终忠告”。

在说完鲍知己的坏话后，管老师还批评了四个人。

齐桓公说：既然鲍子牙不行，易牙怎么样？他为了满足我的口味，不惜烹煮了自己的儿子，这样的人够忠心的了。

管老师道：咱爷俩是开妓院的人，难道还不了解人的天性吗？男人是老婆看见人家的好，儿子看见自个儿的亲啊。这货连自己的儿子都忍心煮死，又怎么会对君主忠心呢？

齐桓公说：竖刁阉割了自己以便能贴身侍奉我，无妻无儿的他必定会为齐国办事的。

管老师道：他连男人最紧要的东西都会亲手割掉，这世间还有什么他不敢割的吗？

齐桓公说：那么常之巫呢？他可是能审察死生之理，驱除鬼怪降给人们的疾病，也算是一个文化领域的人才呵。

管老师道：死与生乃天命注定，疾病是体内阴阳失调而非鬼怪所致。我等炎黄子孙，只要遵祖教导，守住精神，自会健壮躯体，怎么能靠巫师治国？

齐桓公没信心了，最后嘟哝地说：卫国的公子启方跟了我十五年了，他爹死了都没回去奔丧，这个人根红苗正，又没干啥出格的事，总可以放心了吧？

管老师有气无力地道：人哪有本性不敬重自己的亲爹啊？亲爹死了都不回去守孝，这样的人，什么事情干不出来？

谁也不行，只自己能行；谁也不信，只相信自己定下的法规！

从此之后，法家弟子的气质已深深刻上了“谁也不尿”的个性，眼看着帝王们在儒家弟子们的怂恿下，把他们的先人和师兄一个个五马分尸。

西学者们给法家认定的创始人是子产。

他姓姬名侨，是郑国的贵族，位至郑国之相。

这个人之所以被西学者认同，第一个原因是他在黄帝2161年（前536年）颁布了春秋时代诸侯国的第一部“成文法”，很是符合西学者们的认知。

那么在子产之前，中国究竟有没有“成文法”？

帝尧之时有《典刑》，皋陶之时有《狱典》，大禹之时有《禹刑》……这么多的成文之法，为什么给西学者们留下一个上古中国没有“成文法”的印象而使得他们臆测呢？这真要怪他们才疏学浅。

此前中国宗族权力的继承者们，因为“刑不可知，则威不可测”的原因，法律的条文是不向庶民们公开的。

庶民们不但没有权利继承祖业、学习知识，更没有权利去犯罪。

想犯罪？凭你们这些没吃没喝、没房没车的——也配！

根据现有的史料来看，子产充其量是开创了华族诸侯国公开法制之先河，并非中国法家的创始人。

但是，子产的德行却是得到了儒家和西学者们认同和敬仰的。

在道德水准普遍低下的法家弟子中，他更接近“君子”的要求。

郑国的大夫然明对子产建议：人们在乡校里议论国家之事，有些话很难听，不如毁了它。

子产道：为什么毁了它？人们议论国家之事，就证明他们关心国家。他们喜欢的，我们就推行；他们讨厌的，我们就改正。这是我们施政好坏的评判之地，为什么要毁掉它呢？

有人给子产送了一条活着的大鱼，子产不忍吃掉，便让下属官员在池塘放生。

官员偷偷把鱼吃掉后，回报子产：刚把鱼放掉的时候它半死不活，一会儿它就活蹦乱跳地游走了。

子产高兴地说：它去了它该去的地方了，它去了它该去的地方了。

官员出了门反思道：看来可以利用君子的方正去欺骗他们，但千万不能用他们不认可的事情去说服和蒙蔽他们。

子产临终之前，对接班人子太叔说道：治国理政，最高的境界便是如水一般地以德服民，以宽容对待子民；可是，水看着很柔弱，子民们便丧失警觉之心，因此死在水里的人们便很多。其次是以似火一般的严法治民；因为火势猛烈，人民望而生畏不敢去涉足，所以很少有人死在火里。以宽治民虽然是君子的追求，但这只能在小国寡民中实行。如今人口众多，不以严法，恐怕是难以服众了。

接班后的子太叔开始当然要行君子之道，以宽治民。谁知结果是盗寇丛生，最后只得出兵剿灭盗寇，杀了许多的人才使得局面平稳。他感叹子产的远见：我如果早听子产的话用严法治国，使他们不敢肆意妄为，今日也不至于杀这么多的人。

孔子后来就借这个事例，道出了治国理政的真谛：善哉！政宽则民慢，慢则纠之以猛。猛则民残，残则施之以宽。宽以济猛，猛以济宽——政是以和。

这分明是道家的认知：太极之圆，无始无端；阴阳相济，生生不息。

人类的一切思想基础，宇宙的一切事物规律，道家竟然早已看透，怪不得老子是诸子的“思想之源”，道家是神学的“万教之宗”了。

那么，谁才是法家的鼻祖呢?

现在看来，帝尧是法家的先驱者；大禹是法家的奠基者；管仲、士匄、吴起、乐毅、剧辛等是法家的拥护者；子产、商鞅、李斯是法家的实践者；李悝、慎到、申不害是法家的理论者；而法家思想的集大成者，无疑是韩非。

实践者虽然可以先行，但没有理论就不可能成为气候。

基于道家的思想，几个非华非夏的人物蜕变为法家。

他们人数虽然不多，但威力足够巨大：上可以影响统治者的治国理念，下可以规范全体子民的行为，最后给中国乃至全人类建造了不能触犯道德底线的牢笼。

第一个是李悝（黄帝 2242—2302 年，前 455—前 395 年，夏苗混血）。

他不但是法家的代表性人物，而且是中国地主阶级理论的奠基人，夏华古贵族世袭制度破除的倡导者。

这个被夏华贵族视为“平民”的文化人，给不劳而获、世袭权富的夏华贵族们送了一个非常黄色的绰号：淫民。

他认为：每个人必须食有劳而禄有功。也就是说：能吃上好东西是因为你付出了辛劳；能拿上高工资是因为你取得了功绩。

无劳还有禄——就凭你祖宗的金字招牌吗?

他综合古代及各诸侯国的刑律，著有《法经》一书，细分为“盗法、贼法、囚法、捕法、杂律、具律”六大类，可谓是史上可信的第一部系统较为广泛而完整的法律条文（正是由于商鞅把这部《法经》带到了秦国推广并实施，秦国才有了统一天下的法制保障）。

这部以保护地主及有产阶级利益为核心的《法经》，其中的许多条款，至少在今天的有产者看来，比现在的法律更解气。

比如李悝在这部法典中认为：王者之政莫急于盗贼，并且对偷盗的行为进行严厉的处罚：凡触犯此律者，轻者贬为边关守卒，重者立即处死；而且，只要有侵犯他人财产的“想法”也算犯罪!

这条法律，不但保证了新兴地主阶级的财产安全和合法地位，同时也告诫夏华两族的古老贵族们：衣来伸手、饭来张口的好日子已经到头了。

比如，《法经》的量刑标准竟然是：贵者越重。同样是犯了赌博之律，平民“罚金三币”，而太子则要“鞭笞”。

总之一句话：权贵犯法，其罪重于常人——位越高，罚越重！

为什么？

因为你本身就是有道德、定规矩的人。

知法犯法，还有没有羞耻？

比如，《法经》的减刑规定是：十五岁以下者罪减三等，六十岁以上者，小罪视情况酌减，大罪按道理酌定。

这个法规与西方的立法精神便有了本质上的不同了。

中国的立法精神，是立足于天下一家的“血缘情结”：孩子是大家的孩子，老人是大家的老人——但无法不足以律众，而施法则不外乎人情。

再比如，《法经》中对夫妻关系的规定非常严苛：禁止“夫有二妻”或“妻有外夫”。那么触犯这一法规的后果是什么？——有两个妻子的男人砍了他的脑袋，和丈夫之外的男人发生性关系便要割了这个女人的生殖器（“夫有二妻则诛，妻有外夫则宫”）！

这条法规在“自由斗士”或“西方民主维护者”们的眼中似乎很值得批判。

人最重要的自由，便是对自己意志和身体支配的自由。

基于这种认知，这条法规显然是封建的，落后的，残暴的，违反人性的；如果照着这个思路，考虑到人对自己意志和身体的自由支配性，那么我们是不是应该对“肉体炸弹”这类恐怖分子们的行为有所理解和宽容？

人是需要自由的，但这个自由是以不侵犯他人、宗族、社会安全和秩序为前提的。

夫妻既然合二为一，便须以忠贞对方为盟誓条件（这一点男人做得很差劲）。破坏这个盟誓的一方必然会让守誓的一方极为愤怒：弱小的女方往往是一哭二闹三上吊，虽然很少会上升到战争的级别，但对一个家族乃至宗族带来的不稳定因素非常久远；强势的男方则往往会动用宗族的力量大动干戈，轻则两族相斗，重则两国相争。

在两性婚姻权利关系方面，李悝基本上为后世的中国人制定了比较公正的法理基调。

至于儒家们倡导的“纳妾制度”，表面上看似为了宗族的延续（不孝有三，无后为大），实际上大约逃不脱男人们为满足私欲的范畴。

你若怕“无后”不能进行人类延续，咋不给女人们多纳几个夫呢？

李悝的这部《法经》，对后世的意义非常重大，可以说是在原来专为夏华贵族阶级服务的法律体系中，为新兴的地主阶级争取到了法理的位置，确定了地主阶级接替“士族阶级”为社会主流推动者的地位。

此后的中国，一直进行着“皇权代替贵族”的统治和“地主代替士族”的变革推进。直到中华人民共和国的成立，才彻底消灭了这两个阶级，国家成了最大并且是唯一的“地主”。

虽然在民间的宗族社会中很不认可这个“地主”，但由于执政党的强大和对国家军政体系的高效掌控，这两个阶级在短期内很难再有露头的机会。可是，宗族社会这个结构不可能在中国根除，执政党如果不能够像现在一样平衡各个阶层的利益，稍有不慎，宗族势力必然会乘虚而入，成为新的统治阶级。

在李悝名为《李子》的三十二篇理论著作中，因为其中大概阐述的大多是“功劳赏地、土地私有”和倡导“定分止争”的法理概念，很是令当时的儒家和后世的皇权阶层不满。因为中国从古至今的统治者一致认为：溥天之下，莫非王土；率土之滨，莫非王臣。

土地滋生万物，可以收税弄钱，要分俺的地——先问问手中的家伙答不答应？

在地球上成立一个国家的最根本和首要的条件就是“土地”，之后的顺序是“人口、宗教、军队、政体”。

这五大要素的首要因素你李悝都要下手，还反了你不成！

李悝死后的名声与地位，确实与他对人类的法律贡献不相匹配，便是他的死亡也显得极为戏剧性：他在审案时遇到了“聂树斌案”的相同情况——错杀了人。

但古人显然比我们现在的人要脸，李悝的行动是：引咎自杀，以歉天下。

不得不承认，在责任担当和爱惜脸面这两个方面，我们不但够不上古人的脚后跟儿，并且在向着越来越没有担当、越来越不要脸的方向走下去。

在李悝的《法经》形成若干年后，巧得很，古罗马人也形成了自己的第一部法律文本，并命名为《十二铜表法》（据传说是黄帝 2248 年，前 449 年）。他们也许不知道中国李悝的《法经》，并且传说这个法是由五个有钱人和五个没钱人去希腊考察学习梭伦立法的结果。

如果我们仔细对比一下《法经》与《十二铜表法》便会发现，它们虽然表述不同，风格迥异，但立法的内容和目的却惊人的相似：保护地主阶级和有产者的利益，推翻贵族统治权。

第二个是慎到（黄帝 2307—2382 年，前 390—前 315 年。赵国人，夏蚩混血）。

慎到的职业是"稷下学宫"的讲师，精通的专业是"黄老之术"。

道家和法家都认为他是"自己人"，儒家便不想趟这个浑水，索性称他为"道法家"。

反正慎老师的血统不纯，学术上混个血也未尝不可。

更荒唐的是，后世经过西化的学者居然认为慎到就是墨子的弟子禽滑离，这就不单是混淆视听那样简单，其心确实是"可诛"了。

那么，慎到究竟是哪一派的呢？

和众多的"子"一样，慎到也是先道而后成别派。

也就是说，道家是他的根本，法家是他的外象。

慎到"贵势"。

这个势便是"权势"！

他认为：法治的推行，其根本原因在于有没有权势的支撑。

由于法治的前提是"惩恶"，这玩意儿就不能和"仁善"走一条大道。

另走一条——修路费谁掏？

能掏得起这个价钱的，也只有帝王和国家。

对，货卖帝王家。

于是，慎到放下了道家“惟道是从，无为而治”的架子，凭借深厚的道家功底，将“法理”绑在了“权势”的轮子上，去规范社会及所有人的生活。

首先要得到君主的认可和赞同，才能依靠君主的权势去推行自己的法理。

慎到给齐、楚两国这些没文化的君主描绘出法治的诱人前景。

关于墨儒两家推崇和百姓景仰的“圣贤之人”，慎到认为：一国之中，圣贤之人可以不计其数，但国君只能有一个；国中无圣贤之人可以，没有说了算的君主则会大乱；有了君主还要尊崇圣贤之人，这便是圣贤与君主争权，比没有君主更可怕。因此他得出一个结论：国民只能认一个君主，其他靠嘴混日子的朋友，有也五八，没也四十。一句话，大家都得听君主的！

君主大喜：这话真是在理。国民们若都听圣贤之言，寡人似乎就是个摆设嘛。

关于官吏，慎到认为：君主之所以让你主持一方政务，当一面官长，并不是因为你个人的原因和才能所设置的官位，而是这个官位需要你去替君主管理。想想看，这官儿是谁给你的，你今后应该听谁的？

官员拱手道：这还用问吗？——凡事当然得听君主的。

关于那些“莫不自为”的百姓和国民，慎到认为：他们除了只崇拜自己的君主外，还要去掉私心，完全遵照君主的法令去规范自己的言行，听从国家的役使。

不想听？

那好，我们来看看法律条文中是怎样处理这些刺儿头的：鞭笞？劳役？游街？坠溺？割舌？……我眼睛不好，要不你自己选一个项目？

君主一听心花怒放：不但通吃而且全拿。慎老师的建议很好，就在全国实行吧。

法治从此和华夏两族之外的权势正式联姻，并且“恩爱”得再也不能分开。

如果慎到基于这些近乎欺骗的法理概念去诱使君主去推行“法治”，他充其量不过是一个纵横家的档次，也不会在法家占据那样显赫的思想先驱的位置。

他是有目的、有理想的，并且他的想法和全天下还没有得到权势的平民们是相同的。

这便是：天下是所有人的天下，不是你华夏两族的天下，更不是你们这些什么也不用干就能承袭权势的贵族们的天下。

于是，慎到继续给忙得吐血的君主们引导他的法治理念。

您现在忙得连打牌上网的时间都没有，就算您再有才能，再有精力，也不能独自把所有的事情都处理完。

那咋办？你不是号召人们“民一于君”吗？这下好了，这感觉倒是挺带劲儿，但所有事都得我来判断，这是累死寡人的节奏嘛。

请问君上，某个人杀了别人怎么办？

当然应偿命。

那君上规定一条法令：杀人偿命。今后遇到这样的情况，所有的官员都这样执行，您不就省事省心了吗？

但是有为色、为财杀人的，也有为亲、为辱杀人的……虽然结果相同，但动机却迥异，总不能一概杀了完事吧？

杀人的动机是否可恕，有资格评判的只有君上一人。如果交给官员们去酌情量断，那这国家到底是谁说了算？您的精力到八百岁还这么旺盛就可以事必躬亲地这么干，否则便将您的意志变成法令条文，让官员们照着您的意思办，此所谓“民一于君，事断于法”。

法令形成后，慎到便向全体官员做说明报告：

一、我们的国与家只有一个君主，所有的官员只能由君主任命。有关吃谁的饭不要砸谁的锅这个问题，你们的妈咪从小就说清楚了，我就不饶舌了。

二、君主依据“大道之理”，将他的意思和指导思想都写进了法令条文当中，今后你们必须“以死守法”，严格执行君主制定的法令，凡事都要“事断于法”——千万不要自由发挥哟。

三、你们既然吃君上的饭，拿君上的钱，就得为君上办事分忧。法令条文中有明确规定的就遵照执行，不要事事都麻烦君上决断——真以为君主没有私人空间了？

四、大家既然当了官，最亲的人便是给你官职的君主，从此之后大家就成了“君仆”，家里和七大姑、八大姨的事是上不了台面的，这便是所谓的“官不私亲”。

五、今后处理政务和判审案件，切忌动恻隐之心。不要因为他是老弱就开脱，不要因为他是妇孺就迁就。你们没资格送人情，这人情只能君主送。你们要干的只有四个字：法不遗爱！

回到家里后，有理想、有抱负的平民们便围着慎到责问：慎老师呵慎老师，亏您平时在稷下学宫收我们的课时费宣讲的平等、自由，原来都是在忽悠我们的呀。

慎老师慈祥地望着平民说：我怎样忽悠你们了？

有人说：您曾说过，立天子是为了管理天下，而不是因为有了天子才建立天下；立国君是为了治理国家，而不是因为有国君才必须建立国家。

慎老师问：这话有问题吗？

又有人说：正因为没问题，我们才听您的，觉得有盼头。但是您在大会上公开宣称：任法、立法、修法、释法都由君主说了算，官员们只是唯法，百姓们只是守法，这不还是贵族们说了算吗？这不还是人治吗？

慎老师问：如果我给君主们说“立国君以为国，非立国以为君也”这样的话，大家觉得他们会推行咱们认可的对每个人都公平的法治理念吗？

……

慎老师又问：法治的理念和众人的平等，靠我们在场的哪个人能推行得开来？

……

慎老师又问：帝尧那么贤德，如果没有战士来维护他的政令施行，仅靠仁义能治理好帝域吗？夏桀那么混蛋，因为他的军队强大，天下有敢不听他命令的吗？眼下除了依靠贵族权势推行法制而又不用大家流血丧命，如果哪位能提出第二种可行的方案，我甘愿拜他为师，给他翻倍的课时费。

……

慎老师又问：又想靠贵族的权势去推行自己的法理，又想用法理去推翻贵族的特权，不把君主们抬举得高高在上，谁还有更好的办法吗？

……

慎老师又道：贵族既不是大家想的那样饱食终日而愚蠢无比，也不是大家想的那样天资聪颖而不犯错误。他们和我们一样，都有七情六欲，都要拉屎撒尿。他们和我们所有的人一样，都贪婪权力并且珍惜权力，都梦想达到“我说了算”的最高境界。

但“我说了算”是有条件和前提的，那便是：有足够多的人来听从于“我”。

如今我抓住了君主们“我说了算”的要害，把他抬到了至高无上的位置，借助他的权势，使拥护他的贵族宗亲们，在法令的面前和我们处在同一个档次，除了君主，大家都“唯法是从”，谁也不要充什么大尾巴狼。日久天长，拥护君主的贵族们越来越少，而赞同法治的人越来越多。大家想想看，这种局面对谁最有利呢？

……

慎老师慈祥地道：大家如果没问题就回家吧，明天记着准时上课。对了，没交课时费的记得把钱带上——老师也要生活哟。

事务骤然轻松的君主们，便有了大把的时间去干些风花雪月的勾当。但是这些事儿虽然充满诱惑并使人快乐，干得多了身体受不了不说，也会落一个荒淫无度、不务正业的恶名。

想干点实在的事情，放眼望去，每个职位都有人在那里戳着，并且官员们都很认真地执行自己颁布的法令，还真不好意思打击他们的积极性。

于是，修改法令就成了君主目前唯一能干的实事。

但法或律的形成，总是要以生活中发生过的“坏事”为依据，以伤害别人的身体和利益为凭证。该定的法令都定了，连预想中的“可能”都设置了红线，总不能张姬把李妃瞪一眼就定个“瞪眼罪”再形成一条法令吧？

当然不行！

慎到道：君上有权立法和变法，但应该以道立法，以道变法，而不能由着个人的兴趣和好恶去立法变法。

寡人还不能立法变法了？

慎到道：君上当然能，但必须合乎道。

怎么才能合乎道？

慎到拿出了压箱底的法宝：人法地，地法天，天法道，道法自然。

道是什么？

当时的中国人认为：道家谓之“大道”，是遵循天地万物创始的阴阳之理；

天子谓之“天道”，是遵循宇宙万物的运行之理；

诸侯谓之“公道”，是遵循众星拱日的方位之理；

百姓谓之“正道”，是平民遵循日出而作、月临而息的敬天之理；

水有水道，山有山道……

小鸡不尿尿，各有各的道。

这些所有的“道”中，都有“理”。

那么，理是什么？

理就是事与物的常态或者长久的规律。

比如宇宙间的日月交替，到现在还没有人见过他们误过点，请过假。

比如地球上所有的动物都会经历一个从生到死的过程，即便乌龟比人类活得久一些，但最终它的壳子还是让人们用来占卜、刻字。

比如没吃的就会饿，吃了食物就不会饿；

比如后来的各种“定律”……

慎到成功地借助君主的“权”而将法家的“势”推上了人类的政治舞台，这对平民们权益维护的贡献不可谓不大，所以他也理应在法家的先驱者殿堂中占据一席显赫的地位。

更让平民们佩服的是：他不但把除了君主之外的贵族们全都拉下了马，并且偷偷地给君主们套上了一个叫作“道”的笼头，让他们不至于撒蹄狂奔，肆意妄为。

但慎到的法治理念是有条件的。

这个条件的前提是：平民要比贵族多，合起来的权势要比贵族大。

符合这样的条件，法治理念是极易推行并且是彻底的（如现在的西方诸国）；反之，则极难推广并且不伦不类（如现在的中国及历朝诸国）。

中国的人但凡有点历史知识的，大约都会油然产生一种贵族情结。

便是没文化的中国人，只要生下子女，总要琢磨着我的儿女在出生时是否有什么异象和特殊的征兆，以备子女有出息后向众人诉说。

有文化的中国人更了不得，在子女出生后，儿子都向着总统的目标培养，女儿则都向着戴安娜看齐；稍大一些看孩子们可能不是那块料，便降低一下标准，男孩朝着当官的目标前进，女孩奔着明星、阔太的行列前进；再大一些觉得可能还不是那块料，男孩则被期望成为李嘉诚那样白手起家的富豪，女孩则被期望成为“水晶鞋式”的主角；再大一些觉得可能还不是……赶快给老子生一个大胖孙子，爷就全靠这孙子光宗耀祖了。

对了，光宗耀祖——这就是中国每一个人和每一个家庭的潜在梦想。

有什么“宗”需要中国的每一个人去“光大”的？

因为我们每一个宗族都是曾经的贵族，都曾在历史上显赫过。

有什么“祖”需要中国的每一个人去“炫耀”的？

因为我们的祖先是人类文明的奠基者：轩辕黄帝。

第三个是申不害（黄帝2312—2360年，前385—前337年，华族）。

既然他是法家“谋术”的理论家，当然得用著作来说明自己的观点。

查了许久，最后发现，申不害的著作《申子》居然没传下来，只能在唐朝魏徵等人为李世民辑录的“帝王速成教材”《群书治要》中才找得到一千多个字。便是这一千多个字，似乎也有着明显的造假痕迹，根本就是仿照春秋时代的文风，并且还很拙劣。

最让人无语的是，就是这造假的文字，通篇竟然没有一个“术”字，真的是让人抓瞎。

只能从他的心路历程和故事，以及其他著作中去猜测他的学术主张了。

在申不害十岁时（黄帝2322年，前375年），新兴起的异族韩国灭掉以歌舞著称于世的潮流代表者郑国，申不害由郑人变为韩人，成了一个“亡国者”。

这也就是说，他是正宗的姬家人，老牌儿的华族（这个细节要注意）。

黄帝2343年（前354年），三十一岁的申不害成为韩国的一名官员，并且在魏国重围韩国的危急关头，向韩昭侯出了一个“朝魏示弱”的馊主意，使韩国免去灭顶之灾，从而登上了韩国的重臣谋士之位。

第二年，魏国围住了赵国，又想过一下让赵国“朝魏”的老大之瘾。赵国派人到韩国请求援助，韩昭侯便问申不害的意见。申不害摸不清韩昭侯内心的真实想法，就推诿说：这事大，我回家要慎重地权衡一下下。

紧接着，他撺掇赵卓和韩晁两个大臣去向韩昭侯分别进行不同的建议，待掌握了韩昭侯想报“朝魏之辱”的真实想法后，便凛然正气地说：去年咱们没准备，不得不向那孙子示弱。现在咱们只要和齐国说好了，也不用去赵国，一齐杀向魏国的都城，我看他们还能在赵国待得住吗？

人才呵。

围魏救赵的两年后，申不害被韩昭侯破格拜相。

任务是：变革图强。

结果是：终申子之身，国治兵强，无侵韩者。

申不害相韩的十五年，干了些什么事，大家在网上浏览一下即可。我们现在主要的注意力，是集中在他的思想和怎么成为法家上。

在所谓他的“著作”（如《大体》《君臣》）中，我们看到的几乎就是道、名两家思想的混合版，这里面不但没有管仲、李悝、慎到等法家先驱们的主张；更奇怪的是，什么事都要插一腿的儒家，居然在这些文章中没一点儿自己的影子（这个细节也要注意）。

这两个细节，便给人们这样两种感觉。

第一种感觉是：法家的成员基本上由仇视华夏两脉贵族制度的“外夷”组成，而且这些夷族的法治理念在特殊时期真的好使；最要命的是：从秦汉之后，华夏两族的帝王们根本就离不开这个治国的“法宝”。

难不成要对天下诸国宣称：华夏的帝王，使用的是夷族的法治？

怎么办？管仲是齐炎的相；李悝是魏苗的相；慎到不但是赵国人，而且是齐国的名誉大夫和楚蛮的客座讲师；申不害虽然是郑国人，却是韩夷的相；商鞅虽然是卫国人，却是秦国的左庶长；李斯是标准的楚蛮；韩非是正宗的韩苗……这一串儿的法家巨子，和华夏的诸侯们可是没有半毛钱的关系。

别急，让俺瞅瞅。

大家注意到了没有：在诸侯中最早推行法治的管仲是姬姓嘛，听说他的太爷爷是周穆王；至于申不害嘛，那不是有一句“郑之贱臣”吗？商鞅是卫国人，卫国的第一代国君叫康叔封，是周文王的嫡九子……法家这么大、这么有知识的学派，怎么能少得了我们华族的参与和领导呢？

夷族的原创，瞬间变成了华族的包装。

第二种感觉是：华族强行把申不害拉进法家的行列中并给予其“谋术”的代表位置，没几篇论文还真不好意思加入“诸子协会”。于是，这个细活儿只能由轻车熟路的儒家们来干。

儒者们当然不会用自己习惯的模式去创作。

就比如秘书给领导写论文，他能用自己的口吻和文风去叙述吗？

用道家的也行，用墨家的也罢，就是不能让人们看出是儒家的。

最后，他们采用了名气不是很大的“名家”思想及表达方法。

法家的思想，马上变成了道、名两家的附庸。

由于有关申不害的史料和著作太少，这两种感觉也只能是猜测而不是结论。

也许申不害真的有关于“谋术”的论述，只不过这“术”是专门给君主和帝王量身定做的，一般的百姓不但看不到，也没有那个必要。

按道理讲，申不害便是认为儒家的繁文缛礼自己达不到那样的境界，也不会沦落为法家去给华夏两族人掘墓。

毕竟滋养出法家的这一些蛮夷之邦，和他有着“灭国之恨”哩！

这个法家——很可疑。

第四个是韩非（黄帝2417—2464年，前280—前233年）。

他是战国时韩国人，并且是一个让秦王嬴政为了得到他不惜与韩国大战的人。

注意力集中了同学们！韩非可不是你们底下嘀咕的什么绝色女神，而是一个其貌不扬的成年男人，并且还是那种有点猥琐、有点结巴的大叔。

韩非的老师是荀子，师兄叫李斯，他的父亲虮虱（这是人名吗?）是韩襄王的次子，他本人的爵位是公子，并且是当时韩国最有才的人。

按照一般的规律：有才的人就会有名；有名的人就会有利；名利兼备的人就会有势；有势的人就会有权；势权兼备的人就是大爷！

有才，是基础。

韩非的“才”有到了什么程度呢？

最怕死的秦王嬴政看过他的论著后，拍案道：额滴神呵，寡人能见到这个才子并和他游览名山大川，快意畅谈，虽死无憾了。

韩桓惠王去世前告诫儿子韩王安说：你当了韩国君王后，用人无所不可，只是不能用韩非。韩非之才，非你所能驾驭。不用他，无非是国弱而已；用了他，恐怕你的君王之位就会被他夺去。

韩非的“才”是什么，竟然还未展示就引起这样的警戒？

因为他道出了各式各样人性的险恶。

关于人的本性，韩非只一句话就击中要害，让所有的人脸红。

他认为：只要你是个人，就会“恶劳而好逸”。

那么怎样来改正人类这个坏毛病呢？

以法束众，施刑于民，这样才能达到“禁奸于未萌”的目的。

也就是说：不喜欢劳作的我就惩罚你，光顾着享受的我就拾掇你。芸芸众生们，君主必须用法律和刑罚，把你们那点坏毛病扼杀于萌芽之中。

少来讲理由，谁也不例外。

有天生的圣贤吗？

圣贤之人，哪一个不是遵礼、守法修炼出来的！

关于祸患国政的，韩非认为有五种人是“害虫”。

害虫一是儒家的学者们——因为他们崇古而非今，拿死去的人说事；

害虫二是纵横家的嘴客们（言谈者）——因为他们满嘴跑火车，不管是非曲直，只要能满足自己的私欲，什么事都干得出来；

害虫三是墨家的游侠们——因为他们武功高强，钱财来得容易散得痛快，所以便会有众多的粉丝去拥护和敬仰他，并且向往和学习他们的言行与风格；

害虫四是帮闲们（患御者）——因为他们依附贵族耍奸弄滑、溜须拍马，所以在权贵者们的佑护下，躲避了国家的劳役；

害虫五是商工之民——因为他们低买高卖、投机倒把，把有限的财物据为己有，成为民众相争的祸乱之源。

这五种害虫被总结成了一句话：儒以文乱法，侠以武犯禁。

啃啃，你也就有欺负我们这些体制外人的能耐，有胆量说说那些当官的吗？

怎么没胆量？体制内的人比你们更恶心！

关于“臣子”，他举了一个鲁国阳虎反叛宗亲季孙的例子。

富裕的家庭，儿子们必然会不仁——因为父亲的财富诱惑力太大；君主的权势诱惑力比财富更大，那么臣子会对君主有父子、兄弟之亲吗？

结论是：群臣皆有阳虎之心！

关于有能力“起乱”而导致国家不能正常运转的，他认为有六种人。

一、主母。如果国政有失，官吏无能，母亲就会指责干政。而作为一个中国人，母亲的话又不得不听。但儿子们清楚，母亲的话里，又有多少是她老人家自己的意思呢？

二、后姬。她们是每天要见的，并且她们会给男人提供男人们不能提供的快乐，而且她们只关心自己周围的事物和利益，才懒得管什么对军国大政的影响。

三、子系。嫡子担心庶子夺他的位，庶子害怕嫡子要他的命，时机一旦恰当，兄弟间便要闹一个昏天黑地。

四、弟兄。在周朝，“大夫”这个名称或官职只向华夏两族等君主的宗亲和弟兄们开放，其他的人便是再有本事和功劳，也只能当个“大臣”。大臣们若想篡夺君主之位，必须要过宗脉关、血统关和道义等诸多的关口；大夫们可个个是根红苗正，他们只需过一道“嫡系关”——在族谱中往上查，谁不是轩辕黄帝他老人家的嫡系子孙呵。

五、大臣。当时能当上臣的，绝不是什么平民、小人甚至是仆人，最起码也得是个庶人。因为他们的母亲不是明媒正娶的“正妻”，所以他们没有权力和财富的继承权，只能依附嫡系的兄弟们当一个庶人——也就是东周时期涌现出来的“士人”。

这些人有爹但得不到爹的好处，若想在宗族内混口饱饭，非得有些过人的本事不可。棍棒底下出孝子，压力之下有真才，这些由庶人蜕变为士人的宗族遗弃者，成为当时世界上最有本事的人。

有本事就会有想法，有想法就会有思想，有思想就会有野心，有野心就会不安分。这些人若集中在一起形成了气候，那结果非常不妙：小则乱宗，大则篡国。

六、显贤。这是些有知识、有思想，讲仁义、讲道德的成年男人，并且他们表面的光环和内心的阴沉形成了强烈的反差。事情干好了他们尚且吹毛求疵，事情干砸了更是要口诛笔伐，基本上没有什么容事容人之量。

干什么都不行，做什么都不对。

那么您来干干？

嗯……吾要精修学问，俗务请勿打扰……哎，君主真的想用我吗？

韩非索性又道出了“八奸”。

第一奸是同床（性关系者）。

男人喜欢女人的美色，女人喜欢男人的权势，这便是男女和睦的基础。

太穷的夫妻百事哀，太富的夫妻日夜防，有权势的夫妻则事事争。

女人们若想提出不合情理的要求，那么在男人酒足饭饱、颠鸾倒凤之时来一阵枕头风，这效果自然来得快。

请问，这里面何曾见到过长久的爱情和传说中的恩爱？

不绕弯子了，我说的就是宫里的娘娘们。她们尚且如此，一般的女人们还能免俗？

第二奸是在旁（宦官、弄臣、亲信、仆从等）。

这些不男不女或是男是女的人，整日伺候在君主或权势者的身旁，唯唯诺诺地在那里小心地察言观色，磨牙练爪。一旦认为领会了主子的意思，便张牙舞爪地外出乱干。

您说说，这是主子的意思还是他们的自由发挥？

大臣们若想向君主提出不合情理的要求，由于生理、年龄、相貌等各种不利的原因，很难走“同床”这样的捷径，只有用重金收买这些整日价在君主身旁的人猛讲好话，最后达到自己想要的结果。

这样的人，谁敢说他们是谦卑的奴才？

第三奸是父兄。

打虎亲兄弟，上阵父子兵。

他们说的话和做的事，对方都要认真对待并且去极力维护。

这关系铁不铁？

当然铁！

嘿嘿，那是因为诱惑不够大。

一个宗族，叔伯兄弟们流着一样的血，拜着同一个祖先。但是，为了王位和财物，父子可以成仇，兄弟可以反目，这种事儿多得都没法举例子。

儿子拿到了别人的好处，就会请求父亲答应别人的要求；哥哥眼见着利益到手，就会逼着弟弟让步。

谈不拢？干他奶奶的——还真没见过死人还能提意见反对的。

权利的诱惑足够大时，少给俺讲什么亲情和血缘！

第四奸是养殃（投其所好者）。

君主和权势者们，最忌讳的是有“个人爱好”；如果有，这就是“殃”；而这个“殃”还最怕有人去“养”。

养久了、养大了，君主和权势者们就会“遭殃”。

这些“养殃”的人从来就不缺，他们的生存前提取决于君主和权势者们让不让他们“养”。

君主和权势者们回答说：我们是何等的伟大精明，岂能上这些厮们的当？

养殃者们暗笑道：让你们看出是个当，那能叫个当？让你们看出是个殃，你们还能遭了殃？于是乎，他们正襟危坐地道：君上不喜奇技淫巧，讨厌拍马舔痔，真乃千古明君，万民之福。在您的正确领导下，我国必将强盛有望，诸国来朝。

来人呵，赏！

其余的奸如“民萌、流行、威强、四方”，分别对应假仁者、嘴客、豪侠和内奸，这些人或事都由体制内的大臣操纵而兴风作浪，有兴趣的朋友可去看看韩非的原作。

该揭露的都揭露了，不该脱裤子的也脱了，这家伙真是一条非华非夏的光棍呵。

那么，你敢揭君主们的短吗？

怎么不敢！

君主有“十过”。

第一过：信小忠。

例子：楚晋鄢陵大战之时，楚国大夫子反阵前口渴，家臣谷阳知道子反好酒，便拿酒给他喝。子反叱道：这是酒，打仗时不能喝。谷阳晓得家君喝酒后能提精神，说：不是酒。子反喝了后精神大振，虽然打胜了仗，但酒劲上来后，却不能乘胜追击。楚共王知道后把子反杀了。

谷阳很是懊悔：信小忠而忘大义，自己关心家君，却给主子招来杀身之祸。

第二过：顾小利。

例子：晋国攻打虢国，担心虞国不借道。大夫荀息向晋献公建议：把君上喜欢的美玉和宝马送给虞国君主，他保准会借道路让我们通过和使用。晋献公道：那可是寡人最喜欢的东西呵。荀息笑道：那东西只是暂时存放在虞国。咱们灭了虢国，回来的路上顺手拿下虞国，不要说美玉和宝马，这两国的东西哪一样不是您的？虞国君主收到重礼后，不理臣下宫之奇“唇亡齿寒”的警告，果然让道。

结果是，晋献公根本顾不上看一眼被俘虏的虞国君主，只是抱着心爱的宝马说道：马儿呵马儿，三年不见，想煞寡人了。

第三过：行僻。

例子：楚灵王召开诸侯大会，宋国的太子没按时到会，便被他抓了起来。这还不算完，他在轻慢徐国的君主后，竟然还把齐国的大夫兼相国庆封扣押。开会怎么变成囚人了？便是以蛮横无理著称于世的楚国军官们也看不下去了，都劝着楚灵王赶紧放人：咱是没文化，可不是缺心眼儿。楚灵王当然不听：寡人干什么事，轮得上你们指挥吗？

众人想：拍板权是在你的手上，但还得有人听是不是？您让我干活可以，您让我吃屎这恐怕不行。于是，众人在旅游时把他困在了荒郊野外，活生生地饿死了他。

第四过：好音。

例子：卫灵公去晋国的途中，半夜听到仿佛鬼神演奏的乐曲，便让师涓记录了下来。到了晋国，卫灵公让师涓把这首乐曲弹给晋平公听。

刚弹了一段，师旷便打断道：这是师延为纣王谱写的亡国之音《清商调》，奏完不祥。

晋平公道：真有这么玄？这调儿确实好听。

师旷道：这真不算什么，《清徵调》和《清角调》比它好听了许多。

晋平公起身道：请为寡人演奏。

师旷道：《清徵调》和《清角调》须有德之人聆听。

卫灵公讥诮：难道我等无德吗？

见晋平公不高兴，师旷只好弹奏《清徵调》。弹了第一段，便有十六只黑鹤从南方飞来；弹了第二段，黑鹤自动排好行列；弹了第三段，黑鹤伸颈鸣叫，合拍起舞。

晋平公大喜，亲自为师旷斟酒，并请他演奏《清角调》。

师旷变色道：这是上祖黄帝听的曲调，其他人听了会有祸事。

晋平公道：寡人老了，但平生最爱听音乐，烦请大师演奏。

师旷无奈，开始演奏。音乐刚起，黑云便笼罩天空；继续演奏，狂风暴雨骤然而至，将器什诸物席卷乱飞，众人皆惊慌而逃。

此后，晋国大旱三年，赤地千里，晋平公也瘫痪在床。

爱听音乐不是罪过，错的是你听了不该听的；更要命的是：你听了你不配听的音乐。

至于“贪愎、耽于女乐、离内远游、过而不听于忠臣、内不量力、国小无礼”这六个君主的过失，触犯每一项都足以亡国丧权。

不能爱财，不能好色，不能旅游甚至不能乱听音乐，为了权力，稍微有点素质的君主们忍一忍也就过去了。但不能拍板，不能任性，不能打仗甚至不能有一点儿的私人爱好——韩先生，您这是让君主们效仿苦行僧的节奏吗？

有才的韩非子把全天下的所有人和所有职业的短都揭了个遍，总之一句话：

没一个是好玩意儿。而整治这些玩意儿的方式只有一个：不别亲疏，不殊贵贱，一断于法！

嬴政想了几日，心道：刑过不避大臣，赏善不遗匹夫？如果按韩非的思想“以法为教”，自己先不是个好玩意儿不说，血亲、兄弟、宗族、夫妇之情就会断绝，赏赐、封土、牧官、用吏之恩便要依法，人们放着活生生的君主不敬，只看着依据法律中的哪一条自己能获得什么好处，那么——要我干什么？

李斯趁机给师弟下绊：韩非是韩国贵族，非夏非华。他的言论，不过是惑乱夏华宗教与尊卑之制，好让他们这些夷族抬头。若听他的，君上的位置往何处放？

嬴政道：他就是自己所指的“五蠹”之首，你与姚贾看着办吧。

李斯便看着把韩非用毒药办死了。

后人便骂：李斯是因为嫉妒韩非的才能而害死了自己的师弟——这就有点站着说话不腰疼的嫌疑了。如果你把韩非的著作看完，不同的身份，不同的时间，不同的角度，就会有不同的看法。

道家觉得太暴戾——不厚道；儒家觉得没仁义——太刻薄；百姓觉得很压抑——没人情；夷族觉得很解气——讲平等；君主觉得很实用，但从内心中恨不得立马杀了这厮——因为讲得太直白。

在当时中国的诸子及其学派中，很少有人认为“法”是解决人类各种矛盾的灵丹妙药，反而集体唾弃：“法”以及提倡它的法家们，没有一个是好东西。

因为法家站在夷族的角度上，目的是剥夺夏华两宗的千年贵族特权。

诸子们不论对当权者和社会有什么不满，其目的不外乎是维护夏华两族的长久统治，延续黄帝宗脉对世界的掌控。而以夷族为主要构成人员的法家，则不认同黄帝一脉独领风骚的局面，日谋夜算着将夏华贵族们拉下神坛。

法家的至高理念是：不别亲疏，不殊贵贱，一断于法！

用现在的话来讲，就是：法律面前，人人平等。

法家的理念对平民和夷族很公平，但是对权贵阶层和统治者“不公平”；而推行法理，离开了权贵阶层和统治者的支持，几乎是寸步难行。然而，面对法家所挖下的“大坑”，统治者们又不得不跳，难道他们的脑子真的被酒色财气搅成了一锅糊巴粥了？

现在的平头百姓，老是一厢情愿地认为“肉食者鄙”，并将大禹“愚夫愚妇，一能胜予”和毛泽东“卑贱者最聪明，高贵者最愚蠢”，以及《六坛祖经》“下下人有上上智”的话作为佐证，似乎忘了这些话原本就出自权贵们和统治者之口。

高贵者们真的很愚蠢吗？

他们也许在某些方面有些无知甚至智障，但是在“权力”和“御人”这些领域，那可是相当的精明。

您真的以为愚蠢的人能当得了官，发得了财吗？这问题自己晚上爬在被窝里想想，恐怕还真不是这么回事儿——难道聪明人都忽悠那些愚蠢者去升官发财吗？

酸溜溜的葡萄味儿浓得很哩。

华夏两族的统治者们明明知道由夷族组成的法家们不怀好意，但又不得不用他们“以法治国”的理念：因为这时候已到了“人民众而货财寡”的年代。

林子大了什么鸟都有，子孙多了什么货色都出。

比如你有儿女一双，便有时间与精力教育他们；如果有五个儿子五个女儿，教育起他们便力不从心；富裕的需找个先生来管教他们，贫穷的则只能任其放养。如果这些儿女再有了子女，不要说教育了，能不能把每个人的名字叫起来都是一个问题。

这个问题还不当紧，最要命的是：家里每顿只能蒸出二十个馒头，却有一百张嘴等着吃饭。谁先吃，谁吃多少，这个问题已经由儒家按礼仪的制度规定解决；但谁不能吃，吃不上该怎么办，儒家却一言不发。

吃不上该怎么办？

体弱胆小的恐怕只能慢慢饿死，身强力壮的则最后只能去抢！

对付不守规矩的子孙后代，儒家的谦逊和说教肯定不能当馒头使唤，宗脉和亲情也丝毫不会减轻他们绝望时的破坏与挣扎。

对付这些“坏孩子”们，最有震慑力的方法和手段，还是法家的东西好使。

因此，中国后来的统治者们在乱世之际推行法典，太平盛世则独尊儒术。

法家的理想虽然公正而崇高，但面对中国由无数个家庭组织成的宗族社会，推崇的时间很短，闲置的时候很长。

这大约是因为：一、中国的帝王大都认为，天下的百姓血脉相连，都是黄帝的后裔和自己的“子民”。除非他们准备篡权夺位、背祖弃宗，否则谁又能对自己的子女下得了狠手？二、法家们立足于“人性本恶论”而制定的法律，几乎都是“惩恶”的内容而没有“奖善”举措，这分明是把每个人都当成了罪犯，又怎么能与立足于“人性本善论”而治国理政的儒家理念融为一体？

乱世行法，是为了消灭旧有的权贵余孽；盛世尊儒，是为了保护新兴权贵们的威严。

真理探索者——名家

邓子（黄帝2152—2196年，前545—前501年，华族）。

邓子名析，是郑国人，并且还是个大夫。

由于他一生中爱耍嘴皮子，得罪了众多的人，以至于就没有什么人给他写下个完整的简历。可见若是想死后有人说你几句好话，嘴上便须积点小德。

他应该是人类史上的第一位律师，并且颇喜欢这个副业。

贵为大夫的邓析，很有点看不起他们这个权贵阶层的意思，基本上和郑国的宗族反着来。由于当时还没有什么阶级斗争的学说与教材，邓析的反叛，应该是被宗族排挤或冷落的原因。

这个推论，从他与姬侨（子产）的矛盾和后来的一些著作中就可看得出来。

虽然他是名家的鼻祖，但没有人给他立传，他的言行只能在其他人的著作中出现，而且基本上扮演着一个反面教材的作用。

由此可以看出，邓析是一个多么厉害的角色。

不待见他，不赞同他，鄙视他，讥笑他——却又不得不提他。

邓析的思想观点，便是放在今天，也足够惊世骇俗了。

来看看他的“无厚说”。

少给我讲什么仁义厚道。

老天若对人厚道，为什么让人们遭受酷热与严寒来损伤人们的身体、折损人们的寿命？

国君若对子民们厚道，就不会对偷盗的子民们进行处罚（他们全是因为生活所迫，才不得不干这样下作的事情）。

父亲若对儿子厚道，就不会只顾着自己吃香喝辣而不管儿子们的死活。

兄长若对小弟们厚道，就不会有周公诛杀两个弟弟的事情发生。

基于这种认知，邓析又亮出了“两可说”。

错的是对的，对的是错的。错误与正确，得看人怎么说，怎么做。

因此，邓析便形成了“不法先王，不是礼义”的思想：不要事事都按照祖宗的规矩去办，他们的做法与制度不一定全都正确。

为了推广自己的思想，邓析建立了中国第一所私立学堂“乡校”；

为了表达自己的政治主张，邓析自己制定了一部称为《竹刑》的法律广为传授；

为了证明自己的学说，邓析几乎是免费为郑国人打官司，评道理。而去评判某件事物的对错，邓析都是站在对方的角度看问题。

一个富人淹死后，被一个穷人捞起，富人的儿子去索要尸体，穷人便提出很高的赎金。

富人的儿子请邓析拿个主意，他说道：忙什么？回家等着，这东西他只能卖给你。

穷人也来问邓析，他说道：急什么？这东西他只能和你买。

看出来了没？邓析及其后的名家们是极为看重“中立”的。

他们从不偏袒任何一方，只是站在对方的角度去考虑对方的利益。

名家们不是“公道人”，他们只是“中立者”。

同一个事实，却有着两个相反的结论。

他们不去评判是非，只是点明双方的利益所在。

他们从不屑于当什么上帝抑或仲裁者。

他们确实与众不同！

邓析后来被姬侨（子产）杀了。

杀他的理由，就是他的"两可说"。

咱们贵族的天职之一，便是为人们评公道。你见婆说婆理，见公说公理，一点儿原则都没有，还嫌郑国不够乱的呀！

姬侨虽然杀了邓析，却并没有封禁已在郑国遍地开花的"乡校"。

大夫然明问：为什么不毁了乡校？

姬侨说：就因为它是邓析创建的吗？人们闲暇之余，到这里聚会议论一下施政措施的好坏，这也并不算什么坏事。他们喜欢的，我们就推行；他们讨厌的，我们就改正。这是我们听取民意的地方，为什么要毁掉它？

然明又问：既然听取民意，那为什么又要杀邓析？

姬侨说：邓析是"民"吗？再说，为政之道，以宽厚的政策使民众服从那是最理想的，但却远不如严厉的政策更有效。比如火势猛烈，人们望见它就害怕，所以很少有人死于火；水性柔弱，民众亲近并和它嬉戏玩弄，所以死于水的人就很多。因此，不杀一两个刺儿头，是很难推进仁政的呵。

邓析之后，名家又出了三个有名的人物。

第一个叫惠施（黄帝2327—2387年，前370—前310年，夏族）。

惠施是宋国人，但他的从政生涯大半在魏国度过。

他与张仪共同组织了抵抗秦国的"合纵联盟"，并且和庄周是铁哥们——而当时能成为庄周铁哥们并且是"唯一"的，这个人得有多么厉害的本事？更为厉害的是，惠施死后，庄周二十多年"不与人语"，理由便是：我和其他的人没有什么探讨的。

惠施有什么过人之处？

他"学富五车"。

"富"到了什么程度呢？

有个叫黄缭的人问他：天与地为什么不下坠也不下陷？风雨雷霆是怎么形成的？

这些问题便是问当今的科学家们，由于专业所限，一个人也绝对回答不了这么复杂的问题。

惠施不但全都回答了，并且是“不辞而应，不虑而对，遍为万物说”，而且还“说而不休，犹以为寡”！

这些本应是人类抛开宗教与经典，对宇宙万物系统第一次最为接地气的认识与学说，可惜居然被中国的道、儒两家弃之不信，知而不记，真是中国文明史上令人惋惜的一大损失。

如果惠施的“遍为万物说”被记录了下来，现在的天文学、物理学等源头思想就得重新改写，中国人也就不会在这些领域输给了西方兄弟。

惠施的学说，比克罗狄斯·托勒密的《天文学大成》，最少早了二百六十年。

但是，还是能在历史的记载中找得到惠施如凤毛麟角般的观点。

比如“合同异”。

惠施认为：大同而与小同异，此之谓小同异；万物毕同毕异，此之谓大同异。

什么是“大同”？

比如马，凡是属于马的这一类动物都包括在内，谓之“大同”。

什么是“小同”？

再比如马，其中黑马、白马、大马、小马等等又有区别，这就谓之“小同”。

事物的差别是相对的，相同才是绝对的，所以他便推论出万物“毕同”的认知，最后得出了“泛爱万物，天地一体”的结论。

又比如“名与实”。

惠施认为：至大无外，谓之大一；至小无内，谓之小一。

这句话的大意是：宇宙无限大，大到没有边缘，这种现象叫“大一”；物质无限小，小到没有内核，这种现象叫“小一”。

好面熟呵，这不就是当今最吃香的天体论和原子、分子论吗？

惠家有后人吗，还不赶快去申请专利和维护版权呵？

再比如“离与合”。

惠施认为：无厚，不可积也，其大千里。

这句话的大意是：厚重的事物不是“合”的结果，物质（小一）是不能被累积的，只能以“离”的方式平面发展，最后呈现出“大”的现象。

这个理论太神奇了，好像至今也没什么科学家去正儿八经地研究过。

有志向的专家学者们可在这方面下点功夫，一旦有所成就，还用得着觍着脸要职称争待遇吗？

想想都叫人兴奋：原子和分子这些物质不断地去分离再分离，结果不是小得看不见，而是大到了“千里”让人们看不全。

莫非这就是中国人口中常说的“物极必反”？

据庄周记载，惠施当时说：天下只要我在，哪一个人敢自称雄辩者？

在诸子百家丛生的年代，有人敢在中国说这样的狂话，他得有多么渊博的才学和多么令人羡慕的底气和本事！

惠施和什么人都辩，对什么事物都辩。

他辩得五花八门，千奇百怪。

鸡蛋有毛吗（当然没有）？

惠施道：鸡蛋有毛。

狗可以变成羊吗（你有病吧）？

惠施道：狗可以变成羊。

马有卵吗（发昏了）？

惠施道：有。

青蛙有尾巴吗（你哪一只眼看到的）？

惠施道：有。

火热不热（当然热）？

惠施道：火不热。

车轮不着地能前进吗（你试试）？

惠施道：能。

龟比蛇长吗（这还用问）？

惠施道：长。

狗不是犬吗（当然是）？

惠施道：不是……

当时这样回答这些问题，不是神经病，就是失心疯。但是，在今天这样回答这些问题，你能觉得他有病吗？

比如，车轮不着地能前进吗？能，磁悬浮技术可以。

狗可以变成羊吗？行，把它们的基因图拿来，克隆一下……

惠施，无疑是人类历史上最伟大的宇宙理论先驱者。

中国因拥有他而自豪，因遗失他的理论著作而极为可惜。

第二个叫公孙龙（黄帝2377—2447年，前320—前250年，夏、蚩混血）。

公孙龙是赵惠文王之子赵胜的门客，赵胜则是战国时代最著名的“四君子”中的平原君。

后世因弄不清他的族系，干脆称他为“华夏族人”。

这就好比张三的儿子被人称为“张二与张三的儿子”一样可笑。

他是夏族也好，华族也罢，甚至因他是赵人，极有可能是女修或者是蚩尤的后裔，但绝不能用“华夏族人”这样的称谓去表明他的族别。

这称谓对别人也许行，对他则绝对不行——因为他是名家。

名家，从始至终，非同一般地注重“名”！

公孙龙有个非常家喻户晓的“白马非马论”，但基本上算是拾了惠施的牙慧，并没有什么新奇之处。

倒是他与惠施大相径庭的“离坚白”理论，使他成为惠施之后的名家代言人。

什么是“离坚白”？

公孙龙说：视不得其所坚而得其所白者，无坚也；拊不得其所白而得其所坚者，无白也。

这句话的意思是：有一块白色的石头叫“白石”。如果你光用眼睛去看，那么你的头脑中就会只有“白色”的印象而没有石头坚硬的概念。如果你闭上眼睛去摸，那么你的头脑中就会只有“坚硬”的印象而没有石头白色的概念；你的视觉与触觉传达到你头脑中是两种不同的白色与坚硬的概念，那么“白石”这个东西根本就不存在。

这也就是说，在公孙龙的心目中，世界万物分离开来是准确的，合并在一起则是荒谬的；如果合并在了一起，其中的一个甚至多个事物就会“自藏”；如果把“白石”分离开来，那么就会有至少三个准确的概念：白，坚，石。

公孙龙还继承了惠施的雄辩精神，比如他的“鸡有三足论”“飞鸟影不动论”，都是当时名士们津津乐道的话题。

惠施讲合；公孙龙讲离。

惠施强调“实”是相对的、变化的；公孙龙强调“名”是绝对的、不变的。

因此，名家分为两派。

惠施是“合同异”，公孙龙是“离坚白”。

用现在的话来讲，惠施是宇宙万物的理论家，而公孙龙则是不折不扣的逻辑学及分子学专家。

第三个叫桓团。

谁也不知道他是哪一族的人，干过些什么事，说过些什么话；更不会知道他从哪里来，最后又到哪里去了。

但他的名字出现在庄周的著作中，应该不是一般的人，应该干了非同一般的事。

他干的事，应该是在中国的域外……

在此提醒一下，名家的各种学说与理论，全都源自邓析，强大于惠施，结束于公孙龙，似乎……发展于桓团。

令人惊奇的是，名家的某些理论在邓析死了的三十多年后，在古希腊的数学家和哲学家芝诺（前490—前425年）的言论中出现了。

芝诺的“追不上乌龟”和“飞矢不动”的理论，几乎和名家的思想如出一辙。

这也太巧合了吧！

真想穿越时空大喊一句：桓团先生，您去希腊当老师啦？

名家的思想在中国域内受挫，在中国域外辉煌。

道、儒、墨三家排挤名家的后果是：中国在黄帝 4537 年（1840 年）的第一次鸦片战争中，清朝的道光皇帝不得不摘下了世界宗主国的王冠。

文化的王者——儒家

孔子（黄帝2146—2218年，前551—前479年）。

请大伙儿坐稳坐端了，把猪肉割得方方正正，共同瞻仰一下儒家鼻祖的心路历程。

> 孔子生鲁昌平乡陬邑。其先宋人也，曰孔防叔。防叔生伯夏，伯夏生叔梁纥。纥与颜氏女野合而生孔子，祷于尼丘得孔子。鲁襄公二十二年而孔子生。生而首上圩顶，故因名曰丘云。字仲尼，姓孔氏。

司马迁的这段开场白，可一点儿也没有“为圣人讳”，至少揭了孔老师的两个老底儿。

一、孔丘是宋人的后代，而宋国的开国鼻祖就是当年曾经降周的大内奸微子启。

哎哟，儒家的鼻祖居然是夏族的后裔，并且他在一生中都很真诚地教育自己的徒子徒孙们“尽尊周礼”，活生生一个浪子不回头的例子。

二、虽然孔老师能忽悠学生徒弟，但是您根不正苗不红，虽然为华族奔走呼号，但因为是夏族血统，对不住了，您是个“圣人”不假，但您老人家同时也是一个“野种”——并且还不是那种踩大脚印儿和鸟孕来历不明的“神”野种。

儒家呀儒家，你们非得弄这样一个人来当开山鼻祖吗？

孔老师和后来的绝大多数儒家弟子一样，开始都是“贫且贱”，这就给儒家子弟们种下了穷根儿。

书生们常对权贵们的好日子心生“不平之忿”，主要是因为自己这个帮派的老大起点不高，出身不好，这事儿真怨不得别人。

孔老师自幼刻苦学习后，凭着能写会画，给大宗（季孙氏）写个家谱记个黑账，报酬便是获得了一个叫“司职”的小吏，专门饲养畜生。

牲口们可听不懂孔老师的“微言大义”，受教化的结果是每天撅着屁股冲他拉屎屙尿。

有一天，季氏大宴宾客，孔老师前去赴宴，谁知却被季孙氏的家臣姬阳虎挡住：今儿个请来吃饭的都是士呵，应该没你的份儿吧？

孔老师长叹一声，便开始去齐、宋、卫几国寻找当官的门路。但由于人生地疏、关系不硬，没人愿意搭理他的涶沫星子，他只好又去了陈、蔡两国，差一点儿就饿死了。

于是，孔老师两眼含泪，唱着“回来吧浪迹天涯的游子”小调儿回到了鲁国。

还是鲁国好呵，再怎么不争气，亲朋好友总不会眼看着自己的族人饿死。

孔老师经过第一次的磨难碰壁，终于心灰意懒地回到了家里，准备老老实实地过日子。可是，季孙氏的宗主季平子（大夫）和郈昭伯（大夫）因为斗鸡的缘故争执了起来，郈昭伯向鲁昭公告了黑状，鲁昭公便率领军队攻打季平子，季平子和孟孙氏、叔孙氏三家联合与鲁昭公对抗。

三十五岁的孔老师眼看着鲁国的弟兄们因为斗鸡这点儿小事就要打个你死我活，便义无反顾地逃到了齐国，当了齐卿高昭子的家臣。

齐景公听说孔子有些能耐，便让他讲讲为政之事，孔老师也没拿自己当外人，向齐景公滔滔不绝地大谈治国之道。齐景公头两天还觉得孔子说得挺有道理，可当晏婴说了句“夫儒者滑稽而不可轨法；倨傲自顺，不可以为下；崇丧遂哀，破产厚葬，不可以为俗；游说乞贷，不可以为国”的话后，齐景公便笑着对孔老师说：齐国的池子太浅，您还是到别处去另谋高就吧！

混到了四十二岁的孔老师，眼看着因族种不纯而当官无望，便第二次收拾铺盖卷儿回到了老家鲁国，开始整理《诗》《书》《礼》《乐》《易》《春秋》，并且教一群和自己出身一样“贫且贱”的有志青年们识文断字，打算了此残生。

到了五十岁时，鲁国因内讧多年，但凡有点儿才能的人全都挂掉了，孔老师的机会终于来到了。

老同事公山不狃要反叛季孙氏，就派人去征召孔老师来打理政务（是“征召”而不是“三顾”）。孔老师兴高采烈地要去赴任，他的学生子路很不理解：老师不是常教育我们视权贵金钱如粪土吗？再说了，公山不狃是季孙氏的家臣，以臣叛主，本属大逆不道。更何况费邑只是巴掌大的一个小乡村，充什么大尾巴狼。

孔老师很认真地对子路道：地盘是小了点，但苍蝇也是肉嘛。

师徒争执不休之际，鲁定公也派人来叫孔老师当官。

这下你子路没说的了吧？

我是说过视什么什么如粪土的话，让你小子扯住了话把儿，但我也说过类似“国家有难，匹夫有责”的话儿呀。

至于后来描述孔老师用“礼仪不周”就迫使齐景公归还所侵占鲁国的郓、汶阳、龟阴之田来认错道歉，亲自指挥军队剿灭、拆毁几个大夫的封地，则纯粹是一些骗人的鬼话。

齐景公是那种凭孔老师几句话，就归还已占有的田地并且认错道歉的善茬儿吗？

不论怎么样，孔老师终于迎来了一生最为辉煌的时候：由“大司寇”（负责律法事务）的身份代理国相。老头儿喜出望外，高兴得连嘴都合不住了。

子路又发言了：我听说君子祸患降临不恐惧，福运到来不喜悦，老师须压稳些好。

孔老师说：是有这样的话。但不是还有“身居高位礼贤下士而自得其乐”的话嘛。

上任刚七天，孔老师便诛杀了与他争夺生源并经常讥讽他的大夫少正卯，还给他安了五个罪名：一曰心达而险；二曰行辟而坚；三曰言伪而辩；四曰记丑而博；五曰顺非而泽。

这五个罪名的前提是“现象”，后果是“可能”，合起来则会变成这样一句话：这几种不属于君子应该有的现象，最后可能要造成欺君叛宗的结果。

好一个罪名！

一般的官员新任职一个岗位，熟悉本单位的情况最快也得半年的时间。

孔老师刚履新便要杀一个“君子”，这是结下了多么大的怨仇呵！

此事若放在一个政治老手的身上，他绝不会这样明目张胆地报复，只会慢慢地给对手挖坑并让对手的失误越来越多而招致众怒最后再收拾他；文化人虽然能把各种道理讲得天花乱坠，但在设坑埋人的政治手段应用上，刚入门的儒家基本上就是个棒槌。

凡事一旦头儿没开好，接下去也就没有什么好茬儿。

孔老师规定了：

鲁国猪肉的价格我说多少就多少；

男走左、女行右，不要在路上拉手手、亲口口；

遗留在路上的东西不能捡；

从四方来到鲁国城邑的客人不必向官吏请求，全都给予免费接待，就如同回到了自个儿的家里……

一个季度不到，鲁定公大叫：这个败家的玩意儿，您还是该干吗干吗去吧。

才过了这人生中最得意的九十天的孔司寇，只好收拾行李，又走上了忽悠列国的老路。

真是没办法，上山容易下山难，咱都主理过国政了，再到乡下教书养老——还真丢不起这个人呀。

先去了卫国，卫灵公问他在鲁国的俸禄是多少。

孔子回答说：“俸禄粮食六万。”

卫灵公也给孔子开了六万的俸禄。

过了不久，有人向卫灵公说孔子的坏话。卫灵公便对孔子说：对不起，我这池子浅，真养不住您这只大王八。

孔子到了陈国，差点儿让人当嫌犯追着打死。

快，原路返回卫国，好歹还能混一口饭吃。

卫灵公的夫人南子是孔老师的粉丝，常常向孔子请教问题。混得久了，俩人便出入成双、形影不离、眉来眼去地玩起了老少恋。

子路发现不对劲儿，就劝老师，孔老师说：我本来不想见她，但人家是咱的衣食父母，不去陪陪怎么好意思？放心，老师我绝不干三陪的事儿。

子路不相信：哄鬼去吧，都一块儿桑拿了。

孔老师起誓说：我如果没以礼相待，口不应心，老天会惩罚我的，老天会惩罚我的！

但发誓归发誓，心里还是虚——子路的话虽然不中听，但还是少和阎王玩儿。

于是他便以要出去采风为借口，离开了卫国。

到了本家宋国，原以为会受到衣锦还乡般的欢迎。

谁知宋国的司马桓魋拔起一株大树问道：仲尼兄呵，您脖子有这棵树结实吗？

这他娘还有什么可比性？

孔老师一溜烟儿跑到了箭都射不着的安全地方，说道：上天把德行降生在我身上，你桓魋能把我怎么样？你打呀，来呀。

到了郑国，还未进城门，便有一个郑人过来向子贡打问：听说有个人，自己吹嘘他的额头像唐尧，脖子像皋陶，肩膀像子产，腰以下比夏禹差三寸；但他瘦瘠疲惫的样子，又好似丧家之犬——你们见过这个人没有？

子贡把这话告诉了孔子。孔子欣然笑着说：他说的样貌，未必准确。但说我像丧家之犬，可真是太形象了啊！

孔老师于是到了陈国，寄居在司城贞子的家里。

好不容易混了三年，又逢晋、楚争霸，轮番攻伐陈国撒气，陈国便很不适宜居住。

孔老师又唱起了费翔的歌儿：回去吧，回去吧！我家乡的那些志向远大的小子们，永远是我能忽悠的范伟呵。

路过卫国，便有四五个蒲邑人困住了孔丘，不让他踏入卫土，否则便杀了他。

孔老师对天起誓：我要去卫国，我就是你们裤裆里吊的玩意儿！

放了他们后，孔子还是要去和南子幽会，子贡说道：男人丈夫，刚发的毒誓，难道当放屁吗？

孔老师正色道：这是在受要挟的情况下订立的盟誓，上天是不会理睬的。

在南子枕边风的作用下，卫灵公麻烦不过，便想给孔丘一个差事干干。

可孔老师一见面就撺掇着卫灵公用军队去攻打扣押他的四五个蒲邑人，卫灵公就很瞧不起他，心想：这老头子嘴上说得仁至义尽，冠冕堂皇，可行起事来太他娘的小人了。用一支军队去打四五个人，当爷爷是雨人呵？

孔老师臊咧咧地又一次离开了卫国。

回家的途中，“听人说”晋国的叛徒佛肸准备召他去相助，他便满怀壮志地想去大干一场。

子路这个愣头青挡横着说：老师呵，我真不懂您。您曾说过：坏人干坏事，君子是不会加入的。如今佛肸自己占据中牟反叛，您却打算前往，这怎么解释呢？

孔老师说：我是说过这样的话，但咱们不一直是向往君子的修养吗？君子即便是帮小人干坏事，也还是君子呀。白猫黑猫，逮住老鼠就是好猫——我又不是葫芦，怎么可以挂在那里而不去使用呢？

等了几天，佛肸也没派半个人来“召”他。看来又是一场游戏一场梦哟。

孔老师百无聊赖地在茅草屋里击打着石磬，有个扛着草筐的大妈从门口经过，摇着头叹息：这老头子太可怜了，都这把年纪了，还不回家接孙子上下学——北漂们也不至于这样惨呵！

孔老师绝望了。

后来，他又不断遭人忽悠。

一会儿听说赵简子准备用他，他便急忙忙赶到了黄河边儿上，却连一个人都没见着；一会儿听说鲁国还想再启用老干部，弄得他心花怒放，结果却是鲁国怕别的国家笑话，最后用了他的弟子冉求。

冉求向老师辞行，孔老师闹情绪说：回去吧，回去吧！我家乡的小子志向远大，文采斐然而有章法，我都不知道调教他们的办法了。

子赣知道孔老师想回去，他去送冉求起程时，泪汪汪地哀求：老师太可怜了，鲁国倘若重用你，就一定要把老师招聘回去！

后来孔子又流浪到了楚国，不知是不是那个好龙的叶公询问孔丘为政之道，孔老师差点儿没把叶公说死。

缓过气来的叶公向子路询问孔丘的为人，子路没作一个字的回答。

孔子听说此事后，说：子路呵，你为什么不回答说，我老师的为人是学习道理不感疲倦，教诲别人不觉厌烦，发奋努力废寝忘食，乐于此道而忘却了忧愁……

到了蔡国，孔子看见两个肮脏的农夫，就派子路向他们询问渡口。

一个叫长沮的农夫说：那个手中拿着缰绳的人是谁？

子路说：是孔丘。

长沮问：是鲁国的孔丘吗？

子路说：是。

长沮说：听说他识人晓理，难道看不出来我俩是世外高人？

另一个叫桀溺的农夫问子路：你是谁？

子路说：是仲由。

桀溺说：你是孔丘的门徒吗？

子路说：是。

桀溺说：浑浑噩噩，你跟他学到了什么？与其跟从躲避恶人的士子，哪里比得上跟从我俩避开整个世道去当隐士呢！

子路跑过去把他们的话告诉了老师，孔老师惆怅地说：鸟兽不可与同群。天下如果有道的话，会没有人用我吗？

在蔡国待了三年，孔老师又听说楚昭王准备聘请他。

于是，他就准备再到楚国去转转，这便引起了蔡国大夫们的不满：这老小子，再怎么对华族的窝头野菜不满意，总归还是黄帝的子孙，怎么可以去向楚蛮称臣呢？他尊周礼天下皆知，可比华室宗族还认真上心，叛族投夷，这国际影响可大了去！

因此，就调发役徒将孔老师围困在野外。

孔老师不但寸步难行，并且面临着断粮少水的困境。

看架势，不把孔老师及其学生们饿死，这个事儿便不能算完。

面对困境，孔老师干脆横下一条心来：我都六十多岁的人了，便是今天死了也不算早亡。今天就叫你们见识一下什么叫从容，什么叫无惧！

他把随从的弟子们叫在了一起，也不管他们的疲惫不堪和饥饿难当，依然讲习诵读，演奏歌唱，传授诗书礼乐的课程毫不间断。

随着看热闹的人越来越多，孔老师反而越来劲儿了。

子路生气了，对老师说：君子也有困厄吗？

孔老师说：君子能固守困厄而不动摇，小人困厄就胡作非为了。

子路道：事楚乃叛族，比胡作非为更可耻。

孔老师知道了弟子们有了怨恨的心思，就把子路拉进草房里问道：我的学说难道有不对的地方吗？我们为什么沦落到这个地步？

子路说：您口是心非，所以别人不信任我们；您说一套做又是一套，所以别人不认可我们的学说。

孔老师说：仅仅是因为这些缘故吗？子路啊，假如仁者就必定受到信任，那怎么还会有伯夷、叔齐饿毙？假如知者就必定能畅行，那怎么还会有王子比干剖心之事呢？

子路说了一句：明理是您的强项，我辩不过您，您还是和其他人讲去。

子贡进了草房，孔老师说：赐啊，我的学说难道有不对的地方吗？我们为什么沦落到这个地步？

子贡见老师已受了刺激，便委婉地说：老师的学说极其博大，所以天下没有国家能容得下您。弟子以为，咱们是否可以稍微降低一点标准呢？

孔老师说：赐呀，优秀的农夫善于播种耕耘，却不能保证获得好收成，优秀的工匠擅长工艺技巧，却不能迎合所有人的要求。咱们能够用君子的修明来证明自己的学说，用明确的法度来规范国家，用道理来统治臣民，即使是这样，也不能保证被世道所容。如今你不奉行我的学说，却去入俗被世人收容，赐呀，你的志向太不远大了！

子贡擦着汗出去了，颜回又进来了。

孔老师说：回啊，我的学说难道有不对的地方吗？我们为什么沦落到这个地步？

颜回说：老师您太伟大了，伟大到天下没有国家能够容纳您！但不被容纳怕什么？正因为这样，才能显示出您的特色。老师的学说不修明，这是我们的耻辱；老师的学说已经努力修明而不被采用，这是当权者的耻辱。

孔子高兴地笑道：有道理啊，颜家有个好孩子！

楚昭王听说孔丘想投奔他，却被蔡国人围得快饿死了，便派了一队涂着油彩的特种兵将孔老师接到了楚地。

令尹子西对楚昭王说：咱们接他来，不过是给天下树一个万众归顺的样板，恶心一下自诩为正朔的华族罢了。黄帝的后裔们向来看不起咱们这些老亲旁支，华族宗室更是常常讥笑咱们的血统。孔丘尊崇三皇五帝的法度，虽为夏族，却又彰明周、召二公的礼仪，可见这个人没什么原则。大王倘若任用他，那楚国还怎么能世代拥有这方圆几千里之地呢?

楚昭王笑道:我不过可怜他罢了。这样,给他几块冷猪肉打打牙祭,供起来吧。

不久,楚昭王死了。不要说冷猪肉,楚国连窝窝头也停止了供应。

孔老师饿得两眼冒星儿,又想起了老情人南子。于是六十三岁的孔丘拖着疲惫不堪的身体,又回到了卫国。

要说卫国的人也太仁义,连孔丘这样出尔反尔、煽风点火的老炮儿也能几番容忍,在春秋时真是堪比宋国的仁义之国。

好人总归有好报,秦皇嬴政踏灭六国毫不手软,最后全天下却只留下了一个卫国(卫立国前后共计838年,传35君,成为生存时间最长的周室诸侯国)。

可见祖宗要是多积点德,对后人总不是坏事。

这时,颇具君子之风的子路和卫国的大夫们很是合拍,他居然率先在卫国实现了老师的梦想:当官了。

于是,师徒二人又进行了以下的对话。

子路说:弟子治理国政,应该先做什么?

孔老师说:首先要做的是端正名分。

子路说:人们都吃的地沟油,喝的毒奶粉,私房想拆就拆,城管想打就打,谁顾得上去端正名分呢?

孔老师说:你真是短视呀。名不正则言不顺,言不顺则事不成;事不成则礼不兴,礼不兴则刑不准;刑罚不准确,百姓就只能去集体上访了。你我师徒一直以奉行上古君子们的操守著称于世,办事说话可不能有一丝的马虎。

孔丘的弟子们渐渐有了成就。

季康子见孔丘的弟子冉求能说能打,便想让他们的老家臣再回国出点力。

冉求说:我老师出力可以,但您得答应他老人家一个条件。

季康子问:啥条件?

冉求说:让他当个“一把手”——什么事都得他老人家说了算。

季康子笑道:玩笑话,他老人家年纪那么大了,我们咋好意思让老头儿出来打打杀杀呀。

弟子孔文子准备攻打大夫太叔，向孔老师询问计策，孔老师头摇得和风扇似的，连连推辞说：我老了，我老了，不中用了。

等孔文子走后，孔老师对拉牛车的农夫说：鸟儿可以选择树木，树木怎么能选择鸟儿？你们翅膀硬得很了，还用得着问我这个老不死的吗？

恰好这时季康子虽然不想用这位“一把手”，但好奇心却使他又想见一见孔老师，便派人来接孔丘。

孔丘就坡下驴，在混了十四年后，第三次返回了鲁国。

一回到老家，他老人家就向鲁哀公讲起了为政之道。总之就一个意思：用我，用我就对了。

然鲁终不能用孔子，孔子亦不求仕。

孔老师歇菜了，彻底失望了。

你们这些王八蛋不用爷爷，以为爷爷就白受这一口鸟气吗？

你们平日里干的翻墙爬灰、偷鸡摸狗的丑事儿，爷爷可全在笔记上电脑里存着哩。

随着生源的增加（三千人之众）和名声的远扬，孔老师最后矫情到了“鱼馁，肉败，割不正，不食。席不正，不坐”的地步，看起来是给弟子们的补课费不断上涨，光景好了才摆上了这样的谱儿。

活到了七十三岁，孔老师要归天了。

促使他加速归天的原因之一，便是子路的死讯。

子路在卫国因反对废太子蒯聩复位而被杀了。

临死前，由于激烈地打斗，导致子路蓬头垢面，衣冠不整。

面对围上来的卫国将士，他说道：君子死，冠不免。子路神色如常地把帽子戴上，把衣裳打理齐整，坦然道：可以杀我了。

卫国的将士把子路剁成了肉酱。

孔丘虽然经常和子路争论，但他心里明白，自己那些个仁义礼信的规矩，也只有子路一个人能守得住、做得到。

孔家学院的门面，可全靠他老兄一个人的行为撑着呢！

于是，他老人家含着泪水唱道：太（泰）山坏乎！梁柱摧乎！哲人萎乎！

临终前，孔老师对弟子子贡说：天下的权贵们都不用我，一是因为他们瞎了眼，二是因为我是诸夏之人。按照古礼，夏族的人死后，棺材放在东边；华族的人死后，棺材放在西边。我本夏族后裔，却一生为华族宣扬文明，最后弄了个热脸贴上了冷屁股，两边都不是人呵！

夏、华本为一宗，但两族却势同水火，只有在殷商时才和睦共处呀。我死后，你把我的棺椁放在中间，权当是一个非夏非华的殷人吧。

司马迁将孔老师糟践得一塌糊涂后，最后来了几顶“高山仰止，景行行止；虽不能至，然心向往之”“天下君王至于贤人众矣，当时则荣，没则已焉。孔子布衣，传十余世，学者宗之。自天子王侯，中国言六艺者折中于夫子，可谓至圣矣”的高帽子，总算念在他为华族礼仪奔波一生的酸辛上，给他的一生画上了一个良心上还过得去的句号。

现在来总结一下孔老师。

孔老师在自己的一生中，有这么几个主张。

一、仁与礼。

孔老师认为：人性本善。但随着年龄的增长、环境的变化及对欲望的追求，人们便会变得不那么善良。因此，就需要用“礼”去约束：什么是你该做的，什么是你不该做的；什么是你该拥有的，什么是你不该拥有的……

总之一句话：你是个什么人，就应该有个什么样（君君，臣臣，父父，子子）。

最好的榜样是君子，因为他们“修身、齐家”并且礼仪周全。

二、德与道。

孔老师认为：有仁有礼便会有“德”，有德的人便会行善。但是，怎么样去行善，还需要懂“道”。这个“道”其中有一句话很传神：己所不欲，勿施于人。

三、人道与中庸。

孔老师认为：一个人明白了“道”，其实就知晓了上祖先圣们传下来的“阴阳”；而阴阳是个“你中有我，我中有你”并且不断变化的宝贝。

若想摆脱那种认死理、走极端的尴尬窘境，就需要掌握“中庸”这个辩明事物的方法。

“中庸”便是根据事物的不断变化，从中找出最适合时宜的“道”。只不过这个方法被后世的儒家弟子们滥用，成了“墙头草”的别名。

四、为公与大同。

孔老师认为：天下为公。

但是，他当时所指的这个“公”是“公族”之意，可不是什么后世所以为的“公民”概念。

这句话的本意是：天下以黄帝后裔为正宗，以诸侯公族为国家。

正宗与公族按“嫡长子继承制”世代相传，其他的人好好地为公族尽力干事，就不要再起别的什么“非分之想”了。

如果你不是王室的“王子”和公族的“公子”，却想“治国、平天下”，对不起你们这些胸怀大志的人了，这——于礼不合！

至于“大同”嘛，一句话大伙儿就能明白：四海之内皆兄弟也。咱都是一个老祖宗，好意思折腾吗？

这些主张看上去很美，道理至少在当时非常正确。

而且孔老师维护“正宗与公族”的权益，是有目共睹的，本应受到统治者们的拍手欢迎。但是，孔老师当时在诸侯公族的眼中，基本上就是一个小丑的角色。

这是因为：一、他若早生几百年，在周室立朝之际便提出这样维护“正宗”的主张，以周室建国时的强势，他老人家用不着在死后的几百年才能在汉朝的庙堂里坐上“礼仪教主”的尊位，名气保证比周公姬旦大得多。

可惜的是，他生活在一个“主软副硬”的春秋时代。

孔老师的“天下为公”让诸侯们很受用，但让他们事事都听“正宗”周室的使唤，瞧瞧周室天子们的窝囊样，可能吗？

二、如果按照孔老师的规矩，除了“王孙公子”，其他的大夫、君子和士人们永无出头之日，这合适吗？于是，孔老师只要到了某个国家，国君倒还是待见，可大夫、君子和士人们一致给他下绊儿。

他维护了两个阶级的利益，却得罪了此外的所有阶级。

这个账不划算呵。

三、“大同”这个说法很正确，“四海之内皆兄弟也”也不假。但是，正确的一定就正确吗？

都是分家门、另立户的人了，各有各的日子，各有各的光景。馒头就那么几个馒头，房子就那么几间房子，你吃了我就吃不饱，你住了我的妻妾子女就没得住。

你评评这个理儿，这兄弟们我是认呢，还是不认呢？

要是认呢，还得负责让这些兄弟们最低过上“小康”的光景；要是不认呢，就要担负起一个“不仁不义”的恶名。

唉，老祖宗们当时得费多大的劲儿才把他们赶到世界各地，让他们“自力更生”呵。

孔老师的学说从开始就时机不对，账没算好，因此他在后来虽然能获得统治者们有选择地“重用”，但始终被大多数人调侃和取笑。

他既不是统治者的“同类者”，更不是老百姓的“心上人”。

他是什么？

仁者见仁，智者见智吧。

后世儒家的代表人物多如过江之鲫，就不分别列举了。

只要翻开有点年代的旧书，那上面都是他们的动人事迹，并且还各有千秋。

但相同的一点是：他们都靠尊崇孔老师的学术理论吃饭。

除了荀子——有兴趣的，去看一下他与孔丘唱反调的“性本恶”论述。

博爱的鼻祖——墨家

墨子（黄帝2229—2321年，前468—前376年。夏族）。

孔子死后十一年，微子启的夏裔一脉，又出了一个人物。

这个人姓墨名翟，是宋襄公的庶兄目夷之后（目夷，字子鱼，微子启第十七世孙，为鱼姓始祖）。

墨翟在少年时曾做过牧童，学过木工。

据说他在青少年时制作的各类器械，就比当时名声大噪的鲁班（公输盘）还要高明。

他自称“鄙人”，被众人称为“布衣之士”；他经常自谦为“上无君上之事，下无耕农之难”，是一个和“农与工肆之人”打成一片的士人。

那么“士人”是个什么样的人？

周室的四权宗法制度，有着明确的等级规定。

周室华族为天下正宗，诸侯方国为天下小宗，各小宗共同视周室华族为天下宗主。

诸侯在自己的封地里为大宗，他们的嫡子与亲兄弟们为小宗。

大宗与小宗的庶子们不能开宗立派，只好屈居小宗宗主的家中或门下成为士人（也就是家臣）；士人只能忠于自己的宗主（家君）而不能忠于自己的国君；忠于国君不但捞不着好处，反而要遭受一个“叛主”的恶名，谁都再也不会用他。

士人的嫡子还是士人，庶子们则不具备当士人的资格，成为没一点儿特权的“庶民”。如果不想老是当庶民，只有一种可能：便须有一项超人的技能，并且要获得宗主的赏识，就有可能破例晋升为士人。

士人在自己宗主的指使下，可以充当“战士”出去打仗，可以进入“公家”充当官吏，但他们不能担任“大夫”之职。

因为当时的大夫们，只能由各小宗的宗主们担任。

在士人的心目中，自己的宗主在国君面前是“君子”，在国民面前是“大夫”，而在自己的面前则是“家君”。

当一个士人，不能文就得会武，不能武就得会文。

什么都不会？

也行——你去当庶民。

因此，在环境的逼迫下，士人们都得学一门过硬的本事，这就使得他们成为当时世界上最有本领的人。

许多研读历史的人会发现，在黄帝2126年至2462年之间，中国骤然间发生了如火山迸发式的知识大爆炸，突然间冒出了许多见解不同、知识渊博、充满智慧、学说精明的“诸子百家”，便是连“刺客”们都显得那么荡气回肠，令人神往。

后世的人们都会觉得这个现象难以理解，因此便提出了许多问题。

这些问题综合起来是一句话：为什么“诸子百家”是在这个时间段井喷式地出现，而不是在其他的时段？

有人回答：是由于封建领主制向封建地主制过渡的时期，新旧阶级之间，各阶级、阶层之间的斗争所致。

有人回答：各阶级、各阶层都企图按照本阶级（层）或本集团的利益和要求，对万事万物做出解释或提出主张。

有人回答：是“宫府”（国立贵族学校）教师流入民间成立“乡校”的结果。

更大胆的回答：是外星人点化的科技文化成果……

这些回答，有的过于官方，有的过于西化，有的过于科幻……看上去都有一定的道理，但就是有点儿不接地气。

这个时代的史料已经不少，所以就给后世的人们没有留下多大的自由发挥的空间。

因为这段历史告诉人们：春秋是诸侯们的盛宴，战国则是名士们的乐园。

作为当时的一名“士人”，进则可能“帝王将相”，专则可能“衣食无忧”，退则可能“沦为庶民”。

在这样的诱惑下，士人们又怎么可能不争着“出人头地”？

在这样的压力下，士人们又怎么可能不争着“出类拔萃”？

被逼的，纯粹是被逼的呵。

人的潜能在强大的压力下迸发出来的结果，确实会使万物望尘莫及。

这也许就是人与万物最根本的区别。

墨翟就是在这样强大的压力中成长起来的。

在他的前面，已经有了名扬天下的道宗李聃、法家管仲、名家邓析和渐成气候的儒家孔丘。因此，墨翟要想出人头地，便须另起炉灶；否则，他就只能成为这四家其中的一名弟子混吃混喝，了此一生。

作为被废黜的宋国大夫后代，他从血液中就不可能接受法、儒两家的思想学说，甚至连道、名两家也不是全盘接受与赞同。

墨翟是奔着恢复往日“宗主”的目标去的，所以他只能成为领袖而不是什么信徒。

墨翟最先接触到的是孔丘的儒学，但学习之后，便认为儒家所讲的道理与学说，基本上都是些维护王、公两个贵族阶层利益的言论；如果按照孔丘的尊卑之礼，自已复兴宗族的梦想便永远不会实现，故背周道而行夏政。

夏政是什么？

夏政就是大禹之道。

大禹之道是什么？

大禹之道表面上倡导的就是：律己，刻苦，爱民，节俭。

大禹之道根本上就是夏族人的信条：遵祖教导，澄清宇内。

有了纲领，便须有人去实践和执行。

靠王、公两族的人显然不行，他们便是能做到律己与爱民，也绝不会刻苦和节俭；靠有点成就的士人也不行，因为他们即使全部达到了这样的标准，也绝不会昏了头脑去“爱民”，而是会忠于自己的家君；能依靠的只能是庶民。

他们没文化，所以没观点；因为没观点，所以好教导；因为好教导——执行力就非一般的认真和诚恳。

如果还把他们当“士”与“人”看待，他们的忠诚度就可以达到“赴火蹈刃，死不还踵”的级别！

这些人在五帝三朝叫“黎民”，春秋战国叫“庶民”，秦国叫“黔首”，汉代叫“百姓”，唐代叫“苍生”，清朝叫“丁口”，民国叫“民众”，内战时叫“劳苦大众”，现在叫“人民”……

从他们的名称不断被统治阶层刻意更换这件事上来看，似乎很没有一点“主人”的样子，基本上从开始就一直戴着个弱势群体的帽子。

他们从来就未曾让统治者们瞧得起，但他们又是统治者们不可或缺的利用工具。

最早公开利用他们的居然是“布衣”墨翟。

墨家的核心团体，就是由这些庶民组成的。

来看看墨家的组织机构。

头领尊称为“巨子”。

有成就的武者称为“墨侠”，文者称为“墨辩”，一般般的叫“墨者”。

每组人数大约是以一百八十人为限。

无论身份高低，墨家从上而下，都须遵守墨规，都须根据自己的收入按比例向组织交纳费用，再由巨子视情况分配。

巨子既是墨家的导师，又是墨家的领袖，他们具有说一不二的绝对权威。

墨家的弟子们百分百服从巨子的指示。

比如巨子孟胜，他受楚国阳城君之托守城，面对楚肃王的强大楚军，孟胜明知守不住，就派两名墨者将巨子印信送给宋国的田襄子让其继任巨子一职，他和其他的弟子们以死明志。

弟子徐弱说：死，如果对阳城君有益也就算了；但这样做，不但守城无望，还会断绝墨家，弟子认为不可。

孟胜说：墨家受人之托，当忠人之事。今日我等若弃城求生，以后谁去相信墨家？我等为行墨者道义而死，焉怕墨者绝世？

徐弱说：弟子明白，就让我先死，为老师在黄泉开道。

他冲出去和楚军搏斗，嘱咐墨者们在自己死后，将自己的头颅送回到孟胜的面前。

那两名墨者将印信送至宋国的田襄子处，便告辞回楚国与孟胜守城。

田襄子知两人此去断无生还之理，便道：我今已为巨子，令你二人不可回楚。

墨者道：您为新巨子，自有新墨者听令，我等当与孟胜共生死。

两人回楚，见孟胜与其他一百七十八人尽死，乃自殉陪葬！

这就是巨子的权威，这就是墨家的规矩。

这就是中国的墨家，这就是中国的男人。

这就叫——视死如归！

凡世间血性男儿，无不神往……

墨家的血性，让他们打心眼里看不上儒家的虚伪。

儒墨两家，可谓针锋相对。

儒家讲“仁爱”，认为爱有层次等级，全源自亲情血缘。譬如：诸国不如本国，国民不如乡亲，乡亲不如六亲，六亲不如血亲，血亲不如父母亲。

墨家便问：如此便可推论，父母不如自己亲？

儒家脸红了，脸红的原因是：“仁”是绝对不能和“私”画等号的。

儒家反问：那你们怎么办？

墨家回答：“兼爱。”

既然知道自己最亲，就会想到父母亲、兄弟姐妹亲，然后推及宗族亲、国家亲、诸族亲……最后，全人类都亲，都应该爱。

儒家笑了：仁爱虽有缺欠，却是有源之泉，这源泉便是“亲缘”；你的“兼爱”毫无爱的基础，又凭什么去爱？难道你们真的以为，四邻的孩子比亲侄儿还可爱吗？

墨家道：咄！如果你知道天下人都是源自女娲一个娘亲，你还会这样认为吗？

儒家“罕言利”。

孔丘认为：君子喻于义，小人喻于利。

墨家攻讦：君子不讲利，是他有花不完的“利”；小人不讲义，是他连生存的“利”都没有。为了生存，小人才会不择手段地“争利”。

儒家便问：如何解决“不争利”？

墨家回答：“交相利。”

你剩余的粮食给我，我剩余的柴火给你，他剩余的牛马供无有者耕作使唤……大家相互交换剩余之物供对方利用，怎会有“争利”之事发生？

儒家讲“天命”。

卜商（子夏）说：死生有命，富贵在天。

你生在周室就是天子、王子；生在诸侯就是国君、公子、大夫（家君）；生在大夫家中就是君子、士子……

你能选择自己的父母吗？

父母能选择自己的子女吗？

都不能。

那么谁能？——只有老天能。

墨翟道：胡说！公子、大夫不争气，有可能变成庶民；君子、士人若努力，有可能变成大夫与国君。

高低与富贵，和老天没有太大的关系，全仗着“事在人为”。

墨家谓之“非命”。

儒家信天命，但又“敬鬼神而远之”，摆明了一副不信鬼神的架路；墨家不信命，但又“偕若信鬼神之能赏贤而罚暴也，则夫天下岂乱哉”，明摆着是一副笃信鬼神的态度。

儒家提“厚葬”，墨家倡“节葬”。

儒家“重乐”，墨家“非乐”。

儒家主张“正名”，墨家主张“实名”……

总之，这两家总是反着来，从而拉开了百家争鸣的序幕。

争鸣是好事，辩论明真伪。

可是，一旦到了为批判而批判、为争鸣而争鸣的地步，真与伪就不重要了——站住了才最重要！

一开始，墨家明显占了上风。

比较起儒家的繁文缛节，墨家的行为更实用。

比如墨家的“非攻”。

墨翟认为：一切侵略性的攻击，都是非正义的，墨家有责任去制止。

靠两片嘴皮儿去制止吗？

显然行不通，还得靠技术。

而墨家最精通和最不缺少的，就是超前的理念和先进的技术。

楚欲攻宋，墨翟前去楚国劝阻罢兵。

鲁班见了拜见他的墨翟问：孩子，有什么事？

墨翟道：有人得罪我，想请您杀了他。

鲁班不悦。

墨翟又道：我愿付重金酬谢。

鲁班皱眉道：我有点本事不假，但我却不会去乱杀陌生之人。

墨翟道：宋国对您既无罪又陌生，您怎么去攻打这样的仁义之国？

鲁班无言以对，带着他去见楚王。

墨翟道：某人有吃有喝有房住，却喜好偷穷人家的破烂东西，这是为什么？

楚王笑道：此人有病。

墨翟道：楚富宋穷，奈何攻宋？

楚王也无言以对。

墨翟道：楚王攻宋，靠的是鲁先生的攻城器械与技术，我愿意与先生进行攻防演练。我胜则楚王罢兵，我败则楚军攻宋。

九攻九守后，鲁班技穷皆输。

鲁班说：我还有办法，但是我不说。

墨翟道：我知道你的办法，但是我也不说。

楚王道：言无不尽，不要打哑谜。

墨翟道：先生之法，无非杀我。但墨家弟子尽知我法，今已正在宋国城头等候。

话到此处，再无记录，大约是有人故意隐瞒。

按常理，楚王这时必定会问：宋国虽你故地，然废黜你族爵位，何苦出此歪力？

墨翟的“兼爱”如果不是无根之水，必然回道：天下诸族，皆源自始祖女娲之血亲，我不忍看骨肉相残！

如此才能解释通墨家“兼爱”的根源。

后世评价，当时墨、儒两家“皆为世之显学”，这也许有抬高儒家之嫌。

比起道家的深邃、法家的经用、名家的理论，儒家便如一个“寄生体”，必须依附统治者的青睐才能光大门楣。然而当时正逢诸侯群雄瓜分周室之际，若按儒家的礼仪，诸侯群雄们怎么有理由向周室下手，又凭什么对弱小国家兼并？

墨家则不同。

他们反对儒家的虚伪虽然和诸侯群雄们的节奏很合拍，但他们却不屑去迎合与依附任何一个统治集团。

墨家立足的原因是：他们掌握着当时世界上最先进的理论与技术。

世界上第一部科学巨著《墨经》就是证据。

墨家的基本思维方式是：名、辞、说。

名就是“以名取实”。

每一种事物都应该有一个“命名”，而这个命名应该准确体现出事物的本质概念。比如张三的儿子就不能叫李四，因为他是“张姓之子”。

辞就是“以辞抒意”。

要体现出事物的本质概念，就必须明白事物构成的缘由与功用。比如张三的儿子，想叫他学文化就叫张文，想让他学武术就叫张武，但不论张文或张武，他的亲爹都是张三。

说就是“以说出故”。

要让大家都明白事物构成的缘由与功用，就必须说明白根据和理由。比如张文或张武的亲爹是张三，张三的亲爹是张×，张×的亲爹是张×××……

儒家就问：为什么张三的儿子必须姓张？你如何知道张三的祖先就是张×？

墨家回答：基本的论证方法是：故、理、类。

由于张三是张姓宗族的一员，因此他的后代必然姓张。至于张三的始祖是谁，这也不难回答，“缘故”便是：人类的始祖，必定是人类。

人生育下的必定是人，就如张三的儿子必然会姓张，这就是规律和“法理”。

不相信吗？“类似”的例子太多了：猪生下再多崽子也是猪，鲸产下再少的幼儿也是鲸；花岗石不会生出棉花，布谷鸟再努力也屙不出半块布来。

这样通俗的话语，如果变成“前提、因果、内涵、外延、概念、结论、同一律”等洋词儿，这不就是西方视为尊主的“逻辑学”吗？

便有西方的学者说：错！我们西方公认的逻辑学创始人是亚里士多德，这事儿你们中国的学者们是承认的。

回答：中国的学者们是有人承认这种说法，但这并不代表中国人全都这样认为。

凭着良心想一想，墨翟八十四岁时，亚里士多德才呱呱落地，难道让一个长者去抄袭一个婴儿的学说吗？

英国的学者李约瑟总结了墨家有十大成就贡献于世，即：一、原子论的先驱；二、首先发现“量”的本质；三、发现日月对恒星的“退行运动”；四、发明数学中“零”与“位值”的概念；五、“波”和“粒子”的宇宙开创论；六、度量衡学上是机械制造的先知；七、动力学鼻祖；八、光学先驱；九、声学先驱；十、工程制造学先驱。

中国的学者也总结了墨家有十大成就贡献于世，即：一、兼爱；二、非攻；三、尚贤；四、尚同；五、天志；六、明鬼；七、非命；八、非乐；九、节用；十、节葬。

中外认知，居然如此差异！

但不论后世的人怎么说，当时墨家的成就，远远没有停留在理论上。

他们创立并实践了以“宇宙观、时空论、运动论、几何学、物理学、机械学、数学、光学”为突出成就的一整套科学理论。

这些理论与认知，随便挑出一个搁在当时的世界各地，都是一个会引发轰动的“新发现”，但偏偏在中国没有被重视，以至于到了汉代，被得势的儒家连根铲断了。

便是墨翟制作的人类史上第一个能够独立飞行的“木鸟”，儒家们也臆断抹黑其为“风筝”；鲁班制造的能够独立行走的“自动行驶木车”，更是连提也不提。

来看看墨家的真本事。

关于对宇宙的认识，墨翟并没有交给“老天爷”去解释，而是认为：久，弥异时也；宇，弥异所也。

这句话的意思是：“久”包括过去、现在、未来的一切时间；“宇”包括上下、四方的一切空间。

基于此，他认为“久宇”（宇宙）由时间与空间组成。

时间和空间，是“浑然天成”的一个密不可分、连续不断的整体。

那么时间与空间是有限的还是无限的？

墨翟认为：对于整体，时空是无限的；对于个体，时空则是有限的。

整体如“久宇”永恒运行，个体如“物体”生老病死。

由此墨翟又认为：“始”是时间中不能再分割的最小单位；“端”是空间中不能再分割的最小单位。由此形成了时空的连续无穷。

个体有始有端，整体无始无端。

有始有端利于更新，无始无端保证持续。

整体既然无始无端，又怎么能证明“物体”有始有端地存在呢?

墨翟便认为：力，形之所以奋也。

也就是说：物体只有通过运动，才能证明自己的存在。

物体的运动，表现为在时间中的先后差异和在空间中的位置迁移。

明白了道理，便需要去实践论证。

墨翟让人把东西举过头顶，从而证明物体的运动是“力”的作用；他们又将重量相等的物体进行碰撞，发现物体向反方向运动，基于中国阴阳的认知，确定了“反力”的存在。

墨家因此认为：物体的运动如果没有阻力，就会永远“动”下去。

这怎么看上去都像是两千多年后的“牛顿第一定律”呵。

墨翟在秤杆中发现了“杠杆定理”。

他认为称重物时秤杆之所以会平衡，原因是“本短标长”。

用现代的话来说，“本”即为阻力臂，“标”即为动力臂，写成力学公式就是：动力 × 动力臂 = 阻力 × 阻力臂。

基于这个发现，他发明了一系列守城的器械。

关于“光”与“影”的关系，墨翟实践观察后的结论堪比现在的精密仪器。

他认为：某人在阳光下舞剑，看上去“影子”与物体一起运动，这其实是眼睛的错觉。因为当舞剑者位置移动后，他前一瞬间所形成的影像已经消失，其位移后所形成的影像已经是新形成的影像，而不是原有的影像运动到新的位置；如果原有的影像不消失，那么它就会永远存在于原有的位置（全息理念）。

为了证明“本影”和“副影”的关系，墨翟进行了“小孔成像”的实验，明确指出：光是直线照射传播的。

物体通过小孔所形成的影像是“倒像”。物斜或光源远，则影长细；物正或光源近，则影短粗；如果是反射光，则影像形成于物与光源之间。

此后，墨翟还对“球面镜成像原理”进行了实验后的阐述，对十进位制进行了论述，并且将“声学”的原理应用到了防御战争中（“令陶者为罂，容四十斗以上……置井中，使聪耳者伏罂而听之，审知穴之所在，凿内迎之”）。

有这些知识、理论与技术，便是放在如今的世界，也是一个响当当、硬邦邦的“泰斗巨匠”，难怪当时有想法的诸侯“皆惧墨家”，也难怪墨家的拥趸“充满天下，不可胜数”了。

儒家凭什么与墨家日月同辉？

儒家凭的是两片嘴。

墨家可是说也说得，打也打得，做也做得。

当时的士人们可都是“不归墨便归杨”，还真没儒家的什么事儿。

但是，墨家在汉代却完败于儒家。

原因大约是：

一、儒家的学说，主要是维护正宗贵族的利益；墨家的行为，根本是保护各宗族苍生大众的生存权利。如果你是统治者，会选择哪一家的主张？

二、儒家的弟子“克己复礼”，谁当老大拥护谁；墨家的弟子“恪守墨规”，那可是谁也不尿谁。除了巨子，谁还能使唤动他们？

三、儒家玩的是“文”，人数再怎么众多，派一支皇家卫队就能全部收拾得服服贴贴；墨家凭的是“技”，如果他们制造出“大规模杀伤性武器”，推翻一个政权还真不会耽误了回家割麦子的时间。一个是温顺听话，一个是桀骜不驯，当权者会选谁？

四、不要以为“高贵者最愚蠢，卑贱者最聪明”是什么真理。一个人但凡登上统治者的高位，绝不是因为他们的“愚蠢”。墨家的理论与知识，发明与技术，说不定早已让统治者们窥视出可怕的后果：技术会使人们的生活更加方便与舒适，但人类最终会毁灭于技术的发明里。作为世界宗主国的统治者们，他们是不是有“天职”去阻止或推迟人类毁灭？

墨翟离世后，墨家分为了三派，即：相里氏的秦墨，邓陵氏的楚墨，相夫氏的齐墨。

他们分别是墨家“游侠、论辩、游仕”的代表。《庄子·天下》所说的“相里勤之弟子，五侯之徒，南方之墨者若获、已齿、邓陵子之属”，即这三派中的两系代表者。

他们都传习“墨经”，但却有所不同，并互相攻击对方是“别墨”。

在今存的《墨子》中，每篇都有上、中、下三篇，大约就是墨家分裂为三派的证据。

到秦惠王时，墨家大都集中在有姑表之情的秦国蛰居，并为秦国统一天下提供了技术保障。

汉朝“屠墨”后，墨家潜伏于民间，再也得不到中国统治阶级的认可。

从汉武帝开始，统治者们对墨家的著作是见一本毁一本，对墨家的弟子是见一个杀一个，基本上把墨者全都逼出了中国。

据说，流落在中东的成了那里的启蒙导师，流落在欧洲的则成为“共济会”的前身，流落在海外的则成了日本忍者组织的前身“志能便”……至于在中国，晋时的鲁胜、唐时的乐台、宋时的何芜和元时的陆友等只不过是以儒家的身份注释《墨经》而已，并不能称之为墨者。而后世所能看到残缺不全的《墨经》，全凭道家的博大胸怀，将其隐藏在《道藏》中才使其得以传世至今。

后来在中国和墨家有点相似的组织，则是洪门与青帮；最接近墨家形式的无疑是神秘的“共济会”。

墨翟亲自著写的学说便多达“三车”，如果真的像传说的那样，墨家还有墨者在单传守秘，若是不把这些珍籍拿出来供世人观赏研判，怕是有违墨翟的本意。

因为墨家曾豪言：天下无人，子墨子之言犹在！

走向中央帝国

下

Towards the Central Empire

赵默冰 著

陕西新华出版传媒集团
陕西人民出版社

人类健康守护神——医家

扁鹊（黄帝2290—2387年，前407—前310年，华族）。

他是姬姓秦氏，名缓，字越人，号卢医，是郑国人。

由于他医术精湛，当时的人们便认为他是黄帝时代的医官扁鹊再世，所以敬称他为“扁鹊”。

他的第一个职业是宾馆经理（舍人）。

这个官位主要的功能是迎来送往，花大酒地，身体中最超负荷运转的就是脾胃。

脾胃有病是必然的，但这个病若是放在了宾馆经理的身上，可就直接影响到了职业的可持续性，非得治利索了不可。

这样一来，大家就可以理解老头儿长桑君常年在扁鹊那里白吃白住的原因了。

长桑君能治秦缓的职业病，秦缓能给长桑君良好的生存条件，互惠互利之下，两人便成了朋友。

某日，老头儿长桑君对秦缓说道：你这个职业虽然表面上很风光，其实太辛苦了身子骨。看在咱们十几年的交情上，我给你一个药方，服用后可看透人们的身体，发现他们的病灶所在，你便可受万众尊重地生活了。我再给你传授“内经”，轻易不能示人。

秦缓照着药方，收集了早上没有落地的露水和着药粉吃下去，三十天后，他便可以洞察人体的五脏六腑了。

这项本领道家叫“法眼”，佛教叫“天眼通”，现在的俗称是“特异功能”。

秦缓有了这项常人不具备的功能，便需要在实践中去证明“内经”中的论述。

和大多数的男医生们一样，秦先生首先感兴趣的是妇女。

这倒并不是男人们“好色”的缘故，而是因为：

一、自从伏羲们夺了女娲们的权力之后，男女们似乎达成了这样一种协议：男人负责挣钱，女人负责花钱。

男人有个头疼脑热的，喝碗姜汤出点汗也就胡乱撑过去了；女人则不同，就是长一个小痘痘也会如临大敌。

此谓经济来源保障。

二、男人向来对母体有着神秘而渴望的了解欲念，面对一个女病人，想怎么摆布就怎么摆布，想怎么了解就怎么了解，比自己的老婆都乖静。

此谓研究对象充足。

三、根据“内经”中“阴生阳”的理论，男人首先必须明白女人与男人身体的构造是否有不同之处。

若是相同，那么女人们恐怕早已被男人们灭绝成了传说；若是不同，就要使她们温柔健康，以保证宗族的世代延续。

此谓保障宗族繁衍。

于是，秦缓先是到了赵国，当起了“带下医”（妇科医生）。

为什么选择赵国而不是其他国家？

因为赵国妇女的地位高。

那为什么赵国妇女的地位高？

因为赵国是一个新兴的国家；因为赵国是一个由士人与庶民组成的国家；因

为赵国是一个权贵阶层不靠世袭只凭军功的国家。

新兴的国家普遍会反对旧观念；士人与庶民基本上可以平等地对待自己的“另一半”；无世袭贵族便无长久贵贱，更何况这些以武力立国的士人与庶民们，全都眼巴巴盼着妇女们多生几个男孩去上阵厮杀呢，赵国妇女们的地位怎么能不高？

在赵国妇女们的一片赞誉声中，秦缓成名了。

待了几年后，秦缓想去周室转转。

途经齐国时，齐桓侯田午慕名接见了他。

秦缓望着齐桓侯，显示了他的特异功能：君有疾在腠理（胰腺），不治将深。

齐桓侯心想：你一个妇科医生，能治得了男人？再说这东西深藏在脏腑之内，你凭什么知道的？

他笑道：寡人无疾。

秦缓离开后，齐桓侯就对左右的人说：这些医者好利，想以寡人无有之病邀功呵。

过了十天，秦缓见到齐桓侯又说：君有疾在血脉，不治恐深。

齐桓侯仍答道：寡人无疾。

秦缓辞出后，桓侯感到很不高兴。

过了十天，再看见齐桓侯时，秦缓郑重地说：君有疾在肠胃，不治将深。

齐桓侯很不愉快，这一回干脆没有理睬。

又过了十天，秦缓复见齐桓侯，这一回他也没说话，转身就走了。

齐桓侯便派人追问原因，秦缓说：病在腠理，喝点汤药就可治愈；病在血脉，针石之法也可调理；病在肠胃，喝混杂的药酒可以排泄出去；而病入骨髓，则是神仙也治不了。

不久齐桓侯病发，派人去请他治疗，可是他已取道魏国，跑到秦国去了。

齐桓侯终因病深，医治无效而死。

齐桓侯一死，秦缓顿时名声大噪。

到了天下宗主国周室的首都，秦缓则成了五官科的整容医生兼儿科医生。

这里满大街望去，不论高矮肥瘦，可都是一群有来有历的贵族们呵！

衣食无忧的贵族最讲究什么？

容貌。

因为他们都是有“面子”的主儿。

越老的贵族越重视面子。

因此，但凡听不见、看不清、嗅不着味儿、流哈拉子的贵族们不惜血本，都抢着找秦缓治病，为的只是一个“宝相庄严”。

衣食无忧的贵族最害怕什么？

断后。

不论你多么伟大，如果没有了子女，那么你的风光与荣耀便只能随你一起被埋在黄土里；如果你有了子女，则不论他们聪敏或愚昧，都可继续祖先的荣耀而荣耀下去。

这就是贵族承袭的规矩，这就是儒家们看重的“不孝有三，无后为大”的缘由。

大约在黄帝2332年（前365年）左右，医术渐渐精湛的秦缓，做了一个让今天的人都觉得匪夷所思的“换心手术”。

《列子·汤问》中，记录了这件事的经过。

患者一个是叫扈的鲁国公子，另一个是叫齐婴的赵国人。

手术时间一共是三天。

手术者只有秦缓一个人。

术前用了一剂迷药，术后用了一剂汤药。

后遗症是：扈去了齐婴的家里，齐婴去了扈的家里。

结果是：双方的老婆都不认识自己的夫君了。

看完这个故事后，大部分人认为是“胡说”；中医们掂量了一下自己的本事，也觉得这事儿“不可能”；西医们倒是出人意料之外的宽容：动手术是可能的，但换心后把意识也换了，这恐怕就是“捏造”的吧。

但是，和黄帝时代的俞跗“易筋洗髓”的手段比起来，秦缓就是一个“小儿科”。

在西医和世人们的眼中，中国上古时代的名医如岐伯、俞跗和伯高等，基本上就和科幻人物差不多。

岐伯是本届人类的医学始祖，他大约有两部医学著作传世。

一部是《内经》，另一部是《难经》。

《内经》由黄帝的后裔更名为《黄帝内经》，成为夏华贵族接班人的必修课目，一直被夏华两族珍藏庙堂秘而不宣。

到了战国初期，因为周室式微，这两本著作才流传到了民间。

这就是《黄帝内经》成书于战国及秦汉之间的缘故。

有人说这是当时的人们托古而作，这事儿还真经不起推敲。当时的人有没有那个本事姑且不论，但凡有这样的理论修养，想不“名满天下”，还真不是一件容易的事儿。

况且秦汉之前的医学统称“岐黄之术”，这不但能证明《内经》的成型时间，也证明了岐伯是《黄帝内经》的主要创作者。

长桑君传授给秦缓的就是岐伯的另一部医学巨著《难经》。

关于《黄帝内经》的功用，阐述者众多，若都看过去，不发昏才是怪事。

一句话：这是一本描述人类的外在“躯体”和内在“藏象”相互联系与作用的理论巨著。也就是说，《黄帝内经》系统地解释了“物质”与“意识”的互根关系。

精炼到两个字，那便是“阴阳”。

它回答了现在还困扰人们的“人是什么”的问题。

要看懂这本经，则必须知道“阴阳”的道理和“五行”的规律。

如果说岐伯是理论家，那么俞跗和伯高两个人就是伟大的实践者。

俞跗的岐黄之术达到了一个什么样的高度呢？

他可以“割皮解肌，诀脉结筋，搦髓脑，揲荒爪幕，湔浣肠胃，漱涤五藏，炼精易形”。用现在的词儿来讲，他不但会做现代医生会做的各种手术，并且会做现代医生们不会做的诀脉结筋、搦髓脑、漱涤五藏、炼精易形等闻所未闻的手术。

这些手段非“大圣上智”之人不可企及，俞跗便给世间众生传下了“抚脚”的治病之法。正是由于这种简便易行的治病之法，使得中国的人口一直比世界上其他地方的人口兴旺。

伯高会什么呢?

他精通解剖学。

伯高曾经仔细测量过人体各部位的骨骼标准尺度，并以此计算经脉的长短。他还向黄帝详细讲述了人体各消化器官的大小、长短、部位和容量……更让人惊讶的是，他通过对人体的解剖，证明了岐伯的“其脏之坚脆，腑之大小，谷之多少，脉之长短，血之清浊，气之多少……”并得出了“皆有大数”的结论。

之所以用“惊讶”二字形容，是因为即便是使用了现代的科学仪器，也只能证明经络的存在，却看不见经络的图像。

只能说，伯高也是一位“法眼”开通的特异人士。

然而，有成就的中医，根本上就不屑去做手术。

秦缓到了魏国，魏文侯魏斯问他：听说你们兄弟三人都精于医术，到底哪一位最好?

秦缓答说：长兄最好，仲兄次之，在下最差。

魏文侯又问：那为什么是你最出名呢?

秦缓答道：长兄治病，是治病于无形之前，就已根除病患所在，这手段只有我们家的人才会知道；二哥治病，是治病于病情初起之时，人们以为他只能治轻微的小病，所以他的名气只在于本乡本土；而我治病，是治病于病情严重之时，人们都看到我“鑱血脉，投毒药，副肌肤”，所以便以为我的医术高明。

“是故圣人不治已病治未病，不治已乱治未乱……夫病已成而后药之，乱已成而后治之，譬犹渴而穿井，斗而铸锥，不亦晚乎?”这便是中国医者们最高的追求。

秦缓以“扁鹊”之名进入“诸子”的行列，成为其中的一家，是因为他对《内经》《难经》的整理与传播，而不是由于他有什么空前绝后的创造。

就拿今天残缺不全的《黄帝内经》和操作性很强的《难经》来看，这其中博大精深的理论与方法，绝不是一两代人就可以完善的思想大工程。

便有人问：中医既然这样博大精深，为什么从古至今，历代的名医屈指可数呢？

问得好！

从古至今，能让中国人记住的名医宛若凤毛麟角，除了岐伯（《黄帝内经》）、医和（《五运六气论》）、张仲景《伤寒杂病论》、皇甫谧（《针灸甲乙经》）、孙思邈（《千金要方》）、李时珍（《本草纲目》）、傅青主（《青囊秘诀》）、叶天士（《温热论》）等医学大家，哪一个不是靠开肠剖肚出的名？

人体发肤生之阴阳，受之父母，若是破坏了人体的完整性，这是中医大家们最不能接受的。

中医的金属器械，唯一针而已。

又有人问：中医既然这么神奇，他们早开“人医院”赚钱了，还轮得上西医？

这样问是不懂得中医的立足之道。

中医崇尚治“未病”，鄙视“以技敛财”，因此上名医大家都有一颗“悬壶济世”的医者之心。他们但凡有所成就，不是如董奉般不取分文只要求种杏，便是有着如张仲景般“不能为良相，亦当为良医”的胸襟。

进则救世，退则救民，这便是中医者们最高的追求。

中医们明白，人得百病，全因为自个儿的“违和天时”；欲治疾患，全凭着自个儿“正气充盈”的自愈能力。

中医治病的“砭，针，灸，按摩，药，吐纳导引”六种方法，归纳起来就是四个字：疏通经络。

通则无病，不通则有疾。

就这么简单。

只要按着《黄帝内经》中的方法调理自己的身体与情绪，一个郡县只有几名郎中的现状在中国存在了近三千年，除了自然灾害、瘟疫与战乱，老百姓还不是个个活蹦乱跳？

中国的医者们普及《黄帝内经》中的养生调理知识，真是功德无量！

他们人数虽然不多，但保证了中国诸族的持续繁衍。

中医者们常用的语言是：多喝些汤；多泡泡脚；春捂秋冻，冬暖夏凉；早睡早起，顺应四时；戒嗔戒怒，适可而止……基本上就是父母式的唠叨。

中医让人们活得糊涂，西医让人们死得明白。

糊涂的中医面对同一种疾病，治一百个人就有一百种说法，一百种药方；而科学的西医面对同一种疾病，治一百个人用的是同一种方法，同一种药方。

从中我们可以看出中医的“毫无章法”和西医的“公平严谨”。

现在看来，中医与西医的分歧，问题出在了各自立足的哲学思想上。

西医的原则是：治动物的病。

凡是动物，得了同一种病，就能用同一种药治疗，此所谓“共性”。

这种说法的有力支撑是科学“实验”；实验的理论基础是各种量化了的“定律”；定律的前提是“公平”；反复的实验得出了可靠的“数据”；实验得出的可靠数据，来源于人体解剖及实验室中的小白鼠和大猩猩之类的动物。

结果是：总统和毛驴发烧疼痛时，吃的都是阿司匹林。

人能吃的药动物也能吃，动物能吃的药人也能吃，区别仅在于剂量大小不同。

由于西方的各类“定律”促进了机械化的飞速发展，西医又将动物的躯体等同于机器，认为人得了疾病相当于机械的配件出了故障，能修的则修，该换的就换，修不好换不了的就截掉。

机器面前，人人平等。

治好了是科学的胜利，治不好则只能去祈祷上帝。

中医的原则是：治得病的人。

凡是人得了同一种病，因为个人的体质属性不同，就应该根据各自的情况施之以不同的方法和药方，阴虚的应补，阳盛的要疏，此所谓“个性”。

这种说法的有力支撑是“五行”；理论的基础是“阴阳”；阴阳的前提是“均衡”；均衡只能是规律而不能被“量化”；医术的高低，取决于对阴阳五行的理解和应用程度。

因此，大中医者同时也是阴阳五行大家，更是遵守夏华两族道德规范的“君子”。

中医者在秦朝之前称为“岐黄”；西汉时称“悬壶”；东汉时称“橘井”；三国时称“青囊”与“杏林”；宋时北方人尊称“大夫”，南方人敬谓“郎中”；元时称“汉医”；清朝鸦片战争后，东印度公司的西医为区别中西医而给中国医学起名为“中医”；民国时由国民党政府正式定名为中医并沿用至今。

一个职业能被世人统称为“大夫”者，他们得有多么伟大的“君子之德”才能获得这样让亿众敬仰的称谓？

在中国百姓的心里，中医的位置和德行，是仅次于“国君”的。

中医们诊病的方法是比较统一的“望、闻、问、切”，而治病的药方则因人而异，有时甚至匪夷所思到让人觉得是“巫术”的程度了。

世间万物皆可入药，但是，人的躯体绝不能割舍。

中医的不可重复性，使得中医者们只能凭借着自身的修养去济世救人，而不需要助手和过大的场所；中医的道德约束性，使得中医者们在天性中就鄙视敛财的行为。

每个人的身体就是自己最有效的医生。

中、西医的对决，现在看来是西医占了上风。

面对物质文明的机械化时代，抛开了战争的原因，现代人受机械外伤的概率确实比过去增加了许多。

缝个伤口消个毒，西医确实比中医干净利落；开个肚截个肢，西医也有许多令人信服的科学数据和检验证明。

比起突然而至的疼痛，西医的方法的确是迅速而有效。

挨了枪弹的人，可等不得中医慢条斯理地去调理元气。

但是，西医的弱点和优点一样明显。

西医的治病原理来源于希波克拉底的“四液论”（即人体由血液、黏液、黄胆汁、黑胆汁组成），分别代表着产生万物的“火、气、土、水”四种元素。

这其中缺少了“金、木”两种元素，显然是有先天的硬伤。

西医也追求阴阳均衡，但是却将阴阳的概念狭隘化，称之为“酸碱平衡”。

酸碱失衡了，电解质就紊乱，电解质紊乱的就叫作酸中毒或者碱中毒。

面对电解质紊乱，西医基本上就是手忙脚乱，眼看着患者在药剂的作用下一会儿酸高、一会儿碱低，痛苦地生存或者死亡。

西医的专业精细化，使得许多的“专科医师”成了该院的专家。

有专看心电图、脑电图的医师；有专看磁共振、超声波的医师；有专门打针、验血的护士；甚至有专门为死者整容的员工……他们在各自的专业领域内都可称得上“专家”，但对专业外的医学知识就很平常。这些“专家”只负责在自己的专业领域中找到病因，至于病的因果关系则不关他们的事儿。

中医们也不争气。

他们放着《黄帝内经》等祖传医书不好好研究，偏要图省事用西医的仪器去诊断患者的病情。面对着一大沓子的检验、化验单，虽然开出了几副草药，却毫不自信地夹杂些西药。

这就如同让修电器的师傅按检测故障手机的方法去给牛马治病，治好了全是蒙的——能治得好才是买彩票中了大奖。

那么，中、西医术比较起来，谁高谁低呢？

有人说：中医要取其精华，去其糟粕；西医则应精益求精，专者更专。

有人说：中医治本不治标，西医治标不治本。

有人说：中医准确性好，精确性差；西医则是精确性好，准确性差。

有人说：中医的优势在宏观，西医的优势在微观……

这些观点无非都透露出这么一个意思：中医与西医各有所长，这很符合阴阳的互补规律。因此，医院的内科应由中医坐诊，外科则由西医当家，此谓优势互补，强强联合。

这也许是个办法。

但眼看着中医的低眉顺眼和西医的趾高气扬，就觉得这一宗“联姻”恐怕会泡汤。

两个不同的体系混杂在一起，便如马与驴的结合，最好的结果是生育出只会干活的骡子，最坏的结果可是谁也预测不了。

中国的医家从秦缓开始，基本上都本着一颗济世救人的“医德之心”，在默默守护着中央帝国各族的健康。

说起来也怪，不论西医怎么样去高调发展，现在的中国每一个区域，都会有一两个有“道行”的中医在看护着那一方的人民。

这是宿命的安排？抑或是使命的驱使？

谁也弄不明白。

密钥掌握者——阴阳家

邹衍（约黄帝 2392—2457 年，前 305—前 240 年，炎族，齐国人）。

阴阳家本应归入道家，但因为邹衍的两个非夏华两族的观点而自成一家。

一个是“五德终始”；一个是“大九州说”。

如果我们明白了他是炎帝的后裔，就不会惊讶他的认知。

从他降生的那一天起，黄帝的夏华两脉已轮流执掌天下 2392 年。

他在“稷下学宫”求知之时，所见的不是华族的学者，就是夏族的大家。虽然大伙儿不时还要提一下“咱们都是炎黄子孙”的闲话，但炎族除了给夏华两族各国的诸侯们提供老婆（周朝之初，周天子及诸侯正妻多为姜氏之女）外，基本上就是一个边缘化的角色。

邹衍在黄帝后裔们奉为经典的“诸易”中，找到了夏华两族自称为正宗血脉并执掌天下的致命理论缺点，这便是：阴阳。

大家都认可阴阳是宇宙万物的原理是吧？

那还用说！

好吧，既然大家都认可阴阳这个原理，那么你们承不承认阴阳一直在变化这个规律？

那当然。

好的，既然大家都承认变化这个规律，那为什么天下只能由你们黄帝后裔来治理？

……

回答不了啦？别急，想明白了再回答。

既然我们都认可阴阳，那么我们就必须遵从“五行”相生相克、轮回始终的道理。且听我举例：黄帝至帝舜，是土德当令；大禹至夏后桀，是木德当令；成汤至商帝辛，是金德当令。木克土，所以夏朝取代五帝时代；金克木，因此商朝取代夏朝。现在是火德当令，怎么会由周天子号令天下呢？

那该由谁号令？

炎帝火德，当然是由炎族的齐国号令天下。

再说了，当今天子与诸侯国君，哪一个不是我们炎族的女人生的？

于是，齐闵王“奉天承运”称王了。

在理论上将夏华两族的文化人驳得哑口无言后，邹衍又在地理辖区上给了黄帝的后裔们一个难堪。

邹衍说：大禹所分设的九州（冀、兖、青、徐、扬、荆、豫、梁、雍），其实是世间大九州中的其中之一——“赤县神州”。

也就是说，夏华两族的始祖黄帝“德不及远”，没能保全人类始祖女娲和伏羲们固有的大九州地盘。

根据伏羲传下的八卦，依照五行的规律，邹衍推算出了天下的“九宫”原本布局，这便是：“北极星”居于正北方，永恒不动，为方位区分标点；北斗七星顺时针绕北极星一圈，则为一年；当斗柄落到地面的最低点时，斗柄指在正北方，此为“冬至”；当斗柄升到最高点时，斗柄所指正南方，此为“夏至”；当斗柄左右平伸时，斗柄所指正东为“春分”；斗柄所指正西为“秋分”。

北、东、南、西四个方位确定后，其余的东北、东南、西南、西北、正中五个方位则需用八卦去区分。

邹衍认为：正北为坎宫（数字代表为一），名玄州（今北极大陆），为成土；西南为坤宫（数字代表为二），名阳州（今印度一带），为滔土；正东为震宫（数字代表为三），名翼州（今古巴、牙买加诸国一带），为信土；东南为巽宫（数字代表为四），名迎州（今南美洲一带），为晨土；央心为中宫（数字代表为五），名神州（今中国、俄罗斯、伊朗一带），为黄土；西北为乾宫（数字代表为六），名柱州（今欧洲一带），为肥土；正西为兑宫（数字代表为七），名合州（今埃及、非洲大陆），为开土；东北为艮宫（数字代表为八），名戎州（今美国、加拿大等北美洲一带），为隐土；正南为离宫（数字代表为九），名薄州（今南极大陆），为深土。

原来女娲和伏羲老祖宗占有的地盘儿是全地球呵！你们夏华两族才占了九分之一的地方，有什么可炫耀的？

邹衍的第一个观点很符合除夏华两族之外的国君们的调调。

自然界是“五行相生”，而改朝换代则讲究的是“五行相胜”；正所谓“天下轮流坐，今朝到吾家”。

天下是天下人的天下，各宗族按土、金、水、木、火的顺序轮流来治理。

谁也不要说谁宗脉不对去篡位，五行的哪一个“德胜”，哪一个当家。

第二个观点则让所有的人当梦话听。

一来是当时的交通工具很不发达，在“大九州”溜达上一圈，还不知道老得有命回不回得了老家；二来是“神州”诸国与诸族的意见还不是很统一，从周立朝之际，就没有一个老大站出来说了算，大家的心思都放在了“一统神州”上，真顾不得收拢老祖宗的旧有地盘儿；更何况道家似乎很赞同邹衍的说法，法、名、儒、墨四家的弟子便是再能辩论，一个是因为邹衍的推理过于宏大而无法去实证，再一个是各家都源自道家，祖师爷们看着顺眼，谁吱个声、亮口牙试试？

因此，邹衍获得了一个空前绝后的称号：谈天衍！

司马迁甚至将他列为稷下学宫的“诸子之首”，而当时在稷下学宫教学的都是一些震古烁今的人物。

如稷下学宫创始学者之一的环渊。

他属于道家，但他的生卒年不但被儒家们弄得稀里糊涂，而且名字也很是让后世混淆。有的说他就是大名鼎鼎的老子关门弟子关尹，也有的给他起了个很女性化的艺名“娟子”，也有人认为他叫范蜎……不论他叫什么名字，总之他当时很厉害，因为他传授的知识就是中国诸子百家的哲学理论基础《道德经》，而且稷下学宫的教学班底就是文子、列子、范蠡、彭蒙、慎到、田骈、捷子、环渊、宋钘、尹文等道家的弟子们。

孟轲时称“好辩”，他在此处执教之时，抨击墨翟、杨朱、许行的思想，并且将齐宣王辩说得“王顾左右而言他”。

淳于髡时称“稷下之冠”，孟轲见了他也会理屈词穷。

关于儒家推崇的“男女授受不亲”之礼，淳于髡便将孟轲问倒：尊夫人如果溺水，我不去救有违人性，但去救又有违礼法，难道你们儒家的“权宜之计”能大得过礼法吗？

至今临淄都流传着这样的民谣：孟子遇见淳于髡，吓不死也发昏。

儿说人称“齐貌辨”，他将名家的“白马非马”论发挥到了极致。

田骈时称“天口骈”，他所坚持的“贵齐”思想，说白了就是万物平等。

但他这个平等的思想在他自己的身上也很难做到。

某人问他：听说先生道德高尚，认为蝼蚁与人一样高贵。

田骈道：可以这么说。你听谁讲的？

某人答：听邻家的女子讲的。

田骈警觉地问：什么意思？

某人道：邻家的女子立志不嫁，却生下七个子女；先生立志“贵齐”，却有俸禄千钟，仆役百人，怎么去倡导平等？你的言辞，无非是为田氏代齐寻找借口罢了。

田骈与慎到的思想学说，被诸子讥笑为只有“死人才能做得到”。

田巴时称“辩士”，一天之内居然可“辩服千人”。

荀况是稷下学宫的最后一位校长（祭酒）。

他虽被后世归入儒家的行列，但真正的儒家弟子却认为他就是儒家的叛逆，根本与儒家不是一回事儿。

这从他的两个学生的言行便可看得出来。

这两个学生一个叫李斯，另一个叫韩非。

稷下之士共有七十六人获得了齐国“上大夫”的称号，这些人比现在中国的清华与北大、英国的剑桥、美国的哈佛诸教授们风光多了。

这可是一群真正锋芒毕露、继往开来的伟大学者！

所以邹衍的学说与观点但凡有点儿瑕疵，早就让诸位老师们撂翻了。

所谓的“百家争鸣”，所谓的“处士横议”，正是从稷下学宫开始。

齐国敬重邹衍，因此也连带敬重了稷下学宫的诸子。

邹衍到了梁国，梁惠王亲自到郊野迎接；邹衍到了赵国，平原君侧着半个身子随后侍从，并用自己的衣服揩净座席（“侧行撇席”）；邹衍到了燕国，燕昭王亲手打扫甬道，执弟子之礼敬受教导……

百家的诸子们，只有邹衍一人达到了无一人反驳、受众士尊敬的境界。

可是，邹衍如果只靠着一张嘴或可获得文化人的尊敬，但绝对得不到“实力至上”的国君们的认可。

因为天下的国君们，都见证了他运用“阴阳五行”改变事物的真本事。

国君们“初见其术，惧然顾化”而尊敬的是他调动自然的“实力”。

在他的指点下，燕国以弱胜强，连夺齐国七十余城，并扩疆东北之地。这些胜利不但使燕昭王如做梦一般欣喜若狂，也让天下的诸国宛若看了场中国足球队捧起大力神杯的玄幻戏剧。

还有更玄的！

邹衍到了燕国的渔阳郡（今密云西部），时逢春季，此地却依旧寒气太盛，草木不长。邹衍拿起律管，演奏了“催春之曲”。三天三夜后，暖风袭来，冰消雪化，树叶绿了、花儿也开了……

他居然能调动大自然中的“阴阳之气”，这本领也太惊人了。

众人焉能不服，焉敢不敬？

邹衍共有两部著作传世。

一部是《邹子》共四十九篇；另一部是《邹子终始》共五十六篇。

这两部著作被诸家珍藏并秘而不宣，共称为“大圣之言”。

“谈天衍”虽然“震古”，却并没有“烁今”。

自他死后，其一百零五篇文章皆不知秘藏谁家，只知道“其语闳大不经，必先验小物，推而大之，至于无垠”。

那么，邹衍在中国有其“大名”而无其“思想”论著的原因是什么呢？

一、因为他是炎帝的后裔，怎么能领导夏华诸子？

二、其学说与法术虽然令诸侯“惧然顾化”，但“其后不能行之”。

这句话又有三层含义：1. 夏华诸子认为天下只能由黄帝后裔执掌，五行相胜也只能在自己宗族的圈子里更替，还真没其他宗族的什么事儿，因此“不能行之”；2. 邹衍的思想与法术能够改变自然界的阴阳动态，违背道家的“道法自然”，因此“不能行之”；3. 邹衍学说因其“闳大不经”，后世之人基本上不可能达到他的智慧境界，因此“其后不能行之”。

为了让后世之人怀疑邹衍的言行，儒家们不但将邹衍的著作秘珍高阁以备私用，而且将邹衍的身世弄得扑朔迷离。

比如他的生卒年；比如恭迎他的国君们，梁惠王、燕昭王和平原君其实就不是同一个时代的人；再比如有的说他是齐国炎族的人，也有人认为他是楚国祝融族的人……但是，他的著作虽然至今未公之于世，可他的“五行思想”却至今影响着中国的每一个家庭。

这个邹衍，太神秘、太厉害！

无底线者——纵横家

王诩（约黄帝2297—2377年，前400—前320年，楚国人，祝融族）。

他的出生与“谷子”有关。

据说，周、赵两户人家原本联姻，但周家衰败，赵家悔婚。周家之子伤心而亡，赵家之女守坟哀悼，梦中经周郎指点，醒来捡坟头稻谷咽食，上演了人类史上第一场“人鬼情未了”的爱情大剧，并且因鬼怀胎，因谷生子，号称“鬼谷子”。

出生如此诡异，行为便很不正常。

王诩常年隐居云梦山中，钻研易经中之“阴术”，最终获得了四项超人的技能。

第一项技能是“术数”。

他能通过数字的运算“占往察来”，“言无不验”，而且还精通“天机、人道、地脉”之理。

第二项技能是“兵学”。

在姜子牙“六韬、三略”理论的基础上，他“布阵行兵，变化无穷”，各类阵法达到了“鬼神不测”的地步。

第三项技能是“言学”。

这门学问颇似当今的演讲培训，如果掌握了“广记多闻，明理审势”的技巧，则会成为“出词吐辩，万口莫当”的雄辩之士。

第四项技能是“出世”。

他常年隐居山中是为了“修真养性，却病延年”，最终想达到“服食异引，平地飞升”的成仙目标。

他的第一项技能“术数”和自己的伴侣共享；第二项技能“兵学”传给了弟子孙膑与庞涓；第三项技能“言学”传给了弟子苏秦与张仪；第四项技能“出世”传给了弟子黄石与徐福。

这些名字都与战国时期狼烟四起、金戈铁马有关，并且这些大名鼎鼎（也可以说是臭名昭著）的弟子们和师父一样，生卒之年“皆不可考”。

都“鬼”得很。

王诩处世的原则是：为达目的，不择手段。

王诩理论的基础是：揣摩心思，为己所用。

王诩收徒的标准是：来者不拒，去者不追。

一句话：道、德、仁、义、礼、信，在这一家的师徒们心中，全都是狗粪！

且看一看王诩的教案。

> 夫仁人轻货，不可诱以利，可使出费；勇士轻难，不可惧以患，可使据危；智者达于数、明于理，不可欺以诚，可示以道理，可使立功……

这三句话的意思是：讲仁义的人轻视财物，决不能用金钱去诱惑他们，反而可以鼓惑他们捐出资财去干他们认可的“仁义之事”；

勇敢的壮士轻视危难，决不能用祸害去恐吓他们，反而可以激将他们镇守众人都不愿意前往的“危险之地”；

有智慧的人通达礼教，明于事理，决不可用花言巧语去欺骗他们，反而可以给他们讲清事理，让他们按事先的规划去“建功立业”。

这全是给正人君子们下的套儿。

基于这一类的认知，纵横家以及其衍生的“兵家”和“仙家”，从骨子里就秉承着“见人说人话，见鬼说鬼话；人鬼在一起，大家说胡话”的处世原则，从此将中国的贵族阶层乃至全人类祸害得毫无诚信可言。

毫不夸张地说，自他们出现以后，夏华两族用两千多年构建起来的仁义礼信框架，被他们在短短的一百多年内，破坏得支离破碎，荡然无存。

如果我们知道了王诩是祝融氏的后裔，就不难解释他为什么要培养出这样几个毫无廉耻与道德底线的坏种来使夏华两族陷入万劫不复之地了。

他们为了达到目的，根本不忌讳使用什么手段；他们为了获取利益，尽可以把誓言当作放屁；他们为了巩固地位，便是亲兄弟姐妹也照干不误；他们为了一己私欲，完全可以不顾祖训与规矩。

想怎么来，便怎么来——活生生的几个披着人皮的畜生！

中国的庶民们并不是文化人所讥诮的“懵懂无知”，从他们的日常用语上便可知道他们对诸子们的评价。

男人们都膜拜李聃，动不动就自称“老子”。

平民们则将残暴而无任何道德底线者称为“鬼子”。

至于对那些说一套做一套的人，国人统谓之“孙子”。

纵横家独占“鬼子”与“孙子”这两个席位。

然而，夏华两族的执政者和文化人却将纵横家请上庙堂之列。

因为，这些人很实用。

庞涓在魏国牛刀小试，几个动作下来，就把卫国和宋国收拾得服服帖帖，被魏惠王封为“故里将军”。

孙膑便来投靠他。

师兄弟本应齐心协力，辅佐魏国建功立业。谁知孙膑吃着庞涓的饭，砸着庞涓的锅，偷偷给魏国的文化人们放了一个小风：庞涓会的我都会，我会的庞涓可不会。

庞涓听到以后很伤心，伤心之后很生气：吃我的，喝我的，背地里却要阴我的，你这是要找死的节奏呵。

一个“私通齐国”的花招使出来，孙膑便被魏惠王处以“膑足、黥脸”之刑。

没有了膝盖骨和脸上开了花的孙膑知道师弟庞涓不可能饶了自己，便发挥了箕子的装疯事迹，一会儿疯哭，一会儿傻笑，最后索性与猪同居，将猪粪当作主食。

庞涓当然知道师兄是装的，因此对孙膑的看守毫不放松。

但看守的杂役却不这样认为。

疯哭与傻笑，但凡受过点文化教育的人就能装得出来，可是吃屎嘛，也只有失心疯的愣种子才会干得出来。

看守的杂役因为没文化，不知道箕子吃屎装疯的故事，所以渐渐放松了警惕。

孙膑的遭遇得到了墨家弟子的同情，在他们的安排下，孙膑觑空儿和齐国的使臣拉上了关系，趁夜色逃离了魏国。

孙膑到了齐国，因为给田忌出计赢得了与齐威王的比马大赛，深得齐国君臣的器重，目标只有一个：杀了同门庞涓！

马陵之战，庞涓在“遂使竖子成名”的悔叫声中，自刎而亡。

这两个同门师兄弟钩心斗角的故事在网上都能查得到，这里就不赘述了。

总之一句话，这两个都不是什么好鸟！

他们都把兵卒们的命不当回事，都是为战争而去战争。

两个“使诈”的武夫还未谢幕，一双“耍嘴”的文士便已登场。

苏秦讲“合纵”。

但一开始他想干的是“连横”——以秦国为中心，“事一强以攻众弱”，最终达到兼并列国、统一天下之目的。可是刚处死商鞅的秦惠王受够了文化人的折腾，谈了几句话就将他打发走了。

伤自尊哩。

苏秦暗自咬牙道：从今儿个开始，爷改行干“合众弱以攻一强”的合纵勾当了。

你用我我便为你卖命，你不用我我便给你拆台！

这就是纵横家们的基本原则。

苏秦便到了赵国。但是赵肃侯的弟弟安平君赵成很讨厌他，根本就不搭理他。无奈之下，苏秦又去了燕国，等了一年多才见到了燕文侯。

你们是咱周室姬姓的正宗贵族，难道眼看着天下被蚩尤族的野种们吞并吗？

三言两语下来，便把没见过什么世面和没什么文化的燕国君臣忽悠得云里雾里，竟然“愿举国相报”，拜他为相去游说赵、韩、魏、齐、楚五国。

这五国居然都被他说服了。

他说服六国的“杀手锏”便是强大的秦国。

在赵国面对着赵肃侯说的是：赵国军力最强，非常适合当六国的瓢把子，是名副其实的合纵之术操盘手，您真能眼看着自己宗族的兄弟秦国称霸天下吗？

在韩国面对着韩宣王说的是：你们有令天下闻风丧胆的“武卒兵团”，宣王您又是如此聪明能干，何苦一直给秦国割地赔款呢？

在魏国面对着魏襄王说的是：魏国与楚国在诸夏、诸华的眼中就是个蛮夷，谁又把你们当伏羲、女娲的子孙们看？秦国攻打别的诸侯，受攻的一方还可得到其他宗族的救援；倘若攻打魏国，诸侯们铁定会当大戏看。若是加入了合纵的阵营，其余五国焉能不管？

在齐国面对着齐宣王说的是：齐国历来很强大，也当过天下的第一个霸主。可是，天下的人都知道，现在的齐国姓田不姓姜，夏华两族不认同您，炎族的后裔痛恨您，齐国若是与秦国通好，天下的诸侯都会找理由来攻击您。今日何不趁势与六国结盟合纵，让诸侯认可田齐的正宗地位，您觉得划不划算？

在楚国面对着楚威王说的是：楚为祝融之后，地有千里之广，军有百万之众，怎么能和蚩尤之后的秦国称兄道弟？楚强则秦弱，楚弱则秦强，何况楚是天下的正宗老户，此时趁乱之际，正可利用这些来路不正的新生诸侯联合灭秦，复兴祝融氏的昔日辉煌，您觉得呢？

这一轮忽悠的中心思想便是：大家抱成一个团儿，秦国便灭不了任何一个国，而各国却可以从中获得各自想获得的利益。

更夸张的是，各国为了表示合纵的决心，竟然让他身兼了六国的相位。

将六国签署的抱团盟约拿到手后，苏秦便成了人类史上第一任联合国的“从约长”，又被赵肃侯封为“武安君”，权势大到了周显王都要派人清扫道路来迎接他衣锦还乡。

秦国知道后，十五年未敢出函谷关。

狼如果成了群，虎是轻易不敢去招惹的。

而聚狼成群的苏秦，居然是周室的正宗子民。

风光无限的苏秦呵！

同门张仪，终结了苏秦风光无限的美梦。

张仪是个什么样的人？

他是鬼方之后的魏国人，夏华两族所推崇的道德礼仪，在他的心中，还不如一个臭屁。

在和楚国的贵族们喝酒之时，楚相丢了一块玉，众人都认为是穷得叮当响的张仪偷的，并且还用刑逼供。

张仪当然死不承认。

快被打成肉馅的张仪被抬回了草棚子里，妻子嘲讽道：嘻！你不是说文化人到处受人尊敬吗，怎么会遭到如此的侮辱？

张仪有气无力地道：你看我的舌头还在不在？

妻子笑道：舌头若是不在，你还能絮絮叨叨？

张仪道：足矣！

只要舌头在，就能继续忽悠人。

舌头便是纵横家们的本钱。

他见到正在被合纵之术围困得束手无策的秦惠王，直截了当地说：六国合纵抗秦，各怀鬼胎。您只要把蒲阳归还给魏国，再派公子繇到魏国去做人质，合纵之术当可逐个瓦解。

秦惠王大喜，便派人落实了此事。

缺亲少故的魏国见秦国把自个儿当平等的兄弟看，感激之余，索性把上郡十五县和少梁献给秦国，用以答谢秦惠王。

秦惠王便拜张仪为秦国的第一任国相。

接下来更狠。

秦惠王听从张仪的建议，放下身段，主动与齐、楚两国在啮桑（今江苏沛县西南）相会，结为夏华两族之外的首个同盟。

张仪在会上表明了两个意思。

一、咱三国在姬姓诸族眼中，基本上和戎、夷无异，何苦听苏秦的胡话，要和他们搭伙求财？齐国管天下之东，楚国辖天下之南，秦国镇天下之西北，各自相安无事。

二、魏、韩两国分晋篡政，来历不正，今后事无巨细，当由秦国管理；赵与秦乃宗族兄弟，自会分清尊卑；其余诸侯，各按所辖之地处置。

啮桑盟会（黄帝2375年，前322年）后，秦惠王索性派张仪入魏为相。

张仪回到故乡当了六年的魏相，就唆使秦国隔一年打魏国一次，直把魏国打得精疲力竭，民不聊生。

但魏国就是不肯“事秦”。

直到秦国在黄帝2379年（前318年）痛击了由韩国挑头的五国一族（匈奴）的军队并杀死八万名兵卒之后，魏襄王彻底㞞包了：秦国照这样的数目和速度杀下去，魏国连三年都撑不了就会灭族。

张仪完成了“弱魏”的使命，又回到秦国当上了秦相。

黄帝2384年（前313年），秦国欲攻击齐国，便派张仪出使楚国破坏齐、楚联盟。

张仪见了楚怀王（熊槐），说道：楚、齐、秦三国虽都被夏华两族视为蛮夷，但齐人历来自认为是炎帝后裔，打心眼里就看不起咱们楚、秦两国。如今天下诸侯疆土，唯你我两国最大。今秦欲灭齐，为表示诚意，我愿说服秦王，将楚国旧地商於（今陕西商洛一带）归还大王，条件便是：楚与齐弃盟绝交。

楚怀王高兴地道：寡人这就令人向齐国通告废除盟约。

楚国派使臣和张仪一起去秦国办理交接手续，谁知一到秦都咸阳，张仪便假装从马车上坠落，三个月都不能上朝。

楚使急了，整天催张仪落实交接手续，张仪总是表现出皱眉叹息的模样，始终传递着这样一个信息：齐、楚藕断丝连，老张我实难向秦王开口呵。

楚怀王听到这件事，就派使臣到齐国辱骂齐宣王。齐宣王愤怒之下，斩断符节与楚国绝交，并暗中与秦国再度结盟。

见到了齐国的盟书，张仪便带着楚使去拜见秦惠王。

张仪诚惶诚恐地对秦惠王说：楚国愿意和齐国绝交和秦国续盟，臣下一高兴，便将大王赐给我的六里封地转赠于楚王，望大王恕臣不请之罪。

楚使忙道：张相口误了，是六百里的商於之地。

张仪正色道：贵使听错了，我算老几，怎么敢替秦王做主给楚王赠地？

楚使惊呆了：一个男人说的话，怎么能不算话呢？

这事若是放在现代，早已不是什么新鲜事。但在当时的周朝，这种“说话不算话”的事情在庙堂之上、士人之间，还真是闻所未闻、见所未见。

只要你是一个中国的男人，或者是夏华两族的男人，从小受训的戒律便是：诚者，天之道也；思诚者，人之道也。

就是平民如尾生这样的青年，为了守约，宁可被水淹死也不愿食言，更何况君子、大夫等王、公两族的子弟和自视甚高的士人们？

楚怀王懵了：便是俺这些“蛮夷”，也没有把人话当屁放的东西！

楚国兴兵怒攻秦国，结果招致秦、齐西东夹击，把楚军打了个灰头土脸，秦国还发挥了优良传统，顺手占领了丹阳、汉中的土地，满满地得到了实惠。

楚怀王当然不干了，连续发兵攻打秦国，目的只有一个：杀了说话不算话的张仪！

秦国虽然占了上风，但楚国的面积和国力与秦国不相上下，真要在此时吞并楚国，不死也会脱层肉皮；秦国还没等举杯相庆，就极有可能会被赵、魏两国联手彻底从地球上抹去。

为暂时缓解楚国的纠缠，秦惠王甚至提出了拿秦国四大要塞之一的“武关”来与楚国交换土地，这可真是秦、楚的“咽喉要塞”。

谁知楚怀王一口回绝：俺啥子都不要，就要张仪！只要把他交给我，我拿黔中的土地来换。

秦惠王想弃张仪摆脱困扰，但又不好意思开口。

张仪却明白：君王一旦为利益权衡动了心思，连儿女们都舍得，更别提他们这些臣子与下属。

与其被遣送，不如求主动，就是死了，也能给领导留下一个好印象。

秦惠王见张仪主动要求前往楚国，不由得人性流露，说：那楚王恼恨先生背弃承诺，这是存心针对你，这一去没什么好果子吃。

张仪说：我和楚国大夫靳尚关系亲善，靳尚又能左右楚国夫人郑袖，而郑袖的话楚王是言听计从的。况且我是奉大王的命令出使楚国的，秦国强大，楚国弱小，楚王怎么敢杀我？假如楚杀我而替秦取得黔中土地，我的死也算是值了。

张仪一入楚，便被楚怀王囚禁了。

靳尚收到了张仪的重贿，便很“亲善”地在楚国为张仪开脱。

面对楚怀王，靳尚显得很忧国：楚与秦在华夏诸国眼中都是蛮夷，两强合在一起，天下谁敢不从？如今不要说杀了张仪，便是拘禁他也会使秦王震怒。楚秦失好，华夏诸国必将看轻楚国。

面对郑袖，靳尚则显得很忧心：张仪一旦在楚国遭罪，您的处境就很悬。

郑袖笑道：我又不认识这个出尔反尔的小人，关我什么事呵？

靳尚道：张仪是秦国重臣，若楚王降罪于他，秦王必全力周旋。听说秦王准备将自己又珍爱又美丽的女儿嫁给楚王来换取张仪的性命，还会陪嫁大片的土地和成群的歌姬们。您想想，这关不关您的事儿？

这当然关我的事儿了。

郑袖急忙道：这可怎么办呢？

靳尚道：楚王现在宠爱您，赶紧劝他放了张仪。如此一来，秦王、张仪必定领您的情，不但不会送美女入楚和您分宠，今后也将为您的儿子当上太子暗中助一臂之力。

郑袖晚上便泪盈盈地对楚怀王哭道：恳请大王把我们母子送到江南以避秦国的凌辱吧。

楚怀王怒道：秦国虽强，寡人也不弱，他们焉能凌辱你等？

郑袖泪如雨下：大王是不弱，否则强秦怎么会将罪臣张仪缚楚示好？但张仪不过是魏国一个毫无诚信的小偷而已，杀了他不但会落一个与小人计较的恶名，也会让秦国找到一个联合诸国攻打楚国的口实。更何况像张仪这样的卑鄙小人比比皆是，咱们只要给他们这种人小恩小惠，他们也会为咱们着想效力的。您是一国之君，和君子相争无人笑话，怎么能去和这种连我们女子都不如的小人生气呢？

楚怀王道：若非爱姬提醒，险些误了大事。唉，这玩意儿弄的，人怎么能跟狗较劲呢！

解禁后的张仪不但没有飞快地逃回秦国，反而继续忽悠楚怀王：您不杀我，是您的大度。为了报答您，我回到秦国说服秦王，不但不要您黔中的土地，两国还可互派太子为质，秦王也可送爱女为大王姬妾，永结楚秦之好。

屈原便站出来反对：张仪欺骗大王，本以为您会用鼎镬煮了他。如今不杀他已算是对他的恩赐，怎么还能听他的鬼话？

楚怀王道：杀又杀不得，关又关不得，听又听不得，这种人叫寡人怎么办？

屈原道：既然靳尚为这个小人开脱，就派他和张仪落实互质太子的事宜吧。

靳尚知道后大骂：这些文化人太坏了！但是明知道屈原阴他，靳尚也不敢违抗楚怀王的旨意，只好跟张仪去秦国。

一路上不停地埋怨：不吹牛你会死啊？明明答应人家郑袖不送美女的，怎么一出来就变卦了？

张仪也不停地赔笑：大哥，我就是靠这个吃饭的。您放心，一定不会让您为难的。

张仪不为难靳尚，并不代表屈原这些楚国的老贵族们会放过他。屈原派人到魏国的重臣张旄处通报了这两人的行程，并强调：凭着张仪的无耻，一定会办成此事的。楚秦和好，对谁最不利？

张旄当然知道：对魏国最不利。

怎么来解决楚秦和好后魏国面临的东西夹击的不利态势呢？

来者向张旄拿出了解决的方案：暗中杀了靳尚嫁祸张仪，楚秦必然不和。两国相搏，魏国帮谁谁胜，地位自然尊贵。

张旄暗喜：有方案，有步骤，目的明确，分析合理，这些文化人除了缺乏亲自实践的能力和胆量，可真是一群玩阴招的人才呀！

照本宣科，张旄连思考的时间都省了，干脆利落地杀了靳尚，给张仪扣了个忘恩负义的屎盆子。

因为你是小人，君子们很难去计较你出尔反尔的行为；但你若是杀了刚救你的恩人落下一个忘恩负义的恶名，这可就到了人人皆可诛之的境地。

张仪傻了：见过狠的，还没见过这么不留一点余地的狠招！

现在回秦国，便是秦王想收留他，秦国的文武士人们也绝对容不下他。若不给秦国带回去令人垂涎的利益，天下虽大，可真是无张仪的容身之地了。

魏国杀了靳尚，那么当然要去魏国的死对头韩国去忽悠。

见了韩宣惠王，张仪痛骂了一通故乡魏国后，便给韩宣惠王分析了一下当前的形势，最后得出结论：先联秦伐楚，后吞并魏国。

韩宣惠王同意了，心想：只要能灭了魏国，干什么都行。

之后，张仪又到了齐国，继续给齐闵王田地戴高帽子：纵观天下，还没有哪个诸侯能比齐国更为强大！

随即话锋一转：但秦楚即将结亲，韩、魏、赵也早已臣服秦国。齐秦虽无隔阂，但这几个诸侯可都对齐国心存芥蒂。如果他们到时候嚷着让秦国出头，秦王便很为难。不如现在齐国就和秦国再续联盟，今后大家都是盟友，谁也不好意思算计谁。

齐闵王讥道：你不是刚算计了我们齐楚两国吗？

张仪道：楚人无脑，怎能和大王同日而语？况且天下迟早是齐秦两国的，我这样的人都能看得明白，更何况大王。

齐闵王笑道：你这人还不是浪得虚名，就这么办。

到了赵国，张仪面对着赵武灵王赵雍连声叹息：秦赵本是同宗兄弟，怎么连两旁世人都不如呢？秦王受齐、魏、韩三国的怂恿，准备联合攻打赵国。我不忍你们同宗相残，特来向赵王告知。

赵武灵王道：你意如何？

张仪说：都是兄弟，你们在渑池聚一聚，叙叙旧，把事说明白了。

赵武灵王明知道张仪满嘴跑火车，但权衡利弊，听这些人的话虽然吃点小亏，却能免除眼前的大祸。

这可是一个标准的做糖不甜、做醋极酸的角色呵！

宁惹君子，不得罪小人。

惹了君子，他们或许因自身的修养而宽容对方；得罪了小人，那可是怎么卑鄙怎么来。

聚一聚，叙叙旧，听着虽然很亲切，但老虎与狼下馆子，明摆着是让狼吃亏买单。

到了燕国，张仪对燕昭王说：燕与赵相比，一个是黄帝正宗，一个是蚩尤遗种，姬姓怎么能听夷族的差遣呢？赵人豺狼之性，两次围困燕都，使燕国失去十座城池，灭燕之心始终不死。然赵国之所以不敢大举攻燕，是因为强秦在西侧窥伏。如今赵国准备将河间（今河北省沧州市）一带土地献给秦国，这就预示着赵人准备开始吞并燕国了。

燕昭王道：先生有什么良策？

张仪说：臣事秦国，万事无忧。

燕昭王担心道：秦、赵本兄弟，姬、嬴原两姓，秦焉能偏燕？

张仪笑着说：两姓结仇，尚可调解；兄弟反目，不共戴天！

燕昭王道：好，燕愿面西臣事秦国。

张仪盯着燕昭王说：总得拿出些诚意来吧。

燕昭王顿了半晌，道：愿献恒山之尾五座城池。

张仪在回秦的路上暗自盘算：韩国成功策反，齐国也已续盟，赵国暂时屈服，燕国事秦献城，有这些功劳与成绩，秦国君臣焉能不敬？

得意扬扬的张仪满怀信心地准备回到咸阳向秦惠王大邀其功，谁知一个噩讯如晴天霹雳般落在了他的头上：秦惠王死啦。

最闹心的是，新任的秦王居然是一直看张仪不顺眼的十九岁太子嬴荡（秦武烈王）。

由于中国的年轻人一直接受着正统的教育，在他们还未浸入社会这个大染缸之前，最鄙视的莫过于言而无信、使奸耍诈的行为，因此刚继位的秦武烈王和大多数的青少年一样，根本就看不上这些把话当屁放的“小人”们。

你和他们都说好了？

行，这就不关我们秦国的什么事了。

诸国一见张仪的话到秦武烈王面前连屁都不如，便将所有的脏水都泼在了他的身上。张仪这个名字在当时基本上就成了“无耻”的代名词。

苏秦和张仪在得意的时候很张狂，甚至到了“一怒而诸侯惧，安居而天下熄”的人生高度；但他们的结局却很悽惨：苏秦被齐滑王车裂而死；张仪则是在老家魏国被“闷死”的——他或者是因郁闷而死的，或者是被老家人恨之入骨用土麻袋闷死的。

总之一句话：这类人的临终表演都不是很好。

关门弟子徐福的表演，则将鬼谷子一系的“鬼子”推向了高潮。

徐福是东海郯（今连云港市赣榆区）人——这地方当时非夏非华，是“九夷”之地。也就是说，徐福从根儿上就不是炎黄子孙。

既非夏华两族，便无道德底线。

要忽悠就忽悠个最大的——胆肥之极的徐福瞄上了当时天下最有权势的男人秦始皇。

有权势的人最害怕什么？

死。

有权势的人最向往什么？

长生不老。

徐福告诉秦始皇：阿拉知道有不死仙药。

秦始皇问：何处？

徐福回答：在海中蓬莱、方丈、瀛洲三座仙山可求。

既然为“求”，就当按生意买卖的规矩办。

秦始皇问：费用多少？

徐福答：童男五百，童女五百，粮草船只若干。

这价钱不贵，求不来药也不至于丢了药口袋——万一求着了，不就赚大发了！

秦始皇吩咐手下：速去备齐。

黄帝2478年（前219年），徐福率领一众人等向“仙山”出发。

途经朝鲜半岛，本来想上去占个地盘过个神仙般的日子，却发现这里已成商朝二哥箕子后人的天下，加之离中国大陆太近，一旦秦始皇知道被骗，便是发怒放个屁也会让这个半岛震三震，于是只好冒险前进，在茫茫大海中又遇着了一个可以栖身的小岛。

到了岛上，徐福发现这里除了鱼就是鸟，自然生态极为可观。最妙的是：这里什么都有，就是没有人！

哈哈，有一千个童男童女伺候着，老徐不就是个活生生的“神仙”吗？

徐福高兴地转悠了几天，便给这个小小的岛屿起了一个大大的名字：九州岛。

经营了九年后，徐福觉得仅靠这一千名童男童女若想过上神仙般的日子，便如老和尚瞅嫁妆——今世休想。于是他冒险回到中国大陆，想偷偷地雇几个工匠去建设自己的安乐窝儿，谁知一上岸，就碰到了在海边巡视的秦始皇。

这也太巧了！

徐福硬着头皮拜见了投资方。

秦始皇伸手道：药呢？

徐福叩首说：臣带人在海中寻觅仙山三月，遇海中大神拦阻，斥臣：汝是秦皇的求药使者，备这些薄礼，岂能见得了仙人？臣问：还须备些什么？大神说：再备童男童女各一千，世间奇珍异宝，百业匠工、五粮谷种齐全，方可求得延寿之药。说完，有一个铜色龙形的仙人用一股五色风将臣送到了岸边，刚巧就遇见您啦。

有大臣在旁叱道：胡说八道！你已出海九年，怎么成了三月？

徐福有些怜悯地看着他：仙界方一日，世上已千年。

秦始皇见徐福面色圆润，颇有些仙风道骨的样子，道：仙道方术，世人焉会知晓？就地备全一应人等物件。

顿了一顿，秦始皇看着徐福冷冷地道：再赐一镜、一剑、一玺为朕信物，望先生早日回到咸阳。

徐福按捺不住狂喜，再次光明正大地扬帆出海了。

这事若放在高度文化了的夏华两族的君主面前，徐福最轻的处罚也会是身首分离。

因为他的话真心经不起推敲。

比如，什么都可以信手拈来的神仙们要奇珍异宝干什么？——莫不是他们也要行贿和赌博吗？更荒唐的是，神仙们要“百工”与“谷种”干什么？——难道说仙人们也要开发楼盘、吃绿色食品吗？

仙人们按理来说是不需要，但徐福需要。如果徐福胆子再大一些，脸皮再厚一些，再向秦始皇要十几二十个老婆也不是不可能的事。

秦人为蚩尤之后，精擅武力之余，文智便显得稀松。

秦国为一统天下，历代君王准备了六百三十七年，秦始皇凭借先祖积蓄下的实力，只用了不到九年的时间就横扫了天下六国；但这个庞大的帝国只存在了十四年。

徐福一开始也许是真诚修道的，但北海道的寒风渐渐吹昏了他的头脑。

首先，在这个旮旯大的岛屿上，他在这不到三千人的人群中绝对说了算。没有制约的权力最后能变成个什么样的东西，大家都能想得明白。

其次，面对渐渐长大的童女们，徐福的上进心便显得不是那么的坚强，今天进这个少女的洞穴，明天上那个少女的破船，道貌岸然的他竟然整出一群子女来。

相传，今天的日本人都是徐福的后代。

纵横家的人数虽然很少，但他们祸害夏华两族宗教礼仪框架系统的破坏力却无比巨大。

庞涓和孙膑将“奸诈”军事化，苏秦和张仪将“无耻”政治化，徐福和方士们将“欺骗”艺术化，黄石和张良将“缺德”世俗化……在这些人的影响下，从东周战国开始，夏华两族苦心经营了两千多年的道德礼仪体系顿时被洞穿，缺德少道的浊流先从士人间蔓延，最后渗透到宗室首领和庶民百姓之间。

之所以后来在中国很少出现“著名”的纵横家，一来是这个名声确实不怎么光荣，二来是“纵横家”们遍地开花，大伙儿都奸诈、无耻、欺骗、缺德，就谁也不要嫌弃谁了。

其余的“家”们

司马迁的父亲司马谈在《论六家要旨》中，首次将诸子划分为“阴阳、儒、墨、名、法、道”六家；后来刘歆在司马谈的基础上，又加上“纵横、杂、农、小说”等为十家；班固在《汉书·艺文志》中认为：“诸子十家，其可观者九家而已。”再后来，儒家去掉“小说家”，将剩下的九家称为“九流”，史称“九流十家”。

前面简单介绍了其中的七家，至于剩下的三家，除了“杂家”的代表人物吕不韦像个综合刊物的编辑，留下了一本《吕氏春秋》外，“农家”与“小说家”基本上没什么东西传世，颇似两个江湖上的传说。但让中国人想不到的事实是：人们现在看到的诸子百家的文章，竟然几乎都不是原来的模样！

秦皇嬴政由披着法家外衣的李斯所建议的“挟书律”而实施的禁书法令，其实是由于士人们“入则心非，出则巷议，非主以为名，异趋以为高，率群下以造谤”的原因。

士人们主要是“造谤”了些什么，才引得嬴政大动肝火？

首先士人们认为，秦人为女修之后，女修又是一个未婚孕子的妈咪。于是他们一口咬定：女修的姘头是蚩尤的后裔！而佐证这种说法的正是各国的史记（“诸侯史记尤甚，为其有所刺讥也”）。

其次士人们认为，秦人“是今废古”，是标准的夷族行为。秦将封建制改为郡县制，这摆明了是要将各个宗族踢出权力的圈子外，好让李斯这样的庶民登上政治舞台。夷族加庶民——这天下岂能长久？嬴政当然不悦：你们骂李斯可以，讥朕为夷族则不行。因此下令：以古非今者灭族！

最后士人们认为，对秦献策无疑是对牛弹琴，因为他们不但从根儿上就是夷族，当今的执政者恐怕还是吕不韦的种。

这就没意思、没底线了吧？

听你们的就是明君，不听你们的便为夷族加野种，这纯粹是找死的节奏呵。于是，嬴政坑杀了“四百六十余人”，这个事件被儒家定了个天下震惊的罪名：焚书坑儒。

按儒家普遍的说法，秦始皇不但烧了全天下的书，并且还坑了全天下的儒！

真的是儒家描述的这般模样吗？

真实的情况是，嬴政是烧书了，但他只焚绝了各国的史记和道家的《道经》，其余收缴上来的书籍可都是封存于国库，并且有志者“若欲有学法令”，都可以在大秦图书馆中借阅，但必须要“以吏为师”，而不是“以儒为师”。

嬴政焚书的目的非常明确：让各宗族在三代以后不知道自个儿的祖源。

恭喜夷族们，这个目的他们达到了。

从此中国的宗族便只知五代内的祖源，再往前就糊里糊涂了。

至于坑儒，先不说嬴政坑杀的只是道家的方士和术士，你只要看看儒者们历来逢场作戏、溜须拍马、装惨扮怜、见风使舵的表演，就知道杀他们一个已属不易之事，更别说一窝儿一窝儿地坑杀了。

对于儒家这种以别人之死、扮自己可怜的行径，便是连他们自己的圈内人也看不上眼。

王充在《论衡·书解》中认为：“秦虽无道，不燔诸子；诸子尺书，文篇俱在。”刘勰在《文心雕龙·诸子》中也认为：“暴秦烈火，势炎昆冈；而烟燎之毒，不及诸子。”

好一句“烟燎之毒，不及诸子”！

认为诸子“有毒”的秦皇嬴政虽然对文化人恨得牙齿咯嘣嘣响，但他能做的也只是把收来的书封藏在咸阳宫去压缩文化传播的空间与途径，不得不杀的是骗他的方士和讲述祖源来历的术士，对挑头闹事的文化人淳于越博士可是一根毫毛都未动。

难怪后世人嘲笑：秦人焚书而书存，诸儒穷经而经绝。

那么，上古文本和诸子的原著到底毁于何人之手？

一是楚霸王项羽。

项羽杀入咸阳，这个祝融氏的后裔发挥了老祖宗的特长，一把火烧了咸阳宫（“书之焚，非李斯之罪，而项籍之罪也”）。

其实项羽烧咸阳宫（不是阿房宫）的动机，远不是“泄愤”那样简单。由于史料几无此事记载，千年之后，或可这样猜想他当时的动机：一、秦人既然可焚绝各国宗谱，我楚人也可焚他们及夏华两族的史籍；二、要烧就烧个干净彻底，干脆连夏华两族的诸子写的书也一同灭绝，看你们这些老师们今后再拿什么教案来向天下的夷族们炫耀？三、从此之后，大家都弄不清族系的脉络，站在了同一个起跑线上，谁也再不要拿自己的祖宗说事。

这天下是你们老先人的——好，有什么证据？

项羽的匹夫行为尚可理解。夷族被夏华两族欺压了两千多年，他们一旦得势，如果有足够的能力，恨不得杀尽夏华两族。可是恨归恨，夷族们确实是没有那样的本事。凡是他们得势之时，基本上都是钻了夏华两族闹内讧的空儿，一旦夏华两族明白他们想占据自己祖宗的天下，便会搁置矛盾团结起来，一同把夷族撂翻。

奴才们是可以利用的，想拥有天下——还反了你这个不知天高地厚的东西了！

不论项羽的焚书是有意还是无意，他的恶劣行为还是和“秋毫无犯”的刘邦形成了鲜明的对比，从而高低立判，宗族的首领和士人们迅速地聚拢在刘邦的身边。

推翻一个权力或势力集团，群众的力量当然是不可或缺的因素——但群众得有一个领导他们前进的核心班子；而这个核心班子的主要领导人可不是陈胜、项羽、黄巢、李自成之类的夷族或草根人物，最终的成功者都是夏华宗族势力的代言人。

项羽虽有拔山之力，英雄气概无人可及，但他焚文湮祖的行为却触逆了夏华两族的“团结程序”，从而招致了夏华两族的“十面埋伏”，最终“自刎乌江”。

二是两汉的儒家弟子们。

如果说项羽焚烧夏华两族的文明成果还有夷族的泄愤情绪在作祟，那么儒家弟子们就没有任何理由去损毁自个儿赖以生存的文明。但事实是：由于儒家的自以为是和自作聪明，他们在传承夏华文明的同时，拥有话语权的儒首们不断地删除与自己观点相左的内容不断地挟带自己的“私货”，由此造成了既传承又破坏的状态。

西汉初的刘邦因为自己的宗族不是天下的“望族”，甚至于都不知道自己的曾祖父叫什么名字（后来的汉朝儒者才将刘邦这一系的祖宗认到了夏朝“刘累”这一辈儿，说这个养龙者是华族帝尧的后裔），再加上“微细”出身的刘亭长对儒家的繁文缛节很不感冒，也很担心天下人会讥笑自个儿的出身，因此“挟书律”在汉初依旧实行。

到了第二任汉惠帝刘盈时，汉朝的开国之威随着刘邦的死去而减弱，统治阶级只能树起“黄帝共祖”这面大旗和“老子道学”这个思想来安抚天下诸族和削减庶民的斗志。

既然要推崇“黄老哲学”，这事儿便少不得儒家的参与。

祖宗怎么去拜？

庶民怎么愚弄？

这事儿法家、名家、墨家懂吗？

道家们倒是略懂，但他们只敬拜始祖法像，让黄帝的子孙和现世的帝王情何以堪？

儒家堂皇进入社稷，掌控祭祀重权。

祖宗是必须去祭祀的，但重点却是怎么样按老规矩去礼拜当世的帝王。

接受礼拜的帝王当然是非常欣慰与兴奋的，但由于程序与礼仪记载的缺失，大伙儿都觉得心里面没底儿。就如现在的“土包子们”进了西餐厅，哪个手拿刀哪个手拿叉就成了一个问题，更别提什么场合该穿什么衣服了。

于是，刘盈废除“挟书律”，儒家自此又可以公开讨论古典。但这事儿也仅限于探讨之列，并且要遵循诸子“述而不作”的先例，因为这时是吕后说了算的时代——男人们一旦著书立传，还有女人们的市场吗？

汉文帝刘恒刚上任不久，便遭遇了皇侄济北王刘兴居、皇弟淮南王刘长的“两王之乱”，看来再不提倡儒家的“君君臣臣，父父子子”，这天下迟早要被自家人弄垮。

刘恒设置“经学博士”之职，开始对儒家的经典进行抢救式的恢复。

由于秦皇嬴政收书收得比较彻底，楚霸王项羽烧书也烧得比较集中，当时的书籍竟无一本完整，全凭着老儒们依靠记忆而口头辑录，并且记录者是以汉代通行的隶书写作，抛开老儒们的记忆有出入、解说有差异不说，仅文字一项便有非常大的差异。

当时辑录恢复的经典有伏生口述的《尚书》。

伏生原来是秦帝国七十名博士之一。由于他当时年逾九十，刘恒便派晁错（时任太常掌故之职）到伏生家辑录。谁知伏生已老得口齿不清，说的话也只有女儿羲娥才能听得懂几句，于是只好先由伏生言于其女羲娥，再由羲娥转述给晁错了。

好家伙，原来我们现在看到的《尚书》，是由一个说不清楚话的老者口述，再由一个没什么文化的乡村妇女翻译，最后由晁错用隶书记录的文本呵。

这个文本已经是够奇葩的了，但更让人无所适从的是，他的三个弟子欧阳生、夏侯胜、夏侯建则对《尚书》又有三种不同的见解，再加上董仲舒的随意注解，这版的《尚书》保准连最先整理辑录的孔丘先生也看不明白。

关于《尚书》的来历，恐怕现在没有人能说得明白。

孔丘辑录时大约有一百篇（其中《虞夏书》二十篇，《商书》《周书》各四十篇），伏生口述时只有二十八篇，相传鲁恭王在拆除孔子故宅一段墙壁时，发现了另一部《尚书》，是用先秦六国时的字体书写的（时人称之为“古尚书”）。

“古尚书”经过孔子后人孔安国的整理，篇目达到了四十四篇。但就是这些糊里糊涂、残缺不全、挟带私货的《尚书》，在西晋永嘉年间的战乱中又全都散失。东晋初年，豫章内史梅赜给朝廷献上了一部《尚书》，包括汉《尚书》三十三篇（梅赜从原先的二十八篇中析出五篇），古文《尚书》二十五篇及一篇孔安国传和一篇《尚书序》（《秦誓》一篇已佚），所以这部《尚书》共有五十九篇。

今天我们看到的，大多是根据梅赜所献的这个本子编修。

可以说，现在我们所看到的《尚书》和上古时代的《尚书》，无论是内容上还是文字表现上，基本上就不是一回事儿。

孔丘修编《尚书》之时，是挟带着一些私心的。他摒弃了记载伏羲、神农、黄帝事迹的《三坟》，只从《五典》中择出尧、舜、禹来向华族献媚。之所以这样干，是因为一旦保持着原貌，大家便会从《尚书》中发现，天下诸宗诸族都源自女娲与伏羲，凭什么你夏华两族轮流执掌天下？加之当时华族是老大，提颛顼势必要牵扯出“认干爹”一事，这不是给华族的周室添堵吗？

儒家的鼻祖都这样干，你还能期待他的徒子徒孙们干出点什么公正的事儿来？

至于当时辑录施雠的《易书》、孟喜的《易书》、梁丘贺的《易书》，大小夏侯氏的《书》和欧阳氏的《书》，申公的《鲁诗》、辕固生（炎族齐人）的《齐诗》和韩婴的《韩诗》（其实这三个人都是《诗经》的注释者），高堂生（炎族齐人）的《士礼》（即今《仪礼》），公羊寿的《春秋公羊传》，穀梁赤的《春秋穀梁传》等文本（统称“今文经”），大体上都和伏生一样凭记忆而作。所不同的是，他们仗着年富力强，更加人为地增加了自己的思想与认知。

尽管他们“私货”横溢，弄得古书面目全非，但后人们还不得不感谢他们。

有一点总比一点都没有的强。

中国人若想看到汉朝以前的古书原貌和真本，一个是期待秦陵中有没有埋藏过去的文本，另一个则盼望着有什么先进的科学技术来复原过去的场景。

至于现在的国人都在抱怨看不懂中国的古书，这事儿还真用不着脸红。三坟、四书、五典、六经、七玄、八索、九丘这些传世或消失的古籍，如果是汉朝以后的文本，不但您看不懂，便是原作者们也不一定看得明白。

因为中国的古籍竟然遭到了多达十七次厄运！

第一次厄运是“焚史禁书”。

这个账当然要算到秦始皇和李斯的头上。

在黄帝 2484 年（前 213 年），他们虽然只是焚绝了各国的宗谱和史记，收缴了天下的书籍而并未焚净烧绝，但是，他们开了一个企图灭绝夏华文明的坏头儿。

第二次厄运是“火烧史籍”。

楚人项羽在黄帝 2490 年（前 207 年）的这一把恶火，彻底烧断了夏华文明的上下联系。

第三次厄运是“赤眉之乱”。

黄帝 2722 年（公元 25 年），这些不怎么识字的农民和饥民们搅乱天下并攻进了长安，填饱肚子基本上就是他们最低的政治诉求。他们在无意识中将汉室在二百多年当中收集或辑录的书籍当作取暖和做饭的燃料，致使“礼乐分崩，典文残落”，继而将汉室藏书“焚烧无遗”。

第四次厄运是“董卓乱汉”。

这个长期与夷族厮混的军棍天性尚武鄙文，占据洛阳后由于各路诸侯的轮番攻伐，干脆在黄帝 2887 年（190 年）一把火烧了洛阳迁汉都于关中长安，致使“图书缣帛，军人皆取为帷囊，所收而西七十余乘，属西京大乱，一时燔荡”。

第五次厄运是东晋的“八王之乱”。

此前由于蔡伦的造纸术出现和曹操刻意地收集天下图书，司马晋的“秘阁”藏书竟达三万余卷。但因为司马氏王族宗室反目操戈，在互相厮杀中“秘阁”遭到焚毁，所藏图书十去其九。

第六次厄运是“江陵焚书”。

梁元帝萧绎继位前后，始终以“好书”的形象出现在世人的面前。

他的文学水准也相当厉害，竟然在繁杂的国事中和嫔妃的香闺里亲自创作了文论集《金楼子》，并且水平着实不低。这就难怪他以帝王之尊居然自负地“常笑淮南之假手，每嗤不韦之托人”而夸口“五百年运余何敢让，俨然上比孔子”了。

萧绎共收集藏书十四万卷，可以说是名副其实的“儒帝”。但由于文化范儿太浓，就免不了儒者们的小家子气。在西魏攻破江陵之日，这位以好书著称的儒帝竟然一把火将帝国的藏书烧得一干二净（黄帝3252年，公元555年），并且在临死前怨恨道：读万卷书有什么用？还不如烧了省心。

连藏书一起焚烧的还有张衡所制造的浑天仪。

第七次厄运是“隋书唐没”。

隋文帝杨坚（小名那罗延）迫使北周静帝“禅位”后，推崇夏华文明，军事方面以“夏制”为主（以夏代胡），政治方面以“华文”为尊（首次实行“科举制”）。

在礼部尚书牛弘的建议下，杨坚广征天下图书，再加上后来两帝的努力，隋朝的图书竟然收藏了37万卷（为防不测，隋炀帝杨广命所藏书目多录副本，多者达50个）。李世民攻陷洛阳后，见到如此众多的图书，如获至宝，便令人将所获图书全都运往长安。谁知途中书船竟然触礁沉没，结果“皆被漂没，其所存者，十不一二”。

第八次厄运是“安史之乱”。

隋唐两朝因为是夏裔当政，宗族间的主要矛盾是“华夷之别”。而此时的华族由于儒教的传播和自律而人才济济，再也不是夏、商两朝逆来顺受的可怜角色。

自此开始，不论帝王是夏是夷，华族始终掌握着政治话语权。

帝王听儒家的则天下太平，否则他们便会变为纵横家弄得天下大乱。

从唐开始，历经烈火锻炼的儒家弟子们便已放下了“君子”的身段，玩起了翻手为云覆手为雨的把戏。

夏胡混血的李世民当然明白儒家文化的力量，但他更明白儒家的弱点：礼是儒家的基石，书是儒家的命根，而“当官”则是驯服儒家的手段。

李隆基之时，唐室共藏书20余万卷，分别收藏于“弘文馆”“史馆”“司经局”“秘书省”“崇文馆”“丽正书院”和“集贤书院”等，其藏书质量远远超过前代。为了防备再有毁坏，唐朝在长安、洛阳各分别收藏四部书籍（经、史、子、集），史称“群书大备”。

但是，夏夷混血的突厥人安禄山和史思明可不把这些书籍当回事儿，他们和项羽一样，怀着对夏华两族的仇恨，破坏一切能彰显夏华文明的事物，致使两京所藏图书“亡散殆尽”——当然大型建筑也不能幸免于难（黄帝3452年，公元755年）。

幸运的是，“安史之乱”虽然使所藏图书亡散殆尽，但却不是儒家们夸张的那样“尺简不藏”。有鉴于前七次书厄，李唐允许士大夫及望族豪门们可以藏书。虽然国家藏书之地遭到焚毁，但还不至于连根掐断；再加上唐代的儒家与文士们才华横溢，新创作的文艺作品也着实不少。

第九次厄运是“晚唐五代毁书”。

这是一次长达70余年、摧毁夏华两族文明的噩梦。

首先出场的是堪称“魔兽”的儒家弟子黄巢。

他在长安科考落榜后，留下了一首“待到秋来九月八，我花开后百花杀。冲天香阵透长安，满城尽带黄金甲”的杀气腾腾的诗句，待到和他从事同一个职业的私盐贩子王仙芝聚集难民反唐后，黄巢随即响应反叛。

他可能是炎帝的后裔，这一点似乎可以从他的国号“大齐”中看出。

黄巢除了在现在的史观中以“起义者”的正面形象出现外，在以前的史书中可是一个非常令人害怕的“吃人魔王”（据新、旧《唐书》中记载，黄巢因为军粮短缺而“俘人而食，日杀数千”，并且为了可口，还成立了烹调人肉的专门机构“舂磨寨”）。

关于黄巢的详细情况，在唐朝的章节中将会介绍，总之这个人的所作所为不会让正常的人觉得舒服。这章中大家只要明白，在黄帝 3578 年（881 年）黄巢重夺长安后，为泄民众协助唐军之恨，彻底血洗和焚毁了长安古城。

记住了，是彻底！

比起项羽、赤眉、董卓、安禄山等，这个儒家不争气的弟子可谓恶劣之极，令人发指。他有一分儒气，二分蛮气，但剩下的全都是魔气！

此后，唐室消亡，天下大乱。

五代十国中，又经后晋石敬瑭、南唐李后主两次毁书与焚藏，官方所藏图书自此绝尽。

第十次厄运是“靖康书劫”。

历经三国、五胡十六国、南北朝、五代十国四次大规模的民族融合，到赵宋开国时，中国的宗族血脉开始混乱，几乎很少有家族能追溯到三代以外。

中国宗氏原有的“九族”（即高祖、曾祖、祖父、父亲、自己、子、孙、曾孙、玄孙）无法向上寻觅，只好用“新九族”（即父族四、母族二、妻族二）来取代原九族的族系，从此中国由“宗族”转变为“家族”。

这样的转变，导致了中国人宗族荣耀感的减弱和对始祖敬畏的漠然，从此“家天下”代替了“宗天下”。

这种变化当然会让统治者暗自窃喜，找不到宗族祖源的豪门望族，使没有什么资本在新兴的统治阶级面前炫耀卖老——统治者一枝独秀！

但是，从乱世中脱颖而出的赵宋统治者们清醒地认识到，要想长治久安，离开了夏华文明这个体系，还真没有哪一个老大能撑得住。

于是，为了向天下诸族表明自己认可夏华文明的态度，赵匡胤选用了春秋五霸中以仁义著称的“宋”为国号，以示其夏裔正宗之意；紧接着他又给子孙后代定了一条规矩：不得杀士大夫及上书言事之人！

无量天尊，我佛慈悲，这是一个多么仁义的皇帝呀。

文化人死心塌地地拥护赵宋诸帝。

如果他们当时知道了赵匡胤的真实想法是“五代方镇残虐，人民深受其害。

我让选干练的儒臣百余人，分治大藩，即便都贪浊，也抵不上一个武人”，恐怕就不会变得那样兴奋。

赵宋“以文靖国”、尊孔崇儒、完善科举、创设殿试、厚禄养廉等倡举夏华文明和收拢夏华志士的手段非常成功，以至于他们虽然是名副其实的“多国鼎立”和中央帝国历史上国土面积最小的朝代，但文化人却把赵宋当作一簇美丽的鲜花，并且齐心协力，使赵宋成为汉朝之后国运最长的国家——达319年之久。

以华族之术治国，达到太平盛世只是时间的问题，但副作用却是：拿笔的从来就看不起拿刀的，而拿刀的一旦被拿笔的排挤或者代替，最后一定会形成具有中央帝国特色的“窝里斗”，那结果往往会是战场上见。

黄帝3824年（1127年），金国攻打开封，掳走宋钦宗为人质，并凭借“录索”全取北宋历代藏书八万余卷及印版，致使“秘阁图书，狼藉泥中……书史以来未有如今日之甚”。可是，金国却没有烧书，反而将其当宝贝似的拉回到自己的宫殿中收藏了起来。

黄帝3973年（1276年），南宋灭亡。由于南宋的印刷业居当时世界之首，其书籍质量之美佳、版面之精良，一点儿都不比现代的刊印书籍逊色；在字体之规范、校对之得当方面，比我们现在的书籍有过之而无不及。于是，元朝的统治者们笑吟吟地全面接收了夏华文明的全部遗产（包括金国的藏书），不费吹灰之力，便掌握了夏华文明的密钥。

这次书厄看上去不像是一次劫难，说白了就是儒家认为是夷族抢了他们的文明成果。如果他们明白金、元两国是夏族的后裔，这一次的书厄恐怕就算不得数。

第十一次的厄运是“明改元书”。

朱明诸帝对于夏华文明的继承和恢复可谓是不遗余力，但由于明诸帝的没有文化和明儒们的小气，却把元朝有关夏华两族分裂的内容几乎剔除得干干净净。

虽然解缙总编了人类史上第一部百科全书式的中国古典文献汇编《文献大成》（后由朱棣赐名《永乐大典》），但是在全书22937卷、11095册、约3.7亿字、汇集了古今图书七八千种中，人们很难找到中国诸族的成因与来历，基本上就是以华族为中心，便是连夏族的记载都是能抹的就抹，可删的便删。

这部《永乐大典》的功劳是辑录了之前几乎所有的文本，过失则是有意识地删减了中国诸族的成因与来历，主要是把秦、唐、宋、辽、金、元诸朝有关夏族历史的记载刷洗了一遍，弄得中国人从此不知道夏华之分，后世便认为五胡、辽、金、元、清等朝代为夷族侵华，一提起无不义愤填膺，便是连世界史上疆域最为辽阔、横跨亚欧大陆的元帝国也羞于启齿。

为了树立华族为尊的意识，明儒们在科举中实行了“八股文”考试制度——若是脱离了儒家的经典教义，一律不予录取。

由于是儒家有意地篡改历史，这一次的书厄虽然没有烈火，但比烈火造成的祸害还要严重。焚书之后，大家总会凭着记忆尽量恢复原著，尽管不会百分之百的准确，大路数总是不会有太多的偏差。这下坏了，后世之人凡需史料举证之时，必然会以官方的《永乐大典》为准。你说你是昌意一脉的夏族后裔？可以——请拿出能证明的文献来。

第十二次厄运是“李闯毁文”。

黄帝4341年（1644年），夏裔李自成杀进北京，认为书籍等为无用之物，竟将官藏图书近百万卷肆意焚毁。所幸朱明一朝的印刷业无论是官方还是民间都极为发达，官藏图书被李闯王焚毁虽然令人扼腕痛惜，但由于民间藏书甚盛，还不至于再次连根断绝。

可是，夏族的记录从此被斩断。

第十三次厄运是“清改诸文”。

夏裔的满清进入山海关后，无论从服饰穿戴还是文化认知上，基本按着强迫的路子来。

满清对男性发式的要求，根本上是潜意识当中的夏华区别，并不是因为审美的需求，更不用提什么情趣不高。

之前的夏华两族，除了一个能武、一个会文外，最明显的区别还在于穿着打扮。

这两族的人虽然有一个共同的始祖轩辕黄帝，但为了区别宗脉的不同，他们也许是有意识地区分了两族的穿着打扮。

不区分不行，因为大家都长得差不多。

比如在姬周之前，夏族的上衣是左边压右边（右衽），华族和诸夷的上衣是右边压左边（左衽）。

夏族的人可以弄成各种新潮的发式，华族的人却很少能享受到这种待遇。

到了华族姬周坐大之时，华族以右为尊，索性把死人的寿衣定为左襟作为礼制，并规定“身体发肤受之父母”而“不敢毁之”，儒家们更觉得如随意“毁之”，则是“不孝”的行为——这显然是针对和贬低夏族的言行。

在汉朝之前，夏华两族的人不用自我介绍，仅凭穿着打扮就能够分得清楚。到了后来，华族人的打扮越来越漂亮，越来越花样百出，看着华族男女们那飘逸的模样，但凡有点儿经济能力的夏族人无不竞相效仿，导致华夏两族除了在大礼方面有些区别外，从穿着打扮上再也看不出夏华的痕迹。

中原之外的夏族诸裔则保留了上古的穿着打扮习俗。

满清是鲜卑的分支，而鲜卑族的始祖则是昌意的另一个儿子（与颛顼是亲兄弟）。

昌意是夏族的始祖，玄嚣是华族的始祖——他们两个的亲爹叫黄帝。

弄清楚满清的祖源，就会明白弄得中国血流成河的“剃发令”可不是满清无知地执着于自己已经不符合时代潮流的发式，他们是在恢复“夏制”。但是，此时由于历代帝国对上古文献的焚毁和篡改，夏族的历史基本上被华族的文献湮灭与同化，不要说满清这些少文没化的夏裔不清楚自己的历史与旧俗，便是华族的大儒们也认为过去的历史就在《永乐大典》里。

满清的统治者当然觉得不对，在“江阴十日”“嘉定三屠”之后，他们也对历史文献进行了篡改。

康熙和雍正因为文化修养不是很高，他们的做法也就很没有文化：凡是有关华夷之分的思想、历史、政治以及民族问题的书籍一律禁阅；许多明朝的文集、诗集和相关的历史、人物传记都被焚毁；便是许多为清朝歌功颂德拍马奉承的书比如《大清典礼》《大清天定运数》也在禁毁之列。

到了“大知识分子”乾隆当政之时，由于这位老大的学术水准不是一般的高，已达到了一种“以毒攻毒”的境界，他不但兴起了130多起的文字狱，而且在编录《四库全书》的同时，总共焚毁了不利于“夏夷”的图书超过70余万部，禁毁的书籍与“四库”所收的书籍一样多！

由于满清编录的《四库全书》离我们现在的时代并不久远，所以人们更能清楚他们的篡改行为。

比如岳飞的名句“壮志饥餐胡虏肉，笑谈渴饮匈奴血”被改为“壮志饥餐飞食肉，笑谈欲洒盈腔血”——因为在满清看来，“胡虏”与“匈奴”是同属夏裔的。

再比如陈亮的《水调歌头·不见南师久》词云：“尧之都，舜之壤，禹之封。于中应有，一个半个耻臣戎”——满清将“耻臣戎”改成了“挽雕弓”……

这样的改动当然滑稽可笑，但也可从中看出赵宋与朱明两朝的儒家们对夏族的蔑视与嘲讽，或许还能感到夏裔后人们的愤怒。

但不论满清的统治者们怎么改动，此时的中国人已经没有了“夏华有别”的概念。经过儒家们长达600多年的洗脑，凡遵循儒家礼仪教义的黄皮肤中国人就是正宗，其余则成了蛮夷。

此时的儒家们为了湮没夏族，干脆连华族的旗号也不打了，统称自己为“汉人”。

为什么这样叫？

因为汉朝推翻了夷族暴秦；因为汉朝独尊儒术；因为汉武帝纵横捭阖；因为两汉加起来的国运有441年之久。

既然儒家们抛开夏华两族的文明传统自立为“汉”，夏裔的满清当然也不会手软。

在武力推行夏制之后，文献上也随即紧锣密鼓地下手。

满清在其统治的295年中，共兴“文字狱”超过166起（顺治7次，康熙12次，雍正17次，乾隆130余次），平均每一年半就会杀一些儒家及其家族成员，至今还没有人能统计出一个比较准确的死亡人数。

由此可见，夏华两族此时因为历史被篡改，已经不认为他们是共祖的兄弟，而成了相见拔刀的仇人了。

最可悲的是，这时夏族已不知自己为什么为夏，而华族则不知自己已彻底被儒家绑架成另一类的“文化宗族”了。

这一次书厄的结果是：满清不但没有恢复夏制，便是连华族也被踢出了历史文献之外。此后对历史有点研究的中国人，索性糊里糊涂地把自个儿称为“华夏族人”。

第十四次厄运是“天主乱华”。

多次院试落榜的洪秀全在羞愧和心急之时数度昏迷，可是在昏迷中却发现了自己的真实身份：原来我是天主耶和华的二儿子！

既然耶稣是我的亲大哥，孔老二您就得靠边儿站。

砸了孔丘的牌位后，洪秀全开始了传教之旅。

口号是“天下一家，共享太平”；教义有《原道救世歌》《原道醒世训》《原道觉世训》《百正歌》等；帮会的名称是“拜上帝会”。

看看这些粗鄙平庸的口号、教义和名称，难怪他考不上公务员。

黄帝 4548 年（1851 年），天主家的老二在金田造反，自称“天王”，定国号为“太平天国”，公开与夏裔的满清叫板。

但预期中“登高一呼”的场景并没有出现。

满清和汉人们难得齐心协力地要剿杀他！

因为中国的各个宗族不管怎么样热衷于窝里斗，但大家都有一个共同的前提——同一个祖宗；争斗的结果也很明确——我才是正宗的黄帝子孙。

天主家的老二？哼哼，便是天主本人来了也不见得有用。

更何况这个老二还不争气。

在自称“人间小天堂”的金陵，洪秀全不但提出了“有田同耕、有饭同食”的施政方案，并且亲自实践了共享太平：今允东王西王各十一妻；自南王至豫王等各六妻；高级官员三妻；中级官员二妻；低级官员以及其余人等各一妻——按亚当夏娃的规矩来。

天王自己呢？有据可查、登记在册的共有“老婆”88名，嫔妃208名，姹女、元女760名，这还不算他随时可以交配的女官和宫女们。

面对这么多的异性，洪秀全在进了金陵的天王府后，竟然在11年中未踏出京中半步，只颁发过25道诏书。

更可笑的是，他把中国以前帝王的行政级别统统降格（如将唐太宗降称为“唐太侯”），并在史料中找出几条有“上帝”字眼的出处来证明（如《诗经》的“殷之未丧师，克配上帝”）“盖拜皇上帝这条大路，考中国番国鉴史……俱是同行这条大路，但西洋各番国行这条大路到底，中国行这条大路到秦汉以下则差入鬼路，致被阎罗妖所捉”。

中国在洪秀全的眼中居然成了“番国”，这厮无疑是与全天下的夏华两族宣战！

此人的荒唐之事在此姑且不作评述，但他在南方所焚烧的书籍可是不分夏华，悉数摧毁——当时的江南之地可谓是中国的文化中心。

至于他的地位在现代中国被拔得极高，恐怕是因为国、共两党的领导人孙中山和毛泽东因革命需要所为。

孙中山的评价是：“五十年前太平天国即纯为民族革命的代表”，“但只是民族革命，革命后仍不免专制，此等革命不算成功”。

毛泽东的评价是：“洪秀全、康有为、严复和孙中山，代表了在中国共产党出世以前向西方寻找真理的一派人物。”

明白了吗？

洪秀全之所以成为“人民代表”的洪秀全，是因为他是第一个向西方“寻找真理”的中国人。

第十五次厄运是“英法侵华”。

黄帝4557年（1860年10月6日），英法联军攻入北京，将圆明园内所有能移动的东西抢掠一空，搬不动的东西则付之一炬。

这里面不但有皇家珍藏的《永乐大典》和《四库全书》，还有无数满清收缴的文献孤本及历朝历代的珍贵文物。

第十六次厄运是“日本侵略”。

作为夷族之后的日本人，恐怕是最了解、最羡慕夏华文明的。

在明朝之前，日本对中国的态度是毕恭毕敬、诚惶诚恐的。便是在明朝偶尔有点调皮，也是仗着自己身处汪洋大海之中，夏华的铁骑奈何不了日本本土。但他们只要一上岸，最后都让帝国的军队赶了回去。

黄帝4565年（1868年），日本学习西方工业技术，成为亚洲第一个走上工业化道路的国家，并因此进行政治改革，建立君主立宪政体。

面对着大辫子的满清王爷和还拿着大刀长矛的帝国军队，日本人开始有了野心。

黄帝4593年（1896年），中国十三名举人到日本留学，令日本人欣喜若狂并自信心倍增：老师来向学生讨教啦！

日本的如意算盘是：“如果将在日本受感化的中国新人才散布于古老帝国，是为今后树立日本势力于东亚大陆的最佳策略。其习武备者，日后不仅将效仿日本兵制，军用器材必仰赖日本，清朝之军事将成日本化；又因培养理科学生之结果，定将对日本发生密切关系，此系扩张日本工商业于中国的阶梯；至于专研政法等学生，定以日本为楷模，为中国将来改革的准则。果真如此，不仅中国官民信赖日本之情感将增加二十倍，且可无限量的扩张势力于中央帝国大陆。”

然而，从日本留学回来的文化人却很难进入满清的决策阶层。因为在黄帝4603年（1906年）满清对留学生考试之时，虽然日本的留学生比例占到了百分之八十，但考中录用的竟然全部是留学美国的学生。

日本人伤自尊哩：好吃好喝供着你们，好心给你们传授二手知识，居然一个都不用？

既然官方的路子渗透不了，那我们就来扶持民间的。

于是，孙中山在黄帝4593年（1896年）到了日本，接待他的居然是日本的“黑龙会”（后为日本军国主义组织）。

此后，孙中山和陈其美又与日本签订了《中日盟约》，这就使当时明白夏华同源的中国人发出哀叹之惜：然借异虐同之举，引狼拒虎之谋，前为天良所不容，后为智计所不许。

但是，孙中山虽然签订了“借异虐同”的条约，可他举着的却是“中国华族”的大旗。所以他虽然有出卖夏族之嫌，却有着复兴华族之“功”。

之后，陈独秀、王国维、廖仲恺、陈寅恪、鲁迅、秋瑾、汪精卫、蒋介石、李大钊、郁达夫、郭沫若、周恩来、张闻天等曾去日本留学。

国共两党豪华阵容中的精英，由此可窥一斑。

借夷毁夏，由此又可窥豹一斑。

当这些精英们将满清搞得昏天黑地时，日本见识了“秀才造反”的弱势，觉得已到了“天将降大任于斯人也”的统治时机，便推出了蓄谋已久的“大东亚共荣圈”计划。

不能说这个计划不好，也不能说日本在这个计划上没尽心尽力。

按他们的说法，大东亚共荣圈的宗旨是“解放殖民地、相互尊重彼此独立”，目的是建立“共存共荣的新秩序”。

从黄帝4591年（1894年）起，日本开始向外进行战争扩张。

清日的甲午战争（1894—1895年）以满清失败告终，清朝被迫与日本签订了《马关条约》，割让了辽东半岛（后因西方干涉而未能得逞）、台湾岛及其附属各岛屿、澎湖列岛给日本，赔偿日本2亿两白银，并增开沙市、重庆、苏州、杭州为商埠，允许日本在中国的通商口岸投资办厂。

第一次世界大战（1917—1918）中，日本跻身于西方诸国围困俄国的阵营中。战利品是：英法美三国同意将德国在中国山东的特权转让给日本，从而引发了中国的五四运动。

此后，日本在中国发动了满洲事变（1931年）和上海事变（1931—1932年）。

第二次世界大战（1937—1945年）爆发后，日本成为亚洲战场的主角，同时出兵中国、东南亚和太平洋。起初进攻势如破竹，在各地取得重大的成果，先后将越南、朝鲜、菲律宾、印度尼西亚、巴布亚新几内亚、马来西亚、泰国、缅甸、老挝、柬埔寨、文莱、印度等国的殖民者赶了出去，在被胜利冲昏了头脑之下，早将“共荣”的这个事儿忘了个一干二净。

没错，共同统治你们是真的，日本独自繁荣是大大的。

在此期间，日本不但在掠夺着中国的财富，同时也在掠夺着中国的文明。

他们在侵略中国期间，大约共抢走书籍 88 万册（其中古籍 42 万册，多为善本珍籍，有宋版书 400 余种，有《清朝历代皇帝实录》3000 多册，以及 10 套完整的《古今图书集成》等）。

第十七次厄运是“文革绝根”。

黄帝 4663 年（1966 年 8 月 12 日），中共八届十一中全会通过了《关于无产阶级文化大革命的决定》。

这场以国家名义自毁夏华文明的运动，其破坏之威力，堪比前十六次书厄的总和。

我们现在看到的诸子百家的著作，基本上就是汉代以后学者们的再度创作甚至是伪作。有本事的说不定能分辨出哪一句是真，哪一句是假；没本事的就不必在这件事情上费那个水磨功夫，只需把说得对的道理记住就行了。

最后的贵族——燕国

燕国能入“七雄”之列，是沾了正宗华族血脉的光。

他们的开国君主是周文王之子姬奭。

可以说是周朝有多悠久，燕国就有多古老。

周武王灭商焚纣之时，周公姬旦手持大钺，姬奭手持小钺，左右拥护着二哥周武王举行了祭社大礼，由此可见姬奭在华族中具有多么重要的地位。

这个侯国在黄帝1651年（前1046年）封建，地盘在蓟地（今北京、天津一带），资格老得都长出绿毛来了。

姬奭赐封燕国之后，由于周朝百废待兴，周武王便把他留在了都城镐京（今陕西长安）任职，继续辅佐王室。并将京畿之地召（今陕西岐山西南）封给他。因此姬奭称召伯、召公或召公奭。

至于燕国，则由他的长子姬克管理。

黄帝1652年（前1045年），屁股还没坐热的周武王姬发便去世了，其子姬诵继位，是为周成王。

这个周成王是周武王的儿子不假，但同时他也是姜子牙的亲外孙。

面对这么一个年龄尚幼、血统混杂的小天子，如果没有人照看，说不准在一夜之间，这天下就变成姓姜的了。

于是，周公姬旦代理朝政，当国摄政；召公姬奭担任三公之一的太保，死死地守护着华族好不容易打下的江山。

这哥俩很团结、很有德行，也很有真本事。

他们俩齐心协力，共同制定了周朝的宗法与礼乐等制度，把天下治理得四十多年都不曾使用刑罚。

仅凭这一点，后世所有自诩“鞠躬尽瘁”的名相们都应该羞愧地辞职离岗。

这个双首长共治告诉人们：权力只有被对方制衡，才能释放出巨大的善力。

寡头政治，只能出现绝对权力滋生绝对腐败的结果。

一个人说了算，大家除了祈祷他不生病、不犯浑并且连如厕、做爱等场合都保持着良好的德行外，还真是没有别的好办法。

老子厉害了，儿子一般都很窝囊。

召公姬奭虽然有傲视古今的“成康之治”功绩，但他的子孙们却把燕国治理得并不怎么样。当时的蓟地（今北京市）可不是什么政治文化中心，鱼养不成个鱼，地种不了个地，根本就不是个人住的地方。

从燕侯姬克到燕王姬喜，有据可查的燕国国君大约有四十三位，共立国823年。

这中间不但有数世不明，而且到了燕王姬哙的时代，还被田氏齐国灭了（黄帝2383年，前314年），直到三年后才复国。

由此可见，召公奭的子孙们真的混得不咋行。

最让人惊讶的是，燕国自立国以后，不但与中原各国来往甚少，甚至对自己先祖制定的周礼也不屑一顾，基本上奉行的是夏族商朝的制度。

黄帝2019年（前678年），山戎诸族瞄上了这块还算肥的老肉，要不是姐夫哥齐桓公姜小白及时出手相救，燕庄公怕是早被山戎们煮着吃了。

黄帝2158年（前539年），燕惠公姬款眼见着叔伯兄弟的“诸大夫”们不但不干事儿，而且对干事的官吏们竖挑鼻子横挑眼，便欲重用以姬宋为代表的下层官吏，来一次政治改革，想让自己的哥哥弟弟们彻底坐凉炕。

这事看上去并不坏，但是遭到了宗族亲戚的强烈反对，族窝里顿时炸了锅，他只好逃往齐国避难。

黄帝2374年（前323年），弱小的燕易王听信了公孙衍忽悠的“五国相王”的称王活动，遭到了齐、楚、秦三国的反对，两年后便活活地怕死了。

他的儿子燕王姬哙在即位后的第三年（黄帝2379年，前318年），做出了一个惊世骇俗、背叛周礼的举动：仿效上古贤圣，将燕国君位“禅让”给燕相子之（苏秦的亲家）。

这事儿要搁在尧舜时代，是再正常不过的一件事儿。

这不但无损于自个儿的形象，而且会获得大家的赞誉。然而在崇尚根正苗红的此时，此举却引起了儿子姬平等贵族的不服，在黄帝2383年（前314年）时起兵攻击子之，最后姬平失败，死于乱军之中。

这场内乱，造成了人心的涣散和国力的严重削弱。田氏齐国趁机伐燕，将军匡章在出兵的五十天内，占领了燕都，杀了燕王哙和子之，燕国几乎被灭。同时，中山国也趁机出兵攻占了燕国西部领土。在燕国军民的拼命抵抗和赵、韩、秦、楚等国的压力下，齐田氏国才不得不退兵。

赵国则拥立在韩为人质的公子姬职，并出兵护送他至燕国，当上了燕昭王。

这样的ㄏ包们，怎么也能位列七雄呢？

两个原因。

一个是因为年代足够长，年代将近八个世纪，便是棵树也成了精；

另一个是因为人才足够多，看看下列名单就会明白。

武将有秦开、乐毅、骑劫；谋臣有剧辛、将渠、鞠武；侠客有田光；刺客有荆轲、秦舞阳；嘴客有苏秦；音乐家有高渐离……

再加上后来的鲜卑诸燕，那可是当时的好莱坞呀。

秦开早年在东胡做人质，并且很受东胡的信任。

燕昭王姬职即位后，秦开逃回燕国，后于黄帝2397年（前300年）大破东胡，迫使东胡北退千余里。他还曾渡过辽水进攻箕子朝鲜，直达满番汗（今朝鲜大同江），并修建成西起造阳（今河北张家口）、东到襄平（今辽宁辽阳）的长达两千多公里的燕国北长城，使燕国在幅员上一跃超过赵、齐、韩三国，仅次于秦、楚两国，在列国中位居第三。

乐毅则很猛，也很能打。

他在黄帝2413年（前284年），统帅五国联军攻打齐国，在道家的阴阳学鼻祖邹衍力挺之下，连夺七十余城，创造了中国古代战争史上以弱胜强的著名战例，报了强齐伐燕之仇。

这个人虽为燕将，却是个鬼方裔的魏国人。

骑劫则是一个反面教材，因“败家子”的形象和“火牛阵”的溃败而出名。

这个败家的玩意儿出手很阔绰，不但在极短暂的时间内丢掉了乐毅攻打下的七十余城，还在尾巴着火的狂牛蹄子下丧了命，陪葬品也很壮观——那便是燕国的上万名士兵。

瞎名好名不说了，总之是个名人。

剧辛原本是赵国人，曾在赵武灵王手下当过差。

由于赵国重武轻文，文化人的日子实在过得不怎么样，动不动就要遭受丘八们的叱辱。在燕昭王下诏求贤之时，他投靠了燕国。

面对这些大老粗们，剧辛终于有了发挥的场子。

燕国的贵族们发现，剧辛这些文化人不但溜须拍马极其文艺与舒服，并且横征暴敛的手段也很是隐蔽与堂皇。在他的操作下，燕国的军费很快充足了起来，足以让秦开放开手脚远征朝鲜，乐毅连夺齐国七十余城。

剧辛之所以让后世记住他，并不是因为他不自量力地在七十多岁时挂帅攻击祖地赵国而遭到俘杀，而是他为文化人开了一个不安本分的坏头儿。

自他开始，众多的文化人但凡觉得自己比一般人多认识几个字儿，就有一种上知天文、下晓地理的优越感；如果再能写一两首打油诗和一两篇墓志铭，不要说是治国安邦，排兵布阵，便是给他一艘宇宙飞船，这些仁兄们也敢上去遛个弯儿。

底气何来——咱识文断字呵！

将渠的名垂青史则是因为他代表着老牌燕国贵族的君子风度。

黄帝2435年（前262年），秦将白起在长平击败赵军并活埋四十余万人，天下为之震惊。黄帝2446年（前251年），燕王姬喜派燕相栗腹出使赵国，向赵孝成王赠送五百金以示慰唁。

十一年后的慰问，是不是显得很暧昧？

栗腹回来后说：赵国壮年之人尽灭，只剩孤儿寡母。

燕王姬喜唏嘘道：可怜呵。

栗腹只重复地说：只剩些孤儿寡母了……

燕王姬喜问道：你的意思是？

栗腹并未正面回答，只是说道：那可是咱华族姬家的地盘呵，就要成为蚩尤遗种秦人的跑马场了……

燕王姬喜便让人把昌国君乐间（乐毅之子）叫来说：栗腹的意思是攻打赵国的时候了，你觉得怎么样？

乐间道：赵国叛晋，以武立国。我们是打不过这帮子亡命之徒的。

燕王姬喜说：田氏齐国够强大，你老爸不照样揍得他们弃城溃甲？

乐间道：田氏齐国系夏族一脉，对阵之时尚讲王者之道。胜则胜得光明，败也败得敞亮。赵人出身低贱，未有皇室之仪。全民以尚武为荣，从小效胡人残性，两军相战，各种卑鄙手段尽出。燕为华室正宗，怎敌这豺狼之师？

燕王姬喜问：赵国既然这样可怕，怎会被秦国坑杀四十万将士？

乐间道：赵人为狼，秦人似虎。虎狼相争，焉能保全？

燕王姬喜又问：赵国元气大伤，燕用五倍的兵力攻打，赵国岂能不败？

乐间回道：瘦死的骆驼比马大，咱们打不过他们。

燕王姬喜大怒，转而向文官们征求意见。

文化人们一见立功发财的机会来了，都认为可以攻打赵国。

反正打仗对他们尽是好处：一是文化人用不着冲在最前头，仗打胜了是他们的策略正确，打败了则是武将们的责任；二是开打之时，文化人干的都是肥差，只要把粮草兵器供给前线，纪检委都不敢管你是否大发横财。

于是，燕王姬喜调动军队，准备了两千辆兵车，命令栗腹率领一部分军队攻打赵国的鄗邑，卿秦率领一部分军队攻打赵国的代邑。

出兵之时，刚旅游回来的将渠拉住哥哥燕王姬喜的战马说道：赵虽为异族，出身低贱，然实为华夏女修后裔，同种同宗。我们刚慰问完赵国就趁他们虚弱之时攻击，这与蛮夷何异？要奸使诈，必将让天下耻笑我周室华族。

燕王姬喜道：世事早变了，咱守着祖宗的规矩，吃亏的是你我这样的君子呵。

将渠说：你我同为黄帝正脉，笃守祖规方是正道。若为眼前不仁的利益而损宗诫，世间要我等君子何用？

燕王姬喜道：如今君子行径已然无用，徒成天下笑柄。

将渠说：宋襄公称霸诸侯，岂靠武力？华夏族统领天下，全凭正气！

燕王姬喜一脚将他踢开，道：夸夸其谈，懂得什么？

结果，栗腹被杀，卿秦被俘。燕王姬喜欲割地求和，赵国回答：除非君子将渠出面，否则赵国很难相信燕人的诚意。

无奈之下，燕王姬喜拜将渠为相，赴赵议和，方使燕国得以延续。

将渠手无缚鸡之力，仅凭君子应有的操守便令赵人折服，由此可见正人君子的感召力！

此处再强调几句：君子者，国君之子专谓；君子的处世标准为：自强不息，厚德载物；君子的终生追求为：仁义礼信。

平民出身的孔丘一生中很是羡慕君子，他始终认为君子的言行是天下人都应该效仿的楷模，并发出了“君子喻于义，小人喻于利”的感慨。

此后的儒家弟子们，眼见着战国时将君子灭了根儿，便将这个很耀眼、很神圣的称谓据为儒家私有，他们互称为“君子”，并且还给君子的行为重新定了一下位：“是故，君子无所不用其极。”（《大学》中的这句话，怎么理解都不是一句人话。“无所”是咋回事——就是不论好事坏事，都可以做到极致。）

至于君子的“三费三乐”（曾参）、“四不”（孟轲）、“九思”（孔丘）等行为规范要求，则是儒家弟子们照着自己洗洗之后的干净形象勾勒出来的素描，根本当不得真。

是儒家敬仰的君子形象不好吗？

非也！

原因便是儒家们说的是一套，干的则是另一套。

但凡看点历史的大哥大姐们都会发现，背叛自己故土、家国的贼孙，文化人占的比例那可不是一般的多。偶尔出现一两个有气节的读书人（如文天祥等一巴掌数得过来的人物），看把儒家弟子们兴奋的！

鞠武的出现，则是伪君子们集中表演的前戏。

他的真实身份是燕易王长子姬升之后。

由于姬升是“小三”所生，从他开始，这一小宗的哥儿们便很不得志，干脆改姓为“鞠”，另立门户。

到了鞠武之时，因为有文化的他当了太子姬丹的老师，鞠家才翻了一个小身。

太子姬丹从小到秦国当人质，受的鸟罪和邪气能写一本长篇小说。

黄帝2465年（前232年），已逃回燕国五年的太子姬丹收留了背叛秦国的秦将樊於期，并为他建造了一所豪华公馆，人称樊馆。

鞠武眼红了：俺把粉笔末当金枪粉吃，也没混上一套廉租房住，这个叛国的丘八倒住上别墅啦！

于是，鞠武的折子戏“逐樊”开演。

面对太子姬丹，他先是忧虑：秦对燕窥伺已久，燕若不是华族姬姓正宗，恐怕早成秦人的养殖基地了。

再是担心：秦将樊於期躲逃在燕，就好比饿虎最喜欢的小鲜肉吊挂在咱的门厅，这不是招虎惦记吗？

然后策划：咱们把樊将军送到夏族匈奴那里，既保证他的安全，又可向夏裔示善。天下已经大乱，他们夏族也不能眼见着蚩尤后裔吞并祖业不管。

太子姬丹沉思半晌，摇头道：此事不妥。若求夏裔匈奴庇护，华族颜面何存？

鞠武话锋一转，又出一计：那咱们只好西约三晋，南连齐楚，北联单于，然后才能抵抗强秦，收留樊於期。

太子姬丹抬头看看他，道：这个工程有点大呵。

鞠武等的就是这个怕麻烦的态度，于是马上露出了文化人落井下石的本色：大丈夫在危险时盼求平安，在灾祸中祈祷福利。如果因为没有算计利害，为一人之道义，得罪天下最强国，但凡有点文化的人能干这事吗？

太子姬丹一头雾水，问道：太傅经常教导，君子当扶危救困，施行仁义。樊将军穷困之下，投靠燕国，我怎能忘记君子的准则，而因为惧怕秦国便将他逐出燕地呢？

鞠武难得地脸红了一下，怔了半天，道：君子有所为，有所不为。太平之时，表现点仁义尚无不可；存亡之际，资怨而助祸，无异于用鸿毛扑灭炉炭之火，必无益于事。

最后，他终于撕下老师的面皮，叹道：君子的仁义，也要看情况呵。

自此，一直在背后遮遮掩掩的伪君子们闪亮登场！

鞠武教育太子姬丹的结果是：作为华族正宗的燕国，全境自上而下，为了利益，竟然能“宾客相过，以妇侍宿”，真是丢尽了华族的颜面。

至于侠者田光，刺客荆轲、秦舞阳，音乐家高渐离，则是一群黑社会。

“风萧萧”的荆轲面对拔不出剑的秦始皇，连根毛儿都没剁着；“易水寒”的秦舞阳则被吓得尿了一裤子。

田光和高渐离倒是有一点男人的悍性，前者因太子丹的猜疑坦然自尽，后者则在双眼被刺瞎后也敢进行自杀式袭击。

这些故事好看是好看，儒家甚至为这些黑社会们写了一篇《刺客列传》。

表面上是赞美与欣赏，暗地里则是怂恿与鄙夷。

东周嘴客苏秦则凭借燕文侯得志，施展了他的“合纵抗秦”之策，当了人类史上第一任联合国“从约长”。这个职位可比现在联合国秘书长的含金量高出许多——他居然身兼除秦之外的六国相印，成为有史以来权力最大的文化人。

并且这种权力是空前绝后的！

按理说这种成就足以让文化人们大书特书，倍感荣耀，但苏秦偏偏遭到了古今同类们的一片咒骂，便是连他的著作《苏子》三十一篇也未传一字于后世。

苏秦遭骂的主要原因有两个：一、事情可以无所不做，但不可明着说；二、一介寒丁，仅凭三寸之舌，便手握如此重权，爬到如此高度，让后世的文化人怎么超越？

看着苏秦的奋斗发迹史，但凡还要食人间烟火的文化人，怎么敢把他认作同志？

苏秦直接揭开了文化人的遮羞布，明白地向世人宣布：忠信是哄人的，只是为了自己的名声；不择手段地为国君进取获利，才是文化人生存的价值（“忠信者，所以自为也；进取者，所以为人也”）！

大家必须知道：有钱有权了，亲爹娘都尊敬你；无官无势了，连堂妹子都看不起你，更何况其他人（“富贵则亲戚畏惧之，贫贱则轻易之，况众人乎”）？

……够了，只这两句话，天下的文化人便要和他保持距离。

尽管很多人比苏秦做得还出格，更恶劣，但他们集体反对这样说。

文化人的一贯宗旨是：事情做得很隐秘，话语说得要堂皇。

黄帝 2475 年（前 222 年），荆轲刺秦以闹剧收场后，不懂得幽默的秦嬴政暴怒之下，也顾不得保留这面华族的破旗帜，不惜被天下华族人咒骂，将燕国从中国的版图上抹掉。

可是，你派刺客也要派个像点样子的来吧。

就这样一个让盖聂的眼神吓退、鲁勾践喊了一声就逃的货色，这也太看不起伙计了。

庶民的辉煌——赵国

赵、韩、魏三国瓜分晋国封土列侯（黄帝2294年，前403年），标志着周朝由春秋进入了战国时代，同时也喻示着中国进入了道德沦丧与灭绝旧贵族君子的时代。

赵国的先祖是那个不得不让位于夏后启的伯益，伯益源自女修一系，和秦国是一个宗脉，大约都是蚩尤东夷族的后裔。

伯益的“让位”，其实是掌握了话语权的秦人的粉饰，不外乎是想要提高秦朝先人们的品位。实际的情况是，大禹逝后，伯益与夏后启又进行了一场继黄帝、蚩尤后的第二次大规模的“夏夷之战”。

这场战争的后果是：一、近千年建立起来的巨大都城（如尧王城等诸多古城）毁于一旦，荡然无存；二、导致东夷集团人种锐减，一直与“龙文化”相辉映的“凤文化”遭到了毁灭性打击。

这里要说说中国龙凤文化的来历。“龙”的来历大家都清楚是黄帝他老人家的创作，“凤”的来历则显得一塌糊涂。

一种说法是凤文化源自母系时代的女娲们；一种说法是源自特别崇拜鸟兽的

东夷们……众多的说法都有点根据，还真不能判定谁对谁错。但根据现存的史料和种种民间传说来推测，发扬并光大凤文化的，似乎应该是未婚先孕的单亲妈妈女修。

女修很强悍。

强悍的原因一：作为颛顼帝的娇女，她不但敢和蚩尤的后裔（据说是一个叫业父的男人，因女修的私生子叫大业而得名，一看便有点胡扯的感觉）偷情，并且光明正大地生下了儿子自成一系。

强悍的原因二：颛顼将帝位传于华族的干儿子帝喾后，女修便成了唯一一个与帝喾分庭抗礼并指手画脚的帝室女性后裔。

为了证明她的存在，从帝喾时代始，中央帝国的图腾龙的旁边便出现了凤的形象。

强悍的原因三：从帝喾之后，她的后裔们一直在夏、华两族的帝国中执掌重权。

女修强悍，其后裔更强悍！

她的儿子大业在帝尧、帝舜时代掌管天下刑法，并针对“蛮夷滑夏”的状况，很是为姑表亲的夏族出了一份大力。

大禹时期，皋陶、伯益父子更是权倾天下，逼得大禹两次让位。若不是石头夏后启，帝国的权杖便会落到女修后裔的手里。

夏朝末期，费昌投靠成汤，当了专业的司机（御者），合伙推翻了夏后桀，奠定了本族专业车手的牢固地位；他的儿子中衍娶了商帝室之女，成为西戎的守土官。

后商之时，蜚廉、恶来父子一个是帝室总管，一个是禁军首领，那可都是左右帝王思想的人物。

周朝时代，造父因专业技能出众，又得到了周穆王姬满的赏识，当了周朝司机们的总把子，并得赵姓，重归贵族行列，成为赵国认定的始祖。

周孝王姬辟方执政时，善于饲养牲畜的非子进入了王室的视线。因养军马有功，受赐姓嬴，秦地作为封邑，号称秦嬴，成了秦国认定的始祖。

到了战国末期，女修的后裔秦皇嬴政几乎将除了夏裔匈奴外，夏、华、祝融等姑表亲的贵族们斩杀殆尽，他对同族赵国的手段更加残酷，基本上采取的就是坑杀灭族的政策。

知道了赵国的宗脉，再来看看赵国的历程。

黄帝2294年（前403年），晋国重臣赵盾的七世孙赵籍被周威烈王姬午封为赵烈侯，赵国始立。其实早在五十年前（黄帝2244年，前453年），赵襄子便与韩、魏两家新兴权贵共同击杀晋国的正牌大夫智伯，并迫使晋出公姬凿外逃病亡，事实上已经瓜分了晋国，只是没有得到周王室的认可。

黄帝2293年（前404年），赵、韩、魏三家联手打败齐国，并以晋烈公姬止的名义，把一群缺胳膊少腿的战俘送到了周威烈王姬午的面前。

周威烈王姬午一看：这哪里是战俘，分明是我以后的样板呵！于是“九鼎震”，赶紧选了一个黄道吉日，在次年分别给了这三家新贵一个诸侯的名分。

晋烈公姬止叫屈了：天哪，就算我没本事，您也不能把咱姬姓华族的地盘封分给蛮夷异种。

周威烈王姬午垂首黯然道：我倒是想把炎裔的齐国、夷种的秦国分封给他们，你觉得那两个货情愿吗？

周室封建赵、韩、魏三国，意味着黄帝的后裔们让渡了两千多年的统治权力，司马光痛心疾首地认为：“天子之职莫大于礼，礼莫大于分，分莫大于名。……夫三晋虽强，苟不顾天下之诛而犯义侵礼，则不请于天子而自立矣。不请于天子而自立，则为悖逆之臣。天下苟有桓、文之君，必奉礼义而征之。今请于天子而天子许之，是受天子之命而为诸侯也，谁得而讨之？”

这段话译成白话文大意是：天子的职责，就是维护轩辕黄帝留下来的传统。而这个传统的核心，就是维护华夏两族的正宗执政地位。赵、韩、魏虽然强悍，自会有华夏两族的英雄们去收拾他们。但是周天子竟然背祖弃宗，给他们封土赐侯，华夏两族的英雄们又有什么理由去讨伐他们这些外族？

司马光甚至确定：不是赵、韩、魏三国坏了规矩，而是周威烈王姬午坏了规矩！

既然周室无视规矩让渡了华夏两族两千多年的统治权力，赵国更不在乎什么道德礼仪的约束。

赵国分晋之后，很有个性，一立国便从服饰上与华、夏两族不同。

你们穿风衣，咱偏穿比基尼；你坐大牛车，俺就骑小战马（胡服骑射）。

这种尽显民族特色的行为，华族史官的脸皮再厚，也不好意思再往自己的族群里加塞儿，只能实事求是地向世人公布："赵氏之先，与秦共祖。至中衍，为帝大戊御。"

你们虽然不是华族，但你们是华族的打工仔，是俺们家族的专职司机——司机的位置再重要，那级别也只能等同于保姆。

且不论这里面有多少水分，但华族史官们预先就在此处给秦皇嬴政埋伏了一个"杀亲灭宗"的罪名（此为后世之"伏笔"始祖），让天下人都瞧着：俺们把夏族赶到塞外大漠，众人都说太不地道，看看这厮的残暴，对叔伯兄弟可是毫不留情地赶尽杀绝呀！

赵国人从赵盾开始，便将"军功"二字深深地刻在了脑海之中。

一切都是虚的，只有凭一刀一枪打拼来的东西才是真的。

赵盾之时，当时还不流行设伏耍诈、一哄而上的打法。

带头的将军如果没有一身过硬的本事，在一轮又一轮贵族式的单挑厮斗中，怕是早就成了一个传说。

有本事的人，大都对比自己弱的人很宽容。

贾季谋杀赵盾未遂逃往翟国，赵盾将贾季的家眷送出晋国让他们团圆；赵盾本想废掉年幼的公子夷皋，立年富力强的公子雍为晋君，但招架不住夷皋母亲穆嬴连番的号哭哀求，立了还在尿床的夷皋为晋灵公……

有本事的人，大都很珍惜自己的名声。

赵盾执政之后，向卫、郑两国归还了晋国所抢占的土地；晋灵公放狗咬他并埋伏甲士"欲杀"他，碍于君臣名分，赵盾只有选择躲避……

有本事的人，大都对比自己强的人下狠招。

赵盾在国内除掉政敌狐鞫居、贾季（后又擒杀先都、箕郑父、士縠、梁益耳、蒯得等），又将公子乐干脆利落地杀掉之后，亲率晋军攻击了与前来送公子雍回晋的秦国军队（黄帝2077年，前620年）。

败退后的秦康公嬴罃先是纳闷：不是你赵盾邀请我们护送公子雍回国继位的吗？继而愤怒：姬晋无信倒也罢了，秦与赵可是本家宗脉，你这样无义要诈，对得起女修老祖宗吗？

秦、赵本族兄弟仇怨就此种下。

亲兄弟一旦结了仇，那可比外人难解得多。

这个仇让赵氏宗族付出了近百万人性命的代价！

击败天下强敌秦国后，赵盾以家臣之身，凭军功获得大夫尊位；并第一个以大夫（冒牌的）的身份，主持召开诸侯大会（扈地结盟），被天下人称为“夏日之阳”。

夏天的太阳，那得多炙热！

到了他儿子赵朔的时代，这些没什么硬头货的二代们便开始用设伏埋坑来弥补自个儿的不足。

晋、楚的“邲之战”，晋军竟然设了七道埋伏，虽然由于主帅荀林父的不认同和士兵们的不理解而最终失败，但中国的战争从此由“贵族单挑模式”转入极为残酷的“全员拼杀状态”。本来是到战场当个环卫工人和搬运员、服务员的小兵们，在黄帝2100年（前597年）的六月十四日，被因军功而成为新贵族的将领们逼迫着加入了对他们大多数人毫无利害关系的战争。

中国人现在观看西方有关古代战争的电影时，看着他们的将领们单挑厮拼、士兵们整体推进时，心里都会冒出一个念头：这纯是一群傻帽儿呵。

再看到近代热兵器初期那些成批挨铅弹倒下的士兵们还在按队形前进的场面，更是由不得想叫一声：都是一些神经病嘛！

说实话，在战争礼仪方面，西方的兄弟们在没学习《孙子兵法》之前，确实要比我们这些占据祖地的中国人继承得好，并且也继承得久。

赵朔充分发挥了“富贵二代”的负面因素，让晋国的大夫屠岸贾看到了赵家的虚弱。为了晋室宗脉的强大，屠岸贾联合晋国的公族把赵盾的子孙们杀了个干净。但由于公孙杵臼和程婴的拼死相救，赵朔的遗腹子赵武还是活了下来，成为历史上最有名的“孤儿”。

赵家灭光后，屠岸贾便一人独大。

黄帝2115年（前582年），晋景公姬獳生病占卜，结果是：“大业之后不遂者为祟。”

赵朔的铁哥儿们韩厥便趁机说道：大业的后代便是咱晋国的赵族。

但是，仅凭“女修后代”这个老招牌就想让赵家复兴，除非晋景公姬獳的脑子短路，否则根本行不通。

韩厥此时恐怕是说了一个最让晋景公姬獳担心的问题：打工的（卿族）还可控制，自家的兄弟（公族）坐大了想篡个位，那可是名正言顺呵。

晋景公姬獳和所有的国君一样，最头疼的便是这个问题。

打工的出出力是本分，干得好给个奖励，干不好罚点款甚至杀个头也没几个人在意；民工们在盖好大楼拿了工资后还打算在房子里住下，便是主家愿意，亲朋好友们也不会答应。

但是，自家的兄弟们可就另当别论了。

不管他出没出钱，只要他抢着住下了并且你还没理由把他赶出去，两旁世人还真不好说什么；因为中国人的祖训是：爹娘养儿，个个有份。

晋景公姬獳的儿子晋厉公姬寿曼于是隆重为赵家平反，并鼓动打工仔们合伙灭了自己的宗亲屠岸贾。

自此之后，帝王们对背叛自己的臣下还会有选择地宽恕，但面对自家兄弟的叫板，那可是毫不留情地下手断根儿——谁说情都不行！

屠岸贾的反派形象由此定格。

但也有人为他叫屈。《左传》便认为赵氏之灭，其实是内讧。因为赵朔的正妻庄姬（晋成公的姐姐）与叔叔赵婴玩上了老少恋，之后赵婴便被赵同、赵括暗中驱赶到了齐国。庄姬一看到老相好被小叔子们使了坏，便不管不顾地向小侄儿晋景公姬獳告状：赵家私自放逐忠臣良将，要背叛咱们晋室。晋景公姬獳见姑姑大义灭亲，哪顾得上仔细想想这是姑姑为了泄私愤，便下令屠岸贾杀了赵氏一族。

如果《左传》说的是真的，那么著名的“赵氏孤儿”赵武的亲爹便有些迷茫。他若是赵朔的遗腹子也就罢了，如果是赵婴的种子，那不乱了套啦？

赵襄子（赵毋恤）成为赵氏宗主之时，整族的风气发生了根本性的变化。

他的亲娘是翟人，并且还是赵鞅的小妾，按理说根本轮不上他给赵家的人分发冷猪肉。但当时“仁义”二字已成笑柄，这些新兴大族的人们只看重哪一个带头人能给他们最大的利益。

至于过程与手段……大伙儿只看结果嘛。

通过各种摆不上台面的手段，赵襄子在亲爹赵鞅死后，成为赵族指定的宗主。

他干的第一件事，便是把自己长得还算可以的姐姐嫁给了代国的国君。

代国的资历比周朝哪一个诸侯国都老，其先祖为诸夏一支，在商朝便已立国。这类老国因为地盘很小，人口极少，给谁也造不成什么麻烦，于是便很符合道家“没用的东西活得久”的定律，成了一块周室华族保护“残夏”的旧招牌。

姐夫与小舅子，是中国最为微妙的亲戚关系。

他们在要好时比兄弟们都亲密，大可一块儿泡妞把妹；在翻脸时比仇敌更凶狠，下手可没有一丝血缘的顾忌。

睡了人家的姐姐，总得要送点东西以表谢意。于是，代国的国君（史书居然连他的姓名都不屑留）给赵襄子送了一批战马。

作为小舅子也不能失礼，赵襄子便带着族内最好的厨师和私人戏班子，约好和姐夫在夏屋山（今山西代县东北）野炊。

酒酣耳热之际，赵襄子一使眼色，正搔首弄姿的演员们突然变成了狰狞的刽子手，干脆利落地把代国的随从们杀了个干干净净。更为过分的是，赵襄子居然亲自拿起大酒具将姐夫打了个脑浆迸溅（“代君至，酒酣，反斗而击之，一成，脑涂地。舞，尽杀其从者”）。

这门亲结的，好活了小头，丢掉了大头。

唯一让代国国君九泉下欣慰的是，赵襄子的姐姐居然因为此事自杀身亡。

我的亲弟弟呵，你为了夺取代国的地盘，把你老姐我当鸡使唤吗！

赵襄子的第一次亮相极为残忍，但此后的表演却极为窝囊。

黄帝2231年（前466年），他与智伯一同率兵包围郑国都城，智伯便让赵襄子充当敢死队员率先攻城。但是，不论智伯怎么花言巧语，威胁利诱，赵襄子心中有个老主意：这个工程我们老赵家坚决不干！

口干舌燥的智伯要起了正牌大夫的脾气，气呼呼地道：你人长得丑也就算了，你亲娘是小三也就罢了。说你懦弱吧，你把自己的亲姐夫打了一地的脑浆子；说你不胆怯吧，连个破城墙也不敢攻打。真他娘的搞不懂，赵简子为什么立你为赵家的宗主？

打人不打脸，骂人不揭短。

这话说得太过了。

一大帮子当兵的眼见着一场火并不可避免，都偷眼瞄着找一块安全的地方准备看现场直播，谁知接下来的场景让众人大跌眼镜。

赵襄子笑吟吟地说道：我爹让我执掌赵族，就是知道我能忍常人所不能忍。你今天就是把天上说下一个鸟儿来，嘴里再蹦出一坨屎来，也休想我赵氏宗族出兵！

话说到这份儿上，也算无解了。

回到晋国后，在一次六家权贵聚会时，喝醉了的智伯又想起了赵襄子不听话的事，便拿起酒罐子向他砸去，口中咒骂：你这个胆小的懦夫！

赵族的家臣们群情激愤，都要和智伯玩命。

赵襄子说：醉酒的话倘若忍不了，能成什么大事？

两次试探之后，智伯便认为赵襄子是一个㞞包，便把他从“政敌”的警戒圈子中踢了出去。

一个不要脸的男人，凭什么与我智伯为敌？

直到他逼着韩、魏两家献出土地后，他认为最不要脸的赵襄子竟然不是他想象中的乖宝宝那样把他指定的城邑交出来，反而对他冷冰冰地呛了一句：先祖打拼下来的土地，凭什么给你？

哈哈，吃草的小兔子什么时候学会龇牙了！

这土地的主家是谁你小子不清楚吗？

晋国的公族一致作证：土地证上写着哩，天下的土地都是黄帝和他老人家后裔的。你一个姑娘家生下的野种，凭什么给你！

智伯带领着晋国的军队，将赵襄子紧紧地围住。

基本的情况便是：智伯攻不进晋阳，赵襄子也绝不出晋阳城溜达。

哥几个就这样不知不觉地耗了三年。

向来瞧不起不按贵族行事方式的智伯，这时候终于耗不下去了。

他竟然采取了一个天下诸族诸国都视为大忌的方法：效共工之法，淹晋阳之城。

赵襄子无语了。

我这个抢地盘不要脸的，这是碰上一个不遵祖训的二杆子了。

你既然不守祖训敢这样糟蹋先祖留下来的地盘，那就不要怪姑舅们不按牌理出牌。

当晚，赵襄子派家臣张孟谈出城约谈了韩、魏两族当家的宗主：一、赵家一直把夏华两族当姑表亲戚看，谁知他们心里一直把我们当作奴婢使唤，我们都和老妈子的待遇差不多。你夷戎出身的韩氏和以鬼方为祖的魏族在他们的眼中是个什么样的地位，两位老大是不是该掂量掂量？二、咱们先人流血流汗打下的地盘儿，他们说要就要，看样子便是搭一个狗窝也得这帮子姓姬的批准；三、他们自诩是天下宗主正脉，从放水淹城这事儿来看，也不见得比共工氏高明；四、如果老赵家今天被灭了，不用烧乌龟壳子，下次轮到的一定会是你们韩、魏两族（“若赵氏亡，韩、魏亦不保”）；五、唇亡齿寒的故事你们难道忘了吗？

韩虎、魏驹一听，这都是大实话呀。于是他们三家结成铁杆同盟，共同杀了智伯，顺手灭了智族，分了晋国的土地，赤裸裸地向天下的老贵族们叫板。

赵襄子甚至把智伯的头割下来雕刻上漆，当成喝酒的器具，明明白白地质问世人：我是不是很窝囊？

谁规定天下的土地永远是姓黄的？

道德与礼仪是你们制定的，也是你们首先违反的，凭什么让我们异姓遵守？

国君、君子和大夫们，光凭嘴上的仁义，这天下你们守得住吗？

搞党史的学者们记住了，第一个反封建、反帝王的中国人叫赵襄子。

至于陈胜、黄巢、洪秀全、李自成等等，他们的人生摘录出来看也许还算是亮眼，但若是连在一起看，便觉得真不是很光彩。

赵籍（赵烈侯）立国之前，赵族遭到了华夏老牌贵族们前所未有的鄙视。

一个看家护院的，有什么资格和华夏两族平起平坐？

天下虽然已乱，但这都是我们自己兄弟们的家事，和你有什么相干？

是该教训一下这群不知天高地厚的匹夫了。

让赵籍哭笑不得的是，第一个跳出来教训他的居然是小得不能再小的中山国。

中山国是夹在燕、赵之间的一个小国。他们是残夏与戎狄混杂后形成的鲜虞族，也可算作诸夏的一支。

夏族的后裔，天性能打。

可是来痛扁赵人的中山国武公竟然叫姬窟。

赵籍糊涂了。

按宗脉这帮人属夏，但他们却打着姬华的旗号。

一开打赵籍便明白了，这纯粹是挂羊头卖狗肉呵。

瞧他们那砍人的利落手段，分明就是些纵横中国两千多年的夏裔。

大败后的赵籍只好去求助铁杆盟友魏斯（魏文侯）帮忙掐架。

但是，铁杆归铁杆，利益归利益，魏斯整天请赵籍泡吧把妹，喝醉后抱在一起大讲朋友情谊，就是不出兵。

火烧屁股的赵籍顾不得许多，碰了一杯酒拍了拍大腿说：我有三大块地一直空着哩，你派人去量盘一下，盖几百幢廉租楼保准挣大钱。

魏斯正色道：哥怎么能这样说呢？大家是朋友，谈钱伤感情。

他一边派人接收土地，一边和赵籍将中山国击退，并对着姬窟远远叫道：你原本属夏，奈何姓姬？要知道给别人当干儿子可是华族的传家宝呵。

一辈子爱好音乐的赵籍，临死的时候告诫弟弟赵武侯：咱们赵族传位，可不能学华族立长立嫡的老套路。儿子是可爱，但还要看年龄和本事。小孩子手握天下重权，便再是苗红根儿正，也要招别人惦记。我这一生总结下来，有三个靠不住。

第一个靠不住的是老婆。说她不亲吧，整天和夫君厮守在一起；说她亲吧，可没有半点儿血脉的关系。

第二个靠不住的是朋友。朋友的天性是分赃与享乐，如果你遇着危难想靠朋友的义气拉你一把，他们不落井下石就算你烧了高香。

第三个靠不住的是华夏两族。虽然咱们是一个老祖宗，可他们除了有事情需要咱们出力外，打心眼里就瞧不起咱们。

靠得住的只有两个：一个是一母同胞的亲兄弟，一个是手中可调用的权力！

赵人立国之策，大约从此奠定。

赵雍（武灵王）继位后，赵国的个性便越发的明显。

在他十五岁时，老爹赵肃侯突然离世，他连一滴伤心的眼泪都顾不上流，便要迎接史上最庞大的吊唁团队。

黄帝2371年（前326年），魏、楚、秦、燕、齐各派近万人前来参加赵肃侯的葬礼。

这个场面够雄壮也够庞大，大伙儿都觉得赵肃侯生前真是积了大德了。

周室的葬礼也不见得有这般风光。

赵雍虽然幼小，但再小的狼也是头狼。

他已嗅到了死亡的腐臭。

老爹对赵国是积了大德，可这“德”是建立在诸国的痛苦之上。

这五万多人可不是来帮忙端盘子递碗的，分明就是一群趁火打劫抄摊子的。

这个本来应该上初二的小同学马上做出了惊人的应对：一、赵国全境戒备，随时准备拼命；二、重赂越王无疆，让越国在楚国边境陈兵示威，使楚国感到腹背受敌之危；拿了珠宝的楼烦人则对燕国与中山国的后方进行袭扰；三、请宋、韩两国出兵助阵，对韩国赵雍承诺：事后娶韩女为正姬，结为姻亲；对宋国则恭维：你们是天下仁义的楷模，能眼看着多国联军欺负我这个刚死了爹的孩子？

这样一来，楚、燕两国无奈退兵，剩下的魏、秦、齐三国谁也不想和惯使阴招的赵国人拼命，只好派了几个使者顺水推舟，拿着花圈猪头等吊唁之物在赵肃侯灵前磕了几个头，到邯郸喝了几杯酒回国了事。

这头小狼崽子，分明摆出一副同归于尽的架势呵！

本是家臣，何谈德义？

我是平民我怕谁！

赵雍的出手不凡，折服了赵国的臣民。

黄帝2388年（前309年），三十二岁的赵雍决心学习夏族尚武之势，以力立国。

第一个行动是建立骑兵军团。

这个举动马上遭到了国内新贵族们的反对。

周朝之前，有资格骑马打仗的都是诸夏亲支中有来历的贵族，谓之“战士”。

从周开始，因为华族崇文鄙武（其实是不会打），只好唆使门下有能力者去充当战士，但最低的身份也是家臣。

如果什么人都能当战士骑马打仗，这不但要招致天下诸国的讥笑，一旦再冒出几个狠角色来，必将取代现有新贵们的权位。

周朝的等级层次依序是：天子（共主），诸侯（国君），大夫（诸侯之子，家君），君子（国君、家君嫡子），士人（大夫嫡子），庶人（大夫诸子），小人（庶人之子）。

这样一看就会明白，新贵族们为何反对这样干。

大伙儿都是过来人，少揣着明白装糊涂。

第二个行动便是更改服装。

这事要搁在女性这个层面，甭管把衣裳变成什么款式和花色，必将会得到国内大部分女性的真心拥护；但如果放在穿惯了宽袍大袖开裆裤的男人们当中，无疑是在人群中洒了一桶硫酸。

反对派领袖安平君赵成登场：雍侄儿呵，自古以来，无规矩不成方圆。如今天下秩序行进已久，夏华天子为大，君公诸侯为尊；诸侯之子为大夫，大夫嫡长子为士族，其余为农、工、商等庶人、小人。士人乃大夫嫡亲，征战为士族荣耀，岂能容旁氏掺混其中？易古之道，逆人之心，此事要慎重而行。

赵雍笑道：伯父此言甚对，但若遵此规矩，将我原本庶人的赵族置于何地？

赵成一怔，想想也是。从赵盾起，若不是骑上战马疆场拼杀，整族人说不定还在哪个山角旮旯里靠天吃饭呢。

但既然提出了反对的意见，总不能让一两句话就打发了。

自己是赵雍的亲伯父，又是赵国的相国，若被轻易说服，岂不是很没面子？

他说道：骑战之士从古为夏族专享。自华族执掌九鼎，诸侯战士虽多，但大都出自望族亲支。便以我赵氏为例，中道虽衰，然先祖也是黄帝血脉。今若举国骑战，贵贱何分？

赵雍又笑道：周室华族向来视我等为异族，咱们为什么遵他的法，从他的俗？如果按照他们的规矩，赵族休想立国称王。如今周室迫于形势虽然封建赵国，但华族视我等外族皆为“便国”。既为便国，就不须守他们的古法。

赵成担忧道：自先祖黄帝立朝，凡事皆有规矩。我族虽以武力裂晋封国，若想国运长久，便须用礼法治国。若人人都有骑战之权力，便是人人都有称王之野心。

赵雍道：天下皆为女娲、伏羲血脉，中国九州尽属黄帝子孙。华族规矩礼仪虽美，怎敌夏族骑械之利？我今用两族之特长夺取九州尊圭，以正先祖凤阴之名！赵族以鸷鸟为崇，谁规定九州便为男宗所有？赵国全民皆士，若有本领者尽可夺华夏之土，封先祖故地。

话毕，赵雍命人召集文武百官在邯郸城楼前，亲挽弓箭将枕木射穿，厉声道：若有阻挡变法者，与此木同！

赵成回家后，觉得自己的胸膛远不及枕木坚硬，便连夜让裁缝赶制了几套“窄袖、交领、右衽”外加小羊皮毛的夏族传统服装以备第二天上班使用。

他穿起来后便叹了一口气：唉，这衣服穿起来倒是利落，但和华族的宽袍大袖比起来怎么看都像是一个门迎阿三呵。

胡服骑射推广后，赵国全境的底层壮年男子如同打了鸡血。

打仗不但比种地风光，收入也丰厚了许多。

更诱人的是，只要杀的人多，命活得够长，兴许还能弄一块属于自个儿的地盘——尽管这个概率和买彩票一样，只有百万分之一。

仅仅用了九年的时间，这支史上第一次有了统一制服的骑兵军队，便将把谁都不放在眼里的中山国连根拔掉（黄帝2401年，前296年），成为当时天下最凶悍的骑兵军团。

凭借着这个班底，赵雍将两位公子扶上了君王之位。

一个是燕国的公子姬职（燕昭王），另一个居然是秦国的公子嬴稷（秦昭襄王）。

按理说，这两个孩子应该对他感恩戴德，可结果却恰恰相反：他们都很鄙视扶自己上位的恩主。

因为赵雍的人品与诚信太差了。

黄帝2391年（前306年），楚怀王挟灭越之威，向韩、魏、秦、齐四国宣战。

交战双方都向置身事外的赵国露出了殷勤之色。

面对四国的求助，赵雍派仇液入韩、富丁入魏、赵爵入齐、楼缓入秦，以坚其抗楚之心。

面对楚人平分天下的诱惑，赵雍则密使王贲入楚，筹划南北夹击各国的战略。

总之一个意思：撺掇着各国开打，赵国趁乱吞弱坐大！

这个小九九马上被天下诸国看破，众人有了一个共同的看法：赵雍纯粹是一个毫无诚信的小人呵！

这种人品亘古未有，不要说他是一国之君，便是寻常的邻居，也没有人敢和这样阴一套、阳一套的人去打交道。

自此，各国除非万不得已，谁都不愿和赵国打交道。

一个长久不讲信义的人最可怕的报应是：子孙的背叛！

黄帝2398年（前299年），赵雍在很健康的情况下将王位传于十岁的次子赵何，自号“主父”。

这样的传位前所未有。

大家都明白，男人在自己短促的一生中，最看重两件事。一是自己喜欢的女人，为了女人，兄弟可以反目成仇，朋友可以不共戴天；另一件便是权力，为了权力，可以弑父杀母，残妻灭子！

在危机四伏中成长起来的赵雍怎么会轻易交出权力？

当我们知道了赵何还是个乳臭未干的小孩子，军队大权还在赵雍的手里，便会恍然大悟：在崇尚权力者的眼中，不造成威胁的儿子还是很可爱的。

这真的无关于对美女吴娃的深情承诺。

赵雍想创造一种华夏两族从未有过的军政分设的二元权力体制。

赵何虽然是个孩子，但他背后却站着一个大人——肥义。

这个人策划了赵国的“胡服骑射”及“信宫朝议”，当时辅佐一个毛还没长全的少年，那还不使出浑身的解数来实现自个儿的梦想？

经营了数年，打完仗坐下喘气的赵雍突然发现：军中虽然还是自己说了算，但行政方面自己可是一点儿也插不上手。

于是，可爱的儿子赵何一下子变得不那么可爱了。

失去权力与名位的男人，比失去紧肤水和塑身衣的女人更为痛苦和疯狂。

于是，不与自己分享权力的废公子赵章忽然变成猫宝宝了。

赵雍在军中下令：从今儿个起，公子赵章的仪仗用度与主父一样。

大伙儿一看，这分明是要废国君赵何的节奏呵。

赵何的热血“蹭”地一下窜到了脑门子上面：亲爱的父亲，您这样不仁，是逼着儿子不义呵！

他立即与老师肥义商议，核心议题只有一个：有没有废了父亲赵雍的本钱？

肥义道：一、要想废了别人，首先要保证自己不要被别人废了。从现在起，我的族人信期将率夏族勇士日夜守护王宫；二、派你的亲弟弟阳文君赵豹坐守邯郸，不许一兵一卒接近都城；三、在胡服骑射中受挫的赵成、李兑早对你父亲有不臣之心，可遣使他俩手持兵符到各地串联调拨本家势力，随时勤王。

赵何思索半晌，拍案道：就这么办！

大哥哥赵章也没有闲着，在父亲赵雍的撺掇之下，赵章与老师田不礼整天谋划，核心议题也只有一个：怎么杀了亲弟弟赵何？

但面对小弟弟赵何的严防死守，大哥哥赵章无从下手，急得赵雍只好出了个损招儿，好使自己的两个亲儿子赤膊火并：传话下去，明天我要在沙丘（在今河北广宗县）选看墓地，让我的儿子们都来。

这个理由，作为儿子拒绝不了。

赵何只好从铜墙铁壁般的王宫中走了出来。

黄帝2402年（前295年），史上第一场父子、兄弟相残的惨烈大剧在赵国上演。

黄昏时分，赵章派使者持赵雍令符召赵何到主父宫议事。

赵何当然不会去。

但不去又不行，于是只好让肥义前去。

去了主父宫肥义才发现，自己是过于乐观了。

来的路知道，回的道杳渺。

田不礼道：来人，杀了肥义，再传赵何。

再见到使者来传，赵何已知肥义性命不保。

按照台本设计，肥义一死，围杀程序全面启动。

信期二话不说，拔刀杀了使者，带兵围住主父宫。

老头赵成和壮年李兑随即率军赶到。

三人一碰面，便知大事已成，里面的人都已成为瓮中之鳖。

李兑道：这里面的人是杀是放，得有个红头文件明确一下。

赵成讥道：你的意思是让赵王向全天下公布，是他下令杀了自己的父亲和兄长？

信期道：赵王心意已明，这个恶名咱三人承担。

没用多少时间，赵章、田不礼及所属部下全被诛杀。

逼近赵雍的宫室时，李兑大喊一声：弑主之名，万不可担！

赵成道：手刃为弑，饿绝乃疏。

三个月后，十三岁的赵何望着绝粮断水的主父宫痛哭了一声：你们这些没良知的杀才，怎么能不给我的父亲送粮送水呵！

哭毕，全国举哀，厚葬主父，谥号赵武灵王。

赵武灵王，开创了一个毫无诚信的时代。

中国的君主自此效仿赵雍，一味崇尚权力，再无仁义而言。

这样的人之所以被儒家称道，只不过因为他是中国历史上唯一对夏族保持全胜战绩的君王——尽管他不属于华族，但赵国毕竟是华族的属国。

赵何让历史记住他，凭的是一句成语和三个人。

一句成语是“完璧归赵”，三个人分别是廉颇、蔺相如和庄子。

赵何十岁当政，十三岁诛杀父兄，虽然天性够狠，但心智远远跟不上政界尔虞我诈的节奏。

在他执政的三十三年中，基本上没干成一件拿得上台面的事。

黄帝2409年（前288年），二十岁的赵何摆脱了老头赵成的控制，凭着年轻的血性，在魏国姬遬（魏昭王）的利诱下，公开与秦国叫板。

次年，齐与燕、韩、魏、赵五国联兵攻秦，迫使嬴稷（秦昭襄王）废除帝号。

嬴稷暴怒了：外姓攻秦尚可理解，赵与秦可是血亲兄弟！三番五次地在背后捅刀子，这唱的是哪一出？于是，嬴稷趁赵、魏两国联合伐齐时，派人类终结者白起夺取了赵国的蔺（今山西省吕梁市离石区）、祁（今山西省祁县境内）两城，拉开了灭赵的帷幕。

从此时起，秦国君臣从内心中滋生恶念：别国君民还可留存，赵国的人，有一个杀一个！

这时，廉颇登上了赵国的政治舞台，硬生生架住了秦国的屠刀，使赵国又有了长平之战前二十五年的风光。

庄子与赵何的相遇源于史上最著名的“论剑”。

庄子说他有三剑，分别为天子剑、诸侯剑和庶人剑。

赵何问他：此三剑有何区别？

庄子说：天子之剑，把燕溪、石城当作剑端，把齐国的泰山当作剑刃，把晋国和卫地当作剑背，把周地、宋国当作剑环，把韩国、魏国当作剑把，用四夷包着，用四时裹着，用渤海缠着，用恒山作带，用五行制衡，用生杀论断，用阴阳开变，用春夏扶持，用秋冬运行。此剑向上可以决断浮云，向下可断绝地基。一旦使用，就可匡正诸侯，使天下顺服。

诸侯之剑，以知勇之士作剑端，以清廉之士为剑刃，以贤良之士当剑背，以忠圣之士系剑环，以豪杰之士作剑把。在上效法圆天，以顺应日月星三光；在下效法方地，以顺应四季节气；在中间和顺民意，来安顿四方。这种剑一旦用起来，犹如雷霆震撼，四境之内，没有不听从国君命令的。

庶人之剑，蓬头突鬓，着戴冠缨，虽十步杀一人，千里不留行，上断人头，下决肝肺，但跟斗鸡又有什么不同？

这个故事虽然有道家抬高庄子之嫌，但从中可以看出，作为一国之君以豢养剑士遣日取乐，他得有多么的无聊。

蔺相如的出现，基本上是拿赵何的糗事当作陪衬来突出自己的才能。

黄帝 2414 年（前 283 年），嬴稷给赵何写了一封信：亲爱的弟弟，听说楚国的和氏璧被你所得，哥愿用十五座城邑来相换。

赵何一看，顿时无语。

这哪是互换，分明是强要！

给了丢人，不给遭祸。

经内宦缪贤推荐的蔺相如向赵何保证：秦强赵弱，不答应不行。我把和氏璧拿到秦国，若能换取十五座城邑就把玉给嬴稷，若不能换取，则把玉带回赵国。

赵何摇头道：嬴稷不会使玉复归赵国的。

蔺相如大声道：宁将玉与我俱毁，也不能遂秦之愿。

光棍胆大，布衣无忌。

成功了荣华富贵，失败了投胎再来。

蔺相如抱着玉石俱焚的心态，居然连撒泼带哄骗，让和氏璧在嬴稷眼前晃了一圈儿，又将它偷偷地运回了赵国（想了解这段历史的朋友可看一看“完璧归赵”）。

这故事虽然好看，但恼羞成怒的嬴稷第二年便杀了两万的赵人。

四年后（黄帝 2418 年，前 279 年），已成为上大夫的蔺相如又凭着赵何的软弱，上演了光棍的一幕。

刀刃上血迹未干的嬴稷又给赵何了一封信：亲爱的弟弟，前几年不小心杀了弟的两万士兵，老觉得心中过意不去，哥觉也睡不香，饭也吃不好。为了表达哥的歉意，特邀弟在老家渑池吃腊汁肉夹馍和牛心柿——不见不散哦！

赵何还是不敢去。

蔺相如吃顺了这碗饭，道：不去是示弱，我陪您去。

廉颇送别时说：君王此去，若三十日不归，请允许臣等立公子丹为王，以绝秦挟持之念。

赵何看了半晌廉颇，心道：在这丘八的眼中，我已成一个死人了。

他无奈地点了点头，黯然欲去。

平原君赵胜握着赵何的手道：哥哥放心前去，李牧乃是悍将，领五千人足以保哥哥平安。弟立即召所有宗族子弟陈兵周边，一俟有变，定当拼死相救！

赵何差点儿掉下泪来：紧要关头，还是亲兄弟靠得住呵。

嬴稷与赵何喝了几盅酒后，道：听说赵王弹得一手好瑟，请弟弟弹个曲儿，给大伙儿凑个热闹。

左右早把准备好的瑟摆在了赵何的面前。

赵何不好推辞，只好勉强弹一个曲儿。

秦国的史官当场就把这事记了下来，并且念着说：黄帝 2418 年某月某日，秦王和赵王在渑池相会，秦王令赵王弹瑟。

赵何差点气得晕倒：不带这样欺负人的。

蔺相如拿了一个缶跪到嬴稷跟前，说：赵王听说秦王会击缶鼓，也请大王赏脸敲几下助兴。

嬴稷勃然变色，道：王者焉弄此等弱志之事？

蔺相如叱道：大王为秦君，我王为赵君，同为君王，有何不可？秦军虽强，可是在这五步之内，我可以把我的血溅到大王身上去！

嬴稷见蔺相如这股拼命的势头，只好拿起击棒在缶上胡乱敲了几下。

蔺相如叫赵国的史官也把这件事记下来，说：黄帝2418年某月某日，赵王和秦王在渑池相会，秦王给赵王击缶。

秦国的大臣见蔺相如竟敢这样伤秦王的体面，便有人站起来威胁道：请赵王割让十五座城给秦王上寿。

蔺相如也站起来说：请秦王把咸阳城割让给赵国，为赵王祝生。

嬴稷事先已探知赵国派大军驻扎在临近地方，真的动起武来，恐怕也得不到便宜，便喝住秦国大臣，道：今天是秦赵两国兄弟欢会的日子，诸位不必说伤感情的话了。

赵何的软弱，传到了他儿子赵丹（赵孝成王）的身上。

如果说赵何是幼年遭受变故惊吓的原因而导致软弱，但他的知人善任却依旧使赵国强大；可是他的儿子赵丹却不但软弱，而且带点傻气。

黄帝2435年（前262年），韩国上党守将冯亭派人到赵国说：秦国马上要攻打上党，我们恐怕守不住，上党十七座城邑的居民宁愿归顺赵国也不愿意让秦国管理。

赵丹大喜，召集群臣商议。

赵豹认为：这是韩国想嫁祸于赵，千万不可接受上党。

赵丹以为：发百万之军，连年征战尚且难得一城。今十七座城伸手可得，岂能放弃？

随即令廉颇率军驻扎长平并准备接收上党。

秦将王龁见赵国居然想分享秦国到口的肥肉，便陈兵长平城下，向赵国宣战。

廉颇当然明白韩国的嫁祸之心，更明白王龁背后站的是令天下诸将闻之丧胆的人类终结者白起。

廉颇据双方实力情况，只能龟缩城内固守，等待秦兵粮尽退兵。

王龁无奈，便使用反间计四处传言：廉颇年老畏战，且将降秦。

范雎又用重金收买赵丹宠臣郭开，让他向赵丹吹风：秦军最怕的是赵括为将。

赵丹果然中计，欲派赵括为将，前往长平替代廉颇攻打秦军。

但第一个反对赵括领兵的竟然是赵括的亲娘。

她对赵丹说：我儿不可以当大将。

赵丹问：为什么？为国尽力是他的本分。

她说：我的夫君生前说，括儿认为打仗和书简上写的一样简单。他只适合坐而论兵，不能带兵打仗。如果让他为将，我军必败无疑。

赵丹笑道：理解呵，做父母的谁又能舍得亲骨肉上阵厮杀呢？

黄帝 2437 年（前 260 年），赵丹用本家赵括替代了出工不出力的老将廉颇。

嬴稷一见赵丹上当，速遣白起临阵指挥，只用了四十多天，便全部坑杀了赵国的四十万兵将！

你这个兄弟不是很牛吗？

你这个兄弟不是只认拳头不讲道义吗？

你这个兄弟不是不认宗亲吗？

好好好，就让白老师教育一下你们：这就是背叛宗亲的下场！

这个“纸上谈兵”的文化人给全体老赵家的人上了活生生的一课：一、打仗这个营生靠的是刀枪与勇气，可不是一堆破简烂笔和鲜嫩的舌头！宗亲兄弟若是翻脸，下手再狠也不过是“家事”，外人除了看热闹，还真没有什么过硬的理由去指手画脚。

为了彻底摧毁赵国的斗志，白老师留下二百四十个年纪不大的小战士回到赵国描述这一惨烈恐怖的景象，致使赵国全境“子哭其父，父哭其子，兄哭其弟，弟哭其兄，祖哭其孙，妻哭其夫，沿街满市，号痛之声不绝”。

这还不算完。

打就要把你彻底打趴下！

一年之后（黄帝 2438 年，前 259 年），秦昭襄王嬴稷遣军五十万，兵分三路，左路进攻太原，以牵制赵国北方主力使其不得南下；右路驻守南阳，以拒魏楚联军；中路直取赵国都城邯郸。在取得赵国太原、武安、皮牢三座城邑后，秦国三路大军围住了邯郸。

赵丹只能用老将廉颇。

此时，赵国面对着如狼似虎的五十万秦军，也只有抱着个拚一时算一时的必死决心。

好在秦军的将军是王陵而不是白起，好在赵国当时说了算的是平原君赵胜而不是赵孝成王赵丹。

最后，虽然长达两年的邯郸围困战以赵、楚、魏三国联军惨胜告终，但赵国从此再也无与秦国一争高下的实力、人力、财力与地盘。

自此，赵、韩、楚、魏、燕、齐六国的将士们从心底里惧怕了秦国。

连亲叔伯兄弟也赶尽杀绝，咱们算个鸟呵！

所幸的是，人类终结者白起此时已经死掉，这六个国家终于能缓转一口气儿，要不然还轮得到秦嬴政去统一六国？

长平、邯郸之战后，赵国的国力和人口一落千丈，基本上和燕国差不多。

但瘦死的骆驼比马大，为了填补国内各种资源的空白，以军功起家的赵国还是亮出了最后的疯狂爪牙，向虚弱的燕国进行了掠夺。

干不过老虎，还收拾不了兔宝宝了？

但是，兔宝宝燕国虽然虚弱，可他们也不会坐以待毙。

在廉颇、庞煖、李牧的连番攻击下，溃不成军的老牌贵族燕国终于低下高贵的头颅，认了秦国为老大。

其间，虽然有战国四大名将之一的李牧在苦苦支撑着即将油枯灯尽的赵国，但面对秦、燕两国的联手合击，却从根本上阻挡不了赵国灭亡的脚步。

这里要说说李牧这个人。

李牧与白起、廉颇、王翦合称为战国“四大名将”，一个原因是战国时代秦赵两国的血亲厮杀最为惨烈，所以成就了这四个人的名声；另一个原因是汉代的儒家认为李牧打败了困扰华族千年的夏裔匈奴，本着“我打不过，你却打得过”的弱者心理，当然要钦佩李牧的武功。

李牧虽然灭了襜褴，击败过东胡，收降了林胡，但代价却是赵国北境百姓的性命和全部的税收，使得赵国失去了一半的军力和财力。

黄帝 2452 年（前 245 年），在嬴政执政三年后，赵偃继位，是为赵悼襄王。

赵偃执掌政权后，先是逼走了廉颇，随后又同时向燕、魏两国开战，真不知他哪来的底气和勇气？

真以为嬴政会念着血亲关系任他们胡闹，放赵国一马吗？

赵偃不是不清楚赵国的家底，也不是不清楚秦国灭赵的野心。之所以走这着险棋，是因为嬴政刚刚执政，秦国内政未稳，没有空儿搭理赵国并给他们施压。

在李牧击败燕国、杀了剧辛、夺取武遂和方城两城后，庞煖又夺取了齐国的饶安。

面对着刚继位不久的少年嬴政，赵偃的复仇火焰熊熊燃起：干不过老虎，还干不过你这个刚断奶的虎崽子了！

但虎崽子也是虎。

黄帝 2456 年（秦始皇六年，前 241 年），赵、韩、魏、卫、楚五国趁秦国内政不稳，联合攻打函谷关，谁知被十九岁的虎崽子嬴政派人打了个落花流水，溃不成军。

这哪里是虎崽子？

分明就是一头下山的猛虎呵！

五年后，秦将王翦连夺赵国九座城邑，赵国基本上拼光了家底儿，赵偃悔恨而亡。

赵迁（史称赵幽缪王）在黄帝 2462 年（前 235 年）继位，面对着百废难兴的烂摊子，他似乎连一天安稳的日子都没过上。

他刚执政的第二年，秦国派将领樊於期（又称桓齮）率军攻打赵国的平阳和武城，赵国将领扈辄奉命率军前往援救，却被秦军在平阳如秋风扫落叶般击败，不但扈辄阵亡，并且搭上了赵军十万人的性命。

仗能这么打吗？

且不论咱们的老祖宗都是女修她老人家的子孙，也不提咱们是血浓于水的叔伯兄弟关系，你们这样暴杀下去，纯粹是灭族、灭国的节奏呵。

宁可站着死，也不能跪着亡！

临死也要拉个垫背的。

黄帝 2464 年（前 233 年），赵迁命李牧主动出击，虽然大败秦国将领樊於期，但赵国在“肥之战”中又损失了十几万将士的性命，将最后一点家底也拼了个干净，已无力再组织什么像样的战争，更别说什么“侵略”了。

这一仗，使得秦国暂缓灭赵的步伐。

嬴政明白，快死的野兽也是野兽，只有当豺狗消耗尽它最后的力量，它才不会伤人。

黄帝 2465 年（前 232 年），韩、魏这两只豺狗趁机围了上来，企图去瓜分赵国。

李牧苦笑：赵国就是注定要灭亡，也轮不到你韩、魏这两个夷种来下手。

他一个人吓住了韩、魏两国的军队。但是，老天爷似乎要灭了这个不讲亲情、不讲诚信的赵国。

黄帝 2466 年（前 231 年），赵国发生地震。

黄帝 2467 年（前 230 年），赵国发生饥荒。

黄帝 2468 年（前 229 年），赵迁杀了即将取而代之的李牧，免费为秦国除掉了对手。

赵迁杀李牧，后世的史学家认为是中了秦国的反间计，从而认定赵迁是个蠢货。

赵迁是不是个蠢货，这事儿还真不好说。但站在赵迁的角度，他只能杀了李牧。因为杀了李牧，赵国虽然难保，但赵国毕竟姓赵；不杀李牧，赵国虽然有可能保全地盘，但国君肯定姓李。

你是赵迁，你怎么办？

更何况连秦国都看出来李牧绝对不会听赵迁的命令而使出了反间计，再加上男二号李牧严格按照剧本表演，男一号赵迁明着使唤不动他，只好趁他不备偷偷在他脑袋后面拍了一板砖。

堂堂的国君想干掉一个臣下，竟然会使出黑社会的卑鄙手段，可见李牧把娃逼到了什么样的地步。

这里要替帝王君主们说句公道话，但凡没把他们逼到进退两难的地步，他们还不至于发昏到自毁根基的行为。

就连一个乡间老农都懂得“卸磨杀驴”这个道理，莫非大家真的相信“肉食者鄙”这类文人们酸葡萄式的鬼话？

黄帝2469年（前228年），嬴政觉得叔伯兄弟赵迁的日子过得生不如死，便派王翦再次重游赵国，充当接收大员。

看着赵国荒草遍野、十舍九空的惨状，王翦便打消了杀心，俘虏了赵迁送到了秦王嬴政的面前。

赵国灭亡。

此后，赵嘉虽然在黄帝2470年（前227年）当了五年的代王，但其功用只能证明秦国对血亲兄弟的残忍，并掀不起什么风浪。

赵氏宗族从赵成子开始至赵献子止，大约用了九个宗主、二百二十二年左右的时间，为赵氏宗族打下了“三家分晋”从而“立国封侯”的基础。

从赵籍开始立国至赵迁灭国为止，十位君主的核心工作只有一个：战争。在其建国之后的一百七十五年时间里，竟然有九十三年都在打仗，大小战争多得连史学大家都无法考证出一个具体的数字来。

这便是当时“士人、庶人、小人、夷族、外亲”等非夏华两族生存的环境和缩影。

他们不打就没有地盘，没有地盘就没有饭吃。

关于战国时期的主要社会矛盾，按照西方的逻辑与习惯，许多人给出了以下的几种答案。

奴隶制度与郡县制度的矛盾；

天子（中央制度）与诸侯（分封制度）的矛盾；

奴隶主阶级（东周王朝）与地主阶级（各诸侯国）的矛盾；

先进生产力和落后社会制度的矛盾……

这几种答案猛一看都有点道理，都很学院派，但基本上是脊背痒了挠肚子，没抓到痒处。

奴隶制度、奴隶主阶级、落后社会制度指的是谁——不就是三皇五帝、夏、商、周三代的掌权者吗？

这些掌权者是谁——不就是轩辕黄帝的两个子系夏、华两个集团吗？

这不就是夏、华两族与外亲、诸夷的矛盾吗？

再细分一下：这不就是君子与士人、庶人、小人的矛盾吗？

这不就是嫡系正宗与庶出小宗的矛盾吗？

这不就是贵族与平民的矛盾吗？

一句话：春秋、战国时期之前的主要社会矛盾是夏、华两个集团谁来统治天下的矛盾；春秋、战国时期的主要社会矛盾是夏、华两个嫡系正宗集团与天下“士人、庶人、小人、夷族、外亲”等谁去统治天下的矛盾！

尤其是到了战国时期，主要的社会矛盾尤为明显：两千多年的夏、华两族的老牌贵族们，是不是该歇歇啦？

当时的夏、华两族并没有出台个退休制度，便是有这么个退休制度，也轮不到外人来接替工作。

怎么办？

要想出头，只有打了。

赵氏宗族一打就打了将近四百年。

他们二十个宗主与君主本来是在为自己的宗族打拼，但如果他们知道用自己的血肉给仇敌秦国开辟了统一天下的道路，他们肯定会把肠子都悔青了。

来历可疑的宗族——韩国

韩国的开山鼻祖叫韩虔（韩景侯）。

黄帝2294年（前403年），韩虔与赵籍、魏斯分裂晋国，被周王室封土列侯后，他与魏斯的血统来历很是有点尴尬。

和赵国是女修后裔并且族系完整相比，韩国的祖宗便有点儿扑朔迷离。

最靠谱和最拿得出手的当然是父亲韩启章（韩武子）和爷爷韩虎（韩康子）。

他们两人都是晋国货真价实的“卿大夫”。

这个靠军功拼上来的职位虽然也叫大夫，但和正宗的“大夫”比起来，总觉得这个“卿”字的意思和如今的“小三”差不多。

更要命的是，他的天祖韩厥是他们这一系韩氏宗族唯一能够追得到辈分的源头——但韩厥充其量是赵盾的跟班，连个晋国正宗大夫的家臣也算不上。

周威烈王姬午说：小韩兄弟呵，封你的侯可以，但咱得讲规矩不是？

韩虔有点心虚：什么规矩？

周威烈王姬午说：从三皇五帝到夏、商两朝，除了夏、华两族的后裔，一般的人可真是难以封侯建国。

韩虔说：那赵籍也不是正宗呵。

周威烈王姬午说：赵籍不是正宗不假，可他好歹是女修她老人家的后裔——女修可是颛顼帝的亲生骨肉呢。

韩虔说：楚国可和夏、华两族不沾一点儿的边，他们照样不是封了侯，并且还称了王？

周威烈王姬午说：怎么说楚人也是祝融氏的后代，也算是伏羲、女娲的正宗嫡系。虽然没文化，可他们的老祖宗毕竟领导过天下。

韩虔说：这样说来，我是不是封不了侯了？

周威烈王姬午苦笑道：封还是要封的，总得有个靠谱的祖宗吧？你和家臣们商量商量，拿一个说得过去的方案。

韩虔回到军中，说明了周威烈王姬午的想法，家臣们七嘴八舌地吵道：他妹子的，我们的老先人如果是正宗，还用得着他这个软蛋来封？还用得着咱们提着脑袋争地盘？

拿什么羊蛋方案，咱用性命打下的地盘，用得着周室封吗？

便有文化人劝大家说：姬午这个人虽是个软蛋，可他毕竟是华族和天下诸族认可的共主和天子。咱们打拼下的地盘，说到底是轩辕黄帝给夏华两族留下的遗产，他要是不正式封给我们韩氏，只怕全天下的诸侯都要打这块权属不明的地盘的主意。

家臣们问：那怎么办？

文化人说：听说魏氏准备把祖宗认到周文王第十五子毕公高这一代，摆明了要接收晋侯的地盘和遗产。

韩虔摇头：分了别人的家，还要认别人当干爹？这乱认祖宗的事我可没脸干。大不了不封这个侯了，我看看哪个敢来抢韩氏的地盘？

文化人说：咱们可不能和魏氏比这不要脸的功夫。我查了一下晋侯宗系的族谱，大概在黄帝 2018 年（前 679 年），晋文侯姬仇的弟弟姬成师（史称曲沃桓叔）有一个庶子姬万因捕杀晋哀侯得分韩原（今陕西省韩城市西南）为采邑，我们便把他认作先祖。一来韩原这地方能证明咱们韩氏宗族的出处；二来把姬万改叫韩万，这既不改姓，也和姓姬的华族有点说不清、道不明的瓜葛。

韩虔笑道：这个主意好，我看姬午这小子有什么说的。

周威烈王姬午当然没说的：只要你们韩氏认我们姓姬的当祖先，总算给周室留下一点儿的颜面。我才不管那个姬万——韩万是个庶子，并且是那种弑君的浑蛋了。

那么，韩国的祖先到底源自哪一个宗族？

我们来看看《史记》："韩之先与周同姓，姓姬氏。后苗裔事晋，得封于韩原，曰韩武子。"

这段话中的"苗裔"两个字让人浮想联翩。

时下通行的解释，"苗裔"指"后代子孙"，更有华族历代儒家认为"苗裔"专指炎黄二帝后代细小的分支。

如果说"苗裔"专指炎黄二帝后代细小的分支，以当时中国古人的智慧和较真的态度，断然会把炎黄二帝后代细小的分支命名为"炎裔"或"黄裔"，绝对不会和他们从古至今都未看得起的"三苗"混在一起。

那么"苗裔"作何解？

这难道不能解释为"三苗的后裔"吗？如果不能，那么请问：为什么华族的史官们从未把夏、商、周的炎黄子孙们称作"苗裔"呢？

韩国的"苗裔"身份，至少在当时周朝夏华两族的眼中，他们的祖先基本上是被帝尧、帝舜、大禹都讨伐过的"三苗"的后代。加之他们后来的言行，和炎黄二帝后代必须讲究的规矩，根本就沾不上边儿。

首先，韩虔立国之前和之后，对老牌、正宗、嫡系、姬姓的诸侯郑国穷追猛打，这怎么看上去也不像是姓姬一窝子的行为。

姬姓诸侯之间虽然也发生内战，但全是因为某个诸侯不敬先祖、不尊天子、不遵周礼之争，其目的是"伸张正义"而不是灭国。

当时灭国的重要标志不是占几座城邑，而是彻底摧毁该诸侯国的祭祖圣地——也就是后代所谓的社稷、宗庙。

社稷设于王宫之右，宗庙设于王宫之左，两处俱备，方能称国！

黄帝 2322 年（前 375 年），立国二十八年的韩国将姬姓郑国的社稷与宗庙摧毁。

韩屯蒙（韩哀侯）干脆将国都从阳翟（今河南省禹县境内）迁到了郑国的都邑（今河南省郑州市境内），定名为“新郑”。

戮社毁庙——并且是姬氏的社稷与宗庙，这事在华族姬氏的圈子里，基本上是不可能发生的事儿。

其次，黄帝 2372 年（前 325 年），韩康（韩威侯，又称韩宣王）与魏罃（魏惠王）先后称王，这无疑向全天下公示：我们不姓姬。

如果你姓姬，那么你就不能称王。

因为华族姬氏的共主和王只能有一个，那就是周室的天子。

如果你不姓姬，那么你这个“王”便是蛮夷的没文化行为，和楚国的君主们一样，要遭到全天下文化人的耻笑。

称皇、称帝、称后、称王，这是轩辕黄帝他老人家正宗夏华两族后裔的专利，你们这些蛮夷——也配？

从这两件事上看来，韩氏宗族的祖先是谁都可以考究，但绝对不可能和华族姬氏沾边儿。

那么，韩氏宗族的祖先究竟是谁？

这事儿便是放在韩厥活着的时代，他老人家似乎也难以说得明白，大概只清楚自己非夏非华。

在当时，知道自己祖宗来历的只有夏、华两族及其诸侯们。

因为当时所谓的“国史”就是“族谱”。

我们现在常说的某个人“靠不靠谱”，原意也许并不是和音乐中的谱子有关，而是指某个人是不是族谱内的宗系或者靠近大宗族谱（旁支或六亲）。

韩氏与魏氏宗族的祖先根本就“不靠谱”，所以儒家干脆在撺掇他们姓姬之后，把他们的先祖真相也良心未泯地记载了下来。

三苗原本为蚩尤集团的一支，也是中国上古时代一个够得着菜盘子的古老宗族。

在帝尧、帝舜、大禹三个时代，因为“苗民弗用灵，制以刑，惟作五虐之刑曰法。杀戮无辜……民兴胥渐，泯泯棼棼，罔中于信，以覆诅盟。虐威庶戮，方告无辜于上。上帝监民，罔有馨香德，刑发闻惟腥。黄帝哀矜庶戮之不辜，报虐以威，遏绝苗民，无世在下”。

《尚书·吕刑》中的这一段文字大意是：三苗不敬重轩辕黄帝定下的规矩，反而制作五刑残害百姓。他们道德沦丧，背信弃义，反复诅盟，只会残杀，因此无辜受戮的百姓求告轩辕黄帝灵位，引发轩辕黄帝震怒，命令自己的子孙用武力遏绝“三苗之君”的暴虐，并使他们永无后嗣。

夏华两族对三苗宗族进行了持续的打击，并且据说还搭上了帝舜姚重华的一条老命。

直到大禹执政后，才借着天灾地震将三苗宗族彻底征服，具体表现为：夷其宗庙，而火焚其彝器。

大禹之所以毫不留情地摧毁三苗宗族的宗庙，拿得上台面的理由是三苗宗族不敬奉轩辕黄帝定下的仁义等规矩而使苗民受虐，私下里却想：你们的老祖宗开始便跟蚩尤和黄帝老人家对着干，失败后黄帝不但不杀你们，还赐姓缙云氏。但是，饕餮不好好地在长江旁边享受生活，反而又和帝尧、帝舜对着干，不收拾你们，真以为黄帝他老人家的子孙死完死尽了？

此后，“子孙为隶，不夷于民”的三苗宗族后裔便散落于夏华两族之中。

由于他们的专业水准和夏族有些差距，很不受夏族爷们儿的待见，便只有在华族中充当“打手”的角色混一口饭吃。

这一混，不承想在一千多年后，居然在华族晋国混出了一个诸侯韩国。

韩国是战国七雄里国土面积最小的一个诸侯，也是立国条件最为糟糕的一个国家。

这个三苗的后裔，东有田齐，北有赵魏，西有强秦，南有凶楚，完全没有发展的空间。

这样的凶险环境，使得他们在睡觉时还捏紧着钢刀。

黄帝2312年（前385年），韩猷（韩文侯）做出了一个让天下诸侯目瞪口呆的举动：这哥们俘虏了宋国的君主子购由（宋悼公），并且“似乎”还杀死了他。之所以用“似乎”这个词，是因为华族的史官嫌这段历史太丢人，根本就没记录在案，弄得后世的史学家至今都在为韩猷到底俘获的是子购由还是子田（宋休公）争论不休。

其实这个争论的真伪很好证实，从他们父子俩执政的时间便可推算得出来。

子购由（宋悼公）于黄帝2294年（前403年）开始执政，子田（宋休公）黄帝2312年（前385年）继位，直到二十二年后才死去，所以韩猷杀死的无疑是子购由。

那为什么争论？

表面上是争辩韩猷俘获的是谁，实际上是为了掩盖子购由的死亡真相。

一个来历不明的“侯”杀了比自己大了一级的“公”，并且这个“公”不但是老牌权贵夏族的后裔，还是当时天下讲“仁义”的模范，这糗事真难说得出口呵。

韩国纯粹是一群愣愣的蛮夷哩！

这还不算愣。

黄帝2320年（前377年），韩屯蒙（韩哀侯）执政。

两年后，他又灭掉了老牌权贵华族郑国，并且将郑国的都城改为韩国的京邑。

一个夏族公国，一个华族公国都毁在了韩国的手里，天下一片哗然：夏华两族的千年贵族们，真的不行啦？

但是，宋、郑这两个公国再不行，也轮不到一个小小的三苗侯国来扎势。

韩国凭什么去灭了他们？

问得好！

凭什么？

凭的是两样东西：一个是“钱”，一个是“铁”。

韩国立国伊始，便大力发展夏华两族都看不起的商贸之业，成为当时中原地区乃至天下的国际商业中心。

在韩国的地盘里，北方的马匹，南方的鱼，东方的盐，西方的皮革等东西，只有你想不到，没有你买不到，基本上就是今天中国的义乌，美国的华尔街。

有钱能使鬼推磨，铁多打仗后劲足。

钱多的好处大家都知道，但当时“铁足”的道理，今天的人们不一定明白。

小规模的争斗，领导者只要有足够的体力再加上一定的智慧便可在短期内获得胜利；大规模的战争，领导者除了体力和智慧外，还得有强有力的物资保障。

没粮食，谁会饿着肚子去打仗？

没兵器，难道用肉胳膊去抵挡青铜戈？

这两样东西只要有钱，基本上用不着发愁。

韩国虽然地盘很小，但因为有钱和充足的物资，足以拼垮宋、郑两国。

有钱的韩国，成为战国时期的冶金中心。

因此，这里出现了许多的富商大贾。

他们富甲天下，影响时局，其中便有吕不韦。

铁多的韩国，制造出了快速取人性命的兵器：十二石弩（当时一石约等于120斤，十二石约等于1440斤）。

这种放大式的弓箭，一次可连发几支甚至几十支利箭，并且射程达六百步（约500米）左右，其威力“远者括蔽洞胸，近者镝弇心”！

这是个什么概念？

现在的手枪有效射程50米，冲锋枪200米，突击步枪400米……十二石弩居然能射六百步——这不是现代的狙击步枪才能达到的距离吗？

想起来都瘆人。

韩国射进宋、郑两国的铁箭头，比那春天的雨点儿还多。

尽管韩国灭掉了两个公国，而这两个公国其中之一居然还是春秋的“仁霸”，但天下的老牌诸侯们还是鄙视韩国的行为。

一个诸侯，就是来历再不怎么正宗，也不能将投机倒把当主业搞呵。

为什么？

因为“君子”不会与民争利；因为“君子”的主业是“尊王攘夷”，副业是教化子民“仁义”。

于是，儒家将韩屯蒙执政的12年形容为“政治混乱，法律、政令前后不一，群臣吏民无所适从”的状况，有力的证据便是相国侠累和大夫严遂互相争斗，最后以严遂雇佣当时著名的四大杀手之一聂政将侠累干掉为结局。

瞧瞧，在国家的层面上干暗杀的勾当，这纯粹是一伙黑社会嘛。

黄帝2335年（前362年），韩武（韩昭侯）继位。

在他执政的29年里，韩国迎来了最为强盛的时代。

刚当了一把手的韩昭侯，第一个拍脑袋的决定便是向强大的秦国叫板，结果被秦军打了个灰头土脸。

他马上明白了西边的秦国绝不是一个软柿子。

一年后，魏国又占领了韩国的朱邑，韩昭侯又知道了东面的这群家伙也不是吃素的。

失败的教训，远远比胜利的喜悦来得深刻。

韩武做出了一个再次让夏华两族震惊的举动：派兵攻打东周，并占领了东周的陵观、邢丘（今河南省温县北平皋村）。

这愣小子竟然敢向“天子”下手！

不下手不行呵：东西两处都是铁核桃，只有南边是软柿子。

您就算是“天子”，也得捏您一下——只怪您衰弱了。

这事要放在周室立朝之初，谁要是有这个想法，绝对会被夏华两族的诸侯们群殴得死无葬身之地。但时至战国，夏华两族的诸侯们，除了知道他们是黄帝的后裔外，有的君主甚至连自己的孙子都认不全，夏华两族的诸侯们之间很多连辈分也弄不清。再加上他们长期养尊处优，基本上成了一群五谷不分、四体不勤的废物了。

别说打，能利落地走几步已属不易了。

韩武这样肆无忌惮的行动，向世人证明了武力可以藐视王权，同时也给了其他诸侯国攻击他的口实。

于是，秦、楚、齐、魏、赵等国一有空儿便要到韩国来野营拉练一下军团，弄得韩国在立国的173年时间里几无宁日。

幸好一个人的出现，才使得韩国过上了15年的安稳日子。

这个人便是申不害。

关于申不害的言行，在法家一节中已略有讲述，这里只讲一下他的行政措施。

身为华族郑国的亡国奴，申不害并未对韩氏宗族恨之入骨，反而向韩武传授了华族近千年总结出来的“驭人之术”，并且毫无心理障碍地将自己的灭国仇敌引入了政治正轨。

一、韩侯集权。

他向韩武建议，先向挟封地自重的侠氏、公厘和段氏三大强族开刀，果断收回其特权，摧毁其城堡，清理其府库财富以充盈国库。

二、肃清吏治。

在申不害的策划下，韩国开始整顿官吏队伍，加强考核和监督，主要的原则只有两句话：见功而与赏，因能而授官——你有功劳便奖赏你，你有才能便给你官当。

三、建立军团。

在申不害的推动下，韩国把所有宗族的私家亲兵与原有国兵混编，成为国家军队并进行军事训练，使韩国的战斗力大为提高。

四、农工并举。

对于特别重视商贸的韩国来说，全民经商才成就了韩国贸易中心的地位。但申不害认为：天下最贵的东西不是其他东西，而是土地（“四海之内，六合之间，曰奚贵，土，食之本也”）。“国富”的标志是“粟多”。因此，他极力主张多开荒地，深耕细种，竟然达到“一季两熟”的耕作程度。

同时，他还重视和鼓励发展手工业，使韩国冶铸业出现“天下之宝剑韩为众”和“天下强弓劲弩皆自韩出”的盛况。

这四项举措不但稳固了韩国的政治局面，而且使韩国实力大增，致使“终申子之身，国治兵强，无侵韩者”。

按理说，申不害有此政绩，他的言行也一定如夏华两族讲究的“正义凛然”。

我们看看下面两个事例。

一个是：魏国伐赵，赵成侯派人向齐国和韩国求援。

韩武一时拿不定主意，就询问申不害该如何应对。

申不害担心自己的意见不合韩武的心意，便回答说：这事大，我得想想。

他思索的结果，就是撺掇韩国能言善辩的名臣赵卓和韩晁，鼓动他们分别向韩武进言相反的策略，自己则暗中观察韩武的态度。

当他摸透了韩武的求战心思，便进谏说：联合齐国，伐魏救赵。

韩武果然高兴，与齐国一起发兵讨魏，迫使魏军回师自救，从而解了赵国之围——这就是历史上著名的“围魏救赵”故事。

咱文化过的人，怎么能说君侯不愿意听的话呢？

另一个是：申不害推荐他的堂兄当官，被韩武拒绝，他便有点儿不高兴。

谁知韩武的一番话说得他哑口无言：申子，我是接受你的请托，而去破坏你所定的法则，还是遵守你所定的法则，而去拒绝你的请托呢？你曾教我，严格执行赏罚原则，用人一定要依照顺序。今天你却私相授受，申子呵，你要我听你哪一种话呀？

申不害羞得满脸通红，汗流浃背，心想：这愣货真能灌进去东西呵。

申子申老师，这个亡国奴还真是“正义凛然”啊。

黄帝 2365 年（前 332 年），韩康（韩威侯）继位。

这哥儿们继续发扬韩国的愣种子精神，居然在接连数年打了几次败仗后，和宿敌魏国共同称“王”。

这就没下数了吧？“王”岂能是你想称就称的！

真以为菜市场称土豆呢？

夏华两族干不过你，吃羊肉泡馍的还收拾不了你？

秦国发怒了：夏华两族再怎么孱弱，也和我们是姑舅亲，这“王”只有我们秦国才勉强有资格称。你韩国是个什么东西，哪来的底气去当天下共主？

嬴驷（秦惠文王）接连向韩国发起猛攻。

黄帝2378年（前319年），秦国攻击韩国，夺取了鄢城（今河南省鄢陵县）。

韩康联合魏、赵、楚、燕四国抵抗秦国，结果在“修鱼之战”中，秦军大败五国联军，不但杀了八万多人，而且生擒韩国大将申差。

韩康彻底懵了：十二石弩，怎么就对秦国的军团不起作用呢？

他赶紧把太子仓送去秦国当人质，臣服了秦国。

此后，韩国的四位君侯虽然厚着脸皮自称了81年的“王”，但是这个“王”当得真是没盐没醋。除了源源不断向老大秦国免费供应物资、军械外，不是被楚国打，就是被魏国攻，就连他们救过命的“赵氏孤儿”们也时不时趁火打劫一下，于是他只好动不动就向老大秦国求救——还得看秦国老娘儿们（太后）的脸色。

黄帝2435年（前262年），秦国占领韩国野王城（今河南沁阳），把韩国的上党郡与本土的联系完全截断。

韩然（韩桓惠王）眼看着上党郡即将落入秦国之手，索性把上党郡送给了赵国，从而引发了“长平之战”，致使秦将白起坑杀赵军40余万人。

黄帝2459年（前238年），韩安（韩废王）接过了千疮百孔的烂摊子。

此时的韩国已成为战国七雄中最弱的垫窝子，对秦国是又怕又恨又没有一点点的办法。

当他听说已被秦国杀得没有多少活人的赵国，大将李牧竟然几乎把秦军打得全军覆灭，便兴起了“背秦”的念头。

与不把他们当人看的秦国相比，赵国再怎么把背信弃义当饭吃，韩国的老先人韩厥总归是对他们赵氏宗族有大恩呀。

两害取其轻——与赵国结盟。

这无疑是玩火！

李斯急忙向韩安上谏书，劝说韩安不要背叛强秦，否则会招致灭国之祸。

这真是火上泼了一瓢油。

李斯如果不上书或者换个人上书，韩安说不定还会犹豫一下；但李斯一上书，韩安马上便下定了联赵的决心。

因为他父亲韩然的遗言犹在耳边：不听李斯的话，韩国虽然虚弱，但还不至于换了主子。听李斯的话，韩国也许强大，但君侯一定会成为李斯。

烂店开不成，炕头不让人！

秦国又一次怒了，并且这次怒的是秦王嬴政：你这个无宗无族、戮灭公国、敢向天子下手的三苗愣种子，还反了你们了！

嬴政发怒了，后果太严重。

教训这没脸皮的货，秦国甚至不屑派出王翦这样的战将，只差遣一个叫腾的内史文官领军问责韩安。

可笑的是，韩国的人们早已被秦军吓破了肝胆，根本就不敢起对抗的念头，一会儿称臣，一会儿献地，倒使得内史腾兴起了建功立业的雄心。

黄帝2467年（前230年），一个手无缚鸡之力的文官，竟然轻飘飘地生擒了韩安，灭掉了韩国。

呵，呵呵，一个文官，居然开了剿灭六国的先河？

这也太滑稽了吧。

正因为滑稽得不可信，儒家们才没办法往自己的脸蛋上贴金。

战国第一个被灭掉的国家是韩国，灭掉韩国的居然是一个连姓氏都没留下来的文官。

这对于一个以军功立业的宗族，无疑是最大的耻辱。

鬼方的族裔——魏国

和赵、韩两国一样，魏斯（魏文侯）也是在黄帝2294年（前403年）封侯的。

封侯之前，由于魏氏宗族早已和戎、翟等族混血，根本就没道理封侯建国。没奈何，华族的文化人只好把他们的祖宗认到了周文王第十五子毕公高的名下。

这一段漏洞百出的族谱，全少让人们产生这样的疑问：一、毕公高既然是周文王的第十五了，周成王临终时又托他与召公辅助周康王继位，却为何“其后绝封为庶人”呢？二、其既为华族正宗，这岂不是坐实了“同室操戈”的罪名吗？三、如果是黄帝的嫡系子孙，哪一个能和“戎、翟亲附”呢？

那么，魏氏宗族的始祖到底是谁？

这个问题不但史学家们回答不上来，就是魏犨也不一定能回答上来：我就是公子重耳有今没明的一介碎催儿，如果俺爹有来有历，用得着和重耳他们这些问题少年亡命天涯吗？

魏氏宗族的始祖谁也说不准，但可以肯定的是：至少从魏犨（魏武子）开始到魏驹（魏桓子）的190多年中，魏氏宗族早已和戎、翟两族混血得一塌糊涂。

即便是他们身上还流动着黄帝的血液，但能否占到20%的比例，还是一桩疑案。

魏氏宗族极有可能源于鬼方（今陕西省清涧县）一系，这从他们的国名上或可看出些端倪，否则，周室封他们的国名为“魏”就没有出处。

这就得说说鬼方。

鬼方宗族源自少典（黄帝之父）时代的大隗氏。

在商朝武丁时期（约黄帝 1472 年，前 1225 年左右），妇好横扫天下，向南面的虎方、东面的夷方、北面的鬼方以及羌方、周族等进行大规模的征伐，形成了“邦畿千里，维民所止，肇域彼四海”的广大疆域。

因此，鬼方宗族一部分远遁至今天的西伯利亚、贝加尔湖、巴尔喀什湖一带，另一部分在周武王推翻商朝之后，从今陕西省的清涧县内迁到今天的山西省，成为晋国首封之君姬虞（亦称叔虞、太叔，字子干）的九大宗族之一，从开始便埋下三家分晋的隐患。

与赵、韩两国不同，魏斯一拿到周室出的委任文件，不是四处去耀武扬威，而是抓紧修炼魏国的“内功”。

魏斯修炼的方法很是了得。

他同时重用法、儒两家，成为中国历史上第一个尝试“外法内儒”的君主。

李悝的重用，成就了魏国和其他新兴诸侯和地主阶级的合法地位。

他的《法经》不但让魏国迅速崛起成为中原地区的霸主，也给秦国的“商鞅变法”提供了现成的样板。

李悝的《法经》，可以说是新兴诸侯和地主阶级们的合法文书，也使得以“掠夺”为主业的新兴权贵们披上了一层法律的外衣，更敲响了夏华两族共掌天下的丧钟。

为什么这样讲?

因为当时天下的合法共主还是周室；因为当时天下的所有东西都归天子所有（“溥天之下，莫非王土；率土之滨，莫非王臣”）。

你一个庶子、小人、外亲甚至是戎翟、蛮夷，凭什么敢拿黄帝他老人家打下的地盘!

凭什么？

李悝说：天下大道，谁种地谁才有吃的，谁玩命谁才有地盘（“食有劳而禄有功”）。靠着老先人的辉煌，躺在功劳簿上衣来伸手、饭来张口，这些不劳而获的夏、华世袭贵族子孙们，纯粹是一群标准的“淫民”嘛。世袭制不合理，要不得，须打破！

好！魏斯鼓掌后，突然觉得有点不妥，问：那我以后的子孙们如果遇到比他们厉害的角色，是不是就不能继承我的国土了？

李悝说：一只兔子在大路上，每个人都去抓；一群兔子在菜市场的笼子里，除了买家，其他的人都视而不见，这是为什么？因为大路上兔子没主，菜市场的兔子有主呵。一件东西一旦明确了归属，争夺的概率就会大大减少，这便是“定分止争”。

魏斯乍一听道理蛮对的，细一想觉得这个“定分止争”不过是一句屁话：周天子们早在两千多年前就“定分”了，现在还不是让我们瓜分了？

李悝看出了魏斯的疑虑，但还真没办法解释。

面对着一个强盗，你既要把他抢来的东西合法化，又要保证以后的强盗不能抢他抢来的东西，这个难度在于首先得把这个强盗的身份定义为不是强盗。

李悝没法子定义魏斯不是强盗，但儒家的卜子夏有的是法子。

卜子夏袖着手缓缓道：虽然夏华两族共掌天下两千多年，但是在黄帝统一天下之前，大家都是伏羲、女娲的子孙（“四海之内，皆兄弟也”）。这事只论到黄帝时代不妥，要是论到伏羲、女娲那时候，不就妥妥的吗？

亲爱的老师呵，我们真佩服死您了。

有了这个理论基础，强盗魏斯的腰杆儿便比没文化的楚国、没来历的韩国挺直了许多，理直气壮地对夏华两族的陈习陋规进行了变革。

由于其主意一半出自儒家的实验性建议，因此后世的儒家们便给予他很不错的评价，其谥号为“文侯”。

一介分晋的武夫，竟然被盖棺定论为“文侯”，可见儒家的标准，还真是以自个儿的好恶来定。

魏斯既然把祖宗认到了伏羲、女娲这个根源，自然不需要遵守夏华两族两千多年来定下的规矩。

他用人的原则是：有用。

只要你有用，我才不管你的出身是庶子、小人、外亲甚至是戎翟、蛮夷。

于是，笼络人心他向儒家的卜子夏学习，治理国家他采用法家李悝的《法经》，攻城略地他起用纵横家的吴起……

魏斯使用的这些人物，因为出身原因，从未接受过“君子”教育，所以个个心狠手辣，根本就不按夏华两族两千多年来定下的规矩出牌，新鲜得很是让天下的士子、庶人们过瘾和叫座。

我们看看其中的一个事例。

魏斯想灭了肘腋之患中山国，相国翟璜举荐了乐羊。既然是翟璜举荐了乐羊，他们俩哥儿们关系一定很铁——是很“铁”，铁到了乐羊之前亲手把翟璜的儿子翟靖杀掉。

魏斯纳闷：他可是杀了你的亲儿子哩。

翟璜道：正因为他心狠手辣，六亲不认，所以才能应付夏族特能打的中山国。

乐羊欣然受命，似乎自己那个在中山国当将领的儿子乐舒是别人生的。

中山国君姬窟干脆利落地把乐舒干掉，并且把尸体炖成肉末儿给乐羊补一下身体。

面对明知是用亲儿子身体做成的大餐，乐羊哧溜儿一下全部吃完，并且面不改色，如同平日。

两国战士震惊了：这……这已不能用“人”这个物种来解释乐羊的行为了。

大补之后的乐羊，红着眼把中山国从地图上抹了去。

魏斯刚要夸奖乐羊的功绩，一个叫睹师赞的戎翟亲信心惊肉跳地说：他连自己的亲儿子都敢吃，又有什么他不敢吃的（“其子尚食，其谁不食”）？

这事儿若放在夏华两族的圈子里，不是被众人的唾沫星子淹死，也会让自个儿羞死。

虎毒不食子，这愣货连畜生都不如。

吴起的使用，让魏国成为战国初期名副其实的霸主。

他的成名，并不是武功超过了夏族的大爷，谋略远胜于华族的文士，而是他训练出了当时让天下诸侯闻风丧胆的“武卒兵团”。

大家请注意：是“武卒兵团”而不是“武士军团”。

虽然是一字之差，却意味着战国时代的军队成员，已经由权贵阶级才能荣耀承担的“战士”角色，转换为庶子、小人、外亲甚至是戎翟、蛮夷都能建功立业的“兵卒”表演。

一个“战士”，胜要胜得光明，败要败得磊落；而一个“兵卒”可就没有什么道德、礼仪、规矩、仁义等层面的压力。

打胜仗了有肉吃，有酒喝；打败仗了，不是被敌人杀死，就是被自己的领导干掉。

讲道德、礼仪、规矩、仁义？我爹又不是李刚。

魏国的“武卒兵团”如果光有心狠手辣的决心，绝不会让天下诸侯闻风丧胆。

论好勇斗狠，他们不但离赵国的将士差得远，和秦国的杀人机器们根本就不在一个档次。但是，“武卒兵团”竟然以五万人打败了十倍于己的秦军，靠的是什么？

靠的是装备！

且看“武卒兵团”每个人的标配：穿三层重甲，拿十二石强弩，配五十支利箭，执一把铁戈，配一把铁剑，戴一个铁盔，背三天干粮，居然还能半天走一百多里的路程。

这就难怪他们在吴起的带领下，大战 72 次，竟然有 64 次全胜，剩余的 8 战还都是平手。

也就是说，72 战，无一败绩！

更让人心惊胆战的是，这些仗大多数是和秦军打的。

魏国的“武卒兵团”在黄帝 2284 年（前 413 年），突破秦军西河防线（今陕西省韩城市），进入关中平原，陆续占领了临晋（今陕西省大荔县东南）、王城（今陕西省大荔县）、元里（今陕西省澄城县南）、洛阴（今陕西省大荔县西南）、合阳（今陕西省合阳县东南）、阴晋（今陕西省渭南市华州区东）等城。

此后，吴起领着“武卒兵团”向北夺取了“古河南地”（今河套地区），居然占领了夏华两族埋祖的秘地（今陕西省靖边县高家沟王坟湾村）。

天下震惊了：这货竟然找到并占领了夏华两族的祖坟黄帝原冢地！

接下来更震惊：在魏斯的授意下，魏国的巫师、异人将古雍州（今陕西靖边县龙州镇）及黄帝原冢地（今陕西靖边县高家沟王坟湾村）风水尽破，古迹全毁。

魏国成了夏华两族的公敌！

之所以这么干，是当时的形势使然。

魏斯立国后，北邻赵国，东连齐楚，南临韩国，西接强秦。

往北、往南扩张，赵、韩必然会联手，结局便会是被他们瓜分；往东发展，齐、楚两国的反击很可能让自己亡国灭种；唯一的出路是向西——虽然秦国强悍，但他们毕竟是独狼。

独狼再凶残，终究是独狼。

只能冒险对秦国下手。

魏斯的冒险成功了。

他的“武卒兵团”不但打得秦军毫无还手之力，并且掠取了秦国的大片土地。

正当魏斯与吴起举杯相庆时，“西河学派”的本土代表段干木（又称李克）说：攻击秦国，夺其土地，扬我魏氏宗族之威，这事干得非常漂亮。但是，毁灭故里，挖人祖坟，这不是招致天下夏华两族共同反扑的祸事吗?

魏斯忙道：请先生教我。

段干木说：夏华两族视始祖黄帝为神明，我们现在破坏雍州故里和黄帝原冢，这无疑与夏华两族结下不解之仇，魏氏终究会招来灭族之祸。攻城略地非武卒不可，治国安邦却靠的是法儒之术。

魏斯惶然道：寡人明白了，请先生再教我。

段干木说：雍州故里和黄帝原冢已在我魏氏手中，夏华两族投鼠忌器，必不敢轻易向我们寻衅。君侯只要好好看护，不时按礼节祭祀，夏华两族投鼠忌器，自然不会攻我宗族。

魏斯点头称是，于黄帝 2284 年（前 413 年）将黄帝原冢地筑墙保护，并建“阳周城”，号为“上郡”（今陕西靖边县杨桥畔镇）看守。

“阳周”，为周室阳祖之意；

“上郡”之名，则明白向世人宣布，此处为夏华两族上祖黄帝陵地。

此处再讲一讲“西河学派”。

这个学派名义上的领袖是大名鼎鼎的卜子夏。

他是儒家“七十二贤”中号称“孔门十哲”之一的骨灰级人物。

李悝、段干木、公羊高、穀梁赤、田子方、荀子等这些历史大咖们或是他的弟子，或是他的助手，或是他的挚友，或是他的粉丝。

仅凭这些人名，便可看出“西河学派”的强劲！

天下士人纷纷投入“西河学派”门下，是因为子夏继承了儒家的真谛吗？是因为子夏满腹经纶、高风亮节吗？

都不是。

其实是因为子夏的两句话：“仕而优则学，学而优则仕。”

呵呵，这个学派原来是个官员培训基地嘛。

一开始，“西河学派”的招生对象是贵族子弟，设置的课程是“礼、乐、射、御、书、数”六艺。

这些专门为夏华两族贵族子弟设置的课程，因为地点在魏国，所以根本就没有符合基本条件的生源。

魏斯与公羊高商量：人家夏华两族的贵族子弟便是再怎么落魄，也不屑来这里求学，我们是不是把标准往低放一下下？

公羊高道：君侯所言甚是。我们办这个学堂，主要培养魏国自己的子弟，附带招揽一下天下诸国的士子人才。卜子夏教育的对象是贵族子弟，教育的重点是孝、礼之义。如果重孝道，谁会舍弃父母为君侯打仗？如果讲礼义，我们又怎能向夏华两族下手？

魏斯说：你真是个明白人呵。

于是，在公羊高、穀梁赤的操作下，卜子夏成了名誉校长，眼睁睁看着他们挂着儒家的羊头，卖起了法家的狗肉。

段干木负责教导魏氏宗族的子弟，而公羊高、穀梁赤则负责培训平民和戎狄，硬生生地扛起了战国初期原本是华族专有的教育文化大旗。

魏国文武皆备，岂能不强？

黄帝2310年（前387年），继位九年的魏击（魏武侯）逼走了大将军吴起。

这一事件，不但标志着魏国由强变弱，也显示着儒、法、纵横三家争斗的恶果。

儒、法两家，从根儿上就认为吴起不是个东西。

吴起的履历确实不怎么光彩。

他出身富贾之家，本来想拿钱弄个官儿当当，谁知在那个看重门第与出身的年代，再多的钱也绝对买不来一官半职。

众人便讥笑他：你再有钱，也不过是一个小人和平民。想当官？除非你再投胎转世一回。

吴起大怒，杀了讥笑他的三十几个人，亡命天涯。

他一边逃亡，一边反思：要想实现自己当官的梦想，拿钱行不通，重新投胎也不可能，只有靠本事了。

先学文的。

他拜在了儒家弟子曾申的门下。

但没多久，曾申在暴怒下将他逐出师门，原因是：母丧不归。

孝道是儒家不可触犯的底线！

再学武的。

他投到了纵横家的怀里。

这无疑如鱼得水。吴起的天资，和纵横家们信奉的“不择手段”理念无缝接轨，一拍即合。

黄帝2285年（前412年），鲁国准备攻打齐国，便有人向鲁穆公姬显推荐吴起为主将。

姬显疑虑道：听说吴起的老婆是齐国人，他能尽全力吗？

吴起手起刀落，把妻子杀了。

从此，吴起如愿以偿地当上了大官。

虽然他打败了齐国，但是他的杀妻行为还是遭到了讲究礼义的鲁国人一致唾弃，姬显毫无愧疚地免去了吴起的一切官职。

仅凭这两件事，吴起的名声比厕所里的搅屎棍子还要臭。

因此，不但儒家不认他，纵横家们更是没有一个人肯承认是他的师父。

吴起在魏国立下的汗马功劳，便是躺在功劳簿上也够他风光一辈子的。

可是，这个弃母杀妻的浑人居然跟儒、法两家公开叫板。

主要的争论焦点是对“春秋时代”的理解。

公羊高和穀梁赤认为，春秋时代的战争，根本的原因在于“弃王忠君”。也就是说：家臣只能忠于家君（大夫）而不能忠于国君，大夫只能忠于国君（诸侯）而不能忠于共主（天子）。

所有的不忠，便是引发战乱的原因。

这不是明着讥讽魏斯的“立国不正”吗？

吴起笑道：儒家真的嫌命太长了吗？

他瞅准机会，马上发扬纵横家落井下石的强项，骂道：简直是放屁！春秋就没有什么忠君爱国的义战。如果都忠君爱国，三家怎么分晋？魏氏岂能立国？

这事要搁在魏斯活着的年代，公羊高和穀梁赤的脑袋早就被吴起当球踢了。

可吴起没认清楚的是，现在当家的是“侯二代”魏击。

有什么不同吗？

当然不同。

在魏斯面前讲“忠君”，这根本就是打魏斯的脸——因为这爷们儿就是靠“不忠君”起的家；但是，如果在魏击殿下讲“不忠君”，无疑是质询魏击的来历——因为这哥们儿就是靠“忠君”继的位，今后他的子孙们还是要靠“忠君”继续干下去。

黑帮老大在混江湖的时候，你若是讲“帝王将相宁有种乎”这样的话，白手起家的老大一定会赞同你的见解。

但是当老大打拼下偌大的家业甚至建了个国家，你这样讲居心何在?

有人说吴起离开魏国，是因为魏击听了相国公叔痤的谗言。

呵呵，若不是魏击害怕吴起这个把“不忠君”的事儿当饭吃的家伙去夺他的权，凭这些从小就接受各种高级教育和尔虞我诈的君子哥儿们，会中公叔痤的计？——你傻就傻，真以为别人也和你一样傻呀!

吴起离开魏国时，“武卒兵团”也没开个会、合个影欢送一下，这就使吴起颇为伤感：你们这些没良心的丘八，老子对家里人不咋样，和你们可是同吃同住，甚至用嘴吸吮你们的脓疮。

这样对老子，有你们后悔的一天。

六年后（黄帝 2316 年，前 381 年），吴起带领楚军与赵国联盟攻打魏国，一下子打破了魏氏宗族立国后从未失败的神话。

谁在哪里站位、谁在哪里偷懒——我都一清二楚。

我组建的兵团，我还收拾不了你!

要不是当年楚悼王死去，吴起被楚国的权贵们乱箭射死，魏国能不能撑到 156 年后灭亡的那一天，还真是一个问题。

魏国真心应该给楚人送一面大大的锦旗，否则哪会有魏罃（魏惠王）的粉墨登场。

黄帝 2328 年（前 369 年），魏罃杀死亲弟弟魏缓，成为魏国一哥，史称魏惠王。

有鉴于驱逐吴起的巨大风险，魏罃知道了纵横家们“事魏则魏强，事楚则楚胜”的厉害手段，他起用了纵横家鼻祖鬼谷子名正言顺的弟子庞涓。

干不过你，就笼络你。

庞涓在魏国牛刀小试，几个动作下来，就把卫国和宋国收拾得服服帖帖，被魏罃封为“故里将军”。

纵横家坐镇魏国，诸侯莫敢造次。

但是，另一个纵横家的出现，拉开了魏国衰弱的帷幕。

这个人便是孙膑。

他是来投靠师弟庞涓的。

庞涓好吃好喝地供奉着师兄孙膑。

谁知因为利益关系，师兄弟俩结下了仇怨。孙膑被魏罃处以膑足、黥面之刑，最后设法逃离了魏国。

纵横家报仇，二十年都不晚。

黄帝2343年（前354年），由于魏国日益强大，为了自保，赵、齐、宋、燕四国组成联盟抱团对抗魏国，引发魏罃的震怒。

齐、宋、燕三国或华或夏，反对我倒也说得过去。你赵国若是没有我们魏氏的老先人们相救，只怕你们这些赵氏孤儿们早在一百多年前就断了香火。

蚩尤的野种子，真是不讲一点点良心。

秦国都被我们打得十五年不敢出关中，还尿个你？

放狗！

庞涓一下子打进了赵国，围住了赵国的首都邯郸。

宝刀依旧锋利，武卒兵团依然强势。

齐、宋、燕三国的当家的差一点儿尿湿了裤子，暗自庆幸自个儿不是那个挑头的。

赵国向齐国求救。

齐威王田因齐和相国邹忌头摇得和永动球一样。

国君怕了，靠杀人吃饭的将军们不怕。

在孙膑的撺掇下，齐国的将军田忌和谋士段干朋对齐威王田因齐说：救呀，为什么不救？等他们狗咬狗打乏打累了，赵国再也翻不了身，魏国也损耗得差不多了，咱们再去救。

田因齐道：人家有庞涓呢。

田忌笑着说：咱们有孙膑呢。

齐国直等到庞涓一年后把邯郸攻破，才派田忌拉着孙膑去救赵国。

救的方法很特别。

他们的目的地不是赵国的首都邯郸，而是魏国的首都大梁（今河南省开封市境内）。

围魏救赵？

你真是一个孙子呵！

武卒兵团没了首都，岂不成了“武漂兵团”吗？

庞涓只好抛下辎重，亲自带兵回救大梁。

当他们人乏马累地赶到桂陵时（今河南省长垣县西南），齐国的八万将士早已将绊马索、闪人坑全部准备停当，轻轻松松地把庞涓生擒了。

仇人相见，分外眼红。

按一般人的想法，孙膑即便不把师弟庞涓剁成肉末儿，最低也会咔嚓一下让师弟的脑袋和屁股分家。

但是，孙膑居然把庞涓放了。

田忌懵了：兄弟，这是使的什么招数？

孙膑道：庞涓这次回救大梁，并未带全部的武卒兵团，咱们达不到全歼的目的。他那几下子我全明白，放回去再钓大鱼。武卒兵团如果再换个头头，我还真摸不清他们的套路。

孙子之所以是孙子，就是他的招数你永远不懂。

懂孙子的只有纵横家。

因为纵横家们把栽倒、吃屎等当作“技不如人”的反省和励志，并不会如常人那般忍受不了耻辱。

觉得耻辱，是因为你尊敬道德；而道德在纵横家们的心中，根本就是个不存在的东西。

被胜利冲昏头脑的孙膑，似乎忘了师弟庞涓也是纵横家鬼谷子的得意门生。

两年后（黄帝 2345 年，前 352 年），庞涓把齐国打得溃不成军，连声求饶，便是连楚国也向魏国献媚示好。

庞涓在酒后醉醺醺地骂道：那年要不是抛下重甲兵器和十二石强弩赶着回

去，就凭你这些孬包能擒得住我？

打你们这些孬包真是没劲。

黄帝2347年（前350年），庞涓带着休整后的武卒兵团攻打秦国，竟然在定阳（今陕西省延安市东南固县镇）围住了正在进行变法的秦孝公。

要不是秦国从立国之后首次低头（也是仅有的一次）“尊魏为王”地乞和，后来有没有秦皇嬴政的什么事儿，还真是难说。

当时，魏国真可谓天下无敌！

如果没有两个人的搅和及一件事的失算，魏罃恐怕会是第一个统一天下诸侯的国君。

这两个人分别是孙膑与商鞅（公孙鞅）。

一件事是上郡的失守。

孙膑对师弟庞涓的两次报复，虽然重创了魏国的武卒兵团，但远远比不上商鞅背叛魏国所造成的伤害。

靠嘴吃饭的商鞅，才是真正挖魏国墙根儿的人。

据儒家说，商鞅是卫国人，并且还是公族之后——而卫国的第一代国君为周文王嫡九子康叔封。

看来商鞅是正宗的华族。

这个本应为华族周室出力的卫国人，居然投在了魏国相国公叔痤的门下当了家臣。

当时魏国文有李悝，武有吴起，商鞅在魏罃的眼中，根本就是一个不起眼的后生小子。

公叔痤病终之前，向魏罃推荐了商鞅。

魏罃说：他是华族，怎么能当魏相？

公叔痤说：君侯不用他，就要杀了他，免得他以后给魏国带来灾难。

等魏罃不置可否、笑呵呵地走后，公叔痤就把商鞅叫来急着说道：你赶快走吧，迟了君侯会杀你。

商鞅道：君侯不听你的建议让我当相国，又怎么会听你的话来杀我？

公叔痤死后，谁也不待见商鞅，商鞅只好去秦国混日子。

这一混不得了，碰上了秦孝公的“求贤令”。

商鞅既知道李悝的律法，又明白吴起组建武卒兵团的架构。更了不得的是，他竟然掌握了制造十二石强弩的核心技术。

秦国如获至宝，焉能不用?

秦孝公的“求贤”，求的不是贤人与圣人，而是打手与杀手。

商鞅把魏国强盛的秘笈和家底儿全亮给了秦孝公。

这个杀手真的猛!

伙计们，咱照猫画虎，收拾这伙魏国鳖孙。

有关商鞅的变法，我们在以下描述秦国的章节中再看。

大家只要记着，由于商鞅的投秦，魏国从此对于秦国，再无秘密可言。

黄帝 2345 年（前 352 年），秦国的乞和让魏罃意气风发，君临天下。

他以朝见周天子之名，在泗上（今泗河流域）召集天下诸侯会盟，其阵势如日中天。

要使他灭亡，必定要让他发狂。

黄帝 2353 年（前 344 年），商鞅从秦国赶到魏国向魏罃建议：您的丰功伟绩，便是夏华两族的历代老大，也够不着您的脚指头。夏华两族气数已尽，是到了你们这些伏羲、女娲子孙们扬眉吐气的时候了。请君侯顺从天下之志，先行称王。

魏罃道：这是你的意思，还是那个吃羊肉泡馍的伙计的意思?

商鞅说：我说服秦君的。他感叹道：毕竟我是吃魏国的饭长大的呵。

魏罃兴高采烈地把自己的宫殿按照天子的规格修建，并制作丹衣和九斿、七星之旗。完成之后，他召集诸侯参加“逢泽会盟”（今河南省开封市南），就连秦公子少官和赵肃侯也前来祝贺。

魏罃从此称王。

你一个夏华两族的仆役和碎催，凭什么称王!

魏罃僭越礼制的行为引起了齐国等诸侯的愤怒，就连早已称王的楚国居然也愤愤不平。

魏国成了众矢之的。

这直接导致了魏国上郡的失守和大片国土的丧失。

黄帝2356年（前341年），魏罃向没有参加“逢泽会盟”的老朋友韩国发起了攻击。

外人都来参加祝贺大会，就你韩国不来？

真是见不得亲近的哥儿们风光呵。

韩国忙向齐国求救。

十一年了，等的就是这一天！

孙膑故伎重演，还是来了一招“围魏救赵”，只不过这次救的是韩。

我的师兄呀，还是这一招？

吃过亏的庞涓这次再怎么着急，也不敢轻装简从，而是带足了装备，意图一下子歼灭了齐军，让他们永世不得翻身。

孙膑也是这么想的，并且一想就是十一年。

这十一年中，孙膑使出各种本事，总是无法战胜庞涓。

孙膑明知武卒兵团的架构、装备和阵法，但就是无法在齐国复制。

因为齐国只有“战士”，却没有合格的“武卒”。

作为老牌贵族的齐国战士，有着夏华两族对待战士认识的传统态度。

如果让他们光明正大地阵前厮杀，为了个人和家族的荣誉，便是明知死亡也不会退缩。

但是，如果让他们和苦力牛马一样穿着三层铁甲，背着几十支利箭，拿着沉重的十二石强弩——这有损贵族战士的光荣形象，还不如杀了他们。

光明正大地打，就是铁人也挡不住魏国急射而来的强弩和横冲直撞的战车。

唉，唉，也只有无耻到底了——必须设伏。

我一个瘫子，还有什么脸去要？

孙膑反复劝说田忌：在宽天大地上，便是靠杀人起家的秦国都抵挡不了魏国的强弩和战车。为今之计，只能在一处强弩和战车都发挥不了作用的地方打埋伏。

田忌犹豫：晋楚的邲之战，至今都要遭到诸侯的讥笑。我们夏族是千年贵族，怎么能干这种下三烂的事儿？

孙膑说：此战不是他死，便是我们死。如果我们要面子——死定了。

田忌思索半晌，想起了美丽的小妾们和乖巧的子女们，叹了一口气，将指挥权交给了坐轮椅的孙膑。

在一个叫马陵的狭谷中，齐国仅用了一万名的弓箭手，便将有力使不上劲儿的庞涓和十万名魏国尽数屠杀，并且俘虏了魏国主帅太子魏申。

史称“马陵之战”。

这一战，魏国的武卒兵团精锐尽灭，而大胜的齐国也被扣上一顶“极不要脸”的帽子，从此被天下诸侯划入蛮夷之流。

战争的终极目的是征服而不是屠杀。

古今中外，我们看看历史就会明白，有些国家和宗族，一会儿打，一会儿和，是因为双方在战争中都不会突破屠杀这条底线，所以就留下了和好的空间和余地。

胜的一方固然荣耀，败的一方也心服口服——只怨自己技不如人。

江湖留一线，今后好相见。

而有些国家和宗族，从头至尾一直在打，是因为其中一方突破屠杀底线，双方都恨不得置对方于死地而后快，内心中就没有个“和好”二字。

种瓜得瓜，种豆得豆。

有什么样的因，就会得到什么样的果。

按照常理，大胜之后，田忌和孙膑必定会被齐国重用，抬上神坛。

但结果是，这场屠杀之后，田因齐（田齐桓公）连年都不过了，牙痒痒地把田忌赶出了齐国，将孙膑软禁至死。

你们不要脸，老子还要脸呢！

这一战的惨败还不要紧，真正让魏国失去掌控天下筹码的是失去上郡的“雕阴之战”。

黄帝 2367 年（前 330 年），魏、秦两国在今天陕北的榆林、延安两市展开激烈的争夺战，目标是：黄帝原冢地（今陕西省靖边县高家沟王坟湾村）。

有鉴于这两个非华非夏的戎狄之国，争夺黄帝原冢地的掌控权太丢夏华两族的脸，所以这段历史便被夏华两族的史官们抹去不记。

此战以魏国失败、割让上郡等十五城而告终。

秦惠文王嬴驷喜出望外，此战不但解决了秦国向东发展的通道，并且占据黄帝原冢地后，秦国可以举起“尊黄”的大旗，放心地当一个祭黄的主祭者。

国之大事，在祀与戎。

谁当了祭黄的主祭者，谁就是轩辕黄帝正儿八经的天下继承人。

魏国和晋国不重视这块夏华两族的祖地，秦国却一直重视。

早在黄帝 1941 年（前 756 年），秦文公不但祭祀了上祖黄帝，并且派兵卒驻扎守卫黄帝原冢；黄帝 2275 年（前 422 年），秦灵公又在这里建“上畤”祭祀黄帝，而且还在吴阳（今陕西省宝鸡市吴山）建“下畤”祭祀炎帝，俨然为“炎黄子孙”正宗传人。

众多夏、华两族之士对秦国此举大为赞赏，纷纷入秦效力，视为同宗。

秦人的文化不发达，但是他们并不傻。

他们从骨子里就明白这块地的利害，嬴驷更是知道这块地的重要性。

从此秦国有了一统天下之心。

从此，魏国走上了下坡路。

面对秦国的接连反击，失去武卒兵团的魏罃只好放下身段，先后与韩国、齐国、楚国、燕国、赵国联合抗秦。

谁知这些家伙们胜利了都来举杯相庆，失败了连个鬼影儿也见不着。

没奈何，魏罃只好向秦国屈服，当了个小弟。

其间，他虽然重用名家鼻祖惠施，请教儒家亚圣孟子，但都于事无补。

武的方面，你失去了武卒兵团；文的方面，你失去了黄帝原冢地——你凭什么再向天下诸侯耍横叫板！

靠名家与儒家的两张嘴吗？

更何况，魏国又把自己宗族的两名人才逼到了秦国。

一个是纵横家张仪，一个是没有什么门派的范雎。

这两个人的事迹，我们在下面的秦国章节中再讲，但大家必须知道，他们两个都曾担任过秦国的相国。

此后，从魏襄王魏赫到魏景滑王魏增的这90年中，魏国除了公孙衍、魏无忌有些名气外，这个鬼方一脉的后裔，基本上就是秦国的出气筒，时不时被敲打一下。

黄帝2404年（前293年），魏国贼心不死，和各诸侯企图削弱秦国，重振霸业。

可叹他们遇到了人类终结者白起。

在伊阙之战中，白起直奔主题，将助援魏国的韩国兵团视为空气，径直地歼灭了24万魏军。

黄帝2472年（前225年），没什么战争底线概念的嬴政命大将王贲水淹了魏国的都城大梁。

魏国的最后一个君侯魏假虽然自缚乞降，但还是被王贲杀死。

至此，立国179年，历经八代君侯的魏国被秦国灭掉了。

千年蛮族——楚国

楚人在黄帝1582年（前1115年）起势，直到黄帝2474年（前223年）被秦国所灭，共享祀892年。

这支祝融根脉的存在，基本上就是打夏华两族的脸。

他们是与华族周室同时兴起的蛮夷宗族，并且合伙灭掉了商朝，从而以当时唯一的蛮夷身份，堂而皇之地分得了夏华两族的一块蛋糕。

虽然这块蛋糕一开始并不大，虽然周室把他们封为第四等的“子国”，但是，这并不影响楚国从立国时只有方圆五十多里的地盘，扩大为战国时代天下最大的诸侯国，也不影响楚人在壮大后和天下的夏华两族叫板。

楚人立国之时，说白了就是夏华两族为天下竖立了一块“包容宇内”的招牌。

他们每年必须向周天子敬贡“苞茅”，主要是用于“缩酒祭祀”。

楚人跋山涉水赶到周室的都邑镐京（今陕西省西安市长安区）敬送贡品后，连个饭桌子也上不了，充其量和其他蛮夷们给祭祀用的火堆添枝加叶，并且防止发生火灾（称为“守燎”）。

看着齐国的齐丁公姜伋、晋国的晋侯姬燮、卫国的卫康伯姬牟、鲁国的伯侯姬禽等在饭桌上吆五喝六，熊绎差点儿气疯：他奶奶的，老子哪方面出的力比他们少了？

于是，楚人停止敬贡，开始纠集南方夷族，以夏华两族为敌。

黄帝1712年（前985年），周昭王姬瑕带兵伐楚，遇到“大兕”（犀牛），以为不吉，停止攻击楚国。

黄帝1715年（前982年）四月初八，镐京的河、井、泉、池诸水突然出现同时泛涨现象，紧接着山川大地都摇晃起来。当天夜里，有五色光气入贯紫微星座，天空竟然看不见二十八星宿。姬瑕认为是楚蛮作怪，便派祭公辛伯攻楚。谁知乌云遮日，日月震动，河水突涨，周室六师全军在汉水覆没（“天大曀，雉兔皆震，丧六师于汉”）。

这一次失败，让姬瑕连鲁侯之弟姬沸杀死兄长鲁幽公姬宰夺取侯位的大逆之事也没心情去管，致使天下诸侯恃强凌弱的现象从此发生，落了一个“王道微缺”的骂名。

黄帝1717年（前980年），姬瑕率军征服淮夷、徐夷（今山东、江苏、安徽一带），迫使二十六个蛮夷臣服周室。

黄帝1720年（前977年），姬瑕再次大举伐楚，将楚蛮全都打趴下后，班师回朝时，却在渡过汉水时跌落水中，不知所踪。

胜了——却没了？

这件事儿太丢人，华族的史官不知道怎么记录，只好写了一句“南巡不返”。因此直到现在，也没一个人能说得清楚姬瑕怎么样去伐楚，最后到底是个怎么样的“谢幕”。

大家总不能和楚人一样没文化地说：周昭王去哪里了？这事得去问龙王呵。

周室三征楚蛮，一次无功而返，一次失败，一次胜利后天子不知所踪，倒使得楚蛮被蒙上了一层神秘的色彩：这些祝融之后，真的是触碰不得的瘟鬼呵。

黄帝1733年（前964年），周穆王姬满征伐犬戎，在阳纡（约在今陕西靖边、神木一带）大胜犬戎，将他们迁至晋国境内（今太原市一带）。

正当姬满在先祖黄帝原冢（今陕西省靖边县王坟湾村）祭祀之时，徐国发生叛乱，僭制称王。姬满命造父（秦、赵两国始祖）驾车快马加鞭赶赴楚国，令他们代表周室征伐徐国。

熊艾大喜，干脆利落地拿下了徐国。

这件事对后世产生的结果非常巨大。

已被周室打得差点儿不能翻身的熊艾，获得了周穆王姬满的青睐，周穆王默许楚人收拢了附庸徐国的三十二个方国，使楚国成为周室的南方大国；而驾驶员造父因为拼命赶到楚国送信，不但被赐封在了赵城（今山西省洪洞县）成为赵姓的始祖，他的侄孙秦非子也获得了周孝王姬辟方的赏识，后来赐封秦地（今甘肃省天水市境内），成为秦国的开国之君。

一个小伯国的叛乱，居然成就了楚、秦、赵这三个大国的建立并最终撕裂、灭亡了周朝。

徐偃王徐诞泉下有知，一定会牙痒痒地恨道：这就是传说中的报应！

黄帝1810年（前887年），熊渠执政楚国。

在他当家的十年中，楚国趁中原诸姬动乱之机，大肆开疆拓土，相继攻打庸国（今湖北省竹山县）、扬越（今湖北省中部）、鄂国（今湖北省鄂州、武汉一带），将楚国势力推进至江汉平原。

占据鄂地后，这里丰富的铜矿资源，直接奠定了楚国之后数百年雄霸周室南方的基础。

在青铜时代，铜矿资源对于一个国家的重要性是不言而喻的。

从中我们就可以看出周昭王为什么拼上自己的一条性命，也要拿下楚、鄂的蛮夷之地了。

楚国可以说是当时的“科威特”。

熊渠不但有资源，并且力大无比，竟然能把箭射进石头里（这个故事后来成为汉将李广的专利）。

更有创造性的是，他把自己的三个儿子都封了“王”。

华族史官的解释是：熊渠这厮很没有文化，居然说“我蛮夷也，不与中国之号谥”。

其实，这根本就不能用他们是没文化的蛮夷可以解释得过去。

熊渠自己称王，尚且是僭越之举；但他居然给儿子们“封王”，这就是很有文化地故意恶心：他分明是把周天子当成了楚国的子侄辈了。

其心实在可诛！

在周厉王姬胡和诸姬的威吓下，熊渠赶紧取消了他们的王号。

这个蛮夷并不傻呵。

就拿今天国内超级富豪们的头衔来说，他们虽然是各自公司董事会的合法“主席”，但他们从不敢以主席名称自居，这个道理一说大家就会明白。

黄帝 1926 年（前 771 年），周幽王姬宫涅被犬戎诸族杀死，其子姬宜臼继位，史称周平王。

这个以“烽火戏诸侯”著称于世的姬宫涅一死，标志着“西周”275 年历史的结束；而姬宜臼把周室都邑镐京（今陕西省西安市长安区）迁到了洛邑（今河南省洛阳市境内），则意味着“东周”514 年历史的开始。

自此，天下诸侯对周室天子的敬畏之心开始动摇。

黄帝 1956 年（前 741 年），熊眴（亦称楚蚡冒）去世，谥号“厉王”。

他的弟弟熊通把亲侄儿一刀劈为两段，自立为君。

熊通开始了自己执政五十年的政治生涯。

第一件事，他迎娶姬姓邓国国君之女邓曼（好现代的名字）为夫人，摆明了向华族的姬姓诸侯们示好。

正当华族的姬姓诸侯们为这个新任“娇客”的身份争论之时，他干的第二件事情便打消了姬姓诸侯们“攀亲戚”的念头：这蛮夷不但把夏族权国灭了，并且把权国设为了一个“县”，成为全世界第一个建置县级行政机构的君主。

大家记住了：世界上第一个县是“权县”（今湖北省当阳市境内），第一个“县长”（权尹）名字叫作斗缗。

这时，负责看守东、南蛮夷的华族姬姓诸侯蔡、郑两国，在邓地（约今河南省邓州市境内）召见熊通准备问责。当他们看到熊通一副天地不怕浑不吝的模样时，便笑哈哈地喝了一顿友谊之酒，各自回家去了。

第三件事，当熊通围住随国，逼迫随侯向周天子索要爵位遭到周室拒绝之后，熊通恼羞成怒：我的祖先鬻熊，是周文王的老师，而周成王竟然只封他为子爵。如今中原诸侯都在背叛天子而互相攻伐，我想效仿祖先帮助周室收拾那帮闹事分子（“我有敝甲，欲以观中国之政”），谁想热脸还蹭上了冷屁股？

于是，熊通在黄帝 1993 年（前 704 年），遍招江汉诸侯巴、庸、濮、邓、绞、罗、珍、申、贰、郧、江等十一国，在沈鹿（今湖北省钟祥市东）会盟之时高调称王，是为楚武王。

从此，楚人正式称王，“春秋争霸时代”由此拉开了序幕。

原来春秋争霸，是楚国熊通开的头呵。

黄帝 2008 年（前 689 年），熊赀继任楚国王位，史称楚文王。

他执政的第二年，便发兵灭了炎族的姜姓中国，返程时把好吃好喝招待他的邓国（伯国）国君邓祁的手下骓甥、聃甥和养甥狠狠地敲打了一下。

打狗也得看主人呀，邓祁可是你熊赀的亲舅舅呵。

熊赀骂道：骓甥、聃甥和养甥都和我还是亲两姨呢，但他们撺掇着舅舅杀我哩。

黄帝 2013 年（前 684 年），蔡国（侯国）国君姬献舞（史称蔡哀侯）因为调戏小姨子息妫，引来了囚身之祸。

他的小姨子息妫不但是春秋四大美女之一（其他三个是齐国的文姜、郑国的夏姬、吴国的西施），更是息国国君的老婆。

关于这春秋四大美女到底美丽成个什么样子，男人们一定很想知道。

息妫是一貌倾三国（息、蔡、楚），大家都叫她“桃花夫人”。

文姜是一貌倾两国（鲁、齐）。

夏姬是一代妖姬，三为君后（陈、楚、晋），七为夫人，号称“杀三夫一君一子，亡一国两卿。公侯争之，莫不迷惑失意”。

至于西施美女嘛，各方面的指标只能垫底呵。

这么美的女人，不要说老姐夫姬献舞想猴逗，没有什么道德底线的熊赀更是垂涎已久。

在听了差点儿戴绿帽子的息国国君哭诉后，熊赀一副正气凛然的样子，借机发兵把蔡哀侯姬献舞掳到了楚国。

息国国君还没来得及说一个谢字，便被熊赀新封了一个官职：门迎阿三。

你们两个草包看见息妫漂亮，难道我熊赀瞎了眼吗？

不但息妫成了熊赀的女人，而且楚国的势力第一次涉足遍布华族姬姓诸侯的中原。

如果此时不是炎族的姜姓齐国姜小白的出现，已灭了三十六个国家的熊赀，恐怕早已把中原的华族姬姓诸侯们打得满地找牙了。

关于楚成王熊恽、楚穆王熊商臣、楚庄王熊侣的事迹，请大家参阅《宗族清洗者——楚庄王熊侣》一章，在这里就不复述了。

接下来，我们看看楚国以后的情况。

黄帝2107年（前590年），熊审执政楚国，史称楚共王。

他面临的第一件事情，便是屈巫（又称申公巫臣）和夏姬的私奔。

青年男女的私奔，从古至今，每天大概都会发生。

但是，中年男女的私奔，这个概率便会很小。概率更小的是：掌权的男人和美丽的女人私奔。

屈巫是楚国的重臣（主管外交），夏姬（姬少）是春秋四大美女之一。

早就想把夏姬搂入自己怀抱的楚国令尹熊婴齐（熊审的叔父）大怒，请熊审向晋国送礼示好，让晋国不要收留屈巫。

熊审对这种中年男女的破事情非常不屑，冷笑了几声，不再理会。

熊婴齐叫上兄弟熊侧，把屈巫的家人和襄老（夏姬前夫）的儿子黑要杀了。

熊审问道：杀屈巫的家人，也算是事出有因。但，为什么杀黑要？

熊婴齐恨道：黑要这个不要脸的，他和后母夏姬居然有一腿。

哈哈，嫖客遇上了个乱伦的。

屈巫听到惨讯后，哭天喊地地骂道：难道中老年人就不能有真爱情了吗？谁他奶奶的又知道，我心仪夏姬17年，苦等了她8年呵。

于是，夏姬的老姘头屈巫，引发了楚、晋、吴三国长达百余年的战争。

他主动替晋国去楚国的后方吴国策反，并手把手教会了吴国军队的“车战之术”。

吴国是“华族姬姓”，据他们自己说，开国之君是周太王公亶父（姬亶）的大儿子太伯（姬泰伯），因为给侄儿周文王姬昌腾位子，躲在了现在的无锡梅村（过去称梅里），史称“泰伯奔吴”。

但是，这个顶着仁义道德光环的吴国开国鼻祖，居然是“断发文身”？

这也太不是有文化的华族的风格了。

再来看看他们历代头领们的名字：前五个国君还有模有样，第六个国君叫熊遂，第七个国君叫柯相，第八个国君叫强鸠夷，第九个国君叫余桥疑吾……直到吴国最叫得响的国君阖闾、夫差，从他们的姓名和行事风格上，何曾看得到华族的一点点影子？

至于后来的华族史官们把吴国当成“自己人”看待，则是采信了赵国人荀子混淆华夏两族的呓语。

华族因为吴国是楚蛮的天生克星，并且是楚蛮真正的“麻烦制造者”，便认同了这个说法，并且把吴国前五辈的祖宗们打扮得一派华族形象。

东汉复国之初，江南一带已被掌控，这个说法在汉朝的“白虎观会议”上得到了强化；

再加之南宋的朝廷因为退居到了南方，在蛮夷的老根据地讨生活，便忽悠当地的蛮夷们：吴人是华族姬姓之后，并且是春秋的“五霸”之一。

这事搁在西方、中东叫“应许之地”，放在东方、中国称“故有领土”。

但不论怎么说，吴国牵制住了楚国北上中原争霸的步伐。

这一牵制，就达111年之久。

从屈巫在黄帝2113年（前584年）入吴教唆吴、楚交恶并“称王”开始，至楚国支持越国在黄帝 2224 年（前 473 年）灭掉吴国为止，吴、楚两国进行了长达一个世纪的战争，也让中原的夏华诸侯们缓了一百多年的气儿。

虽然楚国痛恨屈巫为了一个资深美女而搅得楚国百年不得安宁，但夏华两族的人们却在暗自庆幸吴、楚两国的愚蠢并感激屈巫的出现——还并不影响他们对夏姬的鄙视。

这事要发生在西方，为一个海伦打的特洛伊战争算个毛呵，夏姬恐怕早被那些还未开化的酋长憋红着脸吹上天了呢！

屈巫为了夏姬，爆发出巨大的潜力。

仅在黄帝 2113 年（前 584 年），楚国的军队因为吴国的骚扰，从北到南疲于奔命了七次，让熊审开始动摇了北上与晋、齐两国争霸的野心。

但是，晋国不会忘记打击楚国的方针。

黄帝 2122 年（前 575 年）六月二十九，“鄢陵之战”爆发。

在这场恶战中，熊审的左眼被晋将魏锜射瞎，他的儿子熊筏被俘。

包扎完伤口的熊审给了楚将养由基两支箭，道：谁射的我，你射死他！

春秋第一射手养由基出帐之后，只一箭，便将魏锜在千军万马中射杀。

第二天，楚军准备反攻，但熊侧大醉，昏睡不醒，熊审只好退兵。

从此，楚国基本上失去了中原争霸的能力，转而专心对付吴国这个卡在屁股上的搅屎棍子了。

黄帝 2137 年（前 560 年），熊昭继位，史称楚康王。

熊昭的王座还没有捂热，吴国的新任君主诸樊（又名吴遏，吴顺王）趁楚国大丧之机，派兵攻打楚国。

熊昭大骂：你爹去年刚死，我爹今年新丧，自古诸侯“闻丧不伐”，说我们楚人是蛮夷，吴人就是什么好鸟吗？

养由基带兵迎战，学习晋国设了三处埋伏，大败吴军，并俘虏了吴军将领公子党。

一年后，熊昭又派叔父令尹熊贞攻打吴国，吴国死活不正面迎战。当熊贞撤军回楚时，吴军从皋舟的险道上拦腰截击楚军，俘虏了楚国的公子宜谷。

两个新王，打成了平手。

连吴国也收拾不了，怎么对付中原的千年贵族？

熊昭反思之后，认为问题出在了大夫兄弟们的身上。

之前因为熊侧、熊贞等大夫兄弟们的个人原因，楚军连续两次失败。

这个问题，到了非解决不行的时候了。

不重用自己的宗族血脉，谁去拼命打仗？

重用大夫兄弟们的结果，则是他们犯了错误还不好责罚。

更要命的是，他们的手下，只听他们的命令。

一旦主人抓瞎，全体就会趴下。

为解决这个问题，熊昭对大夫兄弟们的权力进行了“平衡制度”。

令尹（相国）之位，再设一个右尹的职位。

名义上是辅助，实际上形成了制衡。

大司马（军队总司令）之位，再设左右两个司马的职位，并让自己的儿子担任，这就是赤裸裸地抢权了。

此后，熊昭在经济上又实施“量入修赋”的改革，对楚国的国土状况进行了全面而详细的调查分析，依据各地生产力之高下，分清土地的类型和档次，根据收入多少，制定出征收车马、车兵、徒卒、甲木盾之数。

这一系列长达 12 年的改革，无论是对楚国还是后世的中国，都具有重要的意义。

这比“商鞅变法”还早了 201 年。

为什么没人提？因为他们是蛮夷。

蛮夷是创造不了文明的。

就如现在极端的民粹主义者，一直都鄙夷西方或中国之外的现代文明一样：他们有什么？无非是飞机大炮而已。

野蛮就这么令中国人不屑吗？

楚国的“平衡制度”，使“二卿相恶”变为“众卿争功”，成就了春秋战国时代疆域最大的国家；秦国野蛮之极的“首级军功制”，消灭了长达两千多年的夏华贵族文明；波斯人野蛮的杀戮，根绝了中东的数个“文明”；阿拉伯人野蛮的征服，统一了各个国家的思想；十字军的野蛮行径，硬生生地创造出了一个现代社会的“军火世界文明”……

野蛮往往是文明的送终者，而文明从来抵挡不了野蛮的摧毁。

一个文明要想长久，如果没有制止野蛮的办法，再怎么古老也没什么作用。

咱总不能念《道德经》去抵御核弹的冲击波吧？

以暴制暴，那是野蛮人的行为，不是中国人的风格；但是，我们怎么着也要想出一个“以文制暴”的方法吧？

黄帝2149年（前548年），舒鸠国（中国上古氏族之一，偃姓）背楚投吴。熊昭怒火中烧，命令新上任的令尹屈建率大军前往攻讨。

吴国当然要出面保护新收的小弟。

楚吴两军在战场上僵持了七天七夜，最终楚军又使用了晋军不要脸的方法，将吴军诱入伏击圈，将吴军打败。

同年十二月，吴王诸樊率军攻打楚国的附庸巢国（有巢氏后裔，中国上古氏族之一），被巢国的贵族牛臣玩了一个全世界最早的“空城计”，一箭穿心。吴王诸樊也成为中国历史上第一个当场阵亡的国君。

经过熊昭的改革，楚国终于迎来历史上最为辉煌的时代。

他成功地化解了楚国的后患吴国的威胁，并且和秦国结盟，趁晋、齐两国恶斗之时，重新向中原的华族姬姓诸侯们下手。

黄帝2151年（前546年），实在受不了楚蛮骚扰的宋国大夫向戌，出面邀请了楚、晋、宋、鲁、卫、陈、郑、曹、许、蔡等十四国的掌政大夫们，在宋国都城商丘（今河南省商丘市）开会，调停楚、晋两国间的战争。

会议达成的共识是：奉晋、楚两国为共同霸主。

晋、楚的权利为：除齐、秦两国外，各诸侯国须向晋、楚同样纳贡。

不遵守盟约的后果：谁破坏协议，各国共讨之！

呵呵，楚蛮居然和根红苗正的华族晋国平起平坐，并且还接受夏华两族诸侯国们的朝贡。

眼看着此后号称“春秋时代”的 242 年间，有 43 名君主被臣下或敌国杀死，52 个诸侯国被灭，大小战事 480 多起，诸侯的朝聘和盟会 450 余次，历代的周天子们冷冰冰地讥道：真以为老大是好当的吗？

今天，很多人对世袭制度、封建制度以及中华人民共和国以前的各种制度，都是持批评态度的。这就好比开着跑车的人讥笑走路的人缓慢一样，双方不在同一个环境，不具备相同的条件，又加之以前逝世的人们不能从地下出来开口辩解和反驳，便显得现在的专家、学者们知博古今，学通天地。

道家的庄子和惠施的对话，很值得活着的人温习。

庄子说：鱼在水中自由游玩，多么快乐呵（“鲦鱼出游从容，是鱼乐也”）。

惠施道：你又不是鱼，怎么知道它是快乐的（“子非鱼，安知鱼之乐”）？

庄子说：你又不是我，怎么知道我不能感觉到鱼的快乐（“子非我，安知我不知鱼之乐”）？

惠施道：我不是你，确实不知道你的感觉；但你也不是鱼，你又怎么能知道鱼的快乐呵（“我非子，固不知子矣；子固非鱼也，子之不知鱼之乐，全矣”）？

这真是把话说到头了。

我们不是黄帝、颛顼、帝喾、帝尧、帝舜、大禹和夏、商、周等的君主贵族们，今天又怎么能去断定世袭制度、封建制度不是当时最不坏的制度呢？

比如世袭制度。

这个制度对于中国的家庭和家族来说，现在还具有积极的意义。

张三的财产，必须由张三的子女们继承，谓之“子承父业”。

别人继承行不行？

肯定不行。

如果这么办，必然会乱套。

这个世袭制度在中国的家庭和家族中得到了认可，但是在国家这个层面上，却遭到了历代有本事人们的反对。

反对的理论基础是：皇帝轮流做，明年到我家。

反对的例证是：请看历朝昏庸的皇后代、皇末代们的言行。

反对的底气是：大家都是炎黄子孙，凭什么你们一家独大？

有没有替代的好一点儿的制度？

有呵。

方案一：我当老大最好。

方案二：和我有相同理想和共同利益的某人或某个团体说了算也行。

方案三：共和制、民主制、议会制、协商制亦可。

方案四：政教合一也是一种不错的选项呢。

关于方案一：因为有本事的人们都想当老大，但又因为当老大的成本太高，所以有本事的人们只能达成一个共识：谁也不能当老大！

由此便产生出了方案二：既然谁也不能当老大，那么只好产生相同理想和共同利益的宗族或团体联合组成执政集团。但相同的理想是什么？共同的利益是什么？可悲的是——这理想和利益最后还得一个人说了算。

这不行呀，又回到原点了。

于是方案三出现：必须共和，必须民主，凡事大家得议，得协商，不能一个人说了算。

这事搁在一个人口不多的小国或者小村子或许可行，比如传说中的希腊各个城邦据说干得还不错，欧美诸国在建国初期也还能看得过眼。但从现在来看，随着他们的人口增多和对物资的增量需求，能够在“共和、民主、议会、协商”的菜桌子周围的最后依旧是有势力、有资本的这两拨人。有时候他们不好意思或不方便在公众面前露脸，也会找几个有平民背景的励志者作为他们的代言人当一下领导人，让平民们过一下“美国梦”的瘾。比如奥巴马，大家千万别以为他是单打独斗上的位，如果没有资本和财团的支持，他连一版竞选广告的费用也掏不起。

方案三的可行性随着人口的增多和对物资的增量需求，看来除了不断地向外掠夺和殖民，好日子的尽头眼看着就会终结，那么方案四就成了一种尝试和选项。

上帝的归上帝，恺撒的归恺撒。

这都是命啊，我亲爱的羔羊们。

独裁者做不到或解释不了的，只一句话：一切都交给上帝裁决！

上帝真的很闲吗？

上帝真的会为人类的愚蠢和暴行买单吗？

纵观楚国的历史，可以说是试遍了当时人类社会已知的几乎所有形式的政治制度。

他们开始实行的是酋长制，但这种原始的政治形态不仅不利于宗族的发展，最终还会遭到种族的灭顶之灾。

于是，楚人学习了夏华两族的禅让制、世袭制、封建制、宗族制，但由于文明化程度极低，又没有相应的文化保障措施，仅靠几句“楚辞”还形不成思想道德方面的约束，大家分秒之间就会毫无忌讳地破坏这些制度。

因此，楚人又寻求任贤制（谁狠谁当老大），军功制（仅限于楚国贵族），合议制（几大宗族共同决定重大事项），共和制（兄弟宗族共荣辱，齐进退），甚至还弄出一个全世界最早的郡县制。但是由于始终没有形成思想和文化上的根本价值观，虽然人猛器锐，国土广阔，最终还是干不过有着根本价值观的夏华两族。

儿子能杀父亲吗？

子女能不孝顺父母吗？

人能不讲诚信吗？

人能不知荣辱吗？

丈夫可以不忠于祖国吗？

妇人可以朝三暮四吗？

楚人认为行。

夏华两族认为不能，不可以——凡犯此大忌者，人神共诛之！

一时的屈从，不代表夏华两族的永远臣服。

熊昭的风光，只是短暂的风光，武力的风光。

便是在楚国与晋国“弭兵之会”歃血盟誓之时，双方为谁拿盛牛耳的盘子（雅称执牛耳）就差点儿又引发战争。

楚国的将领叫喊令尹（宰相）屈建必须拿盛牛耳的盘子主持歃血盟誓仪式，晋国的将领视为奇耻大辱：他娘的，和你们楚蛮平起平坐已是抬举了尔等，我夏华两族祖宗黄帝打出来的天下，倒让这伙野蛮人当主盟者了？

宋大夫向戌为了息事宁人，把屈建和晋国的赵武（赵文子）叫在一起商量。

谁知屈建的几句话，便让宋、晋的谈判代表无语：我们楚人没文化，但我们有的是气力。我们不懂你们夏华的规矩，不然你们也不会叫我们楚蛮。这盘子我端也得端，不端也得端。我也算是个文化人，你们看这样行不行？盘子我端，牛耳我执，但在盟约上晋国列第一，楚国排第二。

晋国的赵武无奈地叹道：你这纯粹是一副我是流氓我怕谁的架势呵。

向戌赶紧圆场：和楚人讲道理，这不是对熊跳舞吗？楚人要面子，晋人讲证据，皆大欢喜，皆大欢喜嘛。

三个人的协商结果，使得春秋时代出现了四十多年的和平局面。

此后一年（黄帝 2152 年，前 545 年），熊昭逝世，楚国开始了下坡之旅。

熊员（楚郏敖）在位仅仅四年，便被小叔（季父）熊围（楚灵王）用帽带子活活勒死，熊员的儿子莫和平夏也被顺手干掉。

黄帝 2156 年（前 541 年），熊围自立为楚王。

四年后，熊围在楚国的申地大会诸侯，由于晋国、鲁国和卫国没来参加，宋国更是只派了一个代表。这使想露个脸、亮个相的熊围恼怒不已。

楚臣伍举说：这不是一个好兆头，我们既要对到会的各国以礼相待，同时也要展示我们的武力，使诸侯们心存敬畏。

熊围骂道：天杀的夏华懦夫，三天不打，还上房揭瓦了！

他当场侮辱别国派来的使臣，并且对来到的各国君王毫无礼貌，整个会议期间都骂骂咧咧，脏话连篇。

为了获得一个疾恶如仇的好名声，熊围居然异想天开，把弑杀齐庄公的齐国叛臣庆封抓到了楚国游街示众，准备达到两个目的。

一、瞧瞧，谁说我们楚人不匡扶正义？

二、楚人也是赞同夏华两族对“叛臣贼子人人得而诛之”的态度的。

谁知死到临头的庆封也是一条光棍，他在广众面前嘲骂熊围：天下人都可唾我骂我，唯独你熊围不能这样对我。你也不尿一泡照照自己，你是怎么当上的楚国国君？

这笑话闹大咧。

庆封的话让满大街的人都掩口而笑，熊围恼羞成怒，传令把庆封剁了。

看来匡扶正义这个事，还真不是不讲仁义道德的兄台们干得了的。

大的战役虽然暂停，小的战争却连续不断。

熊围虽然在庆封事件中闹出笑话，但他对“匡扶正义”的执着却未停止。

一个人最缺什么，往往死劲儿地追求什么。

黄帝 2164 年（前 533 年），陈国内乱，熊围令弟弟熊弃疾（楚平王）助陈平息，哪料想这个千年贵族的古国，为女人争风吃醋大打出手时都是爷们儿，保家卫国时却是一帮软蛋。还没等熊弃疾拿起刀子评公道，国君和大夫们便逃的逃，溜的溜。

熊弃疾懵了：都跑了？那咱匡扶谁呢？

熊围震怒：这伙鳖孙是给他老先人颛顼帝和周武王的长女大姬丢脸呢，干脆灭了，设置为县，让穿封戌那个炮筒子当县公去。

楚国的第二个县建立了。

但熊围追求“匡扶正义”的步伐并未停止。

黄帝 2166 年（前 531 年），蔡国的姬般（蔡灵公）进入他的议事日程。

姬般是楚国的娇客（女婿），但他的老婆却和父亲蔡景侯睡在了一起。遇着这类事儿，匹夫尚且难以忍耐，何况这些王孙公子？

姬般瞅了个机会，把老爸的大脑袋割了下来。

你爹再不是个东西，也轮不到你来决定他离开人间的日期。

熊围将姬般诱请到申城，饭饱酒酣之时，突然变脸，令手下把姬般带来的士卒七十人全部杀了个干净。

姬般醉醺醺地问道：这是咋了，还动上刀了？

熊围骂道：为了一个女人，杀了自己的父亲，你小子说咋了？

姬般红着脸道：这都十年前的事啦，你早干吗去了？

熊围正经八百地道：匡扶正义，永远不晚。

杀了姬般后，熊弃疾灭掉蔡国，收了蔡国的地盘，号称“蔡公”。

天下一时哗然。

这愣货居然灭了这两个千年的贵族古国？

陈国的先人可追溯到颛顼大帝，那可是夏族的二祖和战神呢。

蔡国也不含糊，始封之君是周武王的亲弟弟叔度，如假包换的华姬贵族。

熊围再这样“匡”下去，马上便会招致天下夏华两族同仇敌忾的群殴。

熊弃疾和楚国的贵族们嗅到了危险即将来临的气息。

黄帝2167年（前530年），熊弃疾策划了一个瞒天过海的篡权方案，可谓人类有史以来最为隐蔽的计谋，至今无人望其项背。

第一步：熊弃疾暗中让观从（蔡国大夫观起之子，其父被熊围所杀）纠集陈、蔡、不羹、许、叶等被熊围灭国的贵族们俟机准备复仇，回报是：让他们复国。

第二步：命人伪造他的笔谕，去晋国叫回逃亡的三哥熊訾敖潜入楚都郢城（今湖北省江陵市西北纪南城），承诺是：立熊訾敖为新王。

第三步：三哥熊訾敖为王的前提条件是：必须亲手杀死太子熊禄！

第四步：杀死太子熊禄后，必须迅速称王，并传令远在淮北的楚军：国家已换新王，乖乖回来的，官职不变，待遇不变。如果继续跟着熊围这个昏君的，就要被杀头并夷灭三族。

这四个步骤走下来，熊訾敖顺利地成为楚初王。

熊訾敖高兴得不得了：够兄弟，够意思！我这个小弟弟可真是聪明绝顶呵。

第五步：熊弃疾在二哥熊围面前大骂三哥熊訾敖的背叛，并信誓旦旦地要带兵杀回楚都郢城为太子熊禄复仇。大军开拔之时，什么都没丢，偏偏丢下了熊围一个人；丢下了熊围一个人还不要紧，奇怪的是方圆几十里地竟然没有留下人能吃的东西——熊围被活活地饿死在了山里。

事已至此，大功告成。

观从却觉得不对劲，他告诉熊訾敖：这事情不合情理嘛。熊辛疾承诺让我们复国，可我们的国都是他亲手灭的；他让人伪造自己的手谕叫您回国称王，恐怕是事情失败了好撇清自己的干系；他让您亲手杀死太子熊禄，这是陷您于不仁不义之地；他让您称王却没有可以调动的军队，这不是个光杆司令吗？他饿死熊围却不亲手杀了他，究竟安的什么心？

熊訾敖骂道：你个亡国奴，少在这里挑拨我们钢一样的兄弟感情。赶紧给老子滚，若不是念你出人出力，早剁了你。

第六步来了：熊弃疾在回都的路上，让船夫在长江岸边奔走呼告：熊围带着大军回来了，凡拥戴熊訾敖的人都没有好果子吃。

楚国上下惊恐不已，都躲在家里不敢出去。

第七步收尾：熊弃疾派斗成然（若敖氏之后，也称曼成然）告诉熊訾敖和令尹子晰：楚王熊围没饿死，马上回来了。就他那个暴脾气，你的亲弟弟建议你们尽早想个办法了结——唉，让众人活活吃了或被火慢慢烧死，这……这也太痛苦了呵。

熊訾敖哭道：都是一母同胞的兄弟，不带这么玩人的。

楚初王和子晰自杀后，熊弃疾被楚国贵族拥立为王，是为楚平王。

这么天衣无缝的篡政计谋，居然被楚蛮玩了个顺溜，谁还敢说他们没文化？

熊弃疾执政后，首先宣布：让楚国民众休养生息五年，再考虑用兵与否。

其次，他信守承诺，让蔡人和陈人复国，并让许、胡、沈、道、房、申的公族迁回故地。

最让人想不到的是，他居然让观从自选官职，浑不计较观从的反叛。

这事想想就会明白，观从和一众亡国奴在熊弃疾眼中，就好比蝼蚁对狮子的威胁，可以忽略到无视的地步。留着观从和一众亡国奴，可以落一个气量大度又不背信弃义的好名声；但杀了观从，蝼蚁们今后谁敢为他的阴谋出力？

楚人与夏华两族周旋了几千年，真以为他们都傻呵？

但是，对外人的宽容，不代表对自己人的放纵。

熊弃疾因为斗成然与巨商养氏之间对财富的争夺，麻利地把居功自傲、贪得无厌的斗成然脑袋割了下来，并把养氏的财富归为己有。

最让人受不了的是，熊弃疾居然和蔡景侯的爱好一样，喜欢对儿媳妇下手。

秦景公嬴石的女儿孟嬴，原本是嫁给熊弃疾的儿子熊建的，可是到了楚国，竟然被熊弃疾看上娶进了自己的王宫里。

有史学家认为，这事儿是楚国的奸臣费无极撺掇的。

这话真的是可笑之极。

大家试想一下：费无极撺掇着熊弃疾去吃屎，看看他会有什么样的下场？

楚国的贵族们惊了：老实点儿吧，再闹事，谁也不得安稳。

随着时间的推移，楚国的贵族们发现，只要自己对权力和财富方面没有过分的贪婪，熊弃疾还是很大度的。

比如熊弃疾派枝如子躬到郑国把犨、栎两地还给他们，谁知枝如子躬花天酒地了一番，绝口不说还地的事儿。

郑君早已风闻，带着试探的口气问：敝国道听途说，上国要把犨、栎两地还给我们，就请大夫吩咐吧！

枝如子躬摇头：我不曾听说有这个命令呵。

回楚后，枝如子躬脱掉官袍，跪倒请罪：臣违命，没有丢弃国土。

熊弃疾沉默半晌，道：你回去休息吧，以后寡人还有要事让你去办的。

比如熊弃疾派司马奋扬去杀自己的儿子熊建，奋扬暗中派人先去告密，自己则不慌不忙上路，直到熊建逃到了宋国，他才赶到了城父（今安徽省亳州市谯城区东南）。

奋扬让手下把自己押送郢都去待罪，熊弃疾大怒：此令出自寡人嘴里，进到你的耳里，是谁泄漏给熊建的？

奋扬坦然说：是罪臣泄漏的。

熊弃疾骂道：混账东西，你好肥的胆子！

奋扬说：大王曾经嘱咐，要臣像服侍大王一样服侍太子。臣按大王先前的嘱咐执行，不忍心按大王后来的命令执行。

熊弃疾问：那你怎么还敢来见寡人？

奋扬说：臣没有完成大王的使命，如果不来，就是再次违命了，臣不敢。

熊弃疾无奈指着奋扬道：滚，回去当你的窝囊官去！

奋扬没事，但伍奢却被关了起来。

罪名是：密助太子作乱。

伍奢大怒，便口不择言地大骂：你自己爬灰心虚要杀自己的儿子，关俺的甚事？

熊弃疾急了：寡人爬什么灰了？孟嬴和熊建没有洞房之实就被我娶到宫中，这乱伦之事从何说起？再说，我给熊建也找媳妇了，他都没怨言，你吵吵个鸟？

费无极火上浇油道：这武夫仗着两个儿子势大，平日价谁都不尿呵。

熊弃疾下令：叫伍尚和伍员（伍子胥）来，否则杀了他爹。

伍尚听到消息，赶忙收拾行李要去郢都替父求情，伍员劝哥哥不要去，去的结果非常不妙。

伍尚说：我们不去，父亲必死；如果去了，或许还有一半的活命机会。

伍员跺脚道：一锅烩了怎么办？连个报仇的人都没了。

伍尚说：父亲给了我们一切，就是明知去死，也要和他老人家死在一起。

伍员急道：总得有个报仇的人哩。

伍尚说：你若逃走，我与父亲必死。这样吧，我陪父亲共赴黄泉，你去别的地方活命。以后的事，就看你的本事和造化了。

熊弃疾听说伍员逃跑，便把伍奢和伍员父子杀了。

这一杀，直接导致了十七年后，吴国人侵楚都，熊弃疾的尸体被伍员挖出来晒太阳。

黄帝 2181 年（前 516 年），熊弃疾安然离世（这在楚国非常罕见）。

熊弃疾的叔伯兄弟囊瓦认为：太子熊轸年龄太小，他的母亲孟嬴虽是正室，但有前太子熊建未婚妻的名声，怕诸侯会耻笑楚国。

建议：熊弃疾的庶子熊申为王。

熊申反对。

奇了怪了，让你当国君，又不是叫你去掏大粪！

国君这个职业可是非常抢手呢，花多少钱都买不到呵。

熊申做梦都想当国君，但他很清楚自己的身份不对。

因为他是庶子，一旦当上了楚王，正宗的王孙公子们还不活生生地把他撕碎吃了。

熊申认为：国有国法，改立君主就会招致祸乱杀戮——国君非熊轸不可！

熊轸继位，是为楚昭王。

黄帝2183年（前514年），吴王姬僚在伍员的建议下，趁楚国政局未稳，派同母兄弟公子掩余、烛庸率军包围楚国的六、潜二邑。

他娘娘的，又趁国丧偷袭来了？

熊申派兵断绝了后路，吴军进又不敢进，退也退不回。

于是，公子阖闾（姬光）在家中宴请吴王姬僚，商议军国大事。

阖闾的父亲是诸樊，姬僚的父亲是夷昧，而诸樊、余祭、夷昧和季子札是一母同胞的亲兄弟。阖闾和姬僚，有个共同的亲爷爷叫姬寿梦（吴国第二十任国君）。

两个亲叔伯兄弟喝酒的结果是：伍员给阖闾推荐的职业杀手上演了“专诸刺王僚”剧目，从而拉开了中国政坛暗杀之风的帷幕。

掩余、烛庸两位公子投降了楚国，要求政治避难。

熊轸不但答应了他俩的要求，并给他们筑城赐田。

爷爷就要恶心一下你们“吴狗”。

阖闾也不是个吃素的主儿，他派伍员和孙武率军攻打楚国，夺取楚国的舒邑，诛杀了公子掩余和烛庸。

熊轸真是倒霉透顶，在他的任期内，偏偏遇上了心狠手辣的阖闾，以及复仇心切的伍员和诡计多端的孙武。

这三个人遇着一个就让人头大，何况是“三星高照”呢。

熊轸开始了长达二十五年的屈辱之旅。

黄帝2191年（前506年），对熊轸骚扰八年的阖闾终于瞅准杀口，趁晋、齐、鲁等十八国召陵会盟商议伐楚之机，攻克了楚国的郢都。伍员找不到已逃到郧国（今湖北省安陆市一带）的熊轸，为报家仇私愤，竟然掘开楚平王熊弃疾的坟墓，在光天化日下鞭尸三百，引发天下哗然。

夏华祖训：一死百了，入土为安。

吴国放纵伍员掘墓鞭尸，真是一群没底线的蛮种。

秦哀公嬴籍怒了：楚人不算个东西，吴国更不是个玩意儿！

秦国出兵五百乘，将阖闾、孙武和伍员赶回了吴国。

这一场恶战让楚国的元气大伤，使秦国的名声大噪，令吴、越两国的仇恨更深，从而导致唐国（今山西省翼城县境内）、胡国（今河南省舞阳县境内）、顿国（今河南省商水县境内）被灭，蔡、鲁两国势弱，天下大势为之骤变。

楚国不但被迫迁都于都（今湖北省宜城境内），也成为春秋五霸中第一个被攻破国都的霸主。

黄帝 2208 年（前 489 年），熊轸病倒在救助陈国的军帐中。临终之际，熊轸拟传位于兄弟，但三个兄弟都不接受。等他死后，他的兄弟拥立熊轸的次子熊章继位，是为楚惠王。

熊章的亲奶奶是秦国的公主孟嬴，老娘是越王勾践的亲女儿越姬。

有这两个女人坐镇助威，再加上三个叔父的鼎力支持，他想不辉煌都很困难。

但是，经过苦难才能知道威武的意义，被人出卖才能明白背叛的阴险。

这堂教训之课，是由他的叔伯兄弟巢邑大夫熊胜（白公胜）给他上的。

熊胜的父亲熊建是楚平王熊弃疾的儿子，与楚昭王熊轸是同父异母的兄弟。

熊建早年因父亲楚平王熊弃疾娶了原本属于自己的女人孟嬴而逼迫流亡国外，不想被郑人杀死。熊胜亡命天涯，直到被熊章召回楚国，他才有了一口饱饭吃，但他念念不忘郑国的杀父之仇。

黄帝 2216 年（前 481 年），晋国攻打郑国，郑国向熊章求救，熊章派叔父熊申和熊胜去救郑国。

熊胜路上向叔父熊申哀求：灭掉郑国，为我父报仇。

熊申摇头道：这事不好办，君上的意思是救而不是灭。

熊胜火了：叔父两年前就答应侄儿出兵讨伐郑国，今天有这大好机会，怎能放过？

熊申斥道：军国大事，岂能被家仇左右！

回国之后，熊胜纠集死士在朝堂之上突袭杀死熊申等大夫，并把熊章囚禁起来。熊章被随从屈固冒死背着逃到了越姬的宫里，躲藏得无影无踪。

叶公（就是“叶公好龙”的叶公，又称沈诸梁）听到消息后，率军杀入都城，逼迫熊胜自缢，拥护熊章重登大宝。

从此叶公兼任楚国令尹和司马政、军二职，一时权倾天下。

那个“叶公好龙”的故事是后来汉朝儒者刘向杜撰的，因此叶公给人们留下一个口是心非的伪君子形象。其实，叶公可谓楚国的第一位精明贵族（他的曾祖父是春秋五霸之一的楚庄王熊侣）。

黄帝 2208 年（前 489 年），孔子听说叶公政绩显赫，特意入楚向叶公请教伦理道德的标准问题。

叶公听了孔子关于伦理道德的认知后，便问：既然是“父为子隐，子为父隐”，那么你们夏华两族面对亲人犯下的罪孽，该怎么去处理？

孔子回答：父不言子之德，子不论父之过。

叶公笑了：那你们怎么去管别的人呢？

孔子反问：那你们楚人怎么处理这类情况呢？

叶公正色道：父有过责罚父，子有失处置子，谁犯的错谁自己去承担。

孔子问：不讲亲情和大义吗？

叶公点头：嗯，我们楚人在大是大非面前，天王老子也不认，必要之时，大义灭亲未尝不可。

呵呵，“大义灭亲”居然是楚蛮提出来的，并且还是那个被汉人讥笑的“好龙者”。

黄帝 2222 年（前 475 年），执掌军政大权的叶公将权力全部交给了熊章，自己回到封地叶邑（今河南省平顶山市叶县南叶邑镇）养老。

不是一个把世事看透的精明智者，能这样因义而起、急流勇退吗？

楚惠王熊章闪亮登场。

黄帝 2219 年（前 478 年），熊章令熊申之子熊朝彻底灭掉陈国，又一次将陈国设置为县，理由是：陈国趁楚国“白公之乱”侵袭楚国。

黄帝 2221 年（前 476 年），熊章与姥爷越王勾践上演世纪双簧大戏：楚、越两国看似兵戎相见，但意在迷惑吴国松懈。仅用三年的时间，便把不可一世的吴国从地图上抹掉。

勾践报了灭国吃屎之恨，熊章也除掉了困扰楚国一百多年的附骨之疽，趁机将势力扩张到江淮、淮北地区和泗水一带。

黄帝 2250 年（前 447 年），熊章派兵攻灭蔡国（今安徽省凤台县境内）。

黄帝 2252 年（前 445 年），熊章灭掉夏族姒姓的老牌公国杞国（今山东省安丘境内）。

黄帝 2258 年（前 439 年），熊章命鲁班制造云梯准备进攻宋国，后为墨子阻止（详见本书《墨家》一节）。

熊章在位五十七年，有史可查地灭掉了四个诸侯，却很少遭到华族史官们的口诛笔伐，原因何在？

《新书·春秋》记载：熊章某日在吃饭时，发现酸菜上有水蛭，于是赶紧吞食下去，紧接着便腹部疼痛难忍，不能上朝。

令尹前来探问：君上是吃了什么不该吃的东西吗？

熊章悄悄地说：今天吃饭时发现有水蛭，我如果去责备下人，那么厨师和管理膳食的官员按法令都该被处死；我如果只是责备而不治他们的罪，这是破坏咱制定的法令。思前想后，只好吃下去算了。

令尹感动得连忙叩拜说：我听说天道是没有亲疏的，只帮助有德行的人。君王具有如此仁德，上天一定会不让病疼伤害您的。

当天晚上，熊章去厕所排出了水蛭，同时患有多年心腹积块的顽疾也豁然痊愈，史称“吞蛭病愈”。

这样的“楚蛮”，华族的文化人但凡长点良心，还真不忍心往他的身上泼脏水。

黄帝 2266 年（前 431 年），熊章去世，儿子熊中继位，是为楚简王。

熊中执政的二十三年中，只灭了一个莒国（今山东省莒县，祝融八氏之一），给了天下一个仁慈的形象。

其实当时的状况，让熊中不得不龟缩在自己国内。

因为此时已进入战国时代，赵、韩、魏三大新兴宗族，已经把中国的中原之地搅了个天翻地覆，谁掺和进来谁倒霉。

熊中倒是想有所作为，但杀红了眼的赵、韩、魏可是逮谁咬谁呢！

和人抢地盘可以，和疯狗争食不是闲得没事干了吗？

黄帝2289年（前408年），熊中去世，儿子熊当继位，是为楚声王。

熊当执政的八年间，连一天的好日子都没过上，结局竟然是被几个不知名的“盗贼”杀了，可真是弄了个天大的笑话。他死之后，楚国平稳了四代世袭的王位之争又开始了激烈的争夺。

熊当的儿子熊定与熊疑拉开了火并的架势，最后熊疑胜出，是为楚悼王。

刚继位一年的熊疑，便接到了哥哥熊定从国外送来的“大礼”：赵、韩、魏联军。

熊疑骂道：胳膊肘儿朝外拐？再说赵、韩、魏这三个杂种，你们瓜分华族晋国的时候我们楚国并没有干涉，千年的古族，还怕你这毛还没长全的狗崽子！

双方开打，楚国败了。

看来时间再长的古族，也干不过刚亮出爪牙的狗崽。

黄帝2304年（前393年），熊疑派兵报复韩国，夺取了负黍（今河南省登封市西南）。两年后，韩国带着赵、魏联军第二次杀到楚国，大败楚师于大梁（今河南省开封市西北）、榆关（今河南省新郑市东北）。熊疑不仅丢失了这两处重要的战略要地，连楚国侵占郑国的大梁等地也被魏国夺了去。

熊疑招架不住了，只得“厚赂于秦”。秦国于是出兵攻占韩国的六邑，赵、韩、魏不得不对付秦国，这样才减轻了楚国的压力。

赵、韩、魏三国眼见着秦、楚联合天下无敌，便转而拉拢田氏齐国形成统一战线对抗秦、楚联盟。从此，齐、赵、韩、魏四国与秦、楚两国对峙，天下大势已经由“夏华之争”转化为“蛮夷火并”！

熊疑对外面临赵、韩、魏三国的压力，对内则要应付屈、景、昭三大贵族的威胁，日子过得真是如坐针毡。幸亏吴起的到来，使他缓过一口气来。

黄帝2311年（前386年），吴起得罪了魏武侯魏击，来到了楚国。

熊疑大喜过望：这就是令天下闻风丧胆的魏国“武卒兵团”的老大呵！

他颁令下去：任命吴起为楚国令尹，并且明确：吴起的话就是我熊疑的话，如果有敢违抗者，杀无赦！

吴起也不含糊，把李悝的法令和自己的思想在楚国全面推行开来。

有鉴于纵横家没底线的无耻和不承认自己是门下弟子，吴起第一条法令便是“破横散纵，使驰说之士无所开其口”——靠嘴忽悠的纵横家们，都给大爷滚一边儿去！

第二条法令便是昭告楚国的贵族们，如果再没有什么新的功劳，躺在老先人功劳簿上吃饭的爷们儿就要“均其爵、平其禄”——贵族哥儿们的舒坦日子到头了。

第三条法令便是“卑减大臣之威重”——朝中重臣都干好自己分内的事儿，手不要伸得太深！

对于官吏也有三项规定：一是“塞私门之请，一楚国之俗”——动不动就请客，动不动就说情，这样的风气不好，得改。

二是“使私不害公，谗不蔽忠，言不取苟合，行不取苟容，行义不固毁誉”——从今儿个起，大伙儿要言行端正，公私分明，都得守规矩。

三是“罢无能，废无用，损不急之官”——没本事的，混日子的，起不了作用的冗官们，全部废掉。

军事方面只有一条：“禁游客之民，精耕战之士”——战士们不但要能打仗，还得会种地，没事少骑着马、拿着刀到处耀武扬威。

吴起的改革，使楚国在经济、军事等方面得到质的提升。

效果是：把收回爵禄的贵族全派遣到楚国的偏远地区“以实广虚之地”，增加了耕地面积和行政控制力；实行“募兵制”后进行训练，“一人学成，教成十人；十人学成，教成百人；万人学成，教成三军”，让本就凶悍的楚人更加有组织地杀戮。

有上面两个基础，熊疑征服了南方五岭一带的百越部落，使楚国南部的领土扩展到今湖南和广西交界一带，占有了洞庭、苍梧之地。

最让熊疑开心的是，趁魏、赵两国交恶之际，楚国借机攻击魏国，不仅收复了北方原陈、蔡两国被赵、韩、魏瓜分了的土地，客观上也解除了赵国的被困之围，成功地瓦解了赵、韩、魏联盟，这比齐国的“围魏救赵”早了二十八年。楚国将势力扩展到了黄河岸边。

还有喜事。

楚国的军队竟然击败了不可一世的秦人。

于是，楚人“兵震天下，威服诸侯”，诸侯各国皆畏服熊疑。

大喜之后有大悲。

熊疑听到大败魏国的消息后，突然兴奋得窒息而死。

眼看就要灭绝魏国的吴起只好回楚奔丧，谁知被打击的老贵族屈宜臼、阳城君等早已设定了他的死期。

吴起眼见自己在丧礼上被围不得生还，干脆爬到熊疑的尸体上大喊：群臣乱王，我今一死，尔等都会灭族！

屈宜臼、阳城君等知道如果不杀死吴起，自己的脑袋和身体便会立刻分离。他们乱箭将吴起射死，全然顾不得熊疑的尸体上插了多少支箭杆。

熊疑的长子熊臧默然地看着这一切，一个字也没有说。

黄帝 2317 年（前 380 年），熊臧继位，是为楚肃王。

这位楚王充满了“肃杀”之气。

大权在握之后，他冷冷问道：在我父王身上射箭的有哪些个混账东西？

臣下回答：七十余家。

熊臧：全部射杀！

臣下正准备去执行，熊臧又道：把他们的三族全都灭了，一个不留。

臣下问：按周律还是参考秦制？

熊臧道：有什么区别？

臣下说：周律只灭父、子、孙男性三支，秦制灭父母、兄弟、妻子六脉。

熊臧：按秦制。

吕不韦认为这是“吴起之智”，意在灭绝楚国的贵族。

说这话真不怕闪了舌头——如果他身处当时的险境，除了求生，哪还顾得上想什么死后之事？

熊臧几乎把楚国的贵族灭了一大半，懒散的贵族们倒是不见了，但出力的贵族们也少了许多。

随着人口的增多，宗族封建制的缺陷也日益显见。

人少的时候，宗族封建制不失为一种可行的政治制度。

因为打下来的江山，利益由为数不多的宗族兄弟们共同分享，君主们也能分配得过来；但是人数一旦众多，君主连兄弟子孙也认不全乎，再加上众多庶民的需求，宗族封建制的结果便是分裂成一个又一个的小独立王国。

不靠宗族兄弟的力量，遇着个危难，外姓的人们不会真心出力；靠宗族兄弟去打拼天下，又难以控制他们势力的壮大。

总之一句话：小国寡民，才是宗族封建制适合的土壤。

熊臧诛灭楚国贵族的恶果是：他在位的十年中，不但老仇敌魏国把楚国打得落花流水，就连蜀人也不时在他们的国土上骂几句“先人板板”呵。

黄帝2327年（前370年），熊臧死后无子，弟弟熊良夫继位，是为楚宣王。

熊良夫是一个谨慎而又虚心纳谏的楚王，这种风格在楚国真是少见得很。

有个江国（伯益后裔，在今河南省正阳县境内）的亡国者江乙在楚国当官，某天见到熊良夫说：有个人对狗好得不得了，他的狗向井里撒尿被邻居看见了想去告诉他，却被狗堵在门口咬得进不去。

熊良夫笑道：这照门狗是谁呢？

江乙说：令尹昭奚恤。他常常阻挠我来见君上，就像恶狗堵门一样。

熊良夫笑问：你见我干什么？

江乙说：听说君上见到常给别人说好话的人便夸赞他为“君子”，对经常批评别人毛病的人便斥责他为“小人”，有没有这回事？

熊良夫道：有什么不对呢？好孩子是夸出来的。

江乙又说：明白了，好话好听嘛。那么君上一定不会听到子杀父、臣弑君的故事了。

熊良夫立身道：我明白你的意思了。顿了片晌，熊良夫问：听说北方的诸侯们都害怕昭奚恤，他的威信果真是这样厉害吗？

江乙知道熊良夫的担心所在，便讲了个故事：老虎饿了，捉到一只狐狸准备饱餐一顿。狐狸说：虎兄您千万不能吃我，我是天帝派下来看管森林中野兽的官员，您如果吃掉我，就藐视了天帝的威严。老虎笑道：就凭你这点本事，谁信呢？狐狸说：如果不相信我的话，我在前面走，您跟在我的后面，看看群兽们见到我，有哪一个敢不逃跑的呢？老虎信以为真，就和狐狸同行。群兽见到它们，果然纷纷逃跑了。

熊良夫问：然后呢？

江乙说：君上国土方圆五千里，大军上百万，却由昭奚恤独揽大权。因此，北方诸侯哪里是害怕昭奚恤这只老狐狸，其实是害怕君上这头猛虎啊。

熊良夫是一头虎不假，但绝对不是一头猛虎。

在他执政的三十年里，秦孝公嬴渠梁强大到了周室天子都要溜须拍马的地步，魏罃和田因齐更是如日中天。秦、魏、齐三家兼并战争激烈，纵横天下，不要说是谁也不待见的楚国，便是连赵、韩这两个靠军功起家的凶神恶煞都得当缩头乌龟。

也许江乙对安陵君（熊良夫的男宠）的一番说辞，道出了当时宗族封建制社会的真相：你既不姓熊，又不姓姬，也不姓屈，君上为什么宠爱你？

是的，你熊良夫又不姓姬，怎么敢欲图华夏？

熊良夫生不逢时，只好守住一亩三分地，哪敢有“广辟疆土”的雄心。

但是，他“休兵息民、著税伪财”确实干得不错，为儿子楚威王熊商、孙子楚怀王熊槐在后来的争霸战争中打下了坚实的基础。

黄帝2357年（前340年），熊良夫的儿子熊商继位，是为楚威王。

熊商的智商不低，也的确比父亲楚宣王熊良夫威风。

有兵，有钱，哪个君王耐得住性子？

他执政六年后，齐威王田因齐和魏惠王魏罃在徐州双双称王，这使得熊商有了君临天下的理由：他娘娘的，天下只有两个王，一个是嫡亲王华周，一个是外姓王熊氏！

田齐和鬼魏，就你们两个土豪——也配？

楚军在徐州把田氏齐国打得溃不成军。

呵呵，华周王室连大屁都不敢放一个，反倒是楚蛮又一次“匡扶了正义”。

夏华两族，彻底势衰。

搂不住势头的熊商，干脆把老亲戚越国地盘夺了一大半，从此版图西起大巴山、巫山、武陵山，东至大海，南起五岭，北至汝、颖、沂、泗等地，并囊括长江中下游以及支流众多的淮河流域，成为当时天下最大的国家。

黄河以南，尽皆楚蛮。

苏秦曾赞叹熊商：“楚，天下之强国也；王，天下之贤王也。地方五千余里，带甲百万，车千乘，骑万匹，粟支十年。此霸王之资也。”

熊商不理会纵横家们的忽悠：“寡人之国西与秦接境，秦有举巴蜀、并汉中之心。秦，虎狼之国，不可亲也。而韩、魏迫于秦患，不可与深谋，与深谋恐反人以入于秦，故谋未发而国已危矣。寡人自料，以楚当秦，不见胜也；内与群臣谋，不足恃也。寡人卧不安席，食不甘味，心摇摇然如县（悬）旌而无所终薄。”

熊商大哥，您这样清醒，还有别人吃的饭吗？

他死的前一年（前330年），楚军攻占了今重庆巫溪县、巫山、奉节县一带，置为巫郡。至此，三大盐泉都归楚国所有，巴国失去主要的经济来源。楚军又从枳邑出发西进，攻下江州东面的阳关和巴国国都江州（今重庆市渝中区）及其北边的陪都垫江（今重庆市合川区），并进入云南和四川西南部。

秦惠文王嬴驷嗅到了危险：这伙计是想把秦国弄个肉夹馍哩。

但是，这盘大棋还未布局完备，执政十一年的熊商死了。

大家都松了口气呵。

如果熊商再多活个二十年，有没有秦国的戏还真是难说。

黄帝2369年（前328年），熊商的儿子熊槐继位，是为楚怀王。

魏国趁楚国国丧之际，攻打楚国，夺取了径山。

这世界怎么啦，都要不要脸的这一套呢？

熊槐问手下：怎么办？

手下回答：凉拌。

意思就是：国丧之时，万勿轻举妄动。

这个主意出得非常馊。

因为此时的熊槐已经二十五岁了，他不是一个弱小的只听大人话的孩童。但手下是手无缚鸡之力的懦夫，光靠君主一个人的力量，看来也顶不了多大的事儿。

楚蛮至此渗入儒者的孱弱，血性渐消。

更为糟糕的是，熊槐使用了刚刚二十岁出头的屈原进行变革。

变革是必须的，但如何变革却是一个因地制宜、因势利导的战略大活儿，最怕的便是原搬照抄。

为什么要变革？

是因为原来的那一套劳什子过时啦，不灵了。

用当代的话说，就是跟不上时代发展的脚步了。

屈原写几句楚辞大概还凑合，“香草美人”似乎也玩得顺溜，若是进行变革，便犯了文化人的通病：照书本来改变现状，企图实现文化人的幻想。

书本如果真的是灵丹妙药，那还要统治者和政治家干什么？

屈原嚼着吴起的残羹剩饭在楚国开始了变革，并且起了一个非常好听的名字：美政。

楚国贵族对他恨之入骨：他奶奶的，维护楚国靠的是我们的戈而不是你们的辞，为什么动不动就拿爷爷们开刀？

屈原在国内折腾，熊槐在国外扬威。

五年后，熊槐大败宿敌魏国，夺取八座城池，一血陉山之耻。

百足之虫，死而未僵呵。

紧接着，熊槐把田氏齐国打得出不了国门，齐、赵、魏、韩、燕等国不得不暂时臣服楚国，熊槐呈现了楚国最后的辉煌。

黄帝2379年（前318年），熊槐被推举为六国“纵长”，形成了七国合纵攻伐秦国的局面。

黄帝2384年（前313年），齐楚联军攻取秦国的曲沃（今山西省临汾市），斩断了秦国东出的通道。眼看着秦国就要被乱刀分尸，楚国的贵族们却撂挑子了。

咱们在前线拼命，屈原他们在国内革我们家属的命啊。

熊槐赶紧把屈原流放在了汉北地区（今河南西峡、淅川、内乡一带）。

可是，变革失败的阴影，绝不是打发一两个人就能消除已经造成的社会阶级矛盾。

如果是这样简单，历代统治者和政治家们还不天天想着法子去变革，用得着那样思前想后、如履薄冰地去下大决心变革吗？

变革好了是兴盛，变革坏了的后果最低是混乱，最坏是灭亡。

真以为变革是闹着玩的？

真以为变革是喊几句口号那么简单？

黄帝2385年（前312年），熊槐被纵横家张仪忽悠得与田氏齐国翻脸后，恼羞成怒的他派兵攻打秦国的丹阳和咽喉蓝田，遭到秦国的疯狂反击，并被夺取了汉中郡和召陵（今河南省漯河市境内）。韩、魏两国也瞬间变脸，趁机进攻楚国在中原的领土。

这么快就没落了？

贵族们不出力，文化人们不满意，不没落才怪呢。

熊槐认真反思：看来贵族和文化人都靠不住了，只有靠庶民。

他在寒冬围炉烤火都觉得手脚冰凉，推己及人，便让人给平民百姓挨家逐户去送木炭，虽然留下一个千古称颂的成语“雪中送炭”，但当时庶民并不是开疆拓土的主力，这事儿还非得贵族们带个头才行。

他对于变革这个事儿是提也不敢再提，倒让屈原私底下笑话他“惩羹吹齑”了。

熊槐沉默了十二年，彻底打消了争霸天下的雄心。

当乖宝宝也不行。

这世界不是你想乱就乱，你想歇就歇。

遥控器永远不会在弱者的手上。

黄帝2398年（前299年），秦国连夺楚国的八座城邑，最喜欢玩文字游戏的秦昭襄王嬴稷牛皮哄哄地给熊槐写了封信：老兄弟，如果你不想在楚国的都城请我喝酒，咱们俩在武关见个面，顺便拉一拉话儿，看今后怎么办。

昭雎劝告：嬴稷不是个讲理的主，不能去。

熊槐道：都打到门口了，不去行吗？那好，我不去，你们谁敢去？

屈原摇头：我们都没这资格哩。

文化人说好的不准，说坏的准灵。

熊槐与嬴稷见面，还没正经地喝顿酒，嬴稷便要求他割地求和。

熊槐大骂：做你的春秋大梦！千年以来，只有我们楚人夺别国的地，何曾有过割自己的土？

嬴稷大怒，索性把熊槐囚禁起来。

楚国的贵族们也不含糊，为了打消嬴稷讹诈的念头，立刻将熊槐的儿子熊横从田氏齐国接回来拥立为新王，是为楚顷襄王。

嬴稷要挟无望，便派兵大举入侵楚国，杀了五万多人，连夺了十六座城池方才罢手。

楚人惊呆了：这他奶奶的谁才是蛮夷哩？

可是，批判的武器远远比不了武器的批判，楚人再怎么愤怒，也不敢和秦国拼命。因为此时人类终结者白起正在秦国冉冉升起，谁招惹他，灭国事小，这杀神可是奔着“灭人”来的呵。

熊横继位三年后，嬴稷把楚怀王熊槐送回了楚国。

送是送回来了，但送回来了的是一具早在一年前就不出气儿的尸体。

楚国大恸：千年以来，楚人何曾遭受如此大辱！

熊横也不是个善茬，他在秦、齐两国当人质的时候，居然杀了秦国的大夫逃走，眼见着是一条不受辱的光棍。他立刻宣布与秦国断交，纠集兵力，准备把嬴稷千刀万剐。但是，当他知道白起在魏国杀了二十四万兵卒后，腿就一直抖个不停。

恰好文艺青年嬴稷又给他来了一封信：小兔兔，听说你准备和我玩命，好得很呵。准备好了吗？咱们痛痛快快地打上一仗，看看是你们的脖子硬还是白起老师的刀子快？

熊横一点都不敢横了，赶忙派人向秦国说：一死百了，咱们是百年的老姻亲，还不如魏、韩这伙杂种子了？

为了表明亲戚比外人强，熊横当即迎娶秦女为妇，并且跟着嬴稷去攻打老盟友田氏齐国，很是尽心尽力。

熊横不敢向秦国下手，并不代表他对别的小国客客气气。

他居然想打天下宗主华族周室的主意。

干不过狠的，还收拾不了你这个“夕阳红”了？

周赧王姬延派武公到楚国游说令尹昭子：听说你们要把周室的九鼎抢运到楚国？

昭子道：好像有这么个想法吧。

武公问：你们老是要这个东西，真不知道有什么用呢？

昭子道：听说九鼎之上有伏羲老祖给天下各个大宗族分配的地盘图。如果是真的，我们楚人也是伏羲和女娲老祖们的正宗子孙，你们夏华两族今后就少嚷嚷我们是蛮夷。

武公说：哪里有的事！即便传闻是真的，你们就不想想这九鼎是谁铸造的？——是夏族的四祖大禹呵。

昭子道：哄人哩，大禹当时忙着处理水患，哪有时间干这个？

武公说：好吧，全当是伏羲老祖铸造的。但是，楚国的地盘现在这么大，恐怕早超出伏羲老祖规定的范围了吧？

昭子喝了口水：谁还嫌自己的地多哩。

武公说：咱们友好地分析一下下：我们现在已经够惨的了，真经受不起楚国的折腾。你们要抢九鼎，我们是挡不住的。

昭子笑道：聪明的人寿长呢。

武公说：但是，周室的天子会自刎在九鼎之前向上天谢罪的。

昭子道：这又何必呢。

武公说：九鼎移，天下亡。杀害天下共主的罪名，楚国真的愿意承担？

昭子道：这还真不是个事，我们灭的诸侯小国数都数不过来。

武公说：别生气，我们是在友好的气氛中探讨嘛。问一下，你认为华周是诸侯小国吗？

昭子没有吭声。

武公说：咱们再来友好地分析一下下：天下共主世代为夏华两族交替，华周是弱不禁风了，可夏华两族的兄弟依然遍布天下。你们逼死周天子，哪个大国会亲近你们，哪个小国敢依附你们？

昭子道：来，先喝口水。

武公说：说完了再喝吧。咱们再想象一下下，九鼎到了楚国，是不是会出现这样热闹的场景：天下诸侯都会来讨伐楚国，因为他们要名正言顺地为周天子报仇。咱俩都知道，真来报仇的也没几个，但想瓜分楚国地盘的可一定是数不清啊。

昭子笑道：玩笑话，玩笑话，谁说我们想要九鼎嘛。来人，上酒上菜呵。

熊横听昭子汇报完他们的对话后笑道：华族的嘴抵得上几把利刃呀，听他们的，吓都吓死了。

臣下庄辛说：这是真话，不是吓唬人的。

熊横道：愿闻其详。

庄辛说：蜻蜓长着六只脚和四只翅膀，自认为无忧无患，与世无争，却不知顽童正在调糖稀涂在丝网上准备粘住它。

熊横看着庄辛没有吭声。

庄辛继续说：黄雀比蜻蜓飞得更高更快，也从不和人们争食，殊不知早已被拿着弹弓的公子王孙视为射击目标，转眼之间便成了他们口中的美餐。

熊横沉默不语。

庄辛继续说：蔡灵侯毫无雄心壮志，不掺和诸侯之间的任何纷争，一门心思只想着吃喝玩乐了此残生，却不承想成了宣王的阶下之囚。君上想想，不想找事的麻烦事还要找上门来，没事惹事——是天生不怕麻烦吗？

熊横道：狠话都放出去了，不去实行怕诸侯们笑话。

庄辛说：商汤、周武依靠百里土地而使天下昌盛，夏桀、商纣王拥有天下但到头来终不免身死国亡，为什么天下不反对商、周？因为那是他们兄弟间的家事，谁当天子都是黄帝的血脉。蚩尤、共工、后羿、伯益等人倒是夺得过天下，最后还不是招致天下诸族群殴，现在谁还能见着他们的后裔呢？

熊横的额头渗出了汗珠：现在怎么办？

庄辛回答说：臣早就因为州侯、夏侯、鄢陵君和寿陵君这些小人而对君上说过：见到兔子以后再放出猎犬去追并不算晚，羊丢掉以后再去修补羊圈也不算迟。现在楚国土地虽然狭小，但如果截长补短，还能有数千里，为什么要夺取华周的百里之地、夏华两族的祭祀九鼎而招来天下群殴的恶果呢？

好家伙，一段话用了好几个千古流传的成语。

熊横大惊失色，赶紧将州侯、夏侯、鄢陵君和寿陵君这些好大喜功的小人驱逐出朝班，心中暗想：华周的一个车把式就把楚国弄得灰头土脸，如果华周真的好灭，早灭了几千回了，还轮得着我这一代？

此后，熊横成了秦国的乖孩子。

乖孙子也不灵。

黄帝 2417 年（前 280 年），秦国攻打楚国，楚军兵败，割让上庸（今湖北省竹山县境内）、汉北（今湖北省境内）地区。

黄帝 2418 年（前 279 年），杀神白起第一次兵临楚国，夺取西陵（今湖北省宜昌市境内）。一年后，杀神白起第二次兵临楚国，夺取老都城郢都，焚毁楚国先王们的陵墓。

毁稷戮社，夷墓平陵，这哪里是侵略，分明是灭国的节奏嘛。

白起彻底瓦解了楚人与生俱来的蛮横之气。

屈原的投江自杀，完全表现出楚国贵族们的失望自弃情绪。

黄帝 2434 年（前 263 年），熊横在惊恐中得病而亡。

在长达 35 年的执政生涯中，熊横虽然与秦国有不共戴天的杀父之仇，但终其一生，未敢与秦国一战，真的让人怀疑他是不是楚蛮的正宗血脉呵。

他的儿子熊完用黄歇（春申君）的“偷梁换柱”之计从秦国逃回来继位，是为楚考烈王。

熊完面对的是一个即将完蛋的烂摊子。

破罐子只能破摔。

由于熊完在秦国受惊不能生育，铁哥儿们黄歇索性把自己已怀有身孕的侍妾、赵国人李园的妹子李嫣嫣送给了熊完，把好朋友的义务尽到了极致。

他们与秦国的叔伯兄弟赵国联盟，成功地使秦、赵两个兄弟再次翻脸，埋下了三年后“长平之战”的仇恨种子，使楚国得以又缓了二十多年的悠悠气儿。

黄帝2437年（前260年），杀神白起坑杀四十万赵国将士，天下震惊：这伙计是奔着杀尽天下人去的呀!

在平原君赵胜的请求和门客毛遂的逼迫下，熊完答应出兵解赵灭国之危。

楚魏联军虽然逼退秦军，但熊完看到秦国一年后重振旗鼓把魏国打得哭爹叫娘，便知道自己肯定没好果子吃。

这哥儿们突发奇想，派黄歇向周赧王姬延汇报：秦国势大，眼见着夏华两族的天下都要吼秦腔吃肉夹馍了。我们楚国虽是蛮夷，但也是一个从头至尾和华周并肩作战的老牌蛮夷。让一个车把式呼来唤去，人都丢不起呵。

姬延叹道：我没办法管这群二球货呀。

黄歇道：天下是轩辕黄帝他老人家打下来的，这地盘正儿八经地还得夏华两族当家。您不发命令好多年了，但并不代表没有诸侯敢不听命。只要以天子的名义带头出兵，并召集天下诸侯削弱秦国才能救夏华。我们楚国义不容辞，一马当先，绝对不含糊。

姬延红着脸说：我连三军都凑不齐，拿什么出兵?

黄歇道：就算出十个人，那也是“王师”呢。

姬延与大臣们商量后，觉得也只能这样破罐子破摔了——万一理想实现了呢?

于是便起草诏令，分发六国，约定时间集中兵力攻打秦国。

姬延好说歹说，勉强凑合了六千人马。为筹集这批人马的军费，他只好向国内的富商大贾借债，并答应灭秦后还清本钱和利息。

到了约定的日期，姬延把六千人马带到了伊阙（今河南省洛阳市龙门）后，发现只有楚、燕两国到了。

又等了三个月，其余的诸侯玩人间蒸发，连个道歉的公文也不发一封。

看来是靠小姨子养娃娃，只叫姨夫不叫爸。

熊完叫道：羞先人哩，还说你是天下共主？靠这几个人，还不够秦国打牙祭的。

姬延痛哭一场，灰头土脸地“班师回朝”了。

回到家还没顾得上喝口热水，众债主便堵住门口讨债。姬延无法还钱，就躲在宫内的高台上充耳不闻，闭目无语，留下了一个“债台高筑”的故事。

羞先人哩，羞先人哩！

华周名存实亡。

名存也不行——行将就木，还敢打秦国的主意！

黄帝2441年（前256年），嬴稷派秦将摎攻打华周，姬延害怕秦军像白起那样毁稷戮社，夷墓平陵，便跑到秦国俯首认罪，把华周仅存的三十六邑、三万人口都献给了嬴稷。

嬴稷将姬延绑在柱子上游街示众，恶狠狠地道：我看天下诸夏诸华哪个敢出头？

更荒唐的是，嬴稷竟然把“天子”姬延贬为了“平民”。

熊完在楚国叫道：你嬴稷是个什么东西，居然敢废“天子”？愣小子就等着天下的诸夏诸华把你狗日的剁成肉末儿吧！

熊完的叫唤起不了一点点作用，天下的诸夏诸华也没有一个敢为姬延出头。

姬延回到东周都邑后郁愤而终，民众纷纷向东逃亡，秦国轻易地收取了诸侯垂涎的九鼎和其余珍宝，并且未立新王，意味着历时879年的华周王朝走向终结。

华周王朝的祭祀从此断绝。

熊完到死都不承认“长平之战”和“华周灭亡”是他点的火。

黄帝2459年（前238年），熊完病重之时，铁哥们黄歇告诉他：李嫣嫣的亲哥哥、赵国人李园想谋害君上。

熊完不信：他可是悍儿的亲舅舅呵。

黄歇急了：君上见过哪个诸侯家里讲亲情吗？

熊完一死，李园没和妹子李嫣嫣商量，便雇用刺客砍下了黄歇的脑袋。

李嫣嫣哭了：今后的日子咋打发呢？

李园嘴上劝道：一旦让楚人知道熊悍是黄歇的种子，有你们母子的好日子过吗？心里想：有亲爹在，舅舅算个毛呵？

熊悍继位，是为楚幽王。

与他同时登上秦国大宝之位的是新的秦王嬴政。

熊悍执政十年，可以用幽闭症来形容，基本上活在嬴政的光环之下。

他似乎没干什么事，也没说过什么话，更没有留下什么成语故事。

值得写一笔的是，他在去世的前一年（前229年），见证了秦国灭亡魏国的惨烈过程，见证了秦王嬴政的空前凶悍。

之后，熊悍三十八岁的弟弟熊犹只当了两个月的楚哀王，便被异母兄弟熊负刍杀死，李嫣嫣也被剁了脑袋，舅舅李园被满门抄斩。

楚国的贵族们这才发现，原来熊悍是个杂种呵！

这可是楚国建国近千年以来从未有过的糗事。

熊负刍执政，成为楚王。

由于他是楚国亡国之君，所以连个谥号都没捞得着。

黄帝2471年（前226年），刚执政两年的熊负刍，便遭到了已经执政12年的秦王嬴政的猛烈攻击，被连夺十数座城邑。

熊负刍向嬴政提出：拟献青阳（今湖南省长沙市）以西土地来求和，但嬴政仍派二十万大军去攻打楚国的平舆（今河南省平舆县境内）、寝（今安徽省临泉县境内）和陈城（今河南淮阳市境内）等地。

熊负刍的火一下子蹭到脑门子上了：宁可战死，不能跪亡。我是楚蛮，你是西戎，大家都受夏华两族两千多年的鸟气，就不能手下留个情吗？

他奶奶的，鱼死网破吧！

楚人眼见灭亡在即，同仇敌忾，开始了最后的疯狂。

项燕出场了，他居然偷袭了秦军的新兴名将李信和蒙恬，斩杀了秦军的七位都尉，使嬴政在统一天下的过程中唯一一次尝到了失败的苦果。

嬴政暴怒，一年后便派举国之兵六十万大军到了楚国，命令灭国专业户王翦：不灭了这伙挨锤子的楚蛮，我就灭了你！

这是个啥难事？

碎碎的碎事儿嘛。

王翦启动了熟门熟路的灭国程序。

不到三个月的时间，王翦和蒙武（蒙恬之父）便杀了项燕。

项燕是楚国后期“民兵”也可以说是雇佣军的头领，他既不是楚国的老牌贵族，也不是国外来的移民，他的身世真没有人能说得清楚。

世人只知道，他有个亲孙子叫项羽。

一年后（前223年），王翦攻入楚都寿春（今安徽省寿县），生擒了熊负刍，建国892年的楚蛮灭亡了。

华周近千年想实现的梦想，让嬴政一年多就完成了。

李代桃僵——田氏齐国

黄帝 2216 年（前 481 年），炎族齐国发生了一件大事。

田氏宗族的宗主田恒（田成子）杀死了齐简公姜壬。

此事天下震惊。

一个相国，居然会杀死自己的君主？

孔子为此流泪愤慨，斋戒三日，请求鲁哀公姬将讨伐田恒：乱臣贼子，人人得而诛之。

姬将一摊手，摇着头说：鲁国势力弱小，咱没这个谱，跳不了那个舞。

那么，孔子为什么称田恒为“乱臣贼子”呢？

因为这个齐国七大宗族之一的田氏来路不明，族谱不清。

据田家人说，他们的始祖是陈国国君陈厉公妫跃的儿子妫完（又称陈完、田完）。

完了？

完了。

那你们既然是夏族帝舜姚重华的后代，也有自己的国家，为什么在齐国安家？

窃钩者诛，窃国者侯——关你甚事！

其实早在六十四年前（黄帝2152年，前545年），田恒的亲爹田无字（又称田桓子）凭着雄厚的财力，已将齐国的公族和国人蜜倒了一片。

你没有地？

来来来，我这里有的是地，送给你了。

你没有粮？

来来来，我这里有的是粮，送给你了。

大家真不要以为田无字什么人都送，否则把他自己全送出去也不够贫民塞牙缝儿的。

他送的有范围：齐国的公族和他们的后人。

公族当然有点骨气：君子不吃嗟来之食。

我借给你还不行吗？

这个——行。

借的时候大斗出，还的时候小斗进。

想让齐国的公族和他们的后人说不好都难呵。

大家一边占着田氏的便宜，一边夸着田氏的善良，一边又担心如此下去，田氏就是有金山银山也会被吃空了。

你担个什么心？

黄帝2208年（前489年），田氏第五代宗主田乞（田僖子）灭掉齐国的国、高两个宗族，将他们的财产据为已有，一下子本利全收。

到了田氏第十二代宗主田和当家做主时（黄帝2306年，前391年），已经积蓄了一百五十四年的田氏宗族不但财力愈盛，而且人丁兴旺，终于将炎族齐国的最后一个君主齐康公姜贷流放到了海上晒太阳。

黄帝2311年（前386年），在魏国的“推荐”下，田和被周安王姬骄封为

“齐太公”。

星星还是那个星星，月亮可不是那个月亮了。

黄帝 2318 年（前 379 年），田齐废公田剡毁了炎族的宗祠，姜子牙的塑像被打得粉碎，炎族姜氏香火至此绝祀。

从此炎族姜氏齐国灭亡，夏族田氏齐国兴起，加入战国七雄的行列。

黄帝 2323 年（前 374 年），田齐桓公田午杀了哥哥田剡和侄儿田喜，当上了田氏齐国的君主。虽然到了不要脸的时代，但田午弑兄杀侄的行为还是让老牌的贵族和新兴的强族们心里极不舒服。

都这样搞，什么时候才是个头？

燕、鲁、卫等老牌贵族公国纷纷讨伐田氏齐国。

令人可笑的是，魏、赵两个侯国居然也加入了“正义讨伐”的行列之中。

笑什么？

魏、赵两国虽然道德水准低下，但这并不妨碍婊子骂荡妇呵。

我不要脸，难道我就不能谴责别人不要脸的行径吗？

就在田午被天下人唾骂讨伐之时，他抬出了黄帝这面大旗。

我们源自陈国贵族，陈国贵族源自帝舜姚重华，帝舜姚重华源自夏族鼻祖颛顼大帝，颛顼大帝源自天下共主轩辕黄帝；齐国的鼻祖是黑帮老大姜子牙，姜子牙源自那个被蚩尤打得屁滚尿流的炎帝榆罔。我们田氏是夏族正宗，姜子牙的齐国是炎族之后——谁是乱臣贼子？

魏国的西河学派叱问：你们有什么证据？

田齐威王田因齐跳出来道：真以为俺爹造假呢？你们听听道家的爷们儿是怎么说的。

黄帝 2341 年（前 356 年）左右，在田午的长期策划下，田因齐完成了君父的遗愿，“稷下学宫”正式挂牌营业了。

这是世界上第一所由官方举办、道家主持的高等学府；而当时在稷下学宫教学的，都是一些震古烁今的人物（详见本书《阴阳家》一节）。

这个学宫的主要班底是道家。

主要教材是《黄帝四经》和《道德经》。

教授的主要方式有两种：一种是学经，另一种则是辩论。

主要目的是：证明黄帝是天下共主，夏华两族是天下正宗。

百家争鸣，由此开始。

黄老之学，从此光大。

尊敬黄帝，一是当作虎皮之用，二是以正天下视听：看看我们的老先人是多么的伟大！

但是，尊敬道家鼻祖老子李聃，则纯粹是因为他空前绝后的伟大思想，并不是后人们杜撰的因为他和田齐同是陈国老乡。

我们在阅读中国的历史时，会发现这样一个奇怪的现象：在中国诸子百家的时间顺序上，道家的形成似乎晚于法、儒、墨三家。

这样的错觉，根源在于稷下学宫的成立时间。

道家成为一个学派，应该始于老子李聃。

他所著的《道德经》不但是当时诸子百家的思想源泉，而且直到今天，其思想之深邃，内容之广大，认知之智达，学术之高超，三千多年来，中外智者无一人能与他并驾齐驱；而他对“道”的认知和“阴阳”规律的揭示，更是无人能出其右。

可以毫不夸张地说，从古至今，从头到尾，诸子百家，都靠着他老人家的思想打转儿和混饭吃。

今天尚且如此，春秋战国时代就更不用说了。

在法、儒、墨等学派形成之前，中国的道家除了在田氏齐国的稷下学宫形成规模，之前和后来，都未形成一个帮派，历来就是以思想统领诸子，用单打独斗的方式济世扶困。

因为，想成为一名合格的“道家弟子”，条件极为严苛。

首先，你必须精通“九道”，即：道德、阴阳、法令、天官、神徵、伎艺、人情、械器、处兵这九大项思想和技能（姜尚知处兵，所以出现兵家；管仲懂法令，所以出现法家；孔丘晓人情，所以出现儒家；墨翟明械器，所以出现墨家……）。

若是一个人只通一门思想或技能，可以称为“家”，但就是不能称为“道家”。

因为“道家弟子”，太讲究天赋，太注重道德，更尊崇天地、自然之理。

纵观秦统一天下之后的中国历史，我们就会发现这样一个现象：每当中国大乱之时，总会出现一两个“道家弟子”顺应“天命”去拨乱反正。

每个朝代更迭之时，都会看到“道家弟子”的身影。

如秦、汉之黄石公，三国之诸葛亮，东晋之谢安，隋、唐之李淳风、袁天罡，两宋之邵雍，元、明之刘伯温……

乱世之际，力撼江山者，非精通“九道”的“道家弟子”不可。

要求太高，所以符合条件的人才太少。

但是，这些“夏华精英”们从未绝种，只不过是盛世之时遁隐山林，暗中关注着大中华民族的发展延续；一到生死存亡的紧要关头，用不着谁去请客送礼，他们自会出现在众人的眼前。

这既是他们的“天道”，也是他们的“使命”。

黄帝2341年（前356年）左右，道家从幕后出现在了前台。

这既是第一次，恐怕也是最后的一次。

从淳于髡起至荀子止，历任稷下学宫祭酒（校长）大都由道家弟子担任。

这所道家学院的创建，以黄帝、老子著作为教材，不但普及了夏华文明，同时也培养出许多震古烁今的伟大思想家们，如：墨子、孟子、田骈、彭蒙、慎子（慎到）、申子（申不害）、接子、季真、涓子（环渊）、彭蒙、尹文子（尹文）、田巴、儿说、鲁连子（鲁仲连）、驺子（驺奭）、荀子（荀况）等，从而拉开了百家争鸣的帷幕。

当时的诸子百家学说，其正反与高低，全凭道家评判：赞之则贵，弃之则贱。

中国的历代学者，之所以在“诸子百家”中没有记录“道家”，一个是因为：道家不但是百家之首，也是百家之师——老师怎么能和学生同传并列？

另一个是因为：道家思想言简义深，包罗万象。几千年来，道家思想看似很接地气，又仿佛高不可攀。当人们试图解析黄老之说的时候，除了觉得自己的无知与渺小，还无时无刻不伤着自个儿那颗自大自傲的心。

他们怎么就比我们现代拿手机、开汽车、坐飞机、吃牛扒的人们聪慧呢？

田因齐太佩服自己的聪明了。

成立稷下学宫，本是完成君父的遗愿，抬出黄帝这个文明始祖，为自己“田氏代齐”找一个说得过去的理由（“其唯因，扬皇考昭统，高祖黄帝，迩嗣桓文”）。

谁料想一不留神，这里却成了天下夏华两族的文化中心。

天下为之景仰，士人为之集结。

原来，文化也有力量嘛。

田氏齐国从中看到了意想不到的好处，因此从田因齐至田辟疆（齐宣王）的这近六十年当中，竟然把稷下学宫多达七十六名的教师封为了“大夫”（“齐桓公立稷下之宫，设大夫之号，招致贤人而尊宠之”）。

此时的“大夫”之意不是“臣下”而是“兄弟”，由此可见田氏齐国对稷下学宫的重视。

一开始是利用，最后变成了宠爱——道家的魅力可窥一斑。

魏国儒家的西河学派，面对田氏齐国稷下学宫的兴起，几乎是完败。

福无双至，祸不单行。

田氏齐国不但夺走了魏国的文化大旗，而且在军事上给予了魏国毁灭性的打击。

黄帝2343年（前354年），田因齐应赵国的请求，派出田忌与孙膑围魏救赵，让所向无敌的武卒兵团第一次尝到了痛击的滋味。

文武两道，皆获大胜，田氏齐国威震天下！

瞧瞧，还是人家夏族的大爷们厉害。

便有儒家弟子进言：如今华族周室式微，说的话连放个屁都不如，真是辱没了轩辕黄帝的威名。华族管理太平盛世还行，治理乱世还得看夏族爷们儿的本事。现在的“周王”们名存实亡，连楚蛮、魏鬼和吴、越这两个蛮邦竟然也敢称王，这不是丢老先人的脸面吗？

便有人问：这事是丢人，但灭华周会招致兄弟相残的骂名，打楚蛮这块骨头又不好啃。

儒家回答：名不正则言不顺，言不顺则事不成。自古以来，华族善文，夏族善武，这已成为天下的共识。华族执掌天下有帝喾、帝尧、周室这两帝一朝；夏族执掌天下有颛顼、帝舜、大禹三帝及夏、商两朝。齐公只要称王，便会号召和聚集天下“诸夏”，驱除楚、魏蛮夷，澄清宇内，重现先祖辉煌。

在儒家们的不断建议下，田因齐见稷下学宫的道家们不置可否，便带着一种“拯救万民于水火”的使命感隆重称“王”——齐威王！

田因齐称王后，不但没有出现“诸夏”拥护的场景，反而招来了诸侯的群殴。

仅在黄帝2346年（前351年）至黄帝2349年（前348年）这三年中，鲁、韩、赵、魏、卫等国就先后攻打田氏齐国。

他娘的，你一个窃国者，凭什么称“王”？

鲁、卫等老牌贵族公国的讨伐还说得过去，韩、赵、魏三国的攻击则怎么看都像是贼喊捉贼的行为。

没办法，为安抚天下，田因齐只好向周室低头承认了错误。

承认错误的形式是公开行贿。

他带着时下看望贫困户的米面油，“朝见”了即将病亡的周烈王姬喜。

结果是：欣喜若狂的姬喜，默认了田因齐的称王。

鲁、卫等老牌贵族公国叫屈：共主糊涂呵，我们在前面当恶人，您却在背后充好人。

姬喜病恹恹地道：我是你们的主——怎么从未见尔等抬举我？

见田因齐和姬喜好得和亲兄弟一样，诸侯们也就没有什么理由去骚扰田氏齐国。

次年（黄帝2350年，前347年），刚继任周室的周显王姬扁，因为田氏齐国吊唁父王姬喜来迟走慢，便大发王室子弟的脾气，对着田氏齐国的使节骂道：你他娘的回去告诉田因齐，要不是我父王默许他称王，这狗日的早在地里沤粪了。你滚回去让他来，不然我叫诸侯们斩了他。

田因齐再三问了使节后，确信这真是姬扁说的话，便不顾君子的身份破口大骂：这个贱婢女养下的杂种子，纯粹是找扁呢（“叱嗟，而母婢也”）！

田因齐因此警戒了起来。

原本以为，自己称王，天下诸夏就会拥护在自己的周围，谁知他们不但不拥护，反而讨伐自己的僭越行为。

好不容易糊弄姬喜默认了称王，谁又能想到，连兔子都打不死一只的姬扁又蹬鼻子上脸。

更要命的是，魏国这个鬼方的愣头青时不时放出庞涓这条恶犬咬自己几口。

看来这安稳的日子怕是过不成了。

享受了五年安逸的君王生活的田因齐，只好重新上岗。

溜须拍马的，杀！

出工不出力的，杀！

推荐庸官昏吏的，杀！

三杀之后，田氏齐国吏治澄清，百官奋力。

于是，面对着魏惠王魏罃炫耀他那颗能够光照前后各十二辆战车的明珠时，田因齐指着邹忌、段干朋、田忌、孙膑、田婴、田盼、檀子、黔夫、种首等臣下笑道：我们齐国没有明珠，只有这一群宝贝。

黄帝2353年（前344年），田因齐去了秦国访问秦孝公嬴渠梁。

至于田因齐为什么去秦国，至今没有人告诉答案。

很显然，他绝不是去旅游。

我们来看看当时的背景。

经过十五年内的两次变法，秦孝公嬴渠梁和商鞅已使秦国逐渐强大，独霸西方。不但周显王姬扁派使臣赐予秦孝公嬴渠梁西戎霸主的称号，就连秦国的死对头韩昭侯韩武也亲自前往秦国，与他们签订了停战盟约。

这说明什么?

一是周显王姬扁准备重新找一个打手，二是秦国准备报复魏国。

魏国当然不会坐以待毙。

就在田因齐和秦孝公嬴渠梁见面的六年前，魏惠王魏罃把秦孝公嬴渠梁打得满地找牙，迫使秦孝公臣服自己。

这可是秦人立国后罕见的耻辱。

此时田因齐的到访，绝对不是安慰和怜悯。最合理的解释是：齐、秦合谋，准备除掉这个凭空冒出来的鬼方魏国。

双方有充足的合作前提：田齐是夏族正宗，秦人是夏族姑娘女修之后；亲得连一张纸都不隔的亲姑舅，岂能容鬼方魏国狂魔乱舞?

天下就是要更换主人，也轮不到他们这些蛮族夷种。

会晤的结果随后显现。

田因齐离开秦国后，秦孝公嬴渠梁马上派商鞅去魏国拜见魏罃，隆重建议：天下本来是伏羲、女娲子孙共同拥有，谁知从轩辕黄帝起，被夏华两族独占了两千多年，倒显得我们这些宗族都是多余的看客。好在君上文武双全，如今应该顺从天下之志，先行称王，再图霸业。

魏罃强压住内心的狂喜，嘴上却说：只怕诸夏、诸华不服。

商鞅道：怕什么？连我们秦国都已臣服了君上，天下又有谁敢不服？我的策划案是：君上只要号令宋、卫、邹、鲁等十二个小国，向北联合燕国，向东攻打齐国，向西结盟秦国，向南攻打楚国，迫使韩国、赵国屈服，这样恐怕霸业不成都不行呢。

魏罃称“王”后，意想不到的局面发生了：原来反对田氏齐国称王的诸侯们，纷纷聚集在田氏齐国的周围，共同反对鬼方魏国。

田氏齐国再怎么僭越，说到底还是黄帝的真种子。你鬼方魏国是个什么东西，竟然也敢不知天高地厚地称“王”?

黄帝 2356 年（前 341 年），魏罃趾高气扬地向韩国发起了攻击。

田因齐再次派出田忌、孙膑出兵，取得了“马陵之战”的大捷。

面对着俘虏魏国太子魏申、杀死魏国大将庞涓并歼灭十万名魏国武卒兵团的战争捷报，田因齐不但没有兴奋，反而在肚子里骂声一片：这两个天杀的丘八，你们这样要奸设伏，只为一己私怨，全然不顾田氏齐国的荣誉，今后让我怎么号令天下？

在我们今天这个只看结果、不论过程的年代，大家尽可以骂田因齐的糊涂。

但是，一个人如果想在中国的地盘里称王称霸，从古至今，还真的很少见靠要奸弄滑、阴谋诡计、背信弃义、无视道德的仁兄能够治国长久的。

道德仁义，光明正大，是中国人对统治者们的最基本要求，也是中国历代统治者们的毕生追求。

统治者的思想，统治者的胜败观，一般人是很难去理解的。

比如“马陵之战”，取胜固然是目的，但取胜的过程和手段还必须讲究。

中国人崇拜的英雄，往往是正大光明击败对手的英雄。在暗处拿板砖拍倒强敌的，那叫流氓黑社会，算不得英雄。

田因齐驱逐田忌，软禁孙膑，放在当时的社会环境下，似乎不难理解。

就在“马陵之战”惨败后，秦孝公嬴渠梁抓住机会，毫不犹豫地派商鞅进攻魏国河东地区。魏罃此时才觉得上了齐、秦两国的大当，牙痒痒地派儿子魏卬迎战。

谁知这个温室里长大的魏卬又上了商鞅的一当。

商鞅派使者送信给魏卬，充满柔情地写道：想起咱俩当年一起泡吧把妹的时光，真是十分美妙呵。如今你我各为其主，即将为敌，我真的不忍心相互攻击。你看这样可好：你我当面相见，订立盟约，痛痛快快地喝上几杯，然后各自撤兵，大家都好回去交差。

商鞅原本是想麻痹一下魏卬让他放松警惕，抽冷子攻打魏军，根本就没想到魏卬会来。

谁知魏卬就是来了。

商鞅不由得笑了：自己的运气真是有如神助呵。

他绑紧了魏卬，趁机打败了魏军，迫使魏罃割让河西部分土地求和，商鞅也因此战功获封于商十五邑，号为商君。

东西夹击，便是大罗神仙也无力回天。

田因齐如日中天。

黄帝 2363 年（前 334 年），魏罃率领韩国和一些小国到徐州（今山东省滕州市境内）朝见了田因齐，尊他为王。

田因齐倒还清醒，晓得魏罃这是给他下的套儿，便拉扯着魏罃一块儿称王，史称“徐州相王”——有你魏王这块反面教材，天下诸侯才不会扎堆儿反对我。

黄帝 2374 年（前 323 年），在合伙削弱鬼方魏国后，田氏齐国与秦国火力全开。

原因有两个。

一个是：秦惠文王嬴驷接替君父秦孝公执掌秦国，公开称王。

田因齐心里很不舒服：你君父秦孝公因为自己是表亲的身份，尚且只能称霸而不能称王，你个愣小子算哪一棵大葱？倘若谁都可以称王，这名号有什么价值！

但仅凭这一个原因，田因齐还真不好发作。

可是，另一个原因却让田因齐撕破了脸，对盟友加亲戚的秦国动了手。

魏国被齐、秦两国夹击成绵羊后，楚国趁火打劫，强夺了魏国的八座城邑。

胜利的成果，怎么能让楚蛮掠取？

张仪对楚国可不是一般的仇恨，他建议嬴驷救魏攻楚。

嬴驷说：等他们两家打乏了，咱再去收拾他们。

张仪道：楚国攻打魏国，是摧枯拉朽之势，结果只能是魏亡楚强。眼下我们救助魏国不致亡国灭宗，他们必定感激，定会避免我们直接面对齐、楚两国的局面，成为我们抵挡齐、楚两国的屏障。

嬴驷听从了张仪的建议，出兵相助，魏国才躲过了亡国灭宗的这一劫。

在这个大好的形势下，嬴驷发挥了一下个人的想象力，越过魏、韩、卫三个国家，直接把军队摆在了田氏齐国的边境，试探一下田氏齐国的虚实。

田因齐彻底怒了：这可是你小子在挑事呵。

他派匡章为将，迎战秦军。

便有人问：孙膑尚在软禁，君上为什么不用他？

田因齐回答：大国交战，胜要胜得光明，败要败得磊落。我们是君子，不是不择手段的小人。匡章的生母因得罪夫君致死而草草埋葬，寡人曾建议他重葬生母，谁知匡章说：臣不是没有能力重葬生母，也知生母恩比天大。但先父临终之时，并未原谅生母的过错，我如果这样去做，是违背了先父在天之灵的意愿呵。

用这样的孝子为将，败也败得光荣，胜便能胜得敞亮。

匡章充分利用了秦军欲进不得、欲退不能的矛盾心理，在“桑丘之战”中大胜秦军，致使嬴驷向田因齐“称臣”谢罪，此后二十余年间，秦国再也不敢和田氏齐国叫板。

黄帝2377年（前320年），齐宣王田辟疆执政田氏齐国。

现在的人们能记住他的，恐怕就是“滥竽充数”这个成语，并且南郭先生是男一号，田辟疆成了男二号了。

其实田辟疆不但爱听大型的音乐会，更喜欢能说会道的各家人士。

在他执政期间，仅稷下学者就有数百上千人，致使稷下学宫进入鼎盛时期，成为当时名副其实的天下文化中心。

田辟疆继位的前三年，在魏国的倡议下，韩、赵、燕、中山互相称王（史称“五国相王”），这让田氏齐国很不舒服。

继位后的田辟疆用了六年的时间，苦口婆心地劝说燕国：你们和中山国又不是无爹无娘、没祖没宗的孩子，何苦和魏、韩、赵这些野种子们瞎胡闹？

燕易王的态度是：我真是被他们逼的呀。

他的儿子燕哙王面对着齐、秦、楚三个大国的连番责问，被逼得叫喊着要把这个破王位禅让给自己的臣下，并且还真就这么干了。

这还得了！

你不要祖宗留下的地盘，也轮不着偏宜外人嘛。

田辟疆大怒之下，只用了五十多天的时间，差一点儿把老牌贵族燕国连根儿都拔掉。若不是楚、秦两国坚决反对，只凭着赵、魏、韩三国的力量，怕是早让田辟疆一锅炖了。

看到夏华两族的诸侯们朝三暮四，各怀鬼胎，田辟疆那颗复兴夏华两族辉煌的热心彻底凉了。

田氏齐国的战略方针是：在老亲戚秦国的辅佐下，先除掉魏、赵、韩这三个强盗，然后再征服楚蛮这个老不要脸的，最终取代华族周室，成为天下共主。

谁知魏、赵、韩这三个强盗平日里打得不共戴天，但一遇到任何一家面临着亡国灭族的危险时，都会尽释前嫌，抱成一团儿。再加上秦、楚两国一会儿支持这个，一会儿庇护那个，真成了刺猬对王八，谁都弄不死谁。

背信弃义，亦敌亦友，这天下的君子和贵族们，什么时候开始流行不要脸啦?

虽然田辟疆大骂世风日下，人心不古，但是他也不自觉地加入了不要脸的行列。

比如他对妻妾的态度便是“有事钟无艳，无事夏迎春”。

钟无艳很丑，但是她很能打。国家一有征战，田辟疆就笑吟吟地请她出马平乱。

夏迎春非常美丽，但除了美丽便一无是处。国家一平安，田辟疆就笑嘻嘻地躲在她的香闺中不怎么出来。

有用的时候是块宝，没用的时候是棵草。

这些细节，本是人性中自然存在但又不能公开的东西。一个人每做一次类似的事情，就会在内心中增添一层愧疚，总会有补偿、补救的一天。

如果被别人戳破并公开成为笑柄，其结果往往事与愿违，无疑剥掉了他的羞耻心。

田辟疆本来就觉得在这个事上对钟无艳有愧，但文化人却把这个愧疚无限延伸和放大，直批评得田辟疆愤恨地发昏。

稷下学宫的首席学者淳于髡，便讥讽田辟疆“独少一爱”。

田辟疆问：少哪一爱呵?

淳于髡道：上古君子有四爱：一个是爱马，您也爱骏马；一个是爱食，您也爱吃好的；一个是爱色，您在这方面有超水平的发挥；只有最后一个是爱才，您对这个好像从不在乎。

和道家是不敢讲道理的，因为“道理”就是道家的独门绝技——找不自在呢？

只好让儒家来拍拍马屁，舒服舒服。

谁知碰到了在道家圈子里长大的儒家亚圣孟子。

孟子问：有一个人去外国办事，临走时把妻儿托付朋友照顾。谁知他回来看见妻儿挨饿受冻，这样的朋友应不应该继续交？

田辟疆道：绝交。

孟子问：有一个官员，连他自己的部下都管不了，您说这该怎么办？

田辟疆道：撤职！

孟子又问：一国之内，政事混乱，人民不能安居乐业，这又该怎么办？

田辟疆无语，内心骂道：儒家也不是什么只会溜须拍马的好东西，这分明是挖个坑让我往里跳呢。

他看看左右的侍从，大声问道：下午是吃火锅呢还是炒菜呀……

呵呵，王顾左右而言他。

就是这个王顾左右而言他的行为，显现出田氏齐国的宽容气魄。

后世的儒家们恨不得把所有的屎盆子都扣在田辟疆的头上，一个是因为：他和宋襄公这两个夏族君主，对仁义这方面的追求竟然比华族的君王们还执着——这怎么可能呢？

另一个是因为：田氏齐国在“窃国”的道路上没有进行到底，所以他们建立的稷下学宫，和对文化人的宽宏大量——都是利用，都是假惺惺的。

秦国倒是统一了天下，气魄够大，你淳于髡和孟子试着把那些话给嬴政说说看，瞧瞧会有王顾左右而言他的结果吗？

胜者为王，败者为寇——这个认知，足足害了儒家弟子两千多年。

更为出格的是，儒家在这个认知的基础上，又衍生出“为尊者讳，诛善者义”的恶习，硬生生把中国的历史，按自己的好恶修改得面目全非，给我们现在的人们造成了这样一种印象：上古的先人们全是神棍；夏、商、周三朝全是脑残；春秋战国全是智障……只有儒家弟子从古至今，连睡觉的时候都清醒地瞪大着眼睛。

黄帝2396年（前301年），齐滑王田地继位。

他还没来得及为君父田辟疆守满孝期，便令匡章率领齐、魏、韩联军，大破楚军于垂沙（今河南省唐河县境内），史称“垂沙之战”。

从此，楚国不得不依附于田氏齐国。

齐滑王田地天下无敌。

按常理来讲，齐滑王田地刚刚上任，主要的工作方向是调整自己的政治环境，稳定自己的政治班底，根本没有多余的精力去对外开战。

更何况他的亲叔伯兄弟孟尝君田文，势力已大到“诸侯景仰、士人云集”的地步。但是，齐滑王田地不得不马上去捋楚国的虎须。

因为在四年前，楚秦王室之间开始联姻，而这个联姻的倡导者就是几年前热播的电视剧中的秦国宣太后，楚女芈八子。

新郎是秦昭襄王嬴稷，新娘则是楚国的王室之女（姓名失考）。

洞房之后，秦楚结盟。

结盟目的：对抗如日中天的夏族田氏齐国。

齐滑王田地思量：教训秦国，要越过魏、韩两国地界，不但后勤难以保障，打不打得胜还很难说；更何况南面的楚蛮与北方的胡赵一旦翻脸，田氏齐国可是四面受敌。可是，不破解这个联盟，不但自己的面子上过不去，田氏齐国今后的日子也必定不好过。

只有攻击楚国风险最小。

为什么？

因为楚国自古被天下夏华两族诸侯视为蛮夷，攻打他们基本上没有什么人去帮忙。

匡章的大胜，无疑是给齐滑王田地这个新王登基献礼。

正当齐滑王田地沾沾自喜时，一个本应该让他喜悦的消息，反而让他不寒而栗。

嬴稷趁楚国将败之际，毫不犹豫地撕毁盟约，派华阳君芈戎攻打楚国，杀了楚国的大将景缺并斩首三万余人，还攻占了襄城（今河南省许昌市襄城县境内）。

这是个什么东西制造的背信弃义的愣小子？

更让齐滑王田地错愕的是，一年后（黄帝2398年，前299年），秦昭襄王嬴稷邀请楚怀王熊槐在武关（今陕西省商洛市丹凤县境内）会面结盟，途中突然劫持楚怀王熊槐到了咸阳，强迫他割让巫郡（今重庆市境内）、黔中郡（今湖南省吉首市境内）等地给秦国。楚怀王熊槐愤怒拒绝，于是秦昭王嬴稷拘留了他。

魏、韩、赵这三个新兴的权贵宗族，本来就是家臣仆役，虽然不讲什么“君子之风”，毕竟掀不起什么大浪；假以时日，自会多行不义灭亡。但是，秦国可是自周室立朝以来一直在夏华两族圈内混饭吃的狠主；凭他们的实力，如果不讲什么高下尊卑，道德礼仪，夏华两族迟早会毁在他们手里。

没文化，真可怕。得赶紧派个老师去教育一下这个不懂规矩的孩子。

最佳的人选是：孟尝君田文。

担任的职务是：秦国的相国。

保险的筹码是：将嬴稷的弟弟泾阳君嬴芇带到田氏齐国当人质。

是的，大家没有看错。

当时的事实是：田氏齐国如日中天，居然能给西方霸主秦国指派相国！

这是华族周室的天子们都没有的能力呵。

夏族的大爷们一旦掌权，气魄便不是一般的强大。

秦昭襄王嬴稷的气真心不好出。

每当朝政议事，看着孟尝君田文在眼前晃来晃去，总觉得胸口上爬了一只蝎子，赶又赶不走，拍又不敢拍。

额滴神呵，伙计还是西方霸主吗？

一年后，越想越觉得窝囊的秦昭襄王嬴稷，就想和田氏齐国同归于尽。他不顾在田氏齐国当人质的弟弟泾阳君嬴芇的安危，对孟尝君田文起了杀心。

孟尝君田文也不白给，充分发挥手下门客们的能力，留下了一段“鸡鸣狗盗”的佳话，顺利逃回了田氏齐国。

这还了得！

齐湣王田地又派匡章率齐、魏、韩联军，围困秦国，最终攻破了函谷关，迫使秦昭襄王嬴稷割地求和。

天下无敌，田地无敌。

这个时候，如果齐湣王田地处理好他与叔伯兄弟孟尝君田文的宗族关系，统一天下的就必定是夏族田氏齐国。

可惜现实从不理会如果。

黄帝2403年（前294年），田氏齐国发生了震惊天下的“田甲劫王”事件。

这个事件的导火索是“伐宋”。

当时的情况是：以仁义著称天下的老牌贵族夏裔宋国，君主变成了宋康王子偃。

这个宋康王子偃，从执政的那一天起就很不仁义。

因为他是赶走了自己亲哥哥子剔成继的位。

这个事到齐湣王田地执政时，已过去将近三十年了。但老得已说不了一句完整话的子剔成，趁着田氏齐国大胜秦国的喜悦，哀求齐湣王田地主持公道。

本来齐湣王田地正忙着收拾楚、秦两国，根本没时间顾得上搭理这件事。但是，这件事他又不得不管。

因为这是夏族内部的“家事”。

宋国的开国君主是商纣王的兄长微子启，田氏齐国承认的开国君主是陈国的始祖帝舜姚重华——都是夏族昌意、颛顼的正宗后代。

再怎么忙，家里的事总得优先处理。

更何况，这个宋康王子偃真的太不像话了。

他不但不讲礼制自立为王，并且还先后向齐、楚、魏三国挑衅，居然还占了几座不起眼的城邑。

这不是拉着粪车找屎吗？

找死的还在后头。

宋康王子偃用皮袋子装着人血，把它挂起来用箭射击，称为“射天”；用鞭子抽打土地并毁掉土神、谷神的神位，称为“鞭地”；更为过火的是，他竟然遗传了老祖宗商纣王奇特的科研爱好，喜欢剖开驼背人的背，砍断过河人的腿，致使天下人称之为“桀宋”。

剖析活人还可解释为个人的科研爱好，“射天鞭地”可不是什么有益的体育活动了。

夏华两族一直“尊天敬地”。

他们的“天”是盘古、伏羲、黄帝；他们的“地”是女娲、华胥、嫘祖。

这不是丢夏族的人吗？

这不是给华族的文化人攻讦夏族没文化的口实吗？

齐湣王田地准备伐宋，遭到了伯父田婴的反对。

田婴是齐宣王田辟彊的庶子，孟尝君田文的父亲，也是齐宣王田辟彊的相国。

他的话，按理讲齐湣王田地还是得掂量掂量。但是，有鉴于田婴正在为儿子孟尝君田文差点儿死在秦国闹情绪，齐湣王田地便认定老糊涂了的伯父是为反对而反对。

他决定出兵伐宋。

于是，一个叫田甲的人劫持了他。

田甲是谁？为什么劫持齐湣王田地？策划这个绑架君王案的背后主谋是谁？用什么方法把齐湣王田地劫持在什么地方？

这些问题，谁也没有回答。

也许是因为这事儿太丢人，根本就没法子说得出口。

但是，从齐湣王田地“出来”后便将孟尝君田文逐出田氏齐国这个事情来看，背后主谋很可能是田婴、田文父子。

这一事件，标志着田氏宗族内部分裂。

从此，孟尝君田文的后半生，基本上是以毁灭自个儿的祖国为己任。

作为战国四大公子之一的孟尝君田文，他因为招揽天下“贤士”门客逾千，并且对所有人无差别对待，因此获得了很好的口碑，基本上是“仁义”的代表。

一个叫魏子的门客，为了证明孟尝君田文不会背叛齐湣王田地，甚至在王宫前为他喊冤叫屈，自杀明志。

但是，当人们知道以下这件事后，便会看到他的真实心性：孟尝君田文经过赵国时，平原君赵胜以贵宾相待。当他回程时，听到了一些赵国人讥笑他的话后，大为恼火，便和随行的门客一起跳下车，活活砍杀了几百人，毁了一个县才恨恨离去。

这恐怕不是“君子”和“仁义”应该有的暴行吧？

黄帝 2409 年（前 288 年），齐滑王田地“被称帝”了。

起因是秦昭襄王嬴稷觉得华周天子气数已尽，自己想与田氏齐国共分天下。

当时的秦国，并没有一统天下的资本和实力。

秦昭襄王嬴稷面对强大而又根红苗正的田氏齐国，只想着保护住自个儿的固有领地，所以他派使者前往田氏齐国，尊称齐滑王田地为“东帝”。

只要齐滑王田地接受这个“东帝”的称号，秦国的“西帝”就算是顺理成章了。

这个“帝”——是谁想称就称的？

德合天地曰帝。

创天造地曰帝。

齐滑王田地笑了：这没文化、没教养、没脸皮的孩子，真是童言无忌呵。你一个马夫和打手的材底，什么时候轮得上给我们夏华两族教东指西了？

不过这孩子的心思还是可嘉，还没有发昏到认识不到夏族田氏齐国强大的程度。

齐滑王田地对秦国的使者说：诚意我知道了，这个“帝”我是不敢称，谁不怕笑话谁称去。你回去告诉嬴稷，真想干点儿实事，把心思多放在魏、韩、楚这三个蛮夷的身上。

这本是秦昭襄王嬴稷表演的一出闹剧，齐滑王田地压根儿就没有称什么“东帝”。谁知儒家的后代根本就不念田氏齐国的庇护之恩，生生把这个不存在的屎盆子扣在了齐滑王田地的头上。

黄帝 2411 年（前 286 年），齐滑王田地令楚、魏两国出兵相助，一举消灭宋国，瓜分了宋国的土地。

这无疑是捅了一个马蜂窝。

宋国是老牌、正宗的夏族公国；宋襄公是天下知名的“仁义”楷模；宋国与田氏齐国是同宗兄弟！

天下正在把田氏齐国视为新的“共主”与“天子”，你们居然干出了与楚蛮、魏夷相同的野蛮之事？再加上田氏齐国的将士立功心切，居然又把分配给楚、魏两国的土地夺了回来，更使得天下诸夏诸华寒心，诸蛮诸夷反对。

田氏齐国一下子成了天下公敌。

促成这个结果的不是齐滑王田地，而是苏秦和他的族弟苏代。

苏秦是臭名昭著的纵横家弟子。

纵横家的特征是：只讲自身利益，不讲仁义羞耻。

苏氏兄弟的发迹，全凭燕国的抬举。

由于他们还是属于人类这个范畴，良心还不至于全无。

苏秦的一生，都在忙着恐吓魏、韩、赵、燕等小诸侯们把秦国当成假想敌从中大捞好处，他根本就不在乎将士的死活残疾和百姓的流离失所。

但是，他的族弟苏代却出人意料地始终把燕国的利益放在了心上。

时任田氏齐国客卿的苏代明白，齐滑王田地既然敢灭掉同宗夏族宋国，接下来的目标便是华族的软柿子燕国。

于是，在分析“称帝”利弊获得齐滑王田地的信任后，他给齐滑王田地出了一连串看似辉煌却又损得不能再损的馊主意。

南攻楚蛮，让天下见识夏族大爷们的厉害；西侵魏、韩，让诸夏诸华看看谁才是夏华两族的救世主；问鼎华周——天下谁主沉浮？

这些本是苏代的主意，却成了齐滑王田地的罪名。

你想问鼎华周？

真把我们华族诸侯当成死人了？

在燕国的倡导下，秦、楚、魏、韩、赵等国皆反田氏齐国。

齐滑王田地不是四面受敌，而是八方尽反。

首先，秦国发难，在黄帝2412年（前285年）越过魏、韩两国攻齐，夺取了位于宋地北界的河东九城；其次，久受田氏齐国压制的赵国也攻陷了齐国在黄河以西的据点灵丘；紧接着在黄帝2413年（前284年），燕昭王姬职指派大将乐毅（魏国人），在阴阳家邹衍的暗中帮助下，拼命攻打齐国，有如神助地连下72城，创造了中国古代战争史上以弱胜强的著名战例，报了强齐伐燕之仇。

齐湣王田地被打得先后流亡到了华族姬氏卫国、鲁国、莒国和夏族的邹国，但始终放不下"天子"的架子。最后，这几个国家负担不起齐湣王田地的开支，他只好"临幸"楚国。

楚顷襄王熊横本想借着齐湣王田地这面破旗讨好夏族诸侯，便派大将淖齿救援齐湣王田地。谁知淖齿泄己私愤，竟然把齐湣王田地吊在宗庙之内，当着田氏齐国列祖列宗的牌位，把齐湣王田地抽筋悬挂致死！

滑稽的是，这个事熊横到死也不知道。

真是个蛮夷呵。

一个夏族的大国君主，再怎么落魄，也轮不着你楚蛮这样处置。

十五岁的少年田贾（史名王孙贾）在大街上赤着右臂喊道：淖齿作乱，杀了吾王。谁跟我去讨伐淖齿，就脱下右边的衣袖！

田贾的勇气，源自母亲的责问：你早出晚归，我就靠在门口等你回来。今天你的君王被楚蛮杀害，亏你还有脸回家见我！

少年田贾带着四百多个赤着右臂的血性男儿，杀死了淖齿。

田氏齐国，血性依然！

紧接着，菜市场管理员（市掾）田单愤然出场。

他坚守即墨，用反间计逼走乐毅，以火牛阵击破燕军，收复了被燕军控制的七十余城。

当齐湣王田地的儿子田法章被人们在太史敫的家仆堆中拎出来的时候，害怕至极的田法章，甚至不肯承认自己的真实身份。

虽然他被众人拥簇成为"齐襄王"，但如日中天、所向披靡的田氏齐国从此败落。

齐襄王田法章在政事上胆子虽然很小，但在男女关系上的色胆却非常之大。

他在太史敫的家中为仆时，居然勾搭上了太史敫的女儿并和她上了床，这就是一般人很难拥有的本领。

虽然他事后把太史敫的女儿封为君王后，但太史敫认为这事儿太丢人，终其一生，不见这没有经过明媒正娶的女儿。但是，这并不影响君王后为齐襄王田法章生下了儿子田建，而且这个儿子还顺利接了亲爹的班。

黄帝2418年（前279年），齐襄王田法章在莒城被田单迎接回了齐国的都城临淄（今山东淄博）。

为了犒赏田单的复国之功，田法章封他为安平君。

田单的功劳，是借助了燕国将士愚蠢的疯狂。

燕军大举围城之时，田单忧虑道：我最怕燕国把俘虏的齐国将士割去鼻子放在阵前吓唬齐国的守城之人呵。

燕军便很配合地把齐国的俘虏全割去鼻子放在阵前吓唬齐国的守城之人。

齐人一看：他娘的，当个俘虏风险很大呢。

田单又忧虑道：我很害怕燕军挖掘我们城外的坟墓，侮辱我们的祖先呵。

燕军又很配合地挖了齐人的祖坟。

齐人怒了：这伙愣种子，亏你们还是讲仁义的华族，连死人也不放过吗？

田单大声道：当个俘虏要被割鼻子，守自己的家连老祖宗都不得安宁。燕国这不是攻城略地，而是要把齐人赶尽杀绝嘛！

怎么都是个死——和他们拼了！

田单带领恐极生勇的齐人，把燕军全赶出了田氏齐国的境内。

田单成了田氏齐国的大救星，而田法章则成了田氏齐国的大花瓶。

但是，大花瓶有根接地气，大救星辉煌在空中。

田单或许有取而代之的雄心，但遭到了田氏宗族的一致反对：你一个小小的没来没历的菜市场管理员，凭什么坐在庙堂之上发号施令？

于是，当赵惠文王赵何提出用五十七个城邑（其实都是些小村落）换取田单攻打燕国时，田法章毫不犹豫地把田单打发到了赵国。

田法章心里想：不要说赵国用五十七个城邑换取田单，我就是倒贴几座城邑也愿意。

田单一走，秦、赵两国便露出了爪牙。

黄帝 2423 年（前 274 年），赵国将领燕周率军攻打齐国，夺取了昌城、高堂二地。

黄帝 2427 年（前 270 年），秦国攻打齐国的刚邑和寿邑二城。

黄帝 2432 年（前 265 年），田法章在忧虑中离开了人世。

十五岁的田建粉墨登场。

于是，战国时“太后摄政”的时代来临了。

当时，秦国是嬴稷执政，但说了算的是他的母亲宣太后芈八子；田氏齐国是田建执政，摄政的是他的母亲君王后；赵国是赵丹执政，摄政的是他的母亲赵威后。

这三个女人，先后左右了战国时代近百年的大局。

本来就不讲仁义诚信的战国时代，被这三个女人一搅和，结果就是“礼崩乐坏”。

不是说女人天生的就是“红颜祸水”，而是女人的视角和男人们不大相同。

因为“仁义、宗法、天命、尊卑、阴阳”等等的规矩和说法，都是男人们搞出来的东西，其根本的想法是“崇男压女”。

从伏羲夺取女权进入男性氏族社会时代起到姬发建立周朝止，男人们用了将近万年的时间，才勉强把女人们从权力的中心赶了出去，但始终无法根除。

因为男人有一个天生的缺陷：他们不会生孩子。

如果男人具备了生孩子的功能，这世界上有没有女人这个物种还真是难说。

公羊高用四个字提醒在男性氏族社会混日子的女人们：母以子贵！

再伟大的男人，首先得在女人的肚子里喝羊水；再伟大的男人，在伟大之前，总得靠自己的母亲呵护成长。

在人类的发展历史当中，我们可以很清晰地看出，男人和女人对世界万物看法的不同和差异。

比如说“义气”。

这个东西在男人当中从古至今，非常流行。

女人们便很是不屑：这不就是黑社会打群架的准备吗？

比如说“失子”。

男人们表面上看似对子女们严厉，但是一旦失去子女，对他们将是一生的痛苦和打击。

女人们虽然在失去子女时比男人们痛楚万分，但她们只要还有生育能力，在短时间内就会恢复理性，该生养的生养，该过日子的过日子。

比如说“理想”。

在这方面，但凡有点思想和知识的男人们，总是把自己的想法放大或美化：人坐在北极的冰窖里，心早到了海南岛的鲜花中。

女人们则很现实地想着：今天的饭够不够吃？有没有闲钱买几件化妆品？

这样的例子和对比数不胜数，足以证明男人和女人对世界万物看法的不同和差异。

于是，男人们看重的言行举止，在女人们的眼中就不是个事儿。

黄帝2390年（前307年），楚怀王熊槐派兵包围韩国，韩襄王韩色仓派尚靳出使秦国，请求秦国派兵救援。

宣太后因为自己的故乡是楚国，不同意派兵救援。

她召见尚靳说：当年我服侍秦惠文王，大王把大腿压在我的身上，我感到身体疲倦不能承受；而他把整个身体都压在我身上时，我却并不感觉到重，因为这样对我比较舒服。秦国要帮助韩国，如果兵力不足，粮草不济，就无法解救韩国；更何况解救韩国，每天要耗费数以千计的财物，这对我和秦国又有什么好处？

黄帝2432年（前265年），秦国趁赵何逝世之机，攻打赵国，连夺三城。

赵国向田氏齐国求救，君王后要赵威后的爱子长安君为质。

这个要求不过分。

如果赵何在世，十个长安君也送过去了。

但是，赵威后听了大怒，对前来劝说的大臣们骂道：有再说让长安君做人质的，我老婆子一定朝他的脸上吐唾沫。

黄帝 2437 年（前 260 年），秦、赵这两个亲叔伯兄弟再次开打，赵国向田氏齐国借粮。

君王后嘲道：借粮？他们真能张开这口呵。

谋臣周子说：赵国对于齐国来说，就像嘴唇对于牙齿一样，嘴唇没有牙齿就会寒冷。今日赵国灭亡，明日祸患就轮到齐国。

君王后道：当年秦、赵这两个蚩尤杂种，趁我夫君将逝之际，发兵欺负我们孤儿寡母。如今他们狗要咬狗，关我什么事？

哈哈，这便是女人的想法。

田氏齐国对秦、赵两国的坐视结果便是：白起杀了赵国的四十万将士。

赵国从此衰弱，而田氏齐国的门户也直接面对了秦国。

黄帝 2441 年（前 256 年），周赧王姬延听信楚孝烈王熊完的忽悠，以天子的名义，召集六国出兵伐秦。

结果除了楚国，其余的诸国都没有发兵响应。

嬴稷大怒，派商贾吕不韦教训周室。

吕不韦为了给亲儿子嬴政铺路，竟然攻破洛邑，杀了周赧王，东周从此灭亡。

夏华两族诸侯们震惊了：这二货真敢下手呵！

那可是轩辕黄帝的子孙；那可是传位七百九十年的天子呵！

放眼天下，此时能与秦国叫板的夏华两族诸侯，也只有来历不正的田氏齐国。但是，田建却足足沉默了十九年。

黄帝 2460 年（前 237 年），田建到访秦国与嬴政会面。

关于这次会面，史料中只记载了会面的年份（“二十八年，王入朝秦，秦王政置酒咸阳”），却没有记载会见时谈了些什么、定了些什么等内容。

大家只知道，在此前一年（黄帝 2459 年，前 238 年），刚举行完成人冠礼的嬴政，便杀了母亲赵姬的姘头嫪毒，禁闭了母亲赵姬，摔死了两个幼小的弟弟。

嬴政此时和田建会面，谈的肯定不是什么风花雪月，也绝不是什么走亲访友。

从后来发生的事件来看，他们俩谈的议题，基本上可以确定是齐、秦两国在黄帝 2409 年（前 288 年）的老共识：东西分治。

嬴政很可能忽悠田建：姑舅哥呀，您就在东海专心钓鱼，等着我收拾这帮子楚蛮、韩苗、魏鬼方这些夷族吧。等灭了他们之后，您在东方依旧当夏华两族的老大，弟弟在西方控制这些不安分的戎狄。

也就是说，在嬴政对田建承诺了“东西分治”之后，田氏齐国彻底放弃了与其他五国共同抗秦的念头。

田建在东海上一边吃着烤鱼，一边听着拿了秦国重贿的舅舅兼相国后胜的报告。

秦王嬴政在黄帝 2467 年（前 230 年）灭了韩国。

田建道：灭得好，这三苗的蛮种，就欠蚩尤的后代收拾。

秦王嬴政在黄帝 2469 年（前 228 年）灭了赵国。

田建道：拿酒来庆贺一下，瞧瞧这帮背信弃义的家伙们的下场。

秦王嬴政在黄帝 2472 年（前 225 年）灭了魏国。

田建道：呵呵，武卒兵团不是很能打吗？也就是些欺软怕硬的货色。

秦王嬴政在黄帝 2474 年（前 223 年）灭了楚国。

田建道：嬴政终于除掉了我轩辕黄帝后代的耻辱呵。

秦王嬴政在黄帝 2475 年（前 222 年）灭了燕国。

田建道：怎么回事？不是说好了不打夏华两族吗？赶紧给嬴政去信，管管他手下的杀人魔王们。

黄帝 2476 年（前 221 年），后胜报告：秦将王贲到了。

刚睡醒的田建道：我不见他，我只见嬴政。

后胜嗫嚅道：这……这恐怕由不得咱们呵。

此时的田氏齐国，尚有三十万将士，并且田炜（孟尝君田文后裔）和没落世族子弟田儋、田横兄弟极力主战。但看到王贲一夜之间便将巨野泽齐军大营打得七零八落，临淄城内的田氏宗族和各国的流亡世族又各怀异心，田建叹道：天欲亡齐，孰能奈何？我虽然让齐国四十多年未遭战火之乱，但却没有能力挽回夏华两族的颓势呀。

王贲在城外叫道：齐王降秦，封地五百里为君，可免臣民们一死。

田建降了。

一个差点儿成为夏华两族新“共主”的田氏齐国，居然连一场像样的仗都没打，便献出了田氏王室传承了一百六十五年的印玺。

田建自己则上了一辆破旧的大木车，带着两名内侍、两名侍女，去一个叫共（约在今河南省新乡市辉县境内）的地方“上任”去了。

共地在太行山上，到处都是松柏花鸟，高山流水，很是适合田建修身养性，陶冶情操。

但前提条件是：不缺吃，不缺穿。

嬴政给这个老哥哥选的地方风水不错，空气也好，就是忘了一件事：没有吃的。

这是把老哥哥田建当吃风屙屁的王八养呵。

田建活活地饿死了。

为此，当时的流行歌手们创作了一首歌：松耶柏耶？住建共者客耶？

翻译成白话文大约是：葱绿的松柏树呵，看上去很美，但能当吃的吗？齐王田建住在那里，连个住酒店的客人都不如。

夏华两族，从此衰弱。

独裁的信仰者——秦国

现在请活动一下筋骨，接下来会走入一个钢铁是怎么炼成的全新世界。

司马迁记录："秦之先，帝颛顼之苗裔孙曰女修。女修织，玄鸟陨卵，女修吞之，生子大业。大业取少典之子，曰女华。女华生大费，与禹平水土。"

在这一段描述中，司马迁先生不是喝醉了酒，就是吃错了药。

颛顼的女儿"女修"不但降辈成了"苗裔孙"，并且还不是人工怀的孕。

更让人大跌眼镜的是：女修的私生子大业先生居然娶了"少典"的女儿"女华"小姐。

司马迁是知道夏华两族脉络的，并且非常清楚黄帝、昌意、颛顼、女修的辈分关系。他之所以这样记录，既不是喝醉了酒，也不是吃错了药，而是故意去糟蹋秦国，要心思混乱秦人的来历。

很不地道嘛。

先生连赵国的家谱都搞得门儿清，怎么对刚被推翻的秦朝就混淆了呢？

故意为之，故意为之呵。

我们来看看秦人的祖系。

女修的势力在帝喾时达到巅峰，其后裔的影响力一直延伸到了商代。

大业在帝尧、帝舜时代掌管天下刑法，罚谁责谁全由他说了算；大禹时期，皋陶、伯益父子权倾天下，逼得大禹两次让位。

夏朝末期，费昌投靠成汤，当了专业的司机（御者），合伙推翻了夏后桀，奠定了本族专业车手的牢固地位；他的儿子中衍娶了商帝室之女，成为西戎的守土之官；后商之时，蜚廉、恶来父子一个是帝室总管，一个是禁军首领，放个屁都城都得颤三颤；

蜚廉有两个儿子。

长子恶来生女防，女防生旁皋，旁皋生太几，太几生大骆，大骆生非子。

次子季胜生孟增，孟增生衡父，衡父生造父。

造父因专业技能出众，得到周穆王的赏识，当了周朝司机们的总把子，并得赵姓，重归贵族行列，成为赵国认定的始祖；周孝王时，善于饲养繁殖马匹的秦非子进入了王室的视线。因养军马有功，受赐姓嬴，将秦地赏为封邑，成了秦国认定的嬴姓始祖。

为什么要弄清秦国的世系？

因为我们知道了秦人的祖先源自黄帝的亲孙子颛顼的女儿女修，便明白秦人也是黄帝的后裔，只不过不是正宗，而是女系旁支。

为什么华族要弄混淆秦国的世系？

因为如果承认了秦人是黄帝女系旁支的后裔，夏华两族的文化人怎么好意思往秦皇嬴政的头上扣屎盆子并进行长达两千多年的口诛笔伐？

姑舅亲也是亲哩。

黄帝 1805 年（前 892 年），周懿王姬囏去世，据史书说，是西周第八位君主周孝王姬辟方继位了。

后世的史官傻眼了。

为什么？

因为姬囏是周共王姬繄扈的长子，而姬繄扈是周穆王姬满的长子。

姬囏不但有一大群儿子，并且还有个正宗的嫡长子叫姬燮。

有问题吗?

问题大着哩。

按照周礼，继位的本应该是姬燮，怎么变成了他的二爷爷姬辟方了?

孔子没有说原因，司马迁也没有讲过程。但仔细看看历史就会明白，原来姬辟方的侄子姬囏执政之时，由于西戎屡次进攻，他被迫将都城从镐京（今陕西省西安市长安区）迁往槐里（今陕西省兴平市境内）。

这可是周室立朝两百多年未有之耻辱。

周室的贵族们都认为姬囏是个窝囊废，但碍于周礼的限制和文化人的脸面，大家只能在心里盼着他早点儿翘辫子。

其实早在黄帝1787年（前910年），姬辟方便已经执掌了周室的重权，差的只是一个头衔而已。他死于黄帝1801年（前896年），姬囏死于黄帝1805年（前892年），姬辟方比侄儿姬囏早死四年，怎么去当西周的第八位君主?

唯一可以解释的是：当时西周的贵族们根本就把丢弃镐京的姬囏当作空气，他们认定的老大是姬辟方。但记录姬辟方为天下共主违反周室的宗法，所以便把这段历史混在了一起。

但秦国的史官不愿意了：无视姬辟方，便等于无视秦人的鼻祖嬴非子呵。

因此，秦人硬给姬辟方加了一个“周孝王”的头衔，号称西周的第八位君主。

历史是由胜利者书写的，他们才不理会时间对不对上号。

姬辟方的历史使命，基本上可以说是为了秦人的建国。

黄帝1792年（前905年），姬辟方因大骆的庶长子秦非子养马有功，便不理会与炎族姜姓申侯的约定，赐秦非子姓嬴，将秦地（今甘肃省清水县境内）赏为封邑。

地盘有多大?

方圆五十里——不能再小了，再小了马也跑不开呵。

嬴非子既不是诸侯，更算不上卿和大夫，充其量只能算得上一个“弼马温”。

他的儿子“秦侯”在黄帝1840年（前857年）接了养马的班，也算是吃上了一口“公家饭”了。

“秦侯”的儿子“秦公伯”在黄帝1850年（前847年）又接了养马的班。

这对父子连个名字都没留下来，可见他们的“公务员”干得不怎么出色。

黄帝1853年（前844年），“秦公伯”的儿子嬴仲当了家，由于当时的西戎不断袭扰华周，周宣王姬静任命嬴仲为“大夫”，以抵抗西戎。

注意，大家千万别误会姬静是把嬴仲当作“兄弟”使唤，华周下设“卿、大夫、士”三级官职，这里的“大夫”并不是等同于诸侯国的“大夫”。当时诸侯国的“大夫”，可只能是由宗族兄弟担任的呀。

由“弼马温”上升到了“大夫”的职位，嬴仲报国忠君的热情连冰激凌都挡不住，他纠集人数很少的宗族子弟与西戎死磕到底，最后如愿以偿地马革裹尸了。

黄帝1876年（前821年），嬴仲的长子嬴祺当家，史称“秦庄公”。

嬴祺兄弟五个人一心为父亲报仇，周宣王姬静便给了他们一把七千人的“大砍刀”，实打实地支持他们攻击西戎。

打虎亲兄弟。

不但嬴祺兄弟五人专心找西戎下黑手，就连嬴祺的儿子嬴世父也整天在帐篷里叫喊：不杀了戎酋给我爷爷报仇，我没脸回家。

有这股子狠劲儿，西戎被打得四散而逃。

拥有七百乘战车的华周正规军，让嬴祺这些土包子见识了什么是有组织的杀戮。

姬静高兴了，封嬴祺为“西垂大夫”。

嬴祺也高兴了：这是由虚职转为实职的大喜事啊。

黄帝1919年（前778年），嬴祺的二儿子嬴开世袭了西垂大夫之职。

按照周礼，这个职位应该由嬴祺的长子嬴世父接替，但嬴世父还没有找到西戎的头儿杀了替爷爷报仇，所以一直不肯回家。

由此可见秦人先祖们有仇必报的性格。

嬴开执政的第二年，便将亲妹子缪嬴送到了西戎新兴部落“丰王”的帐中，分化了西戎，以最小的成本换取了短暂而难得的和平。

黄帝1926年（前771年），一个惊人的消息传到了嬴开的耳中：申侯因不满周幽王姬宫湦废掉自己的女儿王后之名和外孙姬宜臼的太子之位，便联合鄫国（夏族诸侯之一，位于今河南省方城县境内）和西戎攻打华周王室，将姬宫湦和不爱笑的美女褒姒围了起来。

这还得了！

嬴开带着族人赶到关中勤王。

谁知到了京城，姬宫湦和褒姒已被西戎这伙没文化的野蛮人杀了。

嬴开傻眼了。

怎么办？

为周幽王姬宫湦报仇雪恨，自己这几个碎人还不够申侯他们塞牙缝儿的；不为姬宫湦申冤，自己难道是来到关中集体旅游吗？

从嬴开利用妹子的身体去换取和平这件事儿来看，他的脑子很是异于常人。

嬴开不但出人意料地和申侯拥护废太子姬宜臼为新的天子，并且一路尽心尽力地把姬宜臼护送到了洛邑（今河南省洛阳市）建立了新都。

周平王姬宜臼激动了：看来这伙马夫挺忠义的嘛。

于是，他给嬴开发了一张空头支票：从今儿个起，封你为“侯”，赐地岐山（今陕西省宝鸡市岐山县），好好地去干吧。

这意味着西周灭亡，东周开始——秦人崛起！

嬴开喜滋滋地去到岐山接收地盘，谁知满山遍野都住着些青面獠牙的西戎和犬戎部落，并且毫不搭理姬宜臼的搬迁令。

嬴开这才理解了姬宜臼临行之时嘱咐他的话：犬戎凶恶无道，掠夺我们岐、丰的土地，只要你能攻打并赶走西戎，就可以占有那些土地，建立秦国。

嬴开瞬间明白了组织上的困难。

红头文件是发了，能不能开展工作就看你个人的魄力了。

为了感激华周的封建之恩，嬴开为华族始祖玄嚣建庙祭祀，尊称“白帝”。

紧接着，大张旗鼓地开始了清场工程。

连续打了五年的恶仗，嬴开好不容易望见了岐山的猕猴桃树影子，便累死了。

黄帝1932年（前765年），嬴开的儿子继位，史称“秦文公”。

这个不知道名字的嬴某，居然是首位给秦国设立“史官”用以记录秦国历史的君主，这事儿真是讽刺得很呢。

嬴某的文化水平，显然没有到九年义务教育的程度，而他的史官，也分明是一个只会写几个字的粗人。

这个会写几个字的粗人，文粗脑子可不粗，尽拣好话说。

他竟然自作主张，把秦国国君的爵位提前拔高了一级，从“侯”升到了“公”，从二级干部变成了一级干部。

可爱得很，也可笑得很。

秦国的公文成了诸侯之间的笑谈之资——错别字咱就不提了，自升一级咱也不说了，但这字儿也写得太稠了，莫非笔画繁多就显得文化深吗？

秦篆，转转弯弯地进入了天下诸侯的视野。

嬴非子这个“弼马温”变成了“秦非子”，“秦侯”和“秦公伯”这对不知名的父子干脆被连封了三个官衔，嬴仲倒是实打实的“西垂大夫”，嬴祺则又连跳五级成为“秦庄公”，开国之君嬴开从“侯”一级干部蹿升为“秦襄公”，嬴某自然得是“秦文公”了。

谁说秦人是西北愣娃嘛。

就如打麻将的人常问：我脑子不好使了，你上一把的钱是不是没给我？如果这位大哥的脑子真的不好使，为什么不问：我上一把是不是没给你钱？

有了七百名“旄头骑”的嬴某，再加上给不出力的族人们规定了“诛灭三族”的惩罚保障，他用了十五年的时间，持续不断地攻打西戎和犬戎在岐山的流民，终于拿下了山头，吃到了鲜美的猕猴桃。

嬴某很实在地将岐山以东的土地献给了华周王室，但是把人们全迁到了岐山以西。

至于岐山以西的大片土地，一个是封给我们秦人的，再一个是离我们秦人的老窝子“西垂宫”很近，便于管理嘛。

更让人惊讶的是，嬴居然找到了轩辕黄帝的原冢地（今陕西省靖边县境内），并且亲自去当地祭祀，这无疑打了华夏正宗贵族们的脸。

你一个女系旁支，装什么大象？

黄帝1982年（前715年），嬴某的孙子嬴立继位，史称“秦宪公”。

因为父亲嬴静过早离世，嬴立接了爷爷嬴某的班。

嬴立九岁当家，二十岁便早逝了。在他执政的十一年间，周桓王姬林可没少把他当童工使唤。除了继续清除关中盆地的犬戎流民，他还跟着华周的正规军讨伐了芮国（今山西省芮城县境内）和不听母亲芮姜规劝的忤逆子芮伯万，见识了一下山西的好风光。

秦人开眼了：原来世界上还有这种好地方呀。

黄帝1993年（前704年），嬴立五岁的小儿子嬴曼（秦出子）按规矩继位。

这娃子虽然奶声奶气的连一句话也说不全，可因为他的母亲是嬴立的正妻，所以他是嫡子哩。

但是，这个嫡子却有两个身高马大、如狼似虎的异母哥哥。

六年后，秦国的实权派弗忌、威垒等人暗杀了小君主嬴曼，拥立嬴立的大儿子嬴说当了掌柜，史称“秦武公”。

嬴说相当武。

他屁股刚坐稳，便手起刀落杀了弗忌、威垒等，牙痒痒地骂道：谁当家是我们自己窝里的事，什么时候轮得着你们这些杀才指定哩！

拍马屁等上个马拉稀呵。

嬴说执政的十九年，秦国的地盘迅速扩大。

他先后征服、吞并了绵诸、邽戎、冀戎、义渠戎、翟和貘等戎族，仿照楚国初设县制以管理所得之地，并第一次将关中的渭水流域进行有效控制。

这极大地增加了秦人的粮食储备，意味着秦国从游牧宗族转变为农耕宗族。

哥儿们既能骑着马打仗，也会下了马种地——征伐和生产两不耽误。

会农耕就要懂天文，懂天文就得学知识。

于是，秦人从此注重文明。

但文明需要一个漫长的过程。

嬴说死了之后，还是采用了野蛮的习俗，让六十六个活人陪着他殉葬了。

老先人传下来的规定，不好更改呀。

黄帝2020年（前677年），嬴说一母同胞的弟弟嬴嘉继位，史称“秦德公”。

嬴嘉虽然说只执政了两个年头，但是干了几件值得记录的大事。

第一件事，他用了牛、羊、猪各300头的大阵势，在“秦文公”建立的“鄜畤”（约今陕西省宝鸡市凤翔区长青镇孙家南头村）祭祀天地诸神，占卜中获得了大吉之言：秦人搬到雍邑，后代子孙将在黄河边饮马。

在黄河边饮马？

那可是诸夏诸华的黄金之地——太诱惑人哩！

嬴嘉毫不犹豫地将秦国的政治中心迁到了雍邑（今陕西省宝鸡市凤翔区境内）。

有山有水有平原，有刀有马有胆量，哼哼，秦人想不发迹都难呵。

第二件事，在关中盆地站稳脚跟后，秦国破天荒地迎来了史上第一拨外交盛事：诸侯梁、芮两国的国君前来拜访嬴嘉。

这可是秦人自立国以来首次“国际外交”大事。

更让嬴嘉自豪的是，这两个国君是来求他保护的。

梁国（今陕西省韩城市境内）和秦人有血缘关系，芮国可是和华周王室有着宗脉的亲戚。

哦——莫非一夜之间成了关中的“扛把子”了？

莫疑，莫疑，伙计您就是关中的“扛把子”嘛！

第三件事，秦人搬进了关中盆地，觉得这地方什么都好，只有一样受不了：太热了。

吹惯了黄土高原西北风的秦人受得了关中盆地一年种两茬庄稼的苦，却受不了这散不出秦岭的热天气。

大伙嚷嚷着要回西垂（今甘肃省礼县境内）凉快去。

嬴嘉摇着草扇敞着肚脐眼叫道：咱黄帝老头儿在朔方（今陕西省靖边县境内）制定的农历，一定是没考虑关中的臭天气。来人，杀四条狗挂在各个城门上祛祛邪湿之气。另外在这最热的三四十天里，大伙儿都“伏”在家里躲阴凉去吧。

秦人的长假称为“三伏”。

大家一看把牧羊犬都挂在墙上了，只能乖乖地回到土房子里骂老天爷。

敢骂嬴嘉——大人娃娃都不想活了？

虽然嬴嘉只执政了两年，但他干的这三件事对秦国以后的发展起到了至关重要的作用。

进驻关中，一年两种解决了人马的粮草问题；接待两国诸侯并承诺保护，树立了秦国勇猛的国际形象；安定人心，促使秦人在关中盆地快速繁衍。

活得不长，不一定干不了几件像样的事儿。

黄帝 2022 年（前 675 年），嬴嘉的长子嬴恬继位，史称“秦宣公”。

嬴恬执政的前五年，秦国史上的第一次危机不期而至。

晋献公姬诡诸公开向秦国宣战。

这可是个“并国十七，服国三十八”的狠主儿。

嬴恬腿软了：就凭咱这披头散发的“旄头骑”，怎么敢和拥有战车的正规军阵前过招？

秦人忍了五年，也退让了五年。

嬴任好大叫：大哥，再退就退出岐山回老家了。

嬴恬问：兄弟们，咋办？

众兄弟齐声回答：干就完了，反正大不了咱回西垂老家嘛。

既然“白帝”（玄嚣）不管你的子孙，我们找老祖宗“青帝”（伏羲）评公道。

嬴恬在渭水南边修建“密畤”祭祀，获得“青帝”启示：可以攻晋。

秦国玩命反击，居然把晋军打出了关中盆地。

晋军骂道：你们这伙没开化的西戎不要命，爷爷们还要留着脑袋吃陈醋刀削面呢。

呵呵，晋军竟视秦人为“西戎”了。

黄帝2034年（前663年），嬴恬虽然有九个儿子，但他传位给二弟嬴载，史称“秦成公”。

嬴载执政三年便离世了，他虽然有七个儿子，可他效仿大哥遗风，传位于三弟嬴任好，史称“秦穆公”。

从此，秦国高调崛起，称霸西北。

嬴任好执政的三十八年间，从骨子里就明白一个道理：从来就没有天上掉猪娃子的好事情！

这世间唯一让嬴任好感兴趣的只有一样东西——土地。

比起春秋时期其他的大小霸主们，嬴任好不动声色地灭了二十多个诸侯和众多的部落，目的非常明确：土地，土地，土地！

周襄王姬郑派遣召公过送“金鼓”给嬴任好以示鼓励，并正式把秦国封为“西方诸侯之伯”，从二等“侯国”提拔为一等的“公国”。

秦穆公嬴任好名副其实，史谓“称霸西戎”。

从嬴任好起，秦国从侯国升为了公国，公开向以晋国为首的东方诸侯们开打了。

顺便提醒一下大家，嬴任好是晋献公姬诡诸的女婿娇客，“秦晋之好”这个成语就是从他这儿来的。

黄帝2077年（前620年），嬴任好的儿子嬴罃继位，是为秦康公。

嬴罃的亲娘是晋献公姬诡诸的女儿穆姬，舅舅是晋国当家的君主姬重耳。

他当储君时，亲自护送舅舅姬重耳回到晋国夺得君主之位。

姬重耳是新兴霸主，嬴罃是根红苗正的“霸二代”。

本应辉煌的他，生不逢时地与赵盾同处在一个时代。

赵盾的先祖是造父，嬴罃的先祖是嬴非。

造父是嬴非的亲叔伯爷爷。

本是血亲的他们，为了晋国储君的事情弄得大动干戈，结下了秦赵之间的不解之仇。

姬重耳死后，秦晋两国破脸交恶，“令狐之役”和“河曲之战”让秦国在五十多年间又尝到了失败的滋味儿，秦人恨不得把赵盾活撕着吃了。

再加上楚国的虎视眈眈，嬴罃其实活得非常不开心。

黄帝 2089 年（前 608 年），嬴罃的儿子嬴貑继位，是为秦共公。

嬴貑执政了三年，与晋国的老赵家打了三年后死去，儿子嬴荣继位，是为秦桓公。

比嬴荣大一辈的晋厉公姬寿曼为专心对付楚国，很有长辈风范地与嬴荣约在令狐（今山西省临猗县）会盟。

姬寿曼在这边炖好了热乎乎的狗肉，嬴荣却住在王城（今陕西省大荔县）不肯渡河。

一个在黄河东岸温酒，一个在黄河西岸遛狗，谁都不敢到对方的地盘。

都是亲戚嘛，用得着这样防备吗？

不防备？谁也不敢保证那锅里炖的是哪个愣小子的肉呵。

两人只好互派使者往返于令狐和王城之间签订盟约。

这样的结盟没鸟用。

笔迹未干，第二年嬴荣就联合翟族，从西、北两个方向合围攻打晋国。

姬寿曼很轻松地把翟族赶回了老窝（今陕西省靖边县天赐湾乡），派卿大夫吕相到秦国谴责嬴荣并宣布与秦国断交。

黄帝 2119 年（前 578 年），姬寿曼向周简王姬夷告状：秦人虽然勉强说得上是夏族二祖颛顼爷女儿女修之后，但他们蚩尤的野蛮血脉也极其明显。不教训教训这个马夫他们，一有机会就联合翟戎到黄河边上捣乱。

姬夷同意姬寿曼的分析，委托他联合齐、鲁、宋、卫、郑、曹、郳、滕等国讨伐秦国。

公开的理由是：秦穆公、秦康公、秦共公、秦桓公爷孙四代君主不遵周礼，屡次背弃盟约，破坏国际友好，无端挑起战争。

联军到达泾河后，嬴荣彻底傻了。

不要说八个诸侯联军精锐尽出，仅看晋国的四军主将阵容，就不是“教训”的架势。

中军将栾书，中军佐荀庚；上军将士燮，上军佐郤锜；下军将韩厥，下军佐荀罃；新军将赵旃，新军佐郤至。更有郤毅为姬寿曼驾驭战车，栾针为车右佐护——中国有史以来最为空前的战乘天团！

秦人立国以来，哪见过这样的阵势？

在麻隧（今陕西省泾阳县西南）刚一交锋，秦人便被晋军战车冲得七零八落，溃不成军，秦将成差和女父顾不得自刎殉职，便被晋军俘虏。

嬴荣退守侯丽（今陕西省礼泉县境内），丢掉了关中的大片土地。

若不是晋军主将们各怀鬼胎，嬴荣很可能会成为秦国的亡国之君。

黄帝 2121 年（前 576 年），嬴荣死去，儿子嬴石继位，是为秦景公。

嬴石沉思了十二年，终于明白了一个道理：自己虽然是夏族二祖颛顼爷女儿女修之后，但在华周王室和姬姓诸侯的眼里，秦人只不过是个“马夫”的角色，这门姑舅亲戚从来不被他们承认。

热脸贴上了冷屁股，舔痔疮都不是“自己人”。

我们是蚩尤之后？

那就不客气了，休怪我们和楚蛮结盟。

秦国与楚国第一次联合。

目标只有一个：打尿这帮晋国的醋坛子们。

黄帝 2133 年（前 564 年），嬴石与楚共王熊审联合攻打正在闹饥荒的晋国，晋悼公姬周居然连小屁都没有放一个。

黄帝 2135 年（前 562 年），秦、楚联军攻打老牌正宗华族姬姓郑国，逼得郑简公姬嘉背弃兄弟晋国与楚人联盟。同年，秦、楚、郑联军又攻打老牌正宗夏族子姓宋国，秦人在栎地（今山西省永济市西南）阻击前来救援宋国的晋军。

面对晋军将士藐视的眼神儿，秦军竟然凭一己之力大败晋军战队，从而消除了秦人对“战车”的恐惧心理。

三年内攻打三个并征服了两个“公国”，“西戎”和“南蛮”的威力震惊华夏。

楚共王熊审一高兴，干脆把亲妹子送给了嬴石当老婆。

漂不漂亮是另一码事，心情和态度你嬴石得理解呵。

秦楚不但结了盟，并且实实在在地联了姻。

但是，瘦死的骆驼也比马大。

晋悼公姬周在五年后腾出手来，派荀偃率领鲁国的叔孙豹，齐国的崔杼，宋国的华阅、仲江，卫国的北宫括，郑国的公孙虿，还有曹国、莒国、邾国、滕国、薛国、杞国、郳国等兄弟诸侯们去攻打秦国。

明面上的命令是：灭了这帮子西戎马夫为华夏两族争气！

暗地里的交易是：秦国的地盘归荀氏所有。

当时的晋楚争霸，晋国的君主依靠的是一大帮靠不要命起家的新兴宗族们去征伐。

诱人的政策是：谁拿下的土地谁管理，象征性地交点税。

这个政策的好处是便于新兴宗族们玩命地去扩张晋国的疆域，坏处是难以控制新兴宗族们逐渐庞大的势力。

晋国的公族虽然取得了“霸主”的名誉，但也养成了十一个新兴宗族（史称“六卿”）的祸害，自己给自己挖下了一个“三家分晋”的大坑。

荀氏当时正是风华正茂的岁月。

叔孙豹、崔杼、华阅、北宫括、公孙虿等都是当时各个诸侯国的人精，为华夏两族宗主们出力那是义不容辞，可一旦知道了为荀偃打地盘的真相，大家顿时有了一种出门旅游的心态，斗志便没那么昂扬了。

更何况，被逼急了的坏分子嬴石竟然在泾河里大面积下了毒。

人喝人死，马过蹄烂——没法干呵。

诸侯们全都按兵不动。

眼看到嘴的肥肉就要丢掉，荀偃急了，传令各军：鸡一叫就打过河去，大家都看着我的马头来行动。我指向哪里，大家就奔向哪里（“鸡鸣而驾，塞井夷灶，唯余马首是瞻”）！

好一个“马首是瞻”，你以为你是哪根葱？

晋国栾氏的当家者栾黡不乐意了，第一个跳出来反对，并把自己掌管的下、新两军撤出战团，将荀偃晾在了当滩。

叔孙豹、崔杼、华阅、北宫括、公孙虿等道：既然你们内部的意见不统一，我们有力也没法出，只有回家去喽。

奇怪的是，当诸侯的兵马散去之后，栾黡的弟弟栾鍼听信范鞅（士鞅）的忽悠，突然过河袭击秦军，欲抢关中地盘为栾氏所有，谁知遭到嬴石反扑，栾鍼战死。

栾黡暴怒，满世界叫喊着要撕碎范鞅。

范鞅当然不想被撕碎了喂狗，便投靠了嬴石。

这仗打的，晋国的荀、栾、范三家新兴宗族彻底翻脸，嬴石也看明白了晋国的虚实和软肋所在。

哈哈，只能用天助嬴石、神佑秦国来解释了。

晋悼公姬周死后，晋平公姬彪为专心与楚国争霸天下，专门派重臣卿大夫韩起去秦国示好：秦晋本来就是老亲，何苦为了一个楚蛮大动干戈呢？

嬴石流泪了：再远的亲戚也比外人强呵。是你们不认姑舅亲的，怨不得我们秦人。

韩起说：我们君上说了，咱们都是轩辕黄帝的后代，今后就不要窝里斗了。斗过来斗过去，还不便宜了那些蛮夷们了？

嬴石道：这么说晋公承认我们是轩辕黄帝的后代了？

韩起说：本来就是嘛。

马夫和西戎的贬称终于回归到了应有的亲戚位置，嬴石也就不再折腾晋国了。

轩辕黄帝的后代，就得有个古老贵族的样子。

晋、楚的“弭兵之盟”嬴石就不屑去：羞先人哩，轩辕黄帝的天下，你和楚蛮们有什么好商量的？大不了和这伙蛮夷死磕到底嘛。

黄帝2160年（前537年），执政了三十九年的嬴石死去。

嬴石生前对自己的墓葬尤为重视，反复强调：一、必须在墓葬里的石磬上写明白“高阳有灵，四方以鼐”的字样，证明我是颛顼大帝高阳氏的后代，是轩辕黄帝的子孙；二、既然是轩辕黄帝的子孙（“天子郾喜，龚桓是嗣”），墓葬的规格就得符合黄帝子孙的古制和气度，棺椁必须“黄肠题凑”（即棺椁用黄心柏木，椁室四周用方形柏木枋堆成框型结构）。

秦人从此正式认祖归宗。

口头上的不算，墓葬里的才算呢。

黄帝2161年（前536年），嬴石的儿子嬴籍继位，是为秦哀公。

嬴籍执政的前三年，由于晋、楚的“弭兵之盟”，中原诸侯们难得消停了几十年。大家在安稳的日子里，一边儿养精蓄锐，一边儿看着楚、吴两国疯狗般地撕咬，全盼着这两家蛮夷同归于尽，华夏两族万世太平。

可是，申包胥却打破了这个难得的平稳局面。

黄帝2191年（前506年），伍员带领吴国的军队攻破楚国的都城，将死去的楚平王熊弃疾从墓里挖出来鞭尸。

申包胥既是楚国的老牌贵族，又是伍员的发小。当他听到伍员鞭尸的消息，便派人去劝诫伍员：恭喜你终于报了杀父之仇，这是大丈夫应该干的事情。但是，杀人不过头点地。你掘墓鞭尸已是犯了人神共愤之大忌，现在又纵容吴人烧杀淫亵自己的祖国之民，这就超出了复仇的界限了。

伍员回道：感谢申兄的提醒，请你回去告诉他，我被楚王弄得无父无兄，无妻无子，这世上只我一个人苟活，只好倒行逆施，顾不了许多了。

申包胥萧然四顾，楚国把天下能得罪的诸侯全得罪了。

只有求秦国这一条路。

申包胥跋山涉水到了秦国，却被嬴籍拒在宫门之外。

申包胥大叫：楚国要亡啦。

内侍出来笑嘻嘻地道：楚灭诸侯没有一百也有八十，这算个什么事？

申包胥又叫：我们楚蛮灭亡，你们西戎的好日子也快到头了。

内侍又出来笑嘻嘻地道：我们不是西戎，是轩辕黄帝的子孙哩——这事周室和晋国早承认了呢。

申包胥再叫：昭王熊轸是贵国的公主所生，是秦公嬴籍的亲外甥哩。

内侍再出来笑嘻嘻地道：儿子都靠不住，谁指望外甥上坟祭祀呢？再说了，我们的公主本应嫁给储君熊建，谁知被公公熊弃疾霸占。这门亲结的，我们都没脸承认呢。

申包胥无语，只有放声大哭。

这一哭，不吃不喝地哭了七天七夜！

嬴籍感动得坐不住了，跑出去说道：有这样忠心的臣子，楚国不该灭亡啊。

他亲自写了首诗歌《无衣》，号召秦军出战援楚："岂曰无衣？与子同袍。王于兴师，修我戈矛，与子同仇。岂曰无衣？与子同泽。王于兴师，修我矛戟，与子偕作。岂曰无衣？与子同裳。王于兴师，修我甲兵，与子偕行！"

文化了，文艺了，文明了——秦国的君主终于识字并且会写诗了。

这可是秦国历代的君主第一首有据可查的诗作。

不怕文士拿砍刀，就怕军人有文化！

带着五百辆战车的秦将子蒲、子虎杀到了楚国。

面对后来天下闻名的孙武和已丧失人性的伍员，谨慎的子蒲让楚人先与吴军交战，理由是：我们不熟悉吴狄的打法，得看看。

楚人蛮劲儿上来，二话不说，拿着刀子和吴军拼命。

几个回合下来，子蒲笑了：尽是些晋人耍奸弄滑的把戏，不过如此嘛。

秦军不理会孙武故弄玄虚的阵法和战术，只拣人多马众的地方碾杀过去。

吴人边跑边叫：侬这些西北愣娃，不按套路出牌的哇。

披头散发的"旄头骑"加上华夏两族几千年研制的"杀人战乘"，秦军此战向天下露出了自己创建的"战争新利器"大秦军团，刚一出手，连孙武都抵挡不住，落荒而逃。

可见，书本上是一回事，实战中是另一码子事。

但是，孙武虽然败了，从此也再未露面或打仗，却写了一本《孙子兵法》留在世间，把万人敬仰的“战士”和“将帅”们教习成了要奸弄滑的“小人”之流。

此后的战争没有了华夏两族对阵之时令人景仰的光明正大，满眼却都是叫人恶心的“三十六计”，把大丈夫变成小滑头，使千年贵族变成了毫无战争底线的蛮夷屠夫。

真的是孙子中的孙子。

黄帝2197年（前500年），因为嬴籍的嫡子早逝，他的孙子嬴宁继位，是为秦惠公。

嬴宁执政的九年间，见证了两件事。

一件是孔子在鲁国当了官。

一件是晋国的赵氏与智氏联合灭中行氏和范氏。

孔老师刚当了鲁国的大法官（大司寇），便杀了一个名字叫卯的“少正”立威。这个卯教授并不是犯了什么必须杀的罪，只不过是和孔老师争夺“生源”。

孔老师教的是华周礼仪，卯教授教的是纵横之术。卖白面的见不得卖石灰的，所以孔老师把卯教授给杀了。

儒家的亮相非常不磊落呵。

相比而言，晋国的赵氏与智氏倒是磊落得多：地盘就这么大，你们吃饱了我们就得饿死。从我们的角度来讲，还是你们死了对我们有利呀。

嬴宁一边讥笑华夏文化人的虚伪，一边提防新兴宗族的势力，加紧巩固着秦国的地盘。

黄帝2206年（前491年），嬴宁的儿子嬴盘继位，是为秦悼公。

嬴盘执政的十五年间，和父亲嬴宁一样，静观天下的纷乱。

此时的主角，是炎族齐国的田氏家族。

田乞（田僖子）不满意姜荼（齐晏孺子）当齐国的君主，便杀了他，迎接姜阳生（齐悼公）回到齐国出任君主，令天下瞠目结舌：原来千年的贵族们还可以这样被玩弄于股掌之上呢。

田乞启动了“卿大夫”们毁灭千年贵族们的清除键。

此后，田乞的儿子田恒比他爹更狠，在7年内连杀了齐悼公姜阳生和齐简公姜壬两个齐国的君主。

这世界乱套了。

但是，由于秦国的强壮，二十四年里居然没有诸侯敢向秦人叫板。

黄帝2221年（前476年），嬴盘的儿子嬴刺继位，是为秦厉共公。

嬴刺接的班底人强马壮，十分扛硬。

他刚执政的第二年，蜀国便派使者前来朝贡。

此后的十二年里，义渠（今甘肃省庆阳市西南）、绵诸（今甘肃省天水市邽山）和楚国、晋国也相继派使者前来朝贡嬴刺。

不战而屈人之国呵。

嬴刺觉得，再不出去活动一下筋骨，秦军会闲出病来了，也对不起两次出现的彗星。

他先派两万大军在关中盆地清除了一下戎狄流民热了热身，感觉秦军的铜戈依旧锋锐好使，便亲率大秦军团到天水灭了绵诸。

本想顺路亡了义渠，谁知晋国大乱，荀瑶（又称智伯、智襄子）被赵、韩、魏三家杀死，荀氏和智氏的后人们全逃到了秦国的地盘里避难。

嬴刺只好回到关中，防备赵、韩、魏这三家疯狗般的袭击。

在把女儿嫁给越国并与楚国重新结盟后，嬴刺腾出手来打击义渠，并俘虏了其酋头。

至此，秦国的“后花园”稳当了，秦人可以专心地虎视东南之地。

天下诸侯的噩梦即将到来。

正当嬴刺准备大干一场，关中发生日食天象，执政三十四年的嬴刺也随即离世。

黄帝2255年（前442年），嬴刺的长子继位，是为秦躁公。

秦躁公执政了十三年，先是忙着消灭汉中盆地南郑的骚乱，紧接着提防晋国赵、韩、魏三家的动态，最后还要应付义渠人大规模的报复，真是没过上几年安稳的日子。他死后，二弟嬴封从晋国赶回来继位，是为秦怀公。

嬴封可是从晋国留学回来的“华归”高才生呢。

他本想干点事儿，可一看秦国贵族们给父亲和哥哥的谥号，便觉得自己过于乐观了。

父亲的谥号是秦厉共公——杀戮无辜曰厉。

哥哥的谥号是秦躁公——好变动民曰躁。

有这么糟蹋自己君主的吗？

更何况他俩根本就不是那样的人嘛。

大庶长嬴鼌哼着笑道：是哪样的人，由我们这些活着并掌权的大爷们说了算。

当时中国正流行卿大夫们玩君主的杀人游戏，嬴封坐了四年的冷板凳，便被逼着自杀了。

黄帝 2273 年（前 424 年），嬴封的孙子嬴肃继位，是为秦灵公。

嬴肃在位九年，眼看着秦晋两国的卿大夫们互相厮打，自己没办法插手，干脆钻研宗教祭祀之事。

他到轩辕黄帝原冢地（今陕西省靖边县境内）祭祀后，觉得路途太远，便在吴阳（今陕西省宝鸡市吴山）也建了“上畤”祭祀黄帝，并修缮“下畤”原址祭祀炎帝。

炎黄在一处祭祀，从嬴肃开始。

可别小看这件事儿，它可是对秦国后来的发展起到了至关重要的作用。

因为此时古老的夏华贵族们正在被天下新兴的权贵宗族卿大夫们围剿，亮出炎黄子孙的旗号，无疑是给自个儿树了一个找死的牌匾。

但是，嬴肃立起了炎黄的“招魂幡”，天下士人心向往之。

对于那些想给炎黄“复兴”出力的有志青年，秦国就是当时的“延安”呵。

黄帝 2283 年（前 414 年），秦灵公嬴肃的叔父、秦怀公嬴封的兄弟嬴悼子继位，是为秦悼公。

倒着来？

对，爷爷死了孙子来，孙子死了叔父来。

要乱咱就全乱着来。

十四岁的嬴悼子下令：所有的秦人不论是贵族、官吏还是平民，成年者都可以佩剑出行。

都可以佩剑？

秦国掌权的贵族们愤怒了：你个挨锤子的，不想活了！

掌权的贵族们为什么愤怒？

因为按照夏华两族的规矩，只有贵族才能佩剑呢。

大家正准备杀了嬴悼子，不想下人们进来禀报：全国人民和官吏们，全都热烈拥护新王的新政策哩。

嬴悼子身边尽是些佩带刀剑的官员侍卫，别人还没冲到他的面前，保准已被剁成肉末儿。

看把娃逼成啥咧。

更惨的是，赵、韩、魏三家成功分晋并经华周王室封侯之后，势头正盛的魏文侯魏斯瞅上了关中盆地的这块肥肉。

双方交战数次，使秦国不但尝到了一百二十四年来未曾有过的败绩，并且丧失了河西（今陕西省华阴市境内）的大片土地。

嬴悼子急得脑洞大开，修建了一条南起今陕西省华阴市（趋向东北越过渭河，沿洛河右岸北上，经大荔、蒲城、白水等县），北至今陕西省白水县黄龙山南麓的大院墙，俗称“秦东长城”。

打不过，咱就高打墙。

秦国的筑墙传统由此开头。

黄帝 2298 年（前 399 年），嬴悼子的儿子嬴仁继位，是为秦后惠公。

怎么又来了一个“秦惠公”？

原因不知道，只能看出来秦人的文化还是很粗糙。

为了和嬴宁的谥号有所区别，后人称嬴仁为“秦后惠公”。

嬴仁面对魏文侯魏斯和吴起的武卒兵团，只能躲在高墙内不敢露头。

君主的示弱，只能令对方的将帅们更加疯狂。

吴起几乎掠夺了秦国的大半国土。

不但秦国在西河地区的临晋、王城、洛阴（今陕西省大荔县境内）、元里（今陕西省澄城县境内）、合阳（今陕西省合阳县境内）、阴晋（今陕西省渭南市华州区境内）等成为魏国的领土，就连陕县（今河南省三门峡市境内）也由魏国控制，直接截断了秦国与中原的黄金通道。

更要命的是，魏国夺回了鬼方的老窝子（今陕西省清涧县境内），顺手拿下了河套地区的大片土地，在轩辕黄帝原冢地北侧设置了上郡的首府阳周城（今陕西省靖边县杨桥畔镇阳周村），彻底堵死了秦国的东北通道。

魏文侯魏斯干脆也在洛水的东岸修筑了一条长城，南端越过渭水与阴晋相连，北端到达雕阴城（今陕西省甘泉县境内）以西，将秦国压制了长达八十余年。

秦国的四代内讧和新兴魏国的扩张，使得这些吃羊肉泡馍的伙计们看起来命不久矣。

黄帝2311年（前386年），嬴仁病死，儿子嬴昌继位，是为秦出公。

两岁孩子连路都不会走，怎么去发号施令？

这事儿好办，娃娃不行妈妈行呵。

秦人炸锅了：男人都快打趴下了，你一个女人能行乎？

嬴昌的妈妈（没留下名字）向秦国的贵族们公开行贿。

大伯的胡须真白呵，赏。

三叔的孙子满月了，赏……

贵族们是安稳了，但军人们不满意了：就没听说过靠赏赐能治国安民的。

在魏国流亡的嬴师隰看到了机会。

嬴师隰是秦灵公嬴肃的儿子，是两岁的小孩子嬴昌的叔伯爷爷。

秦国内讧之时，他怕叔伯爷爷秦悼公嬴悼子杀他，便逃到了当时快要完蛋的晋国避难。这一逃，足足流浪了二十九年。

他眼看着魏文侯魏斯重用李悝、吴起、西门豹等人推行中央集权，国力强盛的魏国几乎要将秦国灭掉，便觉得自己再不出手，老祖宗凭养马出力挣下来的地盘就要让国内那伙败家子弄完了。

魏武侯魏击执政之后，为了专心对付赵、楚两国，企图在秦国扶持一个亲魏的傀儡政权，减轻西线的压力。

他叫来嬴师隰说：你那孙子被女人和臣下左右，我可以帮你回到秦国执政。

嬴师隰拱手道：懂了，我需要点时间准备一下。

魏击说：明人不说暗话，你准备怎么报答我？

嬴师隰沉默片刻，说：在我有生之年，秦国不会攻打魏国。

魏击看了看嬴师隰，笑道：实话虽然不好听，但终究是实话嘛。

嬴师隰开始活动。

他先派人回国打听消息，知道了秦人不满秦后惠公嬴仁的丢弃国土和嬴昌母亲的专权；又叫人和庶长嬴菌改联系，得知他盼望着一位年富力强的君主掌舵秦国；再到各个贵族家贿赂放风：秦灵公嬴肃的儿子嬴师隰还没死在国外，正准备回国拯救秦人呢。

贵族们拿到礼物后，纷纷表态：咱秦国是该有个像样的君上了。

一年后，嬴师隰花光魏武侯魏击援助的珍宝，踏上了回国的旅途。

嬴昌的妈妈马上让庶长嬴菌改带军队去阻杀嬴师隰。

这真是让盗贼守珠宝。

去杀嬴师隰的军队，瞬间哗变成了嬴师隰的近卫军。

嬴师隰杀了嬴昌母子。

当初他怕叔伯爷爷杀了他，但如今他这个叔伯爷爷却杀了自个儿的叔伯孙子。

世事轮回，真是难料呵。

黄帝 2313 年（前 384 年），嬴师隰执政秦国，是为秦献公。

当年，他干了三件事。

第一件事，将自己改名为“连”。

这是为什么？

因为当时正宗华夏贵族的继位君子，名字大都只有一个字，两个字以上的都是非储君或者是庶出的子孙。

第二件事，嬴师隰将秦国国都从雍邑（今陕西省宝鸡市凤翔区境内）迁至栎阳（今陕西省西安市阎良区境内）。

这事台面上是嬴师隰以示自己将要夺回被魏国占领土地的决心，暗地里却是为了摆脱旧贵族们的束缚。

第三件事，嬴师隰宣布在秦国废除“人殉”古俗。

贵族们和全体秦人双手赞成。

贵族们的赞成，是因为从此可以不为关系亲近的君主陪葬；秦人的赞成，是因为从此可以不为侍候的贵族们活埋。

毕竟活埋的滋味不好受哩。

此后的九年里，嬴师隰借鉴魏国的成功经验，创造性地干了三件事儿。

第一件事，嬴师隰把边境地区全改建为县，由自己直接派官吏进行管理。贵族们不能随便换，官吏们不听话可以随意砍——痛快。

第二件事，秦国开始对工商业活动进行规范管理。所谓的规范管理，就是你在我的地盘上做生意我欢迎，但是得交点营业税。

遇着有人反对，官吏们便拿着刀耐心解释：国家打仗要不要钱？你走的路要不要秦王去维修？君上是不是得比你吃得丰富点？来了国外的宾客不摆几盘子大骨头牛羊二肉丢不丢咱秦国的人？

道理还真是个道理。秦国的国库逐渐盈实——特色。

第三件事，有鉴于魏国武卒兵团的模式，嬴师隰把五户人家编为“一伍”，农忙时互相帮助，农闲时军事训练。

为了防止他们形成黑社会团伙，严厉规定：一人犯法，全体株连。

大家要互相监督呵，不然张三打个喷嚏，李四王麻子全得感冒——小心咧。

黄帝 2324 年（前 373 年），此时期道家的代表人物太史儋到了秦国。

嬴师隰喜出望外，顶礼膜拜。

太史儋在终南山下（今陕西省周至县楼观台）对他说：华周王室的故里与秦国的国都合并在一起，但今天却被鬼方裔的魏国占去了。

嬴师隰诚惶诚恐道：是我们的能力太差，丢掉了老祖先的土地。

太史儋说：如果秦人再将这片故土合并，夏华两族就会出现新的霸主。

嬴师隰的脑子里浮现出先祖秦穆公嬴任好“称霸西戎”的辉煌。

他忘掉对魏武侯魏击的承诺，日谋夜算想夺回被魏国占领的国土。

环境限制了嬴师隰的想象力，太史儋所谓的“夏华新霸主”，指的可不仅仅是在关中盆地里为王霸道哩。

现在看来，华夏文明的正宗应该分为两支。

一支是血统，一支是文化。

汉之前以血统为标志，汉以后用文化去区分。

两者居其一，便为华夏子孙。

饱暖思淫欲，刀枪壮雄心。

黄帝 2331 年（前 366 年），准备了十八年的嬴师隰终于有了发泄的机会。

要玩就玩个大的！

由于韩、魏两国不断挑战华周王室的底线，嬴师隰重新举起“尊王攘夷”的大旗。

拉虎皮扯大旗，不能由你齐威王田因齐一家独干。

你田氏齐国靠窃国起的家，算个什么东西？

趁着周显王姬扁与齐威王田因齐翻脸交恶，嬴师隰派秦军在洛阳声援姬扁并打败了韩、魏两国的联军。

姬扁惊讶了：这伙马夫还活着？

嬴师隰信心大增，紧接着借田氏齐国和魏国准备你死我活的大好良机，下令秦军夺取故土河西之地，一直打过黄河，深入魏国境内的石门（今山西省运城市境内），并斩首六万余人。

八十多年都是泪呵。

秦人终于又挺直了腰杆。

周显王姬扁派大员赴秦祝贺，赐封嬴师隰为“秦伯”。

天大大，这可是秦穆公嬴任好才有的至高荣耀呵！

黄帝2335年（前362年），秦军在少梁（今陕西省韩城市）大败魏军并俘虏了公叔痤。

公叔痤是个什么人？

他是魏国政府的一把手（相国），魏武侯魏击的女婿，吴起的死对头，商鞅的门主，并且是嬴师隰在魏期间的主要资助人。

和他有关系的人，莫不天下闻名！

俘虏了他，魏国的政权几乎瘫痪了大半。

嬴师隰把公叔痤好吃好喝招待了几天，敲锣打鼓地送回了魏国。

国仇无解，发誓就当放了个响屁，但私人的交情不能不讲呵。

六十二岁的嬴师隰将秦国满血复活后，毫无遗憾地死了。

他前半生痛苦，后半生辉煌，死后指定的接班人，更是让秦国有了吞并宇内的雄心。

黄帝2335年（前362年），秦献公嬴师隰的二儿子嬴渠梁继位，是为大名鼎鼎的秦孝公。

嬴渠梁的大哥叫嬴虔。

仅看两人的名字，就知道谁是法定的接班人。

但是，偏偏是弟弟越过哥哥接了班。

为什么？

因为嬴师隰看到：嬴虔偏文，嬴渠梁尚武。

面对齐威王田因齐、楚宣王熊良夫、魏惠王魏罃、韩昭侯韩武、赵成侯赵种这五个混世魔王，当时的秦国明显不需要嘴把式，而是需要狠角色。

这既是他们父子三人的共识，也是秦国贵族们的期望。

政权在两个血气方刚的小伙子同仇敌忾中平稳交接。

嬴渠梁执政后颁布的第一道《求贤令》，极有可能出自哥哥嬴虔之手。

> 昔我缪公，自岐、雍之间，修德行武。东平晋乱，以河为界。西霸戎翟，广地千里。天子致伯，诸侯毕贺，为后世开业，甚光美。会往者厉、躁、简公、出子之不宁，国家内忧，未遑外事，三晋攻夺我先君河西地，诸侯卑秦，丑莫大焉。献公即位，镇抚边境，徙治栎阳，且欲东伐，复缪公之故地，修缪公之政令。寡人思念先君之意，常痛于心。宾客群臣，有能出奇计强秦者，吾且尊官，与之分土。

这篇录自《史记·秦本纪》的《求贤令》，明显是由司马迁造了假。

证据一：秦穆公被贬称为“缪公”，分明是后来儒家们讥讽蛮夷的笔风（如“文、武、明、睿、康、景、庄、宣、懿”等都是褒谥，“惠”意为庸谥，“质、冲、少”等往往是幼年即位而且早死的悲谥，“厉、灵、炀、缪”等都是恶谥，“哀、思”等也不是好谥，但好歹有点同情的意思）。“穆”是恭敬之意，“缪”是错乱的意思，秦人即便再没有文化，也是照着华周王室的“谥法”评价自己逝世的君主，怎么会对“称霸西戎”的嬴任好有这样的差评？

证据二：《资治通鉴》中的《求贤令》，除了那句“吾且尊官，与之分土”对亡命之徒极具诱惑力的话外，通篇都在渲染自己的糗事和痛苦。试问天下英才，谁肯去这个背负着“西戎”色彩的窝囊国家效力？

那么，嬴渠梁和哥哥嬴虔拿什么去号召天下之士到秦国正大光明地干活呢？

当时天下的夏华诸侯，大都已被楚、韩、魏这三个非华非夏的宗族灭绝或瓜分，各诸侯国老牌贵族的子孙们，除了暗地里在轩辕黄帝的牌位前偷偷哭泣外，心里都盼望着夏华两族的大英雄和大救星早早出现。

也许只有亮出轩辕黄帝的旗号，才算是合情合理之举。

第一，秦人自封土立国以来，一直祭祀着轩辕黄帝，并且始终保护着黄帝原冢地（今陕西省靖边县境内）；第二，放眼天下，当时除了不怎么正宗的秦国，满眼不是楚蛮，就是鬼魏、苗韩和胡赵这些杂种；田氏齐国连个炎族都算不上，至于老牌的姬姓燕国，比蛮夷们更加反对夏华古族。

夏华士人们选哪个诸侯为轩辕黄帝卖命，这不是明摆着的事儿吗？

再远的亲戚，也比蛮夷强呵！

也许，嬴渠梁和哥哥嬴虔的《求贤令》真实的内容大概是这样：华夏的老少爷们儿，天下究竟是轩辕黄帝子孙的天下，还是楚蛮、鬼魏、苗韩、胡赵和炎族的天下？我们秦国虽然是女系旁支，但历来敬奉轩辕黄帝老祖。现在天下的地盘快要被蛮夷们占完了，只有我们秦人才有实力复兴轩辕黄帝老人家昔日伟大的荣耀。来吧，来吧，都来吧！咱们团结一心，为复兴轩辕黄帝老人家昔日伟大的荣耀而努力奋斗!!!

于是，周显王姬扁派使臣送来“祭肉”（秦国若只想壮大自己，华周王室干吗奖励他们）；于是，华夏士人纷纷云集秦国。

第一个脱颖而出者便是卫国人商鞅。

卫国被新兴的鬼方裔魏国掠夺了大半，商鞅便是“战利品”之一。

他虽然在魏国长大，但对鬼魏的仇恨刻骨铭心。

知道了嬴渠梁的《求贤令》，商鞅连鞋子都顾不得穿便跑到了秦国。

嬴渠梁一听来了个姓“姬”的，便没了兴趣。

说得天花乱坠，被人打得落花流水——这就是姓姬的标配。

果然，商鞅的“帝道”和“王道”，让嬴渠梁很是睡了个好觉。

醒来之后，嬴渠梁讥嘲道：帝道如果无敌，那么帝尧怎么会被帝舜架空？王道如果有用，那么华夏的诸侯们为什么灭亡？

商鞅舔了舔干燥的嘴唇，笑道：我还有个“霸道”要不要听听？

嬴渠梁伸个懒腰道：闲着也是闲着哩。

商鞅说：其实要秦国迅速富强起来，只要做到以下五点就可以了。

嬴渠梁抬头看着商鞅。

商鞅继续说：您说东就东，您说西就西，秦国必须按照您的思想来，这叫“壹民”。

嬴渠梁没吭声。

商鞅说：富裕的人不爱国家，贫穷的人则依靠国家。民众强大了，国家就虚弱；国家要强大，就必须削弱人民。所以您得剥夺富人的财产充实国库，削弱富人的储蓄使宫中富足，这个叫“弱民”。

嬴渠梁问：怎么去剥夺和削弱，总得有个说法吧？

商鞅说：说法多的是，就看您找不找碴儿。

嬴渠梁点头：继续说。

商鞅说：强势的人应该放在强势的地方发挥他们的能量，您得通过发动对外战争来达到“外杀劲敌、内杀强民”之目的，这个叫“疲民”。

嬴渠梁一下坐了起来：继续。

商鞅说：必须用奸诈的官吏去管理善良的民众，谓之“以奸驭良”。要不断羞辱他们自私的行为，教育他们忠于您的思想，形成只有您的言行是正确的，他们的小九九都是可耻的，这个叫“辱民”。

嬴渠梁道：来人，上酒。你——继续说。

商鞅说：民众都没钱，就您有很多钱，他们便得依附您，这个叫“贫民”。

嬴渠梁并不傻，想了想道：钱集中在一个人手中，就成了没用的东西了。

商鞅击掌道：和明白人说话不费劲呵——钱多了您才可以“赏”呀。赏出去再收回来，收回来再赏出去，主动权永远在您的手中嘛。

嬴渠梁明白商鞅的意思了：对内向民众下手，对外向别国掠夺。

第二天接着聊。

嬴渠梁道：你说的方法很诱人，实施之后的效果很有可能达到预期的设想。但是，这首先要从我的兄弟姐妹和族人们开刀呵。

商鞅说：这得看您的想法——是要兄弟姐妹，还是要天下江山？

嬴渠梁道：继续说。

商鞅说：不论什么人穷了就听话，便不会随意嘚瑟；不论什么人势大了就会胆壮，更不会顾忌亲情。妹子亲还是宠妾亲？兄弟重要还是江山重要？

嬴渠梁心想：哪个亲哪个重要，谁他娘心里不清楚呵。

商鞅说：有道之国，在于弱民。不剥夺和削弱自己兄弟姐妹和族人们的权势，您凭什么让大家都听您的？

嬴渠梁道：这有些残酷了。

商鞅笑了：他们不遭罪，您就得去遭罪。仁义如果管用，宋人就不会亡国；亲情如果管用，君臣和父子就不会反目成仇。

嬴渠梁也笑了：人呵，真不是个好东西呀。

商鞅说：咱们必须承认人性本恶这个现实哩。

嬴渠梁问：有什么具体的措施吗？

商鞅回答：多的是呀。一、不要提倡学习，人们便会愚昧无知；愚昧无知的人，便会变得朴实忠厚；朴实忠厚的人，您喂啥他们吃啥呵。二、不能让商人们富裕，富裕了他们就有能力聚集力量对抗君主。三、加重刑罚，减少奖赏，人们就会拼命争夺奖赏；反之，民众就不会为奖赏而拼死奋斗了。四、重农重战，让人们没时间考虑其他的问题。

嬴渠梁又问：这些措施不能明着说吧？

商鞅说：当然不能。

嬴渠梁又问：那怎么去说服庙堂里的宗亲呢？

商鞅说：放心，我就是靠这个吃饭的。

嬴渠梁道：来人，通知下去，明早开个学习讨论会。

黄帝2338年（前359年）的某日清晨，天刚亮，会议开始。

正方代表：商鞅。背后大佬：嬴渠梁。

反方代表：甘龙，杜挚。背后大佬：嬴虔。

甘龙先开始发言：听说你向君上进言准备变法？

商鞅拱手道：是的。

甘龙问道：目的是什么？

商鞅回道：富国强民。

甘龙又问：怎么去富国？怎么去强民？

商鞅笑道：这事儿不传六耳，只要君上知道即可，外人不足道矣。

这话说死了，甘龙没法继续。

杜挚耸身道：我常听说，老祖宗制定的法律并没有过错，只要按照前辈帝王们的礼仪行事，就不会发生什么邪乱，谓之“法古无过，循礼无邪”。

商鞅道：老祖宗当时管的是几个人？我们现在管的是多少万人？环境不同，寡众不同，怎么能用原来的法礼治理现在的秦国呢？

杜挚道：人数虽然越来越多，但根本没有变——诸侯们从古至今，只能有一个君主嘛。

商鞅道：帝王和帝王不一样，君主和君主不相同。用一种渔网企图捞尽天下所有的鱼儿，你觉得能行吗？

杜挚也无语了。

甘龙又问：我听说“利不百不变法，功不十不易器”，你的变法能达到那样的效果吗？

商鞅道：有过之而无不及。

甘龙笑道：吹牛谁不会哩。

商鞅道：有证据呢。夏舛和殷纣倒是从没有变法，但谁又能挽救他们的灭亡？商汤和周武如果遵循古法，他们又怎能称王呢？治理的国家大小不同，法礼也就不同。秦国说白了就是个“便国”，何苦去遵从那些他们都不遵守的法礼呢？

众人沉默了。

和华夏的文化人玩嘴皮？嘿嘿，回娘胎里修炼个两千年再说呵。

嬴渠梁同意变法后，商鞅负责具体实施。

他在南门立起一根木头杆子，广而告之：谁把这杆子扛到北门，奖五十金。

大群的秦人笑了：哄人哩，哪有这好事！

谁也不干？

商鞅又派人去南门宣布：谁把这杆子扛到北门，奖一百金。

大群的秦人又笑了：哄人哩。

一个闲人心想：闲着也是闲着，权当锻炼身体给秦王尽义务了。

杆子扛到北门，闲人拿到百金奖励。

大群的秦人后悔了，原来这商鞅说话算话哩。

商鞅心想：没有甜头，尔等怎么去卖命？

于是，《垦草令》随即推行。

一、禁止任何个人售卖粮食，国家实行统购统销——国家担心商人哄人民哩。

二、禁止随便迁移户口，在哪生的就在哪待着，还得要登记——国家怕让外国的移民占领人民的耕地哩。

三、将山川湖泽等自然资源全部收归国有——国家担心人民破坏自然环境哩。

四、酒肉是奢侈品，要收取额外的奢侈品税——人民都吃不上哩。

五、禁止任何个人经营夜总会、KTV、酒店、饭馆和妓院——怕有伤人民的风化哩。

六、个体经济是国家不可缺少的组成部分，需要保护，但——得加税哩。

感谢国家为我们人民考虑。

但是，光给我们定规矩，好像没你们上层人士的什么事呢?

有呵，别急，往下看。

七、贵族们除了自己和嫡长子外，其他的人都得下田种地——国家担心他们会得“三高”的富贵病哩。

八、禁止贵族、官吏雇请用人——大家都得平等哩。

九、禁止文化人夸夸其谈，坐而论道，妄议国政——空谈误国哩。

十、官吏们如果有害农、贱农、惑农、扰农的行为，一律不问青红皂白——全打屁屁哩。

嬴渠梁沉思了：下层与中层的措施看上去还行，顶层的设计还是个空白嘛。

商鞅笑道：干这么些事，主要是为了服务以下的顶层设计呵。

十一、颁布李悝的《法经》，加重原有的“连坐法”：一人犯法，株连全家、全村甚至全城——互相不监督，全得受连累哩。

十二、奖励军功，禁止私斗，废除世袭制——谁挣下谁享受，贵二代、富二代、官二代们休想靠爹娘混日子哩。

十三、耍嘴皮子的文化人不能搞家教敛财，不能到处给人民讲课，不能私藏书籍——怕饿死赶紧去开垦荒地，国家还免税哩。

十四、以家庭为单位，每家都得出人为国家服兵役——“二十等爵”等着人民升官发财哩。

二十等爵是个什么东东？

最低一等是“公士”，最高一等是“彻侯”。

凡秦军士兵，砍下敌方“甲士”（军官）一个脑袋，就可以获得一级爵位，并且奖励田地一顷，住宅一处，仆人一名。

进一级，翻一倍。

砍下敌方“甲士”二十个脑袋后，获得“彻侯”爵位，就会拥有一个县的“食邑”。

更诱人的是，两个脑袋，就可以解救自己触犯法律的亲人免除刑罚。

想不拼命都难呵。

没机会砍下敌方“甲士”脑袋的军官们也不用灰心，毕竟对方就那么几个脑袋，资源颇为紧缺。但是，只要打了胜仗，小官升一级，大官升三级！

方法好是好，但只奖励个扛木头的闲人就想让全秦国的贵族和百姓听话，这无疑是痴人说梦，异想天开。

变法如果这么简单，嬴虔这些文化人们早变八百回了。

对百姓而言，变法只不过是向左走还是向右走，等待他们的基本上都是吃不饱饿不死的一碗白菜汤，区别仅在于盐多盐少而已。

不听话的，杀几个刺儿头就安稳了。

但是对贵族而言，如果动了他们油汪汪的肉夹馍，反对起变法还真是拿他们一点招儿都没有——因为有个华夏的古训得遵守，这便是“刑不上大夫”（这个“大夫”意指宗族兄弟）。

要想让全秦国的贵族和百姓听话，必须得“刑上大夫”，必须得“轻罪重罚”！

恰巧储君嬴驷触犯了新法，秦国的贵族们乐了：看你小子怎么办？

商鞅也乐了：瞌睡等了个枕头，正愁没个开刀的。

他连夜向嬴渠梁汇报自己的想法后，第二天一大早就宣布：刑可上大夫，但不可上君子。君子有过，是老师教导不力的问题。一句话，君子有过，老师承担！

老师是谁？

嬴虔骂骂咧咧地走出来道：是爷爷我！

商鞅顿时变色道：来人，把嬴虔爷爷的鼻子割了去。

全都傻了——对嬴渠梁的大哥嬴虔用劓刑？

当他们听到嬴虔杀猪般撕心裂肺的嚎叫后，这才明白：这一切都是真的哇。

嬴渠梁看着大哥的惨状，抹了抹泪水道：我的亲哥呵，你的鼻子如果能换来咱秦国的强盛，值当哩，值当哩。

随后，二老师公孙贾的脸上也被免费绣了一朵花（黥刑）。

从此，秦国令行禁止，再无人敢触新法。

九年后，秦国的粮食多得吃不完。

九年后，秦国的军人遍地都是。

肚子饱了力气大，力气大了干什么？

黄帝2347年（前350），嬴渠梁令商鞅仿照鲁、魏两国的都邑规制，建立新都，并在次年将秦国都邑从栎阳（今陕西省西安市阎良区境内）迁到咸阳。

这一次的迁移，奠定了秦国吞并天下的地理优势，也显示出秦人文明的成熟。

原来的秦人君主，基本上是哪里需要住哪里，什么当紧顾什么，从来不讲究“布局”。

商鞅则以道家的知识，给秦国雄霸天下布置了一个“风水大局”。

咸阳位于关中盆地腹地，南朝秦岭，“向山”为华周龙脉，又有渭河东流环绕，山水俱佳；“背山”为嵕山，再往西北后方是秦人的老窝子甘肃天水，进退自如。

顺着渭河，东可直入黄河进入山西诸国；贴着秦岭山脉，南可直通函谷关进入中原河南，西可控制汉中与巴蜀等国的咽喉要道；更为方便的是，位于北方的黄帝龙兴之地“古河南地”（今河套地区）的人力和物力资源，秦人几乎可以说是唾手可得。

秦国只要军力强大，他们想出去打仗，简单得就像是去出国旅游，别的诸侯想打进来那就是做春秋大梦。

这基本上是立于不败之地！

当上了“左庶长”（非王族政务官长）的商鞅，开始进行第二次变法。

这次变法是为了弥补第一次变法的不足。

第一次的变法之所以顺利推进，是因为秦献公嬴师隰打下了基础，儿子照吹老爸的调子，谁也挑不出毛病，商鞅只不过是完善规范了一下。

第二次变法，那可是商鞅的思想，实打实地动了刀子。

比如他废除贵族们固有的“井田制”，将国有土地让渡给私人，承认土地私有化，并可以进行转让和互换。

有问题吗？

不但有，而且还有大矛盾。

因为中国的统治者历来有一个信条：“溥天之下，莫非王土；率土之滨，莫非王臣。”——都是我的，我的，我的！

想分我的地，找死呵？

商鞅给嬴渠梁分析：土地是你们老祖宗打下来的，主权明确得很。但是那么多的土地，您真能顾得上管理吗？与其让自己的兄弟们管，不如让老百姓用。和兄弟们要土地得大动干戈，和老百姓收土地，派几个能吏就解决了。

再说了，猫叫个咪咪，还不是君上的一句话嘛。

为了让嬴渠梁这个大地主放心，商鞅又加了一道保险措施：全面推行“县管制”。

原来的地方由贵族们管，他们要是不乐意，国家是调不动一颗粮食和一个兵丁的。

总不能动不动就往他们脸上绣花，总不能动不动就割他们的鼻子吧？

现在的地方由官吏们管，他们要是敢不尽心尽力，杀他们比捏死个臭虫都容易。

一声喝到底了。

嬴渠梁看着商鞅赞道：人才呵！

接下来咱们实行“统一度量衡制度”，用一样的斗，用一样的秤，以防奸诈之徒投机取巧，欺骗咱实诚的秦人呵。

再下来咱们得让老百姓分家。

儿子们不能和父母住，更不能兄弟们一块儿住——影响税收和征兵嘛。

最后，咱们得编定户口，规定“五家为伍，十家为什”，开始按户按人口征收军赋。

嬴渠梁高兴了，能干仗的秦人们高兴了。

可是，秦国的老贵族和文化人哭得连韵都找不着了。

盗贼们更惨，连哭的机会也没有。

盗取1钱到220钱的要“迁之”，盗取220钱以上和660钱以上的要分别罚作刑徒，盗牛者要罚作州徒，盗羊或猪的也有相当的惩处，甚至偷采别人家桑叶不满1钱的也要“赀徭三旬”（即罚处徭役三十天）。

对五人以上的群盗则处罚更严，居然要使用“烹炸蒸煮”的厨房手法。

从此，秦国“路不拾遗”，盗贼灭绝；

从此，秦人“怯于私斗”，勇争国功。

商鞅彻底把秦国改造成了一个可怕的杀人机器。

且看：黄帝2339年（前358年），秦军在西山（今河南省熊耳山以西）击败韩国。

黄帝2340年（前357年），楚宣王熊良夫惧怕秦国，主动联姻示好。

黄帝2342年（前355年），魏惠王魏罃担心被秦楚夹击，在杜平（今陕西省澄城县）约见嬴渠梁，双方达成停战协议。

黄帝2343年（前354年），嬴渠梁趁魏军主力包围赵国邯郸之机，进攻魏国河西长城重要据点元里（今陕西省澄城县境内），歼灭守军七千人，并占领少梁。

同年，嬴渠梁命公孙壮率军攻打韩国，包围焦城（今河南省三门峡市境内），占领上枳、安陵（今河南省鄢陵县境内）、山氏（今河南省新郑市境内）并筑兵城，插入魏、韩两国交界地区。

黄帝2344年（前353年），秦国的胜利，促使齐、宋两国围攻魏国的襄陵（今河南省睢县），赵、楚两国攻击魏国的睢水、濊水地域，诸侯混战全面启动；

黄帝2345年（前352年），已担任“大良造”（军政首长）的商鞅率兵占领了魏国的旧都安邑（今山西省夏县境内）。

黄帝2346年（前351年），商鞅率兵占领了上郡的要地固阳城（今陕西省延安市境内），“古河南地”（今河套地区）门洞大开。

黄帝2349年（前348年），韩昭侯韩武亲自到秦国拜访嬴渠梁。

黄帝2353年（前344年），齐威王田因齐到秦国拜访嬴渠梁后，商鞅便到了魏国撺掇魏惠王魏罃称王，引发天下诸侯共同反魏。

黄帝2355年（前342年），嬴渠梁派儿子储君嬴驷率领西方九十二国首领拜望周显王姬扁，姬扁激动得封嬴渠梁为“西方霸主”。

黄帝2356年（前341年），魏国在“马陵之战”中惨败，主将庞涓自杀，储君魏申被俘。商鞅趁机发动“西鄙之战”，要诈擒拿公子魏卬，魏惠王魏罃被迫割让河西部分土地求和，而战功显赫的商鞅获封商地（今陕西省商洛市丹凤县境内）十五邑，号为商君。

黄帝2359年（前338年），秦国在岸门（今山西省河津市南）击败魏军，主将魏错被俘。

短短二十一年间，秦国已将天下诸侯玩弄于股掌之中！

也许嬴渠梁再活上个二十年，统一诸侯的大业就轮不着舅孙子秦皇嬴政费心了。

黄帝2359年（前338年），嬴渠梁患病死去，儿子嬴驷继位，是为秦惠文王。

十九岁的嬴驷，一执政便面临牛气冲天的商鞅，并且这个人还差点儿割了他的鼻子。再加上有人传言秦孝公嬴渠梁临终之前，要把君主之位禅让给商鞅，嬴驷便整天思索着怎么才能使商鞅人间蒸发。

不怕贼谋，就怕贼惦记。

大伯兼老师的嬴虔颤悠悠地出现在嬴驷面前哼哼说：娃呀，听说商鞅要反啦。

嬴驷压根儿就不想问商鞅为什么要反，叫道：把商鞅绑来！

商鞅一溜烟似的跑了。

一路上，商鞅看到了自己治理的成果。

他虽然拿着一堆金银，却根本买不到吃的，住不进客店。

因为商鞅没有身份证明文书，秦人面对金银虽然眼明，但是全都摇头：依据商君之法，没有身份证明文书，您就算给我们金山银山也没命花呀。

商鞅想进魏国避难，魏国的将士们骂道：你这喂不熟的狼崽子，谁知又使什么坏招数呢。

他只好回到封地商邑，与心腹们边吃浆水面边骂街：嬴驷这小子过河拆桥，卸磨杀驴。秦国要没我，他能有今天的威风?

心腹说：秦人只知有商君，不知有嬴驷。商君只要登高一呼，秦国就是您的了。

真的吗?

商鞅虽然为秦国效力，但从心里是瞧不上这群野蛮人的。

他一直认为，秦人除了种地养马，心智愚拙得连唱个歌也只会“击瓮叩缶，弹筝博髀”，登不上大雅之堂。

万一愚昧的秦人盼望“明君”呢?

商鞅带领邑兵攻打郑县（今陕西省渭南市华州区境内），结果是战败身亡。

挨锤子的，你一个长工，啥时候由着你扎势了！

商鞅知道秦人的愚昧，却忘了秦人的忠诚。

死了也不能饶你。

嬴驷下令诛灭商鞅全家，并将其尸身带回咸阳，处以车裂之刑示众——头和四肢一起分家——文化人称之为“五马分尸”。

大伯兼老师的嬴虔颤悠悠地又出现在嬴驷面前哼哼说：娃呀，商鞅死了，新法得废了。

嬴驷问：为什么？

公孙贾说：宗族的兄弟们都受够了呵。

嬴驷道：商鞅不行，但新法行。我叫人查了查，商鞅并无谋反实证，全是老师你们二人的诬陷。我已犯下大错，老师们看怎么办？

嬴虔老师和公孙贾老师低头不语。

嬴驷说：天下没有不是的父母，国家没有犯错的君主。这一次，又得烦劳两位老师顶个大缸了。

嬴虔老师和公孙贾老师老泪纵横：早就为君上顶缸了。

嬴驷挥手道：两位老师这个样子，我看着很难受也很内疚。干脆，您二位早早投胎再换个人模样吧。

所有政敌和绊脚石，一次搞定。

秦人惊呆了，这娃手狠咧！

手狠的还在后头哩。

黄帝 2367 年（前 330 年），娶了惠文后（魏氏）和宣太后（芈八子）两个老婆的嬴驷，依旧按捺不住体内活跃的荷尔蒙，令秦国大良造公孙衍发动“雕阴之战”大败魏军。

黄帝 2368 年（前 329 年），秦军攻取魏国河东的汾阳（今山西省万荣县境内）、皮氏（今山西省河津市境内）、焦（今河南省三门峡市境内）、曲沃（今河南省三门峡市境内）等地，打得魏人风声鹤唳。

黄帝 2369 年（前 328 年），过了个肥年的秦军又乘胜攻魏，不可一世的魏惠王魏罃被迫割让上郡治下十五城——位于“古河南地”的阳周城（今陕西省靖边县杨桥畔镇阳周村）南侧“黄帝原冢地”又收归秦有，秦国将祭祀权紧紧地握在了手中。

天下士人赞叹：还是人家秦人对华夏老祖宗有孝心啊。

魏国欺负了秦国近百年，嬴驷用三年的时间全还了回去。

嬴驷看着在黄河东岸建立的东进中原的阵地，心中叹道：商鞅这伙计的“役民”之法，真的很好使哩。

看来，这种“贤”还得“求”，有用时抬举、不用时砍杀的“客卿”制度还得坚持。

公孙衍、张仪、魏章、司马错等外国“客卿”，赫然立于嬴驷的朝议之中。

黄帝2372年（前325），嬴驷在众多文化人的建议之下，命张仪去重新修缮上郡治所阳周城（今陕西省靖边县杨桥畔镇阳周村）和南侧的“黄帝原冢地”，俨然以华夏正宗承袭祭祀主圭，次年“称王”关中。

这就过分了吧？

你一个马夫材底，华夏旁支，就算是个西戎霸主，凭什么称“王”？

齐威王田因齐不高兴了，楚怀王熊槐也酸溜溜地直想吐。

齐国令魏、赵、韩、燕、楚五国联合攻秦，嬴驷派庶长樗里疾迎战，在“修鱼之战”（今河南省原阳县境内）中斩杀魏、赵、韩三国联军八万首级，使联军不敢动弹。

在这个大好的形势下，嬴驷充分发挥了一下个人的想象力，在黄帝2374年（前323年）越过魏、韩等几个国家，直接把军队摆在了田氏齐国的边境，试探一下田氏齐国的虚实。

齐威王田因齐彻底怒了：这可是你小子在挑事呵。

他派匡章为将，迎战秦军。

匡章充分利用了秦军欲进不得、欲退不能的矛盾心理，在“桑丘之战”中大胜秦军，致使嬴驷向田因齐“去王称臣”谢罪，此后二十余年间，秦国再也不敢和田氏齐国叫板。

黄帝2379年（前318年），楚怀王熊槐被推举为六国“纵长”，形成了六国合纵攻伐秦国的局面。

秦国危矣。

张仪道：君上用我们的时候到了。

他悠悠然到了楚国，目的非常明确：破坏齐、楚联盟（详见本书“纵横家”一节）。

黄帝 2385 年（前 312 年），楚怀王熊槐被纵横家张仪忽悠得与田氏齐国翻脸后，恼羞成怒的他派兵攻打秦国的丹阳和咽喉蓝田，遭到秦国的疯狂反击，并夺取了汉中郡和召陵（今河南省漯河市境内）。

韩、魏两国也瞬间变脸，趁机进攻楚国在中原的领土。

楚国开始衰弱，秦国走向悍强。

那么，嬴驷为什么要和楚国翻脸？

一、楚威王熊商之时，楚军不但攻占了今重庆巫溪县、巫山、奉节县一带，置为巫郡，又从枳邑出发西进，攻下江州东面的阳关和巴国国都江州（今重庆市渝中区）及其北的陪都垫江（今重庆市合川区）。

南、西钳击？

嬴驷嗅到了危险：这伙计是想把秦国弄个肉夹馍哩。

二、楚、齐联盟，封死了秦国的东南进军之路，中原河南的肥沃土地最终必定由两家瓜分，紧接着关中平原便危如巢卵。依靠黄河、潼关之险或许可解一时之危，但从古河南地（今河套地区）发动的进攻，还没修起长城的秦国可是一点招儿都没有。

三、如果仅仅对付楚、齐联盟，嬴驷自忖还有一拼，但背后的两根硬刺儿蜀人和义渠诸戎不除，秦国便是有三头六臂，也抵挡不住四面八方的攻击。

只有破解楚、齐联盟，消灭蜀人和义渠诸戎，秦国才能喘一口大气儿。

好在嬴驷便遇上了楚怀王熊槐这个大草包。

为了继续迷惑熊槐，在这短暂的间歇之中，嬴驷不惜遣送张仪再到楚国让熊槐泄愤，自个儿腾出手来，伐灭蜀国，削弱义渠诸戎，将关中、汉中、巴蜀、天水连成一片，对天下形成居高临下之势。

这盘大棋，让嬴驷布成了不败之局。

嬴驷无疑铸定了秦国兼并天下、独裁立朝的首功！

黄帝 2386 年（前 311 年），嬴驷病逝，三儿子嬴荡继位，是为秦武王。

十九岁的嬴荡是个标准的“唯力者”。

在他执政的三年中，从出卖嘴客张仪，任用任鄙、乌获、孟说等大力士等行为上，便可看出他的用人风格。

征服天下，靠的是拳头而不是口舌。

没实力的弱者们才搞阴谋诡计。

武人凡事讲究的是简单直接。

嬴荡对文官制度进行了精简，首设左、右丞相。

左丞相为客卿甘茂，右丞相是大伯父秦疾（樗里疾）。

嬴荡只给左、右丞相布置指令，甘茂和秦疾则负责驭使百官。

军事、外交方面，嬴荡直接说了算。

面对韩、魏、齐、楚、越五国恭贺他继位的使者，嬴荡分别与他们密谈，马上形成了秦国的外交战略：秦、齐联合，夹击韩、魏两国；秦、越联合，共同瓜分楚国；至于韩、魏两国，嬴荡则大打姻亲牌去迷惑他们：我母亲惠文后是魏国公族，我伯父秦疾的母亲是韩国的女儿，咱们是一家人呢。

秦疾问道：贤侄布这么大的局，想达到什么样的结果？

嬴荡道：华周王室气数已尽，我想恢复轩辕老祖的辉煌帝业。

秦疾担心道：咱们毕竟是女系旁支，这样干不但华夏两族不服，就连夏族旁支的匈奴诸胡们也会反对咱们。

甘茂说：华夏两族大势已去，与其让楚蛮、鬼魏、韩苗、田齐祸乱天下，不如让秦国澄清宇内——毕竟秦人流着轩辕老祖的血脉。

嬴荡道：这事先干着看。

第一步，嬴荡若想出兵函谷关进逼华周王室，必须先拿下韩国的原都宜阳（今河南省洛阳市境内）。

第二步，若想拿下韩国的原都宜阳，就必须让齐魏两国开打，解除秦国的后患。

嬴荡想到了张仪。

张仪的后半生，基本上是“祸害”的代言人。

只要张仪离开了强大的秦国，齐楚两国的君臣们恨不得活活把他撕碎了喂狗。

把张仪送到魏国，果然引发齐魏大战。

田氏齐国的目标是入魏擒杀张仪，魏国的担心是张仪死在自己手里让嬴荡找碴儿。

齐魏大战开始，嬴荡出兵宜阳。

打了五个月，杀了六万人，嬴荡在黄帝2390年（前307年）乘胜渡过黄河，兵临东周王室，天下为之震惊。

周赧王姬延明白，嬴荡这货高调前来，绝对不是拜望自己的。

姬延史无前例地派遣重臣到郊外迎接嬴荡，谁知嬴荡径直带兵到了华周王室的太庙，首先祭祀了轩辕黄帝的神主牌位。

这无疑向天下昭示：秦人是华夏的正宗。

华周王室真是欲哭无泪呵。

祭祀之后，嬴荡知道传说中的“九鼎”就在太庙的旁室藏放，便带着手下的力士们前去参观。

果然是开了眼界：九个宝鼎犹如九座铜山，足耳俱有“龙文”。

这些“龙文”只有华周王室的君主和君子们才能看得懂，读得出，嬴荡和手下的力士们只能是猫看星宿，一脸的茫然。

虽然没文化很受伤，但咱有的是力气。

嬴荡问周使：这些大鼎曾经有人能举起吗？

周使道：每座大鼎都有千钧之重，不要说谁能举得起来，无德之人碰一碰都会横遭祸患。

嬴荡看着任鄙、孟贲笑道：你俩能举起此鼎吗？

任鄙说：我的力量只能举百斤左右，这鼎太重，臣不能举。

孟贲挽起袖子说道：我来试一下，如果举不起来，请君上不要怪罪。

孟贲让手下兵卒将巨索系绑在鼎耳之上，束紧腰带，用尽生平之力，把那鼎举起仅有半尺便轰然倒地，目眦流血。

嬴荡大笑：寡人试试。

任鄙阻拦说：君上万乘之躯，不可轻试。再说，九鼎是华夏上古神器，触之不祥。

嬴荡道：活人还怕个死物?

他卸下锦袍玉带，束缚腰身，将双臂套入鼎耳，将鼎举起半尺，刚准备换步再往胸前高举，不觉力尽失手，宝鼎重重坠地，正压在嬴荡的右脚之上，将胫骨压个了粉碎，嬴荡顿时昏厥。

姬延闻讯大惊，急忙前往探视，嬴荡挨到半夜疼痛而死。

华周王室只得为嬴荡举行丧礼。

看来“九鼎”真是碰不得呵。

黄帝2391年（前306年），嬴荡的异母弟弟嬴稷继位，是为秦昭襄王。

这个王位，本来和嬴稷八竿子打不着。

惠文后想让亲儿子嬴壮接替亲哥哥嬴荡的王位，而嬴稷的亲娘芈八子想让嬴稷的亲弟弟嬴芾继位。

两个女人在国内斗了个不亦乐乎，谁知赵武灵王赵雍横插了一杠子，派大兵将远在燕国的质子嬴稷护送回到了秦国。

全面实行“胡服骑射”后的赵国军团势不可当。

这个“面子”，惠文后和宣太后不给也得给。

嬴稷在三方势力的博弈中悄然执政。

数年的时间里，他就是一个标准的宫廷“木偶”，谁都能把他提溜起来转两圈儿。

第一年（前306年），右丞相甘茂提议将武遂之地归还给韩国，遭到向寿和公孙奭的反对。三个大臣争吵的结果，使甘茂投奔了田氏齐国，秦国的文官系统几乎瘫痪。

第二年（前305年），嬴稷呆呆地看着妈咪宣太后和大娘惠文后在宫廷里恶斗，舅舅魏冉最后将惠文后和她的亲儿子嬴壮、嬴雍连根拔掉。更让他受不了的是，妈咪芈八子首创中国“太后”一职并垂帘听政，公然和义渠的酋长私通，给嬴稷又生了两个小弟弟。

第三年（前304年），举行成人冠礼之后的嬴稷虽然名义上执政，但实际上还是由妈咪宣太后说了算。在宣太后的指示下，嬴稷与楚怀王熊槐在黄棘（今河南省南阳市境内）结盟，把上庸（今湖北省十堰市竹山县境内）归还给了楚国。

第四年（前 303 年），嬴稷与齐、魏、韩三国暗中结盟，准备联合攻打楚国。宣太后担心祖国安危，发兵救助楚国，嬴稷颜面丢尽。

第五年（前 302 年），嬴稷在惠文后党羽势力的压迫下，与魏襄王魏嗣、韩太子韩婴在临晋（今陕西省大荔县境内）会面，把侵占魏国的蒲阪（今山西省运城市境内）归还给了魏国。同年，宣太后默许楚太子熊横从秦国逃归楚国。

瞧瞧，嬴稷名义上是君主，实际上拿事的是母亲宣太后和舅舅穰侯魏冉、华阳君芈戎以及兄弟泾阳君嬴芾、高陵君嬴悝。

五人帮——号称“四贵”。

黄帝 2396 年（前 301 年），二十四岁的嬴稷在叔伯大爷爷秦疾（樗里疾）等秦国贵族的支持之下，与韩、魏、齐三国攻打楚国，楚国在重丘（今河南泌阳境内）大败，大将唐昧被杀。

秦、楚决裂。

黄帝 2397 年（前 300 年），嬴稷命舅舅华阳君芈戎攻打楚国，杀了楚国的大将景缺，攻占了襄城（今河南襄城），斩首三万人。

熊氏与芈氏彻底翻脸！

若不是秦疾（樗里疾）突然病死，嬴稷恐怕要早个三十多年就收拾了他的妈咪和舅舅们。

为了断绝妈咪和楚国的联系，嬴稷在与楚怀王熊槐会晤之际，居然破天荒地将熊槐这个大国君主囚禁，引发天下哗然。

这瓜娃子就是个愣㞞嘛。

齐湣王田地派孟尝君田文入秦担任丞相一职，管控一下这个暴力青年。

田氏齐国给秦国派丞相？

是的。

由此可见当时田氏齐国的辉煌气势，也由此可见当时秦国的困境。

嬴稷本想借着孟尝君田文之手来削弱“四贵”的影响力，谁知田文把自己当作了“钦差大员”，带着一帮子鸡鸣狗盗之徒对秦国的政事指手画脚。

你田氏齐国再厉害，怎么敢在秦国的一亩三分地上撒野？

嬴稷对田文起了杀心。

田文知道后，连一下子都没犹豫便逃回了田氏齐国——这瓜娃连楚国的君主都敢囚禁，根本就不是按常理出牌的人类哩。

嬴稷不但囚禁了楚怀王熊槐，并且囚禁到死。

最让人惊诧的是，他居然让人大张旗鼓地把楚怀王熊槐的尸体送回了楚国。

标准的管杀不管埋。

嬴稷执政的头十年，主要的事情只有一件：把母亲宣太后和她的娘家楚国的关系弄得僵僵的，从根本上断绝了“四贵”们的外援。

宣太后和魏冉、芈戎真是有苦说不出。

反对嬴稷挑衅楚国，他们三人便会落一个“里通外国”的罪名，招致秦国全体贵族们的反对；赞成嬴稷攻打楚国，嬴稷就会派舅舅们亲自砍杀自己的族人，还不能有一点儿手软。

有权谁不会使？

没权会使权才是真本领。

嬴稷虽然不能独掌大权，但他招招都是“外杀劲敌、内杀强民”的路数呵。

看似胡闹，其实谋狠。

两败俱伤，坐收渔利。

黄帝2403年（前294年），白起的出现，使嬴稷威力大增，天下诸侯大祸临头。

后世儒家认为白起是芈姓白氏之后，主要的原因是白起“可能是”穰侯魏冉的家臣。

这个说法经不起推敲。

首先，白起还有个姓名叫公孙起，这分明是华夏两族的正宗姓氏；其次，白起的老家在郿县（今陕西省眉县），这分明是华周的老窝和秦国的新窝；最后，这个人类终结者分明只戮杀楚、魏、韩、赵等非华非夏宗族和诸侯，基本上不向华夏两族下狠手。

结论：白起或许是华夏两族的哪一脉，或者就是秦人，绝无可能是芈姓白氏的楚蛮。

否则，嬴稷怎么可能让白起当秦国的头号“杀神”？

白起刚一出手，天下便为之胆寒。

一场“伊阙之战”，白起生擒魏、韩联军统帅公孙喜，斩杀二十四万人。

宣太后闻讯后，吓得手都端不稳杯子：我娃从哪里培养出这么一尊恶煞！

亘古至今，什么时候打一仗会杀这样多的人？

这相当于几个方国和便国的人口总和呵。

此后三年，嬴稷对韩、魏两国大肆攻击，掠夺大小城邑六十一个。

黄帝2409年（前288年），三十七岁的嬴稷公然自称“西帝”。

齐湣王田地大怒，面对前来通告自己成为“东帝”的魏冉骂道：一介马夫之后，怎么有脸自称西帝？回去告诉嬴稷，洗干净等着，华夏两族还没有死完死尽呢。

田氏齐国率领天下诸侯共同讨伐秦国，嬴稷只好灰溜溜地去掉了帝号。

最让嬴稷恼火的是：白起不愿意与华夏两族正面交锋，而同宗同种的赵国也来趁火打劫。

他从心里对白起和赵国产生了不满——外人来打秦国情有可原，但你们可是我的亲信和兄弟呀。

外人可以原谅，亲人不能容忍。

嬴稷冷落了白起，重用了炎族的齐国人蒙骜。

蒙骜也不含糊，先后夺取了韩国的十余座城池、赵国的三十余座城池、魏国的五十余座城池，使秦国得以设立三川郡和东郡，并让秦国疆域与田氏齐国相接，对韩、魏两国形成三面包围之势。

黄帝2414年（前283年），四十二岁的嬴稷终于腾出空儿来，向赵国下手了。

他给同宗兄弟赵惠文王赵何写了封信，大意是秦国愿用十五座城邑换取赵国的和氏璧。

赵何根本就不相信嬴稷的“换”，于是派蔺相如拿着和氏璧在嬴稷面前晃了一下便逃回了赵国。

嬴稷“放”出白起，夺取了赵国的蔺（今山西省吕梁市离石区）、祁（今山西省祁县境内）两座城邑。

黄帝2417年（前280年），白起攻占了赵国代郡的（今河北省蔚县境内）光狼城，斩杀了两万余人，拉开了灭赵的帷幕。

黄帝2414年（前279年），嬴稷令白起对楚国发动灭国战争。

白起对华夏两族不下狠手，并不代表他是一个心存怜悯之人。

只用了不到两年的时间，他便夺取了楚国老都城郢都，焚毁楚国先王们的墓陵。

毁稷戮社，夷墓平陵。

白起彻底瓦解了楚人与生俱来的蛮横之气。

从此楚国一蹶不振。

白起被封为武安君。

黄帝2421年（前276年），嬴稷令舅舅魏冉带领白起攻击鬼方裔魏国。

在三年的时间里，秦军共斩杀魏人二十一万余人，顺手还沉溺了赵国的二万兵士。

眼看着嬴稷就要收拾田氏齐国，白起“病”了。

嬴稷知道白起的病根儿：这挨锤子的就是不愿杀华夏两族。

对付田氏齐国，蒙骜显然也不可能对自己的祖国下狠手，只能靠魏冉。

魏冉倒是没什么顾忌，但他的耳根子太软，什么话都能听得进去。

作为嬴稷的舅舅，魏冉是嬴稷和妈咪宣太后斗争的阴晴表。

宣太后得势，使得魏冉四次执掌相权。

嬴稷得势，使得魏冉三次被免职回家。

四起四落，比过山车还刺激。

人强马壮的秦军兵临田氏齐国后，苏代的一封信就让魏冉卷铺盖走人。

这封信是纵横家们拍马屁的“佳作”。

尊敬的穰侯阁下：

近期有人挑拨，说秦国将要攻打齐国。我私下和国君说：秦王精明而谙熟谋略，穰侯机智而精通军事，一定不会这么做。

为什么这么说呢？

韩、赵、魏三国是华夏的大敌，新兴的蛮夷。它们三国之间尽管有上百次的背叛，上百次的相骗，可是一旦对外，他们的团结是让人们想象不到的牢不可破。

秦、齐打起来，必然会出现以下的结果。

第一，秦齐开始恶战，没有后顾之忧的赵国必将强大。强大的赵国就不是盏省油的灯，阁下想想齐国和赵国哪一个更乖？当然，你们要认为赵国是亲爱的同宗好兄弟，全当我放了个屁。

第二，贵国那些毫无远见卓识的谋臣策士们一定会建议：打败齐国，再削弱韩、赵、魏三国和楚国的力量。您想想，齐国如果亡国，咱们相隔太远，我们的土地和资源必将会被楚、燕、韩、赵、魏各国瓜分从而壮大他们的势力，秦国这不是替他人做嫁衣吗？

第三，我们齐国再不行也算是当今华夏两族的旗帜，从面子上讲绝不会坐以待毙。如果实在撑不住，我们只好不要老脸和韩、赵、魏、楚这四个蛮夷国联合，这样的情景秦国一定不会陌生。

第四，有人说秦王和穰侯许诺楚、燕、韩、赵、魏各国瓜分齐国的土地，我骂他们是痴人说梦。秦王和穰侯是什么样的智商，会让各个蛮夷之国借秦国之力谋取齐国，又拿齐国之地对付秦国呢？蛮夷聪明，难道咱们秦齐两国这样愚蠢吗？

这是我们的心里话，秦王和穰侯一定比我们更精明，更有战略眼光。

见字如面！

魏冉回到秦国，嬴稷恨不得活撕了他。

宣太后连哭带闹要保住弟弟，嬴稷提出了交换条件：杀掉义渠戎王。

姘头和弟弟哪个重要，宣太后心里跟明镜似的。

黄帝2425年（前272年），宣太后召唤义渠戎王入秦幽会，在甘泉宫砍下了他的大头。嬴稷趁机发兵攻灭义渠，在义渠的故地设立了陇西、北地两郡。

两个外援全部废掉。

而另一个举动，则意义重大而深远。

嬴稷下令“起自临洮（陇西），至于碣石（上郡）”修筑“列城”，将黄帝原冢地圈入城墙之内并派悍军驻守。

秦人铁了心要高举复兴轩辕黄帝昔日辉煌的大旗！

天下华夏子孙纷纷入秦效力。

嬴稷执政的第三十六个年头（前270年），范雎进了嬴稷的宫中。

正巧嬴稷在院子里溜达，侍卫呵斥满脸菜色的范雎：大王在此，还不跪下。

范雎装傻道：贵国还有大王呢？天下人以为秦国只有太后和穰侯哩。

嬴稷把范雎请进了宫内，问道：你写信求见我，有什么话说？

范雎看了看左右，没有吭声。

嬴稷让侍卫们退下，又道：可以说了吧？

范雎笑了笑，还是没有说话。

嬴稷施礼道：请先生赐教。

范雎赶紧还礼，说道：从前炎族姜尚遇到华周文王时，只是个钓鱼的渔夫。两人交流之后，文王便立他为太师。如果文王不与姜尚深谈，文王、武王就无人辅佐他们来完成统一天下的大业了。我是个流亡之人，给大王陈述的都是统一天下的大事。如果大王要想统一天下，就不能顾及与亲人之间的骨肉关系，这就是大王连续三次问我而我不敢回答的原因。

嬴稷道：知道了，继续说下去。

范雎说：我知道接下来向大王陈述的主张，可能会被别有用心的小人陷害受死，但我决不会逃避。假如大王果真照我的话行事而复兴轩辕黄帝昔日的辉煌，我虽然有可能死去，却比活着更有意义。

嬴稷道：说重点，没有人会把你怎么样。

范雎说：秦国四面都是坚固的要塞，这是建立王业的绝佳之地。秦国的人民不敢因私事而争斗却能为国家去死战，这是建立王业的人民。大王拥有雄师百万，战车千辆，却因为臣下的谋略不足而闭关固守，怎么能完成穆公、孝公、惠文王、武王等先辈们的遗志呢？

嬴稷起身又施了一礼，道：请先生教我。

范雎发觉周围有人偷听，便不敢谈宣太后专权的事情，先拿穰侯魏冉的失误试探嬴稷的态度：穰侯听信魏国须贾和田氏齐国苏代的忽悠，收受了他们的贿赂，从而放弃对这两个诸侯的攻击，这是把个人私欲凌驾于秦国利益之上呢。

嬴稷叹道：寡人的这个舅舅呵，过于贪财哩。

范雎又说：统治天下靠文明道德，建立国家要土地人民。但是，仅凭文明道德去统治天下而没有土地人民，华周王室就是现成的例子。

嬴稷问道：有什么具体的办法？

范雎说：远交近攻。

嬴稷道：远交近攻？

范雎说：对，结交远邦而攻伐近国，形成远邦看热闹、近国受煎熬这么一个良好的局面。这样一来，攻取一寸土地，您就多一寸土地；俘虏一个人丁，您就多一个劳力。

嬴稷想了半天，一击掌叫道：这美得很呢！原来寡人打击楚齐两国，除了名声好听、劳民伤财外，基本上就没得到什么实在的好处嘛。

范雎说：对了，秦国就算拿下楚齐两国再多的城邑，除了派军驻守增加国内的财政负担，还要时刻面临着腹背受敌的危险——不划算哩。

嬴稷道：你的建议是？

范雎说：韩、魏两国地处中原，包围着华周王室，占据了天下的中心部位。大王如果打算称霸天下，复兴轩辕黄帝的荣耀，就必须先吞并他们，才可以再向楚、赵两国下手。

嬴稷道：这四家夙货打不过就会抱团反扑哩。

范雎笑着说：对楚国承诺，打下魏国给他们分点；对赵国承诺，打下韩国给他们分点。他们两家离秦国很远，必然会各怀鬼胎，争着和秦国示好。楚、赵两国都听您的话，田氏齐国必定拿着财礼来侍奉秦国。如此便大功告成，韩、魏两国就成了秦国的两盘开胃小菜了。

嬴稷不断地搓手道：远交近攻，远交近攻！你这伙计的脑子是什么做的呀？

范雎被嬴稷拜为客卿。

同时，魏冉的丞相一职第四次被免掉，嬴稷还责令兄弟泾阳君嬴芾、高陵君嬴悝等人一律迁出国都到自己的封邑养老去。

宣太后眼看着文有范雎、武有白起和蒙骜辅佐的嬴稷，连哭都不敢出声。

乖宝宝长成下山虎了！

吞并韩、魏两国计划刚开始两年，两件家事便打乱了嬴稷的步伐。

一件是亲爱的妈咪宣太后忧郁而死。

国内外的人们都认为是嬴稷害死了母亲。

弑君、弑父、弑母和不孝，这可是华夏两族最不可宽恕的四大罪名。

嬴稷就是再不满意母亲的垂帘听政，也不敢冒天下之大不韪不用心操办宣太后的丧事。

母亲不是我杀的，所以嬴稷哭得很伤心。

国丧期间，秦国不便动兵。

另一件是亲爱的同宗兄弟赵国趁秦军攻击韩国之时，派老将赵奢袭击秦军。

嬴稷大怒，也不管什么远交近攻的既定战略，越过韩国去攻打赵国。

赵国丢了三座城邑后，立刻与田氏齐国结盟来对付嬴稷。

灵得很呀，田氏齐国一出面，白起和蒙骜顿时不吭声。

嬴稷只能让左庶长王龁出马。

整整五年，王龁除了攻占两个据点，斩杀了七名副将，对赵国的大将廉颇真是没有一丁点办法。

黄帝2437年（前260年），范雎成功瓦解了赵、齐联盟，嬴稷立即将无所顾忌的白起派到了赵国的长平（今山西省高平市境内）。

临行之际，嬴稷对白起说道：别国君民还可留存，赵国的人，有一个杀一个！

白起的对手变成了纸上谈兵的赵括。

遇到了这个人类终结者，不要说是年轻的小鲜肉赵括，就是老狐狸赵奢和廉颇也不灵。

结果是：白起坑杀赵军四十五万，只留下二百四十名小兵回赵国报丧。

额滴神呵，这哪里是战争，分明是灭绝呀！

天下诸侯全都嗅到了恐惧的死亡气息。

尤其是苗韩和鬼魏，他们清楚地知道：赵国一旦灭亡，接下来白起屠杀的就是他们。

有钱出钱，有力出力。

信陵君魏无忌盗取虎符，举魏国之力营救赵国，而韩国则拿着奇珍异宝到秦国贿赂范雎，求他建议嬴稷召回白起。

杀是杀了个痛快，但与远交近攻的大战略不符呵。

出了口恶气的嬴稷为了统一天下的大计，召回了白起，对赵国罢兵。

灭不了韩魏两国，赵国的土地再怎么诱人，也只是个镜子里的花朵呵。

正杀得痛快的白起只好回国，把一口恶气全撒在了范雎的身上。

黄帝2440年（前257年），两件事情的发生，使秦国的政局出现了微妙的变化。

一件是白起的自刎。

这位平生七十余战没有败绩、杀了当时中国将近十分之一人口的人类终结者，居然被嬴稷赐死，由此可见，秦国的战争能力已不是靠一两个人去左右战局。

是时秦国可谓战将如云，兵卒似虎，天下已无人敢撄其锋芒。

而独裁制的优势尽悉显现，“领袖”的威力渗透到了各个阶层。

听嬴稷的——没麻达。

另一件是吕不韦带着嬴政的父亲嬴异人逃回了秦国。

吕不韦花重金买通了太子嬴柱宠爱的华阳夫人，让嬴异人把她认作干妈。

黄帝 2441 年（前 256 年），眼看着秦国把复兴黄帝伟业的口号越叫越响，周赧王姬延起草诏令，号召天下诸侯攻打秦国。

姬延欠债凑合了六千人马，到了伊阙（今河南省洛阳市龙门境内）后，发现只有楚、燕两国到了。

嬴稷乐了：我不找你的事，你鼻子上插什么葱呵？

嬴稷派宗室兄弟嬴摎攻打华周，姬延害怕秦军和白起那样毁稷戮社，夷墓平陵，便跑到秦国俯首认罪，把华周仅存的三十六邑、三万人口都献给了嬴稷。

嬴稷将姬延绑在柱子上游街示众，恶狠狠地道：我看天下诸夏诸华哪个敢出头？

更荒唐的是，嬴稷竟然把“天子”姬延贬为“平民”了。

立国七百九十年，历三十二代、三十七王的周王室灭亡了。

黄帝 2446 年（前 251 年），在位五十六年的嬴稷油尽灯枯而逝。

秦人举国大恸。

也许荀子的一番话，可作为嬴稷的政绩评价：秦国风俗朴实，音乐不淫荡卑污，服装不轻佻妖艳，人民就像是上古的人们一样，非常畏惧君主而守法听命（“观其风俗，其百姓朴，其声乐不流污，其服不佻，甚畏有司而顺，古之民也”）。

秦国的官吏无不谦恭节俭、敦厚谨慎、忠诚守信而不粗疏草率，真像是古代圣王统治下的能官干吏（“其百吏肃然，莫不恭俭、敦敬、忠信而不楛，古之吏也”）。

秦国的士大夫们，走出自己的家门便进入公家的衙门，走出公家的衙门便回到自己的家里，没有私下的事务，也不会互相勾结，更不屑拉党结派，卓然超群得没有谁不明智通达而廉洁奉公（“观其士大夫，出于其门，入于公门；出于公门，归于其家，无有私事也；不比周，不朋党，倜然莫不明通而公也”）。

朝廷在退朝之前，所有事情都必须处理完毕，真像上古的圣朝（“观其朝廷，其朝闲，听决百事不留，恬然如无治者，古之朝也”）。

秦国四代强盛，并不是因为侥幸，而是必然的结果。所以说：安闲而又治理得很好，政令简约而周详，政事不烦乱而有功绩，这是政治的最高境界呵（“故四世有胜，非幸也，数也。故曰：佚而治，约而详，不烦而功，治之至也”）。

赞叹之后，荀子还不忘推销了一下自个儿：虽然如此，但是秦国和上古帝王们的功勋相比较，那还相差得很远哩。

这是什么原因呢？大概是因为秦国没有儒者呵。

哈哈，哈哈哈哈。

用儒家？

那秦国到猴年马月也统一不了天下哩。

嬴稷死后，次子嬴柱继位，是为秦孝文王。

他五十三岁执政，当家的时间却只有三天。

三天？

是的，三天后嬴柱便死了。

嬴柱既不是被吕不韦谋害的，也不是哭老爸嬴稷哭死的。

从他有二十多个儿子（还不包括女儿）来看，他老人家极有可能是纵情声色“累”死的。

嬴稷性格霸道，疑心又重，连刀都没摸过的他为了减轻老爸的猜忌，只能在声色犬马中消耗自个儿的青春。

君子的生活，每天都有挨刀子的危险呢。

好在他立了华阳夫人的干儿子嬴异人为太子。

黄帝2447年（前250年），嬴异人继位，为感激干妈华阳夫人提携之恩，将自己改名为“楚”（华阳夫人是楚国熊氏），是为秦庄襄王。

嬴楚这个在吕不韦眼中的“奇货”，果然给他带来了金钱买不到的荣耀。

吕不韦成了秦国的丞相，并被封为文信侯。

同时，嬴楚尊封干妈华阳夫人为华阳太后，生母夏姬为夏太后。随即，吕不韦派人到赵国接回了嬴楚的媳妇赵姬和儿子嬴政。

执政仅三年的嬴楚根绝了华周王室的残余势力，重用蒙骜攻打魏、赵两国，招致魏国的信陵君魏无忌联合诸侯拼命反扑，将秦军赶回了函谷关。

嬴楚想：看来这个活儿不是谁都能干得了滴。

魏无忌想：嬴稷死后，秦国也没有什么了不起的呵。

但他们两人绝对没有想到，统一的号角从嬴政回国的那一天起已经吹响。

黄帝 2450 年（前 247 年），嬴楚死去，嬴政继位。

一个十三岁的孩子，擦屁股都得有人帮忙。

可是，擦屁股的人显得有点多。

他居然有一个母亲，三个“父亲”。

嬴政的母亲叫赵姬，据儒家们说她原本是生意人吕不韦的小妾。

嬴政的“生父”是嬴楚，“仲父”是吕不韦，还有一个“假父”是嫪毐。

有点儿乱是不是？

乱就对了，儒家要的就是这个效果。

武行方面干不过你，文字方面还糟蹋不了你吗？

少年时的嬴政，全凭赵姬和炎族姜子牙的二十三世孙吕不韦的操持。

没他们两个的保护，嬴政能活到成人冠礼日的那一天可全凭老天爷的开眼。

为了迅速将嬴政培养成一个空前绝后的不世出人物，吕不韦招揽天下文士三千余人，为嬴政编纂了一本《吕氏春秋》。

这本中国历史上第一部有组织、按计划编写的文集，全以黄帝和老子的道家学说为根本。

书中的“序意”只有一篇，象征着“太极”生万物。

书中的“十二纪”按照月令编写，文章内容按照“春生、夏长、秋杀、冬藏”的自然变化逻辑排列，每纪五篇，共六十篇，正好是一个“甲子”之数。

书中的“八览”，每览“八篇”，正好是《易经》中的“六十四卦”之象。

书中的“六论”，每论“六篇”，分明是道家的“三十六周天”之说……

如此煞费苦心地“恶补”，难怪嬴政要真心叫炎族的吕不韦“二爸爸”。

不怕文人抡片刀，就怕君主有文化。

学习了九年的嬴政终于要正式执掌秦国的军政大权了。

秦人举国盼望，嫪毐却坐立不安。

这个下狠手拔掉自己胡须的面首，姘头居然是嬴政的亲娘。

嫪毐是赵姬的姘头并不要紧，因为嬴政和大多数男人们一样，知道男女众生都有点儿欲望需求，只要面子上过得去，当时的君主们是不忍心看着自己的亲娘守着活寡。

但是，嫪毐很过分。这伙计不但给嬴政凭空增添了两个小弟弟，并且动不动吓唬别人自称是嬴政的“假父”。

干俺的娘可以，当俺的爸爸——哪怕假的也不行！

黄帝2459年（前238年），嬴政在雍城（今陕西省宝鸡市凤翔区境内）蕲年宫举行成人冠礼，嫪毐动用秦王御玺及太后印玺发动叛乱。

嬴政干脆利落地打败叛军，将嫪毐车裂曝尸示众，并亲手摔死了嫪毐与赵姬所生的两个私生子。

在血腥的祭礼中，嬴政粉墨登场。

执政的第二年（前237年），嬴政把“二爸爸”吕不韦放逐到巴蜀一带，并听从秦国老贵族们的建议，下《逐客令》：

秦人兴国，唯秦人之力也。六国之客，窃秦而肥山东，坏秦而利六国。若嫪毐、蔡泽、吕不韦者，食秦之禄，乱秦之政，使秦蒙羞，诚可恶也！更有水工郑国，行韩国疲秦奸计，入秦与吕不韦合流，大兴浩浩河渠工程，耗秦民力，使秦疲弱，无力进兵，无力克旱，以致天怒人怨酿成大灾。是可忍，孰不可忍！唯六国之客心有不轨，行做间人，国法难容。是故，秦国决意驱逐山东之客。自逐客令发之日，外邦士商并在秦任官之山东人士，限旬日内离开秦国。否则，一律以间人论罪。

卸磨杀驴？

还没拉上磨的楚人李斯不干了。

复兴黄帝，人人有责嘛。

没有百里奚，没有公孙支，没有商鞅，没有张仪，没有甘茂，没有范睢，没有吕不韦，你秦国和蛮夷们有什么两样？

李斯写了篇《谏逐客书》。

臣闻吏议逐客，窃以为过矣。

昔穆公求士，西取由余于戎，东得百里奚于宛，迎蹇叔于宋，求丕豹、公孙支于晋。此五子者，不产于秦，而穆公用之，并国二十，遂霸西戎；孝公用商鞅之法，移风易俗，民以殷盛，国以富强，百姓乐用，诸侯亲服，获楚、魏之师，举地千里，至今治强；惠王用张仪之计，拔三川之地，西并巴、蜀，北收上郡，南取汉中，包九夷，制鄢、郢，东据成皋之险，割膏腴之壤，遂散六国之众，使之西面事秦，功施到今；昭王得范雎，废穰侯，逐华阳，强公室，杜私门，蚕食诸侯，使秦成帝业。此四君者，皆以客之功。由此观之，客何负于秦哉！向使四君却客而不内，疏士而不用，是使国无富利之实，而秦无强大之名也。

今陛下致昆山之玉，有随、和之宝，垂明月之珠，服太阿之剑，乘纤离之马，建翠凤之旗，树灵鼍之鼓。此数宝者，秦不生一焉，而陛下说之，何也？必秦国之所生然后可，则是夜光之璧，不饰朝廷；犀、象之器，不为玩好；郑、卫之女，不充后宫；而骏良駃騠不实外厩，江南金锡不为用，西蜀丹青不为采。所以饰后宫、充下陈、娱心意、说耳目者，必出于秦然后可，则是宛珠之簪、傅玑之珥、阿缟之衣、锦绣之饰不进于前，而随俗雅化、佳冶窈窕，赵女不立于侧也。

夫击瓮叩缶，弹筝搏髀，而歌呼呜呜，快耳目者，真秦之声也；

《郑》《卫》《桑间》《韶》《虞》《武》《象》者，异国之乐也。今弃击瓮叩缶而就《郑》《卫》，退弹筝而取《昭》《虞》，若是者何也？快意当前，适观而已矣。今取人则不然。不问可否，不论曲直，非秦者去，为客者逐。然则是所重者在乎色乐珠玉，而所轻者在乎人民也。此非所以跨海内、制诸侯之术也。

臣闻地广者粟多，国大者人众，兵强则士勇。是以太山不让土壤，故能成其大；河海不择细流，故能就其深；王者不却众庶，故能明其德。是以地无四方，民无异国，四时充美，鬼神降福，此五帝三王之所以无敌也。今乃弃黔首以资敌国，却宾客以业诸侯，使天下之士退而不敢西向，裹足不入秦，此所谓“藉寇兵而赍盗粮”者也。夫物不产于秦，可宝者多；士不产于秦，而愿忠者众。今逐客以资敌国，损民以益仇，内自虚而外树怨于诸侯，求国无危，不可得也。

文化过的嬴政就是不一样。

他在《谏逐客书》中看到了“打工者”们的哀怨。

人家一个打工的都在为秦国着急，咱们再不努力，不是羞先人哩？

秦人历来不缺勇士和猛将，缺的是文臣和谋士哩。

于是，嬴政重用了楚国人李斯和魏国人尉缭这两个客卿。

一文一武，如虎添翼。

李斯不断给嬴政灌输统一的思想。

他写了一篇《论统一书》，至今只能在别的著作中看到零碎的几句话如“万世之一时”“灭诸侯成帝业”“天下一统”等，其他内容不得而知。

这很不地道。

儒家对法家有什么深仇大恨，至于对他们的学说“挫骨扬灰”吗？

那么李斯在《论统一书》中究竟说了些什么，现在的我们恐怕谁也说不清楚。

合理地推测，李斯向嬴政的建议是；一、继续高举复兴黄帝荣耀的大旗，招揽天下的华夏士子入秦效力；二、继续执行范雎远交近攻的军事战略，逐个吞并诸侯，从而实现天下一统的目的。

有问题吗？

儒家认为不但有，而且问题不是一般的大。

因为复兴黄帝的荣耀，只能由华夏的正宗子孙来执行或者领导。

楚蛮和西戎，你们算哪棵葱栽的？

我们来看看儒家和法家主要代表人员的身份构成：孔子是鲁国夏族人，孟子是邹国夏族人；李悝、韩非是魏国鬼方后裔，李斯是楚蛮的子孙。

族裔不同，阵营不同，因此就会导致出发点不同，目的性不同。

他们根本就不可能尿在一个壶里。

黄帝2461年（前236年），赵悼襄王赵偃冒险向燕国发动了掠夺战争。

不掠夺不行。

因为壮丁快被白起杀完了，没人打仗，也没人去种地，只能冒险去抢比自己还弱的燕国。

燕国好打，但他最担心的是秦国趁机攻打赵国。

这个“险”来自嬴政是否出兵。

赵国上下一致认为：二十三岁的嬴政刚平息后宫之乱，羽翼未丰，再加之白起死后，秦国已无悍将所派。

嬴政如果能被对方算准，他还怎么去灭掉六国？

白起不在，还有王翦。

王翦趁机连夺赵国九座城邑，把赵国的家底儿基本上弄完，赵悼襄王赵偃悔恨而亡。

黄帝2462年（前235年），嬴政又派大将樊於期（又称桓齮）率军攻打赵国的平阳和武城，赵国将领扈辄奉命率军前往援救，却被秦军在平阳如秋风扫落叶般击败。

扈辄不但阵亡，并且搭上了赵军十万人的性命。

刚继位的赵幽缪王赵迁傻了：且不论咱们的老祖宗都是女修她老人家的后人，也不提咱们是血浓于水的叔伯兄弟关系，你们这样暴杀下去，纯粹是灭族、灭国的节奏呵！

临死也要拉个垫背的。

黄帝 2464 年（前 233 年），李牧虽然打败樊於期，但赵国在“肥之战”中又损失了十几万将士的性命，将最后一点家底儿也拼了个干净。

这一仗，使得嬴政暂缓灭赵的步伐。

嬴政明白，快死的野兽也是野兽，只有当豺狗消耗尽它最后的力量，它才不会伤人。

黄帝 2465 年（前 232 年），韩、魏这两只豺狗趁机围了上来，企图去瓜分赵国。

等到他们打乏打困了，嬴政骂道：赵国就是注定要灭亡，也轮不到你韩、魏这两个夷种来下手。

他差遣一个叫“腾”的文官领军去问责韩废王韩安。

可笑的是，韩国的人们早已被秦军吓破了胆，根本就不敢起对抗的念头，一会儿称臣，一会儿献地，倒使得“腾”兴起了建功立业的雄心。

黄帝 2467 年（前 230 年），一个手无缚鸡之力的文官，竟然生擒了韩安，灭掉了韩国。

王翦惊笑道：一个文官灭了韩国？我没有听错吧。

受刺激的王翦全力剿杀赵国。

福无双至，祸不单行。

赵国连续三年发生了地震、饥荒，又杀掉了即将取代赵幽缪王赵迁的李牧。

黄帝 2469 年（前 228 年），看着赵国荒草遍野、十室九空的惨状，王翦便打消了杀心，俘虏了赵幽缪王赵迁送到了嬴政的面前。

赵国第二个灭亡。

门洞大开的燕国慌了。

看来第三个灭亡的就是我们。

燕国的太子姬丹突发奇想，试图用黑社会的手段刺杀嬴政。

他先找到了杀手界的大佬田光。

田光说：我已年迈，没有年轻时的体力了。给你推荐一个好杀手，这个人叫荆轲。

在好杀手荆轲前往姬丹宫邸的路上，田光怕泄密自杀了。

当姬丹告诉荆轲暗杀目标后，荆轲把头摇得和拨浪鼓似的：杀秦王嬴政——太子您没病吧？

姬丹跪下说：如果荆卿你能够劫持嬴政，让他全部归还侵占各国的土地，那就太好了；如果不行，你就趁势杀死嬴政，秦国必定大乱，我们各国趁此机会联合起来，就一定能够打败秦国。

荆轲傻了。

本以为杀个阿猫阿狗混口饭吃，谁知田光老儿给自己接了这么个巨大的生意。

答应了跪下的姬丹，自己的死期屈指可数；不答应跪下的姬丹，站起来的姬丹立刻就会让他的脑袋和脖子分家。

荆轲无奈地点了点头，心想：从今儿个起，可是活一天算一天了。

姬丹让荆轲住进了五星级酒店，美酒大肉、丰乳肥臀的可劲儿招呼。

黄帝 2471 年（前 226 年），荆轲拿着徐夫人的匕首和燕国的地图及秦国叛将樊於期的人头前往秦国刺杀嬴政。

监督他的是燕国名将秦开的孙子秦舞阳。

到了秦国，收下重金的蒙嘉带着他们去向嬴政献礼。

接下来的故事，大家在网上搜一下“荆轲刺秦”就会知道过程和结果。

我们后人只是不太明白，“风萧萧”的荆轲面对拔不出剑的嬴政，连拔毛儿都没剁着一根儿；而“易水寒”的秦舞阳，则被吓得尿了一裤子。

这两个杀手不太行。

嬴政大骂：挨锤子的，你派个刺客也要派个像点样子的来。就这样一个让盖聂的眼神儿吓退、鲁勾践喊了一声就逃的货色，这也太看不起伙计了。

嬴政怒了。

先把这伙姓姬的连根拔掉！

王翦、李信兵临燕国。

燕王姬喜也不含糊，马上杀死了自己的儿子姬丹，把脑袋送到了王翦的帐中谢罪。

嬴政愣住了：杀人不过头点地，虎毒尚且不食子。

难道姓姬的真的如此不堪吗？

嬴政有点儿心软了。

拿了燕国财宝的李斯提醒嬴政：分晋的三个罪魁祸首灭了两家，就剩鬼魏了。

嬴政道：让王翦的儿子王贲去露个脸吧。

黄帝2472年（前225年），王贲从攻楚前线赶往魏国。

为了省事儿，王贲干脆将黄河之水灌入魏国的都城大梁（今河南省开封市境内），整整淹了三个多月。

魏假虽然自缚乞降，但还是被王贲杀死。

魏国第三个灭亡。

收拾了三个狼崽子，接下来得弄个大货过过瘾。

嬴政瞄上了楚国。

要灭亡千年的贵族，必须谨慎筹备。

嬴政召见王翦和李信，问道：攻灭楚国，得多少人马？

年轻气盛的李信回答：风中残烛，臣有二十万人马足矣。

老谋深算的王翦回答：楚国是祝融之后，千年蛮族，非赵、韩、魏三个新兴宗族可比。臣若领军，非六十万人马不可。

嬴政笑道：王将军老了，李信去吧。

李信带着蒙武（蒙恬之父）杀到了楚国。

刚执政两年的熊负刍向嬴政提出：拟献青阳（今湖南长沙境内）以西土地来求和。

嬴政摇头：都快成我的了，说这话有意思吗？

熊负刍的火一下子蹭到脑门子上了：宁可战死，不能跪亡。我是楚蛮，你是西戎，大家都受夏华两族两千多年的鸟气，就不能手下留个情吗？

他奶奶的，鱼死网破吧！

楚人眼见灭亡在即，同仇敌忾，开始了最后的疯狂。

项燕尾随偷袭李信的军队，斩杀了秦军的七个都尉。

李信败逃。

这可是嬴政统一天下过程中少见的败绩。

嬴政亲自到了王翦的家中。

休病假的灭国专业户王翦诚惶诚恐，赶紧带着一家老小投入灭楚的大潮当中。

看来不灭楚蛮，王家的人就会被嬴政灭了。

对于灭国专业户王氏家族来说，这是个碎碎的碎事儿嘛。

据说王翦是周灵王姬泄心的太子姬晋的第十八世孙，也是后来琅琊王氏和太原王氏的共同始祖。

面对华周王室的老冤家，他可没有一点儿的慈悲之心。

王翦启动了熟门熟路的灭国程序。

首先，必须先把雇佣军的头领项燕（项羽的爷爷）杀了，楚国的抵抗意志就会全面瓦解。

用了三个月，王翦擒住了项燕，剁下了他的脑袋。

王翦赶紧写信向嬴政邀功，并请求嬴政奖赏自己“美田宅园”。

嬴政笑道：重赏这个贪财的老家伙。

王翦一边儿扫荡着楚国，一边儿不厌其烦地向嬴政写信请求奖赏自己的子孙。

蒙武不明白了：楚国的奇珍异宝多的是啊，带回去什么不能买呵。

王翦心想：你这个没文化的秦人懂个啥？我们姓姬的混了两千多年，怎么会不知道功高盖主、引祸杀身的道理。

贪财不贪国。

嬴政明白了王翦字里行间的意思，放手让王翦去干。

最后，王翦用了两年的时间，于黄帝 2474 年（前 223 年）攻入楚都寿春（今安徽寿县），生擒了熊负刍，建国 892 年的楚蛮灭亡了。

楚国第四个灭亡。

黄帝 2475 年（前 222 年），嬴政令王翦之子王贲前去剿灭燕国。

老王家的人靠得住哩。

王贲带着李信势如破竹，连一场像样的仗都没打，便俘虏了燕王姬喜。

返程之时，王贲顺便将赵国的残余势力代王赵嘉一并俘获。

燕国第五个灭亡。

黄帝 2476 年（前 221 年），王贲带着李信兵临田氏齐国。

面对尚有三十万将士的田氏齐国，嬴政可谓做足了功课。

毕竟是灭绝六国的谢幕表演，虎头蛇尾就没有什么精彩之处。

秦国所有军民的目光都在虎视眈眈地盯着田氏齐国。

王贲和李信在前，王翦和蒙武后援，所有军人都在珍惜这最后一战的机会。

这一仗再不立个大功，以后就无国可灭了。

磨刀霍霍，世纪大戏即将敲锣开场。

谁知这场世纪大戏的戏份儿，硬是让配角齐共王田建夺了过去。

面对田炜（孟尝君田文后裔）和没落世族子弟田儋、田横兄弟的极力主战，齐共王田建哭道：秦军虎狼之师，横扫天下，所到之处，尸横遍野。你们今天为了个人的名誉与他们拼命，可曾想到三百万国民的性命？

田氏齐国虽然四十多年未遭战火之乱，但他们却没有能力挽回夏华两族的颓势。

齐共王田建降了，条件只有一个：不要杀我的臣民。

王贲和秦国的战士们怔住了：怎么回事嘛，说好的血战呢？

田氏齐国第六个灭亡。

【中外对比】

在战国七雄纵横天下的这182年间（前403—前221年），我们来看看中央帝国之外的情况。

前403年，号称西方“医学之父”的希波克拉底和号称西方“原子之父”的德谟克利特都是57岁，而苏格拉底已经是66岁的老人。

比起已经逝世76年的孔丘，他们显然只能是十足的晚辈。

苏格拉底和他的学生柏拉图以及柏拉图的学生亚里士多德并称为“古希腊三贤”，被西方哲学界认为是西方哲学的奠基者。

和比他早生82年的孔丘一样，苏格拉底极为推崇“伦理学”。

苏格拉底虽然和孔丘走同样的路，但是结局和孔丘很不相同——孔丘是在人们的尊敬中老死的，苏格拉底却是在“民主的审判”中被处死的。

比德谟克利特大8岁的墨子，在青年时期就已经完成了诸多的科学实验并形成了理论；而比希波克拉底大3岁的扁鹊，也早已名声大噪，成为医圣。

这两位西方医学、原子“之父”的说法，怎么看都有抄道家和墨子、扁鹊作业的影子。

就在楚威王熊商征服华夏两族的同时，波斯帝国的阿尔塔薛西斯三世（？—前338年），在尼罗河三角洲击败了埃及法老奈克塔内博二世，重新对埃及进行了有效的统治。

这次所谓的“贝鲁西亚战役”，波斯连拉带拽，凑够了14000人的军队和20000左右的希腊雇佣兵，进行了还算是有些规模的打斗，虽然号称是“30万人的战役”，但怎么看都有点儿吹牛之嫌——毕竟雅典刚发生了大瘟疫，以他们当时的医学水平和知识，死了四分之一人口的他们，最起码得缓上个两个世纪才行。

在齐威王田因齐和魏惠王魏罃双双称王的时候，被誉为西方历史上四大军事天才之首的亚历山大（其他三人分别是汉尼拔、恺撒和拿破仑），被推举为马其顿的新国王。

时年20多岁的亚历山大（前356—前323年），据说是亚里士多德的弟子。他先后统一了希腊的全境，占领了埃及，荡平了波斯帝国，军队进逼印度河流域，在短短的13年里，创下了欧洲人前所未有的辉煌业绩。

正值壮年的亚历山大在33岁时染病去世后，中东和欧洲地区出现了三个互相仇视的政权：安提卡王国（马其顿）、塞疏古王国（西亚）和托勒密王国（埃及、巴勒斯坦）。

这时候，与亚历山大同岁的秦惠文王嬴驷，正凭着商鞅变法后的强大实力，把鬼方魏国和西戎义渠打得哭爹叫娘，动辄便是20万人以上规模的战争。仅仅是“修鱼之战”，秦国便杀了赵、韩、魏三国联军8万名将士。

这一时期，发生在中国境内的一系列战争都远比西方战争规模更大，从参战人数和死亡人数不难看出其惨烈程度。

秦昭襄王嬴稷继位的当年（前306年），饿疯了的古罗马人开始骚扰安提卡王国。

其中“最凶残”的一场战斗其实只死了4000多人——古罗马的“名门望族”发彪斯一族失去400人后，整个家族竟然就此衰败。

他们要是知道嬴稷命舅舅华阳君芈戎攻打楚国斩首3万人（前300年），白起在“伊阙之战”（前294年）中斩杀魏、韩联军24万人，“长平之战”（前260年）中坑杀赵军45万将士，恐怕吓得连魂儿都要丢掉了。

就在秦国宣太后芈八子被儿子嬴稷逼迫着砍下了老相好义渠王的人头之后（前272年），印度开始了他们所谓的孔雀王朝“阿育王时代”。

据西方的学者说，阿育王扩展了“钱德拉古普”帝国，统治着从现在西部的阿富汗到东部的孟加拉国这一区域的领土，囊括了整个印度次大陆（除了今天的泰米尔纳德邦、卡纳塔克邦和喀拉拉邦的部分地区）。

他的武力统一，只死伤10万人，俘虏15万人，可见当时的印度真没有多少人。

齐襄王田法章死后的第二年（前 266 年），秦昭襄王嬴稷正闲坐在宫中为母亲宣太后守孝，古罗马人占领了意大利半岛，终于有了一块自己说了算的地盘。

靠掠夺起家的古罗马人当然不会种地，但这丝毫不影响他们奴役拉丁人、萨贝尔人和埃特鲁斯坎人，并从此过上了“今朝有酒今朝醉”的生活。

西方的学者普遍认为，古罗马人的政权在公元前 753 年便已形成，并且在前 509 年建立了共和国，历史非常悠久。

那么，我们来捋一捋。

公元前 753 年，秦国扩张的地盘已经足够养活自己的国民，并进行了自身的文化建设：初设史官记事——这意味着秦国这帮子狠爷们儿，由此开始了自己的文化觉醒。

而古罗马人此时则处于氏族社会向阶级社会转型时期，古罗马的各位族长们解决族人的温饱问题，显然比文化建设更为迫切。

但是据西方学者“考证”，公元前 750 年，希腊人开始向海外移民。

问题来了：古罗马人既然是希腊人的一支，他们怎么可能提前 3 年就脱离希腊城邦，在今天的意大利首都罗马建立了“永恒之城”？——这可是 487 年以后才有的事呢。

西方学者的解释是：根据古罗马神话，“永恒之城”是由双胞胎兄弟罗慕卢斯与雷穆斯在公元前 753 年兴建的。

听到“根据罗马神话”的说法，这话题就聊不下去了。

至于公元前 509 年建立了“古罗马共和国”，也只好听一听算了。

毕竟这个“共和国”的政体由“元老院、执政官和部族会议”三种权力组成，是现在西方诸国政体的“源头”。如果在这个事情的真伪上与他们较真，无疑等于要去挖他们的“祖坟”。

说点实在的。

古罗马人统一意大利半岛后，整个亚平宁半岛已经被他们拿在了手中。

他们拥有 4 个兵团，每个兵团 4200 至 6000 人，全部的兵力不过 24000 人左右——这跟早已消失的夏朝女将军妇好所带的军队比起来，显然也不在一个层面上。

这4个兵团如果加入了战国的混战，结果铁定就是战国名将们的“前戏”与“早点”。

但是，24000人的兵团，在当时的欧洲与中东地区，便是一股可怕的力量。

第一次“布匿战争”开始了。

战争的导火线是“墨西拿事件”：就在37岁的嬴稷公然自称“西帝”的当年（前288年），一伙叙拉古雇佣兵在玛尔美提的率领下，占领了西西里岛东北角的墨西拿。他们杀了当地所有的男人，霸占了所有的女人，宣布脱离叙拉古（今意大利西西里岛境内，原是希腊的一个城邦）独立。

前264年，叙拉古的希罗二世即位后，决定清除这批盗匪。

玛尔美提同时向迦太基城邦和古罗马政权求援。

古罗马政权因为刚刚清洗了心存异志的雇佣兵，所以拒绝了玛尔美提的请求。

迦太基城邦则一口答应，派军队跨过海峡，逼退了希罗二世。

嗜血成性的古罗马“元老院”看到了机会：玛尔美提、希罗二世和安尼巴尔，原来是三个草包呵。

对岸西西里岛上的这伙乡巴佬，居然还想在俺们的地盘上当大佬？

罗马兵团的头头杜伊利乌斯连打带吓，与玛尔美提和希罗二世达成了联盟协议，开始向西西里岛上的乡巴佬们宣战。

这一战，居然打了23年（前264—前241年）。

双方投入兵力最多的一次，是罗马兵团的15000名步兵，500名骑兵；而迦太基城邦则投入了12000名步兵，4000名骑兵——还有50头大象作战。

最后，古罗马战胜迦太基，迦太基被迫签订了不平等和约——将西西里岛及其附近利帕里群岛让给罗马，并赔款3200塔兰特（10年内偿清）。

战争结束之后，两国经济和人口都“大伤元气”：这场欧洲有史以来伤亡最大的战争，死了大约5万多人。

旁支的复兴——秦朝

黄帝 2477 年（前 220 年），嬴政召开总结大会。

首先是军事。

文官腾灭韩一国。

王翦灭赵、楚两国。

王贲灭魏、燕、齐三国。

王翦拜太师，封武成侯；王贲封通武侯；文官腾任命为内史，掌管京城重地，后世称之为“内史腾”。

其次是人口。

秦国在韩国掳民约计一百五十余万；赵国掳民约计三百八十余万；魏国掳民约计二百五十余万；楚国掳民约计四百余万；燕国掳民约计一百五十余万；田氏齐国掳民约计三百余万。

秦国的贵族们吸了口冷气：一千六百多万人？咱秦国才有六百多万人哩。

嬴政道：这好办，有技术的去建陵冢，气力壮的去修驰道，没特长的去筑长城。

贵族们说：这么多的人，不要说看管，粮食也供不起呵。

嬴政冷冷道：这得看他们的造化了。

然后是政治。

征服后的地盘有多大？东起辽东（今辽河以东地区），西至临洮（今甘肃省定西市），北抵阴山（今河套地区），南达象郡（今越南中部）。

这么大的地盘（约三百四十万平方公里），采用什么制度去管理？

李斯道：人多地盘大，政出多门的封建制显然不行。谁都说了算，就意味着——谁说了都不算。

嬴政问：你的建议？

李斯道：恢复轩辕黄帝和颛顼爷的独裁制度，天下只能君主一个人说了算。

御史大夫冯劫担心：王孙公子干什么——总不能混吃混喝等死吧？

李斯说：朝中设立三公、九卿、大夫职位，辅助君主管理天下。

丞相王绾反对：恢复轩辕黄帝的独裁制度，最后还不是变成了封建制度？毕竟天下这么大，交给外人管理谁能放心得下。

李斯说：实行郡县制，官员由君主直接任命，统一法令，严格执行。

王绾又问：各地语言不同，风俗各异，用一种法令，岂不是鸡对鸭讲？

嬴政说：这好办，号令天下：书同文、车同轨。

李斯和秦国的贵族们全都跪倒称是。

最后是称号。

众人一致认为：咱们既然是轩辕黄帝的后裔，自然是中央帝国的合法继承者，那么“中国”的国号当然不能改。

依照华夏的老规矩，现在是咱们秦人当家，当然得叫“秦朝”。

问题来了。

既然称秦朝，就证明自己是轩辕黄帝的后裔，秦王嬴政自己选择的“皇帝”称号就不能僭越祖宗。

李斯笑道：称为“皇帝”有何不妥？一、“皇帝”与“黄帝”同音不同义，正是显示秦王不忘先祖荣耀之意；二、五帝三代虽然伟大，但谁有秦王这样一统天下的空前功绩？书同文、车同轨自秦王始，郡县制也自秦王始，称为“始皇帝”，实事求是，合情合理，一点儿也不过分嘛。

嬴政再次登基，是为秦始皇帝。

相应的变化是：“朕”为秦始皇帝自称，其他人不能使用；皇帝之命为“制”，皇帝之令为“诏”，加盖玉玺后成文公布天下；取消“谥法”制度——这意味着臣下不能评价帝王的是非功过。

秦始皇帝嬴政继位的前九年，主要的任务是学习《吕氏春秋》，从中知道了道家的理念、历史的变迁、人性的善恶、政治的手段。

执政后的十八年间，前八年“昼决狱而夜理书”，全力修炼着秦国的“内功”；后十年则厚积而薄发，闪电般地灭亡六国而一统天下。

登基之后，秦始皇帝嬴政定都咸阳，恢复轩辕黄帝的皇权独裁制。

十年间，他干了如下事情。

理论方面，采用阴阳家邹衍的“五德终始说”，推行“金、木、水、火、土”循环往复的概念。

这意味着秦朝不但昭示自己是华夏正宗，同时也完善着“黄老之道”的学说。

吕不韦真没白教嬴政。

政权方面，借鉴前朝及各国的成功经验，建立了“三公、九卿”的官僚系统。

这意味着除了皇家，以血缘为纽带的“世袭制、封建制”通通滚蛋，取而代之的是“官僚制”。

官僚制的最大弊端是：每一个官吏不可能都和皇帝一条心。

因此，“忠心”便是皇帝任命官吏的不二前提。

至于才、德、仁、廉、义等品质，全部给朕往后排。

官僚制的最大好处是：用得着时抬举，用不着时放弃；不听话时罢免，有异心时斩杀。

不是亲戚，少了许多麻烦。

有人担心：这样对待官吏，就不怕没人干这活呵？

哈哈，会说话的狗狗难找，不想当官的文化人可真是凤毛麟角哩。

行政方面，天下共设三十六个大郡，“郡守”管政治，“都尉”管军事，两人相互监督，谁也不能坐大造反。

万户以上的官员为“县令”，万户以下的官员为“县长”，秦朝郡下辖一千多个县（县以下设“乡、里、亭”），都直接听命于秦始皇帝嬴政并严格执行“秦律”。

或打或杀，或任或免，一点心理障碍都没有。

直到现在，这套行政建置在后来历朝历代的统治者们眼中都非常受用，他们大多只不过是修补一下，变个叫法，基本上是换汤不换药。

这伙计太有才了！

但这并不妨碍后人往嬴政的头上什么屎盆子都扣。

经济方面，天下的“度、量、衡”全都以秦国的计量物器为标准，各国的“斗、秤、斛”等劳什子全都废弃不用。

秦朝只流通两种货币，即“上币黄金”和“下币铜钱”，原来六国通行的“珠玉、龟贝、银锡”等不得再充当货币。

六国的富贵人家全都哭成了泪人儿：一夜之间赤贫了！

私人想铸币，长九个脑袋的尽管去造。

交通方面，以国都咸阳为中心，向四面八方修建“驰道”（类似现代的高速公路），均宽五十步，直通六国旧地。

任什么人想叛乱复国，秦军立马赶到：欢迎各位想拿自己脑袋给秦军将士换取军功章的小朋友们踊跃造反啦。

这个驰道，战时军队专用，平时百姓可用——还不用交费噢。

秦直道、秦栈道、上郡道、临晋道、东方道、武关道、西方道、五尺道，八道“高速”形成了一个五日打击圈。

为方便运送征讨岭南所需的军队和物资，秦始皇帝嬴政命史禄开凿“灵渠”，用以联通长江水系的湘江和珠江水系的漓江。

灵渠，不但是世界上最古老的运河，也是人类第一条有据可查的人工水路交通要道。

从此，中央帝国的时间变得快速起来。

从此，中央帝国的掌控力空前强大。

文化方面，所有的文字都以李斯老师的小篆为标准，书写都以蒙恬将军的毛笔为工具。

如果有人胆敢再拿刀子在青铜器上胡乱涂鸦，再到布帛、竹简上随意发挥，秦始皇帝看不明白，各位得想想会有什么样的后果？

各国的史书全部收缴，谁也不准私藏，少动不动就翻出来证明你是谁的子孙。

民间不能办学，有追求、想进步的都得“以吏为师”。

乡校和学宫成为传说。

后来，秦始皇帝采用了程邈更为简化的隶书在全国推行。

当时的天下就和今天的欧洲一样，各国和各地的语言不同，文字各异，什么“楔文、甲骨文、陶文、简字、蝌蚪文”等各行其道。

没文化的简单到还停留在“象形”的层面，有文化的已上升到了“符篆”的结构。

新的帝国急需大量的人才去管理各地事务，不简化怎么能“速成”？

商贸方面，依旧实行“重农轻商”的老规矩。

土地太多管不过来，事实上已形成私有化，只要老实按时交粮就行；

盐、铁、铜等资源全由政府垄断，私人涉足就会在人间蒸发；有鉴于生意人吕不韦“重金弄权”的不堪记忆，秦始皇帝对商人实行苛捐重税的措施，商人一旦破产，就要充当苦役；这样做的目的只有一个：让商人自行灭亡。

就你们脑子好使——买贱卖贵，投机倒把，政府不会干吗？

人口方面，严格执行商鞅“户籍相伍”的管理制度。

叛徒是叛徒，好制度是好制度，不能一棍子打落一船人。

成年的男人要向官方报备纳税服役，谓之“书年”；成年后的父子、兄弟不准同室而居，倒不是怕有伤风化，出现爬灰等乱伦情况，而是独立编户有利于政府收税和征役。

这个“什伍连坐制”非常实用：五家为伍，十家为什，不准擅自迁居，必须相互监督。有人要小聪明逃税瞒报或企图逃跑，如果没有人检举揭发，就会十家连坐！

这不是把农民牢牢地束缚在了土地上？

对头，除了种地和打仗，他们好像没什么生存的意义。

好制度！

从此之后，全世界的各个政权，再也舍不得放弃这种政权直接控制劳动力、保证赋税收入的管理人民户口制度。

老百姓骂商鞅或秦始皇帝还情有可原，统治者骂他们可就非常不地道：有本事你们换一个法子试试？

社会方面，有这么些“行同伦”的规定。

皇族穿黑衣，官吏穿绿衣，黔首穿白衣，妇女们则花花绿绿地随便打扮。

妇女们热烈拥护。

一看衣服的颜色，就知道你是个什么鸟儿。

男女们进行了大的分工，即：男主外，女主内。

人人都有学习的权利，但必须以吏为师。

准备学习前，黔首们必须扪心自问：一、自己有没有闲工夫？二、自己有没有闲钱？三、自己除了明白什么该奖，什么该罚，真的需要学和自己无关的知识吗？

你爸又不是贵族、将军和官吏，当“公务员”的概率基本上和男足取胜一样杳渺。

再说了，学习很苦呵。

严禁各国史书传播，不然满天下都是王孙公子。

严禁说教之人活动，不然全宇宙都是孔、荀、王诩等靠嘴混饭吃的门徒。

军事方面，采用“边防军、京师军、地方军”三种架构体系。

边防军人数最多，仅北方蒙恬在上郡阳周城（今陕西省靖边县境内）防备匈奴的驻军就有三十万，而驻守南方的任嚣、赵佗竟达五十万之众——这相当于正规军的大半精锐。

京师军则分为“卫尉军、中尉军、都尉军”三军。

卫尉军负责宫廷内部保卫，编制约一万人。

中尉军负责护卫宫廷外围，编制约二万人。

都尉军负责保证咸阳外围的安全，编制约十万人左右。

地方军依然保持秦国的旧制，有战征召，无事务农。但是，人员的构成已不是清一色的秦人，而是原六国乃至更多早期诸侯们的遗民。

这些分散在六国旧地和各郡的正规军人数约计百万，后来证明纯粹是个“隐患军”——拼命有他们的份儿，军功几乎跟他们无关，不反才怪呢。

宗族方面，由于嬴氏子孙后来几乎被项羽和刘邦等诛灭，躲过一劫的嬴氏子孙全改为赵姓避祸不敢出头，再加上儒家的文灭秦朝，很少有正式史料流传下来。

但是，还是有些痕迹可寻。

比如为了彻底废除封建制，秦始皇帝对自己的儿子和六国的贵族子弟一视同仁，只有生活待遇而没有政治待遇。

嬴氏大宗兄弟若是没有军功和政功，“三公、九卿”的位置根本就无立足之地。

由于母亲秽乱后宫的阴影，秦始皇帝终其一生不立皇后。

母亲不尊贵，儿子岂敢飞扬跋扈，胡乱作为？

后世儒家颇多讥讽秦始皇帝“怕死”，这个说法恐怕也值得商榷。

如果秦始皇帝连一个“死”字都听不得，那么他立朝之后，大兴土木修建自己的陵墓又该如何解释？

更何况陵墓“坐西向东”，这分明是夏族的固有习俗，可见秦始皇帝从生到死，都认为自己是一个正宗的夏族后裔。

这就比如现在的中国人，往往一些无宗教论者自认为毫无宗教概念，但是在儿女成亲、乔迁新居、父母出殡等方面，依旧要照着老黄历择日而行。

信仰宗教的中国人更不必说，从丧礼的方式上，就可看出他生前信的是道、佛还是天、伊诸教。

尽管他生前也许遮遮掩掩，但死后却用不着隐瞒什么。

死者不会说谎，也没必要说谎。

宗教方面，秦朝除了保持着祭祀“黄帝”轩辕、“赤帝”榆罔和“黑帝”颛顼的“优良传统”外，另加了“青帝”伏羲和“白帝”玄嚣祭祀。

可是，汉朝的儒家们却将他们的老根儿“黑帝”颛顼抹去，倒使得刘邦颇为不解：秦人不是说他们是颛顼帝女儿女修的后裔吗，怎么偏偏忘了祭祀颛顼帝了（“高祖曰：吾闻天有五帝，而有四，何也”）？

儒家们集体摇头（“莫知其说”），心道：承认秦人祭祀“黑帝”颛顼，不就等于认可秦人是正宗的夏族后裔了？

但是，他们却把秦人祭祀的“兵主”蚩尤放大化，向世人宣告：看看，秦人不是蚩尤的野种，难道还有别人吗？

秦人既然是蚩尤的野种，汉朝的庶民执政，当然会比这些蛮夷杂种来得正当。

尽管儒家们不遗余力地抹黑秦人的宗系，但历史的真相是：当时的秦朝不但祭祀的主神是夏华两族的始祖，并且将田氏齐国的“八主神”系统原样照搬在了秦朝。

爷爷们就是夏族的后裔，不服气的露个头试试！

万事俱备，开始巡游。

外面的世界很精彩。

黄帝 2478 年（前 219 年），秦始皇帝前往泰山。

目的有两个：一个是封禅，一个是示威。

为什么选泰山？

原因也有两个：一个是自炎帝榆罔以来，炎黄两族共有七十二王在泰山封禅（“封”为祭天，“禅”为祭地），事实上造成了华夏两族的天下共主必须在此处进行“就职演说”而“受命于天”。

另一个是从春秋开始，由于老子、管仲、子产、孔丘等学家巨子都在齐鲁大地上活跃，加之华周王室东迁洛阳，这里俨然成了华夏文明的中心——不去显摆一下，怎么能改变天下人“卑秦”的心态？

到了泰山脚下，秦始皇帝邀请儒者七十多人商议封禅的具体事宜。

谁知儒者们先为怎么样去上山的方式争吵得面红耳赤，差点儿翻出十八代的祖宗。

有人说：徒步上山，以示尊敬之意。

有人反对：始皇帝“席卷天下，包举宇内”，和黔首们一样徒步上山？搞什么搞嘛。

有人说：坐车上山也可以，但必须用“蒲车”。

有人反对：用蒲草将车轮子包起来，马能拉得动吗？

秦始皇帝问：先不争吵上山的方式，上了山怎么样封禅？有些什么样的礼仪？

齐鲁的儒者没声了。

不是不想说，而是真的不明白。

胆大脸厚的常常是不懂装懂的。

某个儒者低声道：人家好像“扫地而祭”吔。

秦始皇帝问：就这么简单？

儒者们又集体噤声了。

秦始皇帝冷笑：今也说你们学富五车，明儿也说你们才高八斗，难道就会在争待遇评职称时体现你们的才能？朕就不明白了，伏羲、神农、炎帝、黄帝、颛顼、帝喾、帝尧、帝舜、大禹这些伟大的先祖们就这么不讲究？——秦人祭个先人也得杀匹大马哩。

又一个儒者嗫嚅道：禅礼的仪式只有王室的“太祝”知道，专为天子所用。平日价封藏起来秘而不宣，谁也不能记录。我们这些人不要说明白，连根毛儿也没见过呵。

李斯讥道：这是何等大事，岂能如此应付？还以为你们儒家什么都懂哩。

秦始皇帝命令李斯：这事你去全权操办。

李斯遍览古典，求询道家之后，迅速拿出了封禅方案。

一、先在泰山岱顶东方筑建五色细土为坛，寓东、南、西、北、中五方之意。坛分三阶，寓地、人、天三界之意。坛高九尺，寓极数之意。宽十二丈，寓一年十二月之意。其下埋藏装在金箧之内篆刻秦国族谱及历代君王名字的“玉牒之书”，寓“王者受命，易姓改制”之意。

二、再到岱顶北方立丈二之石，寓一年十二月四季之意，刻文称颂秦始皇帝的功德，写明：“皇帝临位，作制明法，臣下修饬。二十有六年，初并天下，罔不宾服。亲巡远方黎民，登兹泰山，周览东极。从臣思迹，本原事业，只颂功德。治道运行，诸产得宜，皆有法式……”（这篇碑文据说有174个字，现在流传下来的只有63个字）。

三、秦始皇帝斋戒三日后，只携带助祭者两人（李斯、卢生）从泰山南面步行登顶，祷告苍天将由秦人执政，祈求上帝许允。祭文则采用了孔子在《尚书》中记录的上古致辞，大意为“事天以礼，立身以义，事父以孝，成民以仁”等词，再加上“四守之内，莫不为郡县，四夷八蛮，咸来贡职。与天无极，人民蕃息，天禄永得”的表达，如果得到了上帝的许允，将会出现“触石而出，肤寸而合”的天象。

四、“封祭”大礼完毕得到上帝许允之后，秦始皇帝从北面步行下山，去梁父山祭祀“地神”进行“禅继”之仪，接受百官和万民的朝觐祝贺。

岱顶的事儿保密，梁父山的仪式宏大。

场面神秘，简繁相济，道家的魅力可窥一斑。

秦始皇帝对道家大为推崇。

此后，以燕人方士卢生为首的道家弟子们出现在了秦始皇帝的身边。

道家的治世思想是无为而治；道家的个人品德是修真养性；道家的终极追求是长生不老。

三十刚出头的秦始皇帝自号“真人”，表明了自己对道家的认可。

在长达四年的时间里，秦始皇帝除了巡游立碑，便躲在宫中修炼道术。

法家弟子李斯见他一面尚属不易，更别提淳于越这些想当官想疯了的儒家弟子们。

于是，后世的儒家猜测他在“淫乱”。

大家都想托道家的爷们儿走个后门，但卢生他们是钱也不要，饭也不吃，酒色之事更是不近不沾，活生生一群油盐不进的“行尸走肉”。

与卢生、韩终、侯生等道家弟子们相比，徐福倒是很接地气，不断地向秦始皇帝索要金银财宝和人匹马夫，向传说中的“蓬莱、方丈、瀛洲”仙岛前进，把神仙当成了贪官，企图用世俗行贿的方法向仙人们求得不死之药。

黄帝 2482 年（前 215 年），秦始皇帝到上郡阳周城秘祭轩辕黄帝原冢（今陕西省靖边县高家沟王坟湾村）后，又在碣石渡口（今陕西省靖边县杨桥畔镇境内）刻碑留文：

……

遂兴师旅，诛戮无道，为逆灭息。

武殄暴逆，文复无罪，庶心咸服。

惠论功劳，赏及牛马，恩肥土域。

皇帝奋威，德并诸侯，初一泰平。

堕坏城郭，决通川防，夷去险阻。
地势既定，黎庶无繇，天下咸抚。
男乐其畴，女修其业，事各有序。
惠被诸产，久并来田，莫不安所。
群臣诵烈，请刻此石，垂著仪矩。

是日夜晚，卢生睡梦中惊醒，大呼道：亡秦者胡也！

秦始皇帝听报后，召卢生询问此言何意？

卢生茫然道：梦中之言与《录图书》中如出一辙，愚下不知其指。

蒙恬说：胡者，是不是指夏裔变种匈奴？

秦始皇帝道：对了，如今天下能征善战的，除了匈奴杂胡再无别族。蒙恬听令：命你带三十万军队镇守上郡阳周，再将我大秦原有边墙和亡魏、赵城墙连成一线，将匈奴杂胡诸族赶出河南之地（今河套地区），让他们在漠北自生自灭，不得踏入边墙半步！

此后，蒙恬将匈奴诸族赶出河南之地，“却匈奴七百余里，胡人不敢南下而牧马”。

这一年，项羽十七岁，刘邦大约三十多岁。

黄帝2485年（前214年），历时五年开凿的“灵渠”终于完工。这条连通湘、漓两江的东西走向运河通道，彻底解决了深入岭南作战的五十万秦军的供给问题，让秦将屠睢在一年内迅速征服了岭南地区。

同年，秦始皇帝下令连接补筑各国城墙，西起临洮，东至辽东，后世称之为“万里长城”。

黄帝2484年（前213年），闭宫修真的秦始皇帝终于公开出现在自己的四十六岁寿宴之上，这使得儒家弟子们兴奋不已，纷纷向最高领袖展示才华。

文官之长宋青臣（仆射之职）率先赞颂：想当年，秦人领地只有不到方圆五十里，虽然经过三十五代秦王努力，占地也不过千里。但是，自始皇帝执政之后，神灵明圣，仅用数十年的春秋便统一天下，平定海内，恢复了轩辕老祖昔日的荣耀，可谓是日月之光能照的地方，没有人敢不宾服。如今我大秦以诸侯为郡县，天下人人自得安乐，再无战争之患。从古至今，谁能够得着始皇帝的威德？诚祝始皇帝万寿无疆，大秦传之万世。

秦始皇帝大悦，难得地喝了一大口稠酒。

众人纷纷赞誉，博士淳于越便看着眼气。

轮到他祝贺时，老人家便道：青臣等众人面谀陛下，不是忠臣行为。我听说殷、周之朝千余年，全靠封建子弟功臣自为枝辅，社稷才可以持久。今陛下统治海内，但是子弟皆为匹夫。如果有田常、六卿之臣叛乱，没有子弟相辅，怎么相救？事不师古而能长久者，非所闻也。

封建制不是早已经取消了吗？

这老货是寻死的路数嘛。

秦始皇帝脸色一沉，道：这是你一人之见还是众人之议？

博士们全都跪倒，痛哭流涕地说道：为大秦万世计，这是俺们的肺腑之言呵。

秦始皇帝怒极反笑，说：难得尔等一片忠心，明天开会专题讨论——李斯你主持一下。

次日一早，专题讨论会开始。

主持人是法家代表兼正方辩手李斯。

反方是儒家代表辩手淳于越携七十余名博士。

旁听公证者是卢生等数名道家弟子。

李斯开场便问：昨天淳老师的观点，诸位还有没有补充的？

博士们七嘴八舌地道：大概就是这么个意思。

李斯说：那我来说几句。轩辕黄帝老祖自不必说，他老人家统一天下，开创了中央帝国，立下了众多的规矩，华夏文明才得以延续至今。

淳于越讥道：还以为你们法家只懂剥皮抽筋哩，原来也有明白人呵。

李斯继续说：但是，颛顼帝、帝喾、帝尧、帝舜、大禹制度各不相同，夏、商、周三代的治理方法各异，这一点是不是历史事实？大家有没有不同的看法？

淳于越道：这是历史事实，但夏、商、周三代的封建制一脉相承也是事实。

李斯说：那么请问，夏、商、周三代为什么要和五帝时代的政治体制不同呢？难道他们是背祖弃宗吗？

淳于越道：五帝时代的封建制虽然不如夏、商、周三代那么明显，但总的来看都是华夏子弟执政，根子上并没有什么不同。

李斯追问：我问的是，夏、商、周三代为什么要和五帝时代的政治体制不同？

淳于越道：你认为呢？

李斯说：不是夏、商、周三代背祖弃宗，而是时代不同，环境不同，人数不同，他们非得变化治理方式才能适应时势的变化。道家曾说：天道昭昭，变者恒通。这些话，想必诸位没有忘记吧？

淳于越道：这是指“道”，你不要张冠李戴。

李斯笑着说：政不合“道”，究竟能走多远，淳老师不会不明白这其中的道理吧？

淳于越无言以对。

本来专题讨论会就此结束，法儒之争也会告一段落，谁知个性乖张的李斯突然发难，公然在朝堂之上责备众儒：始皇帝如今创下空前大业，建立了万世的基础，岂是你们这一众愚昧的陋儒们能知道的？尔等妄言夏、商、周之制，如果三代的政治制度真有你们说得那么好，怎么会亡国灭宗呢？

这就不厚道了吧？

这就没劲儿了吧？

俺们已被你辩得无语了，何苦进行人身攻击？何苦连一块遮羞布也扯了下来？

士可杀不可辱！

他奶奶的，道理咱不讲了，为反对而反对。

一博士道：夏、商、周之制甚佳，只不过是王者不遵守上古法制，致使乱臣贼子辈出，乱了天下。

李斯叱道：封建诸侯一多，势必引发相互比拼；诸侯相争，必然厚待臣子，臣子必然拼死效力；臣子势大，必然反噬君主称王——难道这还不是封建制的弊端吗？你们这群陋儒，不看现在优越的政治军事制度，反而喋喋不休赞美过时的政体，以古非今，其用心实在险恶。如果先秦诸王和始皇帝听了你们的屁话，能有大秦今日别黑白而定一尊的天下吗？

这就不是辩论而是谩骂了。

有道理也不带这样糟蹋人的。

儒家弟子们眼巴巴地盼着道爷们出来打个圆场。

卢生眼见着法儒两派不好收场，便息事宁人地说：都是伏羲女娲的子孙，全是华夏两族的后裔，儒家的出发点还是好的，为了天下长治久安嘛。

李斯讥道：他们是为了天下长治久安？不过是为了靠着先人的血统，让始皇帝再分封他们一块地盘，好不劳而获地活着。

卢生冷冷地说：活着也不是罪过嘛。

李斯闭嘴，会议结束。

当晚，李斯向秦始皇帝汇报了会议的情况，并着重说明诸子老师道家的态度：和稀泥，不拥护。

秦始皇帝有些不悦，心想：陋儒过腐，难道你们道家也反对朕复兴轩辕黄帝的辉煌吗？

他问李斯：你的建议？

李斯回道：以前天下混乱，是因为君主弱小而诸侯强大。又因为士人太多导致入仕无门，他们只好在私下里教学糊口。为了招揽学员，他们往往把上古时期的帝王政治夸得天花乱坠，把当下君主的政治抨击得一塌糊涂，使得民众盲目附和，思想零杂。这些陋儒溜须拍马尚可，治国理政则言行不一。往往是嘴口上不说，内心里骂娘；朝堂中不说，巷子里乱说。夸赞君主是为了奖赏，故弄玄虚是为了升官，聚在一起是为了诽谤，附庸风雅是为了狎妓。如果不禁止这些腐儒，必将使君主的威信下降，腐儒们的名声上升。

秦始皇帝笑了：你倒是看清了这些人的特点。

李斯继续道：臣下建议，责令史官除“秦纪”（秦国的历史和族谱记录）之外，其他诸侯的“旧纪”全部销毁，免得他们拿着族谱今天说我是××的后代，明天说他是××的孙子。

秦始皇帝说：销毁不必，全收上来存库，也好留个历史资料。

李斯继续建议：请陛下命令，除博士官职之人，各家严禁私藏《诗》《书》和百家之论。有胆敢私藏或教习者，在大庭广众面前执行死刑；有胆敢以古非今者，诛灭全族。地方官吏知道而不查处的，与私藏者同罪。令下之后三十日不烧者，脸上刺字去修长城。准保存的只有医药、卜筮、种树、农耕之书。如果有人愿意学习法令，则必须以吏为师。

秦始皇帝说：可以，就这么办。天下苦斗不休，就是因为王侯和腐儒们太多了。

七十一岁的李斯效率依旧极高，连夜草拟诏书，明令天下执行“焚书令”。

儒家眼见着吃饭的劳什子被连根拔掉，便捶胸顿足地向道家弟子喊冤。

我们七十几个人读书有什么意思?

书中的道理向谁去解释?

我们饿死了对天下有什么好处?

李斯这个楚蛮老匹夫，分明是我华夏文明的掘墓人呵!

最后一句话让卢生等人惊醒。

从表面上看，这只不过是法儒之争，而儒家的不争气和不要脸的言行很容易让君主厌腻和众人嫌弃。但是，从所发生的事情走向来看，这些非华夏正宗的夷种们真的露出了灭绝华夏文明的凶狠嘴脸。

真是非我族类，其心必异!

道家的防微杜渐意识，由此可窥豹一斑。

卢生火速去见秦始皇帝，明确反对“焚书令”。

他俩的见面与谈话内容，后世史书并无记录，但从卢生的私下言行中，两人大约进行了非常激烈的争吵。

谈话内容大概是，卢生建议秦始皇帝收回成命，而秦始皇帝非常罕见地批评了道家：此为世俗之事，非道家擅长。

于是，卢生在私下里才对道家弟子和儒家弟子发出了散伙令：嬴政为人，天性刚愎自用。他自兼并诸侯、统一天下后，得意妄为之极，自以为轩辕黄帝都不如他，公然自称“始皇帝”，僭越行径，空前罕见。

统一之后，我等原本想用道家秘术使其性格温和，回归华夏文明的厚道，怎料想他专门亲信夷种狱吏，儒家博士虽有七十余人，但是从不重用。

丞相和诸位大臣，都是按照他的指示办事，没有人敢提出自己的意见。嬴政采用法家的偏激之术，喜欢以刑杀立威，天下人全都畏罪持禄，没有一个人从内心对他忠心耿耿。

因为无人敢反对他，嬴政以为自己一切正确，所以日益骄横。

臣下慑服于的威严，只好说假话哄他高兴。

秦朝之法，道家方士只能精通一种方术，如果不灵验，马上就要处死。然而占卜候星气者有三百多人，都害怕他的喜怒无常而不得不畏忌讳谀，不敢用天象预警来纠正他的过错。

天下的事情，无论大小都得由他一个人决定，甚至用秤来称量各种书写文件的竹简和木简重量，日夜都有定额。阅读达不到定额，就不能休息。

此人贪于权势到如此地步，我们何苦炼制丹药为他助寿延年？

说罢之后，卢生等道家核心弟子飘然离去。

儒家弟子赶紧把这个小报告打到了秦始皇帝的案头，连卢生说话时的语气表情都记录得清清楚楚，主要意思是：始皇帝假仁假义为表，残暴寡恩为本；道家寻炼丹药是假，哄骗财物为真。

打住，卢生不是替儒家弟子们出头吗？

儒家弟子又怎么能给秦始皇帝打卢生的小报告？

哈哈，打小报告是儒家弟子安身立命的主要技能，他们可不像道家弟子们那般有许多自食其力的本事，从来就不敢说：此处不留爷，自有留爷处。

说白了，儒家根本上就是政体的附骨之疽。

没有了儒家，统治者无人为其溜须拍马，赞美颂德；有了儒家的参与，政体的崩溃只是一个时间长短的问题。

这里得来一个立此存照：任何政体与政治，如果一个人说了算，那基本上是离乱世不远；任何政体与政治，如果让儒家说了算，那基本上算是活到头了。

小报告永远都会使人发怒。

因为小报告会给听的人夸大其词，省略掉这些话的前因后果。

秦始皇帝拍案骂道：道家欺朕至此，残暴寡恩从何说起？朕执政三十余年，何曾杀过一个重臣悍将？何曾灭过诸侯一个王公宗族？朕原本想独尊道家用他们的道理去让天下无事太平，民众各守其乐，谁知他们竟然哄骗朕的财物虚求仙药。这伙挨锤子的，如今竟然诽谤朕，让天下认为朕无德行，其心可诛！

于是，责令御史去审查所有方士，果然大多都是些靠嘴吃饭的把式。

严刑逼供下，这些嘴把式辗转告发，居然牵扯出四百六十多人。

秦始皇帝怔住了：怎么会有这么多的嘴把式？

御史回道：大多是儒生转成方士的，这口饭容易吃。

秦始皇帝骂道：朝三暮四，斯文全无，留他们做甚？全部给朕杀了。

长子扶苏劝道：天下刚刚平定，远方的百姓还没有归附。儒生们诵读诗书，效法孔子，朝三暮四转为方士也是为了混一口饭吃。杀了他们，儿臣担心天下不安。

秦始皇帝看着非常壮实的儿子，道：怕是你担心为你争取封建的腐儒们的安危吧？你们不就是想让朕封个地盘吗？好、好、好，明日你便去上郡阳周监军蒙恬，一来是守黄帝先祖原冢，二来去防阻匈奴南下。至于这些毫无操守的东西，全部活埋，为你壮行。

这一桩“焚书坑儒”的历史公案，就此结束。

今天我们吃故纸饭的学者们对“焚书”的认识并无异议，却忽略了当时焚烧的是各国的史书族谱这个事实；大家倒是对“坑儒”这件事争论得面红耳赤，有的认为坑埋的是方士，有的认为坑埋的是儒生。

但历史的真相是：这是一伙披着方士外衣的儒生。

儒家之所以没记录下一个死者的名字，是因为他们朝三暮四的行径太过于丢人；儒家之所以记录下他们被坑埋的事件，是要向全世界证明他们也是一群为真理敢于献身牺牲的“君子”。

关于这一点，即将执政的刘邦，算是把儒家看得透透的了。

黄帝2485年（前212年），为了增加帝国的控制力并开垦大量空闲的耕地，秦始皇帝再次鼓励大批的秦人移居关中各地，凡愿意去的都“拜爵一级”。

次年，仅在北河（今内蒙古河套地区东北岸）和榆中（今甘肃省兰州市榆中县境内）就迁徙过去三万余户约十二万秦人。

此前，琅琊（今山东省境内）移民三万户约十五万人，云阳（今重庆市境内）移民五万户约二十五万人，上郡阳周（今陕西省靖边县境内）移民约三十万人；而桂林、象、南海三郡（今广东、广西境内），迁过去的人口多是流民、奴仆、赘婿和刑徒等，总人数虽然不详，但大约最少也有十万以上。

这样多达十二次的大规模移民，就形成了以下现象：

迁徙到中国朔北的民众（内含部分六国贵族），因为可以享受各种政治待遇，基本上都有“高人一等”的心理优势，虽然生活条件没有南方精细，但从始至终养成了一种关心政局甚至左右中国政局的习惯——比如后来的关陇集团，定难军团，李氏宗族，边将势力以及匈奴和其旁支鲜卑、拓跋、契丹、女真、蒙古等族，往往是兵起北方，席卷中国；

而南方的流民、奴仆、赘婿和刑徒等，则因为处于社会的最底层，再加上有关移民享受的政治待遇与他们无关，自生自救成为他们无奈的选择。流民没有土地，手停则食停；赘婿是穷家之子，债务如果没有还清，就可能沦为奴仆。所以，这些人只能玩命开垦荒山荒地或干些政府看不起的买卖。有的虽然也可富甲一方，但政治地位始终低下，一遇政权更迭，往往被北方豪族掠夺得倾家荡产；

处在中原一带的民众大多是周室诸侯的遗民和六国豪族，持续的历史战火使他们记忆犹新，经常会发出“宁当太平犬，莫做乱世人”的感叹，从而养成了华夏两族不管谁当权、只要人们过上安稳日子便可以的习惯。但是，非华非夏的执政者，则会引发他们大规模的激烈抗争。臣服华夏两族可以，夷族杂种——连门儿都没有！

秦始皇帝过于自信，把六百多万秦人渗透在一千六百万六国遗民当中，相当于一个秦人看守三个六国遗民，从此为秦朝的迅速灭亡埋下了天大的隐患。

这个隐患，李斯没看出来，儒家们更没看出来。

同年，秦始皇帝下令征调七十二万名囚徒完善已修建了九年的骊山陵墓工程——道家已去，长生不老的追求恐怕已经成了一个梦想。

黄帝 2487 年（前 210 年），秦始皇帝第五次东巡。

陪同他的依旧是李斯。

护卫是蒙毅。

道家从此再没有出现，却多出了小儿子嬴胡亥和掌管皇帝玉玺的赵国遗民赵高。

这意味着赵高进入了权力的核心。

对这个一手推翻“暴秦”的赵国遗民，儒家的弟子们不但不认为他是个“有功之臣”，反而对他极尽污蔑之词，把一顶“阉人”的帽子死死地扣在了他的头上。

这无疑是对一个男人最为恶毒的诅咒。

赵高大约生于黄帝 2439 年（前 258 年）。

他出生的前两年（黄帝 2437 年，前 260 年），长平之战爆发，秦将白起在此役中坑埋了四十五万赵国将士。

他出生的前一年（黄帝 2438 年，前 259 年），邯郸之战爆发，嬴政在赵国出生。

在长达两年的战争中，老将廉颇虽然拼死保卫赵国，但依然被秦国掠夺了大量的土地与人口——还在襁褓之中的赵高和他的母亲大约就在这批俘虏的名单之上。

出现在战争前沿的赵高和他的母亲，唯一的可能便是：他们是赵军将领——并且是有着赵国宗族背景的高级将领的妻儿（“赵高者，诸赵疏属也”）。

赵高的母亲被发配在后宫充当奴婢，带着赵高过上了暗无天日的生活。

黄帝2446年（前251年），已经八岁的嬴政在吕不韦的护送下回到了秦国，七岁的赵高极有可能因为与嬴政有共同语言的背景，成为嬴政童年的玩伴兼书童。

因此，赵高才有可能从一个奴婢之子当上了“史学童”，从而有了“令史、尚书卒史、中车府令”的官吏之途。

因此，赵高才有可能以嬴政的“心腹之人”担当胡亥的教师之职。

尽管如此，赵高依旧不能改变母亲的奴婢命运（其母被刑戮，世世卑贱）。

国仇加上家恨，赵高日思夜想的便是怎么样才能弄垮强大的秦朝。

机会来了。

秦始皇帝巡游到了沙丘宫（今河北省广宗县），突然癫痫病发作，将头撞在了青铜器之上昏迷不醒。

如果此时卢生等道家弟子还在身旁，或针灸，或丹药，秦始皇帝都有救醒的可能。

毕竟癫痫病在道家弟子看来，可能只需施展点穴之技即可。

但是，有资格守在秦始皇帝身边的只有胡亥和赵高。

再厉害、再伟大的帝王，在家人和近臣的眼中，也不过是一个有喜怒哀乐、会吃喝拉撒的凡人而已。

趁你病，要你命。

等的就是这一天！

赵高干脆利落地给秦始皇帝的耳后撞伤之处又捣进去一颗铁钉，让这个万众敬仰、天下臣服、复兴华夏、统一诸侯的伟大帝王就此死去。

秦始皇的这种死法，虽然是郭沫若在其小说《秦始皇将死》中的臆造，倒也合情合理。

赵高哭了，哭得非常伤心。

一哭虽然手刃强仇，但母亲的卑微身份依然无法改变；二哭自己竟然亲手结束了发小的性命，但强大的暴秦依然无法撼动；三哭灭国之仇虽然已报，但灭亡的赵国已无法恢复；四哭自己的快意恩仇，但却无法向全天下公告。

李斯惊了，胡亥慌了。

李斯惊的是：他从未有过秦始皇帝会如凡人一般死去的心理准备。至少他一直认为，自己会比秦始皇帝先离开人间。

胡亥慌的是：父亲的突然离世，意味着自己的好日子已经到头了。

看看秦国的历史，更换君主，往往倒霉的是亲兄亲弟的子系。

因为帝王家的游戏规则便是：只能一个人站在权力的巅峰。

其余的兄弟要么死去，要么便是帝王“认为”毫无威胁地存在于世间。

而眼下能站在权力巅峰的，只有大哥扶苏一人。

我们至今在官方的史料中，没有找到任何秦始皇帝关于指定继承人的证据，时人和后人只能按照自己的认知去进行合理的推测。

陈胜的推测是：扶苏是长子，胡亥是十八子，按照惯例，扶苏即便不是指定的继承人，也轮不到十几岁的胡亥继位。更何况扶苏在上郡阳周掌控三十万大军，又与蒙氏家族素来交好，明显是合理的继位者。

法家的推测是：扶苏在上郡阳周守陵戍边，明显地位不保。胡亥一直在秦始皇帝左右，明明白白是个太子的身份。

儒家则从头至尾认为：秦始皇帝及秦国历代君王的宗族血脉从根子上就不正，谁当上天下共主都是对华夏两族的侮辱。更何况秦始皇帝的三十三个子女中，没有一个母亲是册封的皇后，谁都没有嫡子的身份，谁继位都不合规矩。

这些推测和认为都不重要，重要的是赵高的想法。

赵高认为：要想让暴秦连根儿烂掉，就得选一个昏庸无能之辈继位。

而这个昏庸无能之辈，又必须对自己言听计从。

胡亥无疑是绝佳的人选。

慌乱惊恐中的胡亥听到赵高推举他为皇帝继承人的建议后，吓得哭了起来：我知道你是为我好，但这样一来，前边十七个哥哥还不活吃了我？

赵高搂着胡亥道：你当了皇帝后，想杀谁就杀谁，他们奈何不得你。

胡亥说：他们可都是我的同父兄弟呵。

赵高道：帝王之家，何有亲情？你不杀他们，他们杀起你来可不讲这些。如今就是这么个情况：你当皇帝便生，不当皇帝便死。

胡亥问：我能当上吗？

赵高道：玉玺在我手中，诏令一出，天下谁敢不尊？

胡亥说：那快发诏令呵。

赵高道：还需李斯同意方可行事。

胡亥道：速传李斯前来。

李斯在秦始皇帝尸体旁哭得老泪纵横。

他的理想，他的志向，他的抱负甚至他的荣华富贵，全仗着这具躺在床上的冰冷躯体。

这个让他惧怕却又让他热血沸腾，让他敬仰却又让他时刻战战兢兢的伟大帝王，竟然真的如凡夫俗子一般与世长辞了？

赵高说道：丞相节哀，现在不是哭的时候。为今之计，善后当紧。

乱了方寸的李斯问道：如何善后呵？

赵高说：首先要明确的是，始皇帝驾崩，只有你我和胡亥三人知道，用不用诏告天下？

李斯马上恢复了冷静，急道：万万不可。如今我们身在京都之外，始皇帝又从未明确继位之人，一旦驾崩之讯传出，咸阳诸位公子和重臣必乱，天下大祸将临。

赵高问：丞相的意思是秘不发丧？

李斯道：回到咸阳京都后，等宗族诸公和群臣议定继位者后再诏告天下。

赵高看着李斯问：丞相以为，等宗族群臣议定继位者后，你我二人真的能善终？

李斯反问：中车府令何出此言？

赵高道：继位者如果是咸阳京都内的任何一位公子，丞相觉得他们不怀疑始皇帝的驾崩与我们有关吗？秘不发丧的罪名，又是你我承担得起的？

李斯吸了口冷气，道：果真如此。中车府令有什么高见，请言无不尽。

赵高拉着李斯走出门外，避开胡亥道：诏告天下是死，秘不发丧也是死。为今之策，只有你我确定继位皇帝，才能保住性命。

李斯惊道：我为亡楚之人，你是赵国遗民，咱俩确定继位皇帝？咸阳京都宗族诸公和群臣还不把你我碎尸万段！

赵高道：你为丞相，号令百官，所出之言，谁能不信？我为中车府令，掌管始皇帝诏书玉玺，印鉴一盖，便为法令，秦法森严，天下谁敢不尊？再说，始皇帝生前并未明确继位之人，这也意味着，诸位公子皆有继位的可能。你我确定了继位皇帝，继位者心知咱俩的拥戴之功，何愁荣华富贵不保？

李斯沉思半晌，道：中车府令言之成理，眼下也只能如此了。按照常理，扶苏为始皇帝长子，又在上郡阳周手握重兵，再加上他天性仁厚，看来始皇帝早有安排。

赵高问：丞相真的认为扶苏合适吗？

李斯道：于情于理，于公于私，也只能这样了。

赵高说：于情于理于公，丞相考虑得非常合适，但于私方面，恐怕会对丞相不利，到头来难免为他人効力而身败名裂。

李斯问：何出此言？

赵高说：大公子与蒙氏宗族可不是一般的交情。

虽然是盛夏，李斯还是顿时惊出了一身冷汗：蒙氏父子以及秦朝以武立家的宗族，可是恨不得将他李斯食肉寝皮呀。

这是因为，李斯对秦朝以武立家的宗族执行的是商鞅的政策：外灭强敌，内杀豪族。

扶苏一旦继位，自己的丞相之位必将被蒙氏父子替代，到时候不但自己性命难保，以秦人的残暴之性，必将诛灭九族，祸延子孙。

李斯瞬间明白了胡亥召他前来之意。

看来选择的余地不大：要么和赵高合伙拥戴胡亥继位，要么被胡亥就地诛杀并扣一顶“弑君”的大帽子。

毕竟和羽翼渐丰的扶苏比起来，只知道玩耍的胡亥要无害得多。

于是，赵高与李斯达成共识，形成了以下三个决定：一、凡知道始皇帝死讯的近侍全部灭口，秘不发丧，为掩盖盛夏尸体发出的异味，前后放置两车鲍鱼掩盖；二、草拟始皇帝传位于胡亥的诏书，回到咸阳京都，立刻公布天下；三、以始皇帝名义下诏扶苏，令他就地自尽于上郡阳周。

扶苏接到诏书后痛哭不已，转身回到帐中就要拔剑自杀。

蒙恬与秦始皇帝素日相交甚厚，便对这份诏书产生了怀疑，劝扶苏道：始皇帝出巡在外，储君至今未立。今天忽然有使者前来赐死，怎知不是有诈？

使者叱道：天威难测，受命便是，免得连累一众亲友。

扶苏哭道：父亲当年令我监军，已是无立我为储君之心。如今此诏一出，想必父皇自知大限将至，已有储君人选。如果我死能使父亲长寿无恙，能使秦朝万世永存，也算值当。

扶苏自杀后，使者传达第二条诏令：蒙恬剿灭匈奴不力，暂且囚禁阳周大牢，军中之事暂由副将王离执掌。

秦军见到诏书之上的玉玺之印，迅速执行，并无一人发出疑义。

由此可见秦始皇帝的威严。

千里之外，见印如令。

也由此可见秦军的执行之力。

这近乎小说的记叙文法，在中国的史书中随处可见。因此，西方的学界和亲西方的中外学者，往往对中国史书如临其境的记录形式进行质疑，常常认为是杜撰和编造之笔。

比如司马迁记录项羽的“彼可取而代之”这句话，很多人就会嘲笑：他又不在现场，他怎么知道项羽说了这样的话？

那么，如果有人这样反问他们：希腊的神话和《圣经》中的对话，西方的古代学者又是怎么知道的呢？

这样的辩论，如孩童互驳一般。

我们要想了解较为真实的历史，必须从时间纵向发展去知道事物的起因，从社会横向对比去还原事物的真相，从合理逻辑的推理去判断事物的真假。

因此，历史研究者研究历史，起码得具备以下三个条件：

一、有官方的正史作为事物时间纵向发展的依据（尽管官方的正史，有些事物的真相经常被统治者掩盖，但他们并没有改变事物发展的时间顺序连贯能力）；

二、用民间的逸闻野史作为事物社会横向对比的补证（民间的记载也不尽是无稽之谈，反而大多揭露了官方正史企图掩盖事物真相的部分事实）；

三、历史研究者或记录者根据官方的正史和民间的逸闻野史进行纵横对比，合情合理地运用逻辑推理，判断出事物的真伪（中国的史书记录者如辛有、董狐、司马迁等后世史官基本上采用了这一方法，所以中国的史书才不至于沦为帝王君主们的私人笔记）。

空穴来风，真的是“未必有因”吗？

如果不采用这三种方法去研究历史，那么，你看到的历史，必将是统治者想让你看到的历史；你看到的事物，必将是他人眼中的事物。

胡亥听说大哥扶苏已死，为了稳定蒙毅，就有了释放蒙恬的念头。

赵高说道：先帝本来早就想立你为太子，就是因为蒙氏属意扶苏屡次阻止才没有实行。你今日饶恕蒙毅，不知蒙氏以后可会饶恕你？

胡亥想想也是：蒙氏连权倾天下的李斯都不放在眼里，更是曾经把父皇的发小赵高打得屁滚尿流，自己在他们眼中算个毛呵。

如今不假借父皇之威收拾蒙氏，他们要是造反，基本上就是职业反应。

胡亥派人把蒙毅拘留在代地（今河北省蔚县境内）后，与赵高、李斯日夜兼程，迅速返回到了咸阳。

两大近臣当着宗族尊长及文武百官的面宣读了继位诏令后，胡亥冠冕加身登基，是为秦二世。

这一年，胡亥十六岁，项羽二十二岁，刘邦四十多岁。

李斯依旧做了丞相，而赵高出任“郎中令”。

郎中令是个什么官？

位列九卿，主职宫廷侍卫、宿卫警备，兼备顾问应对、宣读策书等。

如果得到皇帝信任，便是百官之首的丞相也要受到这个职位的节制。

秦朝设三公、九卿。

三公“司马、司徒、司空”归皇帝直管，多为德高望重的宗亲或有大功之重臣。平日虽然没有什么手下和具体的职权，但话语的分量很足。遇到个七灾八难，往往受命代表皇帝行使军政权力。

九卿“奉常、郎中令、卫尉、太仆、廷尉、典客、宗正、治粟内史、少府”，名义上归丞相统领，职权分别为：

奉常主掌宗庙礼仪之责；

郎中令主掌宫殿掖门护卫之责；

卫尉主掌宫门卫屯兵之责；

太仆主掌舆马之责；

廷尉主掌刑辟之责；

典客主掌诸归义蛮夷之责；

宗正主掌亲属之责；

治粟内史主掌谷货之责；

少府主掌山海池泽之税。

这样一来，郎中令赵高控制了秦二世胡亥，相当于控制了整个秦朝。

他成了秦朝实际的决策人！

赵高可不是为了秦朝的强大而决策，全是为了毁灭秦朝而施策。

首先，他建议秦二世杀光自己的兄弟，理由是：“沙丘之谋”终将大白于天下，趁他们没反应过来赶紧拿下，否则后患无穷。

秦二世当然同意，便分别找了些罪名，将十五个哥哥、两个弟弟和十个姐妹，以及他们的亲属杀了个干干净净。

公子嬴高眼见不能幸免，便主动要求为父亲嬴政陪葬，条件是：放过我的家人。

秦二世高兴地答应了，并给嬴高的家人十万钱表示慰问。

受此启发，秦二世令后宫中没有生养过的嫔妃全都陪葬父皇。

从此，再也没有什么人真心拼死保护秦朝。

对待兄弟姐妹尚且如此残忍，外人在秦二世的眼里岂不成了无足轻重的蝼蚁？

其次，赵高建议：人生苦短，如白驹过隙，及时行乐方不枉活了一场。

秦二世大为赞同：我听韩非说过，尧治理天下的时候，住的是茅草屋，吃的是野菜汤，冬天裹鹿皮御寒，夏天穿麻衣消暑，基本上就是一个不挣钱的民工；大禹治水时，四处奔波，累得大腿掉肉，小腿脱毛，最后客死异乡，分明就是一个苦力。

做帝王的如果都成了这样的民工和苦力，谁闲得蛋疼去当呵？

帝王既然拥有了天下，那就要拿天下的东西来满足自己的欲望，这才叫富有天下嘛！

自己没有一点好处，怎么能有心思治理好天下呢？

在学习中能领悟出这样的“道理”，也真难为这个少年的秦二世了。

恐怕只有纵横家和法家齐心协力，才能教出这样一个奇葩的“二货”哩。

于是，秦二世征召劳役，加速重修阿房宫，并征集天下奇珍异宝、名花怪草和猛禽凶兽供自己玩乐，以至于“咸阳三百里内不得食其谷”。

再次，赵高建议秦二世仿照始皇帝巡游天下，主要目的是：鸡蛋里面挑点骨头，杖杀地方官吏，让他们从内心中恐惧皇帝之威！

既可以游玩纵欲，又可以立威杀人，这不就是全天下男人梦想中的美妙之事吗？

秦二世兴致勃勃地转了一大圈，也杀了一大批官吏。

赵高从官吏们埋着头的背后也能感觉到他们对秦二世的愤恨，心里笑道：要的就是这样一个众叛亲离的效果。

然后，赵高建议：公子们全都清除了，但一些宗族和大臣在心里对陛下颇多微词。接下来要将他们定些罪名连坐诛族，同时还要提拔心腹担任要职。这样一来，陛下便可高枕无忧，肆志宠乐了。

秦二世道：该杀该提的，你看着办吧。

赵高第一个开刀的就是蒙氏宗族。

秦二世的叔父嬴子婴（一说为秦始皇之侄，嬴成蟜之子）赶紧向秦二世劝谏：打天下靠的就是这些鹰犬宗族，如果灭了蒙氏，谁肯去为咱们秦朝出力？

秦二世道：先帝欲立太子而蒙毅阻拦，实属危害社稷之举。打天下又不是靠他蒙氏一家，好多人都等着建功立业呢。

于是，蒙毅被迫自杀，蒙恬吞药自尽。

据说曹操常常感叹蒙恬自尽时说的两段话。

一段是：我从临洮至辽东修了万里长城，不可避免地破坏了华夏的龙脉风水，罪当万死（“恬罪固当死矣。起临洮属之辽东，城堑万余里，此其中不能无绝地脉哉？此乃恬之罪也”）。

另一段是：我拥兵三十万，尽可以反叛秦朝。但是蒙氏家族三代有功于秦，秦王室待蒙氏极厚，特别是秦始皇视我为兄弟，故我宁愿死也不愿意背负叛秦之名（“自吾先人，及至子孙，积功信于秦三世矣。今臣将兵三十余万，身虽囚系，其势足以倍畔，然自知必死而守义者，不敢辱先人之教，以不忘先主也”）。

此话真假暂且不论，但是可以看出后来的统治者们对扶苏和蒙恬的抱屈。

当时的事实是：蒙氏宗族灭亡，赵高家族崛起。

赵高的兄弟赵成出任中车府令，而女婿阎乐则当上了咸阳的县令。

当赵高把朝中异己清理得差不多了，便向秦二世报喜：现在众人整天提心吊胆，自顾不暇，已经毫无犯上作乱之心。

紧接着，赵高又向秦二世建议：天子之所以尊贵，就在于要随时保持自己的威仪，使人只闻其声，不见其形。陛下年纪还轻，如果在众臣面前不经意地暴露了弱点，恐为天下人耻笑。故陛下不如居内朝处理政事，由微臣等人一旁辅佐。这样，人人都会称颂皇上的圣明。

秦二世大悦，对赵高的忠心深表欣赏，整天在后宫玩耍，不理朝政。

但是，丞相李斯和右丞相冯去疾的存在，让大权在握的赵高如坐针毡，夜不能寐。

这两人不除，秦朝的根基难撼。

要想杀了他们，秦二世若是不点头，赵高连个门儿都找不着。

只有挖个坑——得让他们跳进来。

恰巧，华族郑国的后裔陈胜在大泽乡发动了叛秦之乱。

赵高到李斯府中拜访，忧心忡忡地说道：听说天下盗贼纷起，形势不容乐观。但是陛下年轻，整日价只顾着声色犬马，毫不关心朝政。我本想劝阻一番，无奈位卑言微，再怎么说也是个伺候者的身份呵。丞相是先帝重臣，又有拥戴之功，说话有分量，为何不进谏呢？

李斯苦笑着摇头：陛下常居深宫，很难见到，我找不到机会啊。

赵高见李斯已上钩，诚恳地说：只要丞相肯进忠言，卑职一定留心，哪天瞅到皇上有空，立即前来禀报。

赵高深知秦二世沉湎于酒色已不能自拔，十分反感别人在他玩兴正浓的时候来打扰。每当知道秦二世与众姬妾歌舞狂欢厮混之时，赵高就派人通知李斯：陛下正闲着，可以奏事。

李斯赶忙去求见，一连几次，全都败坏了秦二世的兴头。

李斯见进谏无果，便邀同右丞相冯去疾和将军冯劫联名上奏，建议秦二世暂停阿房宫的工程，减少边区戍守兵力，以缓解民愤。

秦二世忍无可忍，背后破口大骂：李斯这老贼，竟敢拿朕寻开心！我闲着的时候他不奏事，偏偏在我宴饮正酣之时再三扫我兴致。难道是看朕年轻，瞧不起朕吗？

赵高马上煽火：丞相仗着沙丘拥戴之功，飞扬跋扈。如今陛下做了皇帝，他是不是觉得心中亏空，故意给陛下添堵。难道这楚蛮老货想让陛下封他为王吗？

秦二世哂道：做他娘的春秋大梦去吧！

赵高又说道：听说近来闹事的贼子陈胜等人与丞相本是亡楚同乡，正是由于这层关系，所以盗贼们经过三川郡（秦朝三十六郡之首，位于今河南省境内，以境内有黄河、洛河、伊河三川而得名）的时候，现任三川郡守的丞相长子李由从未组织灭贼行动，致使事端越闹越大。臣还听说——李由与陈贼有过书信往来。

秦二世大怒：楚蛮亡我华夏之心不死。朕才即位两年，天下就蜂盗并起，完全是因为他们镇压不力所致。尔等身为两朝重臣，上无以报先帝，次不为朕尽忠，还有何资格占着丞相、将军的位子？你立刻派人审办李斯和冯去疾父子，看看有什么问题。

李斯下狱后，才恍悟自己中了赵高的圈套，便在狱中上书秦二世，一面申诉自己的冤屈，一面指出赵高“有邪佚之志，危反之行”，提醒秦二世当心赵高为亡赵复仇的谋划。

秦二世将李斯的申诉书交给赵高过目，赵高佯哭道：丞相父子谋逆之心已久，所担心的就臣一人。臣死不足惜，只是担心陛下的安危。

秦二世安慰赵高：爱卿不必挂心，有朕在，看天下谁敢动你？

李斯在严刑逼供之下，只得招了假供。

为防李斯翻供，赵高派自己的亲信假扮御史、谒者、侍中轮番提审，若李斯说了真话便施行拷打，直到李斯坚持假供不再改口为止。

冯去疾父子不甘受辱，双双在狱中自尽而亡。

秦二世觉得事有蹊跷，便亲自派人审讯李斯。

李斯以为还是赵高亲信，就仍以假口供对之。

秦二世深信不疑：这个楚蛮老货真想谋反呵。他对赵高道：如果不是爱卿忠心，朕几乎被李斯出卖了！

鉴于李斯之子李由已被项梁带领的起义军所杀，赵高见死无对证，便欺骗秦二世说李由反叛行迹确凿，已经就地正法。

李斯的罪名终于被赵高罗织而成，被处以极刑：先是脸上刺字谓之“黥面”，再把鼻子割掉谓之“劓刑”，紧接着砍断左右脚肢再“笞杀”之，然后拦腰砍成两段谓之“腰斩”，最后剁成肉泥谓之“醢酱”。

这是中国历史上最为残忍的一种处死方式，叫作“具五刑”。

这类极刑，往往是制定者法家们才能“享受”得到，真应了作茧自缚这句话。

李斯临死之前叫道：今天下已有一半反了，如果让赵高继续处理政务，贼寇必然祸乱咸阳，朝中空无一人，野兽将在宫廷游走呵。

在李斯的悲号声中，赵高出任丞相，成为百官之首。

最后，赵高在朝堂之上拉出了一头鹿儿，笑着问朝臣：大家看看，我给陛下敬献的这匹小马漂不漂亮？

秦二世失声笑道：丞相真会说笑，这明明是头鹿儿呢。

赵高笑道；陛下整日操劳国事，想必是累得眼花了。这分明是匹小马，陛下怎么会看成是一头鹿呢？

秦二世笑道：我眼花了吗？各位大臣们，你们说说，这是鹿还是马？

大部分大臣们慑于赵高的淫威，纷纷回道：陛下，这是匹小马。

几个大臣则回道：陛下，这是头鹿。

秦二世呆住了，心想：自己哪里是操劳国事累的，莫非是纵情声色冲撞了神灵才导致自己昏天黑地了吗？

他赶忙召来太卜（占卜之官）测算，结论是：陛下祭祀时没有斋戒沐浴，故至于此。

秦二世信以为真，便在赵高的安排下，赶紧躲进上林苑斋戒去了。

秦二世一走，赵高便将那几个说“鹿”的人纷纷正法。

至此，赵高一人独尊，主要的工作有两项：一、想尽方法让秦二世淫乐；二、施行暴政逼天下造反！

乱秦的效果好得惊人。

两个班长带着九百个民工，居然在不到半年的时间里形成了气候，建立了“张楚”政权。

陈胜和吴广的故事，司马迁在《史记》中已美化了一番。

比如“燕雀安知鸿鹄之志”和“王侯将相宁有种乎”这两句话，大字不识一个的陈胜如何讲得出来？

张楚政权的动机和意义，后世的教科书中又美化了一番。

比如“历史上第一次农民起义”和“中国农民起义第一人”的美誉，想必是忘了这些底层人们“苟富贵，无相忘”的造反约定。

其实从有限的史料中便可以看出，陈胜和吴广的张楚政权，在开始的时候是没有什么种族和政治追求的，有的只是满脑子的“富贵”梦想。

他俩起初在大泽乡吓唬九百个民工：按照秦法，迟到服役的人会被杀头！

大伙去了渔阳（今北京市密云区境内）也是死，回到家也是亡，不如一起抢劫，混一天算一天吧（从近年出土的“睡虎地秦简”中可以看到，秦法规定：迟到三至五天的服役人员，会遭到斥责：超过六到十天的，会罚一个盾牌的钱币；迟到超过十天的，会罚一套盔甲的钱币：如果因为下雨等原因迟到的，说明情况后便可以免责免罚)。

摆明了是忽悠。

谁知道这一忽悠，居然忽悠出了个名堂。

以刚灭了六国的秦朝余威，如果咸阳但凡过问一下这个骚乱的事儿，这九百个民工还不够地方军塞牙缝儿的。

但是，秦二世根本就不相信秦朝会有“反叛”的事情。

他召集儒家弟子问道：楚地派去守边的士兵半路造反，据说现在已经攻下了蕲县，攻入了陈郡，你们说该怎么办？

儒生们先忙着定性：有的人说是“造反”，有的人说是“盗贼”，吵得不可开交。

叔孙通笑着说：如今天下归为一统，各郡各县的城池都已铲平，民间所有的兵器都已销毁，他们拿什么反叛？如今上有英明的陛下，下有完备的法令，派出去的官吏都尽忠职守，四面八方都像辐条向着轴心一样地向着朝廷。在这种情况下，哪里还有什么人敢造反呢？一群偷鸡摸狗之徒，只要严令各地郡守把他们逮捕问罪，根本就用不着正规的军队。

秦二世听后笑了，于是让御史把那些认为是“造反”的儒生都抓起来，投进了监狱；认为是“盗贼”的儒生则一律安全回家，赐叔孙通二十匹丝绸，一套新衣服，并把他提升为博士。

赵高摸着叔孙通的头笑道：听话的孩子有糖吃呀。

群臣们听到这出闹剧的结果后，便再没有人提起这事儿。

反正秦朝是你们嬴氏的，想怎么折腾便怎么折腾吧。

陈胜和吴广势如破竹地洗劫了铚县（今安徽省濉溪县）和谯县（今安徽省亳州市谯城区）后，眼见着穷苦的人们越聚越多，吃顿饱饭都成了问题，便觉得只有回到中原地区，才能填饱这么多人的肚子。于是他们向东攻下了酂县（今河南省永城市境内）、苦县（今河南省鹿邑县境内）和柘县（今河南省商丘市柘城县境内），很快就发现：秦朝的官吏和兵卒们只是象征性地抵挡了一下，然后就让出了地盘。

穷极了的人，为了一口吃的就敢玩命。面对这一大群失去理智的饥民，正常人的第一反应便是避开他们，免得玉石俱焚，同归于尽。

敬畏法治的前提是温饱，这便是管仲“仓廪实而知礼节，衣食足而知荣辱”两句话的道理。

和穷人谈理想、讲法规，叫他们守规矩、听王法——有今日没明天的他们，凭什么要听你在那里吃得饱饱地放屁？

人们只有在温饱之余，才会知道礼义，产生畏惧。

站在陈县（原楚国都城之一，今河南省周口市淮阳区）的城头上，看着由七百多辆战车、一千多名骑兵、几万名饥民组成的队伍，任何一个人的胆子都会变大。

吃饱喝足了的陈胜和吴广，必然会谈谈自己的理想了。

总得为自己霸占别人的东西找个说得过去的理由。

文化人周章（也称周文）出现了。

他自称是楚国丞相春申君黄歇的门客，也做过项燕的“视日”（占卜之士）。

对于陈胜和吴广的反叛行为，他认为：一、两位看不惯秦二世篡位的行径，是在为扶苏打抱不平；二、两位敬仰项燕以一己之力抗击暴秦的壮举，是上天派下来“张大楚国”的主王。

建议：建立“张楚”王朝，消灭暴秦以拯救万民于水火之中。

陈胜大喜，全盘接受，并封亲密的伙伴吴广为“假王”（这个“假”不是“伪”的意思，而是“次”或者是“二”的意思）。

也就是说，吴广是仅次于陈胜的“二王”。

陈县豪强武臣因为有李良、张耳、陈余和蒯通拥护，被封为武信君；而周章、周市、吕臣、韩广、邓宗（反叛首领之一）等则被封为“将军”，由吴广带领着去攻城略地。

任务很明确：武臣攻打赵国旧地，邓宗南征九江，周市夺取魏地，韩广征伐旧燕，吴广则亲率大军进攻咸阳。

但是，不但武臣不尿吴广，他的手下张耳、陈余和蒯通更是打心眼里瞧不上陈胜和吴广这类没有宗族背景的黔首庶民。

张耳是魏国信陵君魏无忌的门客，见过的世面是黔首庶民们想象不到的，不然陈余也不会心甘情愿地拜他为师；而蒯通则是纵横家弟子，他心里最清楚，可以夺取天下的人，绝对不会是几个没有来历的黔首庶民。

武臣领到的任务是：夺取赵国的旧地。

他攻下赵国故地的十余座城邑，并在蒯通的游说下招降三十余座城邑、占领邯郸之后，在张耳、陈余师徒鼓动下，于黄帝2488年（前209年）自立赵王。

武臣从此不受陈胜节制，拒绝响应“张楚”西进击秦的号召，而是选择了北上攻取燕国旧地，致使西进的农民军挫败。

可是，没当上几天主王的武臣，竟然因为姐姐的不懂礼数而被手下李良击杀。

李良这人很不善良。

作为武臣的金牌打手，他非常的飞扬跋扈。

由于败回邯郸路遇武臣的姐姐不肯下车向他行礼问候，李良便觉得受了羞辱，头脑一热，乱刀将武臣的姐姐杀死。

李良知道武臣不可能放过自己，索性领兵杀入邯郸，将武臣等一众“人臣”全都灭掉。

张耳、陈余师徒两人闻风逃走，召集未叛士卒数万人，将原赵国后裔赵歇立为赵王，迁居信都（今河北邢台）。

不弄个正宗后裔当赵王，旧赵之地的百姓根本就不会服气。

进攻咸阳的吴广，在韩国旧地荥阳（今河南省郑州市境内）遇到了秦军的阻击。

但是，由于赵高孬管娃的态度，秦军只是去“阻”而不是去“击”。

只要不过我的防线，爱谁谁。

周章看到了机会，领着一群饥民绕过荥阳从函谷关进入关中，直逼咸阳。

赵高再也瞒不住秦二世了。

秦二世急忙召见少府（主司皇室生活起居之职）章邯，询问破敌之道。

章邯道：盗贼人多势众，已到戏水（今陕西省西安市临潼区），如果调动各地军队来关中护卫，恐怕为时已晚。现在骊山刑徒很多，只能赦免他们，发给他们兵器，让他们随我杀贼。

秦二世赦免骊山刑徒，令章邯为上将军，率骊山刑徒七十万人迎击张楚的农民军。

刑徒对农民，结果可想而知。

比较起挖土造墓，刑徒对杀戮之事可真是内行哩。

章邯杀了周章后，又向荥阳进发。

吴广害怕，准备逃走，却被荥阳豪强田臧假借陈胜之名处死。

田臧带人迎战秦军，章邯毫不费力地将他们杀死。

紧接着，章邯马不停蹄地杀到了陈县，逼迫陈胜逃到了城父（今安徽省蒙城县境内）。

陈胜看着如影随形的秦军，便知道自己短暂的幸福日子已经快要到头，只能最后一搏。他亲自在城楼监战，命张贺出城迎战章邯。谁知张贺的战车还未跑起来，便被秦军的强弩射成了个刺猬。

陈胜闭关死守，不敢再战。

腊月某日，陈胜被自己的贴身车夫庄贾杀死，叛军开城降秦。

庄贾杀陈胜，是因为对陈胜的失望。

陈胜称王之后，对待随着他揭竿而起的老弟兄们可谓是“苟富贵，勿忘杀”呵。

比如他的一个同乡特意从老家来陈县投靠他，有时不免讲讲陈胜在家乡的一些糗事笑话，陈胜十分羞恼，竟然把同乡定一个“妄言”的罪名杀了。

当然，以他的水平，可能连“妄言”这两个字也想不起来。

他任命了两个专门定罪名的职业人士。

一个叫朱房，官职为“中正”；一个叫胡武，官职为“司过”。

他俩在陈胜的授意下，专门找老弟兄们的过失。

毕竟鱼肚子里的那张“陈胜王”的纸条造假的成分过于明显；毕竟这个“张楚之王”在老弟兄们的眼中过于平凡。

老弟兄们稍有不从，就被抓起来治罪。

于是，派往各地的将领便各存异心，公开分裂。自武臣自立为赵王后，韩广自立为燕王，周市立了魏国后裔宁陵君魏咎为王而自任魏相。各地宗室豪强趁机复国，狄县（今山东省高青县境内）田儋自封齐王，恢复田齐旧业；项梁在会稽郡（今江苏省苏州市境内）奉熊心为楚怀王，恢复楚国；刘邦则在沛县（今江苏省徐州市境内）举旗造反。

章邯横扫叛民，击败了项梁，杀死了周市和魏王魏咎，顺手灭了齐王田儋。

项梁急了，令项羽和刘邦联合攻击章邯，接连两次打败秦军。

章邯深感震惊：这显然和陈胜的叛民们不一样，是一群正规军呵！

他急忙向秦二世告急，咸阳便派来了司马欣和董翳两名亲信。

在长史（类似现在的作战参谋长）司马欣和都尉（皇室直管的中高级武将）董翳的协助下，章邯在定陶（今山东省菏泽市鄄城旧城镇境内）大破联军。

章邯杀死项梁后，认为楚地的余众不用担心，就渡过黄河攻打赵地叛民。

张耳和陈余带着赵王赵歇躲进了巨鹿城（今河北省邢台市平乡县平乡镇境内）。

黄帝2489年（前208年）九月，致使秦朝灭亡的“巨鹿之战”打响了。

男一号当然是“力拔山兮”的项羽（他当时的身份是楚国右军的次将）。

配角们也不含糊，都是一群赫赫有名的“老戏骨”们。

反方由章邯、司马欣、董翳、王离（王翦之孙，王贲之子）、涉间、苏角（蒙恬部将）组成；

正方由宋义（原楚国令尹，时为北军统帅）、范增（时为北军末将）、英布（时为项羽部将）、张耳（时为赵国丞相）、陈余（时为赵国将军）等组成；

围观的则是一群被秦始皇帝灭掉的各国诸侯的后代们。

秦末英雄，大多聚集此地。

赵军五千人首先攻击秦军，谁知瞬间被章邯射杀。

项羽向宋义请战，宋义道：你一个嫩娃子知道个啥，连项梁将军都不敌章邯，谁敢向秦军叫战？

时年 24 岁的项羽血气方刚，闻言大怒，立刻砍下了宋义的脑袋踢到了门外。

楚人素来听闻这个身高 1.89 米、体重约 200 斤、单手能舞动 600 多斤东西的青年非常厉害，曾经在会稽郡府凭一己之力，将殷通和他的手下 100 多人干脆利落地全部杀死，今日见他杀戮果敢，方知名不虚传。

但是，更让他们震撼和崇拜的事情还在后面。

项羽命令楚军在渡过黄河之前只带三天的干粮，将锅碗瓢盆全部砸烂，渡河船只全部销毁，摆明了向楚军宣布：打赢了荣华富贵，打输了水尽山穷。

当时，也只有英布一人相信项羽能赢。

第一战，项羽切断了秦军的运粮通道；

第二战，项羽生擒了将门新星王离；

第三战，项羽杀死了蒙恬部将苏角；

第四战，项羽逼迫蒙恬部将涉间自杀；

第五战至第九战，秦军根本没有什么像样的应战之将，基本上都是一个回合就被项羽斩杀，连个还手的机会都没有。

看着项羽横冲直撞、所向无敌的盖世霸气，天下枭雄为之震惊：楚蛮有此后人，世间谁人能敌！

是时，秦军约有四十万，而楚军只有五万人。

那么，项羽是如何在这个刀尖上跳舞的？

项羽的立威九战，也许是中央帝国有史以来最后一场正大光明的君子之战，也是最后一场纯男人力量的角力之战！

双方的战争不是群殴混战，而是将领的单挑决斗。

一人胜则全军胜。

项羽固然胜得辉煌，章邯麾下的将领们败也败得光荣。

也许是不屑于或忍受不了那种纵横家们小人式的耍奸弄诈的战争围殴行径，为数不多的中央帝国贵族们在此战中尽显男儿本色，为了自身的荣誉而战。

想放冷箭的全都杀掉，提出阴招的全都赶走。

这是男人之间的决斗！

项羽一战成名，但王离、苏角、涉间等更让人神往。

各路诸侯彻底臣服，纷纷跪着拜见项羽，竟然无一人敢抬头看他。

章邯的损兵折将引发了秦二世的震怒，他派人到前线责骂章邯：战争岂能儿戏，以为是童子们耍家家吗？

章邯让司马欣跟随使者回咸阳解释：如今天下诸侯子孙皆反，都说秦灭六国手段不正。巨鹿之战，正是大秦展现实力之时。光明正大斩杀楚蛮项羽，便可折服天下人之心。

司马欣回到咸阳，赵高当然不愿意他们杀了项羽灭掉赵国，便阻拦司马欣面见秦二世。

等了三天，司马欣收到密报：赵高要杀他。

司马欣赶忙逃出咸阳，回到军营与章邯商议：如今赵高居中用事，咱们打败了皇帝要杀你我，打赢了是灭赵高的母国，结果也是难免一死，希望将军深思。

恰巧陈余也给章邯来信：白起攻城略地不可胜数，最后竟然被秦王赐死；蒙恬北逐匈奴开辟疆域，最终竟然被斩于阳周。由此可见，暴秦从不会按功行封，而且专杀功臣。如今天要亡秦，将军何不与各路诸侯联合攻秦，割地为王，称孤道寡——这同自己伏砧受戮、妻子被杀相比，哪个结果比较好呢？

当然是“称孤道寡”的结果好。

章邯派人到项羽军中提出合伙方案：以他为尊，共反暴秦。

项羽大骂：一介奴才，杀得了我便尊他为王。

他命令楚军发动攻击，把秦军全面击溃。

章邯又派人到项羽军中提出备选方案：封他为王。

项羽摇头：杀叔之仇，不共戴天。

范增劝道：听说西军统帅刘邦已逼近关中，如果他真的拿下咸阳，就要按怀王的旨意尊他为王。现在我军粮草不多，各路诸侯又心存异心，索性少将军封章邯为关中之王，这样既可腾出手来进攻咸阳，又可灭了刘邦的妄想。

项羽在恒水南岸（今河北省曲阳县北横河）与章邯相见，许诺攻入咸阳后封他为“雍王”，司马欣则与项羽一样，同为“上将军”之职。

巨鹿之战结束，楚国右军开始休整。

章邯的倒戈，让秦二世觉得危险即将来临。

他质问赵高：丞相不是说盗贼成不了气候吗？

这屄娃竟然会思想了。

赵高决定弄死这个可爱的徒弟。

黄帝2490年（前207年）九月，西军统帅刘邦进入武关（今陕西省丹凤县丹江北岸）。

他派人暗中与赵高联系，制定政变计划：由咸阳令阎乐（赵高的女婿）率领手下士兵，装扮成山东农民军攻打望夷宫（今陕西省咸阳市东北泾河南岸），以郎中令赵成（赵高的弟弟）为内应，杀死秦二世。

秦二世见到赵成与阎乐杀气腾腾地闯进后宫，便明白了这是他人生的最后一天。

可是他还没玩够。

秦二世问道：朕可以见一见赵高吗？

阎乐一口拒绝：丞相很忙。

秦二世又商量：去告诉赵高，给朕一个郡王当当。要不然，万户侯也行。

阎乐摇摇头道：你是真龙天子，只能升而不能降呵。

秦二世绝望地叫道：只要保全性命，朕情愿做一名黔首，这总行了吧？

阎乐说：我奉丞相之命，为天下铲除暴君。你身为秦人君主，自裁是最体面的结局。男人嘛，不要婆婆妈妈的。

秦二世的秦人血性噌地上头，拔剑把自己杀了。

华夏君主，历来是只能自己杀自己。

赵高召集群臣，宣布了秦二世的死讯。

本以为大家都会拥戴他为皇帝，谁知满朝文武没有一个人吭声。

秦二世虽然是个混蛋，但这个混蛋依然是嬴氏的正宗骨肉。

那个高高在上的龙位，除了嬴氏王室的血脉，任何人坐上去都会霎时间血溅朝堂！

赵高只能提议嬴子婴继位。

但是，明知死期将近的赵高，最后还是恶心了秦人一把：秦朝本来只是夏族旁支的诸侯，始皇帝灭了各国君王才得以立朝称帝。天下的共主，当以华夏两族正宗为尊，诸侯称帝只能招致灭族之祸。从今日起，大秦应该像以前一样称国称王才能免除灭国之祸。

儒家双手赞成，一下子把赵高认作“自己人”。

但嬴子婴却把拥戴自己的赵高认作“叛徒”。

没当过“皇帝”的宗族也许对只当个“君王”就心满意足，但当过“皇帝”的宗族就如同吃过人肉的秃鹫，只有新鲜的血肉才会满足他们的欲求。

嬴子婴在斋戒准备继位接受传国玉玺期间，借机杀死赵高并诛灭他的三族。

但是，体魄高大强壮、武艺非同寻常的赵高，在死前并未进行任何反抗。

也许他知道自己灭秦的使命已经完成，也许他明白自己的亡国之仇已经报复，剩下的只是对发小嬴政的愧疚，对弟子胡亥的亏欠。

所以，他没有再让赵成与阎乐清除嬴氏王室，也没有再和刘邦勾结毁灭秦国。

或许赵高早就知道，项羽必定会彻底毁灭秦国。

他只有一死，才既对得起赵国的亡魂，也是对自己背叛嬴政父子的自惩。

明朝屈大均感慨：“可怜百万死秦孤，只有赵高能雪耻。”

清朝欧阳轩赞叹：“当年举世欲诛秦，那计为名与杀身？先去扶苏后胡亥，赵高功冠汉诸臣。”“大贾灭秦凭女子，奇谋兴汉讵萧曹？留侯椎铁荆卿匕，不及秦宫一赵高。”

如果赵国成功复兴，赵高也许就成不世的英雄了。

黄帝 2490 年（前 207 年）十月，刘邦陈兵灞上（今陕西省西安市灞桥区）。

秦人在过年之际（秦朝以每年十月初一为岁首），遭遇灭顶之灾。

刘邦之所以能当上西军统帅，并不是他能力超群、众望所归，而是这支进攻秦人老窝子的军队，性质上基本就是个敢死队。

这个活儿原本是项羽的，但项羽知道杀死叔父项梁的凶手章邯在赵国旧地，便放下西军统帅不干，宁愿在宋义手下当个副职也要杀了章邯。

送死垫背的事儿没人肯干，但赌性十足的刘邦敢接这个活儿。

干不成脸朝天，干成了面向南。

活过，狂过，痛快过，这一生没白过！

刘邦带着千把数人，走上了冒险之旅。

他首先攻打昌邑（今山东省巨野县境内），却无法破城；和亡命徒彭越合兵进攻，最后还是无功而返。

首战告败，这兆头不好。

刘邦灰心丧气地退到栗县（今河南省夏邑县），正好碰见亡命徒柴武带着叛民招摇过市。

打正规军不行，流氓对流氓可是内行。

刘邦麻利地收服了柴武，队伍扩大到了四千多人。

人多胆气壮，刘邦又去攻打昌邑，但还是败下阵来。

刘邦反思了：看来打仗这个活儿不是街头斗殴，光凭力大胆肥不行，还得有些思想上的技术含量才行。

于是，经手下人推荐，他在高阳（今河南省杞县高阳镇）召见了纵横家的弟子郦食其。

六十多岁的郦食其进了屋，看见刘邦正坐在土炕上令两个女子给他洗脚，这个自号“狂生”的老者虽然知道刘邦粗俗不堪，但还是觉得受了慢待，开口便讥问：不知你是想帮助秦国攻打诸侯呢，还是想率领诸侯灭掉暴秦？

刘邦骂道：放你娘的臭天大屁！天下的人同受秦朝的迫害已经很久了，老子怎么会帮助暴秦攻打诸侯？

郦食其道：如果你下决心推翻暴秦，那就不应该用这种倨慢不礼的态度来接见长者。

刘邦一脚踢翻洗脚盆，施礼恭请郦食其上炕交谈。

郦食其说：秦朝统一不到十三年，天下便已大乱，沛公知道是什么原因？

刘邦拍掌道：还不是秦法太他娘的暴虐呵。

郦食其说：秦法虽然暴虐，但相比于华夏两族的《禹刑》可谓小巫见大巫，所以这不是根本的原因。

刘邦发出了自己的“典型”之问：那你说为什么？

郦食其说：是因为天下人不服气——秦国的祖先，不但是西戎混交的杂种，更是周朝的马夫，凭什么他们的后人能成为华夏的共主？

刘邦点头称是，继而又问：楚人也是蛮夷，这么说即便我等有幸灭掉暴秦获取天下，也同样不能长久？

郦食其说：华夏共主，只能是华夏血脉执政方能长久。

刘邦叫道：那还反个毛嘛。

郦食其说：问题是，沛公你是楚蛮的后代吗？

刘邦回道：听我先人讲，我们是晋国大夫士会的后代。

郦食其说：这不就行了？晋国是华族正宗的姬姓子弟，这个事实天下人全都清楚。

刘邦说道：我明白了，先不说这事。眼下我连个小小的昌邑都攻不下来，先生有什么良策教我？

郦食其说：这个小地方，攻下来又有什么作用？不过满足将士们的复仇心态罢了。沛今当务之急，必须拿下陈留才是正事。

刘邦恍然大悟，拍案叫绝。

陈留（今河南省开封市境内）为天下之要冲，是四通八达的交通枢纽。夏朝中期的都城和周朝时的郑国都城全在此处，战国时代的诸侯莫不疯抢此地。

在冷兵器时代，可谓是得陈留者得中原，得中原者得天下。

刘邦虽然是流氓出身，但这个流氓的脑袋可是极其聪明。

他的政治天赋，在当时的年代是绝无仅有、无人可及的。

政治天赋最明显的表现是：力交给喜欢拼的勇猛之士出，路听从有思想的智慧之人走。

他此后夺取天下的言行，真的是给全世界的执政者们活生生地上了一堂“平民如何登上帝王宝座”的政治课。

刘邦拿下了陈留，四方之士纷纷云集在了他的麾下。

他不但占了个交通枢纽，并且这里的粮草能撑得住几万人的折腾。

刘邦令人进攻白马（今河南省滑县境内）、曲遇（今河南省中牟县境内）和荥阳（今河南省郑州市境内），连败秦将杨熊。本想着杀了杨熊立个威风，谁知道秦二世派人把杨熊提前杀了。

打了个空拳的刘邦差点儿把腰闪了，转头攻打颍阳（今河南省登封市境内）。为泄恼怒，他居然杀光了颍阳城内的所有军民。

是的，大家没有看错，这些“义军”继项羽之后，又进行了一次屠城。

屠城的领导者叫刘邦。

批判的武器远远比不上武器的批判那样令人触目惊心。

刘邦自此立威。

执政者只有让人们对他产生了恐惧和敬畏的心理，才能推行那些规范人们行为的道德。

道家弟子张良当然明白这个道理，也更加清楚：道德的推广，往往是靠不怎么去遵守道德的执政者去推动。

因此，张良再次见到刘邦，对屠城这个事儿居然一个字也没有说，只是问了刘邦一句话：沛公拿下颍阳，下一步有何打算？

对于张良，刘邦当时可不敢有一丝的托大。

张良是个什么样的人？

祖父张开地以华族后裔之身份，连任了韩国的三朝宰相；父亲张平，连任了韩国的两朝宰相，是响当当的韩国贵族。

天下未乱之时，张良又是第一个敢暗杀秦始皇帝的复仇者，是世间侠者敬仰的英雄！

与刘邦初次相遇时，他已是复兴后韩国的“司徒”（相当于丞相）。

更加让人尊敬的是：他居然是当时为数不多的道家弟子。

刘邦恭敬地说出了自己的打算：楚王有令进攻咸阳，在下修整几日，便会领兵进入关中。

张良问：如果不解决南阳郡宛城（今河南省南阳市境内）的秦军，你急于进关后，一旦宛城的秦军从后面追杀过来，沛公怎么应对？

刘邦长揖称谢，立即偃旗息鼓，趁夜将宛城团团围住。

南阳郡守齮知道屠城的刘邦到了，便下决心死磕到底。

门客陈恢劝道：现在刘邦势大，咱们的军心又不稳，抵抗必然会害了全城军民的性命。再说赵高灭秦决心已定，何苦再为秦国拼命？

齮道：战也是死，不战也是亡。如能通过自杀拯救全城军民免于一死，我也认了。

陈恢说道：刘邦一介农夫，屠城不过立威罢了。我愿出城与他相商，且看结果如何。

刘邦见了陈恢，便觉得宛城已经到手。

陈恢说：郡守要死战，令在下约定决战时间和地点。

刘邦大笑道：放你娘的大屁！回去告诉齮，赶紧降了，我向楚王申请封他为殷侯，给你小子也弄个富户当当。

陈恢呆了：这农夫居然能看透人心哩。

南阳郡的其他城邑纷纷起而效之，望风而降。

刘邦的手风极盛，此后不但拿下了丹水、西陵、胡阳和析、郦（今河南省境内）等地，同时收并了戚鳃、王陵和吴芮的部将梅销等军队，形势一片大好。

但是，他听到了项羽收服章邯的消息。

刘邦急了：项羽一旦腾出手来兵指咸阳，那还有自己这个村干部的用武之地吗？

于是刘邦只有进军关中，冒险攻打武关（今陕西省丹凤县武关镇）。

张良明白刘邦心里的小算盘，便建议道：武关守将是屠夫出身，这类市侩小人，用财物利诱出降便可。

刘邦派郦食其去当说客，守将果然答应明日出城投降。

大伙儿正兴奋地议论明日该采取什么样的受降仪式时，张良把刘邦拉出去说：守将想叛秦，但他部下的士卒未必服从。不如明日乘秦兵懈怠之机，消灭他们。

刘邦连连点头称是，心中暗想：这样的狠人，绝对要想尽办法拉拢在自己的麾下。

自此，刘邦终其一生，始终对张良言听计从，恭恭敬敬。

第三天，刘邦在受降之时对武关突然发起攻击，结果秦军大败，弃关退守蓝田。

刚继位的嬴子婴组织关中的全部军事力量在蓝田与刘邦决战，但是他面对的是锐气十足的刘邦和精通道术的张良，秦朝在自己的老窝关中，失去了所有的抵抗力量。

这一战，使得刘邦有了王霸天下的野心；

这一战，使得张良有了退隐山林的念头。

刘邦的反叛，原本是弄个“富家翁”当当去享受一下自己的后半生，谁知道强大的秦朝居然是这样的不堪一击。他突然觉得：打天下和当村霸的道理差不多，敢拼敢打就有了八成的胜算。

张良的反叛，原本是复兴韩国告慰祖父的在天之灵，谁知道在自己策划的两场战斗中，有那么多的人在不知为何而斗中惨烈地死去。他突然觉得：如果为了一个名号让华夏子孙互相残杀，这个代价是否值得？

刚当了四十六天皇帝的嬴子婴，为了避免秦人的灭顶之灾，便和妻妾儿子们用绳子绑缚自己，坐上由白马拉着的马车，身着死者葬礼所穿的白色装束，并携带着皇帝御用的玉玺、兵符等物，向刘邦投降了。

这也意味着立朝十五年的秦朝宣布灭亡。

当年横扫六国的强大秦朝，就这样被一个农夫灭了？

是的。

刘邦从起事之日起，只用了七百多天的时间，竟然灭掉了不可一世的秦朝，不但外人不能相信，就连刘邦自己也认为是在做梦。

他晕乎乎地住进了咸阳宫中。

众人上蹿下跳，都鼓噪着刘邦称王。

屠夫樊哙担心道：三哥呀，幸福来得太突然了。这大房子和大美人们又不是咱先人挣下的，总觉得住的玩的会出事哩。

刘邦笑吟吟地说：兄弟且快活吧，一路打杀过来，也该好好享受一下了。

张良走进来说道：项羽到了。

刘邦吓得噌地一下子跳了起来，忙道：快快更衣迎接上将军。

张良道：项羽攻破了函谷关，已经驻兵郦邑的鸿门（今陕西省西安市临潼区项王营）。

刘邦汗流浃背，赶紧溜回了灞上的军营，召集关中的父老"约法三章"，恭恭敬敬地等待项羽接收咸阳。

樊哙心有不满，骂骂咧咧地说道：咱辛苦打下的关中，为什么要拱手让给这个楚蛮小儿？

刘邦叱道：胡球乱说！你把手刃一百多人、轻松舞动六百多斤、在万军之中取上将首级如探囊取物的天神级人物称作"楚蛮小儿"——我看你是嫌命长哇！

灞上的军官们除了不怕死的樊哙，全都对项羽的即将到来惊恐不已。

夜晚，项伯来到灞上张良的营帐。

他告诉张良：羽儿决定明日攻击灞上，斩杀刘邦。司徒曾救我性命，特来告知。

张良道：沛公何罪，为什么要杀了他？

项伯道：刘邦部下曹无伤密报羽儿，说他欲自立为关中之王，将咸阳宫中奇珍异宝据为己有，并许诺嬴子婴为相。

和天下的华夏两族之人想法一样，张良从心里看不起楚蛮：这天下共主之位，退一万步也轮不到楚蛮去当。

张良道：沛公攻占咸阳，未曾占一座城邑，也没拿过宫内的一件珍宝，全都等着上将军前来定夺。

项伯有些不相信地问：果真如此？

张良笑道：我骗你干什么。如果不信，咱俩现在就去见他。

刘邦听了张良介绍项伯的身份后，赶紧拉着项伯的手笑道：我的老哥哥呀，早就听司徒说您胆识过人，行侠仗义，期待着见面的这一天哩。我是个粗人，也没有什么大的志向，只想当个富家翁了此残生。今日初见，冒昧向老哥提一个请求，望您不要推辞。

项伯警惕地问：是什么请求？

刘邦笑道：老弟想高攀老哥的子女做个亲家，以后仰仗您的威严也好有个依靠。

张良看着刘邦颇为“真诚”的笑容，心中暗想：这农夫察言观色能力之强，应变态度如此给力，莫非是天生的老戏骨吗？

几杯酒下肚，项伯在刘邦的恭维声中答应了联姻之请，并搂着刘邦的肩膀说道：放心，老哥今后会罩着你的。

次日，刘邦一大早便带着樊哙等人到鸿门拜见项羽。

项伯一边让人准备酒菜，一边对刚起床的项羽说道：刘邦诚惶诚恐地拜见，足以体现出他对羽儿你的敬畏之心呐。

项羽哼了一声，不屑道：一介农夫，要他敬畏做甚？

范增说：将军千万不可小瞧了刘邦。此人原先贪财好色，现在进了关中，分毫不取，这说明他的志向不小。

项伯笑道：天下的财色，有力者才能得到它们。刘邦分毫不敢取之，正是为羽儿守护呢。

范增说：刘邦一定听到将军欲斩杀他，所以害怕，早早来拜见乞求恕免。不如今日就取了他的性命，免得后患无穷。

项伯道：刘邦不先攻破关中，我们怎么能轻易进关？诛杀有功之人，这是不讲信义的行径，恐怕会寒了天下英雄的心。

项羽见他俩为了一个农夫争执，便觉得非常可笑。刘邦老儿，有异志也好，没危险也罢，如果自己想杀他，在宴会上或者在阵前结果都是鸭子吃菠菜——平铲的事儿。

他道：何必在这里争吵，一会儿看情况再说吧。

关于鸿门宴发生的事情，司马迁在《史记》中有专门的描述，有兴趣的朋友可以在网上浏览一下。

这里面有一个疑问：刘邦为什么要逃离宴会？

司马迁认为：刘邦害怕项羽的手下范增和项庄杀了他。

但是，司马迁却没有说明白这样一个问题：刘邦的逃离，会不会使项羽恼怒再起杀心？

现在只能这样推测：项羽压根儿就没把刘邦当回事儿。

时年二十六岁的项羽如现在被脑残粉们推崇的“小鲜肉”一样，根本就没把刘邦这类“老戏骨”瞧在眼里。

在他们年轻人的世界里，信奉的是力量、形象、自傲和毫不掩饰的碾压，从不屑于和垂暮者们在角落里阴谋算计。

刘邦来屈服了便行，如果真的敢向他叫板，阵前杀个他比捻死一只臭虫还要简单。

当时的刘邦当然不向项羽叫板，只能眼睁睁地看着项羽把咸阳宫烧了个干干净净。

张良再次印证了自己的判断：让这种屠灭襄城、城阳、新安、咸阳四城，坑杀二十万投降秦军，火烧关中大地的楚蛮纵横捭阖，执政天下，华夏之人灭族不远。

张良从此决定，死心辅佐刘邦。

刘邦虽然是个农夫，也是个没有礼仪道德概念的流氓，但他毕竟从根儿上有农民对土地的爱惜，毕竟有流氓对义气的信仰。

更何况与项羽这个楚蛮比起来，刘邦身上流的是华夏的血液——虽然不是那么正宗。

在咸阳宫被三个月的大火烧成灰烬后，楚怀王与项羽来回书信商议，终于开始论功行赏。

项羽功高盖世，为楚国望族，自号“西楚霸王，定都彭城（今江苏省徐州市）。

楚国贵族共敖封为“临江王”，定都江陵（今湖北省江陵市），领故秦南郡地（今湖北省境内）。

接下来，六国的贵族各有封赏。

田氏齐国的封建，差点儿让楚国的贵族蒙圈。

因为田氏齐国的贵族冒出了一大堆。

按宗谱来讲，在楚国避难的田假是田氏齐国最后一名君主田建的亲弟弟，理应接手齐国的旧有地盘。但是，首先反叛的田儋却被田假杀死，而田儋的亲弟弟田荣又把田假赶到了楚国，成了齐国的实权派。

封田假吧，回去就得被田荣杀死；封田荣呢，楚国又咽不下这口窝囊气。

项羽发话了：这有什么纠结的？都是姓田的，谁有功谁当嘛。

他一口气把田氏齐国划为三块：田都（田荣的部将）跟随他入关作战，封为“齐王”，定都临淄（今山东省淄博市境内）；田安（齐襄王田法章的曾孙、齐王田建之孙，汉朝名士王遂的祖父、绣衣御史王贺的曾祖父，新朝开国皇帝王莽的直系先祖）也跟随他入关作战，封为“济北王”，定都博阳（今山东省泰安市境内）；而未随他入关作战的田市则被撤掉“齐王”称号，封为“胶东王”，定都胶东（今山东省青岛市境内）。

至于田荣，你的部下我封，但爷爷就不封你。

赵国一分为二，赵歇封为“代王”，而他手下的丞相张耳不但被封为“常山王”，就连他的门下弟子申阳也被封为“河南王”，接收韩国旧地，定都洛阳。

陈余愤怒了：都是一块儿造的反，为什么没爷爷的地盘？

他带兵攻打张耳，大骂老师：臣下欺凌君主，老师你说一套干一套呀！

张耳也搂不住火了：无知小儿，这是楚蛮的离间之计，枉我教你多年。

师徒大战之后，陈余败走，投奔在了刘邦的麾下。

魏国也一分为二，姬豹是鬼方魏国的权族，跟随项羽入关作战，自然被封为“西魏王”，定都平阳（今山西省临汾市境内）；司马卬（姬姓晋国的后裔）则被封为“殷王”，定都河内（今河南省武陟县境内）。

燕国也一分为二，曾自号“燕王”的武臣部将韩广（原赵国贵族）被封为“辽东王”，定都无终（今天津市蓟州区境内）；而韩广的部将臧荼（原燕国贵族）则被封为“燕王”，定都右北平郡（今北京市境内）。

韩广当然不忿，整天大骂项羽的不仁和臧荼的不义。

臧荼也觉得“老领导”十分碍眼，影响自己的发挥，索性杀了韩广统一了燕境。

吴王夫差的后人吴芮被封为“衡山王”，定都于邾（今湖北省黄冈市境内），而他的女婿兼项羽的死党英布则被封为“九江王”，定都于六（今安徽省六安市境内）。

秦朝的三个降将则将秦国的地盘一分为三，章邯被封为“雍王”，定都废丘（今陕西省兴平市境内）；司马欣被封为“塞王”，定都栎阳（今陕西省西安市阎良区境内）；董翳被封为“翟王”，定都高奴（今陕西省榆林市靖边县境内）——后世称之为“三秦”。

章邯因为杀了项梁和不尿刘邦，所以他的身世被楚、汉史官抹去，但他肯定是秦国的贵族，否则根本没资格当秦朝的财政部长（少府）。

司马欣的身世则更为显赫。

他本为程姓，始祖是夏族二祖颛顼，先人程伯休父还在周朝畿内诸侯中被封为程国的国君，官拜周朝的“司马”（后人则以官职为姓）。再加上他任秦朝“长史”期间主管监狱，曾经徇私放过项梁一马，虽然没有什么战功，但依然被封为诸侯。

董翳的先人是晋国的太史董狐，正宗的华族后裔。

太史董狐是天下士人敬仰的正直史官，而他的先人则是大名鼎鼎的周朝太史辛有——此人可是老子李聃的领导呢。

都有来历，都有光荣的祖先。

看了刘邦的简历，楚人笑了。

刘邦，又名刘老三（字季），泗水郡丰邑人，曾任泗水亭长（正村级），现年五十二岁。

爷爷刘仁，原本是宋国的农民。田氏齐国灭宋后，成了齐国的农民；魏国打败了田氏齐国后，又成了魏国的农民。

爸爸刘煓，秦灭魏国后成为秦朝的农民。

完了？

完了。

就这些？

就这些。

这老货没来没历，怎么封王？

七十多岁的范增建议：庶民封王，不合礼制，让刘邦在南郑（今陕西省汉中市境内）当个郡守罢了。

项伯当然不愿意自己的亲家当这样的小官：刘邦虽然是个庶民，但他手下人多势众，俨然是个庶民的总头儿。他攻破关中，功劳甚大，今若不封他，难掩天下之口啊。

项羽道：既然他是庶民的总头儿，就封他为“汉王”吧。

楚人大笑，都称赞霸王这个字用得好，用得妙，用得呱呱叫。

那么，“汉”是个什么意思？

这个字当时是对庶民的贬称，指“多”和“广”的意思。譬如称年纪大的庶民为“老汉”，能吃苦的庶民为“壮汉”，服杂役的庶民为“汉子”。

从古到今，基本的社会形态结构是：贵族少而平民多，富者寡而穷者广。

物以稀为贵嘛。

刘邦接到“汉王”的封号后欣喜若狂，赶忙在心里祷告感激老先人们为他积下的大德，让他在垂暮之年有这么大的意外收获。

但是当他听到萧何解释后，才知道这是一个贬称。

刘邦无语，面色苍白，在心里骂了项羽一千遍的“草泥马”。

张良见刘邦失落黯然，笑道：恭喜汉王获此吉称。汉者，云汉、天汉也。

《尚书》的“江汉朝宗于海”,《诗经》中的“倬彼云汉,昭回于天”就是明证。

刘邦知道张良给他台阶下,马上故作高兴地说:他娘的,庶民之王也是王,村干部也是个干部哩。

眼看着各路诸侯高高兴兴地上任去了,刘邦只能和死党萧何(原沛县主吏掾)、曹参(原沛县狱掾)、夏侯婴(原沛县县令车夫)、周勃(原沛县著名吹鼓手)、樊哙(原沛县菜霸屠夫)坐在黑屋子内喝闷酒。

为什么?

因为项羽听了范增的建议,只给刘邦“汉王”的称号,不给刘邦相应的地盘。

怎么办?

项伯已经尽力了,找范增这个老顽固显然没戏。

萧何道:眼下能给霸王递进去话的人只有陈平。

众人说:听说这个道家弟子油盐不进,自负得很哩。

萧何道:我们的话他肯定不会去听,但张良先生的话他能不听吗?

对呀,张良为当时道家的嫡传弟子,出世的道家弟子谁敢不尊?

果然,张良密见陈平,陈平便言听计从。

第二天,项羽便听到了陈平的担忧:霸王功高盖主,如果怀王身边有人怂恿,后果难以预料。自古天无二日,民无二主,不如让范增老先生回到楚地劝怀王退隐养老,霸王从此便可号令天下了。

项羽点头称是,令范增星夜兼程回楚办理此事。

等范增走远了,陈平又说:如今还有几个诸侯滞留在关中,每日耗费的粮草十分巨大,关中百姓便是再怎么富裕,迟早会被吃穷喝尽呢。

项羽觉得有理,便令英布等死党各回封地赴职。

但是,项羽在命令中却没有提及刘邦一个字儿。

紧接着,刘邦递了个请假条:想回家看看。

项羽愣住了:不给他封地还好说,不让他回家,自己恐怕难以向天下人交代。

陈平说：让刘邦回家省亲，恐怕众人会撺掇着他在沛县称王；杀了刘邦，其余诸侯心中恐惧，天下必又叛乱。不如扣押刘邦的家属，剥夺他的精兵，让他带着老弱病残去南郑称王。这样一来，西面有川蜀蛮夷骚扰，后面有三秦降将照看，刘邦只能自生自灭了。

项羽笑了：这样最好。

刘邦留下了家属和精兵，灰溜溜地去南郑赴任去了。

一路上他唉声叹气，茶饭不思。

家眷扣了，珍宝没了，连能干仗的兵卒们都不见了。

但凡有人劝他振作起来，他都统一回答：去你娘的！

到了南郑，萧何哈哈大笑，揭开了一辆马车上的裹布，向刘邦叫道：汉王你看，天下的珍宝全都在这辆车上了。

刘邦一看，满车尽是竹简，骂道：穷疯了吧你，这值个把鸟钱？

张良翻看了一下，差点儿把下巴掉在了地上。

这可是秦朝有关天下的户籍、地形、物产、法令等档案啊！

有了这些档案，天下各地的人口、山川、江河、资源便都清清楚楚地展现在了面前。

这意味着，今后刘邦一旦打出南郑，什么地方值得打，什么地方有资源，什么地方利于作战，什么地方易守难攻，那可是事半功倍的效果呵。

更何况萧何还“顺”来了项羽的“门迎”韩信，刘邦想不获取天下也难呢。

萧何理所当然地当上了南郑的丞相。

黄帝 2491 年（前 206 年）六月，田荣赶走老部下齐王田都，杀死胶东王田市，自立为王。

齐国由此大乱，项羽赶去平叛。

但是，死党英布却托病不来相助项羽。

项羽气得三尸神暴跳，一路上疯狂地屠城坑杀齐国军民。

齐国人人自危，躲在城里拼命抵抗项羽。

项羽身陷齐国。

刘邦的日子也不好过。

一众叛民原本想跟着刘邦玩命后过上吃香喝辣的光景，谁知到了南郑这个穷山恶水的地方。

想吃，得自己种；想穿，得自己织——这不是回到了解放前吗？

于是，大家都溜小差。

溜就溜吧，反正没吃没喝，怪对不起难兄难弟的。

但是，当刘邦听到萧何也溜了，便急得大喊；都他娘的给我把丞相拽回来！

见到了尘土遮面的萧何，刘邦流下了眼泪；连你他娘的都溜了，我这个汉王还当的有什么意思？干脆拔根屌毛上吊算了。

萧何道：我能溜吗？我是追一个溜的人才去了。

刘邦问：逃走的将军有十多个你不追，什么人值得你去追？

萧何道：韩信。

刘邦问：那个项羽的门迎？

萧何道：对。

刘邦替萧何拍打满身的泥土，说：这还趁得上你亲自去追？

萧何道：如果汉王只想当个王，没有韩信也就算了；如果汉王准备夺取天下，那就非用韩信不可。

刘邦不信：韩信比张良还厉害？

萧何道：张良谋略当世无双，但道家弟子向来慈善为怀，汉王能让他去攻城略地、杀戮各国诸侯士卒吗？

刘邦摇头：不是我不能，天下谁也没有驱使真正的道家弟子的本事。

萧何道：那么攻城略地、杀戮士卒这些脏活累活，只能靠韩信这些没什么信仰和顾忌的韩苗去干呀。

刘邦说：就依着丞相，让他做个将军。

萧何道：韩信是韩襄王姬仓的庶孙，项羽封侯时偏偏漏了韩国。韩信心中怨恨，才投奔汉王。现在叫他做将军，他还得走。

刘邦赌气说：我又不能封他为王，干脆拜他为大将军算了。

萧何道：汉王英明。拜大将军是件大事，不是小孩子过家家。请汉王命人造拜将台，选个吉日，亲自斋戒，沐浴更衣，隆重举行拜将仪式。这样，才能让全体将士都能听从韩信的指挥。

刘邦说：好吧好吧，只要你他娘的不溜，这个破汉王让韩信来当都行。

两个月后，韩信稳定了军心，向刘邦建议：明修栈道，暗度陈仓，挥师东进，剑指关中。

中国历史上第一场庶民颠覆贵族的战争开始了。

只用了不到三十天的时间，韩信便把章邯逼得自杀，司马欣和董翳则率军降汉。

韩信的战术与项羽的风格截然不同。

项羽及其之前的华夏贵族们，讲究的是阵前的单打独斗。

两军主将对等角力，一人胜则全军胜。

韩信及其之后的庶民将领，则由于没有宗族荣誉的压力，大多采用群殴的模式——说白了，就是三个打一个。

因此，留下了一个“韩信带兵，多多益善”的故事。

如果说项羽的崛起，是凭自己天生的神力勉强恢复了中央帝国原来的战争礼仪，那么韩信的出现，又把统治者之间的矛盾转嫁在了普通庶民的身上。

统治者坐在安全的宫殿里，指挥着成千上万的庶民为他们的利益去拼命呵。

黄帝2492年（前205年）三月，刘邦从临晋（今陕西省渭南市大荔县）东渡黄河，长达四年的“楚汉相争”从此开始。

第一年，刘邦上半场表现得极为耀眼。

征服了西魏王魏豹，俘虏了殷王司马卬，招降了河南王申阳，拉拢了悍匪彭越入伙，攻下了项羽的都城彭城，公开哭祭楚怀王（义帝），向天下诸侯公布了项羽的恶行。

胜利、荣耀、威严和道义，全都归于刘邦一身。

下半场，刘邦遭到了项羽的绝杀。

项羽得到刘邦攻下彭城的消息后，震怒万分，只带了三万兵马回援彭城，便把汉军和其他诸侯的五十六万军队打得七零八落，溃不成军——仅汉军便有十万之众落入睢水（今安徽省宿州市灵璧县境内）淹死，河水为之堵塞。

野战，项羽盖世无敌！

项羽疯了似的追杀，顺便解决掉了韩成（张良拥戴的“韩王”）。

这促使张良彻底进驻了刘邦的阵营。

刘邦逃往荥阳，龟缩在城中，任项羽怎样辱骂，心中的老主意非常坚定：爷爷就不出城应战。

项羽正准备调动各路诸侯围攻荥阳，谁知九江王英布被刘邦派门迎随何（谒者，司传达禀报之职）策反，彭越也在暗处不时地抽冷子对援助项羽的军队偷咬几口，项羽在范增的建议下，只能靠自己的三万亲兵断绝了刘邦的粮道。

这真是要命的损招呵。

范增这个老不死的，这不是要将爷爷们活生生地饿死吗？

刘邦请张良暗中拜托陈平用计气杀范增，然后再次逃跑。

项羽疯了似的追杀。

好在悍匪彭越在张良的授意下，进攻楚人的老窝子下邳（今江苏省邳州市境内）等十七座城邑，项羽被迫率军回救，刘邦这才缓过一口气来，重新占领了荥阳。

第二年（前204年），韩信在肃清关中残敌后，陈兵黄河北岸，声援在荥阳的刘邦。

项羽压根儿就没正眼瞧过自己这个门迎。

但是，门迎韩信却让老领导项羽大吃一惊。

他与彭越在齐、楚两国腹地攻城略地，所向披靡，迫使项羽不得不来回奔走驱赶他俩，刘邦总算过了几天安稳日子。

年底竟然有了个小胜：趁项羽不在，杀死了看门狗曹咎大将，全军将士过了个祥和平安的春节。

酒足饭饱，便有了想法。

郦食其建议：过去商汤灭夏、武王灭商，都把华夏两族的正宗后裔封为诸侯，稳定了天下。秦人的崛起，也是打着复兴轩辕黄帝中央帝国的旗号才一统天下。汉王如果能复立华夏两族的正宗后裔，把他们封为诸侯，华夏两族必然感戴汉王之德，莫不向风慕义，愿为臣仆。如此，汉王便能南向称霸，楚蛮只得敛衽而朝了。

刘邦拍手称赞，命人刻制印玺，准备让郦食其到各地去进行分封。

恰好张良闭修归来，刘邦在吃饭时便把实行分封的主张说与张良听了。

张良道：这是要置汉王于死地的愚蠢之策。

刘邦吓得手一抖，筷子掉在了地上：为什么？

张良问：昔日商、周分封天下，因其是华夏共主，完全可以控制华夏及其他宗族。如有异志者，也会迅速置其于死地。请问，汉王现在有处置诸侯生死的能力吗？

刘邦自嘲道：我连自己的生死都左右不了。

张良问：周武王灭商杀了纣王得到了他的头颅，如今汉王能得到项羽的头颅吗？

刘邦叹道：项羽得到我的头颅倒是蛮有把握的。

张良问：如果把土地都分封给华夏两族的正宗后裔，则将士谋臣各归其主，谁去随汉王争夺天下？

这灵魂三问，问得刘邦脸红汗颜。

刘邦红着脸骂自己：爷爷我自己都不知道明天能不能看到太阳升起，还在这里听郦食其这些臭儒生的屁话，做他娘的什么春秋大梦哩。

张良道：封土赐爵，是奖掖功臣的吸引所在，只有把脑袋豁出去玩命才能得到——赵、韩、魏三家分晋立国便是例子。汉王的出身自己明白，华夏两族的正宗后裔，真的会和汉王平起平坐、称兄道弟吗？

刘邦恍然大悟，下令立即销毁已经刻制完成的诸侯印玺。

有张良和没张良，就是不一样呢。

第三年（前203年），韩信与彭越被项羽打了个销声匿迹，项羽又把刘邦赶出了荥阳，围在了成皋的城里（今河南省荥阳市汜水镇虎牢关）。

刘邦差点儿崩溃：三年围住我三次，老刘我的脸往哪搁呀？

丢脸的事儿马上来了。

项羽在城下当着两边的将士向刘邦发出了挑战：刘邦老儿，像个男人开门应战。就你我两人，一人胜则全军胜，免得连累无辜。

刘邦当然不干。

当时全天下的将军勇士，根本就没有人能和项羽打完一个回合。

项羽冷笑数声，随便拉出一个兵卒叫道：你若胜了他，我便撤围回楚，饶你这老儿性命。

男人面对挑战而不敢应战，这无疑是奇耻大辱。

汉军射手忍无可忍，一箭将兵卒射杀。

项羽大怒，睁目看着城头，吓得汉军射手们全都躲在了城垛后面。

几万的汉军，竟无人敢正面看项羽一眼。

刘邦连忙催促韩信：我拖住项羽，你赶紧去攻打齐国，吸引楚军的主力。

只要项羽不在，韩信谁也不惧。

韩信刚到齐国境内，听说刘邦派去的郦食其与“齐王”田广（田荣之子）达成了合作协议，便按兵不动。

韩信的参谋蒯彻说：郦食其是个嘴客，达成的协议拿什么保障？将军受汉王诏命攻打齐国，又未明令停止。这样的不世之功，为什么不去夺取？

韩信深以为然，围住了临淄（今山东省淄博市临淄区）。

田广一怒之下，将郦食其用大锅煮了。

潍水（今山东省境内）之战，韩信用水冲垮了楚齐联军，斩杀楚将龙且和“齐王”田广，活擒楚将周兰，拿下了田氏齐国的全部土地，将项羽的“右臂”彻底斩断。

项羽腹背受敌，兵疲粮尽，便与刘邦约定：以鸿沟（今河南省荥阳市广武山，魏国运河）为界，中分天下，东面归楚，西边归汉。

韩信派人面见刘邦，试探着要求“假封”自己为“齐王”，治理齐国。

刘邦大怒，一脚踢翻了洗脚盆子，大骂道：放他娘的臭大屁！爷爷困在这里，日夜盼着他前来解危，想不到他居然要当假王。

张良从背后狠狠戳了刘邦一下，陈平也暗中踢了刘邦的脚后跟，刘邦马上醒悟：韩信这个杂种，跟自己则汉军胜，从项羽则西楚赢。

狗儿子变成了虎崽子——惹不起呵！

刘邦继续骂道：没出息的东西，都是生死弟兄，大丈夫要当就他娘的当个真王。劳烦张先生代表我亲自到齐地封韩信为王，顺便让韩信给他这个老哥哥带些土特产——等一下，彭越这家伙趁火打劫的本领了得，也给他封个“梁王”过把瘾。

第四年（前202年）一月的某日，刘邦在暖窑热炕上喝着小酒，有种劫后余生的侥幸：项羽这个杀神终于引兵东归了。

张良向刘邦建议：项羽东归，人疲马乏，此时正是歼灭楚蛮、光复华夏的有利时机。

刘邦心有余悸地问道：谁能杀得了项羽?

已投靠刘邦的陈平说：不可力杀，只能智取。否则项羽东归，犹如放虎归山，必将遗患无穷。

刘邦看着张良，满脸的犹豫不决。

张良道：调动韩信、彭越之军，以七十万对项羽十万之众，没有不胜之理。

刘邦觉得靠谱：七个围杀一个，符合刘邦的流氓群殴心理。

他一边令人快马加鞭地召唤韩信、彭越、英布等军队前来固陵（今河南省太康县境内），一边悄悄地尾追楚军。

固陵之战开始。

汉将一听到项羽的名字就腿肚子打转，因此，刘邦只能矮子里面选将军，让死党屠夫樊哙充当敢死队的领导。

樊哙当然不怕死，但屠夫也肯定不会打仗。

项羽发现了汉军的追击，毫无悬念地进行了一场猎杀游戏。

看着灰心丧气、骂骂咧咧的樊哙，刘邦只得请求张良：没有人能打得赢项羽，只好请先生仔细谋划一下，免得无辜的将士们送死。

张良叹了口气，无奈地加入事关华夏国运的战争中来。

第一步：韩信、彭越援兵未能按时集结固陵，是因为韩、彭两人虽有王者之名，但没有明确封地疆界。所以，马上诏令天下，把陈地以东至沿海的地盘划封齐王韩信；把睢阳以北至谷城的地盘划封给梁王彭越。

刘邦点头答应：只要能杀得了项羽，爷爷回去当村支书也行。

第二步：必须派人拿下寿城（今安徽省寿县），截断项羽逃回会稽（今江苏省苏州市）的归路；同时策反楚国大司马周殷，断绝项羽的粮草供给。

刘邦命令自己的叔伯兄弟刘贾：死也要给咱老刘家拿下寿城！

陈平则带着奇珍异宝去收买周殷。

第三步：密令跟随韩信的灌婴和镇守江陵（今湖北省荆州市江陵县境内）的靳歙火速带兵，先打项羽的老窝彭城以涣散楚人的军心，然后到固陵包围项羽。

刘邦拍案叫道：差点儿忘了这俩货了，是该他们出力的时候了。

灌婴原是个卖布的，后来追随刘邦当了个保洁员（中涓），深得刘邦信任。

靳歙是刘邦老婆吕雉的亲戚，也是刘邦的保洁员。

项羽根本就不会想到，两个搞卫生的，居然能把他的归途彻底截断。

刘邦安排妥当，问道：先生，就这么几个货色，能杀得了项羽？

张良黯然道：这三步如果成功落实，天下诸侯便知项羽困局已定，韩信、彭越、英布、周殷等必将率军相助汉王，分享胜利的果实。垓下（今安徽省灵璧县东南沱河北岸）——恐怕是这位不世出的楚蛮英雄的最终归宿了。

有计划的战争，远远比遭遇的打斗来得残酷。

刘贾拿下了寿城，断了项羽的归途；

陈平收买周殷，断了项羽的供给；

灌婴和靳歙这两个搞卫生的，除了攻打项羽的老窝彭城以涣散楚人的军心，还包围了项羽的楚军；

樊哙则不再咋咋呼呼地找项羽玩命，只是消灭楚军的有生力量，目的只有一个：让项羽成为光杆司令。

在阳夏之战中，张良用计调离了项羽，樊哙等大破楚军，俘虏了楚国的将士四千余人，项羽无奈退守固陵。

这是项羽有生以来首次败绩。

战无不胜的楚军动摇了。

楚国令尹灵常的投降，不但显示着楚国贵族们对这个战神信心的丧失，还导致了靳强（楚国贵族，时为刘邦的卫士）把项羽最信任的大将钟离昧打败。

更让刘邦惊喜的是，梁王彭越见汉军首次大败项羽，为了表示衷心祝贺，送来了十万多斛的军粮。

项羽只好退守陈下（今河南省淮阳县境内）。

在陈下之战中，刘邦彻底明白了这样一件事儿：玩命的活儿，靠韩信、彭越、英布等这些外人是靠不住的，只能靠刘贾、夏侯婴、萧何、樊哙、周勃、灌婴、靳歙等这些亲朋好友和异姓兄弟们来干这项巨大的政治军事工程。

项羽是只雄狮，不可单挑，只能采取群狼战术——我们又不是贵族，围殴不丢人；

韩信、彭越、英布相当于豺狗，锦上添花非常给力，雪中送炭绝对不行——能用的时候用，不能用的时候杀；

陈平、郦食其这些人，事后评判得失滔滔不绝，冲锋陷阵则指望不上——大年三十的豆芽菜，有它过年，没它也过年；

只有张良这些“运筹策于帷幄之中，决胜于千里之外”的道家弟子，必须好好抬举——得像老祖宗一样供着。

项羽面对刘邦从西北方、灌婴从东方的夹击合围之势，只好退守城父（今安徽省亳州市谯城区境内）。

城父之战异常惨烈。

是时，韩信、彭越、英布等人见刘邦胜券在握，都汇集在了他的身边围住了项羽。

大家明白，一旦项羽脱身，今后谁也没有安稳日子过了。再说了，华夏后人围杀楚蛮后裔，名很正，言也很顺哩。

此役，项羽虽然斩将无数，吓得众人不敢近身，但是他手下的十一员大将却被众人围殴杀死，项羽的“家底”彻底拼完。

冷兵器时代的战争，“损兵”不是个大事——因为战死、被俘、逃跑、投降而造成的兵力损失，缺员可以补充，逃跑的士兵一般还会回来；但是，“折将”则是要命的大事。

一将便是一军的灵魂。

将领的死亡，往往意味着他所率领的军队成建制地覆灭。

更何况杀红了眼的刘邦为了斩草除根，又因为项羽是楚蛮，自己和众人不会有残杀华夏同胞的指责和负担，刘邦命令手下：异族夷种，有一个杀一个！

刘邦第二次进行屠城。

看着楚军号叫着被天下联军屠杀，张良这才明白了李聃“无为”的思想。

道家一旦“有为”，结果异常惨烈！

项羽面对杀不完的联军，心灰意冷了。

众人虽然不敢靠近他的一箭之地，但远离他的将士们却被联军逐个围杀。

项羽只能呼叫楚军退至垓下（今安徽省灵璧县境内）休整。

指挥七十万的联军，显然超出了刘邦的能力，韩信负罪般地出场收尾。

作战的意图完全体现刘邦的思想：避开项羽，逐个围杀。

后世所谓的“十面埋伏”，不过是给韩信的脸上贴金罢了。

七十个打一个，胜负早已分晓，体现的只不过是计算调配的能力而已。

即便没有“四面楚歌”，楚军的战斗意志早已在陈下之战和城父屠杀中完全被刘邦的亲朋好友们瓦解；

即便是有七十万的联军，还是挡不住项羽的横冲直撞，他仅凭八百个护卫便冲出了联军的重围——并且还带着一个弱不禁风的虞姬。

三十岁的项羽看到护卫们一个个被汉军围杀，便明白除了自己，谁也不可能活命。

面对人数的碾压优势，任何个人的武力技术都显得扯淡。

只有与这些兄弟们共赴黄泉。

他意气风发地大声对众人说道：我从起兵至今，历经七十余战，未尝败绩而称霸天下，群雄臣服。今困垓下，不是刘邦老儿厉害，而是华夏两族要灭我——今日我要为诸君痛快一战，且看我斩将、砍旗，让天下人都知道，是天要亡我，非我不会打仗。

项羽大呼驰下，于千军万马中斩杀一员汉将，众皆惊悚！

恰好杨喜（秦国权族，后被刘邦封为赤泉侯）拍马赶到，被项羽大喝一声，人马俱惊，连忙退后数里。

项羽环顾四周，指着一员颇为凶悍的汉将道：送上头来。

那汉将手下近百名死士团团围住主将防止项羽的袭杀，谁知项羽如狂风般席卷而来，居然来了个“一锅端”，并将军旗砍倒在地。

他大声问手下：怎么样？

二十八名骑士齐声欢呼：大王神勇盖世，天下莫有人敌！

七十万的联军将士无不心胆俱裂，竟然没有一个人敢靠近他。

要不是心高气傲的项羽“无颜再见江东父老”不肯独自过江逃走，自刎而死，之后的汉朝能不能建立，还真是难说。

楚蛮有此英雄，足以傲视华夏群雄了。

刘项大战至此结束，汉朝基业从此奠定。

黄帝2495年（前202年）二月二十八，刘邦在定陶（今山东省曹县境内）汜水之阳举行了登基大典，定国号为“汉”——爷爷偏偏就建立一个庶民的王朝。

刘邦的胜利，绝不是他战胜了楚蛮项羽那样简单。

从人类历史发展的角度去看，这是一场华夏两族的平民对异宗蛮族的又一次胜利，也是一场华夏两族的平民对千年贵族们的彻底颠覆！

从此，传承了2495年之久的华夏两族正宗子弟“轮流坐庄”的局面已成回忆，取而代之的是华夏文明的价值观认同。

经过战国七雄和秦朝长达二百六十多年的围剿和屠杀，颛顼、帝喾、唐尧、虞舜、禹夏、殷商、姬周和其他千年诸侯贵族的正宗子弟们基本上已死亡殆尽，侥幸存活下来的大多改名换姓，淹藏在了芸芸众生之中。再加上项羽的一把大火彻底把各个诸侯国的族谱烧了个干净，别说当时的大家都是庶民黔首，即便你真的是正宗后裔，请问——拿什么证明阁下的尊贵身份?

平民执政的时代从此开始了。

这既是历史的发展选择，也是人类社会结构发生变化的必然结果。

有熊时代，黄帝一族独大，掌握了文明与技术，迫使众族臣服，所以理所当然地建立了中央帝国，成为人类的共主;

五帝时代和夏、商两朝，夏华两族逐渐壮大，人口远超伏羲诸族，因此执政大权从未旁落，自然而然地成为世间宗族的共主;

姬周一朝，由于灭商之时借助其他宗族的力量，执政后不得不分封华夏两族之外的诸侯任由他们繁衍发展，于是出现了炎氏齐国、蛮夷楚国、西戎秦国、淳维匈奴及诸胡等宗族的崛起，他们占领的土地资源竟然远超姬周诸侯;

再加上华夏两族因人口的增加导致了亲情的疏远，又为了抢夺中原河南的资源而日益分裂，赵、韩、魏权族趁势而起，唆使华夏两族内部恶斗，华夏两族从此式微。

更要命的是，随着人口的快速增长，华夏两族的统治者们并未调整与之相适应的社会制度和政治手段，导致了两千多年贵族统治制度的轰然崩溃。

举个例子：如果你是个四口之家的家长，所要负担的不过是父母、岳父母、儿女、配偶这八个人的衣食住行，只要个人辛勤努力，光景一定会过得去;

如果你是个拥有百口之人的宗长，所要负担的则是叔伯兄弟和姐妹们的衣食住行，仅凭个人辛勤努力，一定解决不了这么多人的吃喝拉撒问题，必须调动兄弟姐妹们的所有能力去过日子，而这所有的能力中包括了巧取与豪夺;

如果你是个拥有千口之人的族长，所要思考的问题除了衣食住行和吃喝拉撒外，最优先的选项是用哪个兄弟去管理符合他能力的具体事务，而这所有的具体事务中则包括了掠夺与抢劫；

如果你是个拥有万口之人的尊长，兄弟姐妹们的后代除了嫡子，虽然基本上都不知道他们的名字，但是只要抓住亲兄弟和嫡子们这些“重点”，并且这些“重点”们都还有些特长，吹拉弹唱、舞刀弄枪的样样具备，恭喜你，不当个君王兄弟姐妹们也不答应；

如果你是个拥有百万人口的君王，除了自己双眼能看到的土地，其余的地盘则只能靠信得过的兄弟们去打理，并且还要有碾压式的暴力储备，一旦哪个兄弟不听话了，立即剥夺赋予他的权力；

百万级人口的宗族产生的政权，必须靠血缘去维持，从而形成了如身使臂、如臂使手的体制机能。但是，百万级人口的政权前几代实行这样的分封治理制度可以——因为君主们都知道彼此的血缘关系，可是随着人口的增长，地盘的扩大，亲兄弟们不够用了，则只能靠亲戚（如姜子牙）和信得过的仆人（如秦非子）。

这个时候，就出现了本族与外姓的利益争夺。

本族人口在数量上保持着优势，外姓的宗族一般不敢乱来；但是为了保持人口在数量和质量上的优势，则只能去“联姻”。

联姻虽然能在数量尤其是质量上保持优势，但后果是血缘不纯。

血缘不纯，导致了宗族向心力和凝聚力的弱化，一旦到了千万级人口这个临界点，量变便会引起质变——谁也不认谁！

颛顼、帝喾、唐尧、虞舜、禹夏、殷商、姬周时代，大家共奉的一个祖宗是轩辕黄帝，争斗的焦点不过是夏华两族谁当共主，宗脉认同并无异议；

春秋时代，由于庶子士人太多，文化人们（诸子百家）把人类的共祖“三皇”搬了出来去质疑夏华两族执政的合理性，于是人们的思想乱套，对夏华共主们产生了怀疑；

战国时代，中央帝国的人口骤然升至千万级人口大关（秦约一千多万，楚约三百五十万，齐约三百万，赵约二百五十万，燕约一百五十万，魏约一百五十万，韩约一百万）。

但是，享受者还是千年的少数的夏华贵族，出力者依旧是广大的庶子士人。

有力有谋的庶子士人们便觉得不公，以文化人“四海之内皆兄弟”的理论为依据，认为各个宗族都是“三皇”的子孙，所以形成了“天下为所有人之天下”的认知，借助千年夏华贵族的贪婪，成为新兴的权贵阶层。

宗族的分封制度，已不适合千万级人口的政治。秦国推行的郡县管理制度，才是适应千万级人口的政治体系。

因此，秦国最后统一了天下，将这种皇权与郡县相结合的政治制度延续了近两千年。

那么，达到亿万级人口的情况下会出现什么样的政治形式呢？

首先可以肯定的是：百万级及其以下数量的人口，封建制度应该是最不坏的选择——“人治”（如果统治者足够精明）也许会比“法治”更有人情味儿一些；

千万级的人口，皇权与郡县相结合的政治制度应该是最不坏的选择——“少数人的决定”也许会比“多数人的呐喊”要有效益一些；

亿万级的人口，则必须以一个亿量级、一个亿量级去逐个评判，但前提则是必须汲取百万级和千万级人口的政治制度优点与缺陷，否则便是瞎子开车，不晓得开往何方。

一亿级人口左右的中等国家，也许能和日本、英国一样将君相共和制度延续一段时间，但当他们的人口突破了两亿级人口之时，君相共和制度必将瞬间瓦解；

两亿级至五亿级人口的国家，资本主义的制度或许是最不坏的选择——“贪婪的掠取”至少相比于“坐以待毙”更符合人性恶的一面；

当人口到达十亿级以上的时候，我们似乎已经看到，这得结合人类所有实行过的政治制度的优点才能玩得转，并且还得有这样两个硬邦邦的前提：一个是必须经历前面所有的政治制度；一个是必须拥有从始至终的文明价值观。

形成这样超大规模人口的国家，目前只有两个。

印度凭着自己容忍与认命的态度，再加上炎族特有的生存与统治手段，形式上虽然从没有形成自上而下的政体，但思想上从没有形成分裂，走的是“洋装虽然穿在身，我心依然是印度心”的路子，并且有着金庸式的“他强由他强，清风拂山岗”的浑不吝态度——活着，比什么都强；

当了4000多年世间宗主的中国，则在18、19世纪懒洋洋地打了两百多年的盹儿，被西方列强的枪炮打醒后，马上为自己的偷懒进行了反省和检讨：当老大的，怎么可以和小弟们一样任性而为，想睡就睡而不管不顾呢？

【中外对比】

秦朝从建立到灭亡的这14年间（前221—前207年），古罗马共和国与马其顿王国开始了两国间的第一次战争。

这场战争结束的时候，正是刘邦东出关中与项羽争夺天下的时候。

与刘邦所率领的50多万大军相比，腓力五世的120艘小船上能装几个打手？撑死了也就6000人左右。

至于传说中的古印度“孔雀王朝”，此时则处于分裂状态，各地的部落首领谁看谁都不顺眼，一个响屁的动静，就有可能引发一场群体斗殴。

在这种混乱的情况下，西方的学者们随心所欲地将大月氏人建立的“贵霜帝国”提前了两百多年，放在了北印度，目的只有一个：你们秦皇嬴政建立秦国的时候，世界上不但有了“罗马帝国”和“马其顿帝国”，就连印度都有了“贵霜帝国”。

其实，所谓建立“贵霜帝国”的大月氏人（先秦古籍中称为禺知、禺氏、牛氏、月氏等），是在公元前177年左右被夏裔匈奴瞄上的。经过长达近两百年的掠夺，大月氏人被夏裔匈奴打得溃败而逃，他们跑到北印度，发现自己可是羊圈里掉进个驴粪蛋子——数它的个头大，于是趁机建立了“贵霜帝国”。

从这件事上再次可以看出，西方的学者们为了打击中国自古以来作为人类文明中心的优越感，不惜乱点鸳鸯谱，随意地篡改着真实的历史。

后　记

原来准备理清楚夏族与华族发展的脉络，不承想却得出了一个“中国是本届人类文明根源及宗主国”的结论。

这着实让自己吃了一惊。

作为20世纪60年代末、70年代初出生的我们，虽然无缘见证中华人民共和国的成立与初创，但是却处在了中外意识形态领域冲突最为凌厉的年代之中。

少年时接受的教育，是全盘否定中国的传统文化；

青年时接受的教育，是全盘接受西方的现代科技及与之挟带的所谓“现代文明”——26个英文字母，居然成了中国学子的必修课目；

中年时的工作环境，言必学习西方先进经验，行必遵守西方各种定律，典必引用西方学者著作，章必践行西方诸类主义——仿佛中国人的脑袋集体停转，全由着金发碧眼、趾高气扬的西方兄弟们指挥。

将近半个世纪的时间里，我们的一些所谓“喝洋墨水的精英们”不但从怀疑祖宗到嘲笑祖宗，最后竟然是鄙视祖宗。

我就纳闷儿了：既然我们的祖宗一半是“神话”，一半是“暴君”，禅让制是“传说”的，封建制是“腐朽”的，那么，我们的民族是怎么从黄帝建立中央帝国开始，国号始终未变，统治者始终为华夏两族而一直领导着人类文明的进程？

真要是那么不堪，“中国”早不知道灭亡了几百回了。

在这本历史札记中，如果能使各位读者知道汉朝之前中央帝国的脉络，华、夏两族的关系，中、外纵横的对比，文明、文化的渊源，军、政制度的创立，那么，对我们的“文化自信”，或许会起到些许的作用。

2015 年 3 月 8 日动笔

2020 年 4 月 23 完稿